现 代 城 市 礻

CW01649195

陈映芳　主编

都市大开发

空间生产的政治社会学

陈映芳　等著

图书在版编目（CIP）数据

都市大开发—空间生产的政治社会学 / 陈映芳等著.
—上海：上海古籍出版社，2009.4
ISBN 978-7-5325-5283-2

I.都… II.陈… III.城市－发展－研究－中国 IV.
F299.21

中国版本图书馆 CIP 数据核字（2009）第 029328 号

上海高校都市文化E-研究院
华东师范大学现代城市社会研究中心　合作项目
日本大阪市立大学Urban Research Plaza

现代城市社会研究丛书
都市大开发
——空间生产的政治社会学
陈映芳　等著
上海世纪出版股份有限公司
上 海 古 籍 出 版 社 出版、发行
（上海瑞金二路 272 号　邮政编码 200020）
(1) 网 址：www.guji.com.cn
(2) E-mail：gujil@guji.com.cn
(3) 易文网网址：www.ewen.cc
新华书店上海发行所发行经销　上海颛辉印刷厂印刷
开本 850 × 1156　1/32　印张 21.625　插页 2　字数 504,000
2009 年 4 月第 1 版　2009 年 4 月第 1 次印刷
印数：1 — 2,300
ISBN 978-7-5325-5283-2
C · 1　定价：58.00 元

如有质量问题，读者可向工厂调换

内外、国内外的同行以及其他从事城市研究的人口学、经济学、历史学特别是文化研究等的学者们建立了广泛而有益的合作、交流关系。

在这样一种研究实践的基础上，我希望通过这套丛书的编集，能将大家的研究成果呈现出来，一方面期望获得相应的学术批评，另一方面，也希望能为我国的城市社会发展提供一个学术性的参照文本。

本丛书的课题研究及成果出版，得到了相关研究机构的支持，在此诚致谢意。

谨此为序。

陈映芳

总　序

本丛书的宗旨，是希望对跨学科的、经验实证的城市社会研究有所贡献、有所推动。

在这套丛书中，我们所要描述和分析的，是作为社会的城市。城市社会的转型及其扩充、发展，是当今中国社会演变的最重要、最深刻的内容之一。如何记录、描述这样一种社会变迁的过程，并对其作出相应的解释、阐述，是需要各门学科从事城市社会研究的研究者们共同努力的艰巨工作。由于城市社会研究的内容涉及到从人口生态、空间形态、社会结构到社会生活、社会意识以及人的行为、心理等各个层面，还涉及到全球化的背景以及城市作为一种社会类型的跨地域、跨文化的共通性，所以，其研究的艰巨性不仅在于这项工作需要有实证性的调查研究，需要跨学科的交叉研究，更需要有各种形式、各种层面的比较研究，包括国际间的、城市间的对照和比较。

自 2003 年开始，出于对我国城市社会研究的重要性以及特殊性的思考，笔者在华东师范大学与一批研究城市社会、人文地理、城市生态、城市管理等的同仁组建起了跨学科的城市研究团队，并成立了现代城市社会研究中心。几年来，团队成员们一方面持续多年地坚持综合调查和共同研究，另一方面围绕相关的主题，与校

目　录

第二部分

第三部分

第四部分

序　章
城市开发的正当性危机与合理性空间
——中国的“城市奇迹”何以可能

陈映芳

在当今各国的种种经济奇迹中，中国的城市发展速度备受注目。国内外舆论界和知识界多在试图对中国“城市奇迹”的成因、机制作出合乎事实及逻辑的解释。不管是将其视为后发优势的成功典范，还是将其视为畸形发展的负面例子，需要解释的是：它为什么可能？与此同时，另一个被称为“体制奇迹”的问题也开始成为话题：尽管有迅速发展的市场经济，30 年来，中国的政治体制却保持了高度的延续性，那么，这种以集权、强制为特征的权力系统在中国的“现代化”过程中是如何存活下来并获得正当性的？（沈原，2006；Nathan，2006）

与这两个问题相关联，在笔者看来，还有一个问题也需要我们作出相应解释：在 60、70 年代以来世界各国的城市开发史，包括 80 年代以来拉丁美洲和东亚、东南亚一些国家的城市开发历程中，由权力和资本主导、以土地/空间效益为目标的经济开发型模式，由于社会的强力反弹，多已转变为以市民为主体、以社会建设为目标的社会开发型模式（重富真一，2007；西川润，2001），但是在

80年代后期以来的中国，经济开发型的城市开发模式，一直被延续至今。这种模式在中国形成和延续的机制究竟是些什么？

在这儿，以上述这些问题为背景，笔者的着眼点主要在于：中国的"城市发展"是在什么样的价值观念、制度体系和社会情境中展开的？在笔者看来，这些价值、制度、社会情景及其相互间的关系，既构成了作为"奇迹"的中国城市发展的条件因素，同时也是种种问题的关键所在。在具体分析的基础上，笔者试图对中国的城市奇迹和体制奇迹的相互关系作一定的讨论。

自2003年以来，以"城市更新与居民生活重建"为主题，笔者主持的跨学科的课题组和所指导的研究生，对上海市90年代以来的"旧城改造"、"城市更新"，以及居民大动迁的历程展开了一系列调研活动，包括采访相关部门/基层干部、实地考察、蹲点观察、动迁居民访问等。[①] 本文所引的动迁居民访问实录，主要来自对两个棚户区的待动迁居民和两个动迁安置区的动迁居民的调查，动迁安置区之一（ZG系列）是1993年启动的动迁安置地，位于浦西内环和中环之间，另一个（SL系列）是1996年启动的动迁居民安置基地，位于浦东外环线边。[②]

一、城市开发的正当性危机

在本研究中，笔者以"城市开发"（urban development）概念来指称目前中国城市中以土地利益和空间效益为指向的旧城改造、

---

① 课题组其他成员和笔者指导的研究生们将就其他各方面的问题分别写出他们的研究成果。

② 在这两个安置地，我们曾访问了近60户（人）居民，包括动迁安置居民、征地安置居民和外来流动人员，听他们介绍与动迁经历相关的生活演变情况。

城市更新和土地开发活动。中国学术界普遍将英文“development”笼统地译为“发展”，同时也表现出将“开发”等同于“发展”的倾向，这是需要斟酌的。“development”在英文中有比中文“发展”更广泛的意义，在一些文脉和意义框架中，它不一定具有“发展”一词所蕴含的自然而然的正面含义，例如当它被用于由政府、公共团体等主导的投资开发时。①

在70年代以来的城市研究中，不乏揭示资本与权力如何介入空间生产并形塑城市空间模式（spatial patterning），市民运动如何抵制城市开发的政治经济学、政治社会学的研究，以及揭示空间与社会的关系，“认识空间形式如何表现物质化了的文化、经济、政治过程”的批判性的文化研究（Castells，1977，1983；夏铸九、王志弘，1993）。此外，有关地方权力如何与资本结成地方势力集团，共同打造“金权城市”的问题，亦是城市政治社会学研究的重要成果（陈东升，2003）。从种种既有的研究中，可以看到世界各国城市发展的一些共同特征及其逻辑。但是我们也可以看到，在不同的国家（特别是政治制度和土地、财产所有制度不同的国家）及其不同的发展阶段，城市开发的机制存在着种种不同之处。在本研究中，对

① 笔者注意到，在我国，“sociology of development”被翻译为“发展社会学”。可是，同样的学科，在日本学界却被译为“开发社会学”。对此，日本学界有这样的解释：他们之所以要将旨在实现高度投资效率（包括公共投资和民间投资）的投资战略的“development”译为“开发”而不是“发展”，是因为它不一定具有“发展”一词本身所蕴含的进步指向（有斐阁，《社会学小辞典》：36）。在这样一种语义区分下，日本的不少研究者对战后开始的日本的国土开发政策以及当今发展中国家的经济开发政策作了种种解释和评价，在由“开发主义”、“开发政府”、“开发独裁”等概念构成的语境中，“development ”的非进步的一面，被充分地揭示出来。笔者以为，中日间概念译介的歧义，一方面反映了部分中国学者将经济效率的提高等同于社会进步的认识倾向，同时也反映了中国学者在引入西学概念过程中实际存在的认知落差（参见陈映芳，2005）。

于中国当前城市开发的运行机制，笔者主要以作为城市开发主导者的城市政府以及作为重要参与者的市民为叙述对象。这是因为，在笔者看来，在权力、资本、市民及专家集团的多重关系中，开发资本在当前中国所以能长驱直入并创造出奇迹般的巨大利润空间，既与权力提供的种种特殊便利和庇护离不开(户邑、彭小兵，2005)，同时也与市民缺乏基本的、对等的博弈条件有关(陈映芳，2006b)。开发资本是如何进入中国的政治经济体系、如何在国家与社会之间扮演自己的角色的？这个问题无疑具有重要的探讨价值，但同时，我们更需要解释：在社会主义的经济体制向市场化体制转变的过程中，作为公权力的城市政府是如何将自身的逐利行为正当化的？市民又是怎样应对这样一个与自身权益密切相关的重大城市事件的？在这里，国家与社会的关系依然是个令人着迷的问题，不过，在有关城市开发的研究中，我们有必要将其设置为国家/城市政府与市民的关系。

城市开发在目前的城市中国，已经形成为一套体制。它具有中层制度的一些基本特点[①]：一方面它以一些根本性制度(如国家政治制度、土地制度、户籍制度等)为依托，另一方面它借由一系列操作性的具体制度(如土地租让法规、住房供给制度、动迁政策等)来得以实施。作为中层制度的城市开发体制，其确立不仅起始于一定的需求动力(如城市地位诉求、投资利润目标、市民住房需求等)，同时也有赖于必要的观念支撑(如发展主义、城市主义、消费主义)，以及相应的角色(如主导者、参与者)、操作形式(如机构、制度、实施方式等)。一般认为，在今天中国城市开发中扮演主导角

① 关于“体制”概念，笔者在本研究中倾向于认为“体制”是制度的中观层次，即它居于根本制度与具体制度之间，是社会分系统方面的制度。

色的是地方政府、城市政府，而开发商是最主要的参与者。但笔者以为，在城市开发体制中，上自中央政府、下至普通市民，还有相关的专家集团等，都以各自的方式扮演着不同的重要角色。"市民的态度"是我们思考"开发体制如何形成、如何延续"这一问题时必须关注的内容。

以经济增长为主要诉求的中国的城市开发，自一开始就处于价值资源匮乏的尴尬境地。首先，当90年代中期中国各地开始大规模的城市建设之时，自70年代末开始的经济改革，由效率优先原则所带来的社会不公问题已经被国内外舆论界和知识界构建为一个突出的中国问题。与此同时，当"城市化"被当作中国最重要的"发展"路径时，不无吊诡意味的是，在被视为现代化模型的西方及东亚的各"发达国家"，甚至包括一些曾先期推行开发政策的"发展中国家"，城市主义、开发主义已经开始遭到广泛的质疑和批判。也因此，无可避免地，当中国开始向发达国家寻找有关"先进城市"的观念、理论和经验的参照时，处于"后城市时代"的西方各种城市批判理论、新马克思主义/新城市主义理论裹挟而入。短短几年中，深刻揭示城市空间生产机制和空间资源竞争秘密的新马克思主义的城市理论如列斐伏尔、卡斯泰尔、戴维·哈维以及索雅(Soja，2000)的空间理论，以及他们的"城市正义"、"空间正义"等等的标志性概念被介绍进来了。生动描述现代大都市的空间安排如何破坏人类生活的《美国大都市的死与生》进来了……通过尽管有限却可称新潮的各种介绍，中国知识界得以知晓西方知识界有关人类城市现象、城市历史、城市问题的种种新观念、新理论：城市叙述不仅早已超出了规划、建筑等物质形态领域，也超出了经济学、人口学、社会学等社会科学的领域，文学、艺术、历史、文化研究等都介入到了对城市作出研究、分析和价值阐述的行列中，城市现象关系的是人类的基本价值和生活方式(GUST 城市研究小组,2005)。同时人们也了解到,对于古代死亡之城的教训、现代城市作为人类社会病灶的一面、当今各国特大城市的重重问题等,城市学家不仅有系统和综合的分析,而且在此基础上也早已对当代城市发展状况发出了危险警报(Mumford,1961)。

与此同时,在现实中国,随着"旧城改造"、"城市更新"、"城市扩展"等运动的大规模展开,城市开发的空间公平问题很快受到了质疑。有关城市空间的社会分化问题的国外理论和观点被介绍进来,并随之被用来对中国的城市现象进行实证性研究(顾朝林、C.克斯特洛德,1997;李志刚等,2004;杨上广,2006)。另一方面,作为城市开发的基本方式,政府垄断开发主导权和直接从城市开发获利的基本制度也受到批评,"既当裁判员、又当运动员"的政府角色、与开发资本联手共谋暴利的政府行为,被认为是导致住房不公、空间不公以及官员腐败的最直接的原因(谢甫成、牛建平,2005;户邑、彭小兵,2005)。当然,对于中国的城市开发体制、开发运动而言,真正构成价值观念正面压力的还在于:"住房不公"不仅会受到源自社会主义记忆的公平观念的质疑,同时还必然地会受到"住房权"这些"现代的"普遍价值的否定。早在 1966 年,居住作为基本人权的观念就被表述在国际《人权公约》中("人人有权为他自己和家庭获得相当的生活水准,包括足够的食物、衣着和住宅,并能不断改进生活条件"),而"住房保障"制度在今日世界各国也不仅是发达国家、且也是像前社会主义国家俄罗斯甚至印度这样的发展中国家的社会保障的内容之一。在这样一些价值和制度的参照下,"为有钱人造房"、以级差地租原则重新安排各阶层空间秩序、从而让土地/空间利益最大化的中国的城市开发,无可避免会遇到来自公平正义的价值批判。

在实际操作层面，这些年来，城市开发在中国各地不仅遭遇到来自动迁居民、征地农民的强烈抵制，还引发了业主以城市政府、开发商、物业公司为对象的维权运动，以及年轻白领群体对高房价的抗议行动。以城市开发为背景的持续多年的各类民众抗争行动，不仅具有跨地域、跨阶层等基本特征，而且其权益诉求行动在国内外赢得了广泛的同情和支持。在此过程中，中央政府出于政治稳定和经济均衡的国家需要，在扮演道义权威角色、强调公正价值（住房保障）的同时，一次次试图以宏观经济调控、政治增压等方式来推动城市住房保障、控制城市房价。也就是说，中国的城市开发，无论是作为体制还是作为运动，既缺乏相应的价值支持，也缺乏必要的民意基础，同时还承受着来自权力上层的政治压力。

在本文中，笔者试图用“正当性”（legitimacy）概念[①]来概括公平正义在价值层面的问题，并进而讨论围绕公平正义，城市政府在土地/空间开发过程中是如何应对价值危机的。事实上，当90年代“社会不公”成为一个突出的中国话题以来，“公平正义”一直是对中国政治制度、社会制度的演变起着特殊的压力作用的影响要素。一方面，公平价值是这些年来经历了经济发展和社会分化后中国知识界和一般民众表达的最清晰和最具有一致性的价值诉求。与此同时，公平价值也是曾遭遇了历史挫折、政治危机后的执政党必须抓住的合法性依据。这意味着国家权力为了获得民众的

① 一种意见认为，“正当性”是正义的目的属性，它告诉我们凡是符合人们根本利益、维护社会公共福利的分配就是正当的，当然也是正义的。正当性也是正义的道德要素，它从道德与价值的角度回答了权益（义务）为什么要这样分，为了谁而分的问题。与此相对应，“合理性”是正义的手段属性，亦是正义的科学要素。而“合法性”是正义的方法属性、法制要素（陈驰，2003）。

“事实上的承认”，就必须接受民众的公平诉求为正义压力。这应该成为我们理解中国城市开发的时代背景的一个重要角度——以牺牲住房公平、空间公平为代价，以经济效益为首位目标的城市开发，自一开始就必须面对有关正当性的质疑。问题在于，在这样的现实背景之下，中国的城市（在这里主要是城市政府）是如何创造了堪称城市奇迹的开发成就的？城市开发体制形成和延续的真实的逻辑和机制到底是些什么？

二、城市政府的机会结构和城市开发的合理性空间

这里的“机会空间”概念是指在既有制度框架下，被相关主体经营和扩张的发生空间。[①] 看似缺乏正当性和操作空间的城市开发，在中国各地城市以不可阻挡之势，持续展开。其实际存在的价值、制度和行动的空间是如何构成，又如何被经营的，值得分析。

（一）城市开发体制的制度空间

讨论城市开发体制的制度可能，我们不能不从中国社会的变迁脉络和各种新旧制度的相互关系之中去寻找解释。以线性的观念去理解，土地开发、城市开发往往被看作是中国社会摆脱社会主义制度束缚，逐步市场化/城市化的产物。但是，具体分析城市开发体制的形成机制，我们不难看到，看似非社会主义的中国的城市开发，恰恰是在社会主义制度遗产的基础上形成的。城

① 有关“机会空间”的概念，笔者受到施芸卿《机会空间的营造——以B市被拆迁居民集团行政诉讼为例》一文的启发，谨此说明（施芸卿，2007）。

市开发体制，不仅借助了原有全能政府的制度便利，而且也使一些旧制度的功能得以活性化。就像下面所例举的那样，前一时期建立起来的一些国家根本性制度，如今构成了城市开发的重要制度依托。

——城市土地国家所有（城市政府代管）、农村土地集体所有、政府拥有土地征用权的土地制度，[①]以及土地利益归地方/城市政府支配的配套制度，使得地方政府/城市政府不仅掌握了最重要的开发资源——土地的使用、开发权，[②]而且顺理成章地成为城市开发的主要得益者。

——自80年代初开始正式确立起来的"市领导县"的行政区划制度，以"城市领导农村"、"城乡一体化"、"缩小城乡差别"等为理论依据和目标初衷，但城市在负有"市县合作、互相支援"的义务的同时，实际上获得了从农村汲取各种资源的制度性便利（浦善新，2005），包括不断征用农村土地以解决城市用地紧张问题的可能。[③] 在城市的迅速扩张过程中，中心城区—城市边缘地带—近郊—远郊的空间秩序不断变化，城市也因此可以形成级差地租的不断延伸。这构成了中国城市奇迹的一个重要背景。

---

① 国家层面的相关法律主要有《城市房地产管理法》、《土地管理法》、《城镇国有土地使用权出让转让暂行条例》。

② 根据国家的相关土地法规，城市政府可制定相关的地方法规以满足土地开发和获益的需求，如上海市制定有《上海市国有土地租赁暂行办法》、《上海市土地使用权出让办法》、《上海市土地储备办法》、《上海市外商投资企业土地使用管理办法》等。

③ 据上海市长在市十三届人大一次会议（2005年1月25日）上透露，90年代上海每年新增10万亩建设用地，"为上海的建设和发展提供了强力的支持"。近年来由于中央政府的基本农田保护政策，上海市的土地资源日益短缺，上海每年新增建设用地已经减少到5万亩（唐真龙，2008）。

——在既有的政治制度和行政体制下，权力资源的流转自上而下，市民缺乏参与政策决策、公共事务运行的实际可能，也缺少自由结成利益团体的法律的、政治的制度性支持。而地方政府/城市政府不仅掌有从城市规划、土地征用、土地使用权出让、财政支配到项目审查的所有权力，还垄断了分配各种公共资源的社会政策的决策权。“没有任何力量可以阻挡推土机”的中国的城市开发运动，如果离开了这样的政治制度背景，是难以想象的。

——城乡二元分割、地方间分割的户籍制度，成为城市“有用的旧门槛”：利用既有的户籍制度，各地城市政府既可以将住房福利、住房保障的支付限制在城市常住户口的范围内，同时也可以利用对市民权/市民待遇开放政策的调整，以推动房产市场为宗旨，有效地对各类外来人员实施住房吸纳或住房排斥。

………

（二）政策技巧：机会结构的经营

在实践中，城市政府为了推进城市开发，会在国家根本制度提供的框架范围内，设计相应的操作性地方法规，以落实中央政府的政策性要求，同时也可能在国家制度的空白、模糊处，创制一些新的制度，来满足城市开发的实际需要。而当根本性制度或中央政府相关政策与城市政府开发实际需求相矛盾时，城市政府或者会在国家政策的边缘、缝隙处打擦边球，以求城市利益或自身集团利益的最大化；或者会利用政策技巧，制定特殊的配套性政策，并不断对其作出调整，从而可以在操作层面上实际解构既有政策对城市开发的负面功能。

以城市的动迁安置工程为例，国务院曾于 1991 年和 2001 年先后颁布《城市房屋拆迁管理条例》。[1] 各地城市参照国务院及有关部委条例，以各种"办法"、"规定"、"条例"、"意见"、"通知"、"细则"等名，制定各种地方性法规。以上海市为例，如下所示，市政府在20多年中，曾一再颁发并调整动迁政策。在市政府的正式法令性政策外，相关主管部门亦制定有一些配套的操作性政策。

《上海市拆迁房屋管理办法》(1982年10月20日第七届上海市人民代表大会常务委员会第二十三次会议批准，1987年1月6日上海市第八届人民代表大会常务委员会第二十五次会议修正)

《上海市拆迁房屋管理若干问题的规定》(1988年3月21日上海市人民政府发布)

《上海市城市房屋拆迁管理实施细则》(1991年7月19日上海市人民政府发布)

《上海市个体工商户营业用房拆迁安置补偿办法》(1997年4月22日上海市人民政府发布)

《上海市危棚简屋改造地块居住房屋拆迁补偿安置试行办法》(1997年12月8日上海市人民政府发布)

《上海市城市房屋拆迁管理实施细则》(2001年10月29日上海市人民政府令第111号)

《上海市人民政府关于加强房屋拆迁管理工作通知》

① 此外国务院、建设部等还颁发有一些具体的指导性政策、意见，如建设部《城市房屋拆迁估价指导意见》(2004年1月1日起实施)、2004年6月国务院办公厅《关于控制城镇房屋拆迁规模严格拆迁管理的通知》(国办发〔2004〕46号)。

(2005年3月6日沪府发〔2005〕7号)

《上海市城市房屋拆迁面积标准房屋调换应安置人口认定办法》(2006年7月1日上海市人民政府令第61号)等。

(除市政府之外,各相关政府部门也会适时制定一些具体的操作性政策,如:《上海市发展局、上海市房屋土地管理局关于上海市危棚简屋改造地块居住房屋拆迁货币安置款购买平价房、安居房的通知》(1998年);《关于鼓励居民回搬,推进新一轮旧区改造的试行办法》2001年2月,上海市建委、市城市规划管理局、市住宅发展局和市房屋土地管理局联合下发[沪建城(2001)第0068号文])

在"改善市民住房条件"、"解决动迁矛盾"、"进一步完善制度"等名义下被不断推出来的一系列动迁政策,如表1所示,是城市政府随着城市开发的具体状况、依据开发效益的目标需求而不断创制出来的。

从这些政策的演变脉络中,我们可以注意到:

1. 从最初的实物分配安置,到后来的"点人头"(以动迁房内居民户口人数为标准)的补偿性安置,再到最后的"点砖头"(根据动迁房的面积而不看房内居民人数)式的补偿性安置,动迁安置政策的不断变化,是以降低动迁补偿成本、保证开发利润最大化为内在逻辑的。①

---

① 由于城市三、四级地段的棚户简户区动迁居民恰恰是住房面积最小、人口最拥挤的群体,同时也是住房自助能力最低的低收入群体,对这些地区动迁居民的补偿安置改用动迁房面积标准而不考虑人口因素的政策变化,突出地反映了当前中国城市开发以降低动迁成本来获得土地开发最大利益的实质。

表 1　上海市 80 年代以来动迁安置政策演变

时间	法规/条例	背　景	政策特点	安置房形式	安置房位置	备　注
1980.3	（住宅建设工作会议，全市 23 片地区改造规划）	解决住房矛盾	方针：“住宅建设与城市建设相结合，新区建设与旧城改造相结合，新建住宅与改造修缮旧房相结合”	现房安置，住房属于单位，通过实物分配方式获得，有使用权，无所有权	原地回搬	1979—1990 年，共拆除住户约 12 万余户。其中 1986—1990 年动迁居民73 138 户
1991.7	《上海市城市房屋拆迁管理实施细则》	以二级地段的旧里、危棚简屋为主	“实物安置”为主：拆迁人必须用住房实物安置被动迁居民，动迁安置时主要考虑户口和独生子女因素	动迁安置房	全部外迁，市区边缘地区	1990.8—1995 年底，动迁居民 30.2 万户
1997.12	《上海市危棚简屋改造地块居住房屋拆迁补偿安置试行办法》	待动迁房多属三、四级地段，土地级差效益低，且人口密度高	“准货币化安置”：异地实物安置与货币化安置相结合（可将应安置住房面积折成货币，用以自行购买商品房），兼顾独生子女因素	（1998 年始）用房屋拆迁货币安置款购买平价房、安居房	向郊区扩展	1998—2001 年，居民选择货币化安置的比例平均在 70%左右

续 表

时间	法规/条例	背 景	政策特点	安置房形式	安置房位置	备 注
2001.10	《上海市城市房屋拆迁管理细则》	同上。在试行政策基础上更进一步	“货币化安置”:按拆迁面积补偿,不再考虑户口和独生子女等因素(由以前的“点人头”变为“点砖头”)	(2002年始)“重大工程配套商品住宅”	外环线周围及远郊	回搬率仅10%左右。1996—2006年,动迁居民共823 637户

注:本表中所列动迁居民户数系课题组根据《上海建设1986—1990》(上海科学技术文献出版社,1991)、上海市统计局《上海统计年鉴2007》等资料统计所得,仅供参考。

2. 动迁安置房所处的位置,从“原地”到城市边缘地带、再到远离城区的外环线周边甚至远郊地带(参见图1、图2),这样的空间安排,遵循的是级差地租效益最大化的土地开发原则。

在实际操作过程中,动迁方(包括动迁工程所在地基层政府/开发商/动迁公司)并不严格遵照相关的政策、标准来操作,诸如开发方案、动迁过程的“不透明”,补偿标准的不统一,对动迁户实施“背对背”等等,是极普遍的现象。而且由于上述各种层级的法规、政策之间不乏相互矛盾之处,同时还存在着新、旧政策同时生效的情况,所以,在各种动迁纠纷中,动迁方会视自己实际需要,操作不同政策的援引权和解释权;而动迁居民也会仔细研究各类法规、政策,为自己的利益主张寻找适当的政策依据。如一些动迁居民反映的那样:“动迁组的补偿标准用的实际上是‘111号文件’和‘68号文件’两个文件中有利于他们自己的地方,我们就要求他们要么就照‘68号文件’,或者就索性全部照‘111号文件’办。”

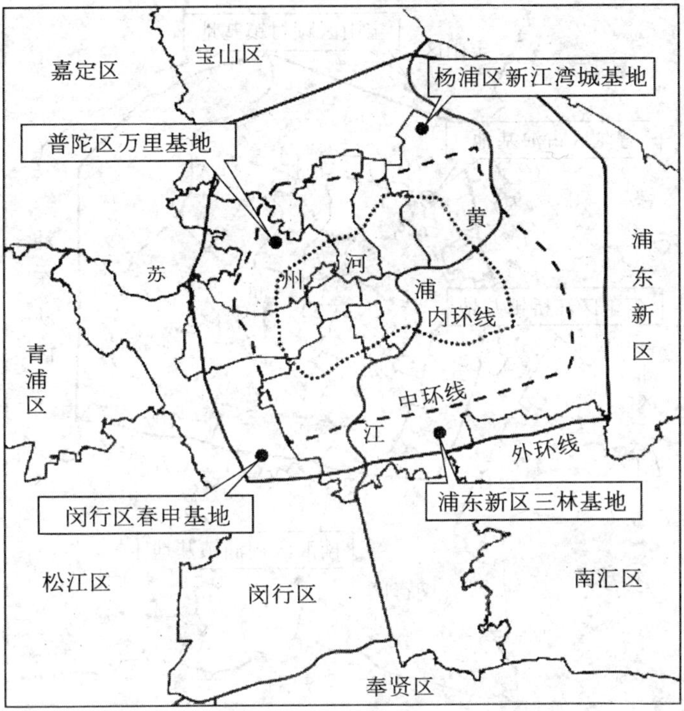

图1　1997年推出的四大示范居住区(课题组制作)

由于在由政府—土地投机商—开发商—动迁公司—建筑承包商—动迁居民等等构成的开发利益链之间,开发利益的分润规则很不清晰,可操作性极强,所以,对既有的政策规范的解构,便成为各方在利益博弈过程中必然的选择。这种方式为城市开发的主导者(政府)和主要参与者(开发商、投机商)带来了极大的谋利机会,也给动迁居民带来了强烈的不信任感、不安感和相对剥夺感。与此同时,这种状况也为政府提供了适时调整政策的操作性空间。事实上,由于按照"点砖头"式的市场化补偿政策,许多棚户区家庭根本无力以补偿款购买商品房或配套安置房,动迁方于是顺势

图2 2004年推出的300万平方米动迁工程配套商品房基地(课题组制作)

而行,在不推翻既有政策的前提下,实施可以由动迁机构弹性操作的“人性化的动迁补偿标准”:“砖头”+“人头”+“有情操作”。这种以经济理性为原则的动迁政策,造成了城市开发的非良性运行,其结果便是相关利益人对开发利润的期待以及实际的开发综合成本都愈趋其高。①

① 这里所说的综合成本不仅包括经济成本(如大幅度上涨的动迁成本、与土地储备相关的投机成本),也包括政治成本(如政府诚信危机、政策权威危机、官员腐败代价及市民维权成本),以及社会成本(如动迁对市民生活及社群关系的破坏)。

透过城市动迁政策的多变性和政策操作的随意性，一方面我们可以看到政府为追逐经济效率而以自身的利益为首位需要、必要时牺牲其他相关利益人的立场倾向。[①] 同时我们也可以看到，城市政府具有足够的经营开发机会结构的制度便利和操作力。这种操作力既包括了灵活运用各种权力/资源而操作政策，以达到其利益目标的能力，同时也包括了政府抵制公平正义压力的能力（如下所述）。

（三）合理性空间的拓展

在这里，笔者尝试使用“合理性”（rationality）概念，来分析城市政府应对正当性危机、缓解正义压力的方式。在公平价值的压力下，城市开发如果缺乏必要的社会合理性，城市政府光凭既有的制度空间和政策操作能力，要大规模地动用国家资源，并长久抵挡来自市民、农民以及中央政府的各方政治压力，是困难的。从前面我们对城市政府对动迁政策的操作技巧的分析来看，城市开发的实施，得益于某种工具理性原则：目的与手段的整合性，手段和程序的可计算性。或者也可以说，它得益于某种目标合理性和形式/规则合理性。[②] 但是，面对城市开发正当性危机的城市政府，同样也一直在致力于实质合理性、即价值合理性资源的开拓。

关于公平正义与社会合理性的关系，戴维·哈维关于正义具

① 这里的“相关利益人”主要指动迁居民。但是近期的一些事实说明：当政府面临政治压力、需要调整土地政策和动迁政策时，一些开发商亦不免会因为政府的“转嫁”行为而成为利益的相对受损者。

② “合理性”概念在韦伯的政治社会学研究中，被区分为价值（合）理性与工具（合）理性，前者属于实质合理化，后者属于形式合理性。相对而言，麦考密克的合理性概念更宽泛，包括价值合理、目标合理，以及形式与规则的合理（陈驰，2003）。

有相对性、多样性的问题讨论,以及他对城市开发(他的个案是道路开发)过程中各种社会力量所提供的社会合理性的个案分析,对笔者不无启发。[①] 对社会合理性资源的挖掘和活用,同样可见于中国的城市开发运动中。下面这些实例,[②]有助于我们理解城市政府是如何采用各种价值观念,制定开发规划和相关政策,用以推进城市开发运动的。

价值资源:公平

社会合理性:"解决住房困难","改善住房条件"

例:危房改造工程(如"365工程",自1991年至20世纪末完成中心城区365万平方米危棚简屋改造)。

开发效益:"旧城改造"为中心城区房地产开发"清场"。城市形成从中心到边缘、郊区的地价/房价同心圆模式。通过将城市下层居民迁至郊区的空间安排,实现级差地租效益最大化。

社会合理性:"住房保障"

例:安居房工程;城市动迁配套商品房基地;廉租房工程等。

开发效益:"住房保障"市场化,动迁安置方式从实物配置逐步变为货币补偿。廉租房亦以货币配租为主要形式。用以住房保障的公共财政转而被用以驱动房地市场。

---

① 参见Harvey, David, 1992, "Social Justice: Postmodernism and the City"关于正义的相对性、多样性,其他学者亦多有不同角度的论述(江山,2001;陈驰,2003)。

② 这儿以上海市的情况为实例,笔者认为,上海市作为一个直辖市、国际性大都市,其城市开发的机制和实际情形有不少特殊处,但涉及到政府与资本一起推动城市开发的一些基本逻辑,它所表现出来的特征,在中国具有普遍性。

价值资源:新城市理念

社会合理性:“新城镇建设”(New City;New Town)

例:“一城九镇”规划(松江新城和安亭、罗店、朱家角、枫泾、浦江、高桥、周浦、奉城、堡镇);“三大新城”规划(松江新城、嘉定新城、海港新城)。

开发效益:新城镇直接的开发利益;旧区改造与“一城九镇”建设之间的“搭桥”预期(将中心城区动迁居民安置到“一城九镇”,以实现政府和开发商的级差地租利益)。①

社会合理性:“生态城市”(Ecological City;Eco-City)

例:公园、绿地工程(如1999年,市区新建的公共绿地中,3 000平方米以上的就有34块,新建公园4座);建设“世界首座未来生态城市”(崇明东滩)。

开发效益:环境工程带动周边房市,公共绿地、公园、河流成富人住宅区的后花园或水景。

社会合理性:“保护城市历史文化遗产”

例:“历史文化风貌保护区”,外滩、人民广场、老城厢、南京西路、衡山路—复兴路、愚园路、虹桥路、山阴路、提篮桥、龙

① 参见上海市建设和管理委员会,《上海旧区改造与“一城九镇”开发“搭桥”政策研究》,上海建设交通网,http://www.shucm.sh.cn/gb/node2/node217/userobject7ai67.html。

又:按基准地价计算,根据1998年市物价局、市房地局发布上海市基准地价(适用外销宗地),全市土地分为12个等级。中心城区改造地块一般分布在2—4级地段,而“一城九镇”土地均在7级以下,“一城九镇”土地与中心城区地价级差有1—5倍。此外,按土地使用费标准计算,根据1995年市建委、市房地局颁布的上海市土地等级及不同等级的土地使用费标准,“一城九镇”土地与中心城旧区改造地块的土地使用费相差2—7倍。(以上见沈正超、王青《上海旧区改造与一城九镇“搭桥”政策的研究报告》,上海住宅 http://www.shcentaline.com.cn/brow.asp?id=2527)。

华、新华路、江湾12片历史文化风貌保护区。

开发效益:变"保护"为"开发",变居民生活空间为娱乐、休闲消费商业空间,推动历史文化区域"高档化"。

社会合理性:"打造宜居城市"

例:以"生活让城市更美好"为口号的世博会工程。

开发效益:"世博园区"开发机遇,共动迁1.8万余户居民和272家企事业单位。[1]

社会合理性:"创意城市"(Cultural Creative City)

例:至2007年1月,建创意园区(创意产业集聚区)75个。

开发效益:"盘活国有存量资产"(中心城区的空置老工业建筑),实现其"向综合型的现代服务业功能转变"。

社会合理性:"健康城市"、"卫生城市"、"文明城市"、"国际城市"、"未来城市"……

价值资源:现代化

社会合理性:城乡一体化、农村城市化、农民市民化

例:土地、人口、产业"三个集中";行政区划变"乡镇"为"街道"。[2]

开发效益:解决城市用地资源紧张问题。

……

---

① "涉及1.8万余户 上海世博会园区居民动迁提前完成",《解放日报》2006年5月31日,引自新华网,http://news.xinhuanet.com/newscenter/2006—05/31/content_4626550.htm。

② "三个集中":"人口向城镇集中、工业向园区集中、土地向规模经营集中"战略,2003年由上海市首先提出,随后为各省仿效。各地政府变"乡镇"为"街道","有的城市一纸令下,将农村建制的城镇变为街道办事处,将村民委员会变为居委会,将农村户籍人口改为城市居民,原属农民集体所有的土地就被收归为国有"(参见王军,2006)。

我们不难看到，城市政府一直在致力于寻找相应的价值资源，拓展合理性空间，以应对来自公平价值的压力。与城市开发运动的批判者们相类似，作为城市开发运动推动主导者的城市政府，同样在不断地援引西方各种新城市理论所提供的观念和路径，加以改造和运用，一方面用以缓解来自公平正义以及各种“后现代”、“后城市”的城市批判理论的压力，同时从全球化背景下的各国城市经验中，寻取新的城市经济增长点。

在此过程中，城市规划、城市建设的专业群体，以及各种“城市问题研究专家”，乃至城市开发运动的批判者们，自觉或不自觉地扮演了重要的参与者角色。这些年来，各地城市政府直接主持或参与组织了各种主题和规模的国际或国内的“城市论坛”。在这些由城市政府主导或参与搭建的平台上，城市规划、城市经济、城市地理、城市管理、城市生态、城市文化、城市问题等等的研究者们，一面应对中国城市发展面对的课题，[①]同时构建相应的学科框架。在这样一种过程中，城市需求与学科需求相辅相成。可以说，城市开发运动催生了城市学科，同时城市学科也为城市开发提供了必要的合理性资源。在这样的互动中，城市政府表现出了整合专业知识分子群体、消解价值压力的突出能力。

关于城市开发体制的合理性来源，这里还有必要提及它的逻辑一贯性。当我们注意到城市开发相关政策（特别是动迁安置政策）的多变性和功利性时，我们应该看到，城市开发主义所蕴含的效率优先原则、个人/家庭利益服从国家权力和整体利益等等的规

---

① 例：上海城市管理学院与其他相关部门共同主办的“城市管理论坛”系列研讨会，参与者包括城市相关领导人、城市研究领域专家、城市职能部门负责人、各人文社会科学学者等，2000年至2007年的论坛主题依次为：综合、中小城市发展、城市交通发展、城市园林发展、城乡共治、健康城区建设、城市环境治理。

范,不仅与近代以来的发展主义有传承,也与今天的支配价值及其规范相衔接。同样,在操作层面上,开发体制的运行方式与1949年以来国家社会主义的经济体制和社会体制的构建方式之间,也存在着种种相似性。

三、动迁居民:未被转换成公平正义的补偿愿望和动迁创伤

在城市开发的过程中,各地城市动迁居民多有悲壮的抗争行动,但极少有成功阻止城市政府开发计划的例子。在关于动迁居民维权运动的研究中,研究者多从动迁居民的行动逻辑或法律制度缺陷及政治制度给定的机会结构等作出说明。在本文中,笔者试图涉及的是另一个方面的问题:动迁居民普遍而激烈的抗争行动之所以收效甚微,不仅是因为城市政府具有足够的制度空间和操作政策的能力,也因为市民的愿望和要求并没有被真正转化成足以抗衡城市开发合理性的正义压力——社会成员能否为自身的权益愿望和抗争行为赋予足够的价值正当性(正义压力),以抵制政府政策的合理性,这是本研究试图探讨的一个问题。

(一)作为历史遗留问题的"补偿"

在目前的开发运动中,"动迁居民"主要不是作为城市社会的权利主体,而只是作为住房的相关利益人与城市政府和开发商发生关系。①

① 目前我国各地城市房屋拆迁补偿基本上只限于财产权补偿,而财产权补偿中也只限于直接损失的补偿。根据国务院房屋拆迁管理条例和各地城市房屋拆迁实施办法,房屋拆迁补偿的范围是被拆除的房屋及附属物(谢甫成、牛建平,2005)。

在这样的关系中，动迁居民的另外一些身份被有意无意地忽略了，例如他们作为“单位职工”的原有职业身份，或作为“回城知青”、“支内人员”等的特殊历史身份。动迁户的大多数是退休职工或下岗职工（其中有不少是回城知青、按政策退休后回迁的原支援内地建设人员等）。从这个角度可以看到的是这样一个问题：我们应该将城市开发放到城市社会结构的演变脉络中来加以理解——城市开发所触及的，不仅是住宅，还有住房的分配制度。从单位制时期的住房福利配给，到住房市场化供给，在城市住房制度的这一转变过程中，政府对机关事业单位的职工依然保留了福利分房的待遇。同时对已经分得公房的职工，以公有住房出售的方式，使他们以低廉的价格获得了房产权，从而在城市公有住房私有化过程中分享了一份公有房产利益。①

但是，这样的制度安排，始终将另外一些人排斥在公共住房资源的配给体系之外：作为城市住房贫困阶层的棚户简屋区居民，或回城、回迁的知青等市民，他们中的绝大部分既没有在单位制时期享受到住房福利配给的待遇（陈映芳，2007），如今在公房私有化、住房供给市场化的过程中，又再次失去了获得公共住房资源配给的机会。② 对于这些居民来说，由政府主导的动迁工程，实际意味着最后一次的“分房”机会。在我们对棚户区居民所作的生活史调查中，我们注意到，许多居民在回答有关动迁安置愿望时，都用了

---

① 该政策在上海始于 1994 年，据统计，截至 2004 年底，全市共出售公有住房 163.81 万套、建筑面积 8 846 万平方米，占可售公房总量的 85%左右。参见上海房产资源网，http://www.shfdz.gov.cn/kjjy/qkxb/200612/t20061211_68828.htm。

② 住房贫困家庭只有当家庭人均收入低于低保标准（2007 年为 350 元），同时人均住房面积低于上海市最低标准（2005 年开始为人均 7 平方米）时，才可以申请廉租房补贴。

“国家分配”一词：

小儿子还没有房子呢，现在户口也挂在这里，他住在丈母娘那儿，等这里房子拆了就回来。我们就等着国家给分配了啊！这个新疆回来的二儿子，他没有房子啊，只能呆在我这里，外地回来都没房子。（陈映芳，2006a，p103）

今后嘛，房子等国家统一分配，我也没有要求。对老人来说，医院要近点，离菜场要近点，别的也没什么。买房子不谈，根本就没钱。（陈映芳，2006a，p122）

如果动迁，我这房子30多平方，偏远的地方不去。我过去靠共产党，现在也要靠共产党。我有心脏病，浑身是病，所以我们两个老人不去，就是靠共产党，要求分在附近。解放前我吃尽了苦，我12岁父亲过世，小时候就讨饭，解放了，是党在苦难中将我们救出来，现在我也要享受国家的待遇了。现在靠共产党作适当的分配……如果没有共产党我们穷人哪里拿劳保，这是事实。现在我们房子要拆了，像我们这一辈子也可以住公房了。（陈映芳，2006a，p252）

我们没钱，要迁总归要给我们个地方住的，不会让我们住马路。我就是这么想的，一切都要宽容。现在不好，是光还没照到这里，照到这里就好了。（陈映芳，2006a，p214）

在这些居民看来，他们几十年来一直都还没有等到“分房”机会，现在总算等到了。在他们这儿，作为住房供给政策，“动迁安置"与"单位分房"的性质是具有延续性的。换句话说,他们的"补偿"期待,并不只是对他们动迁房的折算价格的期待,而是对他们早应该得到、但几十年一直没有得到落实的社会主义住房福利的期待——这是一个作为历史遗留问题的住房权益补偿问题。

这样一种补偿,在80年代和90年代前期的动迁安置政策(按户口人数实物配置)中,尚有一定的政策体现。但随着90年代后期"点砖头"式的经济补偿政策的实施,贫困、拥挤的棚户简户区居民又一次遭遇了住房不公的制度安排——面临被挤下住房福利分配最后一班车的命运。这是90年代后期动迁纠纷激烈化的背景。然而,无论是在动迁居民自己的动迁补偿诉求中,还是在公共舆论,甚至在城市开发体制的相关批评中,"作为历史遗留问题的补偿"始终没有被真正建构成一个现实的住房不公问题,也没有被转换成质疑开发体制功利本质的公平正义压力。

(二) 动迁创伤:"穷人"去"乡下"

动迁居民的抗争行动,很多时候被他们自己以及城市政府、城市问题研究者们表述、理解为经济理性行为;即使是对目前城市动迁制度提出质疑的学者,也往往将问题解释为城市开发面对的公平—效率的价值问题(谢甫成、牛建平,2005)。相应地,在国内的公共话语空间和相关研究领域中,动迁居民对个人/家庭/邻里的生活需求、心理感受以及认同需求等等,较少被建构为社会公平价值需求的内容。而我们在对动迁安置基地居民的调查中可以感受到,许多居民充满意味复杂的人生受挫、生活失败的怨愤情绪。但他们的这种创伤感受,这些年来,并没能被有效地转化为批判"社会不公"的公共话语资源,也没有能形成足以否定社会开发体制合理性的价值资源。

对于从中心城区迁往郊区的那些居民来说，动迁过程首先意味着作为城市人的一种身份地位的跌落——从"正宗的上海人"变成一个"乡下人"的过程。

你要记住，待在这儿总归是不方便的。老早的地方不要太好噢。我以前待的房子在正正宗宗的市中心，在瑞金一路那里。(8SL—2)

反正当时就晓得要到乡下地方去了，这点是清楚的。(2SL—7)

受访者A：这里上海嘛，是远郊区，乡下地方呀。

问：那像其他动迁的人去的地方还要远，你们这里应该算不错了，环境也不错。

受访者B：这种乡下的地方谁会想来？

问：你们现在知道动迁最远动迁到什么地方吗？

受访者B：南汇。

受访者A：南汇！南汇还算近了！是青浦！你们知道吗？再动迁就要动迁到崇明去了，(众人笑)真的。现在这块地方还算好的了。(8SL—2)

我们虹口他们给我什么地方？淞南新村！别说你不知道，就连我也不知道在哪里。这种地方我不会去的，大概是靠吴淞，反正彭浦新村还要下去，是最最北面的地方，我看都没去看。(6SL)

在访谈中，一些居民谈到了刚来安置基地时所受到的刻骨铭心的冲击。

问:当时环境也还可以吧?

答:环境还可以,当时人少,没什么人的。现在人多了。当时真的没什么人,一个炮弹摔下去,也炸不死多少人的。我当时是自己开车子过来看房子的。

问:哦,那您自己家买了车子?

答:不是的,是单位车子。当时两三年之前真没人的,马路上一个赤佬也没有的。我跟人家驾驶员讲,你闭着眼睛开好了,撞到人找我好了。(2SL—7)

当时夜里7点之后在这里的话,一个赤佬也没一个。(众人笑)中国有两个岛,一个是南海的台湾岛,一个就是当时我们动迁过来的,这里SL苑的孤岛。(8SL—2)

这种被逐出中心城区的失去家园、失去城市人身份的感受,是与“我们是穷人”的地位确认体验相联结的。对接受住房安置而来到郊区的动迁居民来说,动迁体验所蕴含的是双重的挫伤:接受作为“穷人”的阶层地位,同时不得不离开城市。

问:那觉得过来在这里习惯了吗?

受访者A:不习惯也得习惯,(拆迁搬)过来人家都不习惯的,从市区里来的呀。

受访者B(一起健身的老人):叫你到此地,你说好吗?市区里多少热闹呀,这里是乡下,没有钱的人才到乡下来。

受访者A:有钞票的人还是在市区里。此地(搬过来的人)全是穷人,全是穷的人搬过来的。

受访者B:这里全是动迁过来的,是配套房。有啥办法,没办法才搬过来的。

受访者A:一句话,没钞票的人搬到这里来,有钞票的人待在市区里,就是这样。(8SL—1)

在现实中,生活结构的碎片化,构成了动迁居民住房迁移经验的重要内容。来到仓促造就、远离城区的安置基地,特别是郊区安置基地的动迁居民,几乎没有例外地遇到了交通、就业、上学、看病、社会交往等种种困难。

人家国外讲起来,先造马路、再造商业网点、再造居民小区,(居民)搬进去(配套设施)全有了,一步到位。现在我们中国人呢,先造房子,再造商业网点,再造马路。就像人家讲的,"饭从屁股里吃进去"。(众人笑)就是这样一回事。(8SL—2)

以前的车晚上都是有时间的。我儿子搬过来恨死了,他一直跟我们说,我不要住在这里,我要住在原来的地方。原来的地方便当呀……(ZG,F10)

问:刚搬过来时,这里的条件是不是很差的?

答:差得很。电、水都没有。那时天气热,没有电风扇,没有煤气,水是有的。

问:没有煤气,你们是不是都用液化气?

答:烧电。他们三天两头给你停电,人家5、6点下班回家，没有电吃什么？我们这里的人都到马路上集会的，把交通要道都堵上。

问：有用吗？

答：有用，后来电不是有了嘛。我们这里都是"五不管的"。谁来管我们？都不是有钱的人家。再不管要造反了。两年以后煤气才来的。我们刚到这里时什么也没有。（ZG，F6）

除这些之外，动迁也是一个加速城市贫困阶层核心家庭化的过程：不少家庭或者出于住房利益的博弈策略（想多要一套房）、或者出于某种理性的选择（因为子辈工作需要或孙辈上学需要，退休父母选择到郊外，而帮助子辈留在城里），无奈地接受了家庭成员间的空间分离。

所有这些，造成了目前动迁安置基地特殊的社会生态：退休老人多，下岗无业者多。如我们调查的 ZR 动迁安置小区，虽然如今地处中环和外环线之间，但小区 4 700 多居民中，60 岁以上的占了 725 人，低保户[①] 70 户，是所在镇 30 多个居委会中低保户最多的一个小区。据居委会干部介绍："因为我们这个小区里的居民大多都是厂里面干活的工人，改革开放后，很多厂倒闭了，这些人有的就下岗回来了，有的呢就搞坏了身体回来了。这些人占了很大的比例。这些人回来以后生活来源依靠什么？依靠父母退休的退休金，来共同生活，就是捆在家庭里了。这些人家父母的退休金只能

① 家庭月人均收入未达到上海市最低生活保障标准的家庭。上海市该标准 2006 年为城镇居民每人每月 320 元，农村每人每年 2 560 元。2007 年 7 月开始为城镇居民每人每月 350 元，农村每人每年 2 800 元。

维持一天的三顿，他哪来钱再去买这个房子？”（ZR，F5）

但是，动迁居民的这些创伤体验和生活困境，在有关城市动迁问题的讨论中，一直缺少在价值层面上的意义建构——不仅动迁居民自己缺乏相应的表达，在公共舆论空间中，动迁居民的补偿安置愿望、特别是城市下层动迁居民的住房利益诉求行动，也主要被阐述成一种经济利益的博弈行动。无论是在制度安排中，还是在国内学术界相关的学术研究中，动迁居民的生活结构的有机性、他们对个人生活/家庭/邻里生活的愿望的正当性，以及他们身份认同的重要性等等，并没能被赋予足够的公正价值意义。也就是说，城市大动迁破坏市民生活的非正义的一面，并没有得到充分的揭示。也因此，城市政府及相关动迁机构为了消解动迁安置工作所面临的价值危机或现实障碍，通常采取“动迁工作的透明化、规范化”或“提高动迁补偿标准”等应对措施，很容易就可以为城市大动迁的继续推进找到相应的社会合理性。

在这种情况下，就像下面这些动迁体验中所流露的那样，动迁居民感受到的是一种难以阐明的社会不公感，或者说是一种无法转化成正义情绪的受挫体验。

> 搞不过他们……这个动迁可把我们害苦了。
>
> 我们两人都下岗，这动迁可真是害苦我们了。他妈的……给我们这样的房子，还要贴钱。现在看来他们应该给我们退钱。
>
> 可怜死了，老没劲的……（11SL）

> 有啥好讲的，跑到这里来总归不开心的。（8SL—2）

虹口的那个时候有几家闹得蛮厉害的，喏，人家有背景的倒是好了，可以和他们争，我们平民百姓，没背景的，怎么行？动迁组当初和我说，不肯搬的话，就要强迁……像我们本身居住条件蛮好的，我们还有自己的卫生，一下子叫我改变居住环境，讲心里话我是不开心的，那又有什么办法呢？我们也是经过文化大革命的，已经看得透了，没有什么意义了。（6SL）

你不舒服也要过来的，这是没办法的。（8SL—1）

四、进一步的讨论

（一）城市奇迹与体制奇迹

本研究对中国城市开发体制的运行机制的分析，有助于说明这样一个问题：中国“高度集权的国家体制与迅猛发展的市场经济并存共生、互为促进”（沈原，2006），与其说是一种悖论式的现象，毋宁说是一种相辅相成关系的产物。“市场经济”必然瓦解“集权政体”，这样一种理论预设，依据的是西方一些社会的历史经验。今天我们考虑中国的现实，需要在这两者之间的关系中，加入其他的要素。笔者以为，社会主义国家的“国家—城市”关系的演变，有助于我们开拓一定的思路。作为一个社会主义国家，民族的独立、富强，原是中国共产党政权的最重要的合法性基础之一，但是，以国家为单位（一盘棋）、以统筹计划为制度的大规模的经济建设，一直无法兑现执政党“富国强民”的政治承诺。70—80年代的执政党政治危机，与其说是国民强烈的民主政治诉求的产物，倒不如说在很大程度上是民族国家求“富强”而不得的结果。

然而，城市的兴起，改变了中国的经济，也在某种程度上改变了执政党的政治局面。城市作为现代社会中的经济“成长机器”(Molotch，1983)，给中国既有的政治、经济制度带来了挑战，却也带来了机遇。一方面，城市对于国家的经济、政治、文化的重要性，迫使“国家”将部分权力和资源下放给城市。在这个过程中，出现了“国家权力的城市化”，亦即国家的力量、权威和资源在城市这个尺度上的重组(任雪飞、Weinstein，2008)。作为一种特殊投资的回报，城市成了国家的输液器，不仅给国家注入了经济活力、提高了民族国家的总体地位，也给执政党带来了新的合法性资源。这是中国经济奇迹与体制奇迹间的要义所在。

在此同时，国家原有的一些功能衰退的基本的政治、经济制度，在城市这个平台上，也得以活性化。如前所述，中国速度惊人的城市开发运动，是借由国家政治、经济等一些基本制度的支持，才得以形成和展开。但是，城市本身并不是被动的平台，它是相对独立的政治、经济、文化和社会的系统，它会形成自身的政治过程。不同于民族国家主义的政治浪漫，在市场化、产业化，以及城市开发的过程中，城市各级政府和各部门基于经济理性，会在既有的制度条件下，不断调整旧制度，并适时创制新制度。就像本研究所注意到的那样，在应对与国家、市场及社会的关系的过程中，城市的党政系统表现出了遵从国家权力和基本制度、同时维护城市立场和地方利益的极大的灵活性。这种调适既使开发型的权力系统更趋复杂化、效能化和制度化，同时也使威权型的国家制度逐渐适应“现代化”的需要。正是城市政府对国家根本制度的依存，以及对中层体制和具体政策的不断调适，使得中国在创造城市开发的经济奇迹的同时，亦创造了使集权体制延续的政治奇迹。

在90年代以来的中国，城市可谓如鱼得水、尽得内外之便。在这一过程中，国家与城市，虽然会出现立场的分异和利益的冲突，但两者间的相互依存关系清晰可见。无论是作为全球网络的结点，还是作为国家的名片，国家都需要"发达的城市"来将中国带入"发达国家"的行列，并稳固国家的秩序。投李报桃，城市亦需要为维护国家制度担当相应的角色。

（二）城市奇迹，亦是权力运作意识形态、有效地消解公平正义压力的结果

社会公平，是中国现行政治体制最原初的合法性基础之一（消灭阶级差别），如前所述，它亦是现实中国社会对执政党构成正义压力的一个普遍价值。而在本研究中，我们需要解释的是：在城市开发过程中，社会的住房公平、空间公平的价值诉求以及市民的抗争行动，何以在那么长的时间内没有能构成足够的正义压力，从而有效改变动迁过程中权力、资本与市民的力量关系，并促使城市开发体制由经济型开发转为社会型开发？现有的关于市民维权行动、都市运动的一些经验研究，从制度结构和行动的不同层面对这个问题作出了说明。但我们仍有必要探讨这样一个问题：在不同的权利主体之间，除了利益博弈的"行动"，在价值层面上，构成过怎样的互动关系？

诚然，期望陷入住房困境的动迁居民能够将自身的生活愿望、住房利益诉求直接扩展为改变制度的政治运动，这样的想法多少属于不切现实的公民社会想象。"贯穿于大部分历史过程的大多数从属阶级极少能从事公开的、有组织的政治行动，那对他们来说过于奢侈。换言之，这类运动即使不是自取灭亡，也是过于危险的。"他们更关注的，是如何使"制度的不利"降到最低（Scott，

1985:2)。而具有相应组织化行动能力的知识分子、中产阶层，在今天的中国城市，亦缺乏以正式的、组织化的政治活动来变革制度的政治/法律空间。尽管如此，在今天的中国，事实上，各种社会成员并没有自外于制度变迁的过程。一方面，社会成员普遍习惯于以非正式的日常反抗形式来解构制度；与此同时，知识人也通过扮演幕僚、专家或批评者的角色，参与到了意识形态、价值规范的生产和运作过程中。

对意识形态和价值规范的运作，是社会变革、制度形成的必要条件。同样地，就像斯科特在对塞达卡农民反抗行动的研究中强调的那样，对于试图反抗制度或改变政府行为的人们来说，道德规范情境也是行动的重要条件(Scott,1985)。一定的价值规范情景一方面直接关系到社会动员，特别是道义资源动员的可能，即它是“行动”的重要条件；另一方面，对于行动的对象而言，它也是构成正义压力的源泉，是制约权力的观念力量。不同权利主体间的政治互动，首先是在价值观念的意义空间中展开的。问题在于，围绕相关利益群体关系所形成的信条和实践并不是固定的，“因为如同任何形式的规范一样，它们是持续不断的斗争与协商的历史产物”(Scott,1985:227)。而在价值规范的形成过程中，虽然不同的社会群体自有其生产和传承道德、习俗的能力，但在急剧的社会转型过程中，知识人作为知识、理论、观念的引介、生产者，其立场和角色依然具有特殊的重要性。我们可以看到，在目前中国城市开发制度形成和开发运动持续展开的过程中，围绕城市开发的正当性、合理性，城市开发的主导者一直在致力于对作为意识形态的开发主义(developmentalism)的运作，一轮又一轮的土地开发、空间更新运动，一直都不缺乏由强大的传媒系统支持的、有各路知识人参与的对相关价值资源及其社会合理性的开拓。与此相对照，市民关于居住生活的权益诉求和博弈行动，却主要被限制在有限的意义空间中，被阐释为“住房面积”、“补偿标准”等经济利益问题。在围绕动迁安置的价值规范情景中，开发者与市民所享有的知识和思想的资源及其运作能力是完全不对等的：城市开发的主导者可以轻而易举地调动知识界的头脑库，而行动者往往陷于道德资源匮乏的无助境地。

作为城市开发主导者的政府，以及作为重要参与者的投资者、知识人群体和市民，在生产空间秩序的同时，也在生产着相应的社会秩序和价值规范体系。在此过程中，不仅在社会冲突的现场，就是在远离行动的知识领域内部，知识人群体亦似乎缺乏与中国现实真问题相对接的冲动。[①] 现实的情况是，当中国的城市开发体制形成、市民抵制住房不公/空间不公的都市运动兴起的时候，权力不仅具有运作政策技巧的足够的能力，同时也已经掌握了运作意识形态、消化专业知识、同时将知识人群体隔离于社会运动的一整套娴熟的技巧。这种情况，不能不影响到行动者群体建构“社会不公”事实、在与权力展开政治互动过程中凝聚公平正义压力的实际可能。

参考文献：

GUST 城市研究小组，2005，《城市状态：当代大都市的空间、社区和本

① 已有学者尖锐地指出社会学界的“错位”问题（沈原，2006），这样的问题同样存在于城市研究领域。笔者注意到，虽然有各种时髦的、后现代的西方城市理论被介绍到了中国，其中包括卡斯特尔、戴维·哈维的一些新著，但是，他们当初针对美国城市开发运动及其引发的空间不公问题、社会运动等所发表的最具现实针对性和学术影响力的如《城市问题》（Castells，1977）、《草根与城市：城市社会的跨文化理论》（Castells，1983）、《社会公正与城市》（Harvey，1973）等等，却一直没有被翻译成中文。

质》(*The Urban Condition: Space, Community, and Self in the Contemporary Metropolis*),敬东、谢倩译,北京:中国水利水电出版社,知识产权出版社。

陈驰,2003,《正义的规定性——关于正义的法哲学思考之二》,《四川师范大学学报》第30卷第6期。

陈东升,2003,《金权城市——地方派系、财团与台北都会发展的社会学分析》,台北:巨流图书公司。

陈映芳,2005,《城市与市民的生活》,《城市管理》第4期。

陈映芳,2006a,《棚户区:记忆中的生活史》,上海:上海古籍出版社。

陈映芳,2006b,《行动力与制度调查:都市运动中的中产阶层》,《社会学研究》第4期。

陈映芳,2007,《作为社会主义实践的城市更新:棚户区改造》,载于林拓、水内俊雄等《现代城市更新与社会空间变迁——住宅、生态、治理》,上海:上海古籍出版社。

顾朝林、C. 克斯特洛德,1997,《北京社会极化与空间分异研究》,《地理学报》第52卷第5期。

户邑、彭小兵,2005,《城市拆迁管理过程中利益共同体的合谋行为研究》,《长春大学学报》第15卷第3期。

江山,2001,《再说正义》,《中国社会科学》第1期。

李志刚、吴缚龙、卢汉龙,2004,《当代我国大都市的社会空间分异——对上海三个社区的实证研究》,《城市居住空间分异》第28卷第6期。

李志刚、吴缚龙、薛德升,2006,《"后社会主义城市"社会空间分异研究述评》,《人文地理》第5期,总第91期。

浦善新,2005,《市领导县体制检讨——兼论行政区划体制创新及构建跨行政区协调合作机制》,行政区划网http://www.xzqh.org/files/index.asp?action=show&id=190。

任雪飞、Liza Weinstein,2008,《中国和印度的"城市速度"》,《SOHO小报》,No. 85。

沈原,2006,《"强干预"与"弱干预":社会学干预的两条途径》,《社会学研究》第 5 期。

施芸卿,2007,《机会空间的营造——以 B 市被拆迁居民集团行政诉讼为例》,《社会学研究》第 1 期。

唐真龙,2008,《上海经济发展面临土地资源制约》,《上海证券报》,1 月 26 日。

王军,2006,《行政区划调整的圈地警兆》,《瞭望》第 3 期。

夏铸九、王志弘编译,1993,《空间的文化形式与社会理论读本》,台北:明文书局。

谢甫成、牛建平,2005,《效率与公平:城市房屋拆迁的价值选择》,《重庆建筑大学学报》第 27 卷第 2 期。

轩明飞、陈俊峰,2004,《城市空间社会结构变迁三论》,《社会》第 2 期。

杨上广,2006,《中国大城市社会空间演化》,上海:华东理工大学出版社。

西川潤編著,2001,『アジアの内発的発展』藤原書店,第 4 章、穗坂光彦「都市スラムの自立運動と政策環境」。

重冨真一編,2007,『開発と社會運動ー先行研究の検討ー』アジア経済研究所,幡谷則子,第 6 章,「ラテンアメリカの民衆社會運動ー抵抗・要求行動から市民運動へー」。

Scott, James C. 1985, *Weapons of the Weak: Everyday Forms of Peasant Resistance*, New Haven, CT: Yale University Press.(郑广怀等译,2007,《弱者的武器》,南京:译林出版社。)

Castells, Manuel 1977, *The Urban Question*. Cambridge, Massachusetts: The MIT Press.

Castells, Manuel 1983, *The City and the Grassroot: A Cross-cultural Theory of Urban Social Movement*. Berkley: University of California Press.

Harvey, David 1992, "Social Justice: Postmodernism and the City." *International Journal of Urban and Regional Research* vol. 16, no. 4.(朱康译《社会正义、后现代主义与城市》,文章来源:《世纪中国》,参见 http://cbr.

org. cn/data/articles/b01/1251. html。)

Molotch, Harvey 1983, "The City as a Growth Machine: Toward a Political Economy of Place." *American Journal of Sociology* 82.

Mumford, Lewis 1961, *The City in History: Its Origins, Its Transformations, and Its Prospects*, New York: Harcourt, Brace and World, Inc.(宋俊岭、倪文彦译,2005,《城市发展史——起源、演变和前景》,北京:中国建筑工业出版社。)

Nathan, Andrew J. 2006, *Political Change in China: From Totalitarian Rule to Resilient Authoritarianism*。(何大明译,2007,《中国政治变迁之路》,台北:巨流图书公司。)

Sojà, Edward W. 2000, *Postmetropolis: Critical Studies of Cities and Regions*. MA: Blackwell Publishers.(李金钧等译,2006,《后大都市——城市和区域的批判性研究》,上海:上海教育出版社。)

第一部分

引　子
80 年代以来上海的“城市更新”

代志鹏

城市开发，在今天中国的各地城市，多被开发的主导者们定义、阐释为“城市更新”。基于这样一种基本事实，在这里，我们首先有必要就“城市更新”及其在现实中（以上海为例）的展开路径，作一个简单的梳理。

一、关于“城市更新”

“城市更新”（urban renewal，urban regeneration），作为一种思想、学说和运动，它的被提出和被大规模实践，主要发生在近代，尤其是二次大战以后。战后的西方各国，为其战后重建、经济复兴需要，纷纷通过制定、颁布各种计划和政策，借助土地再开发，来解决内城败落和经济衰敝等问题。

早期的城市更新理论和实践深受“形体决定论”的影响，将城市更新视为一种物质实体的变化，关注焦点集中于土地和建筑物使用功能或使用强度的变化，实施手段倾向于通过大规模的推倒重建和清理贫民窟来实现土地置换和城市功能提升，结果不但导致了非人性的城市环境和单调乏味的城市空间，还消灭了现存的邻里和社区。随后，对大规模改造的反思带来了人本主义思潮的回归。其中简·雅各布斯(J. Jacobs，1961)在1961年推出的《美国大城市的死与生》具有开创性的意义。她对大规模改建进行了尖锐批评，认为大规模的改建摧毁了有色彩、有特色、有活力的建筑物、城市空间以及赖以存在的城市文化、资源和财产，并主张进行小规模改建；而刘易斯·芒德福更深刻地指出了"城市更新只是表面上换了一种形式，实际上继续进行着同样无目的的集中并破坏有机机能"(芒德福，1988)，并在书中强调城市建设和改造应该符合"人的尺度"(芒德福，1988)。P·霍尔坦言，"先驱者们都是从物质环境的视角来看待社会和经济问题"(P·霍尔，1987)，城市更新游走于物质的、非连续的边缘。在上述理念的推波助澜下，城市更新运动开始强调公众参与，邻里复兴和社区规划成为内城更新的主要内容，并延续至今。目前，可持续发展成为西方城市更新实践的指导思想，并逐渐形成了城市复兴的理论思潮。一方面体现为前所未有的多元化，城市更新的目标更加广泛、内容更加丰富；另一方面继续趋向以谨慎渐进式的、小规模改造为主的社区邻里更新，谋求政府、社区、个人、开发商、社会经济学者的多边合作(吴晨，2005)。

如上所述，西方国家城市更新的空间范围可大可小，大到整个城市的产业转型，小到功能片区的重新开发，但从其政策着力点来看，更多的还是偏重曾经繁荣但在二战后衰落下去的内城或中心城区；城市更新也正在向更加理性化、人性化、生态化的方向发展，由单一的清理开发变为清理开发与修缮保护相结合，从有形的物质改造发展为物质改造、经济复苏、社会发展、文化回归并重。而在一系列更新政策的引导下，以前陈旧破败的内城再次繁荣，一些中产阶级家庭也自发地从市郊迁回城市中心区并重新占据了城市中心的土地资源和生活空间，原本集聚的低收入人士却由于无法负担重建后地价及租金的上升，被迫迁往郊区，从而引发了“士绅化”(Gentrification)运动。

从总体上说来，城市更新是指对城市的衰败地区(在中国主要表现为旧区、老城或老中心城区)进行重新规划使其再次复兴的过程。通过保护、修缮、拆迁或重建，来改变城市中产业和人口的地域分布，并使城市的物质环境现代化，从而满足经济和社会发展的需求，它不仅限于危旧房改造、基础设施完善和旧区改建，还包括城市结构更新、功能体系重构、居民生活重建等多方面的内容。

二、上海的“城市更新”历程

在我国城市中，上海的个性很鲜明。它不同于北京、杭州、南京等城市，不是在传统中心城市的基础上演变为如今的现代大都市，而是在殖民主义者的控制下、随着近代中国的对外开放和工商业发展而迅速成长起来。上海的空间形态，自近代开埠之初，即由于华界、租界之分而呈现特殊的生态布局，人们常说的旧上海“十里洋场”，基本上指的是当初的英美共同租界和法租界，是旧上海商业和文化的中心区域。与之形成鲜明对比的是另一些特殊边缘区域的生成，其中最引人注目的便是棚户区在城市四周的蔓延。从全国各地、特别是江淮流域来到上海的大量贫困移民及难民，在苏州河北岸、铁道两侧及城市周边荒地搭建陋居或租住廉价的棚屋，形成了难民、贫民聚居的城市贫民窟(陈映芳，2007)，也成为日后城市更新过程中重点改造的对象。

上海旧城更新改造始于20世纪50年代，持续至今，走过了一段十分漫长而曲折的路程。由于不同历史时期下社会经济发展因素的影响，该过程呈现出明显的阶段性特征，总结如下。

（一）20世纪50年代—70年代末：兴起阶段

据1949年的统计（承载，1999），上海市区住宅总面积为2 359万平方米，人均居住面积仅为3.9平方米，其中质量、设施都很差的低标准住宅占了住宅总量的66.4%。棚户简屋有322.8万平方米，占总量的13.7%，以杨浦、闸北、虹口、普陀、南市[①]等区为主，主要分布在市区边缘及工厂、车站、码头附近；有旧式里弄住宅1 242.5万平方米，占52.6%，大都集中于黄浦、南市、虹口、闸北、普陀等区，分布在市区的商业街地带，其中因长期失修，有不少已成危房。基于此，上海拉开了旧城更新运动的帷幕。

20世纪50年代，旧城更新改造坚持“重点建设、一般维持”的原则，改善棚户简屋居住环境，同时组织棚户居民拆除旧屋，翻建瓦房，改善居住条件。在1958年，旧城更新改造问题被提到重要位置，市委市政府提出住宅建设“必须坚持贯彻两条腿走路的方针”，“既要大量新建住宅，又要对旧住宅进行改造”。此后，“两条腿走路”，即新住区建设和旧城改造同步进行的方针一直贯穿于上海城市发展的全过程。到了20世纪60年代，旧城改造进一步提出“市区住宅建设，应结合棚户改造”的思想。接着，上海各区采取了“国家投资与发动群众相结合”的办法，加快了改造步伐。这期间，根据“合理利用”的原则，还对旧式里弄进行了改造。文革期间，上海市旧城更新改造基本停顿，仅对危险房屋做些零星翻建。

自50年代初至七十年代末，除了少数像闸北区的番瓜弄、杨浦区德明园村和漕溪北路沿线等成组改造地块外，零星拆建是主

① 2000年，南市区并入黄浦区。

要形式，改造的重点是棚户简屋，同时政府还在城市的周边地区花大力气建造了一批工人新村、企业住宅。但总体而言，改造规模小、涉及面窄、影响力弱，以至于到了1979年末，上海中心城区的棚户区虽然有局部的清除和面上的改造，总体规模并没有减少，棚户简屋高达450.4万平方米，远远超过了解放初期的面积。[①]结果，上海原有的空间形态不仅没有得到根本性的改变，相反，还有某种形式的强化，特别是原租界地区与四周华界、贫民区域之间的"中心—边缘"关系被大致延续了下来。而且，上海城市建设在这30多年间总体上停滞不前，使这种关系模式在某种程度上被固化（陈映芳，2007）。

由于该阶段城市形态改变基本不大，因此，传统的邻里关系在城市中的旧式住宅当中得以保留。另外，由于在相当长的时期内，上海市的棚户区清理工程陷入停顿状态，逐步改造居住环境、自建公助解决住房困难的方式是政府用以改善棚户区居民居住条件的主要模式。这类改造虽然多少改变了棚户区居民的居住生活，但是棚户区在城市空间结构中所处位置、空间资源占有状况以及空间的权利和象征性地位上都没能改变其边缘的、底层的状况（陈映芳，2007）。

（二）20世纪80年代：发展阶段

直到70年代末，上海旧城改造囿于区域分散、力度不大、资金有限等因素，成效甚微，不仅居民的居住条件和环境难以得到根本改观，城市面貌也没有发生新的变化。此外，文革结束以后，大量

① 参见《上海建设（1949—1985）》，上海科学技术文献出版社，1989年版，第103页。

在数年前下放的城市居民均以各种理由陆续返回上海，使得危棚简屋数量大幅扩大，进一步加剧了上海住宅紧缺的矛盾。在上述背景下，80 年代初期，上海旧城改造进入新的发展阶段。

根据“对重要地段的棚户简屋区，要分期分批进行改造”、“市区旧房改造要突出重点并相对集中”和“重视发挥城市综合功能，建设比较完整的综合小区”的要求，上海市将旧区改造的重点放在改造危棚简屋和市政公用设施简陋、环境严重污染的地段。规划改造 23 片基地，计划拆除旧住宅 331 万平方米，新建住宅 802 万平方米和公共服务设施 54 万平方米，可以居住 116.4 万户居民。与此同时，按照“改善设施、增加面积，力争达到每户一套独立设备”的要求，还对一部分旧式里弄住宅进行了改建。与兴起阶段相比，80 年代的城市更新发展理念更加强调“旧区改造与新区建设的同步进行”。

由于社会、经济、历史的原因，自建国至 20 世纪 80 年代末期，上海的旧城改造一直举步维艰，40 年内共拆除各类旧住房 846 万平方米。除个别基地（如采取“商业化经营”方式改造的黄浦区“松柏里”）以外，对中心城区改造中涉及到的被动迁居民基本实行原地回搬和现房安置。由“表 1”可知，当年动迁的居民以自行过渡为主，一次性安置为辅，其中一次性安置的绝大部分居民的住房通过单位实物分配的方式获得，只有使用权，没有产权。与此同时，每年又有数以万户计的动迁居民回搬，这使得上年动迁居民接转总量的数值大幅下降，截止到 1990 年末，年底在外的动迁户有 30 000 户，已不足 1986 年底数值的一半（《上海建设》编辑部，1991）。总之，被动迁居民住房困难一方面通过住区改造有所改善，另一方面通过工作单位给予解决，很少通过市场途径寻求问题破解之道。事实上，当时尚不存在公开的、规模化的市场。

表1　"七五"期间旧区改造动迁及回搬情况表

年份	上年接转	当年动迁	其　中			当年回搬	年底在外动迁户
			一次性安置	住临时房	自行过渡		
1986	—	36 722	5 617	10 191	20 914	11 371	60 029
1987	60 029	11 945	2 465	2 856	6 633	17 530	51 988
1988	51 988	9 342	1 827	2 760	4 755	17 105	46 943
1989	46 943	8 284	2 516	1 732	4 036	14 773	27 255
1990	27 225	6 845	2 704	2 784	1 357	11 366	30 000

资料来源:《上海建设(1986—1990)》,上海科学技术文献出版社,1991

(三)20世纪90年代:高潮阶段

80年代末,在上海市区280平方公里范围内居住着706万城市居民;其中,有危棚简屋365万平方米;市区居住面积仅5.6平方米,其中30多万居民家庭人均居住面积低于4平方米,3万多家庭人均居住面积不足2.5平方米,住房成套率仅为31.6%,相当一部分住房没有煤气和卫生设备(据不完全统计,当时有100万只马桶和80万只煤球炉)(《上海建设》编辑部,1991)。90年代初,中国的改革开放进入了新的历史时期,伴随着经济长期持续增长和人们生活水平的极大提高,中心旧城区居住设施匮乏、居住拥挤、建筑破败的问题日益凸显,居民要求改善的呼声极为强烈。另外,政府为了吸引外资,改善投资环境,兴建市政基础设施,也迫切需要改造旧城,使其与经济发展水平相协调。与此同时,我国的土地使用制度也发生了重大变革,允许对国有土地使用权进行有期限、有偿出让,这从根本上拓宽了旧区改造的投融资渠道,解决了长期束缚旧城改造进程中的资金短缺问题。旧城改造在90年代初迈开了更大步伐。

1991年3月，上海市委市政府召开住宅建设工作会议，决定“按照疏解的原则，改造危棚简屋，动员居民迁到新区去”；“旧式里弄要通过逐步疏解，改造成具有独立厨房、厕所的成套住宅，以改善居民的居住条件”（《上海建设》编辑部，1996）。1992年，中共上海市第六次代表大会提出，到20世纪末，要完成365万平方米的危棚简屋改造，住宅成套率达到70％。根据这一目标要求，建设主管部门规划确定了63个地段作为改造基地。1992—1993年的土地批租高潮，促进了旧城改造进程。此间，市政府制定了一系列优惠政策，在1996年和1997年先后出台了《关于加快本市中心城区危棚简屋改造的若干意见》和《关于加快本市中心城区危棚简屋改造的具体实施意见》等文件。这些政策的核心是通过减免或者缓缴土地的出让金、手续费、管理费等一系列优惠政策，吸引开发商参加旧区改造的地块开发。

（四）2000年以来：调整阶段

根据《上海市城市总体规划（1999—2020）中近期建设行动计划》，“旧区改造坚持建、拆、改、留并举，注重保护具有传统特色的住宅及有特色住宅群高层的城市历史风貌街区，加强环境景观建设，稳步推进旧区改造”。21世纪初，上海市在“365危棚简改造”的基础上开始了新一轮的旧区改造。据2001年的统计，全市还有2 000万平方米的旧式里弄房屋需要进行改造，其中，位于市中心城区的就超过1 600万平方米（中共上海市建设和管理工作委员会、上海市建设和管理委员会，2003）。上海市建委、规划局、房地局和原住宅局经过调查研究，提出了新一轮旧区改造的方式，并于2001年出台了0068号文件。该文件要求采取“政府扶持、市场运作、市民参与、有偿改善"的运作机制，分别采用"拆改留修"等多种方式，引导并加大旧区改造的力度。拆除改造的重点，从过去的危棚简屋过渡到中心城区旧式里弄房屋建筑面积超过 70%的区域，特别是房屋结构和居住环境差的二级旧里成片地区。

2001 年 6 月，国务院颁布了修订后的《城市房屋拆迁管理办法》，当年 11 月，上海出台了新的《上海市城市房屋拆迁管理实施细则》(111 号令)。从 2002 年开始，根据当时整个上海的房地产市场情况，政府有关部门酝酿出台了进一步推进新一轮旧区改造的政策。与 20 世纪 90 年代相比，该阶段旧区改造地块不再加以认定，发展商不再享有优惠政策；改造的方式由房地合约的开发向土地储备的开发转变，政策的倾斜由支持就地房屋改造向收购改造转变(表 2)。

表 2　20 世纪 90 年代以来上海城市更新的发展理念与政策法规

时间	事　　件	内　　　容
1991	市委市政府出台"住房制度改革实施方案"	实施住房商品化，同时启动房地产市场，吸引境内境外、各行各业参与房地产经营开发，形成多元投资、多种所有制形式并存的格局
1991	市委市政府	"按照疏解的原则，改造棚户、简屋、危房，动员居民迁到新区去"，"旧式里弄要通过逐步疏解，改造成具有独立厨房、厕所的成套住宅，以改善居民的居住条件"
1992	上海市中共第六次代表大会	20 世纪末，新建住宅 6 000 万平方米，市区人均居住面积达到 10 平方米，住宅成套率达到 70%，完成人均面积 4 平方米以下困难户的解困和 365 万平方米危棚简屋改造；贯彻浦东以新建为主、浦西以改造为主的原则，初步形成立体的市内交通体系，建设与中心城市相适应的现代化郊区

续 表

时间	事 件	内 容
1996	市政府批转发布市建委“关于加快本市中心城区危棚简屋改造若干意见的通知”[沪府发(1996)18号文]	通过减免或者缓缴土地的出让金、手续费、管理费等一系列优惠政策,吸引开发商参加旧区改造的地块开发;365万危棚简屋改造地块,应以建设中低档内销住宅为主
1997	市政府“关于加快本市中心城区危棚简屋改造的具体实施意见”	
1997	市政府批转市房地局“关于加快旧住房成套改造实施意见的通知”[沪府发(1997)12号文]	严格界定“旧住房成套改造”,具体由各区房地局设立的旧住房成套改造办公室负责
1997	上海国民经济和社会发展“十五”计划与2010年远景目标纲要	到2010年,城市发展要形成由主城、辅城、郊区城市和集镇构成的多心、多层、组团式的城市形态布局框架,城市化水平达到85%
1998	市政府“关于加快本市中心城区危棚简屋改造实施办法的通知”[沪府发(1998)33号文]	采取直接对剩余未完成的“365危棚简”地块改造实行财政补贴,每拆除1平方米危棚简住房补贴金额900元
1999	市政府“关于本市历史文化风貌区内街区和建筑保护整治的试行意见”[沪府发(1999)70号文]	置换改造的范围主要是保留一级旧里、新里、花园住宅、老式公寓,坚持“整治与风貌保护相结合、整治与环境改善相结合、整改与设施完善相结合”的三大原则

续　表

时间	事　　件	内　　容
1999	有关部门的新开发理念	中心城区改造同“一城九镇”开发建设相结合
1999	上海市城市总体规划(1999—2020)中近期建设行动计划	旧区改造坚持建、拆、改、留并举，注重保护具有传统特色的住宅及有特色住宅群高层的城市历史风貌街区，加强环境景观建设，稳步推进旧区改造
2000	中心城区“十一五”旧区改造规划	适当加快旧区改造速度，改善居住条件，并坚持“政府主导、土地储备”的原则，探索“以土地储备为主要方式的旧区改造新机制”
2001	上海市建委、规划局、房地局和原住宅局“关于鼓励居民回搬，推进新一轮旧区改造的试行办法”[沪城建(2001)第0068号文]	“政府扶持、市场运作、市民参与、有偿改善”的运作机制，“拆改留修”的方式；对居民回搬给予鼓励，也规定了与旧拆迁条例政策相近的回搬优惠政策
2001	上海市城市房屋拆迁管理实施细则(111号令)	例如，需拆除或重建的建筑，要按该细则规定补偿安置所有人、承租人
2002	有关部门出台新政策	旧区改造地块不再加以认定，发展商不再享受优惠政策

从1990年至2004年，上海在城市基础设施建设和旧区改造中，已拆除旧住房3 800多万平方米，其中旧式里弄以下住房3 300多万平方米，包括危棚简屋400多万平方米，涉及居民100多万户。从1995年到2006年，动迁户数有92多万户，其中居民住宅户数所占比例超过97%；拆迁总面积达到4 300多万平方米，其中居民住宅拆迁面积所占比例超过70%(表3)。

表3　房屋拆迁情况(1995—2006)

年份	拆迁户数（户）	其中居民住宅	拆迁面积（万平方米）	其中居民住宅
1995	75 777	73 695	322.77	253.90
1996	89 132	86 481	342.95	258.86
1997	79 857	77 388	479.67	363.16
1998	78 205	75 157	452.22	343.94
1999	75 185	73 709	342.50	248.17
2000	70 606	68 293	365.77	288.35
2001	73 728	71 909	515.65	386.66
2002	101 097	98 714	644.53	485.00
2003	80 858	79 077	584.93	475.47
2004	42 415	41 552	308.40	232.52
2005	75 857	74 483	1 222.53	851.85
2006	81 126	76 874	1 516.85	848.35

资料来源:《上海统计年鉴》,2007

表4　2000—2006年各区房屋拆迁户数　（单位:户）

地　区	2000	2001	2002	2003	2004	2005	2006
黄浦区	9 935	10 837	18 418	13 500	5 284	7 490	9 940
卢湾区	9 738	5 507	8 721	6 800	2 840	2 034	4 947
徐汇区	3 873	11 038	3 543	5 023	1 509	3 345	2 727
长宁区	4 823	5 498	8 156	4 259	3 688	1 603	1 628
静安区	3 059	5 570	9 674	5 316	872	907	2 308
普陀区	6 765	6 008	4 590	3 439	2 613	3 524	3 903
闸北区	3 576	4 298	7 643	7 230	5 270	2 649	7 465
虹口区	8 233	6 566	7 295	10 417	6 696	2 661	5 320
杨浦区	7 791	4 386	10 707	9 148	5 360	2 594	6 637
浦东新区	12 813	14 020	22 350	15 726	8 283	27 084	12 484
总　计	70 606	73 728	101 097	80 858	42 415	75 857	81 126

资料来源:笔者根据《上海统计年鉴(2001—2007)》整理

表5　2000—2006年各区房屋面积(单位:万平方米)

地　区	2000	2001	2002	2003	2004	2005	2006
黄浦区	28.5	40.32	71.3	51.02	32.04	37.3	48.82
卢湾区	27.41	20.02	33.03	22.95	9.42	5.34	18.07
徐汇区	26.77	59.22	30.96	30.79	10.52	29.79	31.67
长宁区	32.94	51.46	57.08	41.81	38.31	12.61	20.13
静安区	18.45	25.18	43.95	22.72	5.5	4.96	9.54
普陀区	35.86	26.39	35.32	37.61	10.26	16.92	43.74
闸北区	12.91	29.05	26.25	21.38	17.7	6.41	23.06
虹口区	37.47	30.77	30.59	54.91	44.42	14.96	24.95
杨浦区	28.85	18.03	48.75	45.87	29.74	31.36	16.93
浦东新区	116.61	215.21	267.3	255.86	110.5	631.85	338.94
总　计	365.77	515.65	644.53	584.93	308.4	1 222.53	1 516.85

资料来源:笔者根据《上海统计年鉴(2001—2007)》整理

三、重大动迁工程与动迁居民安置基地

(一)重大动迁工程

上海旧城更新改造的历史就是一部居民动迁史。根据居民动迁的规模以及项目性质,可以把动迁工程分为两种类型:一类是市政工程动迁型,另一类是非市政工程动迁型(表6),其中前者具有公益性、公共性建设的特点,几乎全部由政府主导实施,绝大多数为财政支出,除高层建筑和保护建筑以外的旧住房全部拆除,旧城居民全部为异地安置;而后者的开发主体多为开发商,采用市场化

运作。相比而言,基于市政工程建设进行的动迁,规模大、持续时间长、涉及面广,比如跨越多个行政区域、牵扯到若干政府部门等,对城市发展影响巨大,因此,我们称其为重大动迁工程。

表 6　2007 年上海中心城区旧城改造地块一览表(市政动迁不含)

所属区	板　块	地块及范围	开　发　商
卢湾	新天地	43 街坊	上海弘圣房地产开发有限公司
卢湾	新天地	69 号地块	上海海华
卢湾	肇嘉浜路	肇嘉浜路 15 弄 5 号—11 号,24 号—69 号;20 号—60 号;62 弄 1 号—70 号	上海鼎霖房地产开发有限公司
卢湾	肇嘉浜路	静安区 54 号街坊 G 块恢复地块	上海鼎霖房地产开发有限公司
静安	北　翼	静安区 46 号街坊和 40 号街坊北地块	上海华昱房地产开发有限公司
静安	北　翼	静安区 60 号街坊土地储备	冠丰(上海)房地产发展有限公司
静安	北　翼	静安区 68 号地块	上海市土地储备中心、上海静安区土地开发管理中心
静安	南　翼	49 号街坊(部分)土地储备	上海天顺经济发展有限公司
静安	南　翼	静安区 78 号地块 A 块(二期)	上海市土地储备中心、上海静安区土地开发管理中心
静安	北　翼	严家宅 3 期 B 块	上海圆泉房地产开发有限公司
静安	南　翼	胶州路 838 号土地储备	上海申城房地产开发实业总公司

续　表

所属区	板　块	地块及范围	开　发　商
静安	北　翼	静安区95号街坊C地块	上海静安区土地开发管理中心
静安	北　翼	静安区78号地块C块	上海富伟置业有限公司
黄浦	南外滩	董家渡14号地块	上海圆泉房地产开发有限公司
黄浦	南外滩	董家渡12号地块	上海南外滩集团房产前期开发有限公司
黄浦	南外滩	董家渡3号地块旧城改造项目	通海建设有限公司
黄浦	南外滩	方浜中路改造项目	上海华浙外滩有限公司
黄浦	南外滩	黄浦区546街坊地块土地前期基础性开发	上海亚龙古城房地产开发有限公司
黄浦	南外滩	士林华苑二期地块	上海市黄浦区土地发展中心
黄浦	南外滩	东元房住宅小区	上海士林置业有限公司
黄浦	董家渡	五房园地块(江阴街南侧)三期	上海东亚房地产股份有限公司
黄浦	董家渡	瑞虹新城4号地块	上海南房(集团)有限公司
虹口	临平路	瑞虹新城6号地块	瑞安集团
虹口	临平路	瑞虹新城8号地块	瑞安集团
虹口	临平路	瑞虹新城9号地块	瑞安集团
虹口	临平路	瑞虹新城10号地块	瑞安集团
虹口	临平路	虹镇老街239弄地块	瑞安集团
虹口	临平路	虹关路(原虹镇老街)116弄(单号)全部、116弄19支弄(全部)	未知

续 表

所属区	板块	地块及范围	开发商
虹口	临平路	东大名路 970 号—1060 号(双号) 1030 弄(全部);公平路 90 号—94 号、90 号旁	未知
虹口	北外滩	商丘路 387 号地块土地储备 海门路 630 号地块	中房上海房地产有限公司
虹口	北外滩	太阳山路地块	上海市虹口区土地发展中心
徐汇	中心地块	襄阳路永嘉路地块	上海地利置业有限公司
闸北	中兴路		天宸股份
徐汇	中心地块		天都集团

资料来源:上海房地局,http://www.dongqianfa.com/Article/yj/wz/200801/400.htm

(二)基于重大动迁工程的旧城改造模式

自 50 年代初至 80 年代末,上海的市政基础设施一直严重滞后于城市社会发展需求,各项公共服务设施也处于超负荷运转状态。为此,上海进行了大规模的基础设施建设和生态环境建设,据此推进了旧区改造。

第一,结合道路交通建设进行旧城改造。内环线高架道路、南北高架道路、延安路高架道路等相继建成并通车,杨浦大桥、南浦大桥、卢浦大桥和越江隧道等加强了浦江两岸地区的经济交流,市中心初步形成由"申"形高架和轨道交通"十字加半环"组成的立体化综合交通体系(2003 年建成通车);加上轨道线站建设、中环线主干道建设、填浜筑路建设以及新客站等其他对外交通设施工程，动迁了数以万计的居民家庭。仅20世纪80年代初期开展的四平路拓宽改造，就拆除棚户简屋22.6万平方米，动迁居民1.52万户。

第二，结合大型公共绿地和生态环境建设进行旧城改造。20世纪90年代以后，上海市中心城区结合延中绿地、太平桥绿地、顾城公园、丽园公园等大型公共绿地建设，动迁近10万户居民。该模式投资主体主要是政府，只有在大规模土地批租地区的中心绿地建设中，开发商作为该地区的投资开发主体，才投入一定财力进行环境建设。

第三，结合市政基础设施和公共服务设施建设（如电力电信、给水排水、环保环卫、科教、文体、卫生、商业等）进行旧城改造。从20世纪50年代开始，全市结合旧城改造，建设了一大批市政基础设施和公共服务设施。其中，仅人民广场南侧的电信大楼工程一项，就异地安置了1 100户原住居民。

第四，结合市容环境整治进行旧城改造。1963年，市委市政府提出要“结合市容整顿，拆除干道沿线两侧棚户简屋，以利于改变城市面貌”，掀起了第一个美化城市运动；20世纪末和本世纪初，上海市又结合举办各大型国际性活动（如2010年世博会），进行了同样的环境整治工作，动迁了大量居民。

（三）动迁安置基地

80年代以来，上海市动迁安置基地的区位安排经历了一个从城市边缘地带到近郊、再到远郊的过程。新世纪开始所建的动迁房基地除少量位于内环与中环之间以外，绝大多数都位于外环线附近，其中2004年建设的上海300万平米四大动迁基地更是位于外环线之外，甚至有的还处于较为边远的南汇区（图 2、图 3）。根据上海市动迁基地的发展趋势推测，未来动迁居民将有可能被安置于奉贤、金山等更为偏远的远郊区。

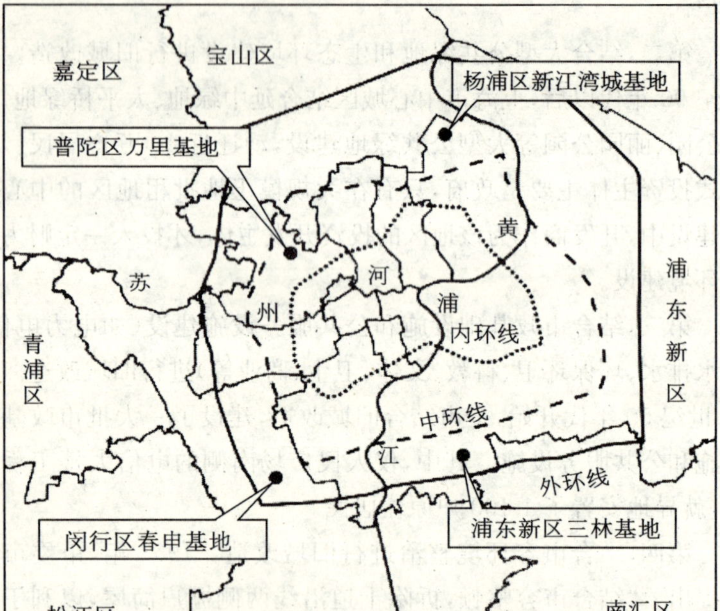

图 1　上海 1997 年建设的四大动迁基地

综观上述上海旧城更新改造的历程，可以根据更新措施与目标、居民动迁的力度和安置方式、重大动迁工程的实施程度分为两大阶段：90 年代以前的零星拆建、小规模改造、居民原地回搬和现房安置阶段，90 年代以来的大规模拆建、整片开发、居民全部外迁、异地现房安置或货币补偿阶段。

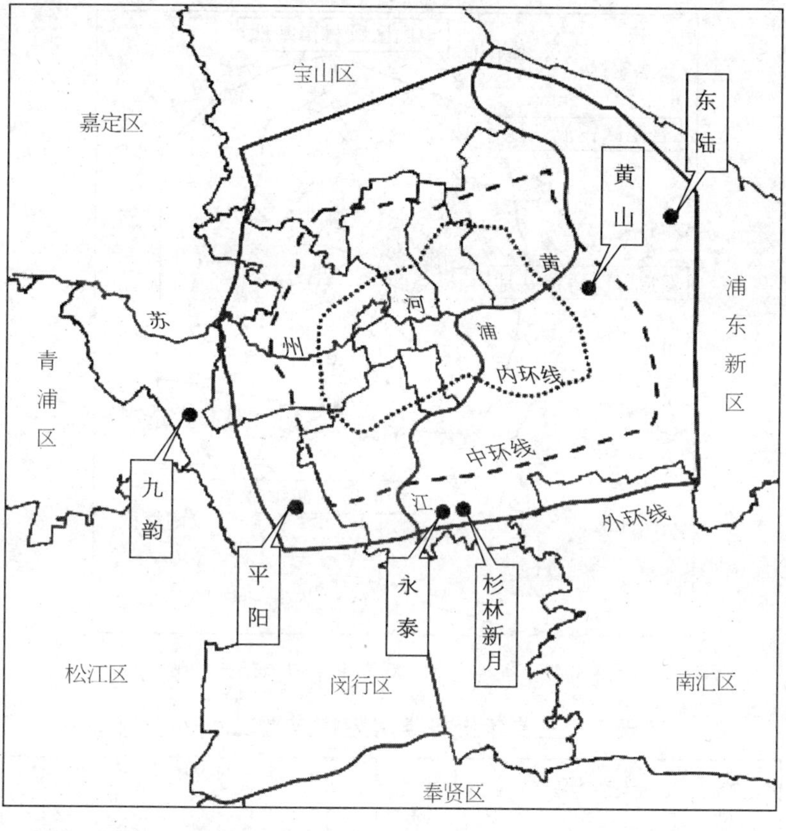

图 2　2002 年上海 100 万平米六大动迁基地

从物质形态的角度来看，上海旧城更新改造内容既包括对棚户、简屋、危房、公房进行拆除重建，也包括对旧式里弄住宅进行改建，如改善设施、增加面积、提高成套率等；不过在上海其他旧住房中，新式里弄、花园住宅、老式公寓等予以保留保护(表 8)。此外，重大工程项目的建设和实施不但改变了城市布局形态，还实现了中心城区内部功能格局的重组。

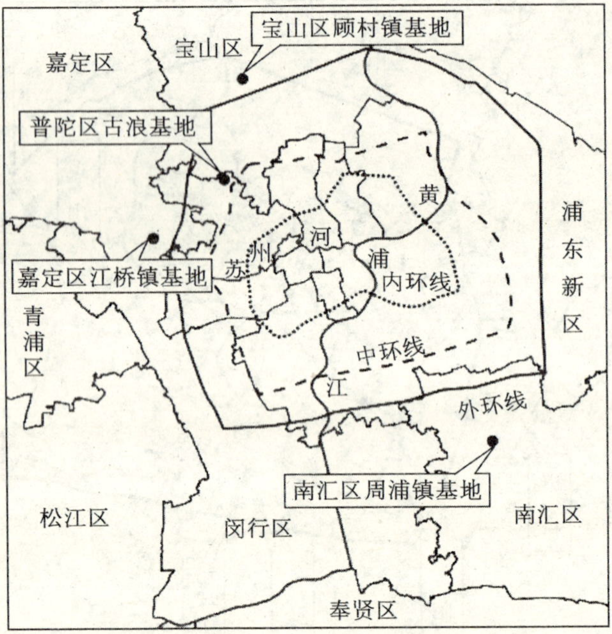

图3 2004年上海300万平米四大动迁基地

表7 主要年份各类房屋构成情况(单位:万平方米)

类别	1978	1990	2000	2005	2006
总计	8 653	17 256	34 206	64 198	70 282
居住房屋	4 117	8 901	20 865	37 997	40 857
花园住宅	128	158	250	1 380	1 464
公寓	90	118	206	491	528
职工住宅	1 140	4 884	17 939	33 610	36 504
新式里弄	433	474	428	541	534
旧式里弄	1 777	3 067	1 896	1 836	1 689
简屋	464	123	84	37	36
其他	85	77	62	104	101

资料来源:《上海统计年鉴》,2007

参考文献：

陈映芳，2007，《作为社会主义实践的城市更新：棚户区改造》，载林拓等著，《现代城市更新与社会空间变迁：住宅、生态、治理》，上海：上海古籍出版社。

简·雅各布斯，2005，《美国大城市的死与生》，金衡山译，南京：译林出版社。

刘易斯·芒福德，1988，《城市发展史——城市的起源、演变和前景》，倪文彦、宋俊岭译，北京：中国建筑工业出版社。

P·霍尔，1985，《城市和区域规划》，邹德慈、金经元译，北京：中国建筑工业出版社。

《上海建设》编辑部，1989，《上海建设（1949—1985）》，上海：上海科学技术文献出版社。

《上海建设》编辑部，1991，《上海建设（1986—1990）》，上海：上海科学普及出版社。

《上海建设》编辑部，1996，《上海建设（1991—1995）》，上海：上海科学普及出版社。

中共上海市建设和管理工作委员会、上海市建设和管理委员会，2003，《上海建设年鉴》，北京：新华出版社。

上海市统计局，2002—2007，《上海统计年鉴》，北京：中国统计出版社。

《上海城市建设和管理》编委会，2004，《上海城市建设和管理》，上海：上海科技出版社。

吴晨，2005，《城市复兴理论辨析》，《北京规划建设》第1期。

承载，1999，《上海通史第13卷——当代社会》，载熊月之主编，《上海通史》，上海：上海人民出版社。

第一章
郊区动迁安置基地
——居民的生活空间如何被生产

黄　勇

一、研究背景与问题意识

（一）问题的提出

上世纪以来，作为一个迅速扩展的大都市，上海的住宅建设在两个背景之下得以迅速推进。一是中心城区的更新。进入 90 年代以后，上海加大对旧式里弄、棚户、简屋等旧区的改造力度。据统计，仅 1991—2000 年，上海共拆迁了近 2 600 万平方米的旧房，安置了 600 多万居民（上海统计年鉴，2002）。在另一向度上，则是城市的扩张，市区范围向周边逐步延展。城市的更新与城市的扩张是紧密相连的——市区居民向郊区的大规模动迁正是联结城市更新与城市扩张的重要环节。

上海的城市更新与扩张，以及由其所带来的市区居民向郊区的大规模动迁，在开始阶段，首先是由政府主导和规划，而非是市场行为。“动迁安置基地”这一政府主导的郊区化进程，最初即是在这样的背景下开始的。90年代以后，上海市政府先后分几批规划、建设了数个大型动迁安置基地。这些基地大多分布在传统的中心城范围内环线之外、外环线的两侧地区。与一般的商品房开发项目相比，动迁安置基地项目有以下特点：(1)房源实行封闭式运作，只向重大工程动迁及部分困难动迁户定向供应；(2)规划、建设过程主要由政府主导，政策性强；(3)居民“搬出”旧房(拆迁)及“迁入”新房(安置)因而就带有更多的强制性，而非完全如市场化交易行为中的自愿选择，所以，这种居住变化可能对居民的生活产生更大的影响；(4)这些基地大都占地面积大，工程量大，安置人口数巨大，牵涉到的居民范围广；(5)因为影响大，所以政府对其在整个城市中的区位布局会有宏观的考虑。一个大型安置基地落脚点的选择，往往带有战略性，会影响到所在区域的长远发展。

基于以上特点分析，可以看出动迁安置基地与整个城市发展进程的深刻关联，同时也是后者各种发展逻辑的一种体现。在这一章里，笔者试图探讨的是：1. 作为一种新的都市空间，“动迁安置基地”得以被“生产”的过程和逻辑是怎样的？2. 这种在外部强制力规划下被生产出的都市空间，与普通居民是如何互动的？

(二)既有研究

关于旧区改造与城市更新，国内学者徐明前(2004)对上海旧住区的形成过程以及20世纪50年代以来对旧区的改造过程作了历史的描述，从物质环境、精神环境、文化环境、社会矛盾等几个方面分析了上海旧区改造过程中存在的问题及面临的难题，最后以上海卢湾区的旧城改造经验为例阐述了中心城旧住区更新发展的方式。作者从规划的视野对经济、文化、政治等方面的总体性因素作了较为全面、深入的分析，为本文理解上海的城市更新提供了有益的参考。此外，孟眉军(2007)对近代以来上海棚户区的发展历程作了大致的梳理，以空间/时间视角，分建国以前、建国初期、改革开放以后三阶段展开论述，并选取政区、战争、商业、市场化改革等影响因素，对各个时期棚户区空间结构变迁的机制作了深入探讨。与这些研究有所不同，陈映芳(2007)则专门关注了1949年至70年代末这30年间上海市的棚户区改造进程。主要讨论了这一进程发生的城市空间结构与城市政策背景，及这种改造模式和相应的住宅政策对于棚户区居民的影响。从社会过程—空间过程的相互关系入手，探讨了隐含在政治、经济制度变迁背后的，影响城市社会变迁的机制和结果。最后她还指出了既往的社会分层、城市贫困研究对于住宅因素的忽略。“当我们将个人或家庭的收入、权力及声望等作为社会分层的主要因素时，往往忽略了受到城市规划、住宅分配制度、公共资源配置系统等限制的住宅要素。在城市社会中，住宅不平等是社会不平等的最重要的一个侧面。‘住宅阶层’应是我们认识社会主义城市中社会各阶层政治地位、经济地位、社会地位之间错综复杂关系的一个有效视角。”两篇关于棚户区的论文对把握棚户区发展史及透视棚户区这一空间形态背后的社会、政治过程提供了很好的参考。

另一方面，这些年来，一些学者对照国外有关郊区化的研究，对城市的扩展作出了相应的描述和说明。郊区化(Suburbanization)是指人口、就业岗位和工商业等从大城市的中心区向郊区迁移的过程，但西方城市郊区化主要是指中产阶级为逃避市区恶劣的生活环境而主动到郊区居住。而在中国，郊区化发生时中心城区仍具有巨大的吸引力，人口迁往郊区主要是被动式的动迁安置(周一星、孟延春，1998；吴国兵，2000；郑时龄、王伟强、袁雁，上海市政协网；冯健，2001）。关于上海的城市扩展，高向东（2003）从人口分布变动的角度对上海的郊区化过程进行了描述与总结，划分了建国以来上海人口分布变动与郊区化的四个阶段，即人口高速增长的集中城市化阶段、人口郊区化前期准备阶段、人口郊区化启动阶段和人口郊区化加速阶段。提出了上海人口分布变动与郊区化的函数模型，并对未来上海人口分布及郊区化的趋势作了预测。朱宝树（2002）也对上海郊区城乡一体化进程中的人口再分布作了分析。丁金宏（2003）则对浦东新区区内迁移、市内迁入和市外迁入人口的年龄模式作了细致解读。这些关于上海宏观的人口分布状况与变化趋势的勾勒为本文提供了一个很好的背景。

上述这些研究中，除陈文外，主要都是从地理、规划角度，以时间、空间两维展开的宏观分析，而较少深入到社会、政治过程。陈文主要从社会、政治层面切入，但关注的是 1949 年到 70 年代末的发展进程。本文拟对已有的成果作出补充，以 90 年代以后的大型动迁安置基地为对象，通过对个案的深度剖析，考察在空间生产过程中的政治过程、居民生活、个体感受。

二、动迁安置基地产生的背景及脉络

（一）级差地租背景下的中心置换

在上海，1990 年以前的旧区改造主要是针对居住条件更差、改造要求更紧迫的棚户简屋区，由于政府财力所限，对于旧式里弄的改造无论是所涉及的范围还是改造的程度都很有限。因之，直到 1996 年以前，上海市里弄面积基本保持稳定，甚至因为居民的私自搭建和改建而有小幅增长。[①] 1996 年以后，对旧式里弄的改造力度加大。各区的旧式里弄面积都逐渐减少。从图 1 中可以看出，1996 到 2005 年，在各个区中，黄浦区被拆除的面积最大。这背后一个重要原因在于，2000 年后，南市区并入黄浦区，之前南市区的里弄面积也纳入黄浦区的统计当中。南市区分布着大面积的旧式里弄住宅，而且这些石库门住房建造年代久远、结构老化、

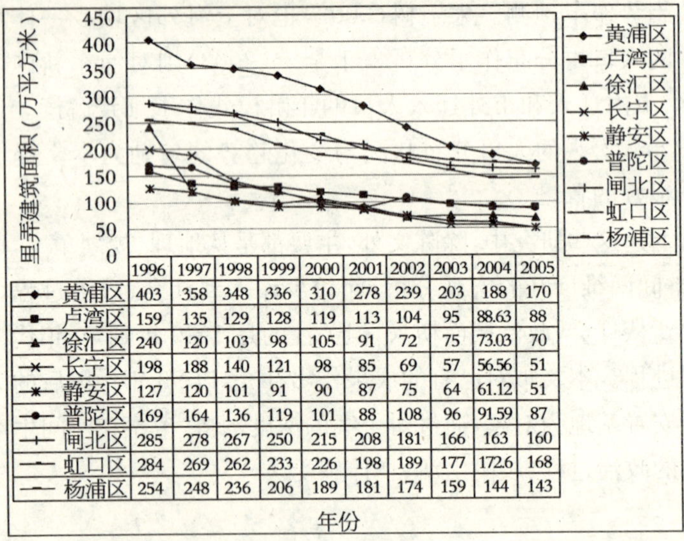

	1996	1997	1998	1999	2000	2001	2002	2003	2004	2005
黄浦区	403	358	348	336	310	278	239	203	188	170
卢湾区	159	135	129	128	119	113	104	95	88.63	88
徐汇区	240	120	103	98	105	91	72	75	73.03	70
长宁区	198	188	140	121	98	85	69	57	56.56	51
静安区	127	120	101	91	90	87	75	64	61.12	51
普陀区	169	164	136	119	101	88	108	96	91.59	87
闸北区	285	278	267	250	215	208	181	166	163	160
虹口区	284	269	262	233	226	198	189	177	172.6	168
杨浦区	254	248	236	206	189	181	174	159	144	143

年份

图 1 1996—2005 年上海市区各行政区旧式里弄面积变化[②]

资料来源：申立，2007

① 1996 年上海市区旧式里弄建筑面积为 2 119 万平方米，新式里弄面积为 447 万平方米。在旧式里弄中，二等旧式里弄 1 341 万平方米，一等旧式里弄 778 万平方米，居住条件最差的二等旧式里弄占 63.3%。里弄仍遍布各个区，卢湾区与黄浦区都属于分布最密集的地区之列。

② 2000 年后，南市区并入黄浦区，故 2000 年前的黄浦区数据中也包括南市区的里弄面积。

设施很差、环境恶劣，属急需被改造之列。1996 年到 1997 年，黄浦区、卢湾区的旧式里弄面积减少都很明显。此后几年，卢湾区的减少速度减缓，而黄浦区仍在继续实施大规模的拆迁。

至 2000 年 11 月，上海全面完成 365 万平方米的危棚简屋拆迁任务，10 年间共拆除各类房屋 2 787 万平方米，其中一级旧里 87.88 万平方米，二级旧里 1 714.44 万平方米，简屋 511.66 万平方米。十年间共动迁居民 64 万户，同时提供了不低于 2 200 万平方米的新住宅，市区人均居住面积由 6.6 平方米提高到 11 平方米以上。此外，90 年代以来，上海市政府规定逐步解决人均居住面积在 4 平方米以下的困难户，由政府和单位补贴解决，十年内解困居民达到 12 万户以上，提供住宅约 500 万平方米(胡伟，2002)。

棚户、简屋区与旧式里弄里居住的主要是社会中下层的居民，特别是在前一类社区，生活着城市社会最底层的居民。在这些街区里，往往集中了大量的下岗、失业人员。按他们的收入水平，绝大部分人都不可能在市中心重新购置新房。按政府动迁政策，对于他们的安置也越来越不以就地安置为取向。如果是直接以房屋形式进行补偿、安置，供被动迁居民选择的新房不会建在同一区域，而是在比原住地更偏离市中心的区位；如果是以货币形式进行补偿、安置，补偿金额并不以同一区域的新建商品房价格为标准，动迁居民用这笔补偿金无法在原住地附近购得住房，甚至在整个中心区域内都不可能购得。凭他们的经济实力，也很难在动迁补偿费用基础上自己再拿出一大笔购房资金。于是，他们只能沿着远离市中心的方向选择价格更低廉、可承受的住房。也就是说，他们拿市中心房屋的补偿金，只能买到郊区的新房。不管是房屋补偿，还是货币补偿，中心城区的动迁居民都会被迫远离市中心原来的居住地。前一类是通过安置房选址的直接被迫，后一类是通过价格落差的间接被迫。

而且，这十多年来，随着中心城区土地资源越来越稀少，房价越来越高，他们外迁的距离变得越来越远。从内环线区域，到中环线区域，再到外环线周边，甚至到远郊，可供他们选择的居住区位一步步往外远离。有受访者就告诉我们："没有办法，我们还是赶快搬吧。现在还可以（安置）在外环线以内，再过几年就只能去外环线以外了。"另一方面，市中心拆迁之后新建的商品房小区，通过高房价的门槛，引入中高收入阶层的居住者。由此，低收入者迁出，高收入者迁入，实现了中心城区的人口置换。

将低收入群体集中居住的旧区改造更新，给政府带来的经济效益和其他综合效益是明显的：除地块批租可以带来大笔经济收益外，地域内住宅阶层的提升还会给区域带来巨大、持久的消费能力，拉动区域经济的增长；此外，随着低收入阶层的迁出，贫困社区的许多社会问题也随之外迁，尽管这些问题本身可能没有获得解决。相对于原来的旧式里弄、棚户、简屋，高档商品房社区给城市面貌带来的改观无疑是多方面的。

表面看来，这种置换只是市场化的自动调节过程，通过价格机制来实现。低收入者买不起中心城区的住房，因而被市场"调节"到了郊区；高收入者能够消费中心城区的住房，因而被市场"调节"到了市中心。然而背后实质的政治过程是，城市政府为了利用中心城区有限的空间来获取更高的经济收益和更好的形象评价，而通过政策杠杆和宏观规划，将住宅低消费能力群体从地租高端区域安排到了地租末梢区域。

（二）郊区动迁安置基地

进入上世纪 90 年代以后，上海城市进入高速扩张期。如

表1、表2所示，在郊区居住的人口数量猛增（如表1）的1990—2000年，近郊区人口净增260.25万，增幅达86.8%。在住宅分布方面也有显著变化（如表2），从1990年到2000年十年间，中心城核心区住宅面积所占比重下降最大，由32.92%下降为15.91%，降低了一半。而近郊区的住宅面积所占比重则增长了近一倍。

表1 1990—2000年上海市人口数及变动情况

	1990年人口数（万人）	2000年人口数（万人）	90—00年人口增减数（万人）	90—00年人口数增减幅度（%）
中心城核心区	272.51	206.94	−65.57	−24.06
中心城边缘区	412.25	486.09	73.84	17.91
近郊区	299.82	560.07	260.25	86.80
远郊区	349.6	387.67	38.07	10.89
合　计	1 334.18	1 640.77	306.59	22.98

资料来源：高向东，2003①

在新建的郊区住宅中，除了市场化开发建设的商品住房，一股主要的力量是由上海市政府统一规划新建的大型住宅基地。而且，在此过程中，往往是先规划、开发、建设了大型住宅基地之后，才逐渐有市场化的商品房开发。

① 在表1、表2中，高向东是按行政区划法对上海进行区域划分的。具体来讲：

中心城核心区，包括黄浦、静安、卢湾、虹口4个区。各区全部或大部分位于内环线以内；

中心城边缘区，包括徐汇、长宁、普陀、闸北、杨浦5个区。各区全部或大部分位于内外环线之间；

近郊区，包括浦东、闵行、宝山、嘉定3个区；

远郊区，包括松江、金山、青浦3个区和当时的南汇、奉贤、崇明3个县。

中心城核心区和中心城边缘区构成了中心城区，近郊区和远郊区统称郊区。（高向东，2003：9—10）

表 2 上海市住宅分布变化表(单位:%)

	1990 年住宅面积所占比重	2000 年住宅面积所占比重
中心城核心区	32.92	15.91
中心城边缘区	43.01	41.99
近郊区	19.82	35.88
远郊区	4.25	6.22

资料来源:《上海统计年鉴(1991—2001)》,转引自高向东,2003

注:远郊区不包含南汇、奉贤、崇明。

开发之前,这些区域有的属于小城镇,有的还处在由农村逐渐转变为城市的城市化进程之中,还有很多仍属于农村形态。以这样的城乡区位、周边环境和基础设施条件,除了可以吸引到少量的别墅式住宅开发之外,难以直接通过市场化的方式吸引到大规模的住宅开发。在这种情况下,政府将大型住房安置基地作为带动小区域经济发展(包括房地产市场发展)的先导性因素楔入未开发、待开发的郊区。安置基地从规划、建设,到居住安置都带有某种政府强制性,不用追求高额利润回报,也不用担心没人入住,所以市场风险很小。当这些住宅基地建成、居民安置入住以后,随着区域基础设施的逐步发展,房价逐步上涨,房产商看到利润空间之后,才会大规模进入,开始商品房开发。

就这样,90 年代中期以来,动迁安置基地的规划、建设与郊区土地开发之间,形成了一种特殊的互动关系。由安置基地带动郊区商品房开发的土地开发模式,成为这个城市开发的法宝。特别是新世纪以来,多批、多个大型住宅基地,在城市四周远近郊区全面开花,这些大型居住区都是设在主城区以外的区位上,几乎全在内环线以外。而且,出现了时间越往后,离市中心越远的趋势。

在这样的以动迁安置基地拉动郊区土地开发的城市开发模式中，被动迁、安置的居民在一定程度上被当作了“拓荒者”。目前的安置逻辑不是先建好必要的公共基础设施，再将居民迁入。而是先将居民迁入，再来慢慢建公共基础设施。对于政府和开发商来说，这有利于加快动迁速度、安置速度，也大大降低了安置基地前期建设的经济成本和管理成本，但是，对于实际居住在安置基地的动迁居民来说，他们被迫承担了更多的生活成本，承受了诸多的生活不便。

（三）本研究的个案：上里城

将上里城作为我们的研究对象，是因为它在三个维度上具有代表性：在开发模式上，这种“郊区动迁基地”模式，是典型的政府主导式的郊区化模式；在空间上，浦东是上海城市扩张的主方向，研究上里城对于研究这种空间的扩张具有重要的意义；在时间上，上里城属于最早一批动迁安置基地，具有极强的典型推广效应。

上里城位于浦东新区西南端，南边紧靠外环线，北邻中环线。距市中心直线距离10公里，离南浦大桥、徐浦大桥分别为7公里、5公里。该地域原为郊区农村形态，包括大片农田和分散的农民住宅，属上里镇所辖。上里城建设、发展一段时间以后，1999年专门在这里成立了一个新的街道办事处“西河路街道”。

1993年9月，上海市政府决定在上里地区规划一个占地约10 000亩、人口约20万的住宅建设基地，作为上海市重大工程的动迁房基地，并且指定上海市建设委员会所属上海市凯崇综合开发总公司全面负责基地开发。次年，国家建设部批准在上里基地中心位置建造全国第三批城市住宅建设试点小区，将其命名为“上里苑”。该工程于1994年5月动工，1996年1月全部竣工。在

1996年4月建设部城市住宅小区建设试点评比中，上里苑小区被评为试点综合奖中的金奖，还获得上海市建设工程“白玉兰奖”、国家建设部“鲁班奖”。当时的多位党和国家领导人及上海市领导曾先后多次视察该小区，引起广泛的关注。此后，上海市把规划上里居住区的范围扩大到12.8平方公里，使之成为分布在上海市东、西、南、北地区的四大跨世纪“示范居住园区”之一。①

上里苑的建设开启了整个上里城大开发的序幕。1996年7月，上海市政府与新加坡共和国政府在上海新锦江大酒店隆重举行仪式，共同签署《关于上海上里城（南片）规划编制和平价住宅开发的合作协议》。该项目采用“政府构筑框架、开发商投资建设”的合作模式。上海市建设委员会与新加坡经济发展局经过多次磋商，选择“中方供地，外方出资，合作开发，限期建设，政府收购”的方法。南片占地约6.18平方公里，扣除已开发部分和规划地区变电站，实际约4.1平方公里。上里城（南片）建设实施一次规划、分期开发的办法。新加坡财团首期投入2亿新币（约合12亿人民币）建设平价住宅约40万平方米。上里城（南片）一期平价住宅建成后，上海市政府指定由上海市城市建设投资开发总公司、上海市公积金管理中心和浦东新区公积金运用中心统一收购。新方对该居住园区建设的规划设计和物业管理给予技术援助（《上海年鉴》1997）。2002年10月7日“世界人居日”，上海市启动建设“100万平方米重大工程配套商品房”。五个基地中有两个设在上里城，分别为杉林新月小区和永泰花苑小区。

---

① 为在“九五”期间加快住房建设和旧区改造的步伐，实现竣工住宅4 500万平方米的总量目标，上海市在内外环线之间、东西南北四个方向各建一个大型的住宅小区。这4个大型住宅建设小区用地总量达2.4万亩，建筑面积规划逾1 000万平方米，设计入住人口46万。

上里城范围内的农村土地，早在整个项目启动之初就已完成政府征用。原来的村民都被集中安置在最早建成的两个小区里。这些本地的征地农民在整个上里城的人口中所占比例不到10%。

到2006年8月为止，除了在上里城中心位置及西北角上还各有一大片土地处于已被征用但长期闲置的状态以外，上里城范围内的土地绝大部分已开发完毕，前后共建成了17个居住小区，居民都已陆续迁入。除了与其他小区相对孤立的一个高档别墅小区外，其他小区都以动迁安置房为主，[①]自购商品房为辅，各小区商品房所占比例有多有少。整个上里城的人口构成大致为：不到一成的为本地动迁农民，六到七成的为市区动迁居民，两到三成的为商品房购买者。从市区迁入的居民涉及到高架路、绿地及其他市政工程、旧区改造、世博园区、新商品房开发等各种动迁。

三、政府主导的空间安排

（一）政府与资本：主导性力量

从上里城的发展历程可以看出，这一大型动迁安置房工程是在政府的强力主导下得以推进的。它不是一个纯市场化的开发投资行为。最初的总体规划、全国试点小区的设立、配套商品房的分期布局等过程，都由各级政府主导推进。

从政府间签订协议，到在“政府构筑框架、开发商投资建设”的模式下由双方地产商实施建设，与新加坡的合作，同样是在政府推

① 下面两种情况都包括在安置房内，第一种是动迁时直接以住房形式补偿，被安置在此的；第二种是动迁时以货币形式补偿，自己再到这里来购房的。

动下实现的。

1. 国家力量的“试点”效应

来自国家的影响主要体现在两个方面。一是上里苑被建设部确立为全国住宅试点样板小区所带来的推动作用。1986 年,国家建设部在全国启动城市住宅小区试点,到上里苑建成时的 1996 年,已总共建成 60 多个试点小区,分布在全国 21 个省、市、自治区的 46 个城市,总建筑面积超过 1 000 多万平方米。同时,各省市又在此基础上进行了更大规模的扩大试点小区的工作。建设部所确立的试点宗旨是:“建好一个小区,锻炼一支队伍,造就一批人才,探索一条道路,总结一套经验,形成一套制度。带动本市、本地区住宅建设提高到一个新水平”(谭庆琏,1995)。上里苑的试点成功以及获得金奖,可以说让整个上里城的建设取得了开门红,起到了很好的推动作用。

二是政府高层的关注所产生的政治效应。上里苑居住小区落成后,江泽民、乔石、朱镕基、荣毅仁、万里等中共中央、国家领导人以及上海市的领导黄菊、徐匡迪等都先后前来视察;国内其他省市也有许多官员前来参观;后来,新加坡政府的李光耀、吴作栋等领导人也曾到上里城访问。各方面政治人物的极大关注,既是一种动力也是一种压力,促使这个动迁安置项目必须要建好。

上里苑的成功获奖及政治领导人的频繁来访,还带来了扩散效应。对于这里的开发商来说,这无疑是他们最好的广告词、卖点、噱头;对于这里的居民来说,这些东西是他们居住地的光环,增强了他们对这里的认同。在调查中,我们经常碰到小区的居民津津乐道地说:

动迁那时可以选择的去处蛮多的,因为听说浦东上里城是当时中国的样板房，江泽民都来过的，所以就选了这里。

这里老早有很多轿车出出进进排队看房，全是头头来视察，这里当时是样板房，江泽民、朱镕基都曾经来过。

李光耀都到我们这里来视察过！

2. 城市政府的行政强制力

在市场逻辑下，设施配套、功能完备的郊区化应是一个逐步发展和完善的过程。但是这种缓慢的速度显然与上海要急速动迁城中心居民的需求不相符，也与快速郊区化的要求不相符。在这种情况下，中国特有的行政强制力发挥了特殊作用。政府运用特殊策略，将城中居民动迁到指定区域，这一方面能够实现快速的城市更新，另一方面也带动了新一轮的城市扩张：刚进入郊区动迁安置地的动迁居民尽管面临配套服务欠缺的情况，但一旦入住了三五年，他们将“地块暖热”，安置区积聚了“人气”。房地产公司即随之跟进，形成了地产开发的良性循环，城市更新与城市扩张的速度都大大加快。

上里城的开发过程正是一个例证。当初，这里原是典型的郊区农村形态，大片农田，只有一个小镇，基础设施落后。一位从市区首批搬进上里城的居民讲述了当时的周边设施、环境状况：

刚来的时候不方便，没有一个超市，没有小菜场，我们最开始搬来三四个月都没有。荤菜就从上海带来，我在那边上班就顺便带回来；蔬菜嘛本地的农民自己种的拿到小区里面来卖……路很窄，而且不是水泥路面，全是烂泥，不好走。草长得很高很高，周围都是农田，就像开荒一样……我们刚搬过来的时候，很多亲戚想来看看我们的新房子。但不知道怎么走，找不到，打电话问我们，我们也搞不清楚怎么走。①

在90年代上里城刚开始建设的时候，它可以说是一片郊区农村当中的孤岛。在最初一段时间，周围没有其他的房地产开发项目。即使在已有大批动迁居民入住以后，各种公共基础设施仍非常不便，比如，公交线路少，进市区非常不便；商业设施少，购物不便；几乎没有文化娱乐设施，很多人，特别是年轻人无处可去，觉得无聊……出于这类原因，一些已迁入的居民在居住一段时间以后，不愿继续住在这里，或者把上里城的房子卖掉，或者不把这里作为主要居住地，而改去其他更方便的地方购房。但是，一方面，被安置的居民大多数经济实力有限，无力去另找一个生活更方便因而房价也更贵的区位重新购置住房，很多人即使觉得不喜欢、不习惯这里，也只能认命，选择住下来，等待进一步的发展。在那些逃离上里城另购商品房的居民中，很大一部分本来就是在上里城自购了商品房，经济实力较强，但在所有的上里城住户当中，他们只占很小一部分。另一方面，整个上里城工程浩大，规划安置人口量大，实行分批开发、入住。由于如前所述动迁安置带有一定的强制性，后面不断有大批的居民被分批安置进来。这样，经过几年的逐步开发、建设，上里城的基础设施慢慢地得到完善，居住的吸引力一步步增强，房价也逐步上涨，开发商看到了利润空间，纷纷进入这一地区。到现在，上里城经过十几年的发展，虽然公共设施仍有很多不完善之处，区域内的城市形态已基本形成，超市、菜场、医院、公交等都已逐步建立起来，道路、绿化系统较为完善。上里城周边已有很多个不同类型、不同价位的商品房开发项目，很多小区

① 调查访谈录音 HY2006007。

已经建成入住，区域的房价也看涨。

相对于城市政府，安置基地所在区域的基层政府更侧重于对区域发展的利益考量。上里城所在地域原属上里镇管辖。上里镇范围内，除了镇政府所在地有一个小镇以外，周围全为大片的农村。大型住宅基地上里城就被建在其中的一片农田之上。1996年上里城第一批居民入住。最初的几年，上里城仍属于上里镇管辖。1999年，在新发展起来的上里城，以及上里镇的部分集镇的基础上成立了一个新的街道办事处——西河路街道。就是说，将原来上里镇范围内的部分城市化区域分离出来成立了西河路街道。在新街道的范围内没有一块未征用的农村土地，而被分割之后的上里镇仍有大片未开发的土地。因为这一差别，两个街镇之间的财政收入差别悬殊。但是，并非城市化程度高的西河路街道比城市化程度低的上里镇富有，而是恰恰相反。最近几年，上里镇有大面积的土地可供出租，因而带来了丰厚的收入；而西河路街道无地可卖，也就少了一大“财源”。笔者在西河路街道调查过程中，从政府官员到普通居民，似乎人人都知道、而且都在说：“上里镇比我们有钱多了！他们有地卖呀！”语气中充满了羡慕或是嫉妒。

当初，上里镇对于上里城这样的动迁安置项目的进入也是持欢迎态度的。但是随着该区域逐渐发展成熟，它对商品房项目的吸引力越来越大，不用再愁地块卖不出去。这个时候，当地政府就不再仅仅追求眼前的土地费用和税收，而有更长远的考虑。动迁安置房项目所带来的经济收益不如纯商品房开发项目，而且如果引入大型的动迁安置项目，政府将面临着大批低收入阶层所带来的长期负担。因为被安置的这些居民中间往往大量地存在下岗、失业、贫困等社会问题。一旦他们迁入某个区县或街镇，与城市贫困群体相关的社会问题也随之带入。因而，用一位城市规划部门官员的话来讲，他们是“不希望其他区或者区内其他街镇到这里来安置动迁户的，这些人都是今后要用财力去养的。从规划的角度来讲，最好是造商品房，引进的人群比较有钱，可以给本地区作贡献”。[①]

3. 开发集团的资本逻辑

上里城的房产开发，主要由政府建设部门的相关企业承建。[②]在开发过程中，政府建设部门既是房产开发的主管部门，又是项目的直接规划实施者。颇有深意的是，西河路街道的成立最开始不是源自政府的意愿、不是由政府提出来，而是由开发上里城的房产商提出来的。最开始的几年里，上里城仍属于上里镇管辖。“这里当时是在什么基础设施都没有的农村基础上建起来的，那时延安路修高架要市政动迁，需要找一个地方，当时浦西的居民会想啊，我是城市居民，现在要我搬到一个镇管的地方，那心里肯定不愿意呀。所以开发商很急呀，他们就想到，要督促政府成立街道办事

① 调查访谈录音 HY2006004。

② 1993 年 9 月，上海市政府决定建设大型住宅基地上里城时，指定“上海市凯崇综合开发总公司”全面负责基地开发，该公司为上海市建设委员会所属企业。

1994 年，国家建设部批准上里城内第一个住宅小区“上里苑”为全国第三批城市住宅建设试点小区，由“上海凯崇综合开发总公司”和“上海光升房地产开发会司”联合开发。“上海光升房地产开发公司”的母公司“中国光升房地产业开发公司”为建设部下属企业。

2001 年 2 月份，“上海仲方置业股份有限公司”对“上海凯崇综合开发总公司”实施重组兼并，承担凯崇公司全部债权债务，负责处理凯崇公司全部事务。上里城的开发也是一开始由上海凯崇综合开发总公司运作，后来由上海仲方置业股份有限公司全面接手，其中包括尚未结束的开发任务、小区物业管理以及公共设施（如菜场）的建设，一直至今。

“上海仲方置业股份有限公司”同样有着深厚的政府背景，它是“仲方房地产开发集团”的 15 个联合体成员之一。而“仲方房地产开发集团”是全国成立最早的房地产开发企业，国有独资，原来的上级主管部门为建设部，公司的董事长也由建设部副部长出任。直到 1999 年实施体制改革时，“仲方房地产开发集团”才与建设部脱钩。

处。所以说西河路街道是在房产商的呼吁下建立起来的。其实政府本来的规划还没考虑到这一步。”[1]开发商对于政府的影响力由此可见一斑。

房产商参与这类大型安置基地的开发，既有有利的一面，也有受限的一面。一方面，因为这类住房都由政府针对重大工程动迁项目实行定向分配，有较稳定的市场空间、稳定的利润保障，房产商不用承担很多风险；但另一方面，它的利润空间也受到限制。为保证动迁中的中低收入家庭有房可住，政府对这些住宅的单价都规定了硬性的价格上限，实行封闭式运作，因此房产商无法随市场房价的上涨获取更多的利润。但是，利润最大化是资本的本性。目前房产商的一些较为典型的变相操作手法包括：

（1）拿到地块开发权后，长时间拖延开工。近几年房价总体呈大幅上涨趋势，开发商坐拥地块，每多等一段时间，其未来房屋上市后的预期获利水平就上升一级。比如，在上里城，绝大部分地块已建成居民小区，但在上里城中心位置及西北角上还各有一大片土地处于闲置状态。从该区域的规划图纸上看，在中心位置的地块上规划建造该区域的大型商业中心。据调查，该地块早在 1994 年就已被政府征用，地基已经打好，还看得到一些打桩设备和工棚，但后来一直没有继续开工，被围墙圈起来，长期处于闲置状态，里面杂草丛生。西北角空地的面积更大，同样也是在 1994 年就已完成征用，但此后一直没有开发建设，而且，在其中一片范围内，还有十几户原住村民征而未迁，一直居住在原来的自建住房内。[2] 从被征用的 1994 年到 2006 年已过十多年，早已超出了国家对于获批地块开发时限

① 调查访谈编号 HY2006003。

② 关于该地块的更多情况，后文还将有进一步的介绍和讨论。

的规定，但这些空地仍长期安然地在那里存在着。

(2) 借平价房之名，行商品房之实。一些开发商在审批地块开发性质时申报的是建中低价安置房，但实际建成之后却作为商品房出售，或者扩大其中商品房的比例，以牟取更多的利润。

(3) 打破规划的限制，建造更多的商品房。在规划的中低价房面积之外再多建造一定数量的房屋，多出来的房屋就可作为商品房出售。①

由于有关部门的监管不力，甚至可能存在利益牵涉，使得此类违规行为没能得到及时、有效的阻止、纠正、处罚。

(二) 中心城区动迁居民：生活重建与身份焦虑

在这一部分中，笔者考察动迁居民在动迁过程中的处境及其应对行为——是哪些因素促使他们从市中心迁往郊区？他们在居住空间的变化过程中有何作为、又是怎样重建他们的居住生活的？

1. 动迁的被动与主动

在中国城市，中心城区居民迁往郊区主要不是自主的市场化行为，而是在政府和开发商的规划、运作之下被动实现的。而且一旦动迁的命令得以发出，居民在“迁与不迁”这一根本问题上基本没有决定权，在这一背景下，才有所谓“强迁”的存在。几年来发生在中国各大小城市的居民对于动迁的抗争，不管以什么样的形式、经历什么样的过程，最后几乎都难改变动迁的结局。

在这一被动前提之下，动迁过程仍存在居民的主动空间，这种空间体现在，居民与政府、开发商之间的博弈将决定“怎么迁”，即

① 参见王玥、尹娟、鲍金燕《替拆迁户看配套房》中所作的相关调查报道，《理财周刊》2004年6月11日。

怎么补偿。尽管关于动迁的法律、法规、规章及动迁组的公告都会明示要用同样的计算标准来评定最后的补偿金额或房屋面积，但这只是表面的、公开的标准，而最后实际操作的标准，往往会因为不同的对象、不同的博弈过程而出现差异，甚至相差悬殊。

在同一个动迁项目中，从动迁居民的角度看，主要有两个因素决定这一博弈过程的结果。一是动迁居民所拥有的社会资本。按布迪厄的定义，社会资本是“实际或潜在资源的集合体，他们与或多或少制度化了的相互认识与认知的持续关系网络联系在一起……通过集体拥有的资本的支持提供给他的每一个成员”（布迪厄，1997）。“某一主体拥有的社会资本量取决于他能有效动员的关系网络的规模”（1986）（周红云，2003）。在动迁这一情景当中，社会身份①、关系资源的差异都会影响到社会资本的多少。在日常话语中，“社会资本”被老百姓表达为背景、关系、路子，有背景、有关系或者有路子的人就是那些有较多社会资本的人。一个从市中心区动迁到上里城的居民在回忆动迁过程时就讲：

> 人家有背景的倒是好了，可以和他们争，我们平民百姓，没背景的，怎么行？②

---

① 比如，同一情景下的动迁居民，政府机关工作人员的身份比下岗职工的身份蕴含着更多的社会资本，从而可能带来更优越的动迁补偿。郊区农村征地动迁也同样遵循这一法则。在我们访谈街道综治信访办一位工作人员的时候，他无意间透露出一个事实：他原来的居住地属于农村，该地块这几年正在实施征地动迁。根据他家后来所获得的动迁安置房的套数及总面积，其补偿标准远远高过同村的其他普通农民动迁户。我们后来对该村其他动迁户的采访也印证了这个事实。访谈编号 HY2006008。

② 访谈编号 WL2005002。本文使用了“城市更新与居民生活重建”课题组 2005 年在上里城共同调查完成的部分个案访谈资料，课题组负责人为陈映芳教授，调查员包括周燕、马清、安钊、王磊、闵思卿、张海娜、黄勇。在此向其他各位表示感谢！

二是动迁居民的行动能力。行动是动迁居民对其所拥有的社会资本的实际表达和运用。根据现实的发生状况,可将动迁居民的行动能力分解为两种模式,一种是理性行动能力,一种是非理性行动能力。

理性行动能力指运用法律、法规、政策及日常道理等规则,调动各种社会资源,以和平的手段为自己争取利益的能力。通常的表现形式有:与动迁组谈判、向媒体通报求助、向党政机关投诉、向法院起诉、信访等。[①] 以 2007 年发生在重庆的所谓"钉子户"事件为例,动迁户吴萍熟悉并善于运用相关法律,善于运用媒体发声、表达自己的主张,扩大影响,获得社会舆论的支持,这都是她有很强理性行动能力的表现。

非理性行动能力指主要不依靠规则,或者按日常话语来说,不通过"讲道理"的方式,而是用情绪化甚至极端化的言辞、举动,非和平的手段为自己争取利益的能力。主要体现在争吵、哭闹、打架,甚至绝食、自杀等形式中。2002 年从市中心动迁到上里城的一位居民就说:

> 因为我们太老实了,被人家骗了。不好老实,我跟你说,人家会吵会闹他们照样拿到房子。动迁政策我搞不清,反正你会吵会闹就可以了。老实的就被人欺,就是这个政策。[②]

在各地的动迁纠纷中,除了吵、闹,近几年也多有个人或群体

---

① 从宪法、法律的角度讲,和平的游行、示威应该算是理性的行动,但在目前的现实下都难以实现,因而其理性特征受到挑战。

② 访谈编号 HM2005004。

性的激烈身体冲突事件，甚至出现动迁户自焚这种极端现象。[①]理性的行动本应该是动迁居民维护自身权益的正当途径，非理性的行动则会造成极大的社会损害，消耗更多的社会成本。但现实的情况是，居民的理性行动没有获得足够的承认与支持，非理性行动频繁发生。究其原因，首先从动迁居民的角度来说，普通动迁居民大多对相关法律、法规及政策并不熟悉，能将其透彻理解、为己所用的更少。他们并不善于用理性和平的方式来同动迁方展开有效的博弈。当面临动迁这种巨大转变时，他们只会用最本能的方式来为自己争取权益，或者宣泄自己的情绪。而更关键的在于，居民的理性行动没能得到当下环境的足够承认和支持，例如，向媒体爆料之后，媒体不敢报道，或者即使披露之后也无法对事件本身产生实质性的影响；向法院起诉动迁方，不被立案，或者胜诉率很低；向有关部门投诉、上访，如石沉大海，得不到回音，上访本身还有很大的风险成本。理性的解决手段遭到忽视、挫败甚至打击，留给行动者的只有无助、不满、愤怒、失望甚至绝望，这种情况下就很容易转化成非理性行动。就像日常所说，很多人采取极端的方式完全是“被逼”的。当一切都无望，一些人只能用身体来作最后的抗争。

如上所述，在动迁的博弈当中，居民所拥有的社会资本及行动能力会影响到最后的补偿结果。但是留给他们的主动空间仍然是很小的。没有一个制度化的权利保障体系，即使居民采取的是理

---

① 理性行动能力与非理性行动能力只是一种理想类型的分析路径，在现实中，这两者并不一定截然分开。同一个动迁户可能既会采取理性行动也会采取非理性行动，同一个行动中可能既有理性成分也有非理性成分，一个阶段的理性行动可能因外界某些条件的变化而转变为非理性行动，或者反过来。有目的地采取非理性的行动方式，这背后已经包含有理性的算计。现实的博弈行动往往是这两种成分的结合或者相互转化。

性的行动，其结果仍然是不确定、不可预期的。

因为动迁居民社会资本、行动表达方式的不同而获得不一样的补偿结果，这在现实中还往往导致一些不良的扩散效应。第一，如果是社会资本的不同所导致的，那么则容易在动迁居民之间产生心理不平衡，甚至仇视。一些居民利用自己的“背景”获得了满意的或者超出公开标准的补偿面积或者补偿金额，另一些没有“背景”的居民不能得到满意的补偿，也没有足够的社会资本与动迁组博弈、抗衡，那么后一种居民心中的不公平感以及对前一种居民的憎恨和仇视就会产生。[①] 第二，如果一些居民通过非理性的行动方式最终获得了更多的动迁补偿，其不良的扩散效应在于，一是使得人们普遍对调解、起诉、投诉等这类本应属于正常、理性的解决方式失去信心，对相关的管理部门、管理制度失去信任，他们反而认为——或许是不得不这样认为——非理性的行动才是有效的解决之道。在调查中，我们很少听到过有哪户居民通过向法院起诉这类理性行动最终成功维护了自己的权益，相反，经常会有被访者讲述某某或者哭、或者闹、或者是长时间拖延不搬，最后多分了多少套、多少面积的房子。[②] 二是会带来恶意的效仿。一些人本来获得了合理的补偿，但趋利之心让他们也看到可乘之机，把非理性行动当成手中的一张王牌，一种威胁手段，通过无理取闹向动迁方

---

① 在前述 HY2006008 号访谈的例子中，也印证了这种负面效应。那位街道官员在自述所获得的动迁补偿时显得非常骄傲，甚至有点肆无忌惮。而在对同村农民的采访中，多位村民都表达了对那些获得明显过多补偿的村干部的极大愤怒和仇视。

② 陈映芳等研究者对郊区农村征地状况的调查也有类似发现，被征地人员“对拆迁条例不太了解，也不太关心，他们很少援引拆迁条例并要求严格实行条例，他们与相关各方的冲突很少是围绕法律法规条文的解释展开的”，“制度内的一些利益表达方式，如通过本乡或本村的人大代表在县乡人大会上提出提案；依法或依政策集体上访；法律诉讼等方式在调查中一例也没有听说”。陈映芳等，2003：136、138。

施压来牟取更多的利益。在动迁居民中广泛流传一句话，要到更多补偿的手段就是，“一哭二闹三上吊”。一位居民告诉我们：

> 有人就说，哎呀，你这样就(搬)来了不合算的呀，晚一点搬的话就可以拿两套房子了。我又不是那种会搞的人，有人又哭又闹的到后来就合算了，我们做不来的。①

这种效应会给后面的动迁造成更大的阻力，带来更多的纷争、冲突。

2. 动迁的推力与拉力

下面试图从推力与拉力的角度分析促使中心城区居民动迁到郊区安置基地的因素。

(1) 不得不走

从推力角度看，既有消极意义上迫使市中心居民不得不动迁、且不得不搬出市中心的压力，也有积极意义上他们自身迫切地想搬离原来住房的动力。

第一重消极的压力来自于政府的强制。如前所述，为了优化城市土地利用结构，发挥黄金地段土地级差优势，推进城市大型基础设施的建设，改变中心城区旧区面貌及改善旧区居民生活，90 年代以后上海市加快了中心城区的旧区改造。一旦政府关于某个地块的改造规划定下，动迁决定做出，就是强制的命令，作为居民几乎没有改变的可能。

除了不得不动迁，他们还将面临第二重压力，使他们不得不搬出市中心。前面曾讨论过，不管是以房屋形式补偿，安置基地只建

---

① 访谈编号 HY2006006。

在郊区，还是货币补偿，补偿金无法在市中心买到新住房，动迁居民都会被迫远离市中心原来的居住地。

前一种压力是一种政治力，是强制性的。后一种压力表面看起来是经济力，但其背后仍是靠政治力来维护、支撑的，因为动迁的补偿不是按市场化规则进行讨价还价或者谈判的，也不是按民主、平等的原则进行谈判的。它仍是一种带有强烈强制性的政治力。

积极的动力在于，让旧里得到动迁、改造，生活条件得到改善，是许多居民长期以来的迫切愿望。

居住环境差是旧里的通病。居住面积狭窄，人口密度大，没有独立的水煤卫设施，社区基础设施也很差。一位居民向我们讲述了她家原来的住房条件：

> 我们原来住的南昌路地段是很好，但是房子很差。那种二级以下的旧式里弄，石库门，有亭子间，有前楼。没有卫生设备。一个公共灶间，大概6个平方左右，三四家人家合用，放几个煤气灶……公共卫生间都没有的，每家人家都是用马桶。也没有地方洗澡，要洗的话就使用一个大的木盆装一点水。设备很差，房子结构也很差，电线也老化，所以我们也迫不及待地等着政府来搬迁，我是第一个搬走的。我不要住这个老房子，电线经常短路，还多次着过火。楼都是木结构的，很危险。
>
> 九几年的时候，有一天晚上房子着火了，我妈妈和我老公在房子里面，一点都不知道。一直到电线烧断了，电视没得看了，电灯也暗了，一下子突然静下来，出来一问，哎呀着火了！逃都逃不出去了！我当时在单位上班，家里就他们两个人。

后来幸好火被扑灭了。一个弄堂里三十几户人家共用一个水表。我们当时在亭子间里面装了一个水龙头，方便我妈妈不用到楼下去接水，但是只要楼下别的人家水龙头一开，我们上面就没水了。洗澡的话要么下午两三点钟洗，要么晚上九十点钟洗，反正要等人家用完了才有水。所以我在这个老房子里面住的怨得不得了，一有机会马上就搬，像逃难一样的！

所以我们很有一种翻身感。[①]

旧里较差的居住条件，让很多居民早就产生了逃离的愿望，但是在他们中间，只有少数人能够通过自身经济实力的增强或者其他某些途径在外重新购得住房，大部分人无力支付，只能坐等政府或房产开发商来拆迁，等着盼着，望眼欲穿。居民都知道，如果动迁他们肯定会被迁到偏远的郊区。如果在市中心的破房子与郊区的新房子之间自由选择，有人宁愿忍受房子破也要待在市中心，但也有人宁愿抛弃市中心追求新房。[②]

(2) 郊区新居的引力

如果不谈郊区动迁安置基地的整体环境、配套设施，仅从新的住房来说，这是令动迁居民普遍都比较满意的一点。新房即使是

---

① 访谈编号 HY2006006。

② 笔者在闸北、黄浦、普陀等几个区参与过关于棚户、简屋的调查研究，相关的发现也印证了这一推力的存在。而且，棚户、简屋区的环境往往比旧里更加恶劣，不但居住硬环境差，软环境也很糟糕。由于社区里居住的人员复杂、管理混乱，常常成为偷、抢、黄、赌、毒等各种犯罪的潜藏地。住在这样的环境中，很多居民苦不堪言，对动迁的盼望也更加强烈。在调查中有一个细节，当我们和棚户区的这些居民聊到动迁的话题时，常常有人误以为我们跟实施动迁的政府方或者房地产商有什么关系，会反过来询问我们，他们什么时候能够动迁。参见陈映芳主编：《棚户区：记忆中的生活史》，上海古籍出版社，2006。

小户型，与原来旧里的居住条件相比，也简直天壤之别。独立的厨房、煤、卫，更加宽敞的居住面积，新式的楼房，开放的小区公共空间，物业化的管理，这些都是吸引长期忍受居住之苦的市中心旧区居民的地方。

一位搬进示范住宅小区上里苑的居民说：

> 我们愿意搬到这里来，就是看中这个房子。我们第一次到这里来看房，哇，觉得到了童话国一样，那个时候还是觉得这房子好啊。[①]

另一位回忆道：

> 我们当时愿意搬过来主要是看中这里的房子，其他条件都不怎么样。我刚到这里的时候看到这个房子都不敢相信，几次拍拍自己的脑袋，会不会做梦啊？会不会做梦啊？对这里的房子很有感情，觉得很幸福。[②]

3. 居住空间改变与生活重建

（1）私人空间

在原来的旧式里弄，居住面积普遍偏小，而且很多家庭都是几代人同住，人口多，所以大多数家庭都非常拥挤，人均居住面积很低。甚至，不少家庭因为兄弟姐妹多，以联合式家庭6、7口人以上挤在20来个平方的狭小空间里。在家庭内部，房间功能的区分根

① 访谈编号HY2006007。
② 访谈编号HY2006006。

本无法实现，特别对于许多一室户，狭小的一个房间，可能在烧饭的时候架上炉灶是厨房，在吃饭的时候摆上桌子是餐厅，来客人了端出茶水变客厅，到了晚上又拉出床板成卧室。阁楼、亭子间也变成主要的生活空间，当隔出来的这些小空间都不够用时，几代人之间、非夫妻的男女之间也只能稍作遮挡共睡一室，每个人的私人空间非常有限。

到了安置房之后房屋都更为宽大，人均居住面积大增，房间数也至少在两个以上，大多数家庭基本上实现了每个成员（或一对夫妻）都有了自己的卧室。私人空间的获得意味着个人隐私的获得，这对家庭的生活观念、成员间关系、生活品质都带来了积极的影响。

（2）家庭空间

同样由于家庭居住面积的狭窄，以及房屋配套设施的落后，原来旧里住房没有各户独立的卫生间、厨房。一个居民讲了她以前的生活状况：

> 那时用水用电用煤气都要共用。比如说用水，有时候大水表抄下来100个字，小户表加起来只有九十个字，就要每家摊派了，这个时候就会吵架；还有一种情况，大水表是100个字，小水表加起来是110个字，多出来了，那这个钱就要还给我们，麻烦又出来了！有些本来是亲戚的，一板之隔，就会因为这些事情发生纠纷。
>
> 早期是一个龙头一个表，十几家人家一起共用，每月缴费的时候按每家的人头摊；后来有人觉得不合理，就自己安装了龙头，自己装表，那其他人也这样，就各用各的，大家都锁上的哦！[1]

---

① 访谈编号HY2006007。

可见,原来日常生活设施的过多共享,除了带来不便以外,也成为邻里纠纷的一大源头。进入安置房以后,各家各户都有了独立的厨卫,家庭空间得以确立。邻里之间虽因为见面的减少而不再如以前那般热络,但不再有那么多琐碎的利益瓜葛,更加清楚。

(3) 小区公共空间

老式的弄堂曾经是典型的普通市民阶层公共生活空间,这里真实地记录着他们淘米洗菜、吃饭纳凉、煽煤炉、倒马桶、磨剪刀、买小吃的鸡零狗碎;弄堂也是一个包罗万象的公共空间,特殊的空间格局使其很适于周围居民开展公共性的活动,发表公共议论,男女老少一起在此休闲娱乐,吹山海经,聊国家大事,侃家长里短。但这些热烈的生活画面无法掩盖老式弄堂硬件设施的落后。随着生活水平的提高、生活要求的增多,狭窄的弄堂已越来越不适应居民的生活需求。

入住新式小区之后,小区公共空间更加宽敞整洁,有了专门的绿化、健身设施,有的还设立了专门的社区活动室、活动中心。公共空间的这种变化,为居民的闲暇生活提供了更大的活动空间和更多的活动方式。

(4) 社区空间配套

如果说前几个方面的变化让居民的生活质量有提高的话,在社区空间配套方面则有了明显的相反效应。在市中心区,有可供选择的多种交通方式,医院、菜场、购物去处、文化设施等都更加方便。由于上里城许多居民都动迁自公共配套设施在全市领先的黄浦、卢湾,这种前后的悬殊更是非常明显。一位居民无限怀念地说:

我们原来的地段是黄金地段,就在南昌路,朝北是淮海路，朝南是复兴公园，旁边还有卢湾区中心医院。[①]

以下是她来到上里城后的生活状况：

那个时候周围什么饭店都没一个，有亲戚朋友要来做客的话，早上 5 点多钟就起来乘头一趟班车赶到上海去。回到南昌路复兴公园那边以前买菜的地方，买好鱼呀虾啊肉啊，再大包小包地运回来，到家里差不多就 9 点钟了，客人也快到了，又赶紧洗啊弄啊开始做饭。[②]

在 90 年代上里城刚开始有居民入住的时候，配套的基础设施几乎就是郊区农村的底子。区域内的购物、文化设施很少，许多需求没法满足，而要外出的话，公交线路少、班次少。区域内没有医院，只有一家医院来设立的医疗点，远远不能满足居民的看病需求。为了应对这种不便，当时在上里苑还自发成立了一支医疗志愿者服务队，由居民中的退休医生、护士组成。他们主要是给居民提供咨询和预诊的服务，告诉生病的居民应该去市内哪家医院治疗。经过十几年的发展，现在上里城的配套设施方面有了很大改善，但在许多方面仍很不便利，与居民动迁之前相比，差距仍然十分明显。比如在医疗设施方面，区域内到现在只建起了一家地段医院，而且没有救护车、没有夜门诊、没有大的检查项目。一个市区搬来的居民讲了她的抱怨：

---

① 调查访谈录音 HY2006006。

② 调查访谈录音 HM2006004。

还有没有一个好好的百货商场，没一个好好的商店，只有华联超市，就是没一个好好的商店，都是外地人开的，乱七八糟。饮食店也没一家好好的，没有一个挺像样的正规的，都是外地人来开的。像那乔家栅啊，连锁的新亚大包呀，这样的比较正规的，都没有。[①]

4. 身份的焦虑：区位与“上海人”

在上里城有一个很有意思的现象，从市中心动迁过来的居民常常使用类似以下的表达，“我们‘上海人’不喜欢看这种戏”，“现在很少‘到上海去’，去一趟不容易”，“他们本地人……”，“那些外地人……”。这些日常的语言中包含着以下三层含义：首先，“我们是从上海来的”，这意味着他们曾经住在一个多么好的区位，以及有着这种区位所代表的令人羡慕的身份，这背后所蕴含的不仅仅是原来上海市区内上只角、下只角之间的差异与歧视，还有悬殊更大的城乡差异与歧视；其次，“我们现在已不在上海”，被迫远离了那么好的区位，心理有很大的落差，因此很多人都说，我们是从城里搬到了乡下。在 90 年代上里城刚开发时搬进来的居民中，这种心理落差特别强烈。一个 2002 年才搬进上里城的居民谈了她的心理转变：

你想啊，我们就是在卢湾区在淮海路，我们出来就是淮海路，再过去就是南京路，延安路就在那儿，出来很方便，一出门就是淮海路，很热闹的地方。一下子到这里很偏僻的地方，好多时间喔，这不舒服那不舒服，总归觉得好像空荡荡的，脑子

① 调查访谈录音 HM2006004。

里总是觉得不习惯，好怨的，心里觉得好怨的，这两年里总觉得生活好空虚，我从去年(2005 年)才开始活过来。[①]

此外，"即使现在已不在上海，我们和本地人、外地人仍是有很大区别的"。这表示从市区动迁来的居民即使早已不住在市区，但他们仍想保持自己与郊区征地农民及外来务工人员之间的区隔，及相对于后两个群体的心理优越感。

值得补充的是，第四，这些从市区动迁的居民所面临的一种新的心理落差，即当他们重新再回到曾经生活多年的市区时，他们感觉到自己变成了"乡下人"。一个在人民广场附近生活了几十年，2000 年动迁到上里城的居民不无失落地告诉我们：

我们现在回到市区就像傻子一样，路都不会过了，这么绕那么绕，还要从地下穿，我们都搞不清楚了。[②]

以上各种观念、意识，反映的是城市内部各区位、城市与郊区之间、在整个中国范围内的城乡之间、区域之间现实发展水平、生活水平的悬殊以及在相应各类人群之间的心理歧视与被歧视，这对促进群体间的平等、融合都是不利的。

从以上分析可以总结出，居民在从市中心旧区动迁到郊区安置房的转变中，在私人空间、家庭空间、小区空间等微观层面都有很显著的生活质量改善；在社区空间这一中观层面，公共基础设施配套不足造成许多生活不便及生活质量的下降；在区位空间

① 调查访谈录音 HY2006015。
② 同上。

的宏观层面，则因为城市与郊区间发展水平、生活水平的现实差距，及城市对农村的固有歧视，而给这批动迁居民带来长期的心理落差。从居民的角度，用一句话概括这种转变可以说，微观层面让他们很城市、更城市，中观层面、宏观层面让他们很农村、很乡下。

（三）征地农民与外来务工者：相互隔膜的共同利益受损者

本部分将以上里城的一个征而未迁地块，景怡河地块的动迁过程为例，探讨这一空间生产过程对郊区征地农民与外来务工者生活状态的改变，以及他们在此过程中的反应。

前文曾提及，上里城是在郊区农村的基础之上开发、建设起来的。90 年代整个基地项目启动之初，就完成了对范围内农村土地的征用，被征地的农民都被集中安置在第一期工程的两个住宅小区里。到 2006 年 8 月，上里城规划范围内绝大部分地块都已经完成开发、建设，居民已陆续入住各住宅小区。但在上里城的西北角上，一直有一大片处于空置状态的土地。

该地块旁有两条呈“T”字型交汇的小河，其中一条名叫景怡河，该地块刚好处在两河的交汇地带。当地政府的规划文本显示，未来该区域的很多公共设施，比如新建的公园、绿化地带等，都将沿着两条河布局。从开发商的角度看，有河、有绿、有园，这些都是对房产开发非常有利的要素。

1. 征而未迁：农民的半城市化生活

景怡河地块同样是在 1994 年就已完成土地征用，但直到 2006 年仍未实施开发。除了大面积地处于荒芜状态，野草丛生之外，在其中一角、大约占总面积四分之一的部分，还有十几户没有动迁的农民仍然居住在这里。其他的农户已先后和动迁组达成协议，陆续搬离，在周围还可见到许多被拆毁的房屋留下的残垣断壁。而依然坚守下来的这十几户，由于房产商并不急于开发，他们并没有被强制动迁，一直住到了现在。

（1）居住形态和生活方式

虽然自家的土地已被征用，身份上已经非农化，但从居住形态来看，他们仍然是农民，住在自建房里。但新的住宅基地的建立无疑给他们的生活带来了巨大的变化与冲击。除了土地被征用以及迟早要动迁这些根本性的冲击以外，他们的日常生活层面也发生了巨大变化：

以前人很少，而且大家都很熟悉，出门见面都会打招呼。现在人多，很多场合都很拥挤。人杂，来了很多"上海人"（城里人）、外地人，以及弄不清来自哪里的人，因为现在出门遇到的多数人都是生面孔，不会打招呼；

以前这里的人和事、一草一木他们都很熟悉，这里就是他们的世界，他们可以比较轻松自在。现在变得很复杂、很陌生，很多事情他们搞不懂，让他们感觉有距离，也有压力；

以前他们就是这里的"人"，尽管是生活在乡下，但至少在这个地方，不会有人叫他们"乡下人"。现在新来的一些城里人会把他们叫作、或不说但心底里看作"乡下人"或者"本地人"；

以前这里有广阔的田园，河水很清澈。现在没有田没有地没有庄稼，河水浑了，垃圾也多了；

现在买东西的地方更多，可买的东西也更多，生活可以更丰富，但诱惑也更多，而且，如果钱包里没有足够的钱，经济压力会更大；

虽然他们现在还没迁入新建成的小区，但他们也可以像小区里的居民一样，去那里面活动、休息，可以去社区活动中心听苏州

评弹；[①]

等到他们正式入住新的住宅之后，就像前面已动迁的乡亲们那样，他们还得全面地适应新的生活，比如小区式的居住、物业化的管理、新的邻里关系、家庭居住空间的变化等等。

(2) 行政隶属关系

他们仍属于原来的上里镇管辖，仍然有村队建制。上里镇与1999年新成立的西河路街道之间有协议，在上里城的规划范围内，征而未迁的土地仍属上里镇管辖，新的小区建成入住之后则由西河路街道接管，成熟一块接收一块。因此，征地、动迁的事务都是由上里镇负责处理，西河路街道只是必要时协助。

(3) 土地长期荒芜与禁止耕种

土地被征用以后一直大面积地荒芜，一些农民曾经重新去耕种。一来他们觉得可惜；其次也可增加经济收入；第三，耕田种地是他们长期以来的生活习惯，现在有田地空着，去耕种是很自然的事。但是，动迁公司并不允许这种重新耕作发生。他们的一个主要担忧在于，如果农民们重新在土地上耕作，他日正式动迁的时候，有可能被农民们再索要一笔青苗补偿费。所以，他们宁愿让大片土地空着、荒着，也不让农民们耕种，“以免后患”。他们曾多次用推土机铲除农民们重新耕种的作物。农民们也不甘示弱，庄稼被铲之后再重新去种。后来房产公司干脆用围墙把空地围起来，但仍然有居民砸破围墙进去耕种。

(4)“免费”的水电

① 街道社区活动中心每天都专门安排有苏州评弹表演，去听的人几乎全是本地的中老年征地农民，包括已迁入和尚未迁入新小区的。市区动迁过来的居民几乎没人去听，他们中也有喜欢听评弹的，但是觉得这里的表演水平太差，所以不愿去听。

在1994年土地被征用之后大概一到两年，村民们就开始抵制缴纳水电费，之后就没再交过。虽然省下了一笔费用，但失去的却是对水电的话语权。此后，经常出现自来水水量很小，电压不足。更为关键的是，断水断电成为动迁公司可以更有理由使用的一个制约手段。近几年在其他各地的动拆迁当中，对不愿搬迁的居民户实行断水断电已是动迁公司的常用手段。在这里，由于村民们长期未缴纳费用，当被断水断电时，他们抗辩的理由也削弱了。

2. 外来务工者的贫民窟生活

在景怡河地块上，除了居住着尚未搬迁的本地农民，还生活着数量远多过他们的外来务工人员。近几年，随着上海城市的快速扩张，在城市的周边进行了大规模的开发活动，这吸引了来自各地农村的大批外来务工者。在这些城乡结合部，外来务工人员的数量往往都是本地人口的数倍。居住在景怡河地块的外来务工者主要来自安徽、河南等地的农村。

(1) 职业类型

他们所从事的职业主要包括以下几种：

拾荒者　从事这类工作的人数最多，而且大部分是女性。除了捡日常的生活垃圾，由于这一带经常拆房、建房，他们也去这类建筑工地捡各种可回收利用的建筑废材，比如木材、钢筋等，而且后面一类可以给他们带来更多的收入。他们相互之间会经常交流周围各地的垃圾状况，特别是哪里要拆房了或者刚刚拆好了，有很多可捡的废品这类消息。如果是个大工程，一个人捡不完，他们会叫上熟悉的人一起去。这些人中大多数是一般的拾荒者，捡回来之后卖给收购商，获取一点收入；有少部分人做中间商，他们自己不拾荒，而是集中收购、储藏、转卖，赚取差价。

三轮车主　由于这一带公共交通非常不便，公共汽车线路、班次都很少，出租汽车也少，而且根据当地大多数人的收入水平，经常打车不是他们能承担的出行消费。于是外来务工者经营的价廉、方便的电动三轮车成为居民经常选择的短途“公共”交通工具。乘客的选择是一回事，交管部门的认定则是另一回事。出于安全性不够、影响市容、服务不规范等理由，所有的三轮车都被认定为非法营运。但因为当地存在这种客观需求和市场，虽然经历了很多次的整治，这种交通工具还是一直生存了下来。三轮车主们一般在警察下班之后的早、中、晚，以及节假日出来运营。但是如果警察愿意，随时可能处罚他们，很多车主都有被扣车、被罚款的经历。笔者在杨浦、宝山等城市边缘、城乡结合部区域也曾见到这种外地人经营的三轮车。

流动小摊贩　包括路边的饮食小摊、杂货小摊、水果小摊等。

有少数几个青年人是在附近工厂做工人。相比前面几种职业，他们的工作更稳定、收入更高。

总体上，他们所从事的都是体力型、简单、临时性、低收入的工作。实际上很多人在同时从事着各种工作，根据需要在一天的不同时段，或者不同的时期变换。比如警察上班后他们不敢开三轮车的时候，就出去捡废品；警察下班了，他们就出车；到了晚上，又把小摊推出去，在路边卖小吃。

如果扩展到整个上里地区，①外来务工者的职业类型和居住方式则包括以下几种类型：1. 私营企业主或从事其他有较高薪水的文职工作，他们在新建的居住小区购买了商品房，或在这些小区租房

① 地域范围包括：上里镇，及上里城所在的西河路街道。上里镇内包括城市化地区、城乡结合部及大片农村；西河路街道内包括城市化地区、少量城乡结合部；具体到上里城，则包括占总面积90%以上的新建居住区（城市化地区），及景怡河地块这一小片城乡结合部。

居住。在自购商品房的人当中，有的人已经在几年前通过购房获得了上海市蓝印户口。这种情况在上里城内的一些小区也存在。2.公司一般文职员工或服务性行业员工，他们收入中等，主要在新建居住区或者老的城市化区域的住宅小区租房居住。3.建筑工地或工厂的农民工、租种当地农民土地的外地农民、蔬菜水果杂货小商贩，[①]与前两种类型相比，他们从事的大多是体力劳动，更苦更累，收入更低，但相对第4种类型又更正式、更稳定、收入更高，他们有的住在工地工棚、工厂集体宿舍，有的租住城乡结合部的农民住房。4.景怡河地块的外来务工者，从事种种最底层、最边缘、最不稳定、收入最低的工作，他们的居住方式也是最差的，详见下文。

(2) 居住状态

在景怡河地块上存在三种住房类型。第一种是农民自建房，独栋式的楼房，大多数为两层，少数为一层。这些房屋属合法建造的房屋。这种房子主要为农民自住，少量的家庭会把多余的房间租给外来务工者。

第二种是农民在自建房周围扩建的简易住房，构造和装修都很简单，但有房子的样子，有较稳定的结构。近几年大量涌入的外来务工者有着大量的住房需求，郊区农民看到了这个市场，纷纷建造起这种简屋出租营利。这种情况在上海其他郊区也普遍存在。按政府的规定，这种住房属于未经批准的违章建筑。在景怡河地块，几乎每户农民自建房周围都会扩建出或多或少的几间简易房。这种简屋的租户只是所有外来务工者中较少的一部分人，他们收入相对较高，一般从事废品收购或在附近工厂有一份固定的工作，

① 与前面的流动小摊贩相比，他们的经营规模更大，比如有固定的店面，有自己的运输车辆，收入也更高。

还有的情况是许多外来务工者一起租一间简屋，虽然很拥挤，但重要的是可以分担房租。

第三种是简易搭建的棚户。这是大部分外来务工者的居住形式。这些棚户的构造非常简陋，基本上都用废弃的木材、纸板、钢筋等材料搭建而成。这些材料无需花钱购来，就是他们外出拾荒所得。房间里外透光，经不起大风。房子很矮，刚好高过人头。进入里面，阴暗、潮湿。屋内的东西一般包括一张床、一台煤气灶、一口锅、一些旧家具及其他简单生活用品，有的还有旧电视机，以上这些家当，大部分也都是他们出去拾荒或捡来或收购来的。每间不到十个平方，一间间连成一片。也有的是单独在一片空地上搭建起来。在这些屋子外面，成山地堆积着他们捡回来、收购回来的废品，臭气熏天。天真无邪的小孩们就在这样的垃圾场上玩耍嬉闹，同样地欢声笑语。在整个景怡河地块，共有三片这样的棚户区，呈现出典型的贫民窟生活形态。

恶劣的条件，使得这些棚户存在严重的安全隐患。几年之前，在附近一片同样的棚户区，一间屋里的电火花引发了火灾，转眼之间，整片棚户被烧得一干二净，所幸没有造成人员伤亡。

凭他们捡废品的收入，不可能给屋子装上空调，大部分人连电风扇都买不起，到了夏天的夜晚，屋内闷热难挡，蚊子成堆，没法入眠。于是，男人和男孩子们就到外面去寻找露天的可睡之地。附近有一座大桥，中间是双向四车道的交通干道，两边是人行道。到了晚上行人稀少，他们就纷纷带上一张凉席，在人行道上占得一席之地，仰头就睡。于是，在夏夜常常可以看到，星光之下，大马路边，一排排仅穿着裤衩的身体，以地为床，以天为帐，与耳旁滚滚的车流为伴，入眠酣然。这也算是当地一大悲凉的奇观。而女人和女孩子们没有办法这么洒脱，她们在马路边露天睡觉毕竟有诸多不便，所以只能在屋子里面忍受着恶劣环境带来的煎熬。

这些棚户虽然条件很差，但也不是外来务工者随便可以搭建的。要么是由本地农民搭建好，他们给钱租住；要么自己搭建，但也要每月给本地人租金，因为占用了土地。当地农民在土地被征用之后，很多人都没能找到工作，政府也没安排到工作，每月的动迁补助金又很少。在这种情况下，出租简易住房和棚户所得的租金对本地农民来说是很重要的经济来源。

在近代上海，曾因为大批难民的涌入而在当时的城区边缘出现大量的棚户、简屋住宅，解放以后政府实行了大力的改造，特别是上世纪 80 年代以后，这种改造的规模更大，取得了较为显著的成绩。到现在，在上海中心城区范围内，虽然在闸北、杨浦、黄浦（原南市范围）、普陀、虹口等地仍有不少简屋住宅，但真正意义上简易搭建式的棚户，基本上已全部消失。然而，在城市大规模扩张的今天，在城乡结合部又出现了新的棚户。这些棚户不是以前就有的，而是在这十几年来上海城市发展及整个中国城乡发展背景之下新滋生出来的。与几十年前的棚户区相比，除了用来搭建的材料因时代不同而有所区别，其整个住宅的形态有着惊人的相似：这里的居民同样来自农村，虽然还不能说是逃难，但他们同样是因为生活困难而出来挣钱求生；他们在这里从事的同样是最脏、最累、收入最低的工作；他们同样过着最底层的生活。

陈映芳（2007）的研究认为，1949 年以后，两个基本条件限制使得上海市棚户区蔓延的趋势受到遏制，棚户区的规模得到控制。其一是，50 年代国家逐步推行并完善了城乡二元分割的户籍管理制度，人口的自由流动事实上被禁止，历来困扰城市政府的流民潮最终被抑制。其二，1949 年以后，城市土地悉数收归国家所有，城市政府加强了对所有房屋、土地的支配和管理，不再有许多无主荒地和其他各种边地供棚户区自由占用。

改革开放以后，虽然城乡户籍的壁垒没有实质性的松动，但对自由流动的限制逐渐放开，不再需要凭单位介绍信外出。90年代以后，大批农村剩余劳动力涌进城市。根据高向东(2004:174)的研究，上海外来务工者分布最密集的是外环线地区，即城乡结合部，然后逐渐向两侧减少。大批的人口需要大量的居住空间。对他们来说，价格低廉是最重要的，居住条件只要能够承受就好。这对当地的郊区农民来说是一个可以利用的巨大市场空间。农民自己的居住空间本来就足够宽敞，还有自家的宅基地和耕种的土地可供扩展。从土地控制的角度来看，中心城区的土地稀少、昂贵，政府的管理非常严格，不会容许外来务工者大面积搭建起棚户。[①]然而在郊区，虽然郊区政府对违章建筑也有管理和控制，但郊区面积广阔，而且农民在自家土地上建造简易住房很方便快捷，有些农民为逃避监管部门白天的检查，在一夜之间就把简易住房建成，这些情况都给监管带来很大的难度。于是，外来务工者的住房需求与本地农民的逐利趋向相结合，在政府监管的漏洞之下，一大批新的简屋、棚户区出现在城乡结合部。

3. 动迁过程中征地农民与外来务工者的不同反应

景怡河地块的动迁方曾多次叫征地农民主动拆除简屋、棚户两种违章建筑，并限期搬离，没有奏效，后来都不了了之。但该地块属于已征地，上面的所有建筑，包括农民自建房、简屋、棚户的拆除只是时间问题。仅仅是因为开发商并不急于动工，所以它们才残存了这许多年。

---

① 中心城区一些区域有外来务工者租住的简屋，但他们难以通过搭建棚户来获得居住空间。

2006年7月，景怡河地块多处贴出上里镇政府和西河路街道办事处有关部门联合发布的告知书，告知书称，为加快景怡河地块的开发建设速度，“凡未经规划部门批准，擅自搭建、扩建、加层等违章建筑必须于7月18日前自行拆除”，“外来人员必须于7月18日前自行撤离”，“逾期未整改的，有关部门将进行联合整治”。居民们开始议论，据说开发商下半年就要正式动工，这里的建筑物都要尽快拆除，但并不打算一下全拆完，首先动的是外地人住的房子，然后才是本地人住的自建房。这次是要动真格的。有人紧张，有人焦虑，有人咒骂。

外来的租户们开始纷纷如蚂蚁搬家。其实他们要搬的东西不多，家具很少，用他们平时出去拾荒的三轮车就可以搬走。这些家具也正是他们当初拾荒时用这样的三轮车运回来的。但也可以说他们要搬的东西很多，因为他们连“房子”都要拆走。也就是用来搭棚户的那些还比较完整的废建材，他们都要拆下来，到下一个可以搭建的地方重新使用。

当问到他们接下来要去哪里住的时候，有的人说先去附近同样打工的亲戚或同乡那里待一段时间再说，有的人很茫然，不知道可以去哪里。他们中多数人连农民简易住房的租金都付不起，要想租房很难；但附近也很难再找到可供他们搭建棚户的地块。景怡河地块靠近外环线。在附近区域，外环线以内已经没有他们可待之地，他们只能往外环线以外迁移。

7月18日，气氛很紧张，大家都等着拆迁场面的出现。但直到天黑，拆迁队都没出现过。

7月20日清晨，大队人马突然到来。地块周围被警察和保安封锁起来，只准出不准进。上里镇和西河路街道的派出所、工商所、城管监察大队、市容协管队、医院等多个部门以及拆迁公司的人和车纷纷出动。现场气氛很紧张,但除了有少数本地农民阻止拆除简屋而起争执以外,没有出现过激的冲突。整个过程不到两小时,所有的棚户及大部分简屋很快被推土机拆平。少数简屋因为是本地人自住,被暂时保留了下来。

从拆迁公告出来到拆迁实施的整个过程,有以下几点值得讨论:

(1) 征地农民:愤怒但无力的行动者

由于简屋和棚户被认定为是违章建筑,这次拆迁是没有任何补偿的。这是征地农民愤怒的主要原因。但他们并没有太强的理由,违章的硬性规定可以很容易给这些建筑判死刑。也因为这个原因,虽然他们很愤怒,但并没有过激的抗争。除了这次拆迁行动,在被征地、将搬迁的整个过程中,也可以感觉到他们的愤怒但无力。他们为村队干部获得了更好的动迁补偿、为补偿标准的不一而愤怒;为每个月的动迁补助太低、连最低生活保障线都达不到而愤怒;为失去了土地却又长期找不到工作而愤怒;为大面积的土地荒芜却不给他们耕种而愤怒。但他们的这些愤怒又很无力,他们没有办法组织起有效的抗争力量,找不到有效的申诉渠道。

(2) 外来务工者:无意识的利益受损者

在整个拆迁过程中有这样一个现象,愤怒、不满的都是征地农民,即房东,而刚被迫从违章建筑里搬出来的外来务工者都很漠然地在旁边看着。从拆迁公告出来,到完成拆迁,这些外来务工者中尽管表现得很悲苦,对生活、对生命的前途了无希望,但却难得从他们的表情、言辞、行动中发现愤怒,至少难得看到清晰的愤怒(有明确的根由,有明确的所指)。他们最多只是冒一冒无名火,比如骂一骂贪官污吏。但遇到拆迁让他们无家可归这样的具体情景,他们却不会站起来斗争。

这些外来务工者就像这场热闹的看客，但实际上他们才是这场拆迁的最大利益受损者。这次拆的是违章搭建的简屋和棚户，这些都属于本地农民（房东）的财产，表面上看，损失最大、最直接的好像是本地人。但事实上，对本地农民来说，首先，这些房子的拆毁基本上还不直接影响到本地农民的居住，他们都另有"非违章"的自建房。有些违章建筑是由本地人自住，这次拆迁当中也有意回避、放过了。其次，从资产的价值来说，不管是简屋，还是破烂的棚户，价值都很小。因此，简屋和棚户的拆毁并不对本地农民的原有财产构成很大的损失，只是断了他们继续出租房屋的财路。第三，这次拆迁先拆外来务工者住的简屋、棚户，而暂时不动本地农民住的自建房及同样违章的简屋，这一点表明，或者政府、开发商对本地农民的利益还是有所考虑，或者他们对本地农民有所顾忌。

但对外来务工者不一样，他们直接损失的不是财产，因为这些被拆的房子本来就不属于他们。他们最大的损失在于失去了居所，很多人在房子被拆一刻还不知道接下来的住处。薄弱的经济实力使得他们抗风险的能力很弱，居所被破坏了，他们的整个生活就被破坏了。

最大的利益受损者，同时又是最无力量的行动者。他们的行动仅限于被动地逃离，寻找新的求生地，但却基本上不会在与各方（拆迁者、本地房东）的博弈中有什么主动的作为。拆迁者可以丝毫不把外来务工者的利益损害放在眼里，也丝毫不忌惮来自外来人口的可能反抗力量。可谓强大的阵容是为本地农民而不是为外来务工者准备的，那没必要。

（3）所有权差异与地域歧视作用下的不同反应

征地农民与外来务工者对这场动迁的反应可以总结为：征地农

民有权利的意识，但缺乏有效维权的能力，同时也包括不具备使他们有效维权的环境和渠道；外来务工者基本没有权利受损的意识。

之所以出现这种差别，首先在于所有权关系的不同，本地农民是被拆房屋的所有者，外来务工者只是租房者，“不是我的房子”在提示着后者不应该有反抗，即使他们其实损失最大；

其次在于本地与外来的不同身份所带来的歧视，一方面，其他人对外来务工者有一种外在歧视，拆不拆都是本地人的事，似乎与外来者无关。通告上专门列有一条：“外来人员必须于7月18日前自行撤离。”请注意，拆迁是针对房屋的，而撤离是针对人身的。整个过程中，除了外来务工者自己，其他不管是动迁公司、政府相关部门，还是征地农民（原来的房东），没有谁真正关心过住所被拆掉以后，他们接下来要住到哪里、有没有地方住。另一方面，外来务工者对这种歧视有一种自我的确认，而不是质疑和反抗。他们会提示自己作为外地人的身份，因而不应该反抗。

在这场动迁中，征地农民与外来务工者都是利益受损者，一方损失了经济利益，一方损失了居住利益。本来这两种利益是统一的（通过租赁关系），制造损害的行动方（开发商、政府）是同一的，利益受损的发生（动拆迁）是同时的，也就是说，征地农民与外来务工者的利益关切本来是统一的。然而，他们却不能将相互的关切整合起来，甚至都没有整合的意识。他们不觉得同是利益受害者，也不会有一起的行动。背后的根本原因在于，他们本来就是两个相互隔膜的群体，出于前述地域歧视的原因。

四、空间再生产：居民日常生活中的空间实践

这一部分将以上里城的第一个建成小区上里苑为例，讨论规

划、建筑师在空间生产过程中的作用。其中，将特别关注上里苑小区的“底层架空”式住宅设计及其在实际的社区生活当中的命运。同时，本部分也将结合分析居民入住安置小区之后，对居住空间的再生产过程。

（一）规划设计的理念与实践：以“底层架空”为例

1. 上里城总体规划理念及其特点

如前所述，上里苑于 1994 年 5 月动工，1996 年建成入住。是建设部确立的全国城市住宅建设试点小区。建成后，获得了该次全国试点评比的金奖，以及上海市建设工程“白玉兰奖”、国家建设部“鲁班奖”。作为住宅小区建设的典范，曾多次接待中外政府高层领导人的视察、参观。上里苑居住小区由上海同济建设总公司负责规划设计与总承包，总建筑师为同济大学建筑城规学院教授。在小区的规划设计当中，规划师主要考虑了以下几个方面的因素（参见王仲谷，1996a）。

（1）住宅的群体组合与单体设计既吸取了上海里弄建筑的长处，又借鉴了我国传统院落式住宅对空间充分利用的手法。住宅群体采用以两幢住宅组合成的院落式单元块作为小区基本的空间构成单元，改变了常见的以单幢住宅为空间构成的方式，并由这样的院落式单元块为主，组成六组各具特色的直线形和曲线形的里弄。

常见的小区住宅建筑模式体现为，一是以单幢住宅为空间构成方式，每幢住宅相互独立，相邻的两幢楼在空间上没有体现出特别的联系，因而在促进两幢楼中的居民发生交往、沟通方面作用有限；二是各幢楼的外形几乎一模一样，往往仅仅有楼层高低、朝向的差别。每家的房子都一个样，以至于有人用“找不到自己的家”

来表达自己的困惑。这种同一化、单一化不利于居民对自己的家产生强烈的认同。

相比之下，上里苑的院落式设计，更有助于在相邻居民楼间建立交往。在调查中多次看到有居民在院内聊天、下棋。在院落的基础上再组成一个个组团，各组团内的房屋布局、外形统一，而组团间相互区别，自有一种风格，自成一体，这种区别化使居民对自家住房的识别、辨认更加明确。受访者在介绍自家位置的时候，往往不只是像一般那样说几栋几号，那只是没有太多内涵的数字，他们还可以说出自己所在那栋房子的颜色、造型特点。因而，院落和组团的空间设计使得社区内部不再是无差别、零散化的状态，通过凝聚和区别使居民产生更强的领域感和归属感。

(2) 对儿童和老人休息活动的空间和设施给予了特别考虑。规划师阐述了其设计的出发点："人的一生大部分时间是在住宅区内度过的，而儿童与老年人更是与住区关系密切。根据最新统计，上海市 60 岁以上老人占总人口的比例已达 17%，因此在居住小区内为儿童和老人创造必要的良好的休息活动空间和设施应引起社会的高度重视。儿童和老人尽管年龄相差悬殊，但却有一个喜欢结伴的共同特点。"因此，他们在上里苑小区的规划设计中作了如下的安排：a. 根据儿童和老人不同的生理、心理特点和生活需求，在住宅—住宅组团—小区三个层次上分级设置儿童和老人活动的空间和设施，包括架空层、过街楼、老年人活动室、小区公园（中心绿地）、社区中心，及各种健身、游戏设施；b. 儿童和老人休息活动空间的位置选择在服务设施完善、环境最优美、最舒适的位置；c. 儿童和老年人休息活动的空间可适应不同气候条件。

(3) 小区绿地由三部分组成：院落绿地、住宅组团绿地和小区公共绿地。由于采用小分散大集中的布置方式，使小区中心绿地的面积达 7 500 m^2,它既是小区空气清新的“绿肺”,又是小区构图的中心,同时又为今后建设地下设施留有充分的余地。小区中心绿地采用规则形开放式的设计手法,具有欧式的风格。

(2)、(3) 两点设计对后来公共生活的形成产生了很重要的影响。特别是小区中心绿地和社区服务中心,成为上里苑实际的公共生活中心。老年人经常来这里锻炼,上班族下班后来这里休闲放松,青年人晚上来这里约会,小孩放学后来这里游戏;有人在打太极,有人在静坐默想,有人在聊天欢笑,有人在遛狗,有人在放风筝,构成一幅活泼、温馨的社区公共生活画面。而且,这种影响不仅仅限于上里苑。一方面,在整个上里城,其他所有小区内的绿地或者面积很小,或者很分散,在大小、设施、美观度等方面都远远不及上里苑内中心绿地;另一方面,后来建立的社区服务中心是面向整个西河路街道层面的,而且,社区服务中心就在上里苑中心绿地旁边,因此,上里苑中心绿地和社区服务中心更是成为了整个上里城重要的公共生活中心之一,来这两个地方活动的居民很大一部分来自于其他各个小区,其中以老年人和儿童为主。

(4) 对动静态交通组织方式的超前考虑。规划师当时预计,随着国家汽车工业产业政策的出台,提出将汽车工业作为国家的支柱产业、小汽车将逐步进入家庭的政策导向,对居住小区的规划和建设必将带来巨大的影响。尽管上里苑小区的规划早于我国汽车工业产业政策的出台,但规划师已根据广州、深圳等一些城市的经验,同时也借鉴了国外居住小区规划与建设的经验,作了一些超前的设想。这反映在两个方面,一是规划适合车行的小区道路宽度,二是配置相应的停车场地,主要是以架空层作为停车位。

后面的实际发展情况是,从整个社会的发展情况来说,随着汽车产业的快速发展、私家汽车拥有率越来越高,行车难、停车难成为一个较普遍的难题。然而,这并不适合于上里苑小区。因为该小区的居民主要是从市区旧里动迁过来以及郊区征地动迁而来,居民的经济收入大多数属于中下层,少有自购私家车的情况,因而,许多原规划的停车空间都被闲置、废弃甚至因此带来更多的问题。对于架空层的使用集中反映了这些问题。

(5)底层架空式的住宅设计。接下来就此作专门讨论。

2. 住宅"底层架空"的历史渊源

住宅底层架空,一般是指去掉住宅底层的部分或全部护围(如墙、窗等),只以独立的立柱支撑,使该层成为通透、延续空间的建筑形式。

在我国传统民居中就有底层架空设计,如南方地区的干栏建筑或吊脚楼,就将底层架空离地,楼上为主要功能层,使主要房间视野开阔,通风顺畅,适应潮湿多雨、夏季时间较长的地域环境,但这时的架空空间多作为辅助用房,还不是公共开放空间。近代南方沿海地区出现的骑楼建筑,其底层架空空间已初步具有城市中公共开放空间性质。这种建筑形式是在街道与建筑之间、人行道之上创造了一个可遮阳避雨、适于交往的城市公共活动空间,在商业街中采用广泛。日本传统民居中也广泛存在底层架空形式,称之为"高床文化",是适合日本湿热气候的古建筑传统之一(叶伟华、王扬,2001)。

在现代主义建筑占主导地位的时期,建筑大师柯布西耶受非洲干柱式建筑的启发,提出将底层架空作为新建筑五特点之一。他主张把房屋的主要使用部分放在第二层以上,下面全部腾空,留出独立的支柱,使空间获得解放,以获得充足的阳光、绿地和室外活动空间。并在萨沃伊别墅、马赛公寓、巴黎瑞士学生宿舍等几个项目上成功实践了这一理论。

柯布西耶还进一步提出了建设架空城市的构想。在《明日之城市》一书中，他提出将整个城市的建筑底层架空，全部地面均可供行人使用，屋顶设花园，地下通地铁，底层架空的空间布置汽车交通及停车场。其设想带有很强的理想主义色彩，并未完全得以实现，但对后来的城市规划、城市设计产生了深远的影响。

在上里苑底层架空设计的构思当中，总建筑师还提到了新加坡住宅模式的影响(王仲谷，1996b)。新加坡的住宅建设曾被誉为20世纪的奇迹，该国的住宅也采用底层架空的做法，这不仅是由于气候等原因，而更为重要的理由是，他们认定土地是国有的，所以地面不允许为私人所占有，这样，底层架空可让居民(特别是老人和儿童)有更多享受地面的权利。

3. 上里苑的底层架空设计

在上里苑的设计之前，该建筑师曾在80年代中期为深圳市规划设计了一个4万人规模的居住区——白沙岭高层居住区，所有的住宅也采用底层架空的手法。但像上里苑这样的多层住宅普遍采用底层架空的做法在上海属首次，在全国也没有先例。

根据总建筑师自己的阐述，上里苑小区住宅底层架空试点的指导思想基于以下几个方面(王仲谷，1996b)：(1)上海人多地少，土地的价格在开发成本中占有很大的比重，试点小区把节地列为重要的试点内容，空间的垂直开发和利用是最为有效的节地措施；(2)架空层与地下层或半地下层相比，其工建费用、使用的方便程度和景观等方面的综合比较具有较多的优点，即投资省、使用方便和景观丰富；(3)架空层可为老年人和儿童提供大量的半室外公共开放空间，有更多的自由享有地面的机会；(4)为小区内各种市政设施的用房和管线提供部分用房和管线空间，如布置电表箱、电话交接间、袋装化垃圾收集点等，也可设置一些小商店；(5)架空层可为小区居民提供大量各类私人车辆的停车位，解决居住小区内的一大难题；(6)架空层的设置，取消了底层的私人小院，节省了大量的院落围墙，同时改善了原底层住户的居住条件(特别在上海多雨地区)，而且也提高了首层住房的售价[①]；(7)住宅底层架空开阔了视野，丰富了住宅群体内部的空间景观，使空间自由流动，达到围而不隔，隔而不断；(8)底层架空可为今后住宅小区的持续发展留有调整和改造的余地。

可见，架空层涉及到公共空间、公共生活的功能性主要包括以下几个方面：(1)车俩停放。当初的规划是，每单元内按每户 1.5 辆为居民提供自行车停车位。根据住宅群体的组合要求还可布置小汽车、摩托车或助动车停车库。小区内共设自行车停车位 3 138 个，摩托车或助动车位 300 个(平均每 7 户一辆)，小汽车停车位 148 个(平均每 15 户一辆)，车库总面积约 8 000 m^2。(2)居民休息、活动与交往空间。每个组团的过街楼下部空间和紧靠步行院落北侧的架空层均作为居民，特别是老年人和儿童休息活动的开放空间。(3)布置市政设施(电表间、电话交接间、袋装化垃圾集收点等)或者小商店。

(二) 规划失效与错位应用

尽管在设计之初，"底层架空"是作为一个国内少有先例的前

---

① 目前多层住宅的普遍做法是，底层另加小庭院，庭院的栏杆围护都采用通透性强的铸铁、不锈钢栏杆等，庭院内绿化由用户栽种，这方面的尝试较成功。但带来的问题是庭院绿化不统一、防盗的要求也更高，加上底层潮湿问题，导致购房者瞻前顾后，不能消除对底层住宅种种弊端的顾虑，开发商不得不在售价上让利，普遍的情况是底层售价比平均低 10%—15%。引自郑学群：《上海多层住宅底层架空设计》，《住宅科技》2001 年第 9 期。

沿理念引进上里苑，至今关于底层架空的许多文章也都把上里苑作为先进典范（叶伟华、王扬，2001），但发生在上里苑小区的实际状况并非全如所愿。

1. 用途的困惑与所有权的模糊

上里苑建成之后，底层架空的设计受到各方好评，但是居民的反应并不是这样。入住之后，很多居民并不清楚这一新鲜事物是作何用途的。后来他们才听说这是学习新加坡的住房样式，可以用来停车，还可以在里面休息、娱乐、开展活动，但是居民们很少愿在这个空间内活动，也没有谁来组织过什么活动。

设计架空层的一个重要功能考虑是作为居民私家车的停放场所，但是该小区的家庭实际上很少有私家车可停。其原因在于，小区居民的来源主要包括市区旧里、棚户区的动迁居民，上里本地的征地农民以及一小部分商品房购买者。前两类居民的家庭经济实力大都比较弱，很少有能力购买私家车；上里地区属于郊区，当时周围配套设施还很不完善，到这里来买房的人主要是看中价位低，所以这一小部分商品房购买者也不是私家车的主力购买者。

在居民入住之后，架空层在居民停放车辆、建立交往两方面都没有起到很大作用，处于空置状态。

面对架空层的闲置状况，一些居民开始想办法占用这些空间为己所用。有居民擅自建墙，把楼下的架空层封掉一间或者两间，装上铁门，有的用来开设小商店；有的人开棋牌室；有的用作自家的储物室。

一方面，居民搬进小区时，没有得到过关于架空层产权归属的确切说明，没有明确划分出架空层的哪一间哪一块属于哪几户居民或者哪户居民，因而一开始当有人擅自占用时，没有居民站出来明确表示反对和阻止。另一方面，也没有相关的管理者出来明确制止，按说架空层的管理权属于物业，但是物业对于这些擅自占用的态度显得暧昧不清。有些占用者会向物业通报；“有的会请物业的人喝喝老酒、吃吃饭或者送点小礼物之类的，物业就睁一只眼闭一只眼不管了[①]”；还有的人直接就霸占，物业也没有明确的阻止。

所有权的含混、管理者的缺位，使得后面的问题越来越多。

2. 错位的使用与空间争抢

由于对于底层架空这一设计的用途不了解，同时这一空间的财产权又不分明，底层架空非但没有起到设想的作用，反而带来了一系列问题。

（1）安全隐患

上里苑小区每栋楼下面的架空层都有一个专设的电表间，一些居民擅自在里面堆放自己的杂物。由于离电源很近，如果电火花与易燃物接触很可能引发火灾，但是一直无人过问这件事。2005年，其中一间发生了火灾，所幸只是小规模的燃烧，火势很快得到控制，没有造成更大的灾难。

这次事故终于引起上里苑居委会和小区物业管理公司对架空层安全隐患的重视，他们采取对策，要求居民把杂物都清理出电表间。但是一些居民并不乐意顺从，而居委会和物业没有执法权，不能强制执行。2005年年底，上里苑居委会党支部书记直接打报告到西河路街道办事处，请求相关部门联合整治。街道批复同意之后，城市管理监察大队、派出所、房产办、物业、居委会联合出动，才成功把所有电表间的杂物全部清理出来，装门上锁，消除了安全隐患。

（2）环境污染

一些居民在架空层里面开设了棋牌室，但大多数都没有建配

---

① 调查访谈录音 HY006，2006年7月。

套的厕所，一是店主不愿另外支出一笔费用，二来架空层里面空间有限，没地方建厕所。小区里面又没有建造公共厕所。由此造成在棋牌室下棋打牌的顾客经常无处上厕所，一些人就在附近空置的架空层随地大小便，把周围环境弄得又脏又臭，附近居民对此怨声载道。

一位居民讲了她的遭遇，及后来的处理方式：

我住的14号楼下面也有架空层，我家下面那里刚好有个拐角，以前几乎每天都有大小便，我窗都不敢开的。就是那些打牌的人随地乱拉的。我给物业讲过，没用；给居委会也讲过很多次，他们也解决不了，居委干部都来帮我打扫过。2000年，居委的人就给我讲，你自己装个铁门把下面封掉，他们进不去了就不会再有了，打扫干净了你还可以自己放杂物。我开始有点不敢，居委干部就给我说你大胆一点，人家都这样封的，怕什么，你就跟物业讲，我已经把问题向你们反映过你们又不能解决，我只能自己想办法了。我就下决心找人来把铁门给装上了，再把里面打扫干净，装上锁。我们这个号一共七户人家，我给另外六户也每户配一把钥匙，他们也可以在里面放点杂物、自行车、助动车之类的。因为安装的这些费用都是我出的，我就占稍微大点空间。整个安装我一共花了500来块钱，我没找其他人家要一分钱，把钥匙给他们也是我自愿的。整个过程中，物业一次都没来过问。[①]

此外，这些棋牌室常常是日夜喧闹。特别是晚上的大声吵闹，

① 调查访谈编号HY2006006。

给居民生活造成很大的困扰。

(3) 直接利益冲突

在另一个个案当中,居民之间还因为架空层而引发了直接的利益冲突。

事情的原委是这样,上里苑63号、64号、65号、66号四个楼道的电表间都设在63号下面的架空层里面。63号楼的一个居民擅自占用了楼下的架空层,建成了棋牌室,把公用的电表间也封在了棋牌室内。棋牌室里装有空调、马桶(用电的)等电器,耗电量很大。为了逃付电费,该居民明目张胆地从电表间里搭接公家的电。而且,其他居民若要查看自家的电表,需先通过该居民开门才能进入电表间。居民对此产生了强烈不满,要阻止他偷电,要回公共空间的管理权。但开棋牌室的居民是刑满释放人员,平时游手好闲、不务正业,居民平时就害怕和他接触,遇到这样的麻烦事就更不敢直接和他冲突。有人曾为此事找他理论,但他蛮横无理,问题无法解决。小区的居委会、物业管理公司也都无力解决。无奈之下,居民只好联合到街道上访。在我们调查期间,此事仍没得到解决。

在上里城建设初期,由于附属的商业设施很少,在上里苑小区架空层内开设的小商店生意不错,也为居民提供了便利。后来随着周围商业设施渐渐增多,这些小商店的竞争力越来越小,顾客越来越少。到目前为止,只有很少几家还在经营。而且现存的这些店主要是给在棋牌室打牌的人提供烟、酒之类的方便,其他居民很少来光顾。如前所述,棋牌室给小区带来了很多问题,所以物业对于利用架空层开设棋牌室有限制,一些居民于是借开商店之名,行开棋牌室之实,在店的外部开设商店,内部开设棋牌室。

除了有人将架空层封起来开店以外,后来也有少数居民自行将其改造成自家的车库。物业也把部分空间封起来作为自行车库，让一些生活比较困难的居民来管理，这样既可以防止自行车失窃，也为困难居民创造收入。但大量架空层仍处于闲置状态，远远没有发挥停车的功能。

在架空层里，仅有少数老人常去打牌、聊天，大多数居民不喜欢在这低矮而且脏乱的空间活动。没有自发活动，也没有社区组织的公共活动。

后来居委会、物业、业委会的办公室都设在架空层内，用墙把一部分空间重新围砌而成，只是里面显得很狭窄，因为架空层的高度为 2.2 米，比正常楼层矮 0.5 米。

总的来说，除了占用架空层而获利的少部分人，对于大部分居民来讲，架空层没能如设计师所愿给居民的生活带来便利、快乐，反而引发了安全隐患、环境污染、居民利益冲突等社区问题。居民对于架空层评价以负面居多，大都认为弊大于利。居委会、物业、业委会也都异口同声地说，架空层是他们工作中的一大麻烦。

（三）分析与讨论

总的来看，规划师、建筑师在住宅建设中的一个重要作用体现在，规划、设计将在很大程度上形构居民的生活。好的规划、设计可以促进好的生活方式的发生与形成，比如上里苑个案中，对公共绿地和社区服务中心的成功设计不仅促进了小区内部的居民活动与交往，也在整个上里城形成了辐射效应，促进了个小区居民之间的交流；坏的规划、设计则要么处于浪费、无效的状态，甚至还会对居民生活构成不便与阻碍，如上里苑底层架空式的设计，不但没有发挥其预期效用，反而成为社区的烦恼、冲突的来源。

底层架空的失败主要源于以下几个方面的原因：

（1）文化的隔膜。目前的住宅规划设计当中常出现的一种情况是，刻意追求外来的先进、最新理念，而忽视了这些理念的文化适应性。有些设计本就不符合我们的日常生活习惯而且也难于重新适应，造成的后果就是很多看似先进、风光的引进到最后成为没有现实生活根基的摆设。

（2）阶层的差距。底层架空设计的一个重要失误在于没有考虑到居民的收入层次，来自中下阶层的动迁居民并不属于汽车的主流消费群体，并不需要如此多的停车空间。由此造成这一设计的功能实效。

（3）环境的变化。从居民角度看还有一个重要原因在于，动迁前后社区环境特别是社区公共空间发生了很大变化，很多居民需要重新适应。市区动迁居民原来生活的旧里、棚户区没有面积如此大、经过专门设计的社区公共空间，征地农民则更是要整体性地从农村自建房式的生活形态转换到城市小区式的生活形态，这让很多人一开始感到迷茫，除了不知道新的公共空间如何使用，也没有对公共空间的权利意识。

（4）管理的缺位。作为社区管理者或自治组织的居委会、物业、业委会面对此类矛盾没能有效发挥作用。

而从根本上来看，规划失效的原因在于空间生产过程中居民参与的缺乏。动迁之前，居住小区的规划、设计过程没有居民意见的加入，所以才会出现居民茫然不知何物、不知何用的困惑。仅凭作为专家的规划、建筑师的构想，而忽略了作为实际使用者的居民的需要；入住之后，当空间的使用发生冲突，没有有效的制度来管理违规、协调各方利益，居民的意见表达更多是零散的、抱怨式的，行动是个别化、差别化的，都没有形成制度化的方式和渠道。这时的冲突的解决显得乏力或者要消耗更大的成本（如居民集体到街道上访）。

五、结论与讨论

（一）社会下层的权利困境与现实的社会后果

对于居住在城市中心区旧里、棚户、简屋区的低收入下层市民来说，他们本来与其他城市市民一样，应该拥有对这座城市的空间权，即在城市中居住，享受城市的公共环境、公共设施与公共服务的权利。然而，在城市大规模开发的进程当中，他们的这一权利并没有得到足够的尊重和保障。城市政府片面地追求经济发展目标及表面的城市形象，而剥夺了中心区下层市民的空间权利。通过安置房选址的直接被迫（只建在郊区）或者通过补偿价格落差的间接被迫（补偿金不能在市中心同区域购得新房），旧区下层市民被迁往公共设施和公共服务匮乏的郊区。

市场房价对下层市民在市中心继续居住的限制只是一个假象，因为他们本来就居住在市中心区，并非由于他们自愿到市场上购买商品房而外迁（完全出于自愿到郊外购房的中心区居民只占很小一部分），动迁并非是一个下层市民可以平等自由选择、谈判的市场化的过程，而是一个政治的、带有强制性的过程。

政府规划、建设的郊区大型动迁基地，既用来安置大批旧区下层市民，也用这种带有强制性的迁入、居住方式来带动未开发地区的发展。当郊区尚处于低发展水平时，郊区政府乐于接受安置这些低收入者，因为他们的大量入住可以带动区域的经济发展。但是，当郊区发展水平达到某个程度，已经不需要用政府规划、强制的方式来带动区域经济发展，而且，动迁安置房项目所带来的经济收益远不如纯商品房开发项目，大量的低收入者也成为了政府的财政负担的时候，郊区政府也如中心城区政府一样不再欢迎低收入者，转而欢迎可以创收的高收入者。于是当下一批市中心低收入者被动迁的时候，他们只能被安置在更不发达、更边缘的郊区。由此可以看出一个趋势，下层市民的居住空间被越来越边缘化。

市中心旧区动迁与郊区农村征地动迁一样，都带有明显的强制性。由于这种强制性，以及动迁牵涉到居民根本性的居住利益，所以在动迁过程中常常发生着激烈的利益博弈，而这种利益博弈的力量格局是失衡的。其一，居民是弱小的，也是无组织的、难组织的。其二，开发商是强大的，双方力量悬殊。其三，更重要的是，政府的角色并非超然、公正的第三方，而往往是与开发商合谋，一个主要追求由经济发展指标所片面代表的政绩回报，一个追求利润回报。在各地的动迁现场我们往往看到政府各部门大张旗鼓地为动迁公司“护法”，反过来，却难以找到政府派出强大阵容到拆迁现场，以维护被动迁居民的合法权益、严格监督动迁公司可能的侵权行为为目的的例子。政府常常直接参与到动迁实施过程当中，开发商反而隐身在后，只做背后的利益操控者，由此，动迁中的冲突往往是在被动迁的居民与实施动迁的政府方之间发生的。政府携着强大的公权力与开发商站在一条阵线上，也即被动迁居民的相对面，本就悬殊的力量对比更加悬殊。其四，从现实的制度环境中，居民无法获得有力的支持。他们的理性维权并不受到鼓励，反而更多是遭到忽视、阻碍、打击。其五，而在此刻，政府、市场之外的社会也是幼小软弱的。媒体舆论不能给与足够公正、足够有力的支持、维护（尽管有一些媒体在一些事件中发挥了极大的作用，但从总体上讲，这样的媒体、这类的事件还屈指可数）。民间团体也难以发出足够的力量来维护社会正义。而动迁居民自身也难以组合成团体化的力量，难以发起如列斐伏尔所寄望的城市社会运动。

在如此的居民自身维权力量弱小，作为对手的资本、政治力量共谋，强大，作为保障的制度环境及作为第三方的社会力量都无法给予有效、有力支持的态势之下，所造成的社会后果是：一方面，社会下层的合法权益遭到肆意的侵害；另一方面，当这种侵害无法得到有效认定、阻止、惩罚，且累积到一定程度的时候，带来的不仅仅是社会下层对资本的仇恨，更有对公权力的失信，以及非理性行动的爆发。

（二）空间生产过程中的居民参与：自上而下与自下而上

列斐伏尔曾主张："社会空间的管理，像自然一样，只能是集体的与实际的，由基层控制，亦即是民主的。"（列斐伏尔，1979，包亚明主编，2003：55—56）他主张由"自上而下"生产出来的空间，重新建构为"自下而上"的空间，也就是普遍性的自我管理，亦即在各种不同的层次上，完成各单位与生产程序的管理。

动迁安置基地的建设过程中，首先从政府角度来看，自上而下的空间生产模式最为明显。从最开始的市中心旧区动迁，到安置基地的规划、建设，到建成后房屋分配与出售的封闭式运作，到入住后的社区管理，全都是由政府主导实现。关于社区的管理，有几个方面的事实可以反应。在 2006 年的居委会换届选举中，包括上里城在内的整个西河路街道的总共 32 个居委当中，只实现了超过 50％的居委采取居民直选，而这已是在前几次选举的基础上实现了很大突破的结果，3 年以前的 2003 年，仅实现了超过 20％的居委实行直选。包括前面提到的上里苑居委也是到 2006 年才首次实现了居民直选。而不管是直接还是间接选举出来的居委会，虽然名义上是"居民自治组织"，但在实际的运作中，它始终扮演着国家与社会的双重角色（张济顺，2004）。而由于向上负责往往比向下负责更为关键，居委会更多实现的是类似政府在居民区下属机构的职能。所谓“上面千条线，下面一根针”，居委会日常所“忙碌”的大都是上级各政府部门下派的行政任务，而真正自下而上产生于居民的工作只占较小部分。另一个事实体现在业委会，在上里城各居民小区，只有少部分成立了业委会。首先，业委会的成立都是由前述角色的居委会组织的，业委会平时的工作也要接受居委会的指导；其次，已经成立的业委会发挥的作用都很有限；再次，街道政府部门仍对业委会这种居民自我管理形式存在疑虑和警惕，担心它“会凌驾于居民区党支部、居委会之上”，“在做事情的时候不是在配合政府，而是在政府的对立面”，[①]这也是各居民小区成立业委会仍受到限制的原因所在。需要指出的是，关于社区管理的政府主导、自上而下模式，与上海其他同类居民小区相比，动迁安置小区的情况并没有体现出较多的特殊性，这也说明这种社区管理模式源自于总体性的政治体制。

从资本的角度看，尽管因为安置基地的房屋主要实行封闭式运作，并不进入市场销售(除了几个纯商品房小区和各小区的部分商品房)，房产商运作的空间似乎受到限制，但在更广阔的范围来看，首先，引发安置房建设的是市中心旧区动迁，而推动市中心旧区动迁的很大一部分及很重要的动力来自于市中心的商品房住宅及商务楼开发，这些开发背后的资本有着强大的力量，它们可以影响甚至主导政府的决策，这种影响力往往远远强于来自于居民的力量；其次，在安置基地的建设过程中，由于其特殊的封闭性，如本研究所选取的个案，一个规划占地约 10 000 亩、人口约 20 万的住宅项目全部由一家房产商来主导开发，那么这种封闭性很容易产

① 调查访谈编号 HY2006005。

生运作的不透明、监督的困难，增强黑箱操作的可能；如果再加上房产商与政府间的强烈关联，那么就更为可能存在的违规操作提供了有效的保护与屏障，而给保护居民合法权益及公共利益带来更大的困难。

从专家角度来看，凭着技术权威的身份，规划师、建筑师几乎可以完全根据自己的理解对手中的住宅项目进行规划设计（当然，还有与政府、资本的共同决定，甚至有时后两者的决定作用更强于规划师、建筑师。但相对于居民，他们的决定作用往往是绝对的），引进和实践他们所认为的先进、前沿理念，而忽视非专业的普通居民的意见，同时也就可能忽视了作为住宅的实际且长期使用者的居民的经济、文化条件和现实需求。

在这种“由政府、资本、专家到居民”的自上而下生产模式之下，因为（但不仅仅因为）缺少自下而上的居民意见参与和监督，我们看到的是：动迁过程忽视居民的合法权益，甚至以粗暴的方式进行强制拆迁，导致社会矛盾的激化；安置基地基础设施落后，忽视居民的实际生活需求，增加他们的生活成本，造成生活不便；一方面农民土地被征用后缺少经济收入来源，另一方面却有大面积良田多年荒芜、地块违规延宕开发；一些新的规划理念并不适合于居民的实际生活，反而对居民生活构成不便与阻碍，不但没有发挥其预期效用，反而成为社区的烦恼、纠纷的来源，等等矛盾与冲突。

（三）居住空间生产的内涵

在居民从市中心旧区动迁到郊区安置房的这一转变中，私人空间、家庭空间、小区空间等微观层面都发生了很显著的生活质量改善，对个人生活、家庭生活、闲暇生活都带来积极影响；在社区空间这一中观层面则因为公共基础设施的配套不足而造成诸多生活不便，及生活质量的下降；在区位空间的宏观层面，则因为城市与郊区间发展水平、生活水平的现实差距，及城市对农村的固有歧视，而使动迁居民的心理存在长期的落差。

从郊区动迁安置基地建设的整个发生过程及关系图景当中可以总结出，居住空间生产不仅是一个自然的过程，也是一个政治的过程。不只是改变了地面的自然形态，在农田上建起城市住宅，将自然的草木换成人工的绿化，把乡间小道扩展为宽阔的马路。同时也包含着广泛而有决定意义的政治运作，涉及到权利的侵害与维护，权力的合作与斗争等等过程。

不仅仅是居民住房的生产，也包括配套设施的生产。这两方面本应该是同时进行，相辅相成，才可能构成一个完整、成熟的居住空间。在市场化的购房模式下，这一点是毋庸置疑的，如果仅有住宅小区，而无相应完善的空间配套设施，那么当然的结果是待出售的房产没有市场竞争力。而在带有强制性的动迁安置中，居民只能被迫承受配套设施不完善所带来的诸多生活不便。

不仅仅是物质形态的生产，也包括生活方式的生产。不管是市中心旧区动迁居民还是郊区征地农民，他们都需要在一个新的居住空间完成生活的重建。环境的改变可能是积极的、有利的、延续性的，也可能是消极的、不利的、与原来完全不同的，他们都需要重新适应，建构起新的生活方式。

参考文献：

卡斯特尔，1997，《流动空间——资讯化社会的空间理论》，王志弘译，台湾《城市与设计学报》第1期。

夏铸九、王志弘，2002，《空间的文化形式与社会理论读本》，台湾明文书局。

包亚明主编,2003,《现代性与空间的生产》,上海教育出版社。

包亚明主编,2005,《后大都市与文化研究》,上海教育出版社。

厄里,J.,《关于时间与空间的社会学》,载于布赖恩·特纳编,2003,《社会理论指南》,李康译,上海人民出版社。

余小玲,2002,《网络社会的形构——Castells论流动空间》,台湾《咨询社会研究》,7月。

蔡禾主编,2003,《城市社会学:理论与视野》,中山大学出版社。

陆扬,2005,《空间理论和文学空间》,文化研究网http://www.culstudies.com。

黄少华,2004,《哈维论后现代社会的时空转变》,中国现代外国哲学学会年会2004,哲学在线http://philo.ruc.edu.cn。

顾朝林、刘海泳,2000,《西方"马克思主义"地理学——人文地理学的一个重要流派》,《地理科学》第1期。

顾朝林编著,2003,《城市社会学》,东南大学出版社。

高鉴国,2005,《西方马克思主义城市理论评析》,中国社会学网http://www.sociology.cass.cn。

艾大宾、王力,2001,《我国城市社会空间结构特征及其演变趋势》,《人文地理》第2期。

唐子来,1997,《西方城市空间结构研究的理论和方法》,《城市规划汇刊》第6期。

易峥、阎小培、周春山,2003,《中国城市社会空间结构研究的回顾与展望》,《城市规划汇刊》第1期。

韩忠雪,1997,《西方城市社会区空间模式的对比》,《陕西师范大学学报(自然科学版)》第3期。

谢俊贵,2004,《卡斯特尔网络社会理论述评》,转自中国社会学网http://www.dastu.com/2004/9—29/14254.html。

吴启焰,任东明,杨荫凯,舒晓斌,2000,《城市居住空间分异的理论基础与研究层次》,《人文地理》第3期。

赵芳,2003,《城市空间:一种社会学的理论演进》,《湖南社会科学》第6期。

王小章,2003,《国家、市民社会与公民权利——兼评我国近年来的市民社会话语》,《浙江大学学报》第9期。

韩克庆,2002,《市民社会:中国现代化进程的再检视》,《天津社会科学》第3期。

俞田荣,2002,《"市民社会"的批判及中国的国家与市民社会关系问题》,《浙江社会科学》第9期。

邓正来,1997,《国家与社会——中国市民社会研究》,四川人民出版社。

邓正来,2002,《市民社会理论的研究》,中国政法大学出版社。

邓正来,2001,《市民社会》,台湾扬智文化事业公司。

尤尔根·哈贝马斯,1999,《公共领域的结构转型》,学林出版社。

皮埃尔·布迪厄,1997,《文化资本与社会炼金术》,包亚明译,上海人民出版社。

苏贾,2004,《后现代地理学》,王文斌译,商务印书馆。

杨善华、孙飞宇,2005,《作为意义探究的深度访谈》,《社会学研究》第5期。

艾尔·巴比,2000,《社会研究方法》,华夏出版社。

周一星、孟延春,1998,《中国大城市的郊区化趋势》,《城市规划汇刊》第3期。

吴国兵,2000,《我国城市郊区化的特色及对策研究——以上海市为例》,《城市开发》第1期。

卢为民,2003,《居住郊区化的发展及其对住宅建设的影响》,《中国房地产》,第2期。

郑时龄、王伟强、袁雁,《国际大都市市区郊区发展比较研究》,上海市政协网 http://shszx.eastday.com/epublish/gb/paper32/8/class003200001/hwz663667.htm。

冯健,2001,《我国城市郊区化研究的进展与展望》,《人文地理》第6期。

丁金宏、杨鸿燕、张浩光、陆萍萍，2003，《小区域人口迁移年龄模式的定义与解读——1995—2000年浦东新区人口迁移分析》，《人口研究》第1期。

郭永昌、丁金宏、孟庆艳，2006，《大城市流动人口居住形态与居住空间变动机理——以上海闵行区为例》，《南方人口》第3期。

朱宝树，2002，《上海郊区城乡一体化进程中的人口再分布和社会重构》，《人口研究》第6期。

戴清亮，2007，《"五·七指示"的来龙去脉》，《世纪》第1期。

张翔，2000，《上海市人口迁居与住宅布局发展的探讨》，《城市规划汇刊》第5期。

高向东，2003，《大城市人口分部变动与郊区化研究——以上海为例》，复旦大学出版社。

刘君德等，1998，《论制度创新与可持续发展——上海市城乡结合部的管理体制探索》，《城市规划汇刊》第4期。

吴志强，2000，《〈百年西方城市规划理论史纲〉导论》，《城市规划汇刊》第2期。

文军，2006，《论农民市民化的动因及其支持系统——以上海市郊区为例》，《华东师范大学学报(哲学社会科学版)》第4期。

[荷]根特城市研究小组，2005，《城市状态：当代大都市的空间、社区和本质》，中国水利水电出版社。

奥罗姆、陈向明，2005，《城市的世界》，上海人民出版社。

王敬尧，2006，《参与式治理：中国社区建设实证研究》，中国社会科学出版社。

简·雅各布斯，2005，《美国大城市的死与生》，译林出版社。

王颖，2002，《上海城市社区实证研究——社区类型、区位结构及变化趋势》，《城市规划汇刊》第6期。

杨上广，2006，《中国大城市社会空间的演化》，华东理工大学出版社。

林拓，2004，《城市社会空间形态的转变与农民市民化》，《华东师范大学学报(哲学社会科学版)》，第3期。

林拓,《农民市民化与城市社会空间的转变》,载于林拓、水内俊雄等著,2007,《现代城市更新与社会空间变迁》,上海古籍出版社。

申立,《地域性特色住宅的空间变迁:以上海里弄为中心》,载于林拓、水内俊雄等著,2007,《现代城市更新与社会空间变迁》,上海古籍出版社。

中冈申雪,《上海住房制度的转变与住房开发》,载于林拓、水内俊雄等著,2007,《现代城市更新与社会空间变迁》,上海古籍出版社。

孟眉军,《空间重塑视角下的城市更新研究:以棚户区为中心》,载于林拓、水内俊雄等著,2007,《现代城市更新与社会空间变迁》,上海古籍出版社。

胡伟,《转型期上海城市居住形态演变的社区透视》,华东师范大学 2002 届博士学位论文。

叶伟华、王扬,2001,《建筑底层架空式开放空间设计初探》,《新建筑》第 6 期。

徐明前,2004,《城市的文脉——上海中心城旧住区发展方式新论》,学林出版社。

孙常敏,1999,《上海人口的集聚与城市空间的重构》,《社会科学》第 8 期。

陈映芳,2006,《行动力与制度限制:都市运动中的中产阶层》,《社会学研究》第 4 期。

陈映芳,《作为社会主义实践的城市更新:棚户区改造》,载于林拓、水内俊雄等著,2007,《现代城市更新与社会空间变迁》,上海古籍出版社。

陈映芳等著,2003,《征地与郊区农村的城市化——上海市的调查》,文汇出版社。

陈映芳主编,2006,《棚户区:记忆中的生活史》,上海古籍出版社。

陈映芳,2005,《市民的法意识——关于上海市行政处罚听证制度》,《社会科学》第 3 期。

陈映芳,2004,《"城市化"质疑》,《读书》第 2 期。

张济顺,2004,《上海里弄:基层政治动员与国家社会一体化走向(1950—1955)》,《中国社会科学》,第 2 期。

赵定东,《现代城市社区的国家与社会:一个初步的分析》,中国社会学网 http://www.sociology.cass.net.cn/。

薛凤旋,2002,《中国城市与城市发展理论的历史》,《地理学报》第6期。

董志凯:《从建设工业城市到提高城市竞争力——新中国城建理念的演进(1949—2001)》,中国社会科学院网站 http://www.cass.net.cn/file/2005101446865.html。

王仲谷a,1996,《上海的"试点之花"——三林苑居住小区规划设计概况》,《时代建筑》第2期。

王仲谷b,1996,《三林苑试点小区住宅底层架空的研究》,《时代建筑》第2期。

上海年鉴1997,上海地方志办公室 http://www.shtong.gov.cn/node2/node19828/node19886/index.html。

杨·盖尔,2003,《公共空间·公共生活》,汤羽扬等译,中国建筑工业出版社。

杨·盖尔,2003,《新城市空间》,何人可等译,中国建筑工业出版社。

韦鸿雨,2004,《城市中心交往空间的公共生活研究探索》,《山西建筑》第16期。

董海宁,2004,《浙东农村社区公共生活现状的考察——以宁波市L村为个案的调查》,华中师范大学硕士学位论文。

罗伯特·普特南,杨蓉编译,1999,《繁荣的社群——社会资本和公共生活》,《马克思主义与现实》第3期。

刘荣增,2000,《西方现代城市公共空间问题研究述评》,《城市问题》第5期。

叶贵勋等,2003,《上海城市空间发展战略研究》,中国建筑工业出版社。

孙平主编,1999,《上海城市规划志》,上海社会科学院出版社。

陈征琳等,1998,《上海地名志》,上海社会科学院出版社。

陈少能等,1994,《上海市浦东新区地名志》,华东理工大学出版社。

王孝俭主编,1993,《上海县志》,上海人民出版社。

福柯,1999,《规训与惩罚》,刘北成、杨远婴译,生活·读书·新知三联书店。

《上海统计年鉴》,2002,上海统计出版社。

《上海市城市总体规划(1999—2020年)中、近期建设行动计划》。

《上海市城市近期建设规划(2003—2007)》。

《上海人居住区域新图谱》,《外滩画报》,2005年01月25日。

Bourdieu, Pierre, "The Forms of Capital", In John G. Richardson (ed), *Handbool of Theory and Research for the Sociology of Education* . New York : Greenwood Press, 1986。(转引自周红云,2003,《社会资本:布迪厄、科尔曼和帕特南的比较》,《经济社会体制比较》第4期。)

Castells, M. 1977, *The Urban Question*: *A Marxist Approach*. London: Edward Arnold.

Gille, Zsuzsa, 2001, "Social and Spatial Inequalities in Hungarian Environmental Politics: A Historical Perspective", in P. Evans (ed), *The Politics of Urban Livelihood and Sustainability*. University of California Press.

Silber, Ilana Friedrich, 1995, "Space, Fields, Boundaries: The Rise of Spatial Metaphors in Contemporary Sociological Theory," *Social Research*, Sum.

Charles Camic, Neil Gross, 1998, "Contemporary Developments in Sociological Theory: Current Projects and Conditions of Possibility", *Annual Review of Sociology*.

Lobao, Linda and Saenz, Rogelio, 2002, "Spatial Inequality and Diversity as an Emerging Research Area", *Rural Sociology*, Dec.

Sibley, David, 1995, "Gender Science, Politics and Geographies of the city", *Gender Place & Culture*: *A Journal of Feminist Geography*, Mar.

Adam Ferguson, 2003, *An Essay on the History of Civil Society*, 中国政法大学出版社。

Jean L. Cohen and Andrew Arato, 1992, *Civil Society and Political Theory*, The MIT Press.

M. Riedel, "The Concept of 'Civil Society' and the Problem of its Historical Origin", in Z. A. Pelczynski, ed. *The State and Civil Society*.

Mary Kaldor, 2002, "Civil Society and Accountability", United Nations Human Development Report Office, *Human Development Report* 2002.

第二章
农民集中居住区
——居住形态与日常生活

张　青

一、农民集中居住区：由来及问题

（一）本研究的关注点

农民集中居住区，在本研究中是指90年代中后期以来在上海市郊区大量出现的由各级政府直接推动、规划而形成的各种“农民中心村”、“农民小区”、“农民社区”、“现代农民居住区”等等。

城市化的脚步所至之处，遍及了城市的符号，都市的现代化徽章在形式表达上必然与原有的形式拉开距离，并且以欧美城市的景观作为重要样板，因此在城市化建设过程中出现了惊人的相似，作为城市扩张的郊区，也难以例外。从外观上看，农民住进了新型小区，甚至是华丽的别墅群，这些都被融入了“城市化的景观”之中。步入其中，充满现代感的小区不仅仅有整齐划一的楼栋、宽敞洁净的道路、精心修剪的绿化，而且在区域功能上划分得相当明确，娱乐、休闲、商业之所一应俱全。然而，随意间观察到其中的一些生活片段却充满了浓郁的乡村气息，绿化带上种了小葱大蒜，扁豆藤顺势爬上后墙，老人们操着略有小别的方言坐在花坛边，中年妇女围坐在一起织毛线，有人端个小凳坐在门口观望。偶进一户，家居摆设简单随意，保留着四条腿的长凳，贴有纱布的碗橱……外在摩登的居住环境，与其中的生活样式似乎有些格格不入。站在旁观者的立场，置身农民集中居住区，隐约感受到的是一种矛盾，至少是不那么和谐的氛围。建筑形式、风格给人以城市经验的各种想象，而耳闻目睹的种种感受直接告诉你这里依旧是农村，这样的居住区令人尴尬。如果说农村和城市是两个端点，那么这里就是中间景观。问题是，无论哪种类型的中间景观都被证明很不稳定，不管它多么努力地想保持自己原有的状态，它都将一步步转化为城市中的人造物。[①] 这样的居住区，具备了中间景观的特征，更多地具有人为性。

不过，稍作思考，就能对这样的诧异有所感悟。从农村城市化的角度看，农村居住形态的转变，似乎是顺理成章、理所当然；但是，从农民的"城市化"、"市民化"的角度看，居住形态的改变只是一方面。入住集中居住区的农民，并不像自购商品房的农民，他们没有经历过自主选择理想的居住小区的过程，也没有积极融入当地社区的心理准备，他们的城市化有一定的被动性。从散居的村落到"农民集中居住区"，农民失去了原来的房子、宅基地、自留地，打乱了原有的家庭结构、邻里关系，当他们生存、生活所处的空间与物质结构发生了迅疾的转变之后，他们直接面临新的空间秩序、日常生活以及相应的观念变迁，他们的生活需要重建。

① 段义孚著，周尚谊、张春梅译，2005，《逃避主义》，河北教育出版社，第 29—30 页。

在本研究中，笔者的主要关注点在这样一些问题：居住于农民集中居住区的农民，他们经历了什么样的变化、是如何在重建他们的日常生活？他们对城市生活可能有的渴望、他们多少拥有的城市想象和城市经验，是如何被用以构建属于他们的“城市生活”？而传统呢，在城市化的居住外壳下，还会继续发挥力量吗？在那样一种非城非村的中间景观里，他们的人地关系又是怎样的？

（二）关于农民集中居住区

早在1958年，国务院发布的国家建设征用土地办法中，对于房屋拆迁补偿的处理方式中，就已经出现了“建造统一规格的农民新村房屋安置”。时至今日，几乎上海各区县都出现了因征地而形成的农民安置基地，其由来不仅仅是强制征地，也有很多是宅基地置换而形成的。就总体而言，农民集中居住区在上海的大量涌现，是政府土地调整挖潜战略的产物（上海市的相关政策历程参见附录“上海市农村住宅规划相关政策演变一览”）。自1996年起，上海市提出了土地利用的“三个集中”（工业向工业园区集中、农民居住向集镇和中心村集中、农田向农场和种田大户集中）的战略，其重点之一放在占全市土地11%的712平方公里的农村居民点和近200平方公里的县乡工业用地的调整挖潜上。这其中，农村宅基地置换被视为推进郊区“三个集中”的突破口。

在《上海市城市总体规划（1999—2020年）》中，政府明确提出，“形成‘中心城—新城（含县城）—中心镇—集镇’组成的多层次的城镇体系”，“中心村是在合理归并自然村后形成的具有地方特色、环境优美、布局合理、基础设施和服务设施较完善的现代化农村新型社区。中心村规模在2 000人左右。”此后，上海又确定了

“1966 四级居住体系”——1 个中心城、9 个新城、60 个左右新市镇、600 个左右中心村[①]——的城镇建设规划。按照规划，上海郊区中心村的建设主要分为 3 个层面：首先是以浦东新区（外环线以外部分）和闵行、宝山、嘉定区为第一层，每区中心村的基本数量按照 20—30 个规划，共 100 个左右；第二层面是青浦、松江、金山、奉贤、南汇，每区中心村的基本数量按照 50—60 个规划，共 300 个左右；第三层面是作为上海唯一的国家级生态示范区——崇明三岛，规划中心村数量 200 个左右。

作为“城市化”产物的农民集中居住区的基本特点，就笔者在嘉定区各地所见，可归纳为以下几点：

(1) 住房类型多数为别墅小区，其次为联体别墅、多层楼房混合小区，此外亦有花园住宅、多层楼房等，各类房屋面积有一定差异，各小区户均建筑面积自 110 平方至 280 平方米不等；物业管理方式多样（参见本章末附录图片）。

(2) 房屋性质有别于一般的商品房，目前，我国法律上对农民动迁房的物业管理尚属空白，没有具体的管理标准。

(3) 管理方式主要有自行管理、委托管理、无管理三种。

(4) 入住群体，农民动迁房以原村落为单位集中动迁，业主彼此熟悉。居住群体的同质性（都是农民），是形成于 90 年代中期以后的农民集中居住区的一个共同点。

此外，就这些农民中心村中农民的住宅转换形式而言，“宅基地置换”是其主要形式。宅基地的置换，使得土地使用权得以流转。与城市化过程中另一种重要的住宅转换方式“征地”相比，两者有着诸多的差异（表 1）。在中国既有的土地制度背景下，通过

---

① 按此规划，600 个左右的中心村，规划总人口在 120 万左右。

征地与宅基地置换，政府将“城市化”演绎成一场自上而下、规模空前的经济性运动。①

表1 征地与宅基地置换(上海市)制度的比较

	宅基地置换	征地
由来	2004年开始试点，为了节约土地，进一步推动“三个集中”战略	1949年解放以后，为了适应城市开发、基础设施建设以及其他经济建设的需要
性质	土地使用权的流转，并没有改变土地的所有权性质，仍为集体所有	基于国家对土地的最高所有权，依法定程序，以强制手段取得土地所有权的行为
主体	农民和农民集体	政府
对象	仅宅基地	包括农业用地等农民集体所有的土地
要件	① 在村、镇集体经济组织须有雄厚的经济实力；②农民自愿；③农民权益保障	① 政府特有的权力；②只用于公共目的；③行使这个权力必须给予必要的补偿
基本原则	置换后原行政村建制可以通过行政手段改变，但原集体经济组织所有的土地和其他资产的权属关系不变；置换后原土地承包经营权的主体可以改变，但土地承包经营权的出让收益归原集体经济组织所有不变	既应根据国家建设的确实需要，保证国家建设所必需的土地，又应照顾当地人民的切身利益，必须对土地被征用者的生产和生活有妥善的安置

① 关于征地制度的一些认识，主要参考自陈映芳等著《征地与郊区农村的城市化——上海市的调查》，文汇出版社，2003年12月。宅基地置换制度的认识，参考自南汇区土地局《宅基地置换扩大试点有关问题的探讨》，来源自上海市房屋土地资源管理局网站，2006年第5期。

续　表

	宅基地置换	征　地
法律依据	《土地管理法》第二章第十四条第二款规定："在土地承包经营期限内，对个别承包经营者之间承包的土地进行适当调整的，须经村民会议三分之二以上成员或者三分之二以上村民代表的同意，并报请镇人民政府和县级人民政府农业行政主管部门批准。"农民自愿是前提，并且还要经过一定程序的表决和批准	《土地管理法》第一章第二条第一款规定："中华人民共和国实行土地的社会主义公有制，即全民所有制和劳动群众集体所有制。"第一章第二条第四款规定："国家为了公共利益的需要，可以依法对土地实行征收或者征用并给予补偿。"
补偿方案	包括：宅基地置换的原则；原居住房屋、辅助设施、附着物的补偿办法与新居住房屋的安置、物业管理的保障；宅基地、自留地、承包地使用权的流转与劳动力对象的养老保障；流转土地的经营管理、收益分配与劳动力就业	上海市向用地单位收取的征地补偿费主要有土地补偿费、安置补偿费、青苗补偿费、地上（地下）附着物补偿费、新菜地建设基金、复垦基金等部分构成
其　他	土地承包经营权主体可以因宅基地置换而改变，但由于土地的所有权性质没有改变，承包经营权主体的变更及出让收益的处置等决定权还是在原集体经济组织	征地后，农民与被征收的土地无关

（三）本研究的调查点

带着上述的问题想象，笔者走访了一些农民集中居住区，以期于其中发掘值得深入研究的问题;此外,由于笔者自小生活在上海近郊的村落,对于农村生活有着深刻的感性认识和经历,加上数次走访农民,可以感受到他们所处的变化,大致准确地描绘他们的生活诸种。同时,借鉴参考了国内外的既有相关研究,试图在学术层面提炼出问题意识,分析问题,致力于探讨解决问题的可能性。

在实地考察的过程中,笔者发现在上海近郊各区存在着不同类型的农民集中居住区,它们都是随着经济社会的快速发展,城市化水平的提高,尤其是"三个集中"(即人口向城镇集中、工业向园区集中、土地向规模经营集中)战略的实施,而大片兴起的,目前在笔者所调查的嘉定区,农民中心村已经成为农民居住的主要形态。[①] 由于广大郊区各个镇、村的地域经济发展、工业化程度、地理等情况不同,因而出现了多种类型的居住区,其形成动力、管理模式等方面均有所差异(表2)。

中国改革开放以来,在村落城市化过程的链条上,社会学有众多不同的散点研究……可以串起一个过程或一条线索[②]。李培林认为,通过村落工业化和城市化链条每个发展环节理想类型的

① 据统计,截至2005年12月,嘉定工业区、江桥、华亭、菊园、安亭、外冈、黄渡、马陆、徐行等10个街镇都建有农民中心村,已建成的有41个,占地面积968.44公顷,住宅22034套,按平均每户3人计算,已约有6.5万人居住在农民中心村。

② 如周大鸣对广东都市里的村庄"南景村"的研究,王春光、项彪、王汉生等对都市外来流动民工和农业小业主聚居地北京"浙江村"的研究,折晓叶对高度城市化的东南地区超级村庄"万丰村"的研究,王铭铭对发达地区农业村闽南"美法村"、"塘东村"的研究,陆学艺等人对北方地区初步工业化的"行仁庄"的研究,于建荣对湖南农业村"岳村"的研究,肖唐镖对江西、安徽9个农业村的研究,黄平等人对欠发达地区的民工流出地4省8村的研究,吴毅对西部川东农业"双村"的研究,项继权对东部山东"向高村"、中部河南"街村"和西部甘肃"方家泉村"的比较研究等。

表 2　几种不同类型的农民集中居住区

	A 小区	B 小区	C 小区
地理位置	位于嘉定工业区(北区),嘉定工业区(北区)毗邻华亭镇、徐行镇、菊园新区、外冈镇、江苏省	位于马陆镇,马陆镇毗邻南翔镇、安亭镇、嘉定镇、新成路街道、徐行镇、宝山区	位于江桥镇南端,江桥镇属于城乡结合部,毗邻黄渡镇、南翔镇、普陀区、真新新村街道、长宁区、闵行区
形成时间	始于 2003 年 10 月,自 2005 年陆续搬入	建于 2003 年,几乎全部入住	1994 年入住三分之一,1996 年全部入住
形成方式	宅基地置换和归并方式	中心村易地动迁安置①	中心村易地动迁安置
形成动力	区委区府为推进城乡一体化、农民城市化、农民市民化而建立的农民集中居住小区。A 小区的农民是“一夜之间”洗脚上田。农民的旧宅都已被拆	为节约土地,把村民集中居住起来。按规定,迁入 B 小区,必须拆除原有旧宅	为改善村民居住环境,把村民集中居住起来。原有旧宅闲置不动
用地性质	国有	集体	集体
房屋类型	联体别墅、多层楼房	别墅	别墅
房地产权证	未办	未办	未办
人口组成	主要由 LT 镇、ZJJ 镇等的动迁农民组成,共 1 284 户	主要是原 FJ 村村民,约 255 户	全部是原 HZ 村村民,约 300 多户

① 中心村易地动迁安置其性质也是置换宅基地,只不过 2004 年初才在全市范围内进行宅基地置换试点工作。

续 表

	A小区	B小区	C小区
管理方式	居委会管理	村委会管理	村委会管理
小区设置	1. 绿化、道路、景观河道、门卫(无人) 2. 小区内超市，以及小区外围的超市、药店、菜场、饭店等 3. 社区工作站(党支部、社工站、物业、计生、图书馆等)	1. 绿地、道路、健身器材、篮球场、门卫(无人) 2. 食堂(供婚丧嫁娶之用)、24小时便利店、理发店、饭店 3. 物业管理办公室	1. 绿地、道路、文明公告牌、景观湖、长廊、健身器材、门球场、门卫(24小时轮班看守)、布告栏(张贴小区的居民福利、村务公开、村干部收入、生活常识) 2. 老年文化活动中心、残疾人互助机构

建立，我们可以理论上再造当代中国村落变迁的生动而又丰富的全过程。[1] 学界关注较多的农村研究，多趋向于“工业村”或者转型的“新村社共同体”研究。例如，王颖关于“新集体主义”乡村的研究，折晓叶、陈婴婴关于“超级村庄”的研究、蓝宇蕴“城中村”的研究。这些研究，大多探讨了城市化给农村地区带来的经济和社会转型，涵盖了对农村社会性格、传统、结构、变迁各层面的研究。另一方面，关注农村生活的研究较少，阎云翔对下岬村“私人生活的变革”研究，可以说提供了研究思路，对于村庄里的爱情、家庭、亲密关系作了考察。尽管如此，既有研究中不乏对村落的个案进行微观剖析，更多地是从工业化所带来的社会变迁角度考察，立足于农民、生活的探讨却不多，虽然各研究都会涉及，但轻描带过的多，生动再现的少。人类学研究以深度描写最为擅长，但较多的著

① 李培林，2004，《村落的终结：羊城村的故事》，商务印书馆。

作侧重于村落结构性的描述，而涉及到作为"人"的农民——他们的生活、感受、意象也较少涉猎。

本研究中的农民集中居住区，依托宅基地置换而形成，既体现了土地利用规划的意图，也体现于城市规划中。对照日本、韩国等东亚国家，他们早已经历了城市化道路，在农村、郊区的振兴过程中，并没有出现农民集中居住区，同时，日韩的农村城市化也存在政府规划的力量，却没有出现集中居住。

日本农村的规划中，采用了居住的分散布局。农民与自己的田地、工作场所相近，体现了城市规划中就近布局的原则。服务设施的集中化，易形成具有文化意义的集庆场所和气氛。建筑与自然环境、本地文化、生活方式相结合。在农村设置商品房，并把一些城里的设施引入农村。而日本政府推进农村城市化的作用，虽然在日本官方出台的政策与法律中找不到推进农村城市化的表达方式，但政府部门在推进农村建设及振兴区域经济的过程中，主要运用制定规划、法规保障及资金扶持3种主要手段。在制定规划方面，除中央政府制定总体规划外，各都道府县及市町村政府均确定了本地区的中长期规划，在规划及法律确定后，实施阶段的重要手段是资金扶持。①

韩国的新村运动是韩国政府自1970年发起的，并设计实施了一系列的开发项目，以政府支援、农民自主和项目开发为基本动力和纽带，带动农民自发的家乡建设活动。新村运动初期，政府把工作重点放在改善农民的生活环境上，通过一系列项目开发和建设工程（如改善农村公路、改善住房条件、农村电气化、农民用上自来水、推广高产水稻品种、增加农民收入、发展农协组织、兴建村民会

① 刘志仁，2000，《日本推进农村城市化的经验》，《中国农村经济》第3期，第73—76页。

馆等），增加了农民的收入、改变了农村的面貌。韩国政府在组织实施新村运动的过程中，制定了阶段性目标。在新村运动实施初期，韩国政府在其中扮演了主导者的角色。但是进入1990年代，韩国政府制定了一系列扶持农业和全面发展农村经济、社会、文化、教育的政策措施，以促使新时期韩国农村与新村运动有机衔接、相互促进、协调发展。①

日韩等东亚国家，其振兴农村运动，也具有规划性，但是具体落实与表现形式都不同于中国，这不仅与各国国情的差异相关，也与文化、传统、理念等有关。同是经历着浩浩荡荡的城市化运动，于农村地区的影响却不可比拟。于本研究而言，值得借鉴的是日韩注重村落原有的社会文化生态，倾向于以人为本，普及城市的物质文明，使农民得以分享。毕竟，城市化不仅是农村的城市化，也是农民的城市化——人的城市化。②

---

① 李水山，《韩国新村运动的启示》，《中国社会导刊》，第51—53页。

② 在本研究中，人的城市化主要是指城市化带来的社会转型中个人获得城市性的过程，主要是生活方式、思维方式。对于城市性的探讨，最早提出"城市性"的是城市社会学芝加哥学派的代表人物刘易斯·沃斯，指出城市性是一种特别的生活方式。在沃斯之后，甘斯提出，城市生活方式应由居民特性（包括阶层特点和生命阶段）来解释（甘斯，1962）。对于个人的城市性，齐美尔在《大都会与精神生活》一文中指出，在现代社会，人们精神生活的特点往往包括：复杂与老于世故、理智性、时间观念、标新立异的冲动和漠然的态度等，这些都是由于城市中大量人口活动所带来的高度刺激和金钱的作用（Simmel，G.，1969）。帕克曾指出，城市生活可以作为一种"心理状态"（帕克等，1987：4）。沃斯也明确提出："城市已形成自身特有的城市心理，与乡村心理迥然不同，"城市人的思维方式是因果论的，理性方式的；而农村人的思想方法则是自然主义的，幻想式的"（帕克等，1987：269）。周晓虹（1998）认为，对每一个从乡村进入城市的人来说，进城是一种全新的社会化力量，城市会对生存于其间的人产生无所不在的影响。周晓虹的结论是：无论是流动经历还是城市体验，都是一个普通农民完成其从传统向现代转变这一完整过程的两个不可或缺的方面。江立华（2003）认为，城市有着不同于农村的文化特质、社会结构和生活方式。

（三）视角：从人地关系看居住与人的城市化

既有的国内外研究为笔者提供了许多思路，打开了视野，也进一步清晰了本研究的侧重点。首先，本研究的兴趣点在于人——作为人的农民，他们的生存环境被快速城市化洗礼后，面临着重建生活，而他们对于兀然崛起的集中居住区，有着怎样的感受、如何凭借内在城市经验[①]建构日常生活，同时日复一日地栖息给他们的观念世界带来怎样的变化。其次，本研究同时聚焦居住区这样一个“空间”，简明分析其形成，探讨它如何与居于其中的人互动，空间从来不是一个容器，而人也不仅仅是被空间规训。

由此，本研究的问题也就浮出水面了，究竟规划出来的居住区，是否能推动人的城市化？如果是，那么还有没有其他因素，一起实现人的城市化？如果否，那么这样的居住区究竟在城市化过程中扮演了什么角色？抑或，不能简单回答是或否，事实胜于雄辩，集中居住区对于农民的影响就足以说明问题。

二、上海市嘉定区 H 小区的实例

（一）背　　景

嘉定区属于上海的近郊区，由于工业化的加快和国际汽车城的建设，许多农村集体用地被征用。自全面启动嘉定新城建设以来，

① 农民如何获得城市经验，一般来说或是流动经历或是城市体验，而对于本研究中的郊区农民而言，由于郊区紧邻城市、行政上隶属于城市，农民接触城市的机会多，因而其生活方式也更多、更直接地受到城市的影响。

城市化进程加快，已经形成了一批颇具规模的新型农村社区。截至2005年12月底，全区共规划建造农民集中居住小区38个，17 623户，已建(包括在建)16 140户，入住超过1万户，区域已遍布除3个街道外的8个镇、嘉定工业区和菊园新区。目前，位于嘉定工业区(北区)的H小区，规划建设3 500户，已建(包括在建)3 500户。嘉定工业区将H小区的管理列为管委会的重点工作，并提出目标：力争把H社区建设和管理成为全区乃至全市农民集中居住小区的示范地和样板地。[①] 在具体落实上，嘉定区政府于2004年12月出台《嘉定区关于加强农民集中居住区管理的若干意见(试行)》，这是全市第一个关于农民集中居住小区管理的规范性文件。

H小区的定位与形成背景，可以从城市规划与地理区位考察。《上海市城市总体规划(1999—2020年)》提出"形成'中心城—新城(含县城)—中心镇—集镇'组成的多层次的城镇体系"，随后又确定"1966四级居住体系"的城镇建设规划。按照规划，"中心城是上海政治、经济、文化中心，也是上海市城镇体系的主体"，"新城是以区(县)政府所在城镇、或依托重大产业及城市重要基础设施发展而成的中等规模城市"(嘉定新城即在11个规划新城之列)。在嘉定区"十一五"期间，突出了"加快推进以嘉定新城为核心的新型城镇体系建设"的主要任务。"按照建设现代化新郊区新农村要求，加快推进城乡一体化。积极推行宅基地置换、征地留用地制度，加快建设新市镇，加快归并农村居民点，积极调整规模小、布局散、占地多、环境差的自然村落，实施统一规划，进一步完善市政基础和公共配套服务设施，加快建设一批环境好、设施

① 嘉定政协论坛《城市化进程——农民现代集中居住区的建设与管理》材料汇编，2005年8月。

新、配套全的示范性农民现代居住社区(中心村)。力争到'十一五'期末,形成新城、新市镇和农民现代居住社区整体协调发展的格局。"由此,可以窥见嘉定在上海中心城的战略地位。

历来,嘉定是上海的西北门户。东与宝山、普陀两区接壤;西与江苏省昆山市毗连;南襟吴淞江(苏州河),与闵行、长宁、青浦三区相望;北依浏河,与江苏省太仓市为邻。2001 年,全区辖 9 个镇 3 个街道,以及嘉定工业区和菊园新区。嘉定镇离上海市中心的人民广场 30 公里,距虹桥国际机场、上海火车站、张华浜国际集装箱码头均在 25 公里左右。(参图 1)

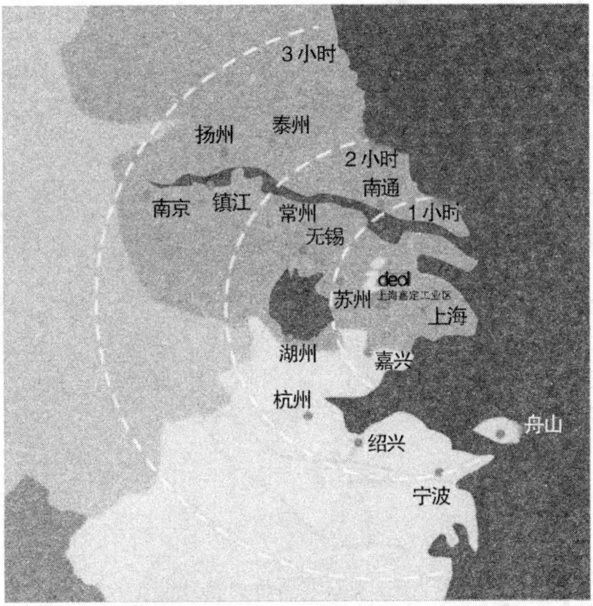

图 1　工业区车程辐射的范围[①]

① 图 1、图 2、图 3 源自www.jdiz.com。

H小区所在的嘉定工业区，主干道与沪嘉高速公路相连。自1958年改属上海市以来，嘉定与上海中心城有着紧密的联系。是年，嘉定镇等被辟为上海市的卫星城镇和工业区，之后嘉定逐渐成为上海的科学卫星城。1994年嘉定工业区被上海市批准为市级工业开发区，东北面紧挨沪宜公路，小区内主干道与沪嘉高速公路相连。2003年，嘉定工业区（北区）经上海市人民政府批准为市重点试点园区，是先进制造业基地，核心区域面积32.4平方公里。（如图2）

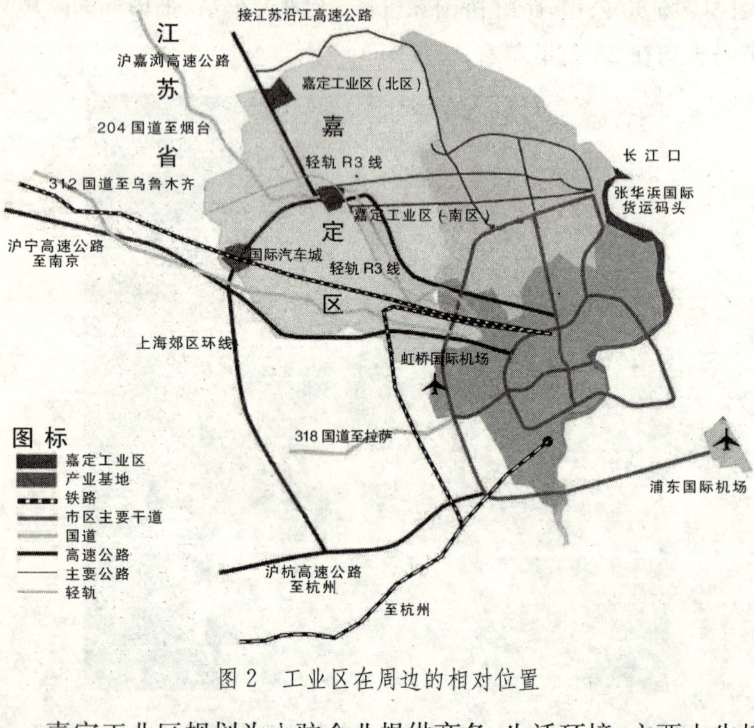

图2 工业区在周边的相对位置

嘉定工业区规划为入驻企业提供商务、生活环境，主要由朱桥老镇、H小区和H小区配套服务区组成。H小区南至越江北线，北至九茜泾，东至胜辛路，西至沪嘉浏高速公路。（参图3）

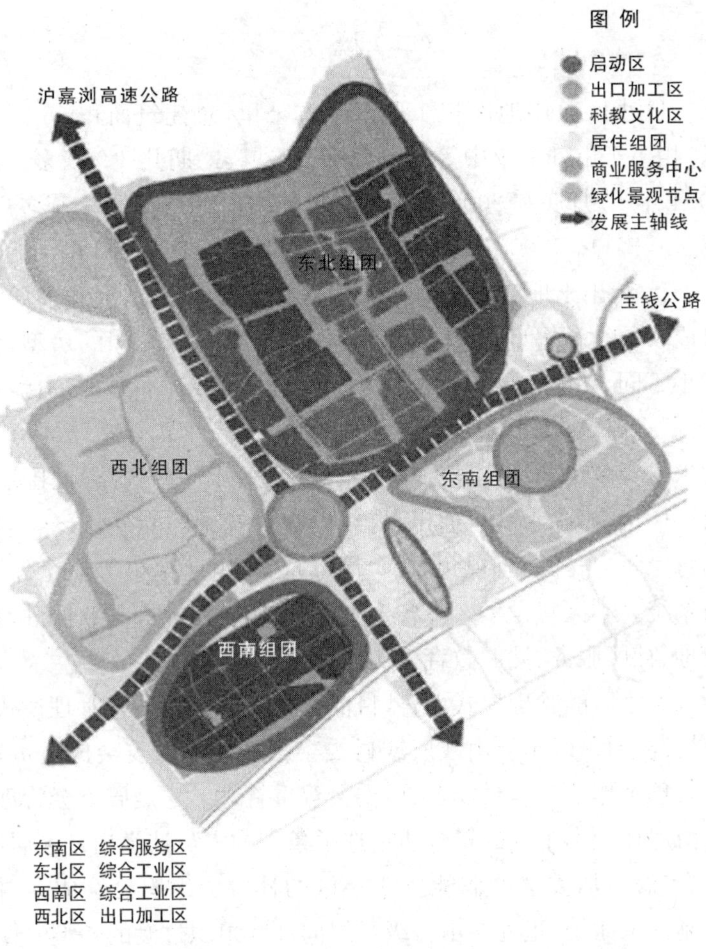

图 3　工业区(北区)总体规划图①

---

①　北区总体布局为:促进全区整体快速发展,以“两条功能发展轴,四个发展象限”为基层格局。“两条功能发展轴”即沿宝钱公路方向为东西向发展主轴、沿沪嘉浏高速公路为南北向发展主轴。“四个发展象限”即以宝钱公路和沪嘉浏高速公路将本规划区划分成四个发展片区。

(二)概　　貌

H小区总用地面积1.8万平方公里，总建筑面积76万平方米，相当于市郊一个中等集镇规模。一期、二期共3 900多户已于2004年12月底和2005年4月交付使用，其中别墅3 200多户，多层740多户。3 000多户农民集中居住H小区后，归并自然村宅150个，腾出土地2 025亩。H小区住宅由联体别墅和多层公寓组成，共15种房型，其中别墅7种，多层8种。不同的房型，面积大小不同，功能布局也不同。小区绿化80多万平方米，覆盖率达35%；道路23万平方米，7条河道纵横交错；区内建造了4万多平方米贯穿整个住宅区域的中央景观大道；小区内的路灯、围墙、景点一应俱全，除水、电、通讯、有线电视等基础配套外，天然气将通到每家每户；并配有视频监控、周界报警、电子巡更等安全保卫技防系统。小区建设了3个各1 500平方米的会所，医务保健、物业管理、社区服务、社区教育等功能性设施一应俱全。

就小区的管理模式而言，目前嘉定区存在着三种管理模式：一是村委会管理，主要由政府或村委会指派一名村委会成员负责日常管理工作。二是村委会、居委会双重管理。三是居委会管理，主要由居住在本小区的符合法定选举条件的人员选举出社区居民委员会，履行居委会的职能。H小区的社区党组织已经成立，村的建制尚未撤销，正处在由村级组织向社区组织过渡的转型时期。

入住H小区的大多是动迁农民，随着《上海市小城镇保险条例》的实施，小区通过土地换保障的形式，为所有16岁以上的居民落实了社会保障和户籍转性。目前，男60岁以上，女55岁以上的老人都能享受每月460元的养老金和医疗费；小区为其他年龄段的居民一次性缴纳了15年的小城镇养老和医疗保险，在两年内每月领取290元生活费，到退休就领取养老金。同时，通过政府购买岗位的形式，嘉定工业区的物业管理、河道保洁、林业养护、助老助残服务等公益性岗位实现非农就业，在帮助居民就业的问题上，成立了“家家乐自助服务社”，承包厂商的外发手工活，让文化水平较低的中年妇女有些收入。

入住小区后，农民一下子失去了土地，脱离了原来的生活环境，涌入了“城市化”的大潮，首先就是从居住的改变开始。但，他们的生活方式、思维方式、人际关系及社会结构、社会组织、社会生活等仍然保持原有的惯性，变化不大，成为相对别墅、小区等物质因素“快变量”的社会性“慢变量”。快与慢变量的矛盾成为农民居住小区的主要矛盾。[①] 为此，政府加强了有针对性的教育：一是入住前：采用集中培训的方式，让每户动迁户至少有一人接受一次集中教育，内容包括物业管理规定宣讲、动迁户现身说法、自编节目演出。二是入住初期：发动住户共同修订文明公约，开展百姓道德、文艺、文明活动。三是入住后：开展文明创建活动，评选“十佳文明户”、“优秀文明户”、“五好文明户”等先进家庭，提高社区居民的社会公德意识。在嘉定工业区，社区学校和精神文明办联合编写了一本通俗易懂、图文并茂的宣传教材《共建美好家园——H小区住户文明手册》，其内容有：小区文明公约草案、文明公示语和市民文明教材、生活小贴士等。在办理入住手续时，H小区的社工站分发了《H新家园》、《幸福的H人》刊物，里面谈到了如何做一个文明的H人。入住时与物业公司签订了《住宅管理手册》，规定小区的住户不允许在小区范围内种植蔬菜，不允许违章搭建，不允许饲养禽兽，不允许开挖水井等。

① 嘉定政协论坛《城市化进程——农民现代集中居住区的建设与管理》材料汇编，2005年8月。

上述是对 H 小区居住的一些概况，然而，对于农民的生活状况，他们如何感受？他们如何建构生活？从农民的感悟性、情感为基点，剖析居住改变之后带来的一系列微妙或骤然的变化，这就是本研究接下来的任务。

三、居住转变是否推进人的城市化？

大致描述了本研究的个案之后，笔者尝试进一步深描居于其中的农民的生活，站在农民的立场感受这场轰轰烈烈的“城市化”给他们带来的种种微妙或剧烈的变化。无论自然、农村或城市，抑或介于其中的各种人造物，都是人类活动的舞台，其意义都是人类赋予的，因此本研究避免将视角投入无人的世界，而是诉诸人的感悟性以及多样的情感性，以深刻分析从村落到农民集中居住区的转变，究竟给农民带来哪些影响。进而，居住转变与人的城市化之间的关系也得以清晰呈现。

（一）空间秩序转变

农民集中居住区，不仅仅是一个个林立于人们面前的居住小区或建筑物，更承载了集约土地，推进“三个集中”的战略思想。农民集中居住区的由来，还伴随着城市土地储备制度、宅基地置换等制度的产生。从整个上海的城市用地转变大背景来看，城市化、城市更新的过程实则是空间生产、重组的过程。农民集中居住区的出现，看似是建筑规划的结果，实则体现的是土地背后的利益，而背后是空间重组的问题。

对于城市空间问题的研究，较有影响力的是马克思主义城市研究，其代表人物是亨利·列斐伏尔、曼纽尔·卡斯特尔、戴维·

哈维。[1] 在列斐伏尔来那里，空间是一个社会关系的重组与社会秩序的建构过程，一个动态的实践过程。他指出了空间的社会生产性：空间性不仅是被生产出来的结果而且是再生产者。空间是富含着社会性的，它是生产关系、社会关系的脉络，同时叠加着社会、历史、空间的三重辩证（图 4），[2]空间里弥漫着社会关系，它不仅被社会关系所支持，也被其所生产。空间还是一个模型，承载着商品生产性的使用价值。列斐伏尔说："任何一个社会，任何一种与之相关的生产方式，包括那些通常意义上被我们所理解的社会，都生产一种空间，它自己的空间。"[3]

从集中居住区的实践来看，它不仅是一个城市化过程中生产的空间，参与着城市更新的过程，也生产着自己的逻辑。从传统的农村聚落到集中居住区，农村和城市已经没有界限，首先在空间——不仅仅是自然空间，更是社会空间上的体现。如列斐伏尔所说，空间弥漫着社会关系，也被其所生产。空间，不是单调的被支配的存在，而同时也承载、参与了自身的生产。城市化，是一个空间扩张的过程，也是利益最大化的过程。城市化的过程中，农村让位于城市的利益。[4] 从表面上来看，集中居住区的出现，似乎是

---

① 可以参考的著作：Lefebvre，Henri. 1976，*The survival of capitalism：reproduction of the relations of production*. translated by Frank Bryant. London ：Allison & Busby. Castells，Manuel. 1979，*he urban question ：a Marxist approach*. T，Cambridge：MIT Press，c1977. Harvey，David. 1985，*Consciousness and the urban experience*. Oxford：Blackwell Publisher Ltd. Harvey，David . 1989，*The urban experience*，Oxford UK & Cambridge USA：Blackwell Publishers.

② E Soja . *Thirdspace：Journeys to Los Angeles and other Realand Imaged Places*. [M] Oxford，Cambridge，Blackwell，1996.

③ 杨小彦，2006，《城市生长的隐喻》，《读书》第 2 期。

④ Monte-Mór Roberto Luís，2005，*What is the urban in the contemporary world?* Cadernos de Saúde Pública. Vol：21.

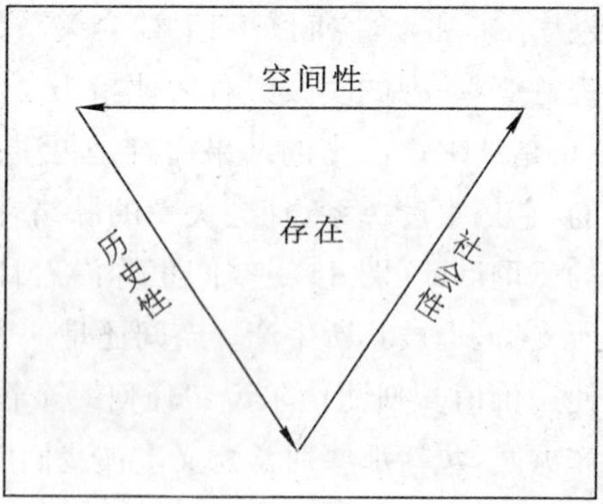

图 4 存在的三边

资料来源：Soja，1996

城市化推进的步伐。其作为居住空间的生产，似乎合乎了城市的逻辑——居住区有着和城市小区一样的布局、规划，更重要的是它是城市化过程集约土地、重新洗牌之后的产物，其中蕴含的力量来自于政策、资本的结合。

村落里，独门独户的居住格局，三三两两散落开来。在建筑格局上，低层、密度适宜，是村落的显著特点。长久以来，村落的形成与地形及农耕相关联，因而很少有“规划”。村落的规模由耕地决定，人口有限，而且农耕活动在很大程度上是集体的活动，因而构成了特殊的合作形式和邻里关系。由于村落形成是一个缓慢且自然的过程，其功能的混合及多重利用是一项根深蒂固的传统。村落里的宅院，既是居住、生产活动空间，也是日常生活、邻里交往的舞台。另外，独立与自助也是早先村民生存的基本条件，他们自己动手建房、家庭作坊等。传统村落带有宅院的居住形态为这种自我发展提供了条件。值得一提的是“地方性”的问题，也就是归属感。村落作为谋求共同生存的集体，社会关系明晰，血缘、地缘关系浓厚。

对照于村落居住形态，集中居住区的设计规划显然沿袭了城市居住小区的理念。建筑格局整齐划一。由于空间的有限性，较多为多层、高密度。它必定是规划的产物，为了空间最大利益化的可能性，人口密度高。空间的功能分化，基本上居住的空间不复合社交、劳动等功能。另外，由于小区规划得整齐划一，因而楼栋与楼栋之间的分辨率较低，并且小区与小区之间形同貌似。因而，较少地方感，人与人的交往也较为稀疏，小区更多承载居住功能，社会关系网络松散。

对集中居住区的设计，基本上是按照城市居住小区的模式来进行建设，以体现现代性、城市性，因而在居住空间方面也体现了对城市性的推崇。在本研究中，农民获得城市性的途径，并不是进城，而是其所在居住共同体直接转向了城市小区。这样的空间设置，给居住于其中的农民以某种城市性体验和感知。小区的私密性、公共空间的设置，都是直接体现了城市性。不同于村落里的相互守望，熟人社会。居住于其间，日渐熟悉并习惯城市居住小区的种种城市性。

村落渐渐消失，是一个漫长的过程。因为除了居住形态中融入种种城市性，村落中嵌入的种种"乡村性"，必须经过一个长久的实践的过程才能转变。李培林对村落社会网络论述道，"一个社会的深层结构，其实是由那些实际的运行规则组成的。而决定人们行为规则的东西就是制度。但制度可以分为正式制度和非正式制度，正式制度就是由法律、行政法规和政府政策组成的一套行为约束；非正式制度大体上相当于我们所说的习俗和惯例，也包括具有行为约束力的道德、信仰和意识形态等。"①对于村落是如何消失

① 李培林，2004，《村落的终结：羊城村的故事》，商务印书馆，第82页。

的，不敢妄下结论，但要谨慎地考察这样一个过程，毕竟居住空间并不是一个单调的空间，用来承受城市化的发展，而是一个有结构的、自身充满活力的空间，它积极地参与居住者关心的种种事务。

农民集中居住区的房子，所在的小区和原来的农村村落，有着截然不同的空间秩序。这里，笔者所指的空间秩序，意在分析从居住于其中的人的体验出发的感受，主要包括空间的归属和使用。

在村落，空间的归属很明确，以户为单位，并且为乡邻所熟知，哪块地、哪间房、哪棵树是谁家的，都很明确。而集中居住区的空间归属以公、私划分。在乡土社会，也许没有“公”的意识。[①] 因此，公私空间秩序，不同于以往的按户划分的空间。空间归属的不同，其由来可以追溯到村落与居住区的形成历史。在村落，土地归属于集体，而后分配到家家户户，享有使用权，每次举行田地抓阄等仪式，都是全村人共同参与，有目共睹的。村落是熟人社会，邻里之间相互悉知土地、土地上的所有物、空间归属于哪家哪户，因而清清楚楚地知道其归属。并且，农民对于私有或集体所有的土地、空间，也极为明确。总体来说，他们认为自己所有的空间来自于集体，而集体的空间也是部分归属于自己的。这不同于居住区空间的公私划分。个人所有的居住空间是私人财产，神圣不可侵犯，这就保证了在取得空间所有权以后，享有的私密性。而对于公共空间，则不可以霸占或者挪为己用。居住区的空间秩序是一种

① 研究乡土社会的“公”“私”观念，最早提出的是费孝通。所谓“私”的问题是个群己、人我的界限怎么划分的问题（费孝通，1998:25）。在差序格局里，公和私是相对的，站在任何一个圈子里，向内看也可以是公的。（费孝通，1998:30）。但是，费老所言的公私是指向人际关系，和本文没有直接的联系，故不作深析。笔者认为，村落里，并不存在公私的空间归属，而是个人、集体的空间归属。具体分析将在行文中展开。

契约，公私分明。在本研究的调查中，发现居住区一般都有明文规定，如“不允许在绿化带上种菜”等，其实是对公共空间的标注；小区也有规定，不允许擅自改动房子的外观，因为在小区里房子的外观也被容纳为了公共景观。村落里，没有人可以干涉别人在自家门前种些什么，也不会干涉改造房子的外观，因为独门独户的房子以及周围的空间属于该户所有。然而在居住区，除了房子里面的布局、空间，其他都属于公共空间。不允许种菜是为了保证小区的绿化整齐一致，不允许改造房子外观也是同样的道理。这些规则是居住区的每一个人都应该习得的，虽然他们来自村落，只是快速地被转移到居住区，经历着种种空间秩序的转变。事实上，大部分居住其中的人，都会接受这样的规则。

小区的空间秩序、规则是业已形成的。然而一些新的空间规则也正在形成，虽然是不成文的，却被人们在日常生活中实践。他们在开辟新的公共空间，除了既有设定的活动室、健身设施，也会于晨昏在阴凉处、车棚里、大树下、过道里纳凉聊天，形成一道很特别的风景。在调查中，常会发现夏日的午后，中年人、老人会三三两两地聚在一起聊天、织毛衣。没有给定的休闲空间，他们就在大树下、楼房的荫庇处、绿化带旁、车棚里活动。他们来自不同的村落，但是逐渐也会熟悉起来，讨论着如何搬进小区的事情。居住区中，不全然是匿名的，但是人们之间的交往的确因为居住形态而渐渐稀疏起来。“知道隔壁邻居是哪里来的，原来哪个大队的，但是没有来往过。”（被访者语）

房子的变迁，带来了居住形态的变迁。在国家、地方动迁政策的推动下，农民应对变迁，多数选择了服从国家需要，也有部分人积极争取自己的利益最大化。中国乡土社区的单位是村落（费孝通，1998）。乡土社会秩序，依靠礼治。礼是社会公认合式的行为规范。而礼不需要有形的权力机构来维持，维持礼这种规范的是传统，传统就是社会所积累的经验（费孝通，1998）。在国家和村落的关系上，也延续着传统。然而，面临着村落集体迁入居住区，农民们也会形成一种集体意识，他们知道不可抗拒，只是需要共同地来应对这样的转变。住进居住区以后，他们逐渐开始将其空间秩序纳入自己的惯习，这是一个漫长的过程。

在实践过程中，空间秩序的转变并不是机械的、如同规划本身般执行。有的秩序，农民比较容易接受；有的则不然。其中的原因有许多，笔者从实践者（农民）的角度来分析。一些大家都能接受的秩序，如保持居住区绿化的整齐，实则符合了农民的城市体验与认同，并赋予其正当性。本研究的对象主要是上海市郊的农民集中居住区，由于临近城市，居民能够感知到城市的一些秩序，并且十分认同"大家都在绿化带上种菜，像什么样子，肯定不行的。绿化带不是挺好的嘛"（被访者语）。但是仍然有一些人会突破规定，如私自改造房子外观。"农民的经济理性像所有人具有的经济理性一样，隐藏在他们的心底，但每个人的行动危机都受其他价值目标的约束，而不是受单一的谋利价值的约束。农民的真正理性在于深深扎根于他们生活所处的社会关系网络之中，当农民由于外部的刺激冲破这个网络时，这个深层的网络会发生巨大的影响力，从而使一些表面看起来的裂变，仍然具有深层的延续性。"[①]进入居住区，原来的村落形态和网络被打破了，原有的约束力也没有了。居住区实行的是居委会管理，对于集体迁入的农民来说，是一种生硬的管理模式。毕竟，他们身上更多存留的是居住在村落时候的惯习。

---

① 李培林，2004，《村落的终结：羊城村的故事》，商务印书馆，第69页。

布迪厄提出“惯习”①，就是认为所谓个人，乃至私人，主观性，也是社会的、集体的。惯习就是一种社会化了的主观性。惯习，就是知觉、评价和行动的分类图式构成的系统，它具有一定的稳定性，又可以置换，它来自于社会制度，又寄居于身体之中(或者说生物性的个体里)。存在这样一个现实：社会行动者不一定是遵循理性的，但总是“合情合理”的。对此，你不得不提出惯习这个概念来说明它。人不是傻子，他们远不是我们所设想的那么易受哄骗。因为经过漫长的多方制约过程，他们所面对的各种客观给予已经都被他们内在化了。他们知道怎样去“识别出”适合他们的未来，这一未来为他们而设，他们也为这一未来而生。这一切都是通过一种实践性的预期完成的。由于惯习是历史的产物，所以它是一个开放的性情倾向系统，不断地随经验而变，从而在这些经验的影响下不断强化，或是调整自己的结构。它是稳定持久的，但不是永久不变的。不过，存在某种可能性(它深刻地体现在与确定的社会条件维系在一起的社会命运之中)，那就是经验也会巩固惯习。这是因为，从统计角度看，大多数人必然要遭遇的情境，很可能与起初形塑他们惯习的那些情境一致。

对于迁入居住区的农民而言，他们身上存留的惯习，是在日常生活中实践出来的，来自于村落时代的种种社会制度，正式的或非正式的，这些制度都寄居于他们体内，虽然惯习也是一个开放的性情系统，但是终究要依靠原来的惯习来识别出适合他们的未来。作为实践着空间秩序的行动者，他们的经验会巩固惯

① 该部分论述布迪厄的惯习概念，结合惯习概念分析农民在居住形态转变后重新实践空间秩序。理论部分主要参考的书目是皮埃尔·布迪厄、华康德著，李猛、李康译，2004，《实践与反思：反思社会学导引》，中央编译出版社。

习。由此，姑且认为他们自身实践着的空间秩序才是真正走向未来的模式，对于空间的种种规定，也会随着他们的经验而被执行或被忽视。

（二）日常生活转型

从村落到农民集中居住区的转型，居住空间发生了巨大的转变，而日常生活也同时不可避免地产生转型。在村落，乡村牧歌式的生活，要求宽敞的空间，如土地、道路、住宅、庭院，这些设置为其日常的起居、劳作、休闲提供了可能性。而在居住区，住宅远远满足不了村落的日常生活内容。在城市化势不可挡的发展的社会文化背景下，村落具有的某些意义和价值，是关于"乡村性"或"城市性"的二分法中型构出来的日常生活或生活风格。居住形态的转变，可以说是城市化的推动力量扭转或征服了传统的秩序和地方。在居住区，空间的划分明晰，道路、绿地、河道、公共活动场所、楼栋——这些都是承载了公共生活需求的空间设置，而所剩的楼栋里的一间间公寓，才是给居于其中的人们栖息的地方。人们工作、休闲、家庭生活的空间被分离了，我们不再看见原来村落中可见的家庭作坊、不再看见邻里在私家院落里闲聊，也不再看见邻里的家庭生活——因为这些日常生活的内容早已被规定，该在怎样的空间完成，工作也许在工业区，休闲也许在公园长廊，而家庭生活才是在居住区，并且保证了其私密性。这些都是现代化支持下的功能分化，在居住空间上有所规定，同样日常生活也被规定。从某种程度上来说，充斥着现代性的居住空间容纳同样现代性的日常生活，而功能分化是它们都经历的转变。

从日常生活的由来看，它不是一个自然而然的产物。如赫勒认为的，"在前现代社会安排中，日常生活和制度化的生活之间的区分是模糊的，尚未充分发展起来，在现代社会安排中，日常生活被压缩了。它只包括家庭邻里中的生活”。列斐伏尔认为日常生活是一个现代性的概念[①]，它的历史必须与现代社会的经验与发展联系在一起。在前现代时期，一方面在人的日常生活和自然界之间保持着比较和谐一致的关系，人类活动与大自然的节奏、循环彼此吻合。另一方面，整个日常生活始终是自在存在的，它是整个人类实践的综合体，日常生活的三个领域：工作、休闲、家庭生活圆融一体。在前现代时期，后来被认为是上层建筑、意识形态的，比如哲学、艺术科学等领域并未从日常生活脱节。

日常生活与其他人类实践的分化正是现代性的发展趋势之一。这种生活分裂成矛盾的或分裂的两极：工作与休息，公共生活与个人生活，公共场合与私密情境，外在机遇与内心秘密，运气与命运，理想与现实，不可思议的东西与平常事物。在前现代时期，日常生活呈现为一个浑然不分的生存形态，这种未分化的生活充满着感性的、主体间际的关系。而现代日常生活则是建立在分化基础上的。被现代化运动掠夺过的日常生活成了一个刻板、重复、无意义的地方。

现代性的一个主要特征就是功能分化。功能分化指的是社会结构将依据不同的功能进行分化，促成“整体”的社会结构分裂成各个不同的“部分”，现代社会即是将日常生活分割成各个自主的多元生活领域。非日常生活从传统社会融为一体的日常生活中分化了出来，居住空间也从前现代承载了复合功能的空间中分化出来。在日常生活进入现代性框架的同时，居住空间也进入了现代性框架。如赫勒认为的，日常生活的一个重要方面就是为日常交

---

① 艾秀梅，2004，《浅谈列斐伏尔的日常生活批判思想》，《求实》第11期。

往提供场所的“日常空间”[①]。空间容纳日常生活,并且常常具有逻辑上的一致性。

在赫勒那里,日常生活就是“那些同时使社会再生产成为可能的再生产要素的集合”。也就是旨在维持个体生存和再生产的各种活动的总称。为了具体探讨集中居住区农民日常生活的转型,我们将这各种活动分为以下三个基本层次:[②]

一是日常消费活动,即衣食住行、饮食男女等以个体的肉体生命延续为宗旨的日常生活资料的获得与消费活动,是日常生活世界最基本的层面。

二是日常交往活动,即杂谈闲聊、礼尚往来、情感交流、游戏等以日常语言为媒介,以血缘关系和天然情感为基础的日常交往活动,它构成了人的日常社会活动。

三是日常观念活动,即这是一种非创造性的、以重复性为本质特征的自在的思维活动。它包括传统、习惯、风俗、经验、常识等自在的日常思维。

接着,笔者就所调研的居住区的农民的日常生活作经验分析。

日常消费方面,农民从村落迁入居住区,支出增加。原来住在村落,日常饮食中的蔬菜,可以自给自足,住入小区,“什么都是要买的,样样要买,连一根葱也是要买的。和城里人是一样的,睁开眼睛就要买的”(被访者语)。小区有规定,不准养鸡,不准在绿化带上种菜,即便绿化带暂时闲置,也是不允许的。在小区里,笔者还是看到了有的人家附近绿化带上种了茄子、刀豆、大蒜、葱,虽然只有2、3平米的土地,却也长得茂盛。据同住小区的人说,这些情

① 阿格妮丝·赫勒,1990,《日常生活》,重庆出版社,第3,8页。
② 杨建华,《日常生活——中国村落研究的一个新视角》,摘自中国期刊网。

况是特例，一般都是要被居委会拔掉的，但是他们属于特别困难的，老弱病残，为了减少一点生活开支，也就破例了。“养鸡，我们是不养的。知道大家的环境，要好一点，不能养动物了。种菜么，我们也做到的。只有几个老人，实在没有钱，就种点蔬菜，省得去买了。他们也都是80多岁的老人了。上面通知我们的事情，我们都做到的。我们年纪轻的，都不去种的。”（被访者语）整个小区，这些例外的情况为数很少。在迁入小区的时候，55岁以上的中老年人都有镇保，每月460元；部分45岁以下的人，则有安排工作；但是，对介于45到55岁之间的人，每月补贴290元。他们的生活压力就稍大了些。水费、电费、煤气费，出门看病买东西要乘车。以前在村落，有灶头，煤气费用可以节约一些，现在则不行。原来村里有医务室，离得不远，自己步行或者骑车就可以到，现在则需要坐公交车。至于购物，一般年轻人较热衷坐车去镇上的大卖场消费，而中老年人基本在小区附近的菜场、便利店满足需求。

日常交往方面，进入居住区，重新建立邻里关系，旧的邻里间仍有联系；亲戚朋友之间的交往密度和以前相仿。由于进入小区的时候，村落与生产队都被打破了，房子主要是通过抓阄来分配的。其结果是，原来的隔壁邻居，可能住在相隔甚远的房子，住在隔壁的可能是其他生产队甚至其他村落的农民。时间久了，彼此也能知道一些情况，但是交往比较少。通常，闲暇时间能坐在一起，就彼此熟悉了，慢慢就知道近邻的情况了。至于原来的邻居，现在也有来往，“就是路上碰上了么站着说说话。”（被访者语）对于原来的大家庭来说，迁入小区以后面临的是分房分家，但是基本上还是住在一个小区，彼此交往密度和从前相仿。在采访到陆某、她的丈夫和2岁的儿子一家时，他们原来是和婆婆、公公、小叔一起住，搬迁后自立门户，而其他三人则住在同一个小区的另一别墅。

陆某说:“他(儿子)外婆家就在这里。我妈妈家也不远。我们都是朱桥的。他舅妈、外婆,他们家亲戚基本上都在这里。我婆婆么,每天晚上过来玩一会。他们休息么,我们就过去。基本上一个星期一天。至于原来的朋友同事,还是有联系的,平时打打电话、发发短信。老公,和小叔他们还经常在小区里找朋友一起打麻将。”这种日常交往类似于阎云祥所研究的网络家庭①。网络家庭的社会功能包括家庭仪式庆典、亲友互访,以及休闲活动(如打扑克、看电视)等。这些活动加强了几个核心家庭之间的伦理与情感联系,而这又进一步促进它们在政治经济活动中的合作。

日常观念方面,农民们直接体验到的是传统习俗的转变。在小区里,曾经发生过这样一些事件。“隔壁一幢楼房,死了个老人。把灵台就摆在他们楼的这个地方(闲置的车棚)。晚上进进出出的人,不是要害怕的？居委会没有人管这些事情。按理说,丧事要管的。本来这是停自行车的地方。再以前,有老人死了,就在楼外面搭棚,放死人。要是死了老人,哭的声音、做法事的声音,很吓人的。”(被访者语)对于农村丧事的处理,原来在村落时,本是自家的事情,而迁入小区以后,没有地方停尸(按照风俗,需要在家里停留1—2天),楼栋里的楼道面积小,必然干扰到邻里——另一方面,出于对死者及家属的尊重,农民们是不会在当时去闹场的。然而,空间的制约,决定了风俗易变的必然性。原来实行土葬安坟的传统,也在进入小区之前实行了骨灰盒陵园安置。在更多地目睹或经历这些事件以后,农民们慢慢会转变原来处理丧事的模式,毕竟他们知道进入了小区,很多的事情都必须改变,而首先应该转变的是自己的思想。

① 阎云祥,1998,《家庭政治中的金钱与道义——北方农村分家模式的人类学分析》,《社会学研究》。

（三）观念世界的变化

居住环境的转变，给予农民城市化的物质外壳，在经历空间秩序的转变、日常生活的重构的同时，植根于人们内心或深或浅的种种观念也开始动摇起来。曾经充满家庭故事的房子，曾经深深依恋的土地，都成了回忆；在他们的道德世界里，国家、集体、利益的观念也在历经居住转变的过程中，发生了转折。

村落的房屋聚合了各种功能。农民的房屋就是他生于斯长于斯的地方，也是其发展血缘、地缘关系的起点，在个体社会化的过程中既是"摇篮"，也是其编织社会关系网的空间；同时，也是一个可以追溯家庭起源、寓含无数故事和回忆的地方。村落不仅是房屋、土地的实体，也是特定人群的思想状态。传统的农村安土重迁，由于定居使得农民具有文化上的同质性，共享一套价值词汇。因而，农民的房子有其生命线，并且为同村人所共享。而集中居住区，房子的由来多是根据抓阄置换而来，房子首先提供居住的功能；入住居住区，房子的生命才开始；原来的乡邻关系被打破，面临的是重新建构近邻。居住区的房子，居民拥有私有所属权，因而也同样有处置权，房子的买卖现象不鲜见。原来近郊的农民，就已经"非农化"①

① 李培林在其所著的《村落的终结：羊城村的故事》一书中，强调了"非农化"的概念，并与"城市化"作了区别。他认为（第30—31页），中国学者们之所以强调这两个概念的区别，都源于我们城乡分割的户籍制度。"非农化"概念之所以被强调，与改革开放以后"离土不离乡"的乡镇企业的大发展有很大的关系，意思是一些村落由于乡镇企业的发展，基本"非农化"了，但却没有"城市化"。"非农化"是农民的主体运动，是农民的主动选择，渗透其中的，是农民选择职业的自由的增加；而城市化是客观的浪潮，对农民来说是外在的铁律，农民几乎没有什么选择的余地。"非农化"是由于农民自己认为农业的比较收益过低，走向非农产业是因为农业"无利"；而"城市化"是由于城里人认为土地值钱，从事农耕是浪费，村落城市化是因为村落因"征地"而变得"无地"。

了，拆迁使得一些年轻人为了工作，轻易地舍弃置换而来的房子。如此，“房子”，更多地成为了一种私有财产，可以和住所、生活、人际关系相分离。房屋的变迁，可以说，改变了农民对房子、宅基地的依赖，再也没有“宅基地”，也就无所谓房子是否可以处置。而失去了寓于房子的无数回忆、关系、生活，重置的房子也就只是寓居之所罢了。

迁入居住区，农民们离土了，原本与之有着生生不息关系的土地，转而成为了回忆。从根本上来说，农民的土地意识随着居住状态的改变而慢慢变迁。农民的土地情结，以及在土地上的生活劳作，都将因离土渐渐被淡忘。城市化是我国农民土地意识变迁的动力源泉。[①] 农民传统的土地意识，是中国传统农耕文明沿袭至今的结果。而城市化过程中，无商不活、无工不富又对农民造成了极大的诱惑，激发他们在地域和职业的流动中寻找致富的捷径。另外，城市化进程中出现的社会保障体系也在一定程度上剥离了农民对土地的依附关系，从而加速了农民土地意识的变迁。对城市化进程中农民土地意识变迁的研究（陈成文、鲁艳，2006）认为，农民在土地价值意识方面呈现了“理性实用主义”倾向，这种深层的文化积淀导致了农民行为选择的短期性和非科学解释。当今中国农民在纵向的社会历史转变时期和横向的社会经济结构中的边际性，决定了他们目前土地意识也处于新旧交替、传统与现代参半的边际状态，表现为一种“高价值、低产权、低依赖”的过渡性土地意识。在农民居住集中化的推动下，村落的一块块耕地、散落的自留地相继被征收。近郊村落非农化现象十分普遍，农民对于土地

---

① 陈成文、鲁艳，2006，《城市化进程中农民土地意识的变迁——来自湖南三个社区的实证研究》，《农业经济问题》第5期。

的依赖早已淡化。许多耕地被集体用作场地出租等，以提高土地价值；许多村落也有荒置自留地的，也有在自留地上搭建棚屋[①]出租的现象。土地，在近郊村落早就已经不是生存来源的经济之本了。农民土地意识的变迁，其理性实用主义倾向十分明显。

农民入住居住区，意味着失去了所有和耕地、自留地有关的日常生活。虽然只是居住空间的流转，但在时间维度上的改变却需要日复一日。诚如传统的形成，是日积月累的效果一样；农民的日常生活也形成于年复一年的“日出而作，日落而息”。耕作，寓含了自然而然的社会交往。土地和农民的生活息息相关，可以说，两者是连在一起的。耕地上的劳作、乡邻交往、互助，都是农民生活的内容。在拥有耕地的日子，农民经常是按着节气来劳作，春种秋收。像“一年之计在于春”等俗语，是其经验总结，并为之赋予了意义。在人类学家格尔茨看来，赋予行为以意义并不是个人的事情，也不会发生在孤立的头脑中，而是依靠关于公共象征符号的交往，这些象征符号如“天然的居住地是家庭的院落、市集以及城镇广场”(Greeta,1973)。因此，户外活动，如耕作和播种，就是“个体思想”极好的例子，具有愿望或忏悔相近的体验，而认知、想象、动机、理解、记忆等，则是直接的社会事务。在农民那里，体验来自于和土地相关的活动，因之也产生了邻里互助等传统。例如在耕作中共用收割工具、互借劳作工具，都是田间地头的常景。地缘关系在农村之所以特别浓厚，也和人格化的乡邻交往有关。由于大片的农田连在一起，也经常可见农民在耕作时或休息间歇谈笑风生。一块块农田，不仅仅是劳作的对象，也是农民经验交流、劳动竞争、

① 也就是近几年来被称为“违章搭建”的建筑物，多是在没有被批准的土地上自行搭建。

互通信息的场所，这是一个天然的公共空间。相对于耕地，在自留地上则形成更多的个人惯习。自留地，在农民眼里，是日常生活的必要内容之一。晨起，在自留地上除草；傍晚，在自留地上施肥；想到了需要蔬菜，就在自留地上采集一些，长得多了，就卖一些；有事没事的时候，自留地上摸一圈，该翻土了该轮种了，这些都是农民的生活。近几年来，近郊的耕地被大片征收，只有自留地还保留着。经常可见，中老年的农民在地里忙活，在地上的劳作成了他们日复一日的刻度表。眼见着一季又一季的蔬菜成熟、收获，他们心里就有无限的充实感和满足感。劳作，充实了他们的日常生活，也满足了自己的成就感。

刚入住小区，许多老人不习惯，没有了土地，日子怎么过？虽然未必愁吃愁穿，但是时间怎么打发？每一天都是在日出日落中，变得没有了刻度，春去秋来也变得和自己无关起来。入住小区初，出现过很多类似的现象，老人们在紧邻的片状绿地上种了蔬菜，哪怕是一畦茄子或是一株青葱，经常在绿地上拔草，有的还施肥。很快，这种现象被所辖小区居委会制止了，一次两次三次地禁，才有了效果。农民由于原来的劳作习惯，虽然失去了土地，依然还保留着对土地的亲密感，尤其是中老年人。其中，是寓居于个体的惯习在作用。惯习作为一种处于形塑过程中的结构，同时，作为一种已经被形塑了的结构，将实践的感知图式融合进了实践活动和思维活动中。这些图式，来源于社会结构通过社会化，即通过个体生成过程，在身体上的体现，而社会结构本身，又来源于一代代人的历史努力，即系统生成。[1] 人类的

① 皮埃尔·布迪厄、华康德著，2004，李猛、李康译，《实践与反思：反思社会学导引》，中央编译出版社，第184页。

行动不是对直接刺激的即时反应。某个个人对他人哪怕是最细微的“反应”，也是这些人及其关系的全部历史孕育出来的产物。惯习脱胎于一整套历史，它就和这整套历史一起，筛选着可能有的各种反应，并强化了其中的某些反应。属于同一阶级的许多人的惯习具有结构上的亲和，无需借助任何集体性的“意图”或是自觉意识，便能够产生出客观上步调一致、方向统一的实践活动来。[①] 正因为如此，原来居住在村落的农民，他们身上有着与土地相联系而来的日常生活，因之也有与之相应的性情倾向；一旦剥夺了他们生活的原生环境，其实践活动则需要重新建构，在原有的惯习之上一点点生成小区生活的实践。个体的惯习不可以被剥夺，不可能遗忘，而是自然而然的生活实践，在经历了整个居住状态转变以后，需要有一个长久的、缓慢的重新建构生活的过程。离开了土地，农民的劳作被休闲替代，对土地的情感也渐渐随着在土地上的实践的消失而淡去。

法国学者格拉夫梅耶指出，城市化环境中，社会生活的方方面面以何种方式展开、配合和相互影响，而这种城市化环境是社会生活的各方面一起造就的，不过城市化环境同时又是社会生活各方面的共同外壳。[②] 当农民洗脚上田，所转变的不仅仅是失去土地，同时也失去了与之联系的社会生活，因之，当入住小区时，也只是刚开始转变社会生活的外壳罢了。然而，这外壳却会造就另一种社会生活。诚如列斐伏尔语“社会空间允许某些行为发生，暗示另一些行为，但同时禁止其他一些行为。”

① 皮埃尔·布迪厄、华康德著，2004，李猛、李康译，《实践与反思：反思社会学导引》，中央编译出版社，第168—169页。

② 格拉夫梅耶著，2005，徐伟民译，《城市社会学》，天津人民出版社，第2页。

土地意识的转变、土地情结的淡化，以及与之相连的日常生活转型，都是起因于农民从村落集体转向小区的居住状态。可以预见，在不久的未来，农民对于土地的情感，会发生极大的转变，曾经是和土地生息与共，土地就是人格化的土地，而今后土地只是外在于自己日常生活的物——有着生产力，也有经济价值，可以增值的物。

半个世纪以来，国家政策一直是推动家庭与当地道德观变化的主要动力。① 50至70年代，农民在公众生活中完全依赖于集体和国家。80年代以后，国家减少了对人们私生活的干预，同时国家的突然撤出也留下了巨大的社会与道德真空。80年代以来，个人利己主义的迅速膨胀以及无公德个人(uncivilized individual)的形成，大多和公众生活的退化、社区权力几近真空的状态，市场经济竞争中日益严重的弱肉强食有关。②

在传统的村落，农民对国家、村集体有着不一样的情感。在经历了集体搬迁事件之后，农民对国家、集体的认知也发生了一些变化，或显著或轻微。与此同时，他们对于搬迁事件涉及的利益敏感起来，相形于小农逐利的印象，有了一些新的变化。可以说，迁入集中居住区的过程，折射了农民道德世界的变化，也因此使入住小区以后的观念逻辑发生相应的变化。居住形态的改变，同时影射了观念变化，同时也是为继之而来的小区生活、城市化以后的生活作好了准备。

国家，对于农民而言，具有特殊的情感和认知。1949年新中

① 阎云翔著，2006，龚晓夏译，《私人生活的变革：一个中国村庄里的爱情、家庭与亲密关系1949—1999》，上海书店出版社。

② 同上。

国成立以后，随即在1949—1950年进行土地改革，没收地主土地和征收富农出租土地及房屋，分配给无地、少地、无房的农民使用。土改的进行，从根本上改变了农民常规性的生活，也改变了农民生活世界中的逻辑。在中国土地改革阶段形成的国家认同，是以农民的感激和敬畏为基础的。这一"由人民当家作主"的国家的建构过程也是其"人民"被生产出来的过程。[①] 正是由于民族—国家在其形成过程中，建立可意识和心理层面上的国家认同，并且作为惯习沿袭下来，一提起"国家"，农民心中油然而生的是敬畏和感激。于国家的号召、需求面前，个人必须是自觉地服从，并视之为自己理所当然、不可逃避的使命。而农民集体迁入居住区，正是响应了国家的号召，服从国家政策在当前仍然是农民视为神圣的，即便个人有再大的不愿意，最终还是会选择克服自己的困难，以"为国家建设出力"。在问及拆迁的合理性时，有人认为"现在土地都收掉了，本来就是国家的，都已经造房子了"（被访者语），有人认为"要拆迁怎么能不搬。不肯搬的人么，就是硬要多赔些钱。国家（的工程）碰到，就只好拆，又不是私人的，硬不过"。（被访者语）

相对于国家而言，村集体好比是农民的父母官，他们和农民生活在一起，其融洽或摩擦也发生在日常之中。集体的利益和农民个人的利益捆绑在一起，甚至是可以讨价还价的。打个形象的比喻，村集体和农民就是水和鱼的关系。一直以来，在诸多的农村社会的微观研究中，都说明了这一点。然而，随着集体拆迁进入集中居住区事件的发生、进行，两者之间的关系发生了变化，有时表现

① 郭于华、孙立平，2002，《诉苦：一种农民国家观念形成的中介机制》，《中国学术》，第4辑。

为渐渐疏离，甚至矛盾。在拆迁补偿的过程中，经常发生农民和村集体讨价还价的事例，因此暴露了操作过程中存在的不公现象，而激发了两者的矛盾。“现在拆迁，当官的那几个人口袋满了，苦的是老百姓。比如说一套房子，应该拿60万的，只有拿到40万，2万、3万就被当官的揩(油)掉了。农村拆迁，变化是变化几个当官的，钱么多了，老百姓是没有什么变化的。”(被访者语)“签字拆迁到搬出来一个星期都不到的。拆迁签字一家一家来，在一间房子里，一个一个来。大家都不知道价格的。后来时间长了，就知道别人估的价了。签字的时候，就像犯人一样关在房子里。大家彼此不知道的。大家要是对拆迁不满意的，也没有地方说。现在再和村里说，他们以为你是老年痴呆症了。签字一签好，干部就好像不认识你一样，睬也不会睬的。”(被访者语)“当初来估价的时候，我们家的房子估到420块钱一个平方，后来晓得我们附近一家人的房子是470多块一个平方，后来我就去村里面说，他们说我瞎说，我让他们把本子拿出来，他们说已经送上去了。原来他们家搭得够，村里自己人做干部，我们这种搭不够的就要吃亏。我不怕的，去开发区也说过的。没有用的。”(被访者语)虽然拆迁过程中的种种问题显露出来，农民此前对于集体的信任渐渐丧失于入住小区之后的互通信息，有一种被骗上当的感觉。在道德层面上，农民与集体之间的唇齿相依关系渐渐失去，因而与之相伴的权利义务感也淡去。

另外，经历入住小区事件之后，我们似乎应该重新认识农民——他们不再是传统的逐利的小农，而是更加显露了其理性。在事件中，农民在对房子估价的问题上，不仅相互比较参照，更是努力争取自己的利益最大化——他们早就懂得“会哭的孩子有奶吃”，也有人在得知动迁的讯息前，加紧步伐使自己的房子升值。“有的人家很‘精’，就把阳台也封起来当室内面积来算。现在想想那时候自己真傻，没有封阳台，分得又少。”（被访者语）在经历了改革开放大潮以后，旋即而来的种种开发开放，使得农民也见识了许多新鲜事物，类似的在拆迁前使自己利益最大化的事件在农民、村落之间流传并效仿起来。在某种程度上来说，与其说农民逐利，不如说农民是捍卫着自己私有财产的价值，其权利主体的概念也正愈来愈清晰。私有权作为一种社会规范，意味着对所有私有者权利的同等尊重。当这些权利主体发生关系时，“等价交换”就成了这种关系的唯一原则。因此真正的私有权与任何形式的个人权利一样，只有在发达的交换经济即商品经济条件下才能存在。中国宗法文化的“私”强调私欲，而西方古典文化的 privatim① 强调个体与权利。由此产生中西人们对有关“私”的许多概念理解相差很远。如“私法”这一概念在中国人听来往往联想起私设公堂、为所欲为之类，但在西方“私法”与民法基本同义，指的是排除了统治—服从关系的平等权利主体间的关系规范。毫无疑问，作为“小私有者”的农民是有的，正如马克思所指出的，这些小私有者是两种意义上的自由——他们既摆脱了宗法关系的束缚，也失去了宗法关系的保护，而成为真正的权利主体。这才成之为私有权的拥有者。②从集体拆迁事件中，我们看到的是为自己争取利益的农民，具有自己的战术，他们并不避讳于背离传统农民憨厚朴实的特征，而是极力捍卫自己的利益。从这种意义上来

① private 源自拉丁语 privatim，其词根意为独特的、另外的、个体的、个性的，引申为独立的、非官方的、非权势的、民间的、平民的等等意思。

② 秦晖，1994，《农民、农民学与农民社会的现代化》，《中国经济史研究》第 1 期。

说，事件折射出来的是农民观念世界中，理性和私有权、私欲的不断涨大。

（四）小结：居住为人的城市化提供了外壳

农民集中居住区，有着城市一般居住小区的外壳，甚至比它们拥有更为光鲜的外形设计，大多数的小区有着标准化设计、合理的空间布局，小桥流水。如果仅从外观来看，这样的居住环境已然迈进了城市化，可以被纳入城市；然而，进入其中居住者的生活，轻易就可以发现他们的生活还是沿袭着村落的习俗，他们与小区的空间规则也有着隔膜，在观念上，也正经历着细微的变化——洗脚上田瞬间的转变，迁入居住区的不可逆转的变化，正逐渐地改变着他们的种种观念。从村落到居住区，改变的不仅仅是居住形态，而一切的改变都是始于居住的改变。身临其境于农民集中居住区，它们拥有了城市的外壳，同时也有村落的性格——然而，它们既不属于城市，也不属于农村，尽管它们的出现是城市化脚步所致。

然而，当城市化浪潮席卷郊区，在一夜之间农民洗脚上田的神话成为事实，展现在世人面前的建筑物——居住的外壳，至少证明了城市的足迹。但是，时至今日，这些居住区中的人仍然大量地沿袭着村落的惯习，表现在对于空间规则的认知、日常生活的实践以及缓慢渐变的观念世界。久而久之，人们的惯习随着生活实践的积累而发生内在的演变——尽管这是一个长时间的过程。城市外壳下，居住着农民的小区，既非城也非村，这是现阶段的写实。

人的城市化，即人获得城市性的过程。农民在居住转变的同时，其生活方式、思维方式也经历了再社会化。人的城市化，需要很多物质与非物质因素的推动，物质因素中，除了居住小区，还有交通状况、文化设施、就业环境等其他的因素；居住，又复合了许多因素，除了小区环境、管理之外，更包括了居于其中的人的经验、城市想象、生活惯习、参与认同。如格拉夫梅耶所说，城市化环境是社会生活的各方面一起造就的，不过城市化环境同时又是社会生活各方面的共同外壳。①

对于这样的外壳，我们不得不认识到其复杂的“空间性”(spatiality)。在列斐伏尔看来，“空间中的生产(production in space)”已转变为“空间的生产(production of space)”，这种转变源自生产力自身的成长，以及知识在物质生产中的直接介入，其结果是现代经济的规划倾向于空间的规划。② 他用组成空间的三个要素来解释空间的生产：“空间实践(space practice)”：一个外部的、物质的环境，包括了社会中的生产与再生产，以及其空间区位与配置组合；“空间的表征(representation of space)”：某种空间的呈现方式，一个概念化的空间想象，且透过只是理解与意识形态来获取对于空间纹理的修改；“表征的空间(the space of representation)”：透过意象与象征而直接被生活(lived)出来，是人们生活和感知的空间，是使用者与环境之间生活出来的社会关系。它们分别对应三种类型的空间：“感知的空间(perceived space)”、“构想的空间(conceived space)”和“生活的空间(lived space)”(图5)。这意味着空间具有复杂的特性，在所有层次上进入了社会关系。

① 格拉夫梅耶著，2005，徐伟民译，《城市社会学》，天津人民出版社，第2页。

② 亨利·列斐伏尔著，2003，王志弘译，《空间：社会产物与使用价值》，包亚明编，《现代性与空间的生产》，上海教育出版社，第47—58页。

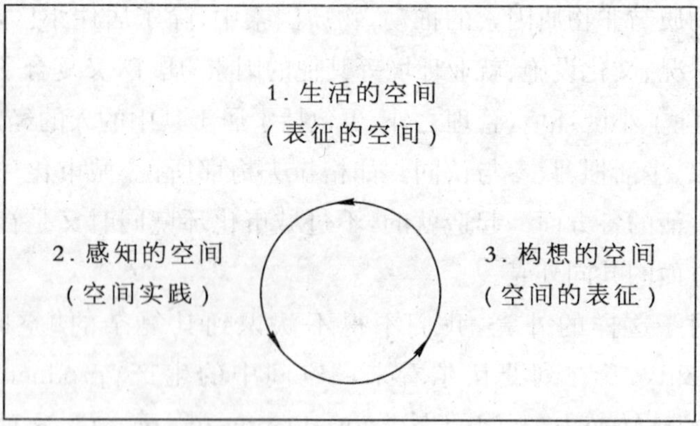

图 5 空间性的三边

资料来源：Gronlund Bo，1999①

四、简要的总结

农民集中居住区，复合了三种类型的空间：规划生产出来的物质环境即"感知的空间"，作为景观和概念的农民居住区即"构想的空间"，农民栖息的空间即"生活的空间"。本研究重点分析的是"生活的空间"，在探讨其由来时也论述过"感知的空间"和"构想的空间"。

从表面上看，集中居住区的出现，似乎是城市化推进的结果。其作为居住空间的生产，合乎了城市的逻辑——居住区有着和城市小区一样的布局、规划，更重要的是它是城市化过程集约土地、重新洗牌之后的产物，其中蕴含的力量来自于政策、资本的结合。

① Gronlund, Bo. 1999, "*Urbanity : Lived space and difference*", Urbanity & Aesthetics . Copenhagen University. Seminar.

在这些力量的推动下，空间的规则当属于城市性，比如公私分明的空间归属等，这些都影响了原本与之截然不同的村落的空间规则。正是由于这些规则的不同，导致了居于其中的农民在实践这些规则的时候出现了“出格”的现象，那些在村落中看起来理所当然的规则，在小区里却十分异常。在居住形态转变的背后，也带来了传统村落日常生活、交往方式、网络关系等的变迁。农民的观念也会随之变化。土地意识的转变、土地情结的淡化，以及与之相连的日常生活转型，都是起因于农民从村落集体转向小区的居住状态。

也许，居住在小区里的农民，他们会在两代、三代人的生活经历之后，真正构建起属于他们的“城市生活”，只是至今为止，我们只能在那里感受到非城非村的气息，不需要刻意去制造城市生活，也不需要去消灭农村的某些习俗，因为生活的实践者才真正有权利去构建他们的生活，寓居于充满城市性的小区，他们的惯习会随着时间的流逝而渐变，城市性也许会被部分地内化，乡村性也会部分地被抛弃，这是一个实践的过程，而不是像小区那样建设或制造的景观。

农民集中居住区的规划，其初衷和设想是为了推进城市化，“农民居住群落（集中居住区）的存在方式可以城乡协调和生态环境优化为中心展开，这是具有中国特点的城市化、城镇化道路。”①然而，人的城市化是好几种力量共同作用的结果，资本的力量、规划的力量以及隐藏在人意识中想象与思维的力量，可是这些力量共同作用并创造出来的现实并不一定让人满意，反而有可能是令

① 嘉定政协论坛《城市化进程——农民现代集中居住区的建设与管理》材料汇编，2005年8月。

人失望的。

被誉为都市先知的芒福德，在《城市是什么》一文中，就城市规划和人类影响的问题，提出了他的基本主张，涵盖了社会和个人两个部分。他认为，城市就是"社会活动"的剧场，至于其他的东西，包括艺术、政治、教育和商业，都是为了让这个"社会戏剧更具有影响，精心设计的舞台能够尽可能地突出演员们的表演和演出效果"。在他看来，多数住宅和城市规划都是不完善的，因为在那些设计者的构想中，并没有考虑到城市应负担哪些社会功用，对此缺乏明确的概念。[①] 平衡和整体：这两个词反复出现在芒福德最早的都市学笔记中，而且它们概括了他从戈德斯那里学到的关于城市研究和重建的方法。在他看来，技术脱离了它的文化背景，便不能被正确的理解；我们观察城市和建筑时，必须把其与产生了它们的文明联系起来。

在当下中国城市化建设规划中，技术与文化没有脱离开来，只不过现代的技术对接的是"现代性"的文化，由此造成了生硬的景观化设计。20 世纪 90 年代以来，"景观化"成为中国都市成长的一个鲜明特色。在很多决策者眼中，城市建设是最大的形象工程，它所表达的核心内涵便是"现代化"。不管城市建设者对"现代化"的理解有何不同，是深刻或肤浅，但有一点是相同的，即都市这枚现代化"徽章"在形式表达上必然要与原有或传统的形式拉开距离，要尽量吸收那些已经被认可的"现代化"形式和国际惯例。这样，被世界当作现代化先行者的欧美(尤其是美国)城市的景观，便作为现代化形式的经典表现而成为中国都市景观的重要样板。我

① 路易斯·芒福德著，2006，张艳红译，《城市是什么》，许纪霖主编，《都市、帝国与现代性》，江苏人民出版社，第 193 页。

们可以看到，今天各个地方城市建设对“现代化”的形式表达表现出惊人的相似。即便是农村，田园风光也被镶嵌在都市景观的取景框中。田园，已经遮掩了它作为土地的特性，而只成为一种补充都市景观的另一种景观。①

农民集中居住区的规划，从外观上看的确富有设计感、现代感，只是这样的小区忽略了居于其中的人的因素——农民拥有怎样的生活惯习，他们又有何种城市经历，对城市生活的想象和认同感怎样，在入住小区的过程中参与了什么，又是如何在既定的空间下建构充满可能性的生活？规划的景观化问题，正是悖逆了人的生活、感受，在城市化过程中制造了许多无地方感的“景观”。

任何建筑物，无论是房屋、住宅、社区、乡镇或城市，都对人的整体性意识有影响，它们是视觉和意识的产物。整个房屋不但是安身立命之所，还是种想象。作为更大规模的住宅区也起到同样的作用。通过日常观察，一个住宅区的居民清楚地知道自己在什么时候、什么地方曾经越过了“我们”和“他们”的界限。② 这就是地方感，即一种主体性和经验，援引西蒙（Seamon，1980）的观点，身体的移动性在空间与时间里结合，产生了存在的内在性，那是一种地方内部生活节奏的归属感，也即地方感。地方感，与归属感紧密联系在一起，由日复一日的实践而来。地方感必须与空间结合在一起，两者有着天然的联系。空间以及其中的设置只有被我们以某些方式利用的时候，我们才赋予它们以“我们的”和“我们小区

① 杨斌，2006，《都市景观中的意识与视线》，孙逊，杨剑龙编，《都市、帝国与先知》，上海三联书店，第242—245页。

② 段义孚著，2005，周尚谊、张春梅译，《逃避主义》，河北教育出版社，第122页。

的”感觉的权利，我们的空间在承载日益形成的地方感的同时，地方感也反过来占有空间。唯设计师或规划者的空间，并不能产生地方感，即便在空间上作了标示，也只是迎合了景观的需要；唯有结合了居住者的空间，才是“生活的空间”，有地方感、归属感的空间。

居住区规定“不得擅自改变房屋外观、结构”，但仍有破例者，自己动工变阳台为小屋。

不乏崭新齐备的健身设施，只不过前去健身的老人经常找不到回家的路，这样整齐划一的房屋、道路对他们来说没有标识性。

外形摩登现代的别墅

除了别墅，居住区还有多层，很多空巢家庭、老人居住于其中。

夏日的午后，老人们群聚在房屋阴庇处闲话“家长里短”。

茄子畦郁郁葱葱，扁豆藤顺势爬上别墅洋房

勤劳的老农不忘给长势茂盛的大蒜除草、浇灌

参考文献：

陈映芳等，2003，《征地与郊区农村的城市化：上海市的调查》，文汇出版社。

高向东，2004，《大城市人口分布变动和郊区化研究——以上海为例》，复旦大学出版社。

龚小娟编，2005，《走向中国的日常生活批判》，人民出版社。

郭于华、孙立平，2002，《诉苦：一种农民国家观念形成的中介机制》，《中国学术》，第4期。

林拓，2004，《城市社会空间形态的转变与农民市民化》，《华东师范大学学报》（哲学社会科学版）第3期。

李培林，2004，《村落的终结：羊城村的故事》，商务印书馆。

刘志仁，2000，《日本推进农村城市化的经验》，《中国农村经济》第3期。

秦晖，1994，《农民、农民学与农民社会的现代化》，《中国经济史研究》第1期。

文军著，2004，《农民市民化：从农民到市民的角色转型——以上海市郊区为例》，《华东师范大学学报》第3期。

杨斌，2006，《都市景观中的意识与视线》，孙逊、杨剑龙编，《都市、帝国与先知》，上海三联书店。

阎云祥著，龚晓夏译，2006，《私人生活的变革：一个中国村庄里的爱情、家庭与亲密关系1949—1999》，上海书店出版社。

阎云祥，1998，《家庭政治中的金钱与道义——北方农村分家模式的人类学分析》，《社会学研究》。

杨小彦，2006，《城市生长的隐喻》，《读书》第2期。

张红，2004，《"征地"事件与郊区村落共同体的变迁——以上海近郊村镇为例》，华东师范大学2004届硕士学位论文。

Tim Cresswell著，徐苔玲、王志弘译，2006，《地方：记忆、想象与认同》，台北群学出版有限公司。

亨利·列斐伏尔著，王志弘译，2003，《空间：社会产物与使用价值》，包亚明编，《现代性与空间的生产》，上海教育出版社。

路易斯·芒福德著，张艳红译，2006，《城市是什么》，许纪霖主编，《都市、帝国与现代性》，江苏人民出版社。

布迪厄、华康德著，李猛、李康译，2004，《实践与反思：反思社会学导引》，中央编译出版社。

霍布斯鲍姆（Hobsbawn，E.）、兰格（Ranger，T.）编，顾杭、庞冠群译，2004，《传统的发明》，译林出版社。

费正清、赖消尔，1995，《中国：传统与变革》，江苏人民出版社。

格拉夫梅耶著，2005，徐伟民译，《城市社会学》，天津人民出版社。

吉尔兹著，王海龙译，1983，《地方性知识》，中央编译出版社。

Castells, Manuel, 1979, "*The urban question : a Marxist approach*", Cambridge: MIT Press.

Crouch, D. 2002, "*Surrounded by place: Embodied encounters*", In S, Coleman & M, Crang (Eds.), "*Tourism: Between place and performance*", Oxford, UK: Berghahn.

C. Fischer, 1995, "*The Subcultural Theory of Urbanism: A Twentieth-year Assessment*", American Journal of Sociology, Vol, 101.

Crouch, D. 2003, "*Spacing, performing, and becoming: Tangles in the mundane*", Environment and Planning.

Gronlund, Bo. 1999, "*Urbanity : Lived space and difference*", Urbanity & Aesthetics . Copenhagen University. Seminar.

Harvey, David, 1985, "*Consciousness and the urban experience*", Oxford: Blackwell Publisher Ltd.

Harvey, David, 1989, "*The urban experience*", Oxford UK & Cambridge USA: Blackwell Publishers.

Monte-Mór Roberto Luís, 2005, "*What is the urban in the contemporary world?*", Cadernos de Saúde Pública.

Relph, E. 1976, "*Place and placeness*", London: Pion, 2005 Vol: 21.

附录:上海市农村住宅规划相关政策演变一览

农民集中居住区,在规划中使用的概念主要是"农民中心村"。这一政策可以从近10年来上海的土地利用规划和城市规划考察。具体的政策文本考察如下:

1996年

12月22日《上海市土地利用总体规划》通过市建委组织的专家评审。该规划针对上海土地资源紧缺的矛盾,依据可持续发展的原则,提出了土地利用调整挖潜、开源节流的思路和对策。(上海年鉴1997—建筑业·房地产业—房地产业)。而调整挖潜的战略思想,在该规划中有针对性地指出"以郊县农民居住集镇化为主体,推进'三个集中'战略的实施"。(《上海市土地利用总体规划》)其中包含四个方面,首先各区县统筹安排,制订布局合理的小城镇建设规划体系,使之有利于自然村庄、乡镇企业的集中归并调整和方便农民进镇后的生产与生活。第二,抓好集镇建设和自然村庄、乡镇企业用地归并调整的试点,取得经验后全面铺开。第三,用地管理上实行严格的控制措施。对分散建房的农民宅基地和非规划建设地区的农民建房用地一律不批。第四,引入机制灵活的土地置换政策,使国家、集体、农民个人都能受益。(1)集镇中心居住区、工业集中点的建设用地与农民进镇后拆除旧屋的老宅基、乡镇企业拆迁后的旧厂基地挂钩进行置换,每拆除一亩由集镇按60%的比例置换土地进行开发。使城镇规模的扩大在总量上不占用耕地,还要增加有效耕地面积。(2)置换的农民旧宅基、乡镇企业旧厂基地由县、乡建卡立档,复垦还耕或按土地利用总体规划确定的用途使用。推行土地有偿使用和经营权有偿出让,有偿使用的收入留乡、镇用于集镇的基础设施建设和土地复垦。

1997年

上海市土地利用总体规划以《上海市国民经济和社会发展"九五"计划与2010年远景目标纲要》为依据，分析了全市6 377.10平方公里土地利用现状和潜力，预测了规划期间的社会经济发展用地需求。（上海年鉴1998—建筑业·房地产业—房地产业）该规划的重点内容之一，是调整各类用地。从城乡一体化、合理利用土地出发，调整城镇工业布局和利用率低下的各类用地，实行工业向工业园区集中、农民居住向集镇和中心村集中、农田向农场和种田大户集中的战略方针，重点放在占全市土地11%的712平方公里的农村居民点和近200平方公里的县乡工业用地的挖潜调整上。

同年，上海市城市规划管理局开展深化、细化总体规划工作，研究确定城市规划建设近期目标和任务，《上海市城市规划管理技术规定解释》、《上海市村镇规划编制技术规定》等一批规范性文件相继出台。（上海年鉴1998—城市管理—城市规划）。城市近期建设规划编制完成，该规划明确了2000年和2005年上海城市建设的目标、方针和任务。其中，郊区初步实现农民居住向城镇集中、工厂向工业园区集中、土地向规模经营集中；城乡一体协调发展的城镇体系初步形成。（上海年鉴1998—城市管理—城市规划）

1998年

作为上海土地利用宏观管理改革的重要一年，土地供应以"严控增量，保证重点，调控存量，鼓励储备"为原则，实行耕地总量动态平衡；保证土地市场的有效运作，实行土地资源合理配置和利用；促进各项经济建设和房地产一、二、三级市场的协调发展。具体措施：(1)对国家建设占用耕地的计划指标，实行全市集中管理，不分解下达，重点保证市重大项目用地。(2)将经营性建设项目利用国有存量土地由指导性计划改变为指令性计划，实行用途管制，加大了政府对房地产一级市场的调控力度。(3)建立建设用地计划按项目管理制度，实行“在项目审批前必须取得土地管理部门准许用地的审核意见”的前置管理，形成以土地供应引导和制约需求的机制。(4)实行土地利用年度计划预安排。(5)建立土地整理新增耕地和闲置土地异地置换耕地指标的计划管理程序，有利于实现耕地总量动态平衡，积极消化闲置土地。（上海年鉴1999—建筑业·房地产业）

同年，村镇住宅建设受到重视，市住宅建设主管部门组织召开专题研讨会，就上海村镇住宅建设面向21世纪如何规划、设计、建设、管理等问题展开讨论研究，各有关方面的管理部门对加强上海市村镇住宅建设管理，尽快改变村镇住宅建设规划、设计水平和居住环境质量不高，村镇住宅配套建设水平参差不齐等问题形成了共识。进一步理顺和健全村镇住宅建设管理机构和机制，研究村镇住宅建设的自身特点，制定发展目标和战略，并加强住宅土地资源的置换和调配。（上海年鉴1999—城市建设·重大工程—住宅建设）

1999年

上海贯彻新修订的《中华人民共和国土地管理法》后，出台《上海市实施〈中华人民共和国土地管理法〉若干意见》，制定了新的建设用地审批程序。修编了上海市土地利用总体规划，当年7月通过了国务院审批。20个区县及179个乡镇级的土地利用总体规划也根据市级规划重新修编，12月市政府原则批准。实行总量控制、用途管制，继续严控土地一级市场，促进房地产市场供需结构

趋向平衡，做到了当年耕地占补平衡。（上海年鉴2000—建筑业·房地产业）

这年7月，国务院批准实施《上海市土地利用总体规划》(1997—2010年)。该规划确定“控制增量，盘活存量，平衡总量，集约利用，提高效益”的指导思想。明确全市耕地保有量不低于31.51万公顷和基本农田保护面积为27.47万公顷，中心城城市建设用地规模控制在外环线内585平方公里内。据此《规划》，崇明、宝山、嘉定、青浦、松江、金山、奉贤、南汇、闵行、浦东新区等十个区县的土地利用总体规划已获市政府审批同意实施。全市179个乡镇级的土地利用总体规划的前期预审已全部完成。（上海年鉴2000—建筑业·房地产业）

同年，上海市土地发展中心年内收购储备各种用地24万多平方米。该中心是接受政府委托，从事土地收购、储备工作，并协助政府出让储备土地的职能机构。规范、协调、指导区、县土地收购、储备和前期开发工作，协调区、县收回的国有土地和带征地的经营管理工作；多渠道、多途径筹措资金，管理、运营土地收购、储备、开发资金或基金，并使之不断滚动增值；对全市各类收购、储备土地进行统一管理和综合统计。（上海年鉴2000—建筑业·房地产业）

2000年

村镇住宅建设和管理有了实质性启动。年内，市住宅局制定了《上海市村镇住宅建设试点工作实施意见》，提出了统一规划设计、集中实施建设、加强全过程管理、体现特色风貌等原则。下半年，首批7个村镇住宅建设试点基地已经确定。其中，南汇、宝山、闵行等4个基地近45万平方米的住宅已正式开工建设。村镇住宅的集中开发建设，可节约住宅建设用地，过去平均一幢农宅需用地800平方米，而在试点基地上，一幢独立式住宅平均占地467平

方米。(上海年鉴2001—城市建设·重大工程—住宅建设)

同年,市人大常委会第十六次会议审议通过《上海市城市总体规划(1999—2020)》并上报国务院审批。经建设部审查后,市规划局对城市总体规划作了修改。区、县域规划编制工作全面启动。完成《上海市城市总体规划实施机制》、《"一城九镇"风貌及实施细则》等重大课题的研究。(上海年鉴2001—城市管理—城市规划)

2001年

市住宅局以"一城九镇"建设中居住区建设规划设计、市政公建配套建设和住宅产业现代化为重点,在松江新城建设中组织创建市示范居住区,在嘉定区安亭新镇市政公用配套中积极酝酿市政道路共同沟建设。同时,市住宅局与市有关部门一起对浦江新镇、朱家角镇、高桥镇、奉城新镇、崇明堡镇、枫泾镇及海港新城建设推进协调,在新城镇居住区建设中展现特色风貌,在住宅配套建设中体现超前性、合理性、实用性和综合性。在积极推进城镇化战略中,推进全市村镇住宅建设试点,加快郊区城市化步伐,提高郊区农民集体建房水平。南汇区桃源农民中心村、宝山区杨北农民中心村试点项目已初具形象。通过农民集体建房的试点,以统一的规划设计、统一的建设实施和统一的管理运行,在土地、规划、开发、建设、配套、物业管理、农民入住、政策导向等方面进行了探索,形成规划超前、配套完善、环境怡人、资源节约、科技含量高的农民中心村。(上海年鉴2002—城市建设·重大工程—住宅建设)

2001年

5月11日,国务院批复原则同意《上海市城市总体规划(1999—2020)》,并要求严格实施城市总体规划,强调城市总体规划是上海城市建设、发展和管理的依据。(上海年鉴2002—城市

管理—城市规划）

2002 年

结合郊区行政区划调整及“一城九镇”小城镇建设，在开展各区县土地利用、耕地保护及试点城镇规划修编的基础上，开展土地利用总体规划的修编，并与市郊区规划编制工作同步协调进行。一是完成高桥、罗店、枫泾、奉城等试点城镇的规划修编，并通过专家的评审。高桥、罗店等镇已经市政府批准实施，海港新城已编制完成待审。二是基本完成青浦、宝山、浦东、闵行、嘉定等区面上的乡镇级规划修编。三是被国土资源部确定为全国区县级规划修编试点单位和规划管理信息系统建设试点单位之一的嘉定区，已完成规划大纲的编制工作和规划管理信息系统建设工作方案。四是开展市级土地利用总体规划修编的前期准备工作，市政府向国务院上报了《关于修编上海市土地利用总体规划的请示》。（上海年鉴 2003—建筑业・房地产业—房地产管理）

2003 年

城镇住宅建设试点工程启动。已有宝山区杨行镇杨北、南汇区六灶镇桃源、青浦区华新镇华新、奉贤区钱桥镇滕家、金山区干巷镇干巷和松江区新桥镇明中等 6 个农民中心村建设试点项目正式启动。其中，宝山区和南汇区中心村已初具规模。在建的安亭共同沟建设，已完成新镇路共同沟 2.5 公里土建及相关道路排水管道铺设、粗路面摊铺工作，并开始安装自动化监控系统，其他辅助工程均按时完成一期工程的计划要求。（上海年鉴 2004—建筑业・房地产业—住宅建设）

这年 12 月 4 日，市政府印发《上海市城市总体规划（1999—2020）中近期建设行动计划》。该行动计划是上海市今后 3 年、5 年和 8 年城市建设的纲领性文件，主要分 3 个部分：一是指导思想、基本任务和总体目标,提出到2010年,基本形成上海国际经济、金融、贸易和航运中心的框架,形成与现代化国际大都市发展相适应的总体布局和主要标志。二是提出科技教育、产业发展、综合交通、生态环境、社会事业、住房建设、基础设施、城市形象建设等方面的发展目标和主要任务。三是明确大力改善中心城区环境质量,加强城市历史风貌保护,积极推进郊区"三个集中",完善城市规划管理体制、机制和法制等对策和措施。(上海年鉴2004—城市管理—城市规划)

12月24日,市政府印发《关于进一步加强城市规划管理,实施〈上海市城市总体规划(1999—2020年)〉的纲要》。上海市城市总体规划的目标中,关于城乡一体化的要求是:优化人口布局,加强人口综合调控,严格控制中心城区人口数量,加快中心城区人口向郊区疏解,加大郊区城镇吸引力度,促进郊区城市人口集聚;优化城镇布局,完善城镇体系,集中力量建设新城,稳步发展中心镇和一般镇,加快归并农村自然村落和居民点。还提出加强城市基础设施建设;加快社会事业发展;加强城市历史文化风貌区和优秀历史建筑保护;建立科学、完整的城市规划体系;进一步完善城市规划管理体制;建立政府调控与市场运作相结合的土地开发机制;加强城市规划管理的法制建设;增强城市规划管理的能力。(上海年鉴2004—城市管理—城市规划)

2004年

全年住宅建设完成投资922.6亿元,比上年增长32.9%,占全市固定资产投资的29.9%。其中商品住宅投资900.7亿元,占全市房地产投资的76.6%。住宅建筑施工面积7 631.31万平方米,比上年增长12.5%;竣工面积3 076.19万平方米,比上年增长43.7%。新开工农民动迁房306万平方米。结合"三个集中"和农村宅基地置换试点，推进农民中心村试点项目建设，有6个项目正式启动。确立3个郊区征地安置住房创建示范项目。（上海年鉴2005—建筑业·房地产业—住宅建设）

市政府印发《关于切实推进“三个集中”，加强上海郊区发展的规划纲要》。全面展开郊区各区县域总体规划纲要编制工作，其中宝山、松江、奉贤、金山、嘉定、青浦、闵行等7个区域总体规划纲要已经市政府批准；崇明岛域总体规划及“三岛”联动规划，临港新城、青浦新城、城桥新城、南桥新城、宝山新城总体规划等已经编制完成。以15个农民宅基地进行置换试点，各基地规划编制工作正在推进，部分基地建设已经启动。（上海年鉴2005—城市建设与管理—城市规划）

同年，市政府批准（批复）原则同意市规划局、7个区政府（宝山、奉贤、闵行、金山、青浦、嘉定、松江）组织编制的上海市“7区1镇”（1镇为崇明陈家镇）《区域总体规划纲要（2003—2020年）》。“7区1镇”的规划包括各区域范围、区域常住人口、中心城（镇）区人口、城（镇）居民新村建设用地、城市化水平、工业园区（国家、市、区级）建设用地、产业发展方向、重大基础设施用地、综合交通、生态环境、环境景观、道路建设、市政设施建设、历史文化风貌区的划定及保护原则等方面内容，对“7区1镇”的各自的特色提出具体要求。（上海年鉴2005—城市建设与管理—城市规划）

上海国土资源管理贯彻国务院办公厅《关于深入开展土地市场治理整顿严格土地管理的紧急通知》要求，结合上海实际，先后颁发《上海市建设项目审批中用地规模控制暂行办法》、《上海市土地储备办法》、《关于本市郊区宅基地置换试点若干政策意见》和《关于加强土地管理，促进本市郊区宅基地置换试点的操作意见》等文件。加大土地执法力度，推进农村宅基地管理，提升土地管理依法行政的水平,增强土地参与市场调控能力,保证经济社会发展的用地要求,实施“批项目、核土地”的用地规模控制办法。对2003年以来新上项目用地、耕地占补平衡、征地农民补偿安置和开发区用地等情况,进行认真清理,取得阶段性成效。(上海年鉴2005—综合经济管理与监督—国土资源管理)

6月7日,市政府常务会议审议通过《上海市土地储备办法》,8月1日正式实施。按照“办法”,市和区县政府委托土地储备机构,依据土地利用总体规划、城市规划和土地储备计划,对依法征用、收回、收购或者围垦的土地,先通过实施征地补偿安置、房屋拆迁补偿安置或必要的基础性建设等予以储备,再按照土地供应计划交付供地。该“办法”将进一步增强政府对土地市场的调控力度,完善土地供应方式,平衡政府对土地的收入和增加收益。(上海年鉴2005—综合经济管理与监督—国土资源管理)

由此,大致可以看出,农民中心村的大量涌现,与“三个集中”、土地调整挖潜的战略有关,在具体实施中也依托了城市土地利用总体规划与城市总体规划。从一定程度上来说,中心村是规划的产物。

第三章
动迁与居民家庭结构的变动

安　钊

一、导　　论

（一）问题的提出

动迁是上世纪末对上海影响最深刻的事件之一。城市更新不仅是在改变建筑面貌，中心城区的更替还在更深层次重塑城市的社会形态，最重要的是：无论是拆除老城厢还是市政道路建设，都必然会涉及到大规模的动拆迁，而动迁，影响着社会最微观却最敏感的细胞——家庭。90年代的上海，时常能看到这样的景况：装满各种家什的大卡车一字排开，敲锣打鼓，转眼间，众多家庭奔向新的住处，留下的是成片的陋室旧居。

城市地理学者认为，迁居是居住机会和居民的住房需求之间相互作用的结果：当家庭收入、家庭规模、生活方式及社区关系发生变化时，住房需求随之产生，若郊区建设、旧城改造等提供的居住机会与需求相符，那么居民就会通过新住房的选择实现迁居行为。对于那些从人均居住面积不足4平方米时代走过来的上海人，那些习惯了煤球炉、马桶的上海人，那些经历过用布帘与家人隔开居住的上海夫妇来说，显而易见，动迁是实现其空间渴望、住房需求的一次绝好机会。但是，与居民的主动择居不同，动迁居民的迁居是时间、地点、方式都被城市政府控制着的被动过程，特别是对于低收入动迁居民来说，面对来自政府、市场等外部的结构性压力，家庭何时搬迁、搬到哪、家庭成员如何居住等等都受到极大的限制。

旧城居民在面临动迁时，其需求的积极性和选择的消极性给家庭的居住模式带来了直接的影响；而居住模式又是影响家庭结构的关键因素。所谓家庭结构是指家庭的人员构成，社会学视野下的家庭结构与居住状况密切相关。最主流的家庭结构划分方式就是以家庭成员居住模式来划定的：父母仅和未婚儿女同居构成了核心家庭，父母和一对已婚儿女同居构成了主干家庭，父母和两对以上已婚子女同居或兄弟姐妹婚后不分家的构成了联合家庭。因此，从居住状况研究家庭结构是研究家庭结构的最主要的入手点之一。从以往的研究来看，人们关注到了动迁居民变换居住地后在生活成本、生活结构、社区关系等上所受的损失，但很少有人关注动迁居民的居住模式和家庭结构。

本研究想要关注的问题是：面对由政府出面、在城市改造的名义下进行的动迁工程，动迁家庭是如何应对的？城市动迁居民的理想居住模式是怎样的，而现实中他们的居住模式又是什么样子的？动迁是否引起了市民原有家庭结构的相应变化？如果有变化，那么他们现在的家庭结构是怎样的？总之，笔者希望通过再现动迁居民居住模式和家庭结构在动迁前后的变化，来分析动迁这一外部性事件给城市居民的家庭制度带来的影响。

(二)既有研究回顾

关于家庭结构变迁的研究 大部分家庭结构变迁研究采用定量的研究分析方法，以大规模的人口或家庭户调查作为数据来源和分析依据。例如，1982 年的“五城市家庭调查”，1983 年开始的“天津市千户居民调查”，1986 年的“14 省市农村婚姻与家庭调查”，1986 年在北京、上海和西安进行的“妇女就业与家庭调查”，1993 年的“中国城乡居民家庭生活调查”，1994 年的“中国七城市家庭调查”等。此外，各省市婚姻家庭研究会、地方社会科学院和大专院校等也有大量类似的调查课题。这些研究课题一般都会发表有关城市家庭结构现状、特点等的研究报告或者著作。总体来看，多数研究者(杨善华，1994；徐安琪，1994、2001；刘宝驹，2000；邓伟志、徐新，2000；杨雄、程福财，2002)采用的是现代化理论的分析框架，把家庭结构的变动置于中国向市场经济、向现代化转型的过程之中进行分析。

关于住宅和家庭结构之间关系的研究 一些研究在 20 世纪 80 年代初期就提到过住房对家庭结构的影响。潘允康等人的系列研究引人注目：“目前我国城市住房比较紧张，……青年人婚后一时找不到新房，只有在父母处居住。根据天津某居民点的调查资料，这里的老年人住房面积一般比青年夫妇较为宽敞，一些青年人婚后无房，就暂住在父母处。这也是使大家庭得以维持的一个原因。”(潘允康，1982)以后的一些研究则指出住房对居住和家庭结构的影响是双向的，既可能使青年人和老年人住在一起，亦可能使之分离。1986 年的一项研究列举了天津的一个居民点的住房调查，证明有 75.26%的家庭只有一间住房，在这种情况下，即便儿女结婚以后，想和父母住在一起也不具备客观条件，不得不离开父母另寻住房，大家庭自然会分解（潘允康，1986）。可见住房对居住和家庭模式的影响是存在的。1987年的一项成果引用了天津市第三次户卷调查资料，在分析433户合家而后又分家的原因中，最主要的是增加了住房面积和改善了住房条件，占35.3%，远远高于其他原因（潘允康、林南，1987）。这说明住房原因很突出，而且一旦增加了住房面积和改善了住房条件，分居分家的情况不仅是可能的，也是现实的。

从住房角度研究家庭结构是社会区位学理论在家庭研究中的应用。潘允康等人还依据1993年在津、沪两地进行的住房与家庭生活调查的有关资料，从区位中心论、区位聚散论和区位共生论三个方面探讨了住宅和家庭结构之间的关系，指出住房是影响中国家庭模式的重要因素（潘允康、约翰·罗根、边馥琴、边燕杰、关颖、卢汉龙，1997）。

关于家庭居住模式的研究　近年来的研究指出，在中国城市，无论家长或成年子女都喜欢分开住，但住得近一些。同样，Treas和Wang发现在上海市的老年人口中，绝大部分喜欢依靠自己，而不是靠与子女住在一起而取得支持（Treas, Judith and Wei Wang, 1993）。1991年天津市社会科学院对27个省的调查发现，只有22%的家长喜欢与已婚子女同住，并且只有24%的孩子婚后喜欢与父母同住（潘允康等，1997）。可是，罗根（Logan）等研究发现，1993年天津市和上海市43%的60岁以上老年人与一个已婚的孩子同住。由此看来，喜好与已婚子女分开住的观念走在了家庭能够实现的能力之前。对于这种居住喜好与实际居住方式不一致的现象，罗根（Logan）和边馥芹认为是由于老年人喜好的居住方式受实际条件限制所造成的（约翰·罗根、边馥芹，2003）。尽管中国城市老年人愿意让已婚的子女单独住，但是房屋的短缺仍迫使许多城市老年人终生与孩子住在一起。另外，托儿所、幼儿园的短缺也使得人们不得不从家庭内部寻找解决办法，因而延长了年轻夫妇与父母同住的时间（Davis、Deborah，1991）。徐安琪在对上海的抽样调查研究中也发现了现实居住方式与理想模式之间存在落差的现象，她认为这主要是由以往的工作单位统配住房政策以及社会保障和服务体系不完善导致的（徐安琪，2001）。

关于城市动迁居民的研究　从世界范围来看，城市动迁居民研究属于移民学中的非自愿移民范畴。国外的移民研究较多关注自愿性移民、国际移民及其决定因素。非自愿性移民和移民后果的研究相对比较欠缺。在我国，关于城市动迁居民的既有研究文献也不多，主要是因为在强有力的计划经济体制下，中国城市中的各种管理制度很大程度上限制了城市内部人口的迁移流动。一直到改革开放以后，这种状况才发生了变化。我国关于城市动迁居民的研究多数是以工程移民学作为学术视角，关注点主要集中在对房屋拆迁政策、城市工程移民规划以及利益冲突调整机制等方面，部分学者从制度安排角度提出了一些对策（吴宗法、张建华，2001）。

国内涉及到动迁居民家庭的学术研究主要有两篇，一篇是占少华对北京市两个社区拆迁改建情况的调查分析（占少华，2002），一篇是顾国权、徐静芳对上海地区城市家庭类型、结构与住房制度改革关系的分析（顾国权、徐静芳，1995）。占少华着重探讨了拆迁改建对动迁居民就业与生活的影响，以及居民对这个事件的能动反应。他认为动迁区域内的社会经济结构发生了很大的变化，动迁居民的生活与就业同时面临着机会与风险。对动迁居民，尤其是其中的低收入群体，拆迁改建迫使他们向城市社会经济的边缘地区迁移从而遭受社会排斥，但这个过程不是被动的，而是动迁居民以家庭为单位作出能动选择的后果。顾国权、徐静芳则是通过对上海市家庭结构变化趋势以及现行城市住房制度的分析，指出了未来住房制度改革的发展方向和改进内容。

总体来看，我国关于城市家庭结构变迁、居住模式等方面的既有研究可谓相当丰富、深入，许多研究者在分析过程中也注意到了对新解释理论和分析方法的运用。然而，从研究对象来看，以往研究关注的是普通城市居民家庭，对城市动迁居民家庭方面的研究很少，可以拿来参考的调查数据也不多。笔者希望本研究能够拓展家庭社会学的研究视角，进一步深入探讨城市发展与居民家庭之间的联系，填补研究空白。

（三）主要概念界定

城市动迁居民：从学科角度来看，城市动迁居民属于工程移民学[①]的研究范畴。在工程移民学研究中，"工程移民"被定义为由工程建设所引起的非自愿移民。根据工程性质及其导致的移民的特点，施国庆将工程移民细分为三类：城建移民、交通与电力移民、水库移民（施国庆，2002）。城建移民，顾名思义指的是城市规划区内部道路等基础设施建设、旧城区改造、工业企业迁移或新建、开发区建设所产生的移民。而在实际的调查过程中笔者又发现，动迁居民的迁移行为普遍发生在一个城市的内部，这个特征与城市地理学中对人口迁居的描述非常相似。所谓人口迁居，指的是城市中以住宅位置改变为标志的、城市地域范围内的人口（往往是住

① 工程移民学研究的对象主要是因各类工程建设而引起的土地占用、淹没、浸没、坍岸、滑坡问题，由此而引起的人口迁移、社会经济系统重建问题，以及移民系统的技术、环境、社会、文化、政策及移民心理调适等问题。

户)移动,有时也称城市内的迁移(interurban migration)。至于导致人口迁居的原因,城市地理学对此的解释是:当城市发展到一定阶段时,由于城市规模、结构、社会经济条件的变化,必然会引起城市内部的人口变动,这时候的人口变迁以城市内的移动为主,即迁居过程。因此,本研究在参考借鉴工程移民学中有关城建移民的定义以及城市地理学中对人口迁居的阐述后,将城市动迁居民界定为因城市规划区内部道路等基础设施建设以及旧城区改造所导致的城市内部的人口(往往是住户)迁移。

家庭结构:它是家庭关系的整体模式,也叫家庭类型。从不同的角度可以对家庭有不同的结构类型划分。按家庭的规模进行划分,可分为大家庭和小家庭,即根据人口数量来分类(一般亦将核心家庭划为小家庭,将扩大家庭划为大家庭)。按家庭传袭规则来划分,可分为母系家庭、父系家庭、平系家庭、双系家庭。在这些家庭中,子女的姓名和承继或依母方,或依父方,或男女两系平等计算,可依任何一方,或同时属于母族和父族。按家庭成员配偶的人数和对数划分,可将家庭分为多夫多妻制家庭、一夫多妻制家庭、一妻多夫制家庭、一夫一妻制家庭。按参与和决定家庭事务的权力,可将家庭分为父权家庭、母权家庭、平权家庭、舅权家庭。按家庭成员居住地,可将家庭划分为从妻居家庭、从夫居家庭、单居制家庭。男女结婚后,丈夫携子女在妻家居住,或妻子携子女在夫家居住,或夫妻携子女另行居住,单独成立新家庭。按家庭的代际层次和亲属关系划分,可将家庭分为(1)核心家庭,即由父母及未婚子女组成的家庭;(2)主干家庭,即由两代或两代以上夫妻组成,每代最多不超过一对夫妻,且中间无断代的家庭,如父母和已婚子女组成的家庭;(3)联合家庭,指家庭中任何一代含有两对以上夫妻的家庭,如父母和两对或两对以上已婚子女组成的家庭,或是兄弟姐妹婚后不分家的家庭;(4)单身家庭,指仅有一人组成的家庭,包括终身不娶或终身不嫁的独身主义者,或丧偶或离异后单独生活的人;(5)丁克家庭,即由夫妻组成的家庭,不要或没有子女;(6)单亲家庭,即由夫妻中一方及子女组成的家庭;(7)空巢家庭,即由夫妻或其中一方组成,子女婚后单独居住的家庭;(8)隔代家庭,即由隔代亲属组成的家庭,如祖孙两代组成的家庭;(9)其他家庭,如未婚同居家庭、同性恋家庭等其他变异家庭。

以上这些从家庭制度、权力、居制、关系等不同方面来认识理解家庭结构的类型,为我们研究动迁居民的家庭结构提供了广泛的视角和思考的维度。本文主要使用的家庭结构的类型,是将家庭分为3个基本类型:即核心家庭、主干家庭和联合家庭。

二、调查点及其背景

(一)个案研究

要了解和理解个人和社会组织,必须把他们放置到丰富、复杂、流动的自然情境中进行考察;研究者必须与研究对象有直接的接触,了解他们的日常生活、他们所处的社会文化环境以及这些环境对其思想和行为的影响;研究者通过与研究对象互动,对其行为和意义建构获得解释性理解(陈向明,2000)。由于本研究关注的是城市动迁居民家庭在迁移过程的主观体验和感受,故笔者选择用半结构半开放深度访谈式的质性研究作为收集和分析资料的方法,并希望通过了解个案的方式来获取对人或事的"共性"更深层次的理解。

本研究采取的是“目的性抽样”。目的性抽样是指根据研究目的抽取能够为研究问题提供最大信息量的研究对象(Patton,1990),也被称为“理论性抽样”,即按照研究设计的理论指导进行抽样(Mead,M. 1953)。由于质的研究注重对研究对象获得比较深入细致的解释性理解,因此研究对象的数量一般都比较小,不可能采取概率抽样的方式。按照 M·米德的观点,研究结果的效度不在于样本数量的多少,而在于样本的限定是否合适(Mead,M. 1953),以及这些样本是否可以比较完整地、相对准确地回答研究者的研究问题(陈向明,2000)。

由于本研究旨在发现动迁事件给城市居民家庭带来的影响以及动迁居民在调整适应过程中所形成的家庭结构和居住模式,因此,在样本选取上主要有以下考虑:

迁移原因　笔者关注的研究对象是城市动迁居民,导致他们进行城市内部迁移的原因主要是城市建设。根据城市规划对城市建设[①]的定义,笔者将城市建设分为两类:(1)市政及基础设施建设;(2)旧城区改造。笔者总共选取了 18 个城市动迁居民家庭个案,其中 6 个个案的迁移动因是城市基础设施建设(高架道路工程),10 个个案的迁移动因是旧城区改造。另外,笔者选取了 1 个

① 所谓城市建设,在城市规划管理范畴内主要是指一切新建、扩建、改建、翻建的房屋建筑(包括工业建筑、住宅建筑、仓储建筑等)、地下建筑、围墙建筑、大门建筑、小品建筑(包括宣传廊、广告牌、公交候车亭等)、人防工程、消防工程、防洪工程、共用设施(包括给水部、煤气站、汽车站、邮站所、电话亭等)、铁路、地铁、公路、城市、道路、城市道路、桥梁、涵洞、机场、码头、广场、停车场、公园(包括植物园、动物园、自然公园、森林公园、高尔夫球场、迪斯尼乐园、休息公园等)、城市绿地、(包括环形岛、滨河绿地、道路绿地、广场绿地、三角绿地、居住区绿地等)、市政管线(包括电力、电讯、给水、污水、雨水、煤气、热力等)、输油管线、水源井、人工渠和构筑物(包括烟囱水塔、发射台、瞭望台、输电线塔架等)、城市雕塑、城市标志物等。

当地动迁农民家庭、1个商品房购买家庭作为研究的对比参照。

迁移时期　我国的城市房屋拆迁制度与国家的政治、经济体制密不可分。随着国家经济体制的改革，城市房屋拆迁制度大致经历了三个阶段：(1)计划经济体制下的城市房屋拆迁制度(1949年至1978年)；(2)经济转型时期的城市房屋拆迁制度(1978年至1991年)；(3)城市房屋拆迁制度步入法制化(1991年至今)。法制化时期以前，由于国家没有统一的城市房屋拆迁政策，因此各地政府均是根据本地实际情况制定城市房屋拆迁补偿安置办法，地区与地区之间、城市与城市之间缺乏统一性和可比性。1991年3月22日国务院发布的《城市房屋拆迁管理条例》是我国第一部系统规范城市房屋拆迁行为的行政法规，我国的城市房屋拆迁制度从此步入了法制化阶段。笔者访谈的城市动迁居民的迁移行为均发生在这个时期。之所以选择这个时期作为本研究的历史背景是因为当时既是国家经济体制改革逐步深化的阶段，同时又是我国城镇住房制度改革全面推进和配套改革的阶段。受到外部社会环境的影响，城市动迁居民的家庭结构和居住模式很可能具有某种与其他历史时期不同的特征，而这些特征便是本研究想要进一步挖掘探讨的内容。

迁移行为发生地　1991年国务院颁布的《关于全面推进城镇住房制度改革的意见》建议直辖市在1992年底以前率先进行全面配套的住房制度改革。作为率先进行住房制度改革的城市，上海在1993年第四季度开展了公有住房出售的试点工作，并于1994年7月在全市推开。可以想象，上海在拆迁过程中必定遇到了形形色色、前所未有的困难，也必定在实际操作中积累了丰富的应对经验。因此，笔者选择上海作为居民迁移行为的发生地点，从全国范围来看是比较具有典型性和代表性的。

而最终选择Z新村作为我进一步获取研究对象的场地，除了它符合上述条件之外，还因为它是十多年历史的动迁基地，这一历史性让我们能够在这里较为容易的找到已经完成家庭结构变化的家庭；另外，Z新村又仅仅是90年代以来上海十几个动迁基地中的一个很常态的聚落，而不是被政府或媒体高度关注的典型，这种非典型性可能无法让我们听到多少跌宕起伏的事件，但正是这种生活化的场域能让我们更加贴近想要关注的现实。所以，就我的研究问题而言，Z新村中的动迁家庭是很具有代表意义的研究对象。

（二）Z新村——从解困住宅到安居工程住宅到动迁安置小区

Z新村所在地原属于嘉定县长征乡，1986年12月，Z新村初步建成，生活居住用地面积87.8公顷，住宅面积85.7公顷，公建面积14.73公顷，新安排居住人口5.36万人[①]。1990年，横滨市建筑局住宅计划担当部长田中祥夫在访问上海时，与上海市规划局签订了编制《上海Z新村规划方案》的技术交流备忘录。上海市城市规划设计院和普陀区规划土地管理局提供Z地区的有关资料，横滨市市浦都市开发建筑事务所在调查研究基础上编制了《上海市Z新村规划方案》。随着1992年7月嘉定县长征乡被划归普陀区之后，Z新村从此进入了普陀区的行政版图。2000年，Z新村曾经隶属于的Z路街道被撤销，包括Z新村在内的Z地区被并入Z镇。同年，普陀区党政机关迁入Z镇地域，从此Z镇成为

---

① 数据来源于上海市地方志办公室（www.shtong.gov.cn），《专业志·上海城市规划志》第十篇第一章第一节。

了普陀区的行政中心。

兴建之初，Z 新村内的居民主要是来自事业单位的职工。住宅的建设和买卖操作模式非常简单，首先由上海市建委委托上海建设系统职工住宅合作社专门为本系统内 20 多个局级单位的职工住宅解困，然后由住宅合作社统一征地，统一建设，最后再由系统内部的各大单位统一订购，并由这些单位将所建的住宅提供给个人。这种造房解困的模式几乎是在封闭的环境中操作，带有计划经济的行政色彩，住宅合作社就像是一个为各家单位代建住宅的工厂，由各系统的单位统一包销，完全不愁销路。这种模式从解决人均居住面积 2 平方米以下特困户开始，逐步解决了人均 2.5 平方米、人均 4 平方米以下住房特困户，在实行福利房年代发挥了一定的作用，由于住宅价廉物美，受到各单位职工的好评。

1995 年 11 月 8 日，上海市建设委员会发出了关于印发《上海市安居工程[①]实施细则》的通知[沪建房(1995)第 0966 号]。第一批安居住宅小区建设在艾山基地，于 1995 年 5 月破土动工。这之后全市陆陆续续开辟了 9 块住宅建设基地[②]，Z 新村便是其中之一。

1995 年 12 月 10 日，上海有史以来规模最大的市政工程——南北高架路建成通车。南北高架路纵贯上海市中心区域，是市区规划中“三纵三横”道路网络中的纵向骨架。南北高架路是在地处

① 所谓安居工程是指为了加快解决上海市无房户、危房户和人均居住面积 4 平方米以下困难户住房问题的一项措施。安居工程住宅是由国家扶持，单位支持，个人负担，以成本价向各系统、各区的人均 4 平方米以下的居住困难户家庭出售的商品住宅。

② 其余八块住宅建设基地包括罗山、古美、梅陇、三泉、永清、香山、齐河和清涧。

闸市中心，原宽仅10余米，最狭处不足10米的原成都路的基础上，辟建起来的一条南北快速干道，工程拆迁量十分浩大。从1993年7月20日至1993年底不到半年的时间里，位于工程沿线的闸北、静安、黄浦、卢湾4个区内的1.8万余户、共10万多居民和916个单位全部动迁完毕。

> 成都路高架牵涉到4个区，黄浦区、静安区、卢湾区、闸北区，因为南北高架贯通4个区。我们这里（Z新村）是静安区（动迁安置）基地；黄浦区的基地在沪东新村，在浦东张杨路那里；莘庄梅陇是卢湾区的动迁基地；张庙、泗塘那里是闸北区的动迁基地。（访谈实录）

2006年7月，普陀区城市规划管理局委托普陀区城市规划设计所编制了《Z社区编制单元控制性详细规划》。根据此规划方案，未来Z新村将和其北部的Q新村合并为中心城西分区普陀西次分区Z社区，成为大型的居住区。

表1　Z新村公共设施表

类　　别	数量	名　　　　称
医疗卫生设施	1	LQ医院
文化设施	1	Z文化馆
商业设施	6	乐购超市、GL路菜场、诚信副食品公司、ZB花卉园艺交易市场、停车场
福利设施	1	Z敬老院
治安设施	1	Z派出所
绿化设施	2	Z公园

表2 Z新村基础教育设施表

类　别	数量	名　　称
初级中学	1	Z中学
小　学	2	Z小学(公办)、JZ小学(民办)
幼　托	5	H幼儿园、Z幼儿园总园、Z幼儿园分园、X幼儿园总园、X幼儿园分园

Z新村被划分为九个小区：

第一小区包括三个部分：A街坊、B区以及C区。A街坊房屋以多层住宅为主，面积在75平方米左右。1995年居民开始逐渐入住，目前共有406户住户，378套住房，住户基本都有房屋产权证。街坊内住宅主要是由企事业单位或集体购买房屋后，通过福利分房的形式提供给职工的商品房。除此之外，A街坊内还有5到6户当地征地农民的补偿安置房。虽然居民来自不同单位和地区，但邻里关系比较和睦融洽。此处居住的贫困家庭较多，很多是低保户。B区于1995年竣工，1997年居民陆续搬入。区内三分之二的住宅是动迁居民安置房。动迁居民主要来自曹杨路1110弄、宁夏路、东新村。C区于1997年竣工，内部都是商品房。

第二小区建成于1995年，最初的住户是来自成都路高架以及闸北区苏州河北岸蕃瓜弄地区的动迁居民。目前，小区内约有260户住房出租（租户包括上海本地人和外来流动人口）。

第七小区建于1995年，小区内有1 500户住户，人口约5 000人，其中1 100户家庭拥有房屋产权证，其余家庭租住公房，租金在60元至100元之间。这里的动迁居民主要来自两个地区：

一部分来自两湾一弄(潘家湾、朱家湾、药水弄[①]),占总人口的50%左右,于1995年迁入该地;另一部分来自曹杨六村、白玉路,占总人口的10%—20%,于1998、1999年陆续迁入。小区内房屋买卖和租赁比较多,社区人口流动快,管理困难。

第八小区建于1991年,1994年底居民开始搬入。目前小区共有1 700多户家庭,5 000多名居民,其中20%是60岁以上的老年人。第八小区是成都路高架的动迁居民安置基地,房型以一室一厅、两室一厅为主。由于房租每月只需100到160元,而购买房屋产权却要3万元左右,居民感觉“买房”不划算,于是有将近40%的住户仍然租住公房。近几年来,小区内约有30%到40%的居民为了改善居住环境而购买房屋迁出了小区。目前,小区内有80户左右的外来人员。

第九小区建于1994年,1995年居民开始陆续入住,居民4 000余人,80岁以上老人约100人,下岗人员400人左右。小区动迁居民主要来自“三湾一弄”(潭子湾、潘家湾、朱家湾、药水弄)以及胶州路、中山北路(金沙江路,华东师范大学周围)地区。除此以外,小区内还有100多户、400到500人的当地征地农民。目前居委会登记注册的外来租户约100户、300人左右,其中大部分为学生和外地来沪务工人员。

第十小区建于1995年,建筑面积29 000平方米,绿化面积6 878平方米,绿化覆盖率达30%。小区内住宅全部用于安置动

---

① 长寿路街道的药水弄是普陀区一个著名的“贫民窟”。解放前,安徽、河南、湖北一带的回民逃荒来上海,逐步在药水弄地区形成聚居点。普陀区原来棚户陋屋较多,潭子湾、潘家湾、朱家湾、药水弄为全国闻名的“三湾一弄”棚户区。药水弄是闻名沪上的棚户简屋密集地区,居住环境极差,被列为市政府“六五”、“七五”时期规划重点改造地区。

迁居民。动迁居民主要来自两个地区：新会路、西康路、陕西路一带；金沙江路、中山北路、华东师范大学校园一带。目前小区内的绝大多数住户仍是当初的动迁居民，登记注册的外来人口仅有20—30户。由于许多动迁居民来自同一个地区，再加上这个小区的人口变动不大，因此邻里之间比较熟悉融洽。由于受制于经济能力，小区内通过购买新住宅迁出的居民不多。即使是购买新房，居民一般也不会将户口迁出小区，而是选择将房屋出租。

了解各小区总体状况不仅可以帮助我们认识动迁安置基地的基本居住状况，同时为我们更有目的地寻找受访对象提供了依据。

从2005年8月到2006年12月期间，笔者在Z新村进行了一年多的田野调查，对部分当地居民以及居委会工作人员进行了深度访谈。笔者在进行访谈之前预先设计了一份访谈提纲。访谈过程中，笔者又依照不同个案的具体情境分别选取了开放式访谈、非结构或半结构式访谈的方法，对访谈提纲不断进行调整和修改，在发现问题、收集资料和整理资料之间循环反复。

本研究最后成功访谈了18个个案，整理出了近八万字的访谈资料。它们是通过三种方式获得的：

表3 样本获取途径表

获取途径	个案
居委会引见	个案15、个案16
当地居民介绍	个案9、个案11
随机访问	个案1、个案2、个案3、个案4、个案5、个案6、个案7、个案8、个案10、个案12、个案13、个案14、个案17、个案18

（三）本章所研究问题的制度背景：城市房屋拆迁制度

在中国，城市房屋拆迁原则上是指在城市规划区内的国有土地上，建设单位根据公共利益的需要，按照建设规划要求和政府批准的用地文件，在取得拆迁许可证的情况下，依法拆除建设用地范围内的房屋和附属物，对房屋的所有者或使用者进行迁移安置，并对拆迁房屋的所有者给予适当经济补偿的一种行为。在上海，政府为了解决大规模旧区改造和城市更新所引发的动迁居民问题，先后颁布了多部地方性法规[①]。从动迁居民的安置补偿上来说，上海市房屋拆迁安置补偿政策可以说经历了三个阶段。

第一阶段，20 世纪 90 年代，主要以“实物安置”为主，本次调查的房屋动迁大多发生在这一阶段。当时的动迁补偿、安置方式等标准依照的是上海市政府 1991 年颁布的《上海市城市房屋拆迁管理实施细则》(以下简称《拆迁细则》)。根据《拆迁细则》的规定，房屋拆迁补偿实行产权调换、作价补偿，或者产权调换和作价补偿相结合的形式。产权调换的面积以及作价补偿的金额均按照所拆房屋的建筑面积计算。具体估价标准则由市建委会同市物价局等部门按重置价格结合成新的原则制定。拆迁出租的公有居住房屋实行产权调换，新建或调换安置的房屋产权交给所有人，新建或调换安置房屋扩大面积和提高结构质量所增加的费用不另行补偿。原租赁关系继续保持，按规定重新办理租赁手续。

被拆迁私房所有人保留房屋产权的，拆迁人可参照被拆除房屋建筑面积，用新建房屋或其他住房互换产权。私房所有人与拆迁人应按照互换房屋面积、质量的差异结算差额价款。互换的新

① 《上海市拆迁房屋管理办法》，以及地方政府规章《上海市拆迁房屋管理若干问题的规定》、《上海市城市房屋拆迁管理实施细则》、《上海市个体工商户营业用房拆迁安置补偿办法》、《上海市危棚简屋改造地块居住房屋拆迁补偿安置试行办法》、《上海市城市房屋拆迁管理实施细则》、《上海市城市房屋拆迁面积标准房屋调换应安置人口认定办法》等。

房在人均建筑面积二十四平方米以内、不超过原建筑面积的，按新房成本价的三分之一出售；人均建筑面积二十四平方米以上、不超过原建筑面积的，二十四平方米以上的部分按新房的成本价出售。被拆迁私房所有人不保留产权，要求用公房安置的，按估价标准给予补偿；私房所有人不保留产权，也不要求用公房安置的，除按估价标准给予补偿外，再给予补偿标准百分之五十的奖励。

被拆迁房屋使用人中凡已领取本市独生子女证的独生子女，根据建设单位房屋规格，安置时可增加二至四平方米；但独生子女已结婚的除外。对从市中心建成区迁到市区边缘地段的被拆迁房屋使用人，分配的房屋面积可以酌情增加，但每人平均增加的建筑面积不超过二平方米。

在规定的过渡期限内，被拆除房屋使用人自行临时过渡的，拆迁人付给临时安置补助费；由拆迁人提供周转房过渡的，不付给临时安置补助费。

第二阶段可描述为“准货币化安置”，1997 年 12 月 8 日市政府颁布的《上海市危棚简屋改造地块居住房屋拆迁补偿安置试行办法》，其中第四条“安置方式”规定：“拆迁公有居住房屋，可以采取两种方式：(1)以公有居住房屋安置；(2)将应安置的公有居住房屋折算成货币款，由被拆迁人自行购买商品住宅安置。”这从法规上确立了货币化动迁的合法性和可行性。此时主要以建筑面积(实际使用面积)作为动拆迁费用的计算标准，同时兼顾独生子女因素。理论上，政府对居民采取异地实物安置与货币化安置相结合的形式。然而，在实际操作中政府往往采取妥协政策，在计算标准上采取新旧两种标准共同执行，并采用较高标准的“双轨制”。数据显示，在开始实施《上海市危棚简屋改造地块居住房屋拆迁补偿安置试行办法》的 1998—2001 年，居民主动选择货币化安置的比例平均在70%左右。

第三阶段则是“货币化安置”，以2001年10月29日颁布的《上海市城市房屋拆迁管理细则》为依据，不再考虑户口和独生子女等因素，将拆迁补偿与市场经济的等价原则相结合，由上海市房地局推荐的房产评估机构按建设部规定的办法对被拆迁房屋进行市场评估，并以此为依据对居民进行一次性补偿。2001年以后，由于动迁房源紧张，被动迁居民只能被动接受货币化安置。货币化安置办法虽然解决了以前为在动迁中多得利而人为增加户口数量或改变家庭结构的社会道德问题，但是，“按拆迁面积补偿”的政策对于一些人口自然增长或者原来人口复杂、居住面积小而且没有得到福利性分房的家庭来说，就显得不公平和不合理。

在动迁住房建设方面，上海市房屋拆迁安置补偿政策则是经历了从依靠政府减免地价并核定开发利润率进行建设，甚至政府参与投资、建设、管理的“经济适用房”制度，向由政府通过适当宏观的土地政策与管理措施，根据市场规律引导开发商进行中低价住宅建设的“重大工程配套商品住宅”的转变。1991年的《拆迁细则》规定对被拆除房屋使用人的安置地点，应当根据城市规划对建设地区的要求和建设工程的性质，按照有利于实施城市规划和城市旧区改建的原则统筹安排，被拆迁人应当服从。凡原址建造非居住房屋的，被拆迁的居住房屋所有人、使用人应迁移到市区的边缘地区安置；凡原址建造商品居住房屋的，被拆迁的居住房屋所有人、使用人一般应迁移到市区边缘地区安置；如所有人、使用人要求原地安置的，应按原址建造的商品居住房屋成本价与边缘地区建造的商品居住房屋成本价之间的差价购买居住房屋。拆迁个体工商户作为固定营业点的自用私有房屋或租用的公有房屋，可以用适宜于营业的沿街底层房屋安置；也可以由区、县人民政府统一安排营业场所，用其他居住房屋安置。

而根据1998年《上海市发展局、上海市房屋土地管理局关于上海市危棚简屋改造地块居住房屋拆迁货币安置款购买平价房、安居房的通知》，对符合经济适用房（平价房）配售条件的房屋被拆迁人，可以用房屋拆迁货币安置款购买平价房、安居房。2002年上海取消了经济适用房政策，出台了“重大工程配套商品住宅”政策。重大工程配套商品房是政府引导，只出售给经市政府认定的重大工程动迁居民。为了防止开发商的“寻租”行为和居民投机行为，还规定这类住宅在购买5年内不能上市交易。2003年上海市政府从经营性运作中淡出的做法是：一方面通过土地供应向中低位楼盘倾斜，供应的土地基本上都移到了郊区；另一方面通过在土地评标过程中，对于投标者的价格、规划方案等多方面的综合考虑，引导中标的开发商参与进行“重大工程配套商品住宅”的建设。结合“货币化安置”政策，增强了居民对动迁住房的选择性。

三、动迁前后居民家庭结构及居住模式的演变

（一）已婚子女与父母同居——城市居民动迁前的居住模式和家庭结构

许多研究结果都在强调，在20世纪70年代中期开始实施的计划生育政策，以及稍后开始的工业化、城市化和现代化进程的双重推进下，中国城乡社会的家庭结构和家庭婚姻制度发生了巨大而深刻的变化：传统的大家庭模式越来越多地被以核心家庭为主的多样化的小家庭模式所取代。但是上海在80年代到90年代初却一直处于主干家庭和联合家庭占较高比例的状态：家庭人口是

家庭结构在数量上的表现，1982 年上海市区家庭户的平均人口数为 3.75[①] 人，1990 年有所下降，但也有 3.14[②] 人。如下表所示，四人及以上家户占了全市家庭的 50.8%，而单看市区，这一比例更高，达到了 53.6%。1988 年在上海等 9 大城市进行的老年人抽样调查资料显示，上海的子女婚后与老年人住在一起的占 40%（潘允康等，1997）。90 年代，4 人及以上家户确实有大幅度的下降，但全市也仍有 31.7%的家庭为成年子女与父母同住，而市区相对全市平均水平还要略高，占到了 32.3%。

表 4　上海市不同规模家庭户的构成（%）

家庭规模	1982 年			1990 年		
	全市	市区	郊县	全市	市区	郊县
1 人户	10.3	9.1	11.6	12.1	11.2	13.4
2 人户	14.2	14.1	14.4	19.8	20.1	19.0
3 人户	24.7	23.2	26.1	36.4	36.4	36.5
4 人户	24.7	23.0	26.7	18.5	17.6	19.8
5 人户	15.0	16.5	13.4	8.7	9.2	8.0
6 人户	7.0	8.4	5.3	3.0	3.4	2.4
7 人户	2.7	3.6	1.8	1.0	1.3	0.6
8 人及以上户	1.4	2.1	0.7	0.5	0.8	0.3

表格转引自顾国权、徐静芳，《城市家庭类型和家庭人口结构的变化与住房制度的改革》，《市场与人口分析》，1995 年第 5 期

如果把主干家庭和联合家庭作为传统家庭结构模式的话，那么在我们的访谈对象中，动迁之前，以传统模式联结家庭成员的占

① 根据上海市 1982 年人口普查资料的有关数据计算。
② 根据上海市 1990 年人口普查资料的有关数据计算。

了绝对多数。其中多数的主干家庭是父母只留已婚子女中的一个在身边，联合家庭则多为父母与未婚的儿女及已婚儿女中的一个共同居住。

表 5　动迁之前家庭结构

家庭结构	个案编号	个案数量
核心家庭	F1,F8,F12,F14,F17	5
主干家庭	F3,F4,F9,F13,F15	5
联合家庭	F2,F6,F10,F18	4
隔代家庭	F11	1

为什么现代化进程加快后的上海家庭仍在较大程度上保留了子女婚后与父母同居的传统呢？学术界关于儿女婚后与父母同居的相关因素的解释是多方面的，归纳起来主要有三种，其一为传统观念说，其二为现实需求说，其三为家庭资源说（潘允康等，1997）。

但是传统观念在当时就已经发生了改变，1991 年天津社会科学院社会学研究所和广州《家庭》杂志社在中国 27 省市进行了关于家庭问题的大规模抽样调查，在问被调查者“您的子女成家后，如果条件允许，您打算和谁住在一起？”时，只有 21.5%的人表示愿意和子女住在一起，其余的都愿意分开住。而在问到“您愿意和父母同住吗？”被调查者的 76.4%表示不愿意，而希望自己单过。这说明无论是家长还是子女，对两代人是否同居的看法是相同的，即越来越倾向于分开过而非同居（潘允康等，1997）。在我们的访问中，问及为什么与原家庭共同居住时，出现频率最高的回答是：“没办法”。所以，我们不得不相应提出一个问题：只依靠传统的习惯和观念足以维持近 40%—50%的高同居比例吗？回答应当是否定的。

中国家庭现实生活的需求也一直被认为是影响家庭居住模式和结构的影响因素之一。然而，如果我们对中国现实的家庭生活做一全面的分析，就可以知道，两代人之间既有需求的一面，也有矛盾的一面。一种是促成两代人同居的力量，比如中国的传统伦理道德，由过去的“父慈子孝”演变为今天的“敬老爱幼”式的社会公德，促使两代人和谐；经济上老年人需要青年人赡养和帮助，青年人也常常可以从老年人那里沾光，得到各种补贴；家务上老年人可以帮助青年人买菜、做饭、料理家务、带孩子，青年人可以帮助老年人做一些较重的家务和帮助老年人就医，扶助病弱老人；心理上老年人到晚年希望有儿孙绕膝之乐等。另一种是促成两代人分居的力量，比如经济上的分散，由过去一人赚钱养全家，到现在家庭中多人赚钱，老人有了养老金，不一定需要青年人提供经济支持，青年人有了自己的收入，希望自己能够支配；在人际关系上，家中人多矛盾多，不好调理，特别是婆媳之间常常容易产生矛盾，带来家务纠纷；代沟的客观存在使两代人之间在思想、性格、兴趣、爱好、价值观等方面都会产生差别，并因此发生矛盾和冲突；青年人和老年人在生活方式上也存在差异，青年人要求自立独立，追求自己的生活方式，和老年人发生不一致和冲突等(潘允康，1982)，“你们不知道，70、80年代，我们一个房间要住三代人，当中用布帘隔开，像唱戏一样的”(个案10)。

现实家庭生活中我们既可以找到合家的力量，也可以找到分家的力量，但许多研究都指出现实生活中促成分家的力量更大，这不仅是青年人主张分家，大量关于代的研究都提供了更多关于老年人要分家的事实(徐安琪，2001)。个案10今年73岁，已退休多年，目前退休工资为每月970元人民币，动迁前与大儿子住在一起，他的大儿子原来在国营单位工作，后因患有肝硬化，向单位请了病假长期在家休养,他对这种居住关系感到很无奈,希望有自己的生活方式:"原先我和老伴,还有大儿子一家一起住,后来老伴去世了,就我跟大儿子他们一起住了。大儿子休长期病假,他一个月国家补贴只有几百块,平常开销就花我的钱,烧菜也是我烧……像我是你们这个年纪(指访问员),天天晚上到市里去玩,现在我跟你讲,要想到市中心吃茶,钱都付不起,我们退休的人呐,如果不生病的话,还可以,生了病还要贴补儿子,根本吃不消。我其实是欢喜出去玩的,但是跑跑玩玩,要这个的(用手势表示钱)。"(个案4)另外,从客观事实出发,两代人(子女是已婚的成年人)在家庭中家务劳动是分担的,而且各自都有单独为满足自身需要的家务劳动的内容,而没有明显的相互依赖和相互需求的情况。也就是说,仅从家庭养老、相互照顾、家务劳动等现实生活需求的角度去寻找两代人要居住在一起的理由,是不足的,还必须探讨影响居住模式的更为重要的因素。所以,家庭资源,特别是作为资产的住房资源,在解释已婚子女与父母同居时,成为了十分重要的变量。

一些研究在80年代初期就提到过住房对家庭结构的影响,指出住房对居住和家庭结构的影响是双向的,它既可能使青年人和老年人住在一起,亦可能使之分离:"我国城市住房比较紧张,……青年人婚后一时找不到新房,只有在父母处居住。根据天津某居民点的调查资料,这里的老年人住房面积一般比青年夫妇较为宽敞,一些青年人婚后无房,就暂住在父母处。这也是使大家庭得以维持的一个原因……但一些调查也指出在天津有75.26%的家庭只有一间住房,在这种情况下,即便儿女结婚以后,想和父母住在一起也不具备客观条件,不得不离开父母另寻住房,大家庭自然会分解。"(潘允康,1986)住房问题在上海更加突出,据1993年的调查资料,上海的千户中有154户人均居住面积在4平方米以下,

365 户在 4—6 平方米之间；天津的千户中有 166 户人均居住面积在 4 平方米以下，有 240 户的居住面积在 4—6 平方米之间[①]，说明有相当数量的居民还没有宽余的可自由选择的住房，这不能不在一定程度上影响家庭的居住和结构模式。从我们的调查资料中来看，动迁之前，17 户动迁居民中有 13 户居住在自己搭建的住宅里，这些住宅往往由被访者的父辈、祖父辈甚至更早的先辈自行圈地建造。最初的住宅结构一般是一层的平房简屋，后经翻修后改建成 2—3 层的砖木结构。受到空间和财力的限制，大部分住宅的基本生活配套设施极其简陋，无卫生和燃气设备（使用马桶和煤球炉），绿化覆盖率低，部分住宅人均居住面积甚至不足 4 平方米。这些住宅大多位于棚户区内，其中较为人熟知且典型的有朱家湾[②]、药水弄[③]。

老房子，看上去不是很整齐。因为都是私房，这一间那一间的，矮的、高的都有。没有卫生间，用马桶的。厨房是自己

① 数据来源于潘允康、约翰·罗根、边馥琴、边燕杰、关颖、卢汉龙，《住房与中国城市的家庭结构》，《社会学研究》，1997 年第 6 期。

② 在普陀区东部，中山北路北侧、光新路和真如港交会处一带。清中叶有朱姓迁至虬江（今真如港东段）河弯北岸居住，称朱家湾。后形成朱家湾前、后浜两村落。20 世纪 20 年代后，前浜居民聚居日众，形成朱家湾街（今光新路南段）。抗日战争时期，大部分民房被毁，今住宅多为重建的棚户简屋，是沪西著名的"三湾一弄"棚户区之一。

③ 在普陀区东南部，西康路以西，上棉一厂以北，西、北临苏州河。指称范围约 20 公顷。东北角吴淞江边昔有小沙渡渡口，渡西河曲岸边曾开设石灰窑，故地境习称石灰窑。清光绪二十五年（1899 年）公共租界扩展到小沙渡一带。光绪三十三年（1907 年），英商将制造"三酸"的江苏药水厂迁至境内，后地名遂改称药水弄。随着附近工厂增建，大批从苏北等地流入的破产农民在境内搭棚居住，抗日战争初期，闸北、虹口一带难民亦纷纷迁入。从而居民倍增，地域扩大，成为沪西著名的"三湾一弄"棚户区之一。从 1985 年开始，对药水弄进行大规模改建，动迁 3600 余户居民、75 个单位，经过十年的艰苦努力，于 1995 年改建完工。

在门口搭的小房间，用的是液化气。就外面马路上几棵树，弄堂都很小的，对面楼都相互看得到的。（个案 9）

原来房子可小了。只有 14 个平方，还有一个阁楼，我估计最多 7 个平方。以前住的人还要多呢，他兄弟姐妹 5 个嘞，都在老房子里长大的。还是后楼，老式的房子，靠着街面，但房间在马路后面的。楼梯很窄的，要走后门进去的。这房子还有三层阁呢，还有一家人家。还有亭子间。反正就像《72 家房客》，住的人挺多的。房子底楼是卖皮鞋料子的，门面房子……刚开始是煤饼炉子，自已烧。后来快动迁之前，换成了煤气。（个案 11）

除了棚户简屋之外，房屋类型还包括：旧里住宅（石库门）、新里住宅、“两万户”[①]新工房住宅以及旧工房。前后对比而言，这类住宅在卫生、燃气设备以及人均居住面积上与自建私房十分接近，居住条件并没有明显改善。

---

① “两万户”是一个有着时代特征的住宅群。1952 年初，毛主席作出了“今后数年内，要解决大城市工人住宅问题”的指示。当年 5 月，华东军政委员会和上海市政府决定建造大批工人住宅。在之后不到一年的时间里，一批由苏联专家帮助设计建造、样式参照苏联集体农庄的工人住宅诞生了。住宅为砖木结构，每幢房有两个公用厨房和两个公用厕所，上下两层各 5 间房，住 10 户人家；每一二百户住房排列成组，中间有 5 亩空地，为绿化和活动场所，房屋前后间距为房高 1 倍到 1.5 倍，室内可得到充足阳光；新村中心地区建造合作社、卫生所、银行、邮局；小学则分布在适当地点，儿童步行到校不超过 10 分钟；小菜场、熟食店、小商店分散设置，便于居民日常生活。当时，上海总共建造了 21 830 户这样的住宅，可容纳 10.2 万余人，主要集中在杨浦区和普陀区。“两万户”，这个数量词在当地被当成了此类工人住宅的俗称。“两万户”建成后，划分为 17 个工人新村，由市政府于 1953 年 8 月统一命名。随着时间的推移，“两万户”和上海其他旧区一样越来越显出破旧和老态龙钟的模样，人口也不断膨胀，住户远不止“两万户”了。一间 20 多平方米的屋子里三代同堂或住上两三对夫妻，也不稀奇。而且，“两万户”厨卫设施陈旧，位于一楼的公用厨房十分拥挤；厕所总共只有 4 个蹲坑，只能充当倒便池，居民不得不使用马桶。

石库门房子，我婆婆的房子，解放前就住那。（房子）分前厢房后厢房，很多人家一起住，五家人一起住。有煤气，但是没有卫生设备。以前石库门房子，隔壁楼的房门都开着的。（个案 8）

两万户房子，几家人家住在一起的。厨房和卫生间都和别人合用的。（我们）住了有十几年了。老早苦死了，大家挤一间房子。厨房闹猛了，烧饭大家一道烧，闹猛死了。（个案 13）

80 年代知青大返城，给本来就存在"住房难"的上海带来了更大的压力，虽然政府采取了修鸳鸯楼、联建工房等形式来缓解房屋供需问题，但在青年人空前巨大的住房需要面前仍然无济于事。与天津等城市不同，即使父母仅有一间房，儿子结婚的时候也通常是想方设法增加老房的面积，在老房中再隔出一些空间来组建自己的家庭，因为他们想出去找房子都很有可能找不到，所以即使老房子的住房条件再差，住房面积再小，他们仍"只能把婚结在老房子里面"。这也是访谈对象中高达 56％的家庭为主干或联合家庭的原因。但其中，主干家庭比联合家庭的比例大，这与学术界一直以来的判断也是相符的，"大多数家庭父母只留已婚子女中的一个在身边，所以主干家庭模式较多"①。

（二）动迁后的居住模式和家庭结构

1. 分家——动迁前的大聚到动迁后的大散

如前所述，1991 年至 1999 年是上海大拆大建的十年。我们

① 潘允康，《家庭社会学》，重庆出版社，1986 年。

仔细分析一下这一段时间的数据(见表6),会发现一个值得我们推敲的变化,即1982到1993十年间,上海核心家庭的规模有所下降,而主干家庭和联合家庭不降反升;但是1993年到1997年的短短四年间,核心家庭增加18.51%,增幅高达30.93%,而主干家庭下降了9.47%,降幅为32%,联合家庭更是以74%的下降幅度成为上海家庭结构形式中所占比例第二少的类别。对于这个有趣的变化,如果用"传统观念说"、"现实需求说"来解释似乎显得牵强,但如果从住房与家庭结构的关系这一视角出发,联系到"城市更新"这个时代性事件的变量性意义,这一变化就变得可解释了。

表6　上海家庭结构变化表

	1982年(%)	1993年(%)	1997年(%)
单身家庭	2.34	1.63	0.38
核心家庭	61.45	59.75	78.26
主干家庭	26.73	29.10	19.63
联合家庭	2.34	2.38	0.63
其他家庭	7.13	7.02	1.13
户数(户)	2005	789	800

数据来源:综合自中国社会科学院社会学研究所自1982年以来进行的三次调查获得的数据,三次调查成果详见:《中国城市家庭——五城市家庭调查报告及资料汇编》、《当代中国城市家庭研究》及《世纪之交的城乡家庭》①

这三次调查是以"家庭户"为单位进行抽样的,虽然家庭和家

① 从严格的意义讲,这三次调查的数据在对比时,都可能存在一定的误差。但是,如果假定这些误差是在一个可以接受的范围之内,那么,便可以应用这些数据进行对比分析。

庭户常常是混用的，但是这两个概念无论在理论上还是时间上都有相异的成分。“户”是指以居住在同一门户为标志的社会群体，家庭户是户口登记和人口普查时的同一概念，在我国50年代户口登记制度建立初期，“人户一致”的原则被严格执行，每家户口簿上登记的人口和实际上共同生活的人口相吻合，因此户与家庭的定义无甚区别。但后来因城市户口被赋予了购买紧俏消费品、分配住房时可增加面积等超出地区身份证标志的各种附加值，特别是在居住矛盾的突出在全国首屈一指的上海，出现了众多共同居住一处却不同为一户或虽同为一户却不共同居住一处的“人户不一”的现象，据上海社科院和日本日中社会学会在1992年对市区321户家庭的抽样调查，实际上居住一处或分居异处的家庭人口均有50%以上与其户口登记不一致，也就是说，二分之一强的家庭与家庭户的人口数和类型结构不符合。因此，用“家庭户”这个概念统计出来的不一定是家庭同住的人口规模的实际数据。也就是说，上表中关于上海家庭结构的数据，在反映实际家庭联结方式变化的同时，很可能在更大意义上是在反映家庭户的变化。那么，家庭户为什么会发生如此大幅度的变化呢？

按照1991年的《拆迁细则》的第四十四条以及四十五条的规定，安置人口以拆迁公告公布之日拆迁范围内常住户口为计算标准，用公房安置的被拆迁房屋使用人，原租住公房的，按《租用公房凭证》计户；原私房所有人按《房屋所有权证》计户；原租住私房的，按常住户口计户；一般不分户安置。但三对以上夫妇同住一处生活不便，要求分户的，在符合规定标准安置的居住面积内，可分户安置。

然而，动迁居民则是从另一个角度来解读房屋动迁。在中国，财产的单位是家庭，而不是个人。对于一个家庭来说，住宅不仅仅是一个砂浆、水泥、钢筋构成的建筑实体，一个可以让家庭成员遮风避雨的庇护所，它还是重要的经济财产，根据孔迈隆（M. Cohen）对家产正式分割才算分家的定义（Cohen，Myron. L. 1976），房屋作为家庭内部最主要的财产形式，它的分配无疑预示着家庭分裂的开始，所以房屋动迁对把住房看得格外谨慎的上海家庭而言，就意味着——分家。

朱伟一家三口动迁之前，与父母同住在祖父传下来的私房里，二弟没了工作后在一楼的门面房里开了一个小房店。父母、朱伟一家和两个弟弟的户口在这幢房子里面，但是两个弟媳及子女的户口不在，为此动迁时家里闹得很僵。

> 因为我们原来是大户，动迁分 4 套房子就变小户了，分房子时大家都想要大一点。每个人都只看自己的利益就无法动迁了。我住在家里，有一个儿子，三个户口。像我两个兄弟实际上不住在家里的，而且他们户口只有他们自己的 1 个，分房子时，我几个兄弟要平均分，不管你 3 个户口、4 个户口，兄弟就是要平均分。所以到最后让动迁组出面，动迁组不管你的，只想早点解决。只要你签字，他就给你搬了，不搬的话上面有压力的。成都路高架嘛，尽量要快。后来动迁组就动了脑筋，让我们几个兄弟平均分，老房子 96 个平方，这样每人 24 平方，另外再送个体户（二弟）几个平方。我们三口之家，打算要 28 个平方，他们要平分，我当然不同意，动迁组就找我厂里管生活的厂长去（帮助协调），我的几个兄弟也一起去。我厂里（的厂长）还是帮我的忙的，说既然按照户口分房子，人口多就应该多拿一点面积。后来动迁组看我有一个小孩，照顾我，就说，明的大家平均分，暗地里多给我 3 个平方，一共 27 个平方。（个案 10）

通过朱伟家对《拆迁细则》的实际变更以及作为代表政府一方的动迁组对此的默许，我们可以看出，住房作为家庭共有财产的观念虽然没有出现在法律的制度文本之中，却在法律的日常文本中被普遍践行了：即使他的常住户口不在动迁范围内，但只要是家庭成员，他就有权参与动迁房产的分配。于是，动迁的时候，作为制度文本中的动迁单位——"家庭户"实际需要承担的却是可能在规模上远远超出门户人口的"家庭"这个大的群体。

另外，《拆迁细则》中规定以每户的人口数来计算平均居住面积，即同一居室内，人口越多，平均居住面积就越小，住房困难程度也越突出，重配或增配的可能性也就越大，新分住房的面积也就会相应增大。所以，一些有望拆迁或分房的家庭很可能就不愿把已婚子女的户口迁出，或者千方百计把并不同居的长辈或小辈的户口迁进来，以增加分房的机会和面积。虽然笔者有此猜测，但由于这是一个相当敏感、隐私的话题，被访者在被问及这个问题时往往不愿意多加描述。不过从被访者的表情和话语中，笔者隐约能够感觉到这种现象的存在。

个案14：分到房子的妹妹住在同济北路，动迁之前，她把她的户口还有他男的（丈夫）和小孩的户口都迁到我父母家里。

这也就可以解释为什么在90年代初的时候，主干和联合等传统家庭结构的比例没有受独生子女政策结果效应的影响而降低，却表现出了上升的态势，即动迁带来的家庭住房财产分割问题，促使已婚子女朝父母居住地迁移。但这种迁移是非常态的，它并不是向传统家庭模式的回归，而是在"分家"观念的主导下，为了实现动迁后的"大散"而进行的一场家庭策略性的迁前"大聚"。

表 7 动迁之后家庭结构

家庭规模	个案编号	个案数量
单亲家庭	F4	1
核心家庭	F1,F2,F6,F8,F9,F10,F12,F13,F14,F17,F18	11
主干家庭	F3	1
联合家庭	—	0
空巢家庭	F11,F15	2

根据婚姻和家庭的基本理论，婚姻是家庭的根据，由婚姻产生的夫妻关系是家庭关系的支撑点，因此夫妻关系是家庭关系的中心。在传统中国社会中重视纵向家庭关系，重视传宗接代，也常常把亲子关系作为夫妻关系的支撑点，作为中心的一个组成部分。其实即便是在那种情况下，真正的关系中心还在夫妻。这是由婚姻和家庭的本质决定的。从这点出发，家庭中如果只有一对夫妻就只有一个中心，有两对夫妻则有两个中心，有多对夫妻则是多中心。当家庭中只有一个中心的时候，家庭成员会产生一种向心力，会围绕中心运动，比较稳定。当家庭中有两对或多对夫妻时，则中心之间会出现离心力，会有中心之间相互排斥的情况（费孝通，1981）。父母和子女的关系就是这样，家里只有一个中心则是稳定的，在各种关系中能起到左右和平衡各种关系的作用。然而，子女的成年和结婚破坏了原有家庭三角结构的力量。换句话说，一旦子女成年结婚，家庭就会由一个中心变为两个或多个中心，就会有新的家庭三角去取代旧有的家庭三角。然而家庭毕竟是一个社会生活的基本单元。如果家庭只有有限的住房，或只有同居共处的住房，即便家庭是多中心的，有很大的离心力，也常常会保持同居的结构模式。一旦家庭有了足够的可供选择的住房，原有的家庭结构就可能解体，从多中心模式重新变为一个中心模式。对动迁家庭而言，如前

所述，他们在拆迁前居住条件可谓是极其恶劣的，在改善住房条件方面他们有强烈的需求，而父母与子女共同居住造成的空间拥挤及附带产生的家庭矛盾又使得家庭成员更倾向于分开居住。而住房是人们聚散选择的重要条件，所以动迁前所引发的家庭成员的“大聚”，表面上是各自让利益最大化，但其背后却有一种家庭观念在引导——现代人更愿选择的家庭结构是三角式的核心家庭模式，而在动迁制度的规定下，父母所在家庭发挥着实现这一选择的功能，也就是说“聚”并不是为了重建传统的家庭结构，而是为了各自创立新的家庭中心。所以，到了 90 年代末期，拆迁户们基本上得到安置时，核心家庭陡增，而主干和联合家庭规模下降。

这里我们想要强调的是，如果没有上海城市的大动迁，家庭核心化的速度也许不会这么快。把上海和成都的数据作比较，我们就会发现，成都虽然有家庭核心化成为家庭结构主流的趋势，但是 1997 年与 1993 年相比增幅（15.37%）远远低于上海的增长速度（30.93%）。所以我们可以这样说，动迁作为一种力量推动了上海家庭的小型化、原子化进程。

表 8　上海、成都城市家庭结构表

	1993 年		1997 年	
	上海	成都	上海	成都
单身家庭	1.63	2.34	0.38	1.00
核心家庭	59.75	60.89	78.26	70.25
主干家庭	29.10	31.97	19.63	27.26
联合家庭	2.38	2.11	0.63	0.50
其他家庭	7.02	7.02	1.13	1.01
户　数	789	854	800	800

数据来源：综合自中国社会科学院社会学研究所 1993，1997 年进行的两次调查获得的数据

2. 聚散——父系制传统在动迁过程中的延续

居处和住房可以决定和表现家庭中人与人之间保持着怎样的社会关系和距离。在住房条件有限时,或者说人们不可能找到足够的住房时,客观的住房条件能限制、制约和决定人们的联系方式和联系频率。一旦人们找到住房,就会出现另一种情况。居处的聚散不仅是了解人和人各种联系的门径,它本身就是一项重要的事实。谁决定聚与分,与谁聚,与谁分,谁有权参与到这一过程中来,这反映了家庭所尊崇的观念和制度。

2001 年上海社科院社会调查中心对上海 500 户家庭进行了入户调查,通过“如果家庭成员需要支持和照顾但您个人的能力又有限,您会优先考虑谁的利益?”这道题来考察上海家庭内部关系的变化,其结果如下表所示:

表 9　上海家庭内部关系表

	自己	配偶	自己的父母	配偶的父母	自己的儿子	自己的女儿	自己的兄弟	自己的姐妹	家中其他成员
平均得分	3.11	2.71	2.89	4.18	3.87	4.66	6.15	6.87	7.64

注:最优先考虑的列为 1 分,最后考虑的列为 9 分,以此类推。分数越低,表明其越可能被优先考虑,在家庭中的重要性越高。

从上表中我们可以看到:上海家庭并不像很多学者指出的那样已经实现了从父系家庭向双系并重家庭的转变,父系制的特征与影响在上海家庭中仍然明显。在上海市民看来,自己的儿子要重要于自己的女儿,自己的兄弟又重要于自己的姐妹。

“重男轻女”在动迁过程中得到了充分的反映。朱伟的大姐在动迁前与他们住在同一幢屋子里面,但被问及“你们家当时住了多少人时?”朱伟从他大姐开始计算，但妻子立即出面更正：“李芳不算的，她住在隔壁一间房子。我们这里就你们弟兄三个。”在动迁组出面让他家按兄弟人头平分老房子面积时，一家人也没有把大姐的份儿算进去，朱伟表达了对两个兄弟实际上并不常住在房子里但却要平分面积的不满，但对大姐一直共同居住却没有享受平分这一契约权利倒并未觉得有任何不妥(个案 10)。虽然在表面上是户口在不在的问题，但其实质是一家人都认同了这样的观念：女儿在分家的时候是不算在内的。如果说从个案 10 还不能清晰地看到传统家庭观念在现代家庭关系中的延续，那么个案 17 作了更明确的表达。

个案 17：张丽芬今年 57 岁，退休在家。动迁之前，张丽芬夫妇和公公婆婆、小叔子、小姑子住在自建的私房。动迁时家里一共分到 2 套住房，一套 19 平方米的房子给了张丽芬夫妇；一套 60 平方米的房子给了小叔子一家。小叔子是上海知青，以前在吉林生活，后来回到上海工作。他的儿子一直在上海读书，户口则落在爷爷奶奶家里。由于小叔子夫妇的户口都不在上海，动迁时却拿了套大房子，张丽芬一直耿耿于怀。由于闹过矛盾，张丽芬目前很少和小叔子一家来往。

上述个案的特点是儿子甚至孙子在家庭分配时享有十分重要的位置，而女儿在家庭财产分配中不占主导地位。个案 14 的情况与他们正好相反，但是大哥对下面 3 个妹妹分到家产的愤愤不平却恰恰反映了他对父系继承制度的高度认同。

个案 14：70 岁的张永禾目前退休在家。他有两个儿子，大儿子已经结婚,夫妻就住在Z新村第七小区附近。小儿子至今未婚,和张永禾夫妇住在一起。动迁时,张永禾的父亲将自己居住的房屋给了女儿,张对此非常不满,认为房产就应该由儿子继承。他说:“我是老大,我父亲跟我妹妹住在一起,拆迁的房子给她拿去了。我父母亲死掉了,按理说房子应该给儿子吧,爸爸妈妈的房子,应该给儿子结婚用的。我们中国的传统就应该是儿子继承父母的房子,怎么能给女儿呢?嫁出去的女儿,泼出去的水嘛。但我妹妹把房子拿去了,1个平方米也不给我。女的应该跟男的(丈夫)住在一起,她们现在都住在男方(丈夫)的房子里。我们现在的关系没有以前好了。”

我们的调查没有直接访问到动迁时作为父母辈的受访者,这给研究家庭权力关系带来了遗憾,但是从对儿孙辈的访问中,我们可以感受到父母在分家过程中的关键作用。中国传统的家庭属于最典型的父系制家庭。不过,随着民主与平等观念向家庭制度内的渗透,随着个体意识与个体主义影响的不断扩大,在上海,家庭内部的权力结构已经发生显著性变化。父亲不再是家庭所有事务的主宰者,对子女也不再具有生杀予夺之权,但是,在分家的时候父亲的权力却得到了体现,他们的意向往往决定着财产分配所涉及的范围和内涵。子女可以提出分配方案,但最终拍板的还得看老父老母。在父母眼里,“分家”同时也是住宅代间转移的过程,有研究显示,住在父母亲房子的成年子女,不但与父母亲住的比较近,而且倾向于多探望父母、多给父母奉养金,他们相较于那些不住在父母房子的人,每月多移转给父母28 000元,每年多探视父母约41次(许秉翔,2004)。可见,住宅是一种相当有效的代间控制媒介(intergenerational control)。父母透过有计划的住宅代间移转，使得他们希望与之居住的成年子女居住地点与自己相距较近，同时对下一代进行两代间互动关系的示范与教育，则他们很有机会可以获得两代之间较频繁的互动，提高家庭成员的情感交流与凝聚力，也获得子女更多的奉养金的回馈，使其老年生活的经济安全更有保障。

个案 10：我们一共分了 4 套房子，父母跟小儿子，所以他分的是 3 室 1 厅的，其余的人都是 2 室 1 厅。那时我母亲还在，父亲早就去世了。

个案 4：两个女儿跟我住的都蛮近的，小女儿一家现在就住在这个小区。她们常来看我。

个案 7：孙国平和他的妻子是上海知青，夫妇一直在大庆工作，妻子退休后和大女儿先回到了上海。妻子的母亲原来住在成都北路，动迁后搬到了 Z 新村第二小区。为了方便照顾母亲，孙夫妇也在该小区购买了商品房。孙国平的妻子有一个妹妹和两个弟弟，他们目前都是下岗再就业人员，生活比较艰苦。动迁之前，妻子的妹妹、弟弟和老母亲住在一起，他们各自成家后便只剩下老母亲一个人居住。尽管丈母娘家的房子很大，但是孙国平最终还是决定另外买房居住。他觉得："(我爱人的)那个妹妹和两个弟弟眼睛都盯着老太太的这个房子。我回来和老太太住在一起，肯定要引起一些家庭纠纷。他们(弟弟、妹妹)户口都没有迁出去。说句不好听的话，等着老太太一口气过去之后，这房子他们也是有份儿的。老太太的意思是，你们不用买房子了，就住在这儿。我想我惹不起这些事情，我说我们买房子肯定会在你的附近买，尽量能照顾到你。"

从对以上的分析中我们似乎可作出如下的判断，父系制的家庭传统仍在上海城市的家庭中被广泛认可，分配方案的决定权是握在老人手里的，他们愿意和谁住，那么谁得到的利益就会多一些；但在老人认为儿孙辈所能尽的孝道大体相同的时候，房屋分配时又往往给儿子、孙子分得大一些。即老人们在面临家庭分裂的时候又控制着家庭成员的“聚”和“孝”，这是老人们维持中国传统家庭模式的努力，只是家庭成员之间的聚集形式不再是父母与已婚子女同在一个屋檐下，而是同在一个区位中。

作为人类社会最富私人性质的制度的家庭的演变，确实具有自己的自主性与内在逻辑规则，它并不一定因为社会的变迁而发生根本性的改变。正如李亦园先生对中国家庭制度变迁的精当论述那样：“家族及相关仪式行为的变迁，不论其变迁的幅度多大，但仍然是根据一些基本构成原则在作弹性的运用，或者在不同的场合对不同的原则交替加以强调而已……在不同的环境之下，因为特殊的需要，某一原则就会被强调，其他原则就会被隐埋，因此就会出现容易被认为是乖离传统精神的现象，在这种情形下只有深究基本原则的运用过程，才能明了原则不变而作弹性调适的内在意义。”

但我们还必须想到这样一个问题，如果不是政府主导的大动迁导致家庭必须分割的话，老父老母在财产分配和家庭成员空间距离的控制上是否还拥有这样的权力和能量？

3. 择居——以夫妻关系为中心，同时考虑与家庭网成员的区位距离

在上文中我们已经分析过城市家庭结构呈现出由多中心模式向单一中心模式转移的趋势，而新增住房在这一问题上就表现出了这样的作用：不仅能使同居的家庭结构模式解体，而且能为新的家庭中心的成立提供可能。换句话说，它不仅能破坏原有的家庭模式，而且能促成新的家庭模式，这是住房在拉大一些人的空间距离之时，又能缩小另一些人的空间距离的特点所决定的。

那么，在新建的核心家庭内部，结构关系与居住的相互作用又是什么？这一问题在核心家庭（特别是那些不被父母选择来靠近居住的子女小家庭）选择动迁安置基地时得到了较好的展现。

实地访谈中，笔者发现除因城市旧区改造引起的动迁居民基本上只能听任拆迁人（政府或开发商）的安排之外，高架道路工程动迁居民一般有 3 至 4 个房屋安置地点可选择。

> 成都路高架牵涉到 4 个区，黄浦区、静安区、卢湾区、闸北区，因为南北高架贯通 4 个区。我们这里是静安区基地，黄浦区的基地在沪东新村，在浦东张杨路那里。莘庄梅陇是卢湾区基地，张庙、泗塘那里是闸北区基地。当时，这 4 个区是可以周转的，随便你选。（个案 10）

尽管按照《拆迁细则》的规定，除了市区边缘地区安置之外，动迁居民还可以选择原地安置。然而，从本次的调查结果来看，所有的动迁家庭均表示没有考虑过回迁。这一方面是因为市政动迁全部采取外迁的方式，只有原址建造商品居住房屋的被拆迁人可以选择原地安置；另一方面是因为，即使可以回迁，中低收入的动迁家庭也无力支付原址建造的商品居住房价。

虽然可供选择的安置地点很少，但是许多家庭在作出最终决定时还是在各种因素之间进行了一番权衡。Berger 和 Blomquist 在探讨工资、生活品质及住宅价格等因素对家庭迁移决策的影响时发现生活品质、工资水平及住宅价格会影响迁移者的地点选择

(M. C. ,Berger and G. C. Blomquist,1992)。然而,对于动迁居民来说,这三个因素的影响作用似乎并不明显,或者说,从实际情况看,这些似乎并不是动迁居民在选择安置地点时的主要考虑因素。但这是不是说明生活品质、工资水平及住宅价格对地点选择无影响呢?当然不是。首先,不论从区位、建筑风格、面积、房型、价格等方面来看,为动迁居民提供的安置房屋之间不存在巨大差异;其次,20 世纪 90 年代初期尚不存在公开的、规模化的住房市场,居民自由选择居住地点、购买住房的外部环境仍不成熟;第三,同一地区的动迁居民在生活方式和工资收入上一般较为接近。于是,动迁居民在进行地点选择时看似没有受到生活品质、工资水平及住宅价格的影响,其实这些影响因素早已化作为隐性的前提条件制约着动迁居民的抉择。动迁居民对不同因素的考量和权衡,既是家庭成员之间的互动过程,同时又透视出家庭成员之间的关系,而权衡时起决定作用的家庭关系是夫妻关系而不是其他。

表 10　居住地选择的影响因素

影 响 因 素	个 案	个案数量
安置地点离家庭成员工作(上学)地点较近	F9,F10,F12,F13,F14	5
安置地有家庭的亲戚或老邻居	F2,F7,F8,F11	4
安置地点周边的生活、商业配套设施	F1	1
老邻居的推荐	F3	1

个案 10 父母不与其共同居住,所以他在四个安置基地中自己选择了 Z 新村,就是因为:"我的单位就在武宁路旁边,光复西路那里,所以我们就挑了这个动迁基地。"而父母住到

了浦东那边。

个案12当时也有几个安置基地可选择，但是“主要是为了我丈夫，他工作的地方比较靠近这里。那时我快退休了。所以就照顾我丈夫上下班，让他近一点”。

从上文的上海家庭结构关系表中，我们也可以证实这一重要变化：从家庭关系的轴心看，上海家庭又已经实现了从以父子关系为轴心向以夫妻关系为轴心的转变。也就是说，在上海家庭中占据最重要位置的，既不是父母也不是儿女，而是配偶。

但是，根据对动迁居民访谈资料的整理（见上表），我们也发现：在工资水平、住宅价格等条件相类似的情况下，核心家庭在考虑家庭内部安排的同时，安置地点周边的生活、商业配套设施，老邻居的推荐等因素对住房地点选择也有着一定的影响。特别是动迁居民对“安置地有家庭的亲戚”因素的考虑，说明在住房条件许可的情况之下，很多动迁居民在满足小家庭内部优化的前提下还是希望和父母保持比较近的居住距离，守望相助，从而实现一种家庭功能的互补。

两个女儿都结婚了，他们的房子都靠近我们这边，我们今天上老大那里去，后天上老二那里去，整理整理家。她们每个礼拜都回来。老二几乎是天天回来。她们两个下班回来后不愿烧饭。我的子女比较孝顺，她们不是回来蹭老人的，她们自己有车，吃完饭，回家洗洗澡睡觉。我也愿意让她们回来。现在每次她们回来，我的烟、我的酒，都是他们送的。礼拜六回来，就给我都搬上去。吃的、用的，不需要我们操心。他们回来吃饭，我等于就是给他们做一顿。好吃的、好穿的、好用的，

他们都买回来了。他们说要给我买个自动麻将机,咱们家里人自己玩。(个案7)

他们(儿子一家)的饭菜基本上是我们买的,因为他们上班,我们在家里就帮他们做好饭了。还有我孙女的早饭也是我老伴帮她送过去的,因为我媳妇自己没有吃早饭的习惯,但孩子不能不吃啊,外面卖的又不卫生,所以就我们帮他们送过去了。我们帮他们干活,给他们买菜,我们现在还不需要他们照顾。(个案15)

我姑娘一直要到我这里来的,我们也一直去的。我刚去过,2号刚到她家里去过。基本上,她每个礼拜都到我这儿来。(个案17)

但是动迁时核心家庭不太会考虑老父老母以外的家庭网成员的区位距离,而动迁后如果兄弟姐妹之间的区位距离隔得很远的话,那么日常联系也会随之减少。所谓家庭网(Family network)是指有亲属关系的家庭之间所组成的社会网络,就多数情况而言,它是由可能组成的联合家庭的几个独立的核心家庭之间所组成的一种特殊的社会组织,具有特殊的结构和功能。就当代中国城市而言,组成家庭网的除去父母家庭、已婚子女家庭、已婚兄弟姐妹家庭之外,还可能有亲家父母(岳父母)家庭、姑、叔、姨、舅家庭,以及有其他血亲、姻亲关系的家庭。在20世纪80年代初进行的中国5城市家庭研究中就有过关于城市家庭网的相关资料[①]。在上海杨浦区宁国街道双阳路居委会随机抽样调查了98个家庭,其中

① 五城市家庭研究项目组,《中国城市家庭:五城市家庭调查报告和资料汇编》,山东人民出版社,1985年。

提供交往亲戚情况的有62名，占63.27%，说明家庭网对大多数城市家庭具有意义。62名调查对象共提供有交往的亲戚112家，最少的提供一家，最多的提供5家，平均1.8家，大多是与3—4户人家交往。一般家庭网是由父母和已婚子女的家庭组成，或由其他亲属关系的家庭组成。

动迁之前，大部分居民家庭和其父母、兄弟姐妹保持着密切的交往，而且这种交往一般以较频繁的直面接触、生活互助和心理沟通方式为主。动迁之后，很多家庭表示这种频繁的直面接触开始逐渐减少，最后取而代之为偶尔的电话联系以及逢年过节时的家庭聚会。

住在市区的时候，晚上吃完晚饭，我就骑自行车到亲戚家做客。现在离得远了，见面的机会也少，我就经常打打电话，联络一下感情。我觉得亲戚不需要天天粘在一起，况且现在联系的方式很多，打电话、上网、视频聊天，多得很。（个案12）

亲戚都是一般性的来往，基本（来往的）都是直属亲戚。旁系亲戚都去世了，有一个侄子，以前联系，现在都不大联系了，淡了。他们的事情，都太远了，一些事情都不知道了。现在都是一般的来往，往往他们事情多了，太忙了，也没有人来的。（个案4）

过年过节时走动走动，平常不大联系。（个案9）

父母都过世了，就打电话吧。没什么大事就不见面，有什么大事的话就聚一聚。就过春节的时候大家聚一聚。（个案10）

我们一家，五一、国庆都会聚一聚的。一年聚个两次。有啥事情，电话联系。我的兄弟姐妹和我住的不近，我的一个小妹妹住在南市区,大妹妹住在徐汇区,反正不算太近,都是要乘两部车才能到的。我们基本上都是到父母那里去,因为我父母都还在嘛。平时都是电话联系。我到他们家去的机会也少,他们来的次数也不多。(个案 11)

走动,过年过节都走动的。都是我们过去,他们房子比我们大,大的地方好呀。上海人都是这样,平常不啰嗦。每个家庭都这样。你不走动也没什么。你送东西给他们,他们高兴,你老是去,他们老是不来,你也不高兴。(个案 13)

亲戚之间还是有来往的,过年过节的时候走动走动。(个案 16)

兄弟姐妹住在这里的,我们经常走来走去的,他们经常有事没事过来玩玩。过年的时候,国庆什么的我们兄弟姐妹会聚一聚,一般到大姐家去的比较多。我们一个大家庭至少要有 30 多个人了。一般三四个人去就可以了,三四个兄弟姐妹去看她就够了。(个案 18)

另外我们发现,父母是否健在对兄弟姐妹家庭之间的交往也有很大的影响。有些被访者表示,自从父母去世之后,兄弟姐妹之间的交往频率,特别是见面次数和聚会次数明显减少,彼此之间主要是通过电话方式保持联系。可见,动迁之后,城市居民家庭网络发生了结构性的转变,由原本紧密的关系演变成松紧兼有的网络关系:松的是与兄弟姐妹家庭之间的交往,紧的是与父母、已婚子女家庭之间的联系。之所以会产生这样的结构性变化,一方面是因为动迁居民的家庭生命周期发生了自然的转变,由稳定阶段逐步进入收缩阶段。在这个时期,子女相继离开家庭生育下一代,父母变得年老体衰需要照顾,于是,彼此之间的扶助和来往自然变得紧密起来,而与兄弟姐妹家庭之间的联系则相应减少。另一方面是因为任何一个家庭网的存在都以日常生活的联系和交流为依据,而这种交流和联系又要以必要的空间距离和其他手段为条件。以往的户籍登记和单位保障制度限制了人们的地域流动和职业流动,因此,已婚子女或兄弟姐妹即使不同居,相互间的空间距离也比较近,直接交往较方便。动迁事件的发生打破了这种固定的、相对较近的空间距离,使得一部分家庭被迫迁移到较远的城市边缘地区。空间距离的拉大同时也增加了直接联系和交流的成本,尽管许多家庭之间有亲属关系,但如果缺少现实联系的根据和条件,期间也不能组成家庭网。但是,由于社会保障体系的不完善,子女抚育和老人赡养的职能依然主要由家庭承担,故至亲间的相互扶助和援手必不可少,既有的家庭网络仍有必要继续维持下去。于是乎,虽然空间距离拉大了,交流成本增加了,家庭网络却并没有因此而断裂,只是由原先紧密的关系演变成结构松散的、联系较少的关系。

我们还感兴趣的一点是,刚才讨论的都是父母不与其共同居住的,那么被父母选择来靠近居住的子女,他们在选择安置基地时,哪一类家庭关系在作出最关键的决定呢?是老父老母这一对夫妻关系,还是儿女新建的这一代夫妻关系呢?由于访谈资料中缺乏这方面的经验事实,这只能在今后的进一步研究中再继续。

四、总结与讨论

(一)动迁加速了上海居住模式和家庭结构的改变

近30年来,家庭规模小型化,家庭结构呈现出以核心化家庭为主的趋势，这是中国城乡家庭结构变化最重要的特征之一，上海也不例外。不少家庭现代化理论的先驱者们把家庭制度的变迁归结为现代化的结果。但是，作为人类社会最富私人性质的制度——家庭的演变，确实具有自己的自主性与内在逻辑规则，它并不一定因为社会的单线进化而发生同样的改变。我们没有足够的理由把上海家庭人口规模的缩小、家庭结构的核心化解释为适应现代社会流动性强的需要，也不能武断的说这种趋势缘起于市场化改革以来的社会变迁，更没有证据表明上海家庭人口规模的缩小就是因为工业化、现代化的进程(杨雄、程福财，2002)。那么，如何解释上海家庭规模和结构确实的变化呢？本调查从动迁引发的居住模式的改变这一变量出发，对家庭结构演变作出了尝试性的研究。在此，把分析得出的基本结论总结如下：

1. 如果把90年代上海城市更新作为一个历史节点，那么大规模动拆迁的上海家庭中，仍有很大部分是已婚子女与父母共同居住，从而组成主干家庭甚至是联合家庭模式。儿女婚后与父母同居的相关因素的解释是多方面的，归纳起来主要有三种，其一为传统观念说，其二为现实需求说，其三为家庭资源说。但是传统观念在当时就已经发生了改变，现实生活需求也是双向的，所以有限的家庭资源，尤其是作为资产的住房资源，在解释已婚子女与父母同居时，成为了十分重要的变量。有限的市场资源和体制内资源制约着已婚子女搬离父母单独居住，但共同居住这一经历也使得已婚子女改变居住模式的愿望十分迫切。

2. 住房是人们聚散选择的重要条件。90年代初的时候，主干和联合等传统家庭结构的规模没有受独生子女政策结果效应的影响而降低，却表现出了上升的态势，这与动迁带来的家庭住房财产分割问题，促使已婚子女朝父母居住地迁移有关。但这种迁移是非常态的，它并不是向传统家庭模式的回归，而是在"分家"观念的主导下，为了实现动迁后的"大散"而进行的一场家庭策略性的迁前"大聚"。动迁前所引发的家庭成员的"大聚"，并不意味着人们希望维持传统的家庭模式，也不简单地是各自让利益最大化的问题，这背后有着一个动力，即：人们更愿选择的家庭结构是三角式的核心家庭模式，而在动迁制度的规定下，父母所在家庭发挥着实现这一选择的功能，也就是说"聚"的根本是为了各自创立新的家庭中心。所以，到了90年代末期，拆迁户们基本上得到安置时，核心家庭陡增，而主干和联合家庭规模下降。在此，我们必须注意到，把上海和成都的数据作比较，我们就会发现，如果没有上海城市的大动迁，家庭核心化的速度也许不会有这么快，所以我们可以这样说，动迁作为一种力量推动了上海家庭的小型化、原子化进程。

3. 居处的聚散不仅是了解人和人各种联系的门径，它本身就是一项重要的事实。动迁过程中，谁有权参与到这一过程中来，谁与谁聚，谁与谁分，谁来决定，这恰恰反映出了家庭所尊崇的观念和制度。上海家庭并不像很多学者指出的那样已经实现了从父系家庭向双系并重家庭的转变，父系制的家庭传统仍在上海城市的家庭中被广泛认可。在上海市民看来，自己的儿子要重要于自己的女儿，自己的兄弟又重要于自己的姐妹，"重男轻女"在动迁过程中得到了充分的反映。另外，分配方案的决定权是握在老人手里的，他们愿意和谁住，那么谁得到的利益就会多一些；但在老人认为儿孙辈所能尽的孝道大体相同的时候，房屋分配时又往往给儿子分得、孙子分得大一些。即老人们在面临家庭分裂的时候又控制着家庭成员的"聚"和"孝"，这是老人们维持中国传统家庭模式的努力，只是家庭成员之间的聚集形式不再是父母与已婚子女同在一个屋檐下，而是同在一个区位中。但是，如果家庭财产的分割不是在政府主导的大动迁这一变量因素之下的话，父母在财产分配和家庭成员空间距离的控制上可能就不会拥有这样的权力和能量。

4. 家庭成员住房数量、居住模式的改变不仅能破坏原有的家庭模式，而且能促成新的家庭模式。在多个动迁安置基地中选择居处时，起决定作用的家庭关系是夫妻关系而不是其他。但是，在工资水平、住宅价格等条件相类似的情况下，核心家庭在考虑家庭内部安排的同时，"安置地有家庭的亲戚"等因素对住房地点选择也有着一定的影响。说明在住房条件许可的情况之下，很多动迁居民在满足小家庭内部优化的前提下还是希望和父母保持比较近的居住距离，守望相助，从而实现一种家庭功能的互补。不过，动迁时核心家庭不太会考虑老父老母以外的家庭网成员的区位距离，而动迁后如果兄弟姐妹之间的区位距离隔得很远的话，那么日常联系也会随之减少。另外我们发现，父母是否健在对兄弟姐妹家庭之间的交往也有很大的影响。总的说来，动迁之后，城市居民家庭网络发生了结构性的转变，由原本紧密的关系演变成松紧兼有的网络关系：松的是与兄弟姐妹家庭之间的交往，紧的是与父母、已婚子女家庭之间的联系。

（二）现实与理想家庭居住模式的差距——"动迁"这一变量后的政府因素

前面的讨论都是以"动迁"为自变量，家庭结构为"因变量"的分析，下面我们跳出动迁—家庭的二元关系，从更深层次的角度——政府以政策介入的方式与家庭制度变迁发生的互动关系——来讨论整个动迁事件下家庭结构的变化。

根据学界对工程移民的定义和分类，城市动迁居民从其性质上来说其实属于工程移民的范畴。对移民的研究，一个习惯性做法是将其划分为自愿、非自愿（强迫）型对立的两类。在自愿—非自愿（强迫）这一对立轴线上，工程移民常被归于非自愿（强迫）的一侧（黄波，1998），这种归类背后的简单假设是：工程移民是政府行政命令的结果。然而，近期许多有关工程移民的调查数据却显示，工程移民对政府具有很高的依靠性与期望值。李强、陶传进曾经利用两个坐标维度着重分析工程移民与自发移民以及真正非自愿移民之间的不同之处，并由此构成了一个移民性质对比模型（李强、陶传进，2000）。

表 11　移民性质综合对比模型

	主　动	被　动
低指靠	Ⅰ	Ⅱ
高指靠	Ⅲ	Ⅳ

在该模型中，工程移民表现出了消极被动性与高指靠性两个重要特征。城市动迁居民属于工程移民的范畴，那么工程移民的属性特征应该也是城市动迁居民所具有的特征。

对于迫切希望提高住房质量的旧城区居民来说，在分配体制中的弱势地位，以及低收入和低偿付能力决定了他们不大可能通过自身的力量改善居住条件。政府主导的动拆迁，对于他们来说是给了一个“机会”。他们也看到了外迁到城市郊区将给他们的生活和家庭带来的冲击，但是希望住大房子的动力强于一切。

（动迁时）还是有一点抵触情绪的。这里那么偏远，去哪里都不方便。但是，我也很羡慕人家那种独立的房子，有自己的厨房、卫生间，关起门来不受别人打扰。但是没有办法呀，我没有钱,我们(夫妻)两个人的工资加起来才 1100 块,还要带小孩、养他母亲,我还要贴我妈妈钱。所以说,我感觉动迁是一次机会,人蠢蠢欲动的,既想要新房子,又不舍得原来居住的地段。挺矛盾的。(个案 12)

我们不想搬。(这里)不方便啊:看病不方便,交通也不方便。我们原来靠南京路、淮海路都很近的。到这边来之后,(不论)到哪里去起码要换两部车子。购物、逛街什么的都不方便。(个案 8)

即使动迁居民在主观上有不愿搬迁的想法,但因为工程移民,特别是城市重点建设工程项目中的工程移民,往往不是经济或市场的行为,而首先是政府的行为,或者说,工程移民迁移的推动力主要来自政府,因而移民与政府之间互动的结果,必然是政府目标的顺利实现。因为在政府与移民的互动过程中,尽管在不同的社会发展阶段会有不同的特点,但有两点则是共同的:一是互动双方力量的不平衡;二是互动结构的不对称性。

动迁组规定你(搬迁)时间,如果半个月不搬的话,动迁费给你减掉 5000 块。以前的 5000 块,不像现在毛毛雨,厉害了。(动迁组)就拿这个钱压迫我们。你不搬,钱就给你扣掉。来这一套卑鄙的手段。(个案 6 访谈实录)

那时候的人比较单纯,政府说要拆,我们根本没想过还可以和政府讨价还价的。(个案 12)

但工程目标在短期实现的同时,却可能在长时期内对社会产生深刻的影响。针对城市大规模动拆迁来说,在社会学的视角下,城市更新首先是人口的流动和迁移，是在打破旧的生活结构和社会关系式样，甚至从一定程度上说，是一种社会解组然后重新组合的过程。由于动迁居民对政府政策的高依赖性，使得政府通过政策发挥的力量具有强渗透性。如果政府的动迁政策不是现在这样，那么他们的家庭结构和居住模式可能也会大不一样。这尤其表现在动迁家庭核心化居住后家庭支持网的破坏这一点上。

住房是人的空间距离的重要条件和指标，家庭是社会中利益攸关的亲密团体。虽然多中心家庭是要散而不是要聚，但家庭关系毕竟不同于其他社会关系，是散中一定要有聚。区位共生理论指出，在一定区域内生命体之间为求生存而存在相互依赖的关系。对于一个家庭来说，与共生密切相关的是“共栖”，“共栖”是共生系统中一种特殊的共生现象，它与住房紧密相联。据此，在住房的要求上是分合兼顾的，既要离开，又要近一点，以便于联系，相互照应，相互帮助，相互支持，这就需要家庭成员之间组成的家庭网在区位距离上也相互靠近。也就是说，理想的居住模式是：处于家庭网中的各个家庭是独立的，在保持各自独立生活方式的前提下，以日常生活的频繁交往和相互救援为主要特征，而表现在住房上，那么就是既要分开，又要近一点，即所谓“一碗汤”的距离。

早在80年代，中国的一些家庭社会学研究专家就提醒有关建筑部门在设计新的楼房建筑时应考虑这一需求。90年代初中国的少数建筑楼的设计已经兼顾了这些方面，比如在一些大的单元楼建设中有大单元套小单元的，即在含有4—5间房的大单元中含有独立的小单元，这为人年老时仍留下一个已婚子女在身边，两代人既共处又分开，创造了一种特殊模式。然而，大动迁下的城市政府似乎无暇顾及这些，被动迁的居民也把能分到足够的住房作为首要条件，后面才是与父母近一点，所以造成政府给出的安置房仅能满足已婚家庭独立居住的愿望，而达不到核心家庭与核心家庭之间“分而不离”的理想居住状态。区位距离的疏远造成的亲属网络的破坏，必然给城市家庭特别是低收入家庭带来很大的影响，这不仅是精神层面交流的缺乏可能造成情感关怀上的缺失，更是从工具性支持上来说，造成作为福利供给主体之一的家庭无法发挥作用。后果是，政府将为社会福利埋更多的单。

所以，我们对城市拆迁制度的反思，不能仅仅停留在技术层面、操作层面上，而是彻底改变那种认为通过行政手段就可以解决家庭迁居问题或把工程移民仅仅视为工程的附属问题，用工程方法来解决家庭迁移问题的认识，真正把城市更新当作一场让城市社会健康发展的革命去践行之。

参考文献：

迈克尔·M·塞尼著，水库移民经济研究中心编译，《移民与发展——世界银行移民政策与经验研究》，河海大学出版社，1996年。

W·古德著，魏章玲译，《家庭》，社会科学文献出版社，1986年。

马克·赫特尔著，宋践、李茹等译，《变动中的家庭：跨文化的透视》，浙江人民出版社，1988年。

望月嵩著，牛黎译，《结婚与家庭》，中国大百科全书出版社，2002年。

赖因哈德·西德尔著，《家庭的社会演变》，商务印书馆，1996年。

安德烈·比尔基埃等主编，《家庭史》，三联书店，1998年。

凯勒阿尔等著，顾西兰译，《家庭微观社会学》，商务印书馆，1998年。

沈崇麟等主编，《当代中国城市家庭研究》，中国社会科学出版社，1995年。

沈崇麟等主编，《世纪之交的城乡家庭》，中国社会科学出版社，1999年。

刘炳福，《上海当代婚姻家庭》，上海三联书店，1996年。

邓伟志，《近代中国家庭的演化》，上海人民出版社，1996年。

邓伟志、徐榕,《家庭社会学》,中国社会科学出版社,2001 年。

徐安琪主编,《世纪之交中国人的爱和婚姻》,中国社会科学出版社,1997 年。

潘允康,《家庭社会学》,重庆出版社,1986 年。

潘允康,《中国城市婚姻与家庭》,山东人民出版社,1987 年。

潘允康、柳明主编,《当代中国家庭大变动》,广东人民出版社,1994 年。

潘允康,《家庭社会学》,中国审计出版社,2002 年。

张国刚主编,《家庭史研究的新视野》,三联书店出版,2004 年。

五城市家庭研究项目组,《中国城市家庭:五城市家庭调查报告和资料汇编》,山东人民出版社,1985 年。

陈向明,《质的研究方法与社会科学研究》,教育科学出版社,2000 年 1 月。

徐明前,《城市的文脉——上海中心城旧住区发展方式新论》,学林出版社,2004 年。

崔广录主编,《上海住宅建设志》,上海社会科学院出版社,1998 年。

《上海经济年鉴》编审委员会编著,《上海经济年鉴·1994》,上海经济年鉴出版社,1998 年。

《上海建设》编辑部,《上海建设(1986—1990)》,上海科学技术文献出版社,1991。

尹继佐主编,《2001 年上海社会报告书》,上海社会科学院出版社,2001 年。

樊欢欢,《家庭策略研究的方法论——中国城乡家庭的一个分析框架》,《社会学研究》2000 年第 5 期。

费孝通,《中国家庭结构的变化》,《天津社会科学》,1982 年第 3 期。

徐安琪,《论转型期上海家庭变迁的特点》,《社会科学》1994 年第 12 期。

徐安琪,《城市家庭社会网络的现状和变迁》,《上海社会科学院学术季刊》1995 年第 2 期。

徐安琪,《对家庭结构的社会学与人口学的考察》,《浙江学刊》1995 年第

1期。

徐安琪,《家庭结构与代际关系研究》,《江苏社会科学》2001年第2期。

杨善华,《中国城市家庭变迁中的若干理论问题》,《社会学研究》1994年第3期。

刘宝驹,《现代中国城市家庭结构变化研究》,《社会学研究》2000年第6期。

邓伟志、徐新,《当代中国家庭的变动轨迹》,《社会科学》2000年第10期。

杨雄、程福财,《社会转型对上海家庭结构的影响》,《上海社会科学院学术季刊》2002年第1期。

潘允康、潘乃谷,《试论我国城市的家庭和家庭结构》,《天津社会科学》1982年第3期。

潘允康,林南,《中国城市现代家庭模式》,《社会学研究》1987年第3期。

潘允康、阮丹青,《中国城市家庭网》,《浙江学刊》1995年第3期。

潘允康、约翰·罗根、边馥琴、边燕杰、关颖、卢汉龙,《住房与中国城市的家庭结构》,《社会学研究》1997年第6期。

褚劲风、唐燕、王文华,《上海市区有老人家庭居住需求与居住分异》,《人文地理》2003年4月第18卷第2期。

丁水木,《上海市区家庭发展趋向》,《社会科学》1992年第3期。

顾国权、徐静芳,《城市家庭类型和家庭人口结构的变化与住房制度的改革》,《市场与人口分析》1995年第5期。

陈淑美、张金鹗,《家户迁移决策与路径选择之研究——台北县市的实证研究》,《住宅学报》2002年2月第1期。

陈淑美、张金鹗,《三代同堂家庭迁移决策之研究》,《人文及社会科学集刊》2004年6月第2期。

陈淑美、张金鹗,《家户生命周期与住宅需求调整之研究》,《1999年台湾住宅学会第八届年会论文集》。

许秉翔,《住宅研究的社会经济学取向——以家庭代间转移为例的考察》,《台湾大学建筑与城乡研究学报》2004 年 3 月第 11 期。

雷洁琼,《家庭社会学二十年》,《社会学研究》2000 年第 6 期。

谭深,《家庭社会学研究概述》,《社会学研究》1996 年第 2 期。

陈映芳,《“城市化”质疑》,《读书》2004 年第 2 期。

侯义祥,《三个移民家庭的真实故事》,《西部观察》2004 年第 1 期。

曹正飞、赵基静,《略论动迁安置与上海城区改造》,《世界经济研究》1995 年第 3 期。

户邑,《城市房屋拆迁的制度分析》,《改革》2005 年第 2 期。

顾建发、刘福长,《上海动拆迁问题研究》,《上海社会科学院学术季刊》1997 年第 3 期。

肖达,《上海两轮旧区改造中的政策演变》,《城市管理》2005 年第 4 期。

肖达,《上海旧区改造政策变化对城市居住构成的影响》,《城市保护与更新》2005 年第 5 期。

吴宗法,张建华,《工程移民房屋拆迁综述》,《河海大学学报(哲学社会科学版)》2001 年第 3 卷第 3 期。

吴宗法等,《城市工程移民规划研究》,《现代城市研究》2003 年第 3 期。

朱东恺、施国庆,《城市建设拆迁中的利益冲突及其调整》,《思想战线》2005 年第 1 期。

戴以荣,《工程移民政策的比较分析》,《中国市政工程》2006 年 10 月第 5 期。

施国庆,《移民学探讨》,《“移民与社会发展”国际会议论文集》,河海大学出版社 2002 年 11 月。

李强、陶传进,《工程移民的性质定位兼与其他移民类型比较》,《江苏社会科学》2000 年第 6 期。

周春山,《中国城市人口迁居特征、迁居原因和影响因素分析》,《城市规划汇刊》1996 年第 4 期。

Asia Development Bank(ADB)(1991),*Guideline for Social Analysis of*

Development Project. n. p. ,ADB.

Berger,M. C. and G. C. Blomquist(1992),"Mobility and Destination in Migration Decision: The Roles of Earnings, Quality of Life, and Housing Prices",*Journal of Housing Economics*. 2:37—59.

Cernea,M. 3M. and C. McDowell(2000),*Risks and Reconstruction: Experiences of Resettlers and Refugees*. Washington DC: World Bank.

Clark,W. A. V. and J. L. Onaka(1983),"Life Cycle and Housing Adjustment as Explanations of Residential Mobility",*Urban Studies*,20:47—57.

Cohen,Myron L. , House United, House Divided(1976), *The Chinese Family in Taiwan*,Columbia University Press,New York.

Davis. Friedmann,Deborah(1991),*Long Lives: Chinese Elderly and the Communist Revolution(Second Edition)*. Harvard University Press.

Goode,William J. (1970),*World Revolution and Family Patterns*,Free Press.

Glaser,B. & Strauss,A. (1967),*The Discovery of Grounded Theory: Strategies for Qualitative Research*. Chicago: Aldine.

Hirayama,Yosuke and Kazuo Hayakawa(1995),"Home Ownership and family wealth in Japan", in *Housing and Family Wealth*. ,ed. Ray Forrest and Alan Murie,pp215—30,London and New York: Routledge Press.

Klein,David M. & Reuben Hill(1979),"Determinants of Family Problem-solving Effectiveness",*Contemporary Theories about the Family*,Frele Press.

Kuhn,T. (1968),*Structure of Scientific Revolution*. New York.

L. Travers(1993),*China: Involuntary Resettlement*,World Bank.

Mead,M. (1953),"National Character,"in A. L. Kroeber(Ed.)*Anthropology Today*. Chicago: University of Chicago Press.

Michelson,R. S. (1977)*Environmental Choice, Human Behavior and Residential Satisfaction*. Oxford: Oxford University Press.

McLeod, P. B., and J. R. Ellis (1983), "Alternative Approaches to the Family Life Cycle in the Analysis of Housing Consumption", *Journal of Marriage and the Family*, 45(3): 699—708.

Newman, S. J. and G. J. Duncan (1979): "Residential Problems, Dissatisfaction, and Mobility", *J. of the Amer. Planning Assn.* 45(April): 154—165.

Patton, M. Q. (1990), *Qualitative Evaluation and Research Methods*. 2nd Ed. Newbury Park: Sage.

Petersen, W. (1958), "A General Typology of Migration", *American Sociological Review*, 23(3), June, 256—66.

Potepan, M. J. (1994), "Intermetropolitan Migration and Housing Prices: Simultaneously Determined", *Journal of Housing Economics*. 3: 77—91.

Richmond, A. (1988), "Sociological Theories of International Migration: The Case of Refugees", *Current Sociology*, 36: 7—25.

Rossi, P. H. (1955), *Why Families Move: A Study in the Social Psychology of Urban Residential Mobility*. New York: Free Press.

Treas, Judith and Wei Wang (1993), "Of Deeds and Contracts: Filial Piety Perceived in Contemporary Shanghai", pp. 87—98 in *The Changing Contract Across Generations*, edited by Vern L. Bengston and W. Andrew Achenbaum. Aldine Gruyter.

Uhlenberg, Peter & Teresa M. Cooney (1992), "Support from Parents over the Life Course: The Adult Child's Per-spective", *Social Forces*, Vol. 71.

第四章
成为“新城人”
——社区身份认同的型塑

周　燕

从1996年到2006年十年时间，距离上海市中心40公里、位于松江区内的方圆22.4平方公里的一块远郊区域，由原来地广人稀的自然村落渐变成一座涵盖30多个现代化居住社区、多个大学分校以及相关生活配套设施的新城镇。城市社区的面貌逐步呈现，主要功能定位逐渐齐备，同时其边界还在不断拓展。这一政府主导下的新城镇规划实践正是上海集中向城市化目标迈进，力图构建国际大都市的结果之一。

伴随着这一基于政府主导的城市扩张，在住房商品化的今天，“郊区新生活”的概念也在被房产商借以营销消费品味，选择“居住在郊区新城”的居民，面对的不仅是住宅空间的改变，还有着对于这一“新城身份”的“消费认同”与适应。

一、研究问题的说明与既有文献综述

（一）问题的提出

上海自改革开放以来，尤其进入20世纪90年代，其城市定位发生了一系列转变，即致力于把上海建成国际经济、金融、贸易中心[①]，向国际大都市迈进。这一城市战略转型在最初的城市规划上具体表现为重塑城市功能，调整城市空间布局，建设现代化生活、文化设施等方面(陈友华，2001：1—3)。在上海城市中心城区旧房改造与市政设施建设取得一定进展后，城市规划的重心开始向郊区城镇发展，郊区成为上海新一轮发展的重要战略空间，早在20世纪90年代中期，上海市政府就提出了“三个集中”的郊区发展战略，即农业向规模经营集中，工业向园区集中、农民居住向城镇集中。

在郊区，“重点发展新城和中心镇”成为《上海市城市总体规划(1999—2020)概要》中优化市域城镇体系的一环，城市今后的发展方向为“拓展沿江沿海发展空间，形成……滨水城镇和产业发展带……集中建设新城和中心镇；新城是以区(县)政府所在城镇、或依托重大产业及城市重要基础设施发展而成的中等规模城市。规划新城11个……新城人口规模一般为20—30万人”。2003年第二次修正的《上海市城市规划条例》也作了相应调整，把城市规划分为中心城与郊区规划和建设，其中作为城市扩展试点，2001年，上海市政府颁发了《关于上海市促进城镇发展的试点意见》，重点发展“一城九镇”。由此，近、远郊地区“新城镇”的崛起成为城市规划中的一个新兴现象。新城镇的打造，是政府城市规划发展计划的一种实践性操作，在社会空间上表现为城市开发政策下对传统农村土地及其原有老社区的替代，并对城市居住空间布局进行宏观上的调整和重组，在这一过程中，政府的意图，一方面在于通过人口向郊区迁徙缓

---

① 在2001年5月，国务院正式批复并原则同意《上海市城市总体规划》(1999—2020年)(简称“新一轮城市总体规划”)，明确提出要把上海建设成为现代化国际大都市和国际经济、金融、贸易、航运中心之一。由此，上海“三个中心”目标建设拓展为“四个中心”。

解城市中心高居住密度的状况，疏导城市中心负荷压力[①]，并通过征用郊区农村大片土地体现政府为提高“城市化水平”所作的努力。另一方面，在土地、房产成为城市新经济增长点的同时，把城市居住空间模式扩展到城市外延，以此集中城市中心的高价土地资源，拉动城市 GDP 增长。与之相伴随的是，在住区开发建设外延的过程中，城市居住形态也必然发生变迁。新城中的大型居住区被不断开发，房产开发商以及国内外规划师试图在这片“大盘化”的“处女地”上有所作为，包括对新城镇欧陆风格的规划、现代化封闭式住宅小区的设计等，均朝着勾画后现代城市新生活的方向进行着。

本文的研究对象松江新城正是被列为重要试点建设的城镇之一，在借鉴英、美、法新城镇建设的经验基础上，新城将主要体现英国城市风貌特征。2006 年新城的总体建设已经初具规模，其中第二阶段开发的主体是住宅商品房建设，在一批批自我定位中高档住宅小区以及景观别墅社区的开发楼盘中，位于松江新城东南隅的 JZ 社区则显得较为“特殊”：这个经历了与新城相伴发展的社区，其居住的主体人群是最早基于征地安置及以较低价格买进迁入的居民；以经济收入为标准，在阶层地位划归上，大多属于普通工薪阶层或低收入者。伴随政府新城建设的力度，新城作为整体居住区块被定位为宜居性、国际性、多元化的花园都市，其区位价值不断提升，一定程度上带动了 JZ 社区的住宅区价值。在住宅日益成为居住者身份名片注解的时代背景下，JZ 社区居民获得了一种新的居住者身份

① 《上海市城市总体规划(1999—2020)概要》中指出要“控制中心城人口和用地规模，引导中心城的人口和产业向郊区疏解。2020 年，全市实际居住人口 1 600 万左右，其中，非农人口 1 360 万，城市化水平达到 85%，集中城市化地区城市建设总用地约 1 500 平方公里。中心城规划人口约 800 万人，城市建设用地约 600 平方公里；郊区城镇规划人口约 560 万。”

的意义赋予——新城人。在成为新城人这一过程中，他们对于新身份的认同如何型塑？是怎样的一种认同化过程？他们是如何通过自己的话语实践与日常行为去获得这一同一性身份的？是否最终获得了这种身份的同一性？这是本文试图探讨的相关问题。

（二）既有文献综述

1. 有关城市规划、住宅变迁对居民生活影响的研究

探讨城市规划下城市空间尤其是住宅空间变迁如何作用于居民日常生活是城市社会学的一个重要研究课题。20 世纪 40、50 年代起，法国城市社会学家 P.-H. Chombart de Lauwe 进行了一系列对工人社区的研究，考查住宅形式的转变，即与现存的工人社区相比，集体住宅的新社区是如何给工人阶级提供优良发展条件的。并在其《巴黎及巴黎大区》（*Paris et l'aggolomération parisienne*：1951）一书中获得了有关城市空间和不同日常生活水平中群体分隔方面的经验性研究成果。Henri Coing 作为法国城市社会学另一代表人物，在 20 世纪 60 年代，开始研究城市改造中对原有破旧住宅区居民日常生活影响的问题，并出版了其代表作《城市改造与社会变迁》（*Rénovation urbaine et changement social*）。书中描绘了 60 年代初在巴黎十三区的住房群中进行的社会变迁，指出在变革之前，这个名叫 Gare 的社区是如何在社会团体和集体记忆的基础上建立起社会生活，以及居民搬离社区这一事实是如何必然要求对已有的日常生活进行系统重构的[①]。

① 来源：赵晔琴，《法国城市社会学的演变和发展历程——1945—2000 年法国城市社会学发展演变综述》，2007 年 4 月 6 日，http://www.xschina.org/show.php?id=9088（学术中国网）。

此外，巴黎第一大学地理学教授 Madame Therese Saint-Julien 从人文地理学和城市规划的角度，探讨了巴黎地区新城建设过程中及建设后所带来的一些问题，其中之一就是有关新城与认同(New towns and identity)的关系问题，她把新城建设后带来的这种居住认同后果分为内部认同(internal identity)和外部认同(external identity)，前者主要包括那些最初被主动吸引过来的一部分“开拓者”(the pionners)及其追随者们(the followers)，他们是最先迁入的居民，很多是受过高等教育的人，对于新城的未来抱有一定的憧憬与渴望；而后者则包含了那些居住在新城周边的居民的观点，他们对于新城及居住在其中的居民持有一种观望的态度①。

在这些课题中，更多体现的是住宅社区变迁对居民生活方式和居民地方集体记忆瓦解的研究。

2. 有关社会认同的研究

社会认同是既包括客观的一些相似或相同的特性，例如，相同的身份、相同的表现等，又包括心理认识上的一致性及由此形成的关系。美国社会学家科尔曼在《社会理论的基础》一书中提出了七类认同：对直接亲属的认同、对国家的认同、对雇主的认同、对主人的认同、对势力强大的征服者的认同、对社区的认同以及法人行动者对其他行动者的认同②。因而，首先，从社会认同的研究维度来看有不同的认同维度，其中王春光(2001)认为，社会认同包括对自我特性的一致性认可、对周围社会的信任和归属、对有关权威和权力的遵从等，在其对新生代流动农民的研究中采用了七个维度的

① 来源：华师大讲座：巴黎第一大学地理学教授 Therese Saint-Julien 主讲，《巴黎新城的新城经验》，2005 年 4 月 25 日。

② 这是科尔曼(1990)的观点，转引自郁晓晖、张海波，2006：47—48。

认同框架：身份认同、职业认同、乡土认同、社区认同、组织认同、管理认同和未来认同；而事实上，在具体的论述中他集中关注的是身份认同、乡土认同和社区认同①。郁晓晖等在研究失地农民的社会认同与社会建构上也建立了四个研究维度：对自身身份和角色的判断和归属，即身份认同；对土地的感情变化，即土地认同；对作为城市生活基础的经济收入的期望，即经济认同；对征地政策和政府行为的看法，即制度认同（郁晓晖、张海波，2006：48）。

其次，从研究内容来看，一方面是探究社会认同本身的理论性问题，包括涉及到社会认同领域最重要的两个方面：其一，群体成员身份界定及其文化影响；其二，社会认同中群体共识（consensus）的形成及功能，这二者尚需在研究中加以整合（杨宜音，2005：242）。另一方面则是有关社会认同的实证性研究：如研究不同人群对他们自身的定位、他们的行动规则及其所在的社会的理解，从而展示民众的基本状况、行动规则与他们的所思所想。对特定群体身份认同型塑过程的研究（张静，2006：85—146、57）。从群体认同的产生机制入手，探究群体“认同”之所以建构的背景因素，如探讨“农民工”这种制度和身份认同得以成立并维持的机制（陈映芳，2005）。以马来西亚华人文化认同为例探讨海外华人的文化认同中的三个问题：谁是华人？何种文化？如何认同？此外，在中国社会文化背景下，社会认同的结构与动力过程、多重的群体成员身份导致的“身份协商”过程、身份协商与社会结构和社会制度的关系、如何建构共享群体的文化意义系统并以之应对社会变迁等研究也是值得关注的问题。同时应纳入社会认同的研究视野中的还有社会流动、弱势群体的地位改变、群体成员身份的渗透性、社会动员

① 以上是王春光（2001）的观点，转引自郁晓晖、张海波，2006：48。

与支配的策略等相关研究(杨宜音,2005:242)。

第三,从研究方法来看,主要从定量与定性两类研究相关的认同问题,定量研究主要体现在用一系列量化指标,包括自变量和他变量的数据统计分析来确定社会群体成员的相关认同度,主要集中在(1)研究群体的主观阶层认同上,通过统计一定数量的居民对社会阶层地位的主观自我归类,并加以排序,参照客观地位分层来显示居民的自我阶层归属(胡荣等,2005;刘精明等,2005;卢福营等,2006)。(2)针对中国社会城市化过程中失地农民这一群体的认同研究。通过抽样调查研究,探讨在现阶段中国社会结构变迁中,因城市发展而被征地的失地农民,在城市适应性与现代性获得过程中自我认同的转换机制(张海波、童星,2006);此外还有通过问卷调查,从微观层面探讨失地农民在离开土地进入城市后的社会认同心理的现状、认同系统的变化,以及这样的认同心理背后的社会建构等问题(郁晓晖、张海波,2006)。而社会认同的定性研究则是通过对选定个案的解释性描述来分析相关认同的意义,如通过浙江温州的基督徒群体研究,来研究该群体对基督徒身份的理解、践行与认同(张静,2006:85—146)。

3. 有关住宅与身份阶层研究的观点

在中国住房改革后实现的住房商品化背景下,一些学者对住宅空间、消费以及居住模式与身份阶层的关系作了研究,归纳起来主要有以下三点:

其一,居住空间隔离与社会阶层分化的关系研究。认为住宅的使用差异是人类社会隔离的指示器,客观上形成了社会的阶级隔离;此外,居住空间的消费因社会阶层的分化会产生一定空间上的隔离。前者倾向强调以居住类型的差异为基础,由此分析真实社会阶级的形成和阶级冲突;后者则以人群中的其他结构性区隔因素,比如种族、收入、教育、职业等，来分析和探讨产生住宅类型差异的原因。另一种倾向认为居住空间上的阶层分化特征并非单纯的社会分层现象，同时也是一种导致社会阶层化、社会封闭趋势显性化的重要机制。不同社会阶层的人们，由于受到不同的结构性条件的制约，选择了不同的居住方式。这表现为，在一些生活质量和居住质量十分类似的社区中，集中居住着一些在生活条件和生活机会上大致相似的人群；并且，在这样的封闭性社区中，人们逐渐形成了大致相似的生活方式和地位认同，从而在更广泛的意义上产生了相对封闭的社会阶层群体（刘精明、李路路，2005：54—55）。

其二，当今中国的阶层差异与收入、住房的关系。认为第一，在日益发展的住房商品市场上，是否拥有住房的产权，是个人或家庭的经济能力和成就的标志；第二，个人或家庭是否有能力购买更大、质量更好的住房，与个人或家庭成员的收入正相关；第三，管理精英和专业精英比非精英有更高的经济购买力，因为市场改革在回报权力的同时，也回报人力资本（边燕杰、刘勇利，2005：85）。

其三，住宅消费与身份阶层认同的关系。认为住宅开始步入“身份化消费时代”，房地产商通过“广告策略”等不断赋予住宅以身份符号，住宅消费者在购买住宅的同时也在购买一定的社会身份，并在居住生活过程中表现出对这一身份认同的确定性（Kevin Romig，2005）。

综上所述，以上城市空间对居民生活影响的研究，从社会认同角度入手探究了认同机制、群体身份界定与文化影响以及住宅与身份阶层认同的问题。本文以上海松江新城打造过程中的一类特殊社区居民为研究对象，他们的社区身份认同随着新城概念的逐步确立产生变化。试图从新身份认同获得的角度出发，在社区日常生活这一微观层面探讨这一批最初入住居民的话语意义、行为实践与成为“新城人”这一身份获得之间的同一性问题。

二、研究对象、方法与分析框架

(一) 松江新城·JZ社区

1996年,SJ区根据上海市与该区经济和社会发展的总体规划,开始实质性启动松江新城示范区(简称新城区)建设。新城区紧靠旧城,规划面积22.4平方公里。至2006年5月,新城总体形态面貌基本建成,期间包括:2002年底完成一期工程建设任务:重点是以一系列基础设施和环境建设为主。以建设南北通道、东西通道和环线通道为重点;建成“五纵六横”的主干道格局,新城区、老城区的重要支路网基本形成;SJ区轨道交通启动建设、建成大十字绿化带等。2003年到2005年为二期工程:以住宅建设与公共设施建设为主;基本建成30万人口居住的生活区及其公建配套设施;新城区建成318万平方米住宅①。目前围绕中心建设区T小镇新建的现代化商品住宅小区已有近30个,分别由近20多家不同的房地产或置业公司竞标开发②。依据

① 《松江新城》,来源:http://e-nw.shac.gov.cn/hjgl/czjs/ycjz/t20030407_65119.htm(上海农委政务网)。

② 据上海市房屋土地资源管理局网站公布的《土地出让公告》(2006年11月)资料,2004年松江新城批准开发土地面积共计410.4908公顷,其中建设用地面积为387.8224公顷,带征地面积22.4568公顷。规划建筑面积总计379.5445万平方米。其中93%用于规划开发商品住宅。参见:《土地出让公告报表》(2006.11)http://www.shfdz.gov.cn/gsgg/tdcr/200611/P020061130420008751929.xls(上海市房屋土地资源管理局网站)。

《上海市住宅产业现代化发展“十五”计划》(2002 年 7 月)的要求,新建的现代化商品住宅小区具备以下主要特征:(1)住宅设计类型呈现多样化,档次增多,体现“高起点规划、高水平设计、高质量建设、高标准管理”的指导思想,致力于打造一批“四高示范居住区”[①]。(2)强调小区的居住环境和住宅科技含量。小区均以封闭式小区为主,有专职小区门卫,讲究小区的绿化率或围墙透绿率、容积率;此外居住区架空电线入地、空调外机统一隐蔽设置;智能化安保系统,智能化住宅、小区变频供水系统、有机垃圾生化处理系统、经济型多层电梯、箱式变压器等频频亮相。目前,新城整体居住率近50%。

从 2006 年 5 月至 10 月近 5 个月的时间,笔者选取了松江新城第一批新建住宅小区中的 JZ 社区为研究对象进行田野调查。在新城一期建设过程中,出于征用当地农民土地后须解决配套住房的考虑,在公配设施还未建设完善时,第一批新建的住宅小区已经完成,其中包括 JZ 社区,JZ 社区位于整个新城区的偏东南方向,总占地面积 241 100 平方米,有 71 幢多层楼房、2 栋小高层以及 9 幢小别墅,共有 241 个楼道,2 824 户居民,人口逾万人,有三

---

① 2002 年 7 月,上海市政府批准了《上海市住宅产业现代化发展“十五”计划》,计划的目标是:到 2005 年,要初步形成先进适用的住宅成套技术体系和标准体系,初步建立以工业化、信息化为基础的住宅生产组织体系;解决新建住宅工程质量通病,提高住宅整体质量;信息化技术基本普及应用于住宅建设的各环节、各产业部门,智能化基本配置在新建住宅小区达到普及程度;基本实现新建住宅全装修,建成 20 个左右的生态住宅小区,全市 30%—40%的新建住宅要建成为:“四新”成果集成应用的“四高”小区;新建住宅建筑使用能耗降低 50%;科技进步对住宅发展的贡献率在现有基础上提高 10%—15%。来源:市住宅发展局,《2002 年本市住宅产业现代化工作迈出新步伐》(2003),http://www.shanghai.gov.cn/shanghai/node2314/node8603/node8615/userobject31ai678.html(上海政府门户网站)。

家物业公司。JZ 社区辖 JC 小区(1998 年竣工入住)、MF 公寓(2000 年竣工入住)、JZ 公寓(2000 年竣工入住)、Z 苑(2000 年竣工入住),现分属三个居委会,居民人数分别为 2 300 人、2 700 人、5 400 人和 200 人左右(见表 1 与图 1)。相较于新城后来新建的住宅小区,JZ 社区具备以下三个特点:其一,最初比较孤立与隔绝,其小区周边生活配套设施经历了一个从无到有、逐步完善成熟的过程,包括交通、日常生活用品消费、医疗卫生等;其二,在住宅房型上最初均采用欧陆等西方建筑风格,住宅样式不太统一,有多层、小高层以及别墅,此外也陆续引进了一系列智能化系统,如围墙、保安、箱式变压器等现代住宅建设标志;其三,小区居民具备混合型特征,这里的"混合型"界定,主要是从人员迁入来源的不同而言,其中居住人数比例由高到低主要包括五类人员:原先新城征地动迁的本地农民、老城区迁入的本地人、市区迁入的居民、小区租房者(主要是外地打工者)以及外省市迁入的居民。从职业分布来看,则既有地方机关干部(占少数),也有一般的普通工人(占多数)、下岗失业者等。

相较新城后来新建的住宅小区,JZ 社区目前的入住率很高,

表 1　JZ 社区辖属小区情况(至 2006 年 10 月)

小区名	竣工时间	建筑类别	现居住人数(人)	户数(户)	所属居委会
JC 小区	1998 年	多层、小高层	2 300	770	JC 居委会
MF 公寓	2000 年	多层、别墅	2 700	810	MF 居委会
JZ 公寓	2000 年	多层	5 400	1 480	JZ 居委会
Z 苑	2000 年	别墅、多层	200	64	

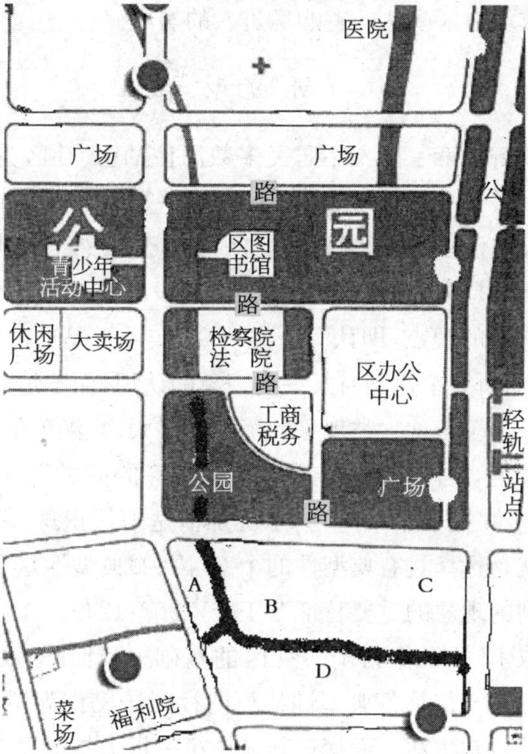

图1　JZ 社区平面图

基本接近 100%，其中包括租房者的进入。按照 JZ 社区四个小区竣工的时间，笔者把在 1999 年至 2001 年搬入 JZ 社区居住的居民均视为研究对象。JZ 社区作为新城最早新建的社区之一，目前留有近七成的首批新城入住者①，其总体流动性并不高，主要包括建设新城过程中土地被征用的当地农民、SJ 区旧城区迁徙进入的居

① 由于笔者采访的 JZ 社区三个居委会对这类住户迁徙流动的信息资料未收集完全，只能作出估计判断。

民以及少数从市区或从外省购房进入的居民。

(二)研究方法

本文以新城第一批入住居民多数居住的JZ社区为个案样本进行研究。对于个案研究(case study)这一方法的选择,主要基于研究的可操作性以及个案研究本身的特点。虽然个案研究在代表性问题上仍然是国内外社会学界至今还没有完全解决的问题,但笔者赞同这样的观点,即认为个案研究"实质上是通过对某个(或几个)案例的研究来达到对某一类现象的认识,而不是达到对一个总体的认识。至于这一类现象的范围有多大、它涵盖了多少个体,则是不清楚的,也不是个案研究所能回答的问题"(王宁,2002:123)。此外,在选取个案时,为了更加清楚地认识这一类现象,解决的方法就是选择具有典型性的个案,因为"典型性是个案集中体现某一类别的现象的重要特征"(王宁,2002:124)。

在选取JZ社区作为个案社区的基础上,针对本文的研究对象,又选取了14位具备典型性特征的社区居民作为访谈对象(参见附录),从日常生活层面探讨新城中第一批入住居民在话语表达与行为实践中对"新城人"身份的认同。

本文的资料搜集主要来自文献搜索、半结构式个案访谈以及参与或非参与观察。

在个案访谈上,主要是基于对事实的掌握和了解,为本文提供实证性的分析材料,根据研究主题选取确定研究对象,并"以研究者本人作为研究工具,在自然情景下采用多种资料收集方法对社会现象进行整体性探究,使用归纳法分析资料和形成理论,通过与研究对象互动对其行为和意义建构获得解释性理解"(陈向明,2000:10)。在访谈过程中,首先为了在制度层面了解新城的整体情况，在区政府及所辖街道一级层面，对有关部门的负责人分别作了访谈，包括 SJ 区社区办一位工作人员、新城所属方松街道社区办主任；其次，就选取的社区整体情况，通过对 JZ 社区党总支书、三个居委会主任或书记的访谈得以系统了解。在此基础上，在 JZ 社区中采用半结构半开放式的个案访谈，并通过一定的参与或非参与观察来搜集实证信息。

（三）本研究的理论视角

"认同"(identity)一词最早是由威廉·詹姆斯和弗洛伊德两位心理学大师在 19 世纪末 20 世纪初提出，主要是心理学研究的范畴，其把"认同"看作是一个心理过程，是个人向另一个人或团体的价值、规范与面貌去模仿、内化并形成自己行为模式的过程。一些研究者指出认同的基本特点有社会性、可塑造性和可共存性。社会性表现在认同是复杂的社会过程的结果，个人和集体认同都是在复杂的社会语境中建构的。人处于政体之中，制度的变迁会改变个人和集体的政治文化认同。可塑造性体现在认同是在社会过程中建构的①，认同随着社会制度、利益的改变可以得到重塑。可共存性则是指认同可以多种共存，认同是在行动者之间互动的过程中、在情景中建构的，它不是预先给定的，也不可能完全以自我利益为中心，而是受到共同规则的制约和导引。此外，认同的特点与产生来源是紧密相关的，从个人领域来看，认同是家庭、住所、社区中人们之间的权力关系的产物。而在公共领域，认同体现集

① 曼纽尔·卡斯特在其《认同的力量》一书中进一步指出"认同是人们获得其生活意义和经验的来源"，这种"认同"是能够被加以建构形塑的，"认同的建构所运用的材料来自历史、地理、生物、生产与再生产制度、集体记忆及个人的幻想、权力机器及宗教启示等"(曼纽尔·卡斯特，2003：3—4)。

团之间的权力关系。认同可以理解为记忆和当下之间的动态平衡，因此认同具有一定的流动性和不确定性（李素华，2005：144—145）。

随着对“认同”概念意义的不断诠释，进一步发展出了一系列认同理论，从原先纯粹的心理学研究领域进入了社会心理学领域，并普遍运用于当代社会科学领域，包括研究群体的集体认同、社会认同、民族国家认同以及政治文化认同等。其中“社会认同”体现在20世纪70年代泰费尔（Taifel）等人提出的社会认同理论（social identity theory）中，其主要观点是个体对群体的认同是群体行为的基础，[①]即群体行为发生的必要条件在于个体对该群体的偏好与认同，通过一系列衡量指标把自我归类为该群体，并在该群体中通过实现或维持积极的社会认同来提高自身的价值（张莹瑞、佐斌，2006）。这一理论运用的研究成果在西方尤其在欧洲，主要体现为对欧洲一体化进程中国家、民族、宗教、语言的心理认同问题的解释，其对于欧共体及欧洲各国制定政策产生了非常显著的效果，从而使这一理论在政治、经济、军事、外交、文化交流、宗教、组织行为、民族等领域具有较强的应用价值。由此，群体的“认同”与群体文化背景、社会身份、制度安排等息息相关，在“认同” 建构的过程中互相渗透。而社会学视野中的“认同”研究则更偏重于探究社会现象的一致特性（比如身份、地位、利益和归属）、人们对此的共识及其对社会关系和行为的影响，通过描述（narritive）的方

① 社会认同理论（social identity theory）是由泰费尔（Tajfel）等人在20世纪70年代提出，并在群体行为的研究中不断发展起来。后来Turner又提出了自我归类理论（self-categorization theory），进一步完善了这一理论。社会认同理论强调了社会认同对群体行为的解释作用，认为个体对群体的认同是群体行为的基础（张莹瑞、佐斌，2006）。

式、探究是否存在话语共同体(discourse community)以及社会行动者的共同体(community of social actors)①来进一步研究群体身份、地位、利益及归属等的一致性问题。②

如前所述,社会学视野中,“认同理论”研究涉及话语与行动,即意义描述与行为的表达,需要明确与话语、行为相关的认同过程。因此在理解人们的话语表达与社会行为上,必须研究人们如何建构自己和他人的身份认同(identities),即需要检验人们声称的认同以及这些认同所对应的意义(Jan E. Stets,Chris F. Biga,2003:398)。对于本文所选用的“身份认同理论”视角,主要归纳为以下两点:

首先是身份认同内化的问题,也即达到“同一性”的过程,当人们对社会身份、地位等产生共识,并采纳了某社群的成员资格来建立自己的社会身份或社会地位时,自己的属性与该社群内典型成员的属性或会呈现相同关系③。对某一社会身份、地位等的确认能够让人们将相符的某社群特性冠于己身,并通过一系列话语、行为方式加以确定内化,从而与其他社群特性加以区分。另外,通过社群内外他人对自己身份、地位的确定认同也会强化或阻碍其对自我的认同建构。其中的原因一方面是个体为了寻求自我的认同在他人眼中的合法化,这是推动人们行动的力量,另一方面人们寻求在角色执行中估价自身,企图固化自我所认同的角色定位,获得

① 社会行动者共同体(community of social actors)主要包括制度、社会组织与结构。

② 以上观点系根据Rutgers,美国新泽西州立大学(Rutgers, the State University of New Jersey)社会学系教授理查德·威廉姆斯(Richard Williams)所授*Sociology of Identity*课程讲义归纳。来源:http://sociology.rutgers.edu/identity.htm(Rutgers,美国新泽西州立大学网站)。

③ 以上是霍格(Hogg,2004)的观点,转引自赵志裕、温静、谭俭邦,2005:203。

他人的角色支持。这种角色支持不仅包括他人赞同个体占据某一位置的权利、承认个体由这一位置而引发的行为，而且包括附着于角色认同、角色执行上的更为丰富的内容，如个性、风格、情感和格调。[①] 这种现象对社会行为的影响更为深远，因此社会学也特别关注社会身份、地位等的认同建构过程及其对社会思维和社会行动造成的影响（赵志裕、温静、谭俭邦，2005）。

其次是社会结构与身份认同之间的联系。“身份认同理论”指出认同关注的不仅仅是个人的选择，而是关注在社会中呈现多面性并嵌入在社会结构中的个人如何引导这些选择的过程。个人拥有在社会结构中与自己关联的社会关系和角色网一样多的认同，认同本身体现一系列层级序列，这种自我的认同分层反应了社会的组织原则。[②] 在认同的显要性层级（salience hierarchy）序列中，处于较高层级的认同对自我具有极大的影响力，使个体极力组织自己的行为，按照一定的规划来表现自身。斯特赖克（Sheldon Stryker）的认同理论就是侧重于社会结构与认同之间所产生的联系研究。具体包括四个方面的内容：(1)认同是对处于互动中的个体位置的标定。个体标定自身的位置之后，就会产生对自己行为的预期。他们还能明确他人的认同位置，认识到引导他人角色行为的预期。在这些定位之后，个体还能意识到更广阔的参照框架和情境定义，并将自己作为客体，置于整个位置结构的关系之中。然而，行为并不完全由这种位置标定和情境定义所支配。人们在多大程度上可以摆脱角色定位和情境定义的规制，随较大的社会

---

① 以上是乔治·麦克尔(George P. McCall)和西蒙斯(J. L. Simmons)20 世纪 60 年代提出的观点，转引自乔纳森·H. 特纳，2006。

② 以上是谢尔登·斯特赖克(Sheldon Stryker)和彼得·J. 博克(Peter J. Burke)的观点，转引自 Jan E. Stets，Chris F. Biga，2003：399。

结构的类型而定。有的社会结构是开放的、有伸缩性的，有的社会结构是封闭的、机械的。但是，当人们面对面互动时，社会结构仍然对个体的所作所为起限定和规制作用。(2)显要性(salience)位置高的认同对个体的行为有更多的统合作用。在大多数情境中，人们都需要调用多重认同，认同调用的灵活性受结构规制的严格程度的影响。(3)责任担当(commitment)是个体对某一认同充当的程度。个体与他人的关系越是依赖于某一种认同的责任担当，则这一认同越是在显要性序列中处于较高的地位。如果这一认同是基于更大的社会界定和他人的观念，他就会产生与这些观念和界定更一致的行为。个体在某一场合给予这一认同的责任担当越多，则越是获得更多的自尊。(4)当互动情境由于外部事件的侵扰而改变时，人们可能寻求新的认同。责任担当就会朝着那些反映新的价值观念的认同的方向改变。[①]

本研究从最早入住松江新城第一批住宅小区居民入手，探究其对“新城人”这一身份认同的型塑过程。由于社会身份认同是社会记忆与社会时空相互作用的产物，社会环境和文化心理结构对主体认同起着型塑作用，因而，本研究对于这一问题的研究采取的是过程——事件性的分析框架，主要通过以下三个过程来展开：

(1) 松江新城发展的脉络及定位；

(2) JZ社区居民新身份认同的获得过程及实现同一性的途径，其中包括自我感知性身份认同(话语表达)、新城生活方式的认同(行为实践)等；

(3) 自我身份认同与他者身份确认间的重合性问题，主要基

① 以上是谢尔登·斯特赖克(Sheldon Stryker)有关“认同”的观点，转引自乔纳森·H.特纳，2006。

于交往视角的社会性身份认同，体现在与居住同一社区的居民群体和在同一新城的其他社区居民的相互确认上，在这一相互确认过程中，其区分主要来源于不同地区进入的居民，涉及在语言、生活习惯、文化教育程度上的区别所造成的差异认同。

三、"松江新城"发展脉络及其概念的推广

松江新城是中国在城市化、现代化、全球化进程下的产物。"城市化"的要求使农村变成城市；"现代化"则追求个性的彰显以及独特的生活标志及生活形态；"全球化"使西方"发达"国家的城市建筑理念成为各国的参照，随之中国本土到处呈现"世界的缩影"。

上海松江新城的建设在标榜"欧洲化"、"宜居性"、"多元化"的特征下逐步发展，其规划目标即是打造"人与自然的最佳和谐，最适合居住的城市"。在这个过程中，政府规划的力度为新城的更快更好建设提供了合理性的依据，政府的力量日益显著，并通过一系列展示新城美好愿景的宣传广告，以及地区政府对新城公共建筑、绿地、交通等相关生活配套设施的集中建设，对大学校区的引进以及政府行政中心迁入决策的安排等，使得松江新城获得了整体区位价值的较大提升和发展。

（一）"第一批住宅小区"的兴建

对于松江新城"第一批住宅小区"先作一说明。松江新城1996年正式实施启动建设以来，最先在新城规划区域内东南隅，即原先拆迁的农村土地上兴建完整街坊式封闭住宅区，至2000年先后兴建8个独立式封闭小区，共约90万平方米，其中

就包括笔者所调查的这4个小区，当时政府兴建的目的主要是为了安置原先在这片土地上被征用的本地农民，属于拆迁安置中的优惠商品房，即以优惠价格优先考虑被征用土地者买房，按照相关补偿规定，被征用农民可以选择用补偿价款享受此处新建住宅商品房的优惠房价。如调查对象中的G6，在1999年拆迁的时候即按1 800元/平方米的价格购得JC小区的一套137平米的住房。另外，按照当时住宅兴建风格与标准，最先竣工的住宅小区多是由几栋单排的多层或高层楼房组成，以小区级道路为主轴线，此外还兼或有少量联体别墅。这种规划与设计是当时小区规划的样板，并配备一定的绿化及社区设施，包括有停车库、篮球场、网球场、各种健身设施等。小区住宅风格也采纳欧洲建筑风格的房型与外观。这在当时的SJ区，是对建设封闭式住宅小区的一种尝试。

需要指出的是，相较于松江新城后来规划设计的住宅小区，第一批住宅小区在整个新城住宅建设中的住宅质量与住宅层次上有所不如，这也是最初影响入住居民来源的重要因素之一。

由于第一批住宅小区的这一安置房属性，在一定程度上缓解了最先被征用土地居民的住房问题，但最初的问题也在于住宅环境带来的生活不适应与不方便，当时松江新城的整体还在初步建设中，整个新城的景象仅是这几栋被围圈起来的住宅区和刚修筑的马路，城市扩张区域的公共生活配套设施建设远远滞后于第一批住宅的建设。周边整体生活设施的缺乏使得最初新区住房出现迁入居民“真空化”以及买房居民“投资租房化”的特点。

尽管当时的小区开发商在住宅销售的营销策略上做足了文章，包括鼓吹小区房价便宜、屋质量保证、小区公配设施如绿化面积、网球场、游泳池、健身器材等配备完善、安全保证等，但最初吸引居民买房的主要理由还是相对老城区的房价,这里更为便宜。[1]居民对小区的前景仍持有观望的态度。

当时(我们)02年搬进去的时候,(周边)没什么的,交通也不大方便的……刚刚开始有很多人出租的,因为那时候如果不是拆迁的话,自己买房子的人住在这里一点也不方便,就不住进去了,干脆先租掉。(访谈对象G2)

我们小区在这儿年数有点了,00年进来的,已经有六年了,虽然当时这里是松江新城区,(但)因为地方比较偏远,一开始没人买的,太远了,房价虽然便宜些,但是配套设施也没有的。原来人家买了这里的房子,都空在那里,不住的。(这里当时)对人讲起来还是蛮远的,蛮不习惯的,包括我们刚刚搬来,周围房子一幢都没有,一点也不习惯的。(JZ居委会L主任)

(二)"松江新城"概念的推广

"松江新城"概念的推广是一个不断记忆、反复强化的过程,这是地区政府与房产开发商"管理作为"与"营销广告"相交的结果。

1. 政府力量推动下的"松江新城"重点建设阶段

在政府力量的推动下,松江新城的规划建设力度不断加强,其重点建设阶段不仅包括对新城英式特色风貌区的建设,也包括主干道、绿化带、公园、各式中高档商品房住宅与别墅、商业区、大学

① 1998年至2002年间,虽然这里小区的房价不断上升,但上升幅度不大,1998年JZ社区房屋均价在1 500元/平方米左右,2002年均价在2 200元/平方米左右。

城、医院等诸多生活公共设施。

“松江新城”已然突出了与已有 SJ 老城区的差异性，其主要表现在规划与管理上的空间创造性与实验性。与旧城改造不同，新城是在一个偌大的“实验场”上建设起来的，即它是在原有农村集体土地、村落、鱼塘等全部被推倒的基础上竖立起来的。在新城如何规划设计上，地方政府最初邀请法国 S 公司对新城区进行先期 12.2 平方公里的规划，规划提出了道路主干道为同心式结构，城市空间形态呈金字塔型，绿化布局以“十”字绿带的城市骨架系统等设计理念。此外，在大学城、新城住宅等规划设计上则采用了中外各设计公司竞标的方式，征集规划方案，为规划师提供了一定的创造性空间，同时也在一定程度上预热了“松江新城”的出炉。

对地方政府而言，新城建设带来的是与原有农村生活相对的城市生活区域的扩张，地方政府需要扩大街道行政管辖，借助新城尝试新型社区管理模式。如 2006 年在 SJ 区社区建设 12 项推进试点工作中，新城所在街道是其中 10 项试点工作的试点单位（见表 2），从这点可以看出政府对于这个新兴管理区域的重视程度。

此外，也正如 SJ 区社区办的工作人员所说：

> 我们（对于松江新城）的规划，其目的一方面是社区建设，一方面是社区管理……我们的管理主要是体现在这个建设工程中，尤其松江新城现在整个是一块大工地，一个苗圃，都在成长繁衍。所以说在这个过程中，我们通过一些公建配套的建设，一些精神领域的建设，有实有虚的，然后来引导居民朝我们预期的方向去凝聚，去繁荣起来。（2006 年 6 月 2 日区社区办）

表 2:新城所在街道参与的 10 项 SJ 区社区建设推进试点任务

序号	试点任务	主责单位	时间节点
1	完善社区事务受理服务中心服务功能和管理制度	区府办	2006 年 11 月
2	完善社区医疗卫生服务网络建设和服务规范	区卫生局	2006 年 6 月
3	培育发展社区民间组织	区民政局	2006 年 10 月
4	加强居委会建设	区民政局	2006 年 7 月
5	大力推进社工发展	区社区办	2006 年 7 月
6	实施社区网格综合执法管理	区建委	2006 年 11 月
7	优化社区公共服务设施的配置和管理	区规划局	2006 年 10 月
8	建设实有人口信息管理系统	人口办、信息委	2006 年 10 月
9	建立健全社区公共财力投入保障机制	区财政局	2006 年 9 月
10	加强街道办事处规范化建设	区人事局	2006 年 11 月

来源:SJ 区人民政府办公室文件(2006)23 号

可见政府通过把行政中心、机关大楼迁入新城,并加强对新城管理建设上的行政力量投入等方式进一步加强了对“松江新城”概念的推广。

2. 房产开发商提供的“文本效应”

Kevin Romig 在对美国亚里桑那州东部斯科特斯戴尔(Scottsdale)市的封闭式住宅小区进行研究时指出,这一带住宅区的开发商借助一定的“文本力量”(scripting forces),通过充满诱导色彩的广告和杂志等文本,营造一种上层阶级的生活方式。并让人借助这些文本产生“赶上琼斯一家（理想化家庭生活）”（keep up with the Jones）的力量，从而进一步确定自己的身份归属（Kevin Romig，2005：73—81）。

同样，松江新城在定位大型住宅生活社区，为具有一定经济购买力的居民提供中高档住宅生活区的同时，使得房产开发公司以及房屋装潢公司等实现了拥有巨大利润兑现市场的空间，房产商们通过不同居住小区中各式房型的设计、建筑与装潢，并以“新城市、新生活、宜居性”等充满现代居住生活概念的词语打造一种美好的郊区生活图景，以此吸引更多的住户落户新城。在这里，房产商借助广告宣传以及媒体报道这些文本性力量，更多凸显的是“新城”整体的宣传概念，而非单一的各住宅小区的宣传，这使得“新城”作为一个整体居住概念更深入地嵌刻进潜在居住者的脑海中，使得新城在开发前景上给人一种“美好的居住生活想象”：

由松江新城建设发展有限公司负责实施开发的7.36平方公里区域，主要以高品质的低密度住宅为主，它将以原生态的绿化环境和异国建筑风格吸引人们入住，尤其是1平方公里的英式风貌区，将充分展现英国的居住理念和市镇风情，从而向人们展示松江新城的独特魅力。（来源：松江新城建设发展有限公司网站，2005）

新城将建成居住环境优越、中等规模的文化旅游型园林城市。在城市风貌上体现东方神韵与现代规划设计理念的完美结合。（高向东，2003：271）

松江新城将是一座结构严密的城市，直交式的道路网络，中间高四周低的城市辐射形态，体现了现代城市潮流。

松江新城将是一座生态化的绿色城市，人均集中绿化面积为25平方米。

松江新城将是一座校园城市，6所大学坐落于新城内，6万名师生在这里学习生活，使这里散发出浓郁的校园氛围。

松江新城规划目标追求的是：人与自然的最佳和谐、是最适合人居住的城市。（“和谐SJ花园新城”，《新民晚报》2005年6月23日）

合理应用适合客观环境和城市文化改善景观标准；采用行之有效的方式实现环境的可持续管理，旨在环境质量和减少自然资源消耗的环境保护标准；运用敏感并有创意的规划技术来创建长远的、可持续的、适于居住环境的未来规划标准；强调社区文化的公众共营共建的公众参与标准。这四大核心开发理念打造了一个强调人的生理与心理需求的人文生态社区，一个具有国际水准的花园社区。（松江新城某一住宅开发商的社区打造理念的宣传）

这些对“新城”整体的宣传性文本被用来赋予“新城”区别于其他区域的差异性意义，并使得那些生活在这些住宅广告所瞄准的社会结构中的人意识到自己正在“被告知”，甚至在其中辨识出自己的社会身份认同与价值观念。

3. “新城”概念的定位及对“新城人”身份意义的赋予

在政府“新城建设”的合理性规划力量推动下，地方政府相关部门、成立的松江新城建设发展有限公司以及新城规划设计公司、中标的住宅开发商们共同确立了“松江新城”的发展定位，即强调新城住区生态环境的同时，也在住宅设计上意图打造一种国际性、现代性的“欧陆建筑”风格，并以现代生活居住理念给予新城住户“新城人”的身份体验。这一借鉴国外相关“新城”概念意义的定位，且先不论具体的实施效果，在最初的概念宣传上确实达到了一定的影响力作用。

从1996年初至今，经过近10年的发展，“新城区”与“旧城区”作为两个相对应的称呼，已经被广泛确立起来。首先，在地域上，由于沪杭高速公路东西向的分割，清晰界定了双方的界限，在地理概念上凸显了新城。其次，在称呼范围上，政府、开发商、居民已经把“新城”作为一种行政用语、宣传广告语汇或日常生活称谓在广泛使用。在“新城”概念中，“新城”所代表的是宜人的生态、舒适的住宅、干净宽敞的马路、具备较高区位价值的全新居住区域。

综合文本化的“新城”描绘以及政府力量的大力支持，都为推广“松江新城”概念注入了积极因素。目前，就新城整体建设而言已经初具规模：大学城正式启用，相关公配设施在完善，一系列标榜景观、人文、时尚的住宅社区不断涌现，使得整个新城的整体区位价值有所攀升，仅就房产价格而言，作为上海远郊区的SJ区，新城房产的价格目前已经攀升至均价5 000—6 000元/平方米左右。在区位价值与新城整体环境的作用下，第一批兴建的安置住宅商品房在新城这一后进的“光环”照耀下同样获得了价值提升，并为最初迁入这些住宅小区的居民提供了成为“新城人”的身份获得契机。

四、“成为新城人”——JZ社区居民自我新身份认同的获得过程

居民迁入新城后的居住过程，是对于新城的一个动态体验

(experience)过程,这种体验不仅仅是一种个体层面上的感受,也是迁入者整个群体层面对于社会空间重组的一系列反应。见证了新城价值提升的JZ社区居民受到的这一环境变迁影响更甚,这种影响通过居民对新城整体环境的态度变化以及在如何“成为新城人”这一身份获得过程中得以反映。

(一)“新城人”——自我感知性身份认同的形成

作为老城区外崛起的新城,最初居住在新城的JZ社区居民,并没有切实感受到“新旧”之间差异所带来的冲击。虽然在事实层面,他们是第一批入住新城的居民,但这一身份意识并未在最初产生确认,相反还带有一定的排斥行为,包括买房空置或仅限于“卧睡”的功能,主要问题在于周遭生活的不方便与不适应。但随着新城概念的不断推广与加强,有意识介入的“文本效应”无形中发挥了作用,加上新城整体开发完善所带来的整个新城地块的区位价值升值①,JZ社区居民从最初的“边缘化”感受开始逐渐接受迄今整体划入“新城”范围的居民身份,“新城人”这一新身份的自我感知日益强化。在他们眼中,“新城人”是一个崭新的身份概念,其体现的身份符号意义在于让新城中的居民均感受到宽敞与整洁的环境、住宅群的档次以及个体身份价值随着住区价值提升而提升的心理。

现今此类“我们这里是新城区中的老城区”、“我们是最早搬到新城的”、“我们是属于新城的”的话语表达不断彰显着作为“新城

---

① 由于目前新城整个整体规划已经初具规模,相应配套设施与基层管理进入新城,包括交通轨道等重要通勤设施的配套,这里的房价至2006年已经升至5 000—6 000元/平方米均价。

人”身份的自我感知性认同。

而这种心理认同变化的过程可以通过现今居民以及基层管理者的记忆叙述(narritive)加以表征：

老早买房子到这里的时候，这里就是属于新城区了，不过当时新城区都还没有成形，那边一片都还是空的。(访谈对象G6)

(现在)这里的环境好。你想，大部分的人都是朝这儿搬，上海人都朝这儿搬，不是从去年开始，这里的房价就开始高了嘛。上海(市区)那么大的市面，像我们住那儿也一年多了，不如这里干净，没有这里好。(访谈对象G12)

当初选择新城区，一方面刚刚讲的，这里房价比较便宜，还有一方面，这里的房子结构比较合理，还有一点呢，我看到了我们SJ将来发展的趋势是在这个新城区……我们这里房价现在已经升的蛮高了。蛮好的，总的讲起来还可以的。(访谈对象G14)

现在(我们小区)这里的(二手房)房价已经达到5 000多元(/平方米)，主要是你看我们这里地段好吧，轻轨就要开通了，还有后面的一个公园。跟当初情况不好比的，现在越来越好了。(MF居委会W主任)

我们JC小区是整个新城区中第一个开出来的小区，现在新城区是越弄越好，范围越来越大了，我们是新城区中第一

个小区,也就是说新城区中的老区,最早是1998年搬进来的。(JC居委会Z主任)

新城区当时因为地方比较偏远,房价比较便宜,一开始没人买的,太远了,房价虽然便宜些,但是配套设施也没有的,现在这里发展发展倒是蛮好的,生活设施都跟上去了,长期来看,肯定是好的。所以这里入住率也开始高了,原来人家买了这里的房子,都空在那里,不住的。现在这里百分之百都住人了。(JZ居委会L主任)

JZ社区居民对这一新身份的集体确认伴生于对整个新城区住区环境的认同过程。作为一项集体记忆和事实认同,居民对新环境的感受在心理层面经历了一个变化过程,并与自身迁入时的状况相关联。由于JZ社区居民在最初迁入第一批住宅小区中时很多都带有被动安置及限于低廉房价的因素迁入,在对住区身份认同上存在一定的缺失。而现今,随着新城周遭生活住宅环境的改善以及在整个新城获得向上发展的区位升值空间影响下,居民对地理区域范围内被赋予的"新城人"身份产生了价值认同。由此,新城发展的前景与整个区位价值的提升带来的是这一批居民居住于此的利益价值与区位认同。"区位升值"对于现今城市化的中国,与个人家庭的利益关系显得更为紧密,这在很大程度上影响着这一批居民的日常生活及行为方式。

(二)"成为新城人"——身份同一性获得过程中行为实践的类型化

对于"新城人"这一身份确认的标签不仅仅体现在自我感知性

的认同上，对这一身份认同的进一步型塑，即“成为新城人”这一身份获得的过程主要体现在居民的日常行为实践层面。在这一群体行为实践层面，能够更为清晰地判断这一“成为新城人”的认同同一性过程是否真正得以实现。

在访谈调查以及参与观察的基础上，通过对JZ社区居民代表性个案访谈获得的“新城人”身份同一性行为实践的类型划分，可以发现居民在一系列行为、话语、策略选择实践中，对于这一身份意义获得所采取的差异性认同方式及其对应的行为选择。

1. 身份认同获得上的“非期待”及其实用性行为倾向

这类居民在选择新城第一批住宅时，并未对“新城”所带来的“新城人”这一身份有所期许，尽管由于后来“新城”概念的强化也带给他们对于新身份的自我感知性认同，但只是一种“锦上添花式”的名义效应，对于“新城人”概念标示的具有较高消费方式、较高生活品位、较高个人素质的意义赋予不置可否，采取的是无所谓的态度，而是更多侧重生活环境实用性的行为倾向，他们在生活居住理念上主要满足的是家庭日常住房需求的生活消费与通勤要求，即“油盐酱米醋菜”等的来源，以及出行上下班的道路和公共交通工具的需求。因而对于住宅配套的菜市场、小商铺、大卖场、地段医院、公交路线等的设施建设有一定的实际性需求。

> (我们小区)这里(过去)就是菜场，一般买菜都是到这里买的。(访谈对象G1)

> 我们当时的小区配套都不怎么样，现在新建的小区都比较完善。因为现在出行的人多了，而且附近的大卖场也多了，

15—20分钟就可以到(大卖场)了。(访谈对象G2)

在这里(买东西)还可以,现在交通也方便了。(访谈对象G6)

2. 身份认同获得上的"理想化偏差"及其行为实践力量的缺失

相比较前一类型的居民,另一类居民在"新城人"身份认同上的期许值较高,对于"新城人"这一身份具备显要性的认同,但实际的小区生活、自我身份地位判定与赋予的理想化状态有所偏差,使得对新身份的非适应性加剧,呈现出模糊性、不确定性和内心自我矛盾性,主要体现在对于自身身份地位的不安与无奈的心态。

刚开始呐,我跟你讲,像我们是农村里上来的,觉得嘛,已经可以了,蛮好蛮好。但是时间一长嘛,时代不同了,这个跟上去的节奏就不同了,差别就觉得有了,就不一样了。当时看上去觉得还可以的,作为一个农村的,买了房子,这里还可以的。时间一长了,时代跟上去了,就不一样了,对哦?(访谈对象G6)

我们买房子过来,就是看中小区里的两个凳子,还有小区里的健身器,当时蛮好的。好了,现在你要搞这个东西嘛,两个游泳池没了。(指东面)现在没有了,都拆掉了,盖了家宾馆。这个房子有合同的。我们当时买房子的时候有合同的,有游泳池、有车库、有网球场,现在嘛,都没有了。(访谈对象G7)

> 人家原来车库现在都变成仓库了，租给人家就变成仓库了，你看。车子不好停，都被刮坏了，这个水泥你看灰(多)哇，全是个灰。没有人管的。人家看看，走过来看看，都没有人管的。(访谈对象 G9)

这一心态通过外在的行为实践表现出来，则是因受到自我心理消极暗示的影响而产生的群体行动力量的缺失，对于上述提到的对开发商随意改变小区规划设施的抗议，其中包括改造小区游泳池为宾馆、门前的棕树挡光、绿地椅子缺失和车库的变相用途造成小区环境不好和小区车子停放等问题，这类居民均缺乏实际的行动力，无法有效解决这些实际生活中遇到的问题。他们在获得这一身份同一性的行为实践努力方面并不具有特殊的符号意义，而是显得分散且被动。

3. 身份认同获得上的“自我标榜”及其积极的行为实践

这一类型居民所表现出的身份认同获得是一种积极追求和仿同“新城人”这一特定身份群体的行为方式的过程，一方面，在接纳新的文化阶层特质的同时也在有机地组合和提炼着“新城人”的生活风格、言谈举止、娱乐休闲方式以及消费方式等，并在参照其他新城居民在生活样本中累积的生活经验，加以自我标榜化。如对邻里破坏小区公共绿地行为的不屑，对社区街道公共文化活动的热衷参与，对小区公共安全的重视、增加一定的室外休闲娱乐活动等方面。其中具体来说：

(1) 对小区的安全性要求

对小区封闭性管理的要求，体现了居民对于小区安全性的重视，依赖和信任物业管理中的小区门卫以及基层管理中的安全监控设置是他们主要的方式渠道。这一要求也在一定程度上形成了小区与外界的区隔。

我觉得小区陌生人进来(门卫)肯定不拦的,拦不住的,你又不知道这些人是不是小区的。只不过以前摩托车进进出出会给一块牌子,不过就只有一个阶段,后来就没了。这样进去给一块牌子就证明这个摩托车不是偷来的,这个蛮好的,蛮安全的。就是只持续了一段时间,大概只有两个月左右。现在只有大车子有。所以说,现在小区大了,有时候弄弄就会乱了。不过怎么说呢,现在总体还算好,一栋楼的防盗门上也贴着"随手关门"。防盗门关好,别人就进不来。(访谈对象 G1)

这个小区总的来讲还可以的,像现在保安管的也比老早好了,现在像那些收旧货的进来,不好进来,需要小区居民带进来,比如我家的旧电视机要卖掉,我要把他带进来,而且我卖了之后,还要跟他一起出去在门口签个字,两个保安对我说,哎哟,这样麻烦你们了。我说这不麻烦的,是应该要做的,这种管理对我们只有好,只有好。这里小区也发生过有偷窃的,今年没有,去年有的,去年靠那边,因为靠围墙,从那边(围墙)爬进来,楼上 4 楼、5 楼、6 楼六家人家全部被偷,蛮危险的。这里靠北门那边,前年也被偷掉,都是(发生在)楼上的。今年装了这个探测器,老早是没有的,今年有了,所以小区应该讲基本上是还可以的。(访谈对象 G3)

(2) 公共文化活动的积极参与——居委会参与"新城人"身份的型塑

由于 JZ 社区隶属于方松街道,其中的四个小区分属于三个居委会，因为地域联结及“社工站”的建立，统称为 JZ 社区[1]。在部分征地农民的身份转变与融入问题上，居委会试图通过一系列“新生活运动”的策略安排，来参与建构其新城区居民的身份型塑和认同，按照 MF 居委会 W 主任的话说“让他们(走)出来丰富丰富生活”。借助居委会委员等各方资源关系，劝说、引导那些有一定余暇的居民参与小区组织的各项文体活动，其中包括意欲通过吸纳中老年人参与广场舞蹈团队，进一步提升他们的文化素质。

> 所以说，小区很多活动，需要居委会去创造条件，还有各方面进行宣传，尤其像以前那些老的，50 几岁的中年人，从乡下来的，以前跳舞根本跳不来，腰也直硬硬的，现在都跳得来啦，什么二步、三步、四步，都会跳。而且我跟她们说，“你们现在这样是越跳越年轻”。她们也都会问我：“阿姨，我跳得好吗?”我说：“很好，很好，现在越跳越年轻。”所以我说，她们跳一个交谊舞也很不容易，大家比较开心。(MF 居委会 W 主任)

在这里，居委会作为基层自治组织的主体，在街道社区管理的指导思想下，从居住的生活层面来关注社区的和谐与融合，从而达到社区成员生活稳定性的状态。而被其视为经济、文化弱势的征

---

① 1986 年初国家民政部率先提出了开展城市社区服务工作的新任务，第一次把“社区”概念引进新中国政府的实际工作中，从而拉开了当代中国社区建设的序幕(朱孔芳，2003：13)。上海作为社区建设的试点模式之一，政府为此作出的适应性行动促使与居委会有关的整个组织体制发生了很大变化，它首先表现为“两级政府，三级管理”的提出及街道办事处一级“准政府”职能的强化(马卫红等，2000：14)。在“两级政府，三级管理”以及之后新增加提出的“四级网络”的社区管理新体制下，作为基层自治组织的居委会在一定程度上扮演了政府与居民的“中间人”角色，并在社区文化、生活、政治等层面参与社区建设与管理。

地农民则是意欲“改变”的首要对象，无论在行为要求以及文明化程度上，均希望从改变原有生活习惯、提升文化需求及素质入手体现现代小区居民的精神面貌，这也是实现文明小区的一个主要软性指标。而这一运动本身也直接或间接导致了大部分征地农民自身首先对于“居民”身份获得的努力。

（3）室外休闲娱乐活动

对于这类积极仿求“新城人”身份群体行为方式的居民，以家庭为单位的室外休闲娱乐活动成了一种积极的实践渠道，其表现形式有双休日外出旅游、在新城大型公共绿地和公园里游玩散步放风筝等。

> 现在周末一家人一般出去放风筝呀什么的，在小区，或者中央绿化带，就是新城区那个中央公园，还有就是出门休闲娱乐，第一就是大卖场购物，接下来就是到公园逛逛。（访谈对象 G1）

另一方面，蕴涵在这类居民身上原有的阶层属性以及生活方式，仍然在影响着他们的身份获得过程。尤其对于征地农民来说，这一身份转变的跨度较大，在向“新城人”身份转变的过程中，首先是农民向城镇居民的身份角色转变，但由于他们在第一批同时入住 JZ 社区的居民群体中占据了多数优势，原先村庄地域共同体的打破并没有造成整个群体的离散，作为共同选择住房安置的策略的结果，JZ 社区的这部分居民仍是以原先村落中的血缘或地缘群体为纽带生活，从小区中该群体外的居民来看，他们之间的关系纽带仍然十分紧密。

> 大多数都是拆迁的，农村过来的，他们很多都是亲戚，有的是亲戚，有的是从一个村庄里来的，所以他们很熟悉的。什么姐妹两家人家，还有娘跟女儿呀，他们都是这样的。像我们居委的W书记住在此地，她娘就跟她住在门对门，你看都是这样的。（访谈对象G3）

这一带有集中性的居住特征，使得这部分居民在自我身份转变和重新适应新身份的过程中，体现了对其双重身份认同的选择，他们既存有原先村落共同体的身份记忆与群体意识，又在新生活安排下建构自己的新身份意识，这两者既有融合、障碍，也有妥协与冲突，这在一定程度上会削弱这些征地农民本身的居民身份认同。

（三）自我身份认同获得过程与认同障碍的主要影响因素分析

1. 显要性身份认同中的心理优势

乔纳森·H·特纳在其《社会学理论的结构》中指出"个体在互动中的角色身份认同有多种选择，这些选择就如同一个菜单，由主人排出了一个显要性序列。这种排序取决于多种因素，其中之一是个体在认同的角色的执行中所获得的报酬。这种报酬可能是精神的报酬，也可能是物质的报酬，还可能是角色支持的报酬。个体在互动中越多地对某一认同给以责任担当(commitment)，就越可能从这种责任承担中获得自尊，这一认同就越可能在序列中居于较高的位置。层级较高的认同对个体的行为具有较大的支配能力。"(乔纳森·H·特纳，2006)

在"成为新城人"这一身份获得过程中，这种"显要性认同"的心理优势发挥着一定的行为指导作用，如对于最初从农民身份转为居民身份进入社区生活的征地农民来说，其改变的不仅仅是居住空间模式，更是对居民身份的重新建构，建构新身份的目的是在与已有农民身份区辨的基础上，逐渐适应新身份带来的生活方式，从而实现生活重构。而他们对这种被赋予的具备“向上流动”性质的身份，则具有显要性的认同，这种“向上流动”的身份意识虽然在物质生活层面仍显不足，但却获得了极为重要的自我心理优势，也即特纳所说的“精神报酬”，并在一定程度上影响着他们的行动和要求。

2. 居民住宅身份阶层的自我类化

既有的社会分层研究①中，在具体考量社会分层的主要因素时，住宅作为社会分层的一个重要因素并没有得到相应的重视，社会分层往往只注重把个人或家庭的经济收入、权力及声望等作为主要因素，而忽略了受到城市规划、住宅分配制度、公共资源配置系统等限制的住宅要素（陈映芳，2007：23）。忽略住宅因素的原因

① 在已有社会分层研究中，社会学者们试图从多个角度划分社会阶层结构，并按照一定的客观因素如权力、收入、职业、声望、消费水平以及生活方式等划分阶层类别。尤其在中国，由于社会结构转型带来的社会异质化以及社会群体间的明显分化使得社会分层研究受到颇多关注，影响比较大的有中国社会科学院社会学所“当代中国社会结构变迁研究”课题组以职业分类为基础，以组织资源、经济资源和文化资源的占有状况为标准来划分的社会阶层，以此为依据将中国社会划分为十大社会阶层：国家与社会管理者阶层、经理人员阶层、私营企业主阶层、专业技术人员阶层、办事人员阶层、个体工商户阶层、商业服务业员工阶层、产业工人阶层、农业劳动者阶层和城市无业、失业和半失业阶层（陆学艺，2002：8）。此外，除了研究客观地位分层状况之外，群体主观地位认同也是社会学研究中的一个重要命题，即“阶层意识”与“阶层认同”，也就是说，社会成员根据某项标准对自己的阶层归属作出主观认定，把自己归属于社会分层体系中的某一层（卢福营、张兆曙，2006：38）。在本章中，笔者主要探讨松江新城第一批入住居民按照住宅归属标准自我类别化为“工薪阶层”的过程及其相关特点。

主要是认为在现今消费社会，住房作为一种商品，是与个人的经济收入相对应，住房选择仅仅作为经济收入、社会地位衍生的结果而言。但实际上，住宅与阶层的关系并不止于此。

中国1949年之后的住房福利分配时代，是与单位制、身份制联系在一起的，许多学者对影响这个时代城市居民社会分层的主要变量因素作了研究，认为主要他变量(dependent variables)有职业、单位类型(具体分为：政府机关、事业单位、国营企业、集体企业、村民或社员，这涉及到知青)、政治身份(党员)，而自变量(independent variables)有人力资本、政治资本、历史时期，另外控制性变量包括性别、地方、年龄等。但也有学者提出这其中忽略了住宅条件及其空间结构的要素，尤其在考察社会主义时期棚户区居民的社会分层情况时发现，不仅职业、单位的类型不足以说明棚户区居民的社会地位，同时政治流动渠道的作用也有失效的一面——政治上的翻身，包括工人阶级政治地位的提升以及工人家庭出身在政治竞争中的优势地位，并没有真正改变他们的社会地位。因此，引入“住宅阶层”分析视角有助于我们认识社会主义城市中社会各阶层政治地位、经济地位、社会地位之间错综复杂的关系(陈映芳，2007：16—17)。

由于20世纪80年代我国城市土地有偿使用制度和90年代住房商品化制度的实践，放开了房地产开发企业和居民两方面的手脚，使住房市场真正开始步入市场经济的轨道，住宅建设和购买的自由度放大了，开始受到市场经济杠杆驱动(曹嵘，2003：5)。

在住房商品化时代，住宅选择与阶层的关系体现在三个方面：

第一，住宅—财富—阶层，住宅选择体现了一定的经济购买力。英国新城市社会学的代表人物雷克斯在对于“住宅阶级”的研究中指出，收入不同者有的自己购买豪华住宅，有的则居住在政府提供的廉价住宅中。整个城市中,分为住宅阶级与无住宅阶级,住宅质量高低不同,价格不等。住宅选择导致了一定的住区分异,其本质上是一个阶层分化现象①。而从消费社会学视角来看,人们的居住空间是具有社会内容的。判断阶层归属的一个重要标志则是居住空间的区位。居住空间因为社会阶层的分化而产生了空间分隔。在消费生活中,阶层差别体现最明显的就是在住宅方面。高收入阶层能够获得高标准的住宅,低收入阶层只能满足于低标准的住宅。正是在这种差别中,不同阶层的人们获得的住宅被集中在一起,形成了住宅区(刘精明、李路路,2005:54—55)。

第二,住宅—权力—阶层,住宅选择也受到城市政府权力结构的制约,体现在城市整体规划中,地区政府提高开发门槛,打造城市中心 CBD 和郊区大型生活住宅区的结果是进一步型塑了住宅阶层。雷克斯指出,城市中质量等级不同住宅的获取,不仅仅是由经济因素决定的,也是一个由市场机制和科层制共同运作的过程(郑杭生、李路路,2005)。政府、私人资本对住宅的投资,使住宅兴起,由于对不同住宅的拥有,使不同住宅阶层形成。

第三,住宅—认同—阶层,住宅阶层认同同样影响住宅的选择,人们倾向于选择具有相同社会特征的社区居住。"贫民区飞出金凤凰"体现了住宅阶层的向上流动,也是阶层认同变化的结果。此外对于住宅小区人文环境、邻里生活方式及话语与行动表达意义的认同,也逐步形成了阶层的自我类化。

① 正如西方现代消费社会下的住宅选择,一般情况而言,以一定经济收入为标准的个人或家庭居住在一起时就会产生以阶层为基础的地块,住宅产生隔离的因素已经不再限于肤色或种族,而是以阶层为标准,每一个社区(尤其是封闭式住宅小区)的界定十分明显,而其中主要参照的标准是能够承受房价的经济购买力(Kevin Romig,2005:76)。

李春玲于1995年和2000年在全国各地进行了160多个个案访谈，其结果显示："生活于社会中的大多数人都会有自己的社会分层或社会区分观念，它得自于他们自身的生活体验，得自于对周围世界的观察分析。这些社会区分观念反映出每个人对于社会结构、社会秩序的想象和理解，基于这些理解与想象，他们给自己（和他人）在结构中定位。与社会区分相关的一系列的想象会发展成为对社会结构的一套系统的阐释，它与实际存在着的社会结构是高度关联的，并在一定程度上反映出了社会结构的基本形态和机制。"（卢福营、张兆曙，2006：39）

从居民住宅身份阶层的维度考量，JZ社区中的大部分居民包括社区居委会工作人员在其表述中（基于松江新城"社区属地化"安排，社区居委会工作人员同样也属于所在小区）"工薪阶层"①这一语汇出现的频率很高，他们把个人或家庭归属于这一阶层，并自

① 柯尔曼和雷恩沃特（Coleman & Rainwater，1982）在研究美国社会阶层划分时，划分了七个层级，包括（1）上上阶层（占总人口的0.3%）；（2）下上阶层（占总人口的1.2%）；（3）中上阶层（占总人口的12.5%）；（4）中产阶层（占总人口的32%）；（5）工薪阶层（占总人口的38%）；（6）下层（占总人口的9%）；（7）最底层（占总人口的7%）。其中"工薪阶层"对应的是"working class"，也即位于白领中产阶层之下的蓝领工人，他们在收入、教育背景以及职业工种上都体现了蓝领工人的生活方式（Richard. P. Coleman，1983：267）。而在中国，区别于既有学者对中国社会的阶层划分类别，"工薪阶层"或"工薪族"其实更多反映的是一个大众日常用语。由于其概念界定并不明晰，因此欠缺解释力、颇显随意性，一些学术机构或政府机关从各自研究、统计的角度来界定其内涵，如2002年9月华中科技大学社会调查中心"武汉市工薪阶层住房消费意向"课题组的调查中，对于"工薪阶层"的界定主要以收入来划分，只要满足个人月收入低于3 000元或家庭人均月收入不超过2 500元的均属工薪阶层（肖洁，2003：90）。而国家税务总局从个人所得税角度把工薪阶层的内涵进一步扩大，认为工薪阶层，是指取得工资、薪金所得的人群。随着中国收入分配制度改革不断深化，大锅饭早已被打破，工资收入有高有低，甚至差距悬殊，目前年工资收入几十万甚至百万已不少见，将工薪收入者一概视为低收入阶层的看法，是与实际情况不符的。从这些概念分析，不难看出，对于工薪阶层的一个主要考量指标实际是工资收入。

然而然以住宅小区为载体，把两者对等起来。

> 虽说新城区是比较新的，像我们小区属于新城区中的老城区，各方面的生活设施等方面不像其他新建小区特别完善，我们小区……讲起来……都是工薪阶层……(JC 居委会 Z 主任)

> 所以我当时也是“额头碰上天花板”(撞到好运)，否则现在(买)的话，当时的这点钞票怎么好买房子，肯定买不起，一方面没有这么多钞票，我们工薪阶层，没这么多钞票……(访谈对象 G14)

在 JZ 社区居民群体自我阶层认定中，“工薪阶层”是自我类别化的一个显著特征。

社会认同理论中，特纳(Turner，1985)进一步提出了自我类化理论(self-categorization theory)，他认为人们在将他人分类时会自动地区分内群体和外群体，并将自我也纳入这一类别中，用符合内群体的特征赋予自我，这是一个自我定型的过程(张莹瑞、佐斌，2006：476)。这种由群体定位的自我知觉在社会行为中就会产生心理区辨效应(psychological distinctive effects)(杨宜音，2005：241)。

JZ 社区居民这一自我类别化为“工薪阶层”的主观住宅阶层认同，是基于自身客观经济背景而言，根据 JZ 社区各居委会主任提供的口述资料，JZ 社区第一批居民的职业类型主要是附近工厂职工(约占 55％)、服务业服务人员、中小学教师以及少量的医生、公务员等。从职业收入这一客观因素来判断，该社区的整体住宅阶层地位不高，这与居民自身的阶层认同有着一致性的地方。

而这一“工薪阶层”的自我类别化判断在很大程度上成了影响

居民真正获得“新城人”这一身份认同的主要限制性因素。

在特定的社会情境下，群体对于被赋予或主动获取的一种新身份的认同是一个过程[①]，并通过辅以一定的行为实践表现出来，其结果既可能为认同确定也可能出现认同障碍。对于未预期的“新城人”身份认同，JZ社区居民表现出的是一种基于自我身份确定上的认同感，但基于居民自身住宅阶层的类别化判断，在很大程度上成了影响其真正获得“新城人”这一身份认同的主要限制性因素。

五、“新城人”自我身份认同与他者身份确认间的非重合性

在社会认同理论中，社会身份认同是行动者自己确认，并为他人确认为具体群体成员的现实和过程，其中包涵两方面的内容，一是自我的身份确认，二是通过获得他人的身份确认来进一步加以确定。

对“新城人”这一身份认同型塑的过程中，一方面，JZ社区内群体间原有身份认同的差异一定程度上被强化，小区中群体的异质性较为明显，这种身份上的差异性主要根据居民来源的层次角度，小区居民自我划分为拆迁安置过来的居民、市区过来的居民、老城区来的居民以及外来者，这一主要群体划分背后征显了由于地域关系导致的身份差异认同，从小区中居民的口头称呼和叙述不断被强化，并影响着群体间对“新城人”身份的整体认同。另一方面，新城后来建设的住宅小区中的居民，对于JZ社区这一群体“新城人”的身份确认存在一定的身份区隔感，同样表现在对其身

① 中国台湾学者孟樊在《后现代的认同政治》一书中认为从后现代来看，identity本身已经变得具有不确定、多样且流动的特性（李素华，2005：201）。

份来源所带来的生活方式的非确定性。

(一)JZ社区内群体间的身份差异性认同

1. 自我区分的JZ社区居民群体来源

很多西方学者在研究有关社区多样性问题时,通常从文化、种族层面入手,包括研究外来移民在新社区中的融合等问题(Ellen C. Berrey, 2005; Xavier de Souza Briggs, 2004; Rick Grannis, 2005),这些研究均需借助对居民原有身份的考查以及对其原先居住的地域文化的了解,旨在发现既有身份记忆以及原先区域生活如何影响新生活的重构。

作为松江新城第一批住宅小区的入住居民,现今JZ社区居民的主要居住群体有被征用土地的本地农民、从旧城区购房迁入的本地居民以及从市区、外省市迁入的居民,其中也包括部分租房者。而被征用土地的本地农民在小区中占了一定比例(见表3)。

表3 JZ社区征地拆迁农民所占比例(至2006年10月)

小区名	征地拆迁农民所占比例(%)	所属居委会	小区名	征地拆迁农民所占比例(%)	所属居委会
JC小区	30	JC居委会	JZ公寓	30	JZ居委会
MF公寓	40	MF居委会	Z苑	/	

这种按地域来源划分的居民群体,还存在类似自我群体区分的现象,通过语言上的称呼我们可以还原小区中群体"混居型"的来源:

"拆迁的人家"——指第一批征地拆迁安置的农民

“市区里来的”——指通过购买商品房进入的市区居民

“SJ 老城区的”——指通过购买商品房进入的 SJ 区老城区居民

“外地人”——指在这里租房或买房的外省市居民

“租房子的人/外地人”——统指小区租房的居民，特指租房的外省市人

在对一些居民的访谈过程中，不时会出现上述的称呼，有些是对自我身份的描述，有些是对他者的称呼，既存在身份重叠，也存在概念边界上的模糊。但正是从这些称呼叙述的话语系统中，可以发现居民之间所产生的身份认同差异以及原有区域生活在其他居民心里的刻板印象。

2. 身份差异性认同导致的非重合性

居民群体的自我划分一定程度上是群体身份归属的反映。社会认同理论中，对于群体间认同问题的探讨主要集中在区分内群体(inner group)偏好与外群体(outer group)偏见的研究上，认为个体通过社会分类，对自己的群体产生认同，并产生内群体偏好和外群体偏见。个体通过实现或维持积极的社会认同(social identity)来提高自尊，而积极的自尊来源于在内群体与相关的外群体的有利比较上(张莹瑞、佐斌，2006：476)。在 JZ 社区，这种群体间的分类主要是根据居民地域来源的不同而产生的，尽管这种分类不是唯一，但在 JZ 社区，这一划分恰恰解释了人们对于“新城人”这一身份的自我认同与他者确定间的非重合性，其主要表征为：

(1) 拆迁的人家＝扎堆、层次不高

尽管拆迁农民自我的居民认同比较强烈，这一方面与其身份转变的向上流动预期实现有关；另一方面也与在小区中形成的群

体规模相关。但对于拆迁群体外的小区居民，这一群体却被贴上了素质不高、生活习惯落伍的标签，这表现在对小区绿化环境的随意性破坏、喜欢在小区公共空间扎堆、在小区捡拾垃圾等行为的不满，以及对拆迁农村干部以权谋私的指责等方面。

我们这里拆迁的比较多，可能居民的层次也不大高，破坏绿化的情况比较严重的。（访谈对象G2）

（指拿着凉椅坐在小区公共空间的一群中老年妇女）你看，这里门口，一堆堆的，都是认识的，以前都是一起的（拆迁过来的农民），她们都在外面乘风凉，结结绒线。这里大概百润发（一个大型超市名字）那边拿到这里来加工的，结围巾呀，勾什么东西呀。

现在小区里有好几个老头老太，捡垃圾的，你垃圾袋丢在门口，他们把垃圾袋解开，他们家就住在这里面的，都是老早拆迁过来的，每天把垃圾袋解开，里面的纸头盒子、塑料瓶拿掉，垃圾你放好的，他给你哐啷全都倒出来，这里小区野猫交关，结果弄得这里（卫生）不是很好。我已经到物业那里提过意见了，但是物业对我说，我们也没办法。人的素质就是这样子，你说乱吗？喏，这里有一个老头子，他们讲给我听，说他们家条件很好的，原来拆迁到这里的，他这里有两套房子，一套房子租给人家，他就跟女儿住在一起，这里的房子最起码是两室一厅咯，他每天还要出来捡垃圾，这里像这样的人交关，把人家的塑料袋解开来，还有跑出去捡的，有几个跑出去捡的……他们这些人很厉害的，早上4点多钟就出去了，到外面去，什么广场咯，公园咯，兜一圈，塑料袋，等他们回来，大概6点钟左右，反正这种黑的蛇皮袋，两三袋背回来哦。你看多厉害，一角钱一个瓶卖卖嘛，也不少了，呵呵。他们白天呆在里面，晚上还要出去捡。这里有几个捡的挺厉害的。哎，好赚个1 000多块，你想想看。你叫我们去捡，我们不肯的呀。钞票少点就少点了。

这里两家人家算别墅，这是我们小区的唯一两幢别墅，哎，这里买别墅的人都是暴发户，都是当初农村里的干部咯，他们当时农村弄这个拆迁嘛，当时钞票肯定捞的不少。①（访谈对象G3）

与此相关的还有居委会对征地农民的矛盾态度，虽然居委会乐于看到征地农民改变身份、融入小区、开始居民生活的状况，并承认其对于居住生活方面的抗议与投诉是征地农民角色意识转变后的“维权”。但从社区稳定层面，却反感此类事件的发生，认为这是不安定因素的存在，使居委会的工作很难开展。

---

① 小区居民对征地拆迁中干部的这种行为猜测与指责，从另一个侧面也印证了“权力维续论”的观点。“权力维续论”是西方学者在关注社会主义国家的收入分配机制变化问题上提出的一个观点。由于在市场体制与再分配体制这两种社会体制下住房分配的内在逻辑有所不同（市场体制下，住房是商品，住房分配本质上是一个阶层分化现象，收入、职业和其他一些阶层变量决定着人们的住房产权、面积大小和居住质量；再分配体制下，住房则主要被视为一项福利，而住房不平等，仅存在于占人口大部分的一般群众和少数的“再分配精英”之间），因而“权力维续论”认为，渐进的中国市场改革，导致再分配和市场两种机制并存，以及经济和政治体制的双重变迁。所以，在人力资本和企业家回报上升的同时，权力的作用仍然维持和继续着（Bian & Logan, 1996；Parish & Michelson, 1996；Gerber & Hout, 1998；Zhou, 2000；Bian & Zhang, 2002）。通过边燕杰、刘勇利利用中国“五普”数据对中国社会分层、住房产权与居住质量的分析，也得出了支持“权力维续”观点的结论：事实上，中国渐进改革的本质是，专业精英在市场体制中得到利益的同时，管理精英在再分配体制和市场体制中继续和更多地得到利益的满足。在中国经济改革的成功背后，社会分层的再分配机制得到延续，而市场化机制也同时并行地增长着（边燕杰、刘勇利，2005）。

> 总的讲起来，随着角色的提高，一般老百姓的各种要求也提高了，很多乡下人，说起来，对我们各方面的要求也高起来了，（他们）意识也强起来了，稍微有一点点（事情），很多人就跑来反映了，比方100号有一家人家养的鸟把它们放在窗台外面，很多人就跑来反映了，说“你放在外面，你门窗一关听不出，对过隔壁邻居听的出”。就是说“扰民”嘛，反正一有事情就有这个意识跑来反映，“这个你们居委会解决吗，你们居委会不解决还做什么事情？”……反正一点点事情就反映，有时候我们居委会能够帮他解决的，但是有时候有些人作为一种告状似的，告到街道，告到区里去是常有的事情。黑板昨天刚刚出来，这边思贤广场礼拜五排舞，礼拜六嘛，交谊舞。早上电话又来了，做啥，“你们高考中考，上头的通知看见了没有？在夜里是扰民。”其实这个广场离小区很远的，不搭界的。但是他就这样，一直要这个。（JZ居委会L主任）

由此可见，JZ社区中三个小区的征地拆迁农民，在自我身份转变和重新适应新身份的过程中，体现了其双重身份认同的选择，他们既存有原先村落共同体的身份记忆与群体意识，又在新生活安排下建构自己的新身份意识，这两者既有融合、障碍，也有妥协与冲突；而对拆迁安置农民在共同居住小区生活的批判与不满导致了群体间无法确认情绪的滋生，与想象中邻居角色的不符造成了一定的认同差异。

(2) 外来人＝不交流、语言障碍

对于另一个流动性较强的群体——外来人，在小区中的身份认同获得则显得更为困难，由于许多是短暂的租房客，本身缺乏对小区的归属感，对于“新城人”的身份认同也抱着“无所谓”的心态，因而外来人群体本身在社区中处于普遍沉默和“失语”的状态，且与小区其他居民之间表现出的是一种相互隔膜与冷淡，其中就有包括语言障碍的因素。

> 最主要是外面进来租房子的人比较多。（我们）跟外地人不交流的。我那栋楼里，我住在六楼，下面的一些人把房子借出去了，我不跟他们睬的，不跟他们讲话的。本身就不认识的。（访谈对象 G1）

> 我们那个……他们（指隔壁邻居）说话我也不懂，我来这里来了两年多，平时我也不跟他们说话，他们说话我不懂。（访谈对象 G11）

(3) 迁出的人＝向上流动的实现

在 JZ 社区，第一批入住居民已有七、八年的生活经历。在这期间，存在小区居民的流入与迁出，一些居民开始逐步搬离小区。其中或有家庭生活居住周期的需求；或有试图通过改变居住小区档次进一步提升自我身份地位等的因素。但在留居 JZ 社区的原有居民的印象中，这些搬走的人都属于后者，即属于实现向上流动的有钱人。

> 这里搬出搬进的多的，因为现在逐步逐步有些人家条件好了，买了其他好的楼，所以这里的房子就退掉了，卖出买进的人很多，所以外地人进来的也很多。（MF 居委会 W 主任）

> 他们（指原先搬走的人家）现在多少有钞票呀，对哦？买

别墅去了，几家人家都去买别墅了。现在这里搬出搬进的人老多的。条件好点的都出去买别墅去了。这里算是新城区的老地方了，老了。（访谈对象 G6）

卖出去的很多的，有些房子都卖了几卖了。有钞票的人都搬出去了，没办法的只能呆在这里。有些卖出去，买大的，这里小的卖掉。还有买在这里的，赚了钱觉得不好的，又卖掉了。所以说，这样搅来搅去，这些人弄也弄不清楚。（访谈对象G8）

购买更新更好的小区住宅是 JZ 社区居民对小区居民搬离行为的肯定性解释，在居住空间流动上，他们认为对于那些搬走的居民来说，当赚到足够的钱或有足够的存款时，目前的小区已经不能满足居住需求，要提升自身的地位，一定会进一步购买更高档次的住宅，以便脱离目前的身份，向更加同质性的地方靠拢。购买“更高级的住宅”体现了一种身份上的区隔行为，它是在社会层面向更高层级的一种位移。

法国城市社会学家 Patrich Simon（1992）曾经通过对一个名叫 Belleville 的巴黎社区的调查，指出在社区被划分成不同种族团体的情况下，如何在各种社交形式（贸易往来、衣着外形、占用公共空间等）中证实感性差异的加深[①]。就社区生活层面而言，JZ 社区居民的流动及与不同地域来源群体之间的互动，是相互身份确认的过程。但在地域来源群体差异的背景下，同样被自我区分为各

① 来源：赵晔琴，《法国城市社会学的演变和发展历程——1945—2000 年法国城市社会学发展演变综述》，2007 年 4 月 6 日，http://www.xschina.org/show.php?id=9088（学术中国网）。

种群体，引发的是文化价值观念、精神向度上的差异。尽管相互不确认的方式是温和的，没有产生激烈的冲突，但基于这种不确认所表现出来的交往形式则进一步加深了这一认同差异，社区的近邻共同体也只可能是一种想象。而对“新城人”身份认同的行为实践也在一定程度上有所分散瓦解。

（二）比较身份认同中的非确定性

JZ社区作为松江新城中最早兴建的住宅小区，相比后来规划建设的小区，如前所述有其一定的特殊性，主要表现在住宅阶层定位上。在房产价格升值的背景下，后来入住新城的居民与JZ社区居民相比具有较高的经济购买力，并在住宅阶层归属上有所差异，后者更偏向于认同“中产”的身份地位，这与松江新城所力图打造的“新城人”身份有着一致性的趋合。

这些后来入住者在看待处于新城一隅的JZ社区居民的生活样态时，更多采取的是区隔与淡漠的方式，其话语系统中“新城人”的身份承载意义对于JZ社区居民而言似乎并不适用：

> JC苑那边很多都是从乡下搬过来的，都是农民。
>
> 我看好的地方是松江新城的自然环境和人文环境，小孩将来的读书环境干净，没有网吧，没有市里的泛滥信息。（我所住的）小区盘大，大房型决定了邻居的层次，小区环境规划优美，这是我选择该楼盘的原因。我在市里工作，觉得SJ区本地人层次较低，所以要远离他们。①

---

① 来源：松江新城方松街道茸城论坛中其他社区业主的留言http://bbs.sj.net.cn/thread.php?fid=158。

通过描述他人与自己的差异来强调这种身份上的区隔其实正从另一侧面反映了对以本地征地农民来源为主的JZ社区的非确定性认同。

六、讨论与反思

（一）总结："新城人"身份型塑的错位

在城市住宅社区构建的过程中，对居民阶层身份的定位逐渐显现，不仅体现在经济力购买水平上，同时也与自我标榜的社区文化以及所赋予的社会意义相关。尽管如此，地段和区位仍然成为具备一定经济购买力的消费者选择住宅的核心考量因素，本文的研究对象JZ社区依托松江新城发展所获得的区位价值提升，无意中带给了JZ社区居民一种向上地位流动的想象与社会预期，但在"新城人"身份符号意义的赋予上涵义模糊，对于JZ社区这一新城最早开发社区中的居民而言，"新城人"所代表的身份符号意义是基于区位空间上地缘性认同所彰显的身份地位的提升。但在这一身份意义提升的认同获得过程中，存在一定的类型化差异，并在具体的行为与话语实践中得以进一步区分。而最终的研究结果则呈现出绝大多数居民的行为确认实践滞后于"新城人"这一心理身份认同的感知，即在角色身份意识与身份转型实践上出现了错位分离，这其中既有实践努力失败后的无奈，也有无所谓的心态等。此外，小区内外群体间的互相不确认也在很大程度上导致了居民在新的居住场域空间与身份认同空间上所产生的非重合性，正是上述这些主客观因素，阻碍了他们真正成为新城人的现实性可能。

需要指出的是，尽管存在"新城人"身份型塑的错位或者说失败，但这种不对等的身份认同并未影响到JZ社区大多数居民的现实生活，在他们的身份认知上，“新城人”这一未预期的身份所赋予的意义是一顶想象的“花冠”，日常生活的重心仍然是生活实用性的要求与满足。强调“新城人”的身份是一种心理策略，既可获得享用新城公共空间等一系列设施的正当性要求，同时也仅积存着一种心理上的区位身份优越感。

（二）讨论：认同与地方意义的建立

处于转型期尤其是20世纪90年代后的中国城市来说，由于独特的制度性变迁背景，伴随市场机制的逐步确立，城市用地、住房制度及相关的城市户籍制度改革的实行，政府主导下的旧区改造和城市开发建设的力度非常大。由此造成的城市居住社区变迁是一个极为复杂的系统过程，其中包括城市大型居住社区以卫星城的模式向郊区扩散。而无论是“郊区的城市化”还是“城市的郊区化”发展，一个主要的事实是郊区的土地资源进一步集中，并以新建大型居住社区体现着城市居住格局的变迁。

作为上海城市整体规划发展的产物，松江新城建设体现的是政府主导下的一种糅合了住宅区、商业区、大学区、政府办公区等，并以机动车道路相连的规划模式。

在这个新建过程中，社区居民作为城市主体的迁入标志着空间改变后新住区生活的开端，体现着作为一个需要建构地方(place)意义的生活场景。按照迈克·费瑟斯通(Mike Featherstone)的观点，即当一群人聚居于某个“空间”，在“时间”的进程上逐渐建立或沉淀彼此共有的社会习俗、法律条文、文化历史的记忆、情感与情绪上的认同等，这个“空间”(space)便会转移为一个

“地方”,一个住着一群享有社会共识的人。换个角度说就是个体或社群的认同建基于他/她们对某一个地方,以及这个地方牵引和发展而来的血缘、生活模式、日常经验等的归属性。①

这个“地方”意义的构建需要基于一定的归属认同以及一定的社会共识。由此引发的思考是:在一个被全新打造的新住区,地方意义的建立如何可能?认同(identity)这一关键性的变量究竟如何发挥、施展其作用?人们在经历一定的住宅身份变迁之后,对于地方的认同性意义究竟有何认同需求,则是今后城市社区建设管理者应予以重视考量的关键之一。

然而鲍曼指出现代性社会是个体化的社会,人们并不希冀寻求一种联合来共同抵御对未来的恐惧与不安,即使思想相似和行为相似的人的“共同体”也并非真正意义上的“共同体”,现代封闭式住宅小区中严密守卫的、电子监视的所谓“居住共同体”,也只是名义上的共同体而已(齐格蒙特・鲍曼,2003)。这些在政府推动下的新城是否也具有这一个体化社会的特征?

在进一步探究新城居民的认同意义下,无论是对新城整体住区环境认同、还是对小区住宅阶层以及身份转变后的认同,在其一系列话语与日常实践行动中,并没有产生具象的共同性认同。而随着新城整体区域的扩展、住宅的延伸和住宅档次的提升,整个新城居住者在建构地方意义时,是否需要借助不同层面的认同由此积淀历史集体记忆?

---

① 以上是迈克・费瑟斯通(Mike Featherstone)的观点,原文是“Turns the location of their day-to-day interaction from a physical space into a ‘place’(102—103)”,转引自洛枫,《历史想象与文化身份的建构——论西西的〈飞毡〉与董启章的〈地图集〉》,2007年2月3日,来源:http://www.cul-studies.com/Article/contribute/200702/4959.html(当代文化研究网)。

（三）反思：城市新城概念的规划、住宅区开发与居民的身份认同

伴随城市土地、房地产开发的热潮以及城市的总体改造，城市的边界不断扩大，其背后体现的是城市规划，城市规划（关于空间）背后又有关于城市性建设合理性与合法性的问题，其中一点就是各方权力和力量推动着城市规划的进程。社会权力学派（The Social Power School）将社会变化中的权力作为一种独立起作用的因素来分析对城市形成的作用。认为社会权力是地域共同体或国家各团体所掌握的起作用的一种力量。城市中各个利益集团之间的权力争夺，作用于城市规划，使不同城市土地利用、城市建设表现出差异性。

而精明的地产商和广告人则把城市居住空间的占有率转移到以建筑为载体的符号价值上，表现在住宅小区的命名以及对理想生活模式内容的追逐。给住宅命名好的名字能够唤起消费者的想像力，想像力则可能会演化为唤起购买的欲望以及身份认同上的想象。如创造一种超越现实的“异国生活图景”，搜罗全球范围内的名城胜地作为激发命名想象力的源泉。而反过来，这种“国际想象”演变成规模空前的符号生产的新热潮，也在很大程度上改变着每一块土地的原生价值。而对理想生活模式内容的追逐，则体现在人们不仅在购买供人居住的房屋，还在购买整个世界的幻象以及这些符号所制造出的身份意义赋予。人们在购买住宅的同时，也在购买着一定的身份。

在 SJ 区的新城打造过程中，一方面，新城房产开发商们采纳了以新城住宅小区为载体的符号价值表现：英国风情、欧陆建筑、异国命名等，大大抬升了土地的原有价值。但在另一方面，值得关

注的是，在“新城”这一文本意义的借鉴上，仍然缺乏欧美英等西方国家在新城开发上的完整性、综合性意义，我们的“新城”概念借用还只是集中停留在房产商住宅开发的单一开发上，松江新城的开发模式采取的是开放式投融资机制来吸收开发资金和开发力量，即“成熟一个，开发一个”、“一段一段地建”，不论国内国外，无论所有制形式，无论股东大小，各类资本都可参与新城开发，只要具体开发项目规划与新城总体规划相衔接即可。这一开发模式所产生的建设时间梯度以及分散性建设，在整体开发过程中显得混杂无序，新城的整体规划被房产开发商无序的住宅区建设所割裂、分散化，这对新城不同时段入住居民的住区生活、住宅阶层、身份等的认同产生了具体影响，也在认同的型塑中带上了历时性的特点，这是值得反思的一个问题。

而在本文的研究中，“成为新城人”这一身份认同的获得实践过程在一定程度上受其以往身份经历、所在住宅区位、阶层等的影响，还包括未来的发展计划。但不可否认，在代际流动上或可表现出转变的可能性，但以目前的情形来看，由于新城区位价值的升值以及政府对新城建设的重视，受限于经济收入、阶层身份的JZ社区居民，尽管大多数缺乏“新城人”这一身份认同实践的可能性，但其生活认同度表现得很高。相比较中产阶级的区隔和强烈的住宅阶层认同，他们往往忽略精神和文化价值上的共同体想象，而更为注重的是生活实用性以及在自我身份提升过程中无形产生的利益性倾向，即他们在与新城其他居民共享城市公共资源中获得了力量，同时也在悄悄囤积住宅资本。尽管失去了原有老城区邻里间亲和相助的关系资源，但在新的住区所获得的有利社会资源让他们对于未来生活有了一定的预期。

附录：JZ社区14位访谈人信息

姓氏（或化名）	性别	职业	地域来源	年龄段	代码
林女士	女	事业单位炊事员	老城区	50—60	G1
陆先生	男	医生	老城区	30—40	G2
方女士	女	退休	市区	60—70	G3
王女士	女	退休	拆迁征地	60—70	G4
张女士	女	工厂职工	拆迁征地	40—50	G5
赵先生	男	退休	拆迁征地	50—60	G6
周女士	女	工厂职工	拆迁征地	30—40	G7
钱女士	女	工厂职工	拆迁征地	40—50	G8
孙女士	女	退休	拆迁征地	50—60	G9
姚女士	女	工厂职工（租房者）	外来租房者	30—40	G10
李女士	女	小区拾荒者（小区居民）	外来购房者	60—70	G11
万先生	男	小区拾荒者（小区居民）	外来购房者	60—70	G12
吴先生	男	退休	拆迁征地	60—70	G13
鲁女士	女	退休，现为JZ居委会委员	老城区	50—60	G14

（根据访谈对象资料整理）

参考文献：

曼纽尔·卡斯特，2003，《认同的力量》，夏铸九等译，北京：社会科学文献出版社。

根特城市研究小组，2005，《城市状态：当代大都市的空间、社区和本质》，敬东译，北京：中国水利水电出版社、知识产权出版社。

齐格蒙特·鲍曼，2003，《共同体》，欧阳景根译，南京：江苏人民出版社。

乔纳森·H·特纳，2006，《社会学理论的结构》，邱泽奇、张茂元等译，北京：华夏出版社。

上海市城市规划管理局，2002，《上海市城市总体规划概要（1999—2020）》，上海：上海市城市规划设计研究院。

陈向明，2000，《质的研究方法与社会科学研究》，北京：教育科学出版社。

沈克乔，2003，《上海是经典——沪上住房制度改革纪实》，上海：学林出版社。

杨裕富，1990，《各国都市计划》，台北：明文书局。

赵柏田，2003，《社区人：关于一百二十万人的现场笔记》，宁波：宁波出版社。

王云娟编著，2002，《从旧民居到新社区》，成都：四川人民出版社。

杨德昭，2006，《新社区与新城市：住宅小区的消逝与新社区的崛起》，北京：中国电力出版社。

周晓虹，2005，《全球中产阶级报告》，北京：社会科学文献出版社。

陈映芳等，2003，《征地与郊区农村的城市化——上海市的调查》，上海：文汇出版社。

高向东，2003，《大城市人口分布变动与郊区化研究——以上海为例》，上海：复旦大学出版社。

陆学艺，2002，《当代中国社会阶层研究报告》，北京：社会科学文献出版社。

孙立平，2003，《断裂：20世纪90年代以来的中国社会》，北京：社会科学文献出版社。

张静主编，2005，《身份认同研究》，上海：上海人民出版社。

郑杭生、李路路，2005，《中国人民大学中国社会发展研究报告2005：走向更加和谐的社会》，北京：中国人民大学出版社。

柏兰芝，2000，《反思规划专业在社会变革中的角色——跨学科的知识和实践》，《城市规划》第4期。

柏兰芝，2003，《郊区化的政治》，《视界》第11期。

陈友华，2001，《上海城市规划建设若干问题思考》，《城市规划汇刊》第

3 期。

黄胜利、宁越敏，2003，《国外新城建设及启示》，《现代城市研究》第 4 期。

杨宜音，2005，《“社会认同的理论与经验研究”工作坊召开研讨会》，《社会学研究》第 4 期。

王宁，2002，《代表性还是典型性？——个案的属性与个案研究方法的逻辑基础》，《社会学研究》第 5 期。

李素华，2005，《对认同概念的理论述评》，《兰州学刊》第 4 期。

赵志裕、温静、谭俭邦，2005，《社会认同的基本心理历程——香港回归中国的研究范例》，《社会学研究》第 5 期。

张莹瑞、佐斌，2006，《社会认同理论及其发展》，《心理科学进展》第 14 卷第 1 期。

陈振华，2004，《利益、认同与制度供给：居民社区参与的影响因素研究》，来源：中国优秀博硕士学位论文全文数据库。

文军，2004，《农民市民化：从农民到市民的角色转型》，《华东师范大学学报(哲学社会科学版)》第 3 期。

文军，2006a，《论农民市民化的动因及其支持系统——以上海市郊区为例》，《华东师范大学学报(哲学社会科学版)》第 4 期。

文军，2006b，《城市化的未预期后果及其对居民日常生活结构的影响——以 1990 年代后的上海城市改造为例》，来源：2006 年中国社会学学术年会提交论文。

毛丹、王燕锋，2006，《J 市农民为什么不愿做市民——城郊农民的安全经济学》，《社会学研究》第 6 期。

周明宝，2004，《城市滞留型青年农民工的文化适应与身份认同》，《社会》第 5 期。

朱孔芳，2003，《论社区参与的制度安排》，《华东理工大学学报(社会科学版)》第 1 期。

马卫红、黄沁蕾、桂勇，2003，《上海市居民社区参与意愿影响因素分析》，《社会》第 6 期。

卢福营、张兆曙，2006，《客观地位分层与主观地位认同》，《中国人口科学》第3期。

胡荣、张义祯，2005，《阶层归属与地位认定问题研究》，《东南学术》第6期。

边燕杰、刘勇利，2005，《社会分层、住房产权与居住质量——对中国“五普”数据的分析》，《社会学研究》第3期。

刘精明、李路路，2005，《阶层化：居住空间、生活方式、社会交往与阶层认同——我国城镇社会阶层化问题的实证研究》，《社会学研究》第3期。

肖洁，2003，《武汉市工薪阶层的住房消费意向》，《统计与决策》第11期。

李斌，2002，《中国住房改革制度的分割性》，《社会学研究》第2期。

辜胜阻、李正友，1998，《住房双轨制改革与住宅市场启动》，《社会学研究》第6期。

曹嵘，2003，《城市居住区位研究——以上海市中心城区为例》，来源：中国优秀博硕士学位论文全文数据库。

陈映芳，2005，《“农民工”：制度安排与身份认同》，《社会学研究》第3期。

陈映芳，2007，《空间与社会：作为社会主义实践的城市改造——上海棚户区的实例(1949—1979)》，来源：“城流乡动——2007年文化研究会议暨第八届文化研究学会年会”(*Urban Flows-Rural Moves*, January 6—7, 2007, Taipei)提交论文。(www.ncu.edu.tw/—CSA/CSA2007/papers/p1-Chen.pdf)。

张海波、童星，2006，《被动城市化群体城市适应性与现代性获得中的自我认同——基于南京市561位失地农民的实证研究》，《社会学研究》第2期。

郁晓晖、张海波，2006，《失地农民的社会认同与社会建构》，《中国农村观察》第1期。

徐晓军，2007，《城市阶层隔离与社区性格》，《社会主义研究》第1期。

Manuel Castells, 1979, *The Urban Question: A Marxist Approach*, Trans. Alan Sheridan, London: Edward Arnold(Publishers)Ltd.

Kiril Stanilov and Brenda Case Scheer(eds.), 2004, *Suburban Form: An international perspective*, New York and London: Routledge.

Mark Clapson, 2003, *Suburban Century: Social Change and Urban Growth in England and the United States*, Oxford and New York: Berg, P51—52.

Jan E. Stets and Chris F. Biga, 2003, "Bringing Identity Theory into Environmental Sociology." *Sociological Theory* Vol. 21. No. 4: 398—423.

Stryker, S., and Peter J. Burke, 2000, "The Past, Present, and Future of an Identity Theory." *Social Psychology Quarterly* Vol. 63:284—297.

Kevin Romig, 2005, "The Upper Sonoran Lifestyle: Gated Communities in Scottsdale, Arizona." *City & Community* No. 4:67—86.

Richard. P. Coleman, 1983, "The Continuing Significance of Social Class to Marketing." *The Journal of Consumer Research*, Vol. 10, No. 3:265—280.

Kevin Fox Gotham, Krista Brumley, 2002, "Using Space: Agency and Identity in a Public Housing Development." *City & Community* Vol1. No. 3: 267—289.

Ellen C. Berrey, 2005, "Divided over Diversity: Political Discourse in a Chicago Neighborhood." *City & Community* No. 4:143—170.

Xavier de Souza Briggs, 2004, "Civilization in Color: The Multicultural City in Three Millennia." *City & Community* No. 3:311—342.

Rick Grannis, 2005, "T-Communities: Pedestrian Street Networks and Residential Segregation in Chicago, Los Angeles, and New York." *City & Community* No. 4:295—321.

《松江新城》，来源：http://e-nw.shac.gov.cn/hjgl/czjs/ycjz/t20030407_65119.htm（上海农委政务网）。

《土地出让公告报表》(2006.11)，来源：http://www.shfdz.gov.cn/gsgg/tdcr/200611/P020061130420008751929.xls（上海市房屋土地资源管理局

网站)。

市住宅发展局,《2002年本市住宅产业现代化工作迈出新步伐》(2003),来源:http://www.shanghai.gov.cn/shanghai/node2314/node8603/node8615/userobject31ai678.html(上海政府门户网站)。

《规划:"第四种"国家权力的漫谈》,来源:http://www.szplan.gov.cn/main/gzcy/bjzm/200605100201852.shtml(深圳市规划局网站);http://www.pd.sh.cn/index/company/3/index.asp?ID=650(松江新城建设发展有限公司网站,2005)。

《税务总局:工薪阶层一概视为低收入阶层不符实际》,2006年5月22日,http://politics.people.com.cn/GB/1027/4390459.html(人民网)。

洛枫,《历史想象与文化身份的建构——论西西的〈飞毡〉与董启章的〈地图集〉》,2007年2月3日,http://www.cul-studies.com/Article/contribute/200702/4959.html(当代文化研究网)。

赵晔琴,《法国城市社会学的演变和发展历程——1945—2000年法国城市社会学发展演变综述》,2007年4月6日,http://www.xschina.org/show.php?id=9088(学术中国网)。

秦隽,2005,《和谐SJ花园新城》,《新民晚报》6月23日。

第二部分

第五章
业主的权利实践
——业委会的名与实

陈媛媛

一、研究的缘起

（一）问题提出和研究的背景

在过去的20多年里，我国经济领域取得的巨大成就正逐步把原本完全属于单位的个体释放出来，强大的国家力逐渐退出市场，给经济发展留出不断增大的空间，与此同时，社会力也在不断地完善发育，以各种可能的形式增强公民社会发育的可能性。正如孙立平教授在《断裂》一书中提到的：我们正在离开一种以单位为基本框架的社会生活，而走向一种以市场和社区为框架的社会生活（孙立平，2003）。

建设部在2003年6月8号，颁布了业主大会规程和前期物业管理招投标管理暂行办法，同一天颁布了中华人民共和国国务院令第379号《物业管理条例》，以前的物业条例规定终止，开始执行新的规定。7月14号建设部又组织召开了全国物业管理工作会议，随着国家与物业管理相关举措的不断出台，显然物业管理成为政府、业界和消费者都极其关注的焦点问题。新的物业管理条例和各地根据总则制定的地方物业管理规定细则中，关于社区业主大会的成立流程和涉及问题都作出了规定。2003年的国务院《物业管理条例》中的第二章名为"业主及业主大会"，从业主的权利、义务，业主大会的职责、运作方式，业委会职责、人选标准以及业主公约等几个方面对社区内部的多种角色力量作出界定。国家政府层面的诸多措施使得业主委员会在小区内的必需角色成为通识，由此引发了全国范围内各商品小区成立业主自治组织的热潮，但各个城市的业委会成立情况有较大差异（见图1）。

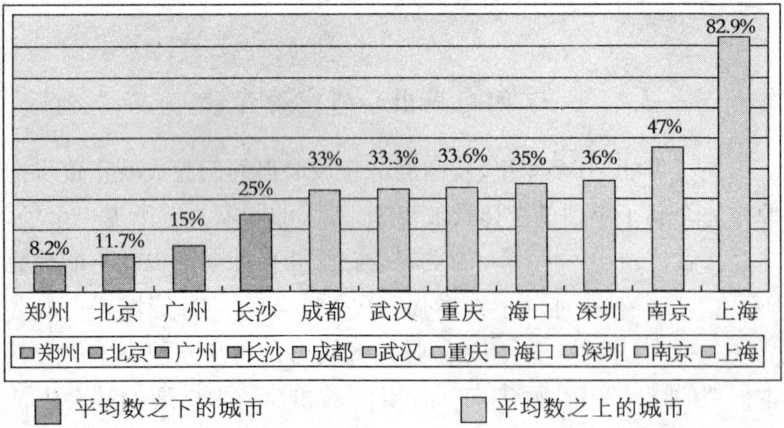

图1　全国11个一线城市业委会成立比例条形比较图

引自：《中国一线城市业主委员会现状调查》，《住宅与房地产》，2006.11

作为11个城市里成立比例最高的城市，截止2006年9月为止，上海全市共有住宅小区8 486个，已成立业主委员会的6 114

个，占符合成立条件的82.9%[①]（李景华、韩峰，2005）。

这个数字背后暗含着作为国内经济较为发达地区的上海拥有一个较为积极灵活的地方政府，不仅体现在积极灵活的经济政策上，也展现在社会空间的拓展和社会力量的孕育中，尽管在后者之中表现的主动积极可能并非政策作用的直接结果。

上海作为我国改革开放的重点城市之一，20多年来，除了看得见的经济指数连年变化，同时发生在社会大众中的一些看不见的变化也正在逐渐表现出影响力。伴随着经济结构调整传统单位制逐渐退去，由之而来的社会大众的去集体化和去组织化趋势不断加强。市民的活动范围和参与空间在新兴商品化住宅小区被重新框定。传统的群体秩序因为群体的消失而无以维持，个体化的市民因为缺乏在明晰宏观秩序下的自身定位而显得茫然；另一方面，住宅商品化的不断推进，使得过去习惯于单位社区的居民们开始抛开其他影响要素，重现从住宅本身出发与周围人群进行交往，而业委会作为社区内业主结群的组织形式，也在很大程度上影响了社区内以房产权为核心围绕住宅消费的新秩序的形成。

如上所述，在这样的背景下，考察基层社区秩序的形成必然涉及对于新兴的业主角色及业主组织的考察。近些年来，围绕商品化住宅的物业纠纷层出不穷，以上海市某中级人民法院诉讼受理状况为例：2004年，该院共受理物业管理纠纷案件150件，与2003年全年受理的物业管理纠纷案件相比，上升了25%；与2002年全年受理的94件物业管理纠纷案件相比，上升了近

① 上海市房屋土地管理局物业管理处处长张年在2006年9月25日上海人大网议日的发言中提到。

60%(李景华、韩峰,2005)。同时平面媒体和电视媒体关于业委会成立运作的问题以及业主、业委会维权难等的报道不断涌现。但究竟业委会这一新出现的事物是如何在基层社区孕育发展乃至运作影响?同样值得关注的还包括在这个过程中,代表各方利益的组织及个人如何逐步调整己方的角色定位,并努力影响所在社区内的权力制衡和运作机制,最终参与构建形成基层社区内的新社会秩序。

回到业主委员会本身,业主委员会作为相对独立的民众组织形式[①],其建立的基础是拥有房屋财产的居民主张自身权益保护而衍生出的表达和决策要求,这使得其区别于各个社区的居委会,后者在资金、人员、工作重点等方面都带有国家派出机构的色彩。也因而,业主委员会在近几年里成为学界研究者们关注的热点之一。

围绕业主委员会开展的相关研究将关注的重点放在房屋业主的维权行动(包括理性和非理性维权的方式、过程和结果),并积极探讨其作为公民社会起步的可能性;社会各个层面,从政府机构(包括较高层面的市级机关以及基层派出机构:居委会、社区党支部)到学者,从媒体到广大媒体受众,都将业委会这一几乎是现阶段唯一合法的相对独立的民众组织作为公民力量发育的起点。[②]这份略显过度的关怀使得业主委员会的每一个举动都太引人注目,不知不觉间反而为其发展制造了一些阻碍。特别是近几年来,

① 区别于已经被赋予太多意义的市民组织或民间组织,此处选择民众组织这一相形之下较为中立的词语。俞可平在《中国公民社会:概念、分类与制度环境》一文中则建议使用"民间组织"的概念。

② 夏建中在《中国公民社会的产生——以业主委员会为例》中将业主委员会作为"中国公民社会的先声"。

全国范围内关于业委会成立筹备或维权的典型个案为不少人所知，从政府到学者到专业人士（法律专家和物业管理相关人员）的社会各界都针对业委会及相伴随产生的情况发表各自看法，这些已成历史的个案对于新兴业委会成员而言是前车之鉴，其中的一些敏感和过激行为则要加以避免。这类借鉴和规避在某种程度上也对业委会的发展产生影响。

1. 理论背景

社区权力结构是社会学研究的重要课题。早在上个世纪30年代，由美国学者林德夫妇所进行的“中镇”研究就开始关注社区权力。此后，西方主流学界的有关研究，在这个问题上一度出现了两种截然对立的主要理论：精英论和多元论。前者的代表人物亨特（Hunter）通过对城市社区内精英的研究，将社区内权力分配看作是不平等的，由选举产生的官员对社区的一些重要决策没有影响力，权力主要掌握在没有官职的商业精英手中（Hunter，1946），他提出以下观点：(1)上层少数人构成单一的“权力精英”；(2)该“权力精英”阶层统治地方社区的生活；(3)政治与民间领导人物是该阶层的执行者；(4)该阶层与下层人民存在社会冲突；(5)地方精英与国家精英存在千丝万缕的联系。

以达尔为代表人物的多元论则认为社区政治权力是非集中分布的，而是被分割给相互分化的个人或群体的。并非拥有权力资源，而是运用权力才算真实地拥有权力。各个群体都有自己的权力中心，地方官员也有自己的独立地位；官员要向选民负责，所以选民也有权力，他们以投票来控制政治家。具体观点包括：(1)权力本身一定要与权力资源分开；(2)社会冲突建筑在有组织的社会团体上而不是社会阶层上；(3)权力资源不平等地分布于各团体中，故有些团体拥有的权力资源多于其他团体；(4)

尽管各团体权力资源不同，但每个团体都可设法争取某些权力资源；(5)选举出来的官员在政治上有其独立性；(6)选民通过投票来间接影响地方政策，从政者不得不尊重选民的意志（夏建中，2000）。

幕后精英论与民主多元论是社区权力结构研究中的两种主要的理论架构，二者的持续争论一直延续至今。双方争论的焦点在于，地方社区政治权力是掌握在极少数社区精英手中还是分散在各个不同的社会群体之中；或者说，社区是否“民主化”？但二者对于社区内行动主体对于社区权力秩序的影响则涉及甚少。

鲜明区别于多元主义的法团主义似乎与中国特色的政治文化有某种程度上的契合。法团主义这一术语的现代语源来自19世纪末、20世纪初，它一方面谴责资本主义的个人主义和竞争，另一方面批评阶级冲突及其导致的社会主义运动。法团主义理论家认为，阶级和谐与有机统一对社会是必不可少的。

依照菲利普·施密特(Philippe. C. Schmitter)的说法，法团主义和多元主义都是“以社团形式组织起来的公民社会的利益同国家的决策结构联系起来的制度安排”（顾昕，2004）。因而法团主义可以被视作为一种特殊的市民社会与国家关系。

2. 法律制度背景：对法律框架内社区业主组织形式合法性的解读

在长期的集体主义生活作为单一生活方式的社会里，业主这个身份并不存在。个人居住房屋的拥有者——国家，通过房管所来行使物业管理权力，提供物业管理服务。尽管《宪法》第111条作出如下规定：城市按居民居住地区设立的居民委员会是基层群众性自治组织，居民委员会的主任、副主任和委员由居民选举，居民委员会同基层政权的相互关系由法律规定，居民委员会设人民调解、治安保卫、公共卫生等委员会，办理本居住地区的公共事务和公益事业，调解民间纠纷，协助维护社会治安，并且向人民政府反映群众的意见、要求和提出建议。但是，长期以来的基层实践，依旧使得居委会即为国家权力的基层执行机构这一认识成为普遍通识。

居委会在实际操作中作为国家行政力量的延伸，体现居民对于公共事务的参与；在设定意义上，业委会则是经济基础之上的政治民主，业主们的政治诉求只有建立在经济利益合理之上方可产生，他们对财产权的主张带来了政治诉求，从而为一系列社区治理的变化奠定了可能。

住房改革政策的不断推行使得拥有自己的住房的广大民众数目呈现不断上涨的趋势，相应的法律法规也在逐步完善扩充。从上海的法律法规制定过程可见一斑。从上世纪 90 年代至今，1994 年颁布《上海市公有住宅售后管理暂行办法》；1997 年颁布《上海市居住物业管理条例》；2003 年 6 月，《物业管理条例》实施，9 月，建设部根据《物业管理条例》制定了《业主大会规程》，上海制定了“上海市实施《物业管理条例》的若干意见”；2004 年，上海市人大常委会会议通过《上海市住宅物业管理规定》。以下将这些法律法规中关于社区物业管理与基层组织权责对应的部分进行横向比照，有助于找出关于社区治理的内在逻辑演化。2007 年，国务院公布《国务院关于修改〈物业管理条例〉的决定》，自当年 10 月 1 日起施行。

1994 年颁布的《上海市公有住宅售后管理暂行办法》第二章第六条提到两种形态的基层组织：业主管理小组，简称房管小组；业主管理委员会，简称管委会。关于前者的职能，《上海市公有住宅售后管理暂行办法》第八条写道：

房管小组的职能包括：(一)代表和维护业主的权益，负责本幢房屋的管理；(二)听取和反映业主对房屋修缮等有关方面的提议和意见；(三)决定本幢房屋内修缮基金的使用和支付，当住宅修缮基金不足时，负责筹集；(四)决定本幢房屋共用部位和共用设备的修缮；(五)协助调解房屋使用、修缮纠纷；(六)执行业主代表大会和管委会作出的决定；(七)督促业主遵守业主公约和房屋使用公约。

管委会具有的职能包括：(一)代表和维护业主的权益，负责本住宅区域内房屋的管理；(二)召集、主持业主代表大会；(三)负责向业主代表大会汇报工作；(四)提出拟订或者修订业主公约、管委会章程的草案；(五)决定选聘、解聘物业管理单位，代表业主与物业管理单位签订物业管理服务合同；(六)管理住宅修缮基金；(七)审议物业管理单位制订的年度修缮管理计划并监督其执行，审议住宅区域管理服务的重大措施；(八)决定公共设施修缮基金和高层电梯、水泵更新基金的使用；(九)督促业主遵守房屋使用公约和业主公约；(十)法规、规章和管委会章程赋予的其他职能。

从以上两部分职责看来，此时的房管小组承担了较多的事务性职责，包括具体决定共用部位和共用设备的修缮，筹集修缮基金，调解房屋使用、修缮纠纷；而管委会则带有业主大会和业主委员会双重色彩，一方面负责区域内房屋管理，修订公约章程的草案，甚至选聘、解聘物业管理单位；另一方面必须向业主代表大会汇报工作。尽管职责部分较为明确，但缺乏细节性的规定，对于具体实践很难直接指导。

1997 年，上海市政府颁布《上海市居住物业管理条例》，第一次明确了业委会的组织方式、职能范围、人员构成等基本框架。指出业主委员会的主要职责包括：（一）召开业主大会或者业主代表大会，报告物业管理的实施情况；（二）选聘或者解聘物业管理企业，与物业管理企业订立、变更或者解除物业管理服务合同；（三）依照本条例设立物业维修基金的，负责该基金的筹集、使用和管理；（四）审定物业管理企业提出的物业管理服务年度计划、财务预算和决算；（五）听取业主、使用人的意见和建议，监督物业管理企业的管理服务活动；（六）监督公共建筑、公共设施的合理使用；（七）业主大会或者业主代表大会赋予的其他职责。

这样一来，业委会便从具体的日常事务中走出来，开始扮演监督物业管理以及与业主们沟通协调的角色。这部条例对于业委会开始尝试作出定义，“是在物业管理区域内代表全体业主对物业实施自治管理的组织”。自治组织的标签已初见端倪。

另一种组织形式则是在《上海市居住物业管理条例》第一章第十四条提到的，由每幢住宅业主推选若干代表组成业主小组，行使：（一）听取业主、使用人对物业管理服务的意见和建议，向业主委员会或者物业管理企业反映；（二）执行业主委员会作出的决定；（三）提出共用部位和共用设备的维修、更新建议。这里的业主小组事实上可以被看作是房管小组的大幅度收缩。职能削减之后，名称也发生变化，由“业主管理小组”转变为“业主小组”，两字之差，在某种程度上可以看作是自治特征的萌生。

直到 2000 年，在《民政部关于在全国推进城市社区建设的意见》一文中，围绕城市社区建设提出多项意见，但全文未出现业主或业委会一词。尽管在这篇意见中，强调了城市居民与所在社区的关系愈来愈密切，“受计划经济体制的影响”，居委会存在“行政化管理”的现象，居民参与社区建设的程度“不太高”。居委会“原有的管理方式很难适应形势发展的需要”。[①] 但此时，居委会依旧被视为基层民主组织的唯一形式。

从1999年4月起草，2002年10月向社会各界公开征求意见，2003年6月19日由国务院签署颁布的《物业管理条例》，于2003年9月1日起开始实施。这是我国第一部关于物业管理的行政法规。

《物业管理条例》第一次把“业主委员会”在行政法规这样高层次的规范性法律文件中予以规定，从而在立法层面上正式创立了业主委员会制度。《物业管理条例》第十五条规定：“业主委员会是业主大会的执行机构。”

总的来看，2003年《物业管理条例》将在业主监督物业管理过程中的职能分别与不同群体挂钩：业主、业主大会、业主委员会。其中不同于业主大会和业主委员会，业主在物业活动中要承担的义务与权利并重，对照呼应，前两者则只写到职责。三者之间的关系在《物业管理条例》中也得到明晰体现，物业管理区域内全体业主组成业主大会，业主委员会是业主大会的执行机构。上海市随即制定《上海市实施〈物业管理条例〉的若干意见》，作为地方性法规。

建立在全国相关物业管理法律法规和实践的基础之上，2003年的《物业管理条例》在相关的操作性说明上规定得较为清楚，但对于业委会的基本定义却仍然比较含糊，仅将之作为业主大会的执行机构，而未能为其时的社区实践提供有效阐释。

---

① 参见中共中央办公厅、国务院办公厅关于转发《民政部关于在全国推进城市社区建设的意见》的通知（中办发[2000]23号）。

2004 年 8 月 19 日上海市第十二届人民代表大会常务委员会第十四次会议通过《上海市住宅物业管理规定》，与此同时，1997 年的《上海市居住物业管理条例》废止。作为对上海市行政区域内住宅物业管理、使用及其监督管理作出规定的法规，《上海市住宅物业管理规定》侧重于制定相关物业管理监督活动的操作性细则，特别是关于业主委员会的筹备至成立过程，为社区实践提供依据。包括如何计算投票权、业主大会议事规则内容、业主大会召开方式、业委会备案情况等内容，较为翔实地为业委会的成立提供了指南。

2007 年 10 月开始实施的《物权法》则带有里程碑式的意义，其第六章：业主的建筑物区分所有权规定了业主与建筑物有关的所有权。并规定由业主共同决定：(一)制定和修改业主大会议事规则；(二)制定和修改建筑物及其附属设施的管理规约；(三)选举业主委员会或者更换业主委员会成员；(四)选聘和解聘物业服务企业或者其他管理人；(五)筹集和使用建筑物及其附属设施的维修资金；(六)改建、重建建筑物及其附属设施；(七)有关共有和共同管理权利的其他重大事项。以上六条，完整地包括了由业主共同决定关于社区有关规约、任免业委会成员、选择物业服务提供者、处理维修基金以及建筑物建设等重大事件，从而确立了业主共同决定作为社区内最高权力来源。在论及业委会与居委会等之间的关系时，《物业管理条例》规定：在物业管理区域内，业主大会、业主委员会应当积极配合相关居民委员会依法履行自治管理职责，支持居民委员会开展工作，并接受其指导和监督。业主委员会应当配合公安机关，与居民委员会相互协作，共同做好维护物业管理区域内的社会治安等相关工作。

此外，其中规定："业主可以自行管理建筑物及其附属设施，也可以委托物业服务企业或者其他管理人管理。”①这实际上明确了三种物业管理模式，即业主自治管理、物业服务公司管理、专业公司管理(或职业经理人管理)。尽管只是从物业管理模式入手，业主自治也终于开始光明正大地走上舞台。

业委会缺乏组织保证；业委会的法律主体地位、业委会的任期缺乏相关说明：总的说来《物业管理条例》是一部原则性和指导性都很强，却缺乏操作性的法律。

2007年，根据《中华人民共和国物权法》的有关规定，国务院决定对《物业管理条例》作修改②(下划线部分为修改处)：

> 一、将第十条第一款修改为：“同一个物业管理区域内的业主，应当在物业所在地的区、县人民政府房地产行政主管部门或者街道办事处、乡镇人民政府的指导下成立业主大会，并选举产生业主委员会。但是，只有一个业主的，或者业主人数较少且经全体业主一致同意，决定不成立业主大会的，由业主共同履行业主大会、业主委员会职责。”(此款横线部分为新添加。)
>
> 删除第十条第二款。(业主在首次业主大会会议上的投票权，根据业主拥有物业的建筑面积、住宅套数等因素确定。具体办法由省、自治区、直辖市制定。)

第十条第一款的修改也就意味着业主大会的成立多了一个步骤，过去成立业主大会只需获得房地主管部门的许可，现在则必须

① 参见《中华人民共和国物权法》第八十一条。
② 参见《物业管理条例(2007修订)》国务院令第504号，2007年8月26日发布。

获得街道办事处或乡镇人民政府的批准。

二、将第十一条修改为："下列事项由业主共同决定：（2003版为业主大会履行下列职责：）

表1　物业管理条例第十一条所列事项

2007年物业管理条例修订版	2003年物业管理条例
1. 制定和修改业主大会议事规则	1. 制定、修改业主公约和业主大会议事规则
2. 制定和修改管理规约	2. 选举、更换业主委员会委员，监督业主委员会的工作
3. 选举业主委员会或者更换业主委员会成员	3. 选聘、解聘物业管理企业
4. 选聘和解聘物业服务企业	4. 决定专项维修资金使用、续筹方案，并监督实施
5. 筹集和使用专项维修资金	5. 制定、修改物业管理区域内物业共用部位和共用设施设备的使用、公共秩序和环境卫生的维护等方面的规章制度
6. 改建、重建建筑物及其附属设施	6. 法律、法规或者业主大会议事规则规定的其他有关物业管理的职责
7. 有关共有和共同管理权利的其他重大事项	

第十一条的修改将"业主大会履行职责"的说法改为"业主共同决定事项"，改变了过去带有政府口吻的表述，更突出了业主的共同参与，同时淡化了其中的组织化意味，以平常的"决定事项"字

眼消除业主大会的组织化身份。

在具体事项的修改上，修订后的《物业管理条例》去掉了监督业委会工作一项，将维修自尽的筹集和使用收归于全体业主手中，强调了业主共同决定的事项均为“有关共有和共同管理权利”的相关重大事项。

三、将第十二条修改为：“业主大会会议可以采用集体讨论的形式，也可以采用书面征求意见的形式；但是，应当有物业管理区域内专有部分占建筑物总面积过半数的业主且占总人数过半数的业主参加。”（原文为持有1/2以上投票权）

本款的修改明晰了1/2投票权的含义，包括占有面积超半数跟占总人数过半的业主，有益于改善某些物业区域内，开发商或大业主“一言堂”的局面，保障了分散业主的投票权。

“业主可以委托代理人参加业主大会会议。”

“业主大会决定本条例第十一条第（五）项和第（六）项规定的事项，应当经专有部分占建筑物总面积2/3以上的业主且占总人数2/3以上的业主同意；决定本条例第十一条规定的其他事项，应当经专有部分占建筑物总面积过半数的业主且占总人数过半数的业主同意。”（2003版为：业主大会作出决定，必须经与会业主所持投票权1/2以上通过。业主大会作出制定和修改业主公约、业主大会议事规则，选聘和解聘物业管理企业，专项维修资金使用和续筹方案的决定，必须经物业管理区域内全体业主所持投票权2/3以上通过。）

此款修改明确了业主大会作出各类决定的投票率，有益于改善普遍存在于实际操作中，业主们和业委会成员对投票率认识模糊的问题。

“业主大会或者业主委员会的决定，对业主具有约束力。”（2003版为物业管理区域内的全体业主）

“业主大会或者业主委员会作出的决定侵害业主合法权益的，受侵害的业主可以请求人民法院予以撤销。”（此款为新添加。）

此款中新添加的部分可被视作为对于实际情况中业委会与业主之间诉讼增多的一个呼应，为受侵害业主指出了解决路径。

四、将第十九条第二款修改为：“业主大会、业主委员会作出的决定违反法律、法规的，物业所在地的区、县人民政府房地产行政主管部门或者街道办事处、乡镇人民政府，应当责令限期改正或者撤销其决定，并通告全体业主。”（此款横线部分为新添加。）

此外，根据《中华人民共和国物权法》的有关规定，将“物业管理企业”修改为“物业服务企业”，将“业主公约”修改为“管理规约”，将“业主临时公约”修改为“临时管理规约”，并对个别条文的文字作了修改。

从“管理”到“服务”,看似文字上的小调整,实则上可以理解为对于物业公司的重新定位,从居高临下的管小区到服务于小区,以及相关公约变为管理规约,这些都可以看出,在业主拥有产权的物业管理区域内,物业公司的“管家式”服务角色正日益成为通识。

综观以上与业委会有关的法律法规,我们能够感受到作为法条制定者的政府力近年来在此领域的坚定推进,然而尽管法律法规的数量不断增加,相关法条也在与时俱进地修订,在实践操作过程中遇到的某些敏感问题依然未能得到解决:包括对于业委会的组织性质定位,业委会在实际运作中的上级部门、在法律诉讼中的主体性质等问题。以业委会的诉讼主体为例,在《物业管理条例》颁布之前,关于业委会是否具有诉讼主体资格之争不绝于耳。在实际的业主维权过程中,经常需要以业委会提起诉讼,其诉讼成本远低于业主分散诉讼。然而在全国不少地方,这样的诉讼请求往往被法院拒绝,理由是业委会不具有诉讼主体资格。但全国各地的情况各不相同,浙江省 2006 年秋通过的《浙江省物业管理条例》规定,从 10 月 1 日起,业主委员会在物业管理活动中为维护物业管理区域内业主共同权益的需要,经业主大会决定,可以业委会的名义依法提起诉讼。这也是浙江首次确立了业主委员会的诉讼主体资格,然而在全国范围内,依然缺乏统一标准。

(二)既有研究的回顾

随着住房商品化的进程,业委会的总体情况也在发生改变。越来越多的新式商品房使得业主在入住之初就明确自己对于房屋财产的所有权,并对物业和社区居委会有所期待。同时近几年来全国范围内业委会的维权和运作已经不再是新鲜事物,新成立的业委会有较多可能需要的参照对象,包括业委会的成立与否以及业委会运作中的难题甚至维权的细节。这些新鲜发生的历史在后来的业委会筹备及运作过程中起到重要的借鉴作用,可能直接影响业委会的行动方向和行动策略。

与现有的鲜活的事实相比,对于业委会的研究显得略微落后。国内对于业委会的研究主要立足于业委会维权的极端个案,着眼于维权过程中业委会及其背后的业主与开发商和有关部门的博弈过程。晁流以南京"中青园"小区的冲突为例,分析了业主、业主委员会、开发商、中青物业、大惠娱乐公司和环保局如何通过策略选择和手段的技术运用来进行博弈(晁流,2004);孟伟选取深圳市宝安区滢水山庄的业主维权行动作为分析对象,探讨了业主如何结成行动集体,理性抗争,以实现维护自身财产利益的目的[①]。

从社区民主理论和法律定位的角度对业委会进行探讨:夏建中在《中国公民社会的产生——以业主委员会为例》中将业主委员会作为"中国公民社会的先声"。其他对于业委会的法律地位的"试析"近年来日益增多。

从业委会对社区空间权力结构的改变角度出发:张静对上海浦东清水苑小区纠纷案例的分析认为,居民保护个人财产的行为改变了社区的权力配置关系,从而构建了"新公共空间"(张静,2001);《公民政治:从利益到权力的演化——深圳市宝安区滢水山庄业主自主行动实证分析》从业主维权的具体个案出发,研究

① 参见《中国现实问题研究前沿报告(2005—2006)》,华东师范大学出版社,2006年1月。

其对社区权力结构的影响[①]。对于社区权力结构秩序的考察则主要是关注社区居委会、社区党支部和物业公司三者之间的关系(徐晓军,2005),或者是将居委会作为居民利益表达组织考察其在社区内部的地位和影响(沙力成,2004),而忽略将日益壮大的业委会纳入社区秩序建构的主体考察对象之中,而业委会的必需地位正是对原有秩序的打破,给了全体业主一个参与新秩序的可能机会。

在这样的新背景下,借由业委会成立这一事件入手,从主体行动力影响社区权力秩序的角度出发,对业委会从筹备到成立的整个过程进行观察分析就显得较为新颖。在考察过程中,对于带有本地性逻辑的行动方式和行动策略的选择观察又带出一些法团组织的色彩。从法团主义的视角来看,民间社会组织可以通过与国家合作而进入国家体制,获得利益代表的垄断地位,从而实现社会的整合、稳定、秩序和效率(张静,2005)。

在国外的相关研究中,对于社区联合会(又称共同利益社区)的研究具有一定的可参照性。作为美国所特有的事物,社区联合会存在于三种基本类型中:规划社区、合作公寓以及公寓式住房。社区联合会要求所有业主必须隶属联合会;具有共同约束力的治理文件;向所有业主收取用于管理公关财物的费用。社区联合会向住户(包括业主和租客)提供三种核心服务:社区服务,包括社区内部保洁以及业主活动等;治理服务,完成与社区运作有关的工作,比如招募社区志愿者,管理制定社区内的条约等;商业服务,包括管理公共财物,开展社区维护工作的竞争性招标等。通过提供

---

① 参见《中国现实问题研究前沿报告(2005—2006)》,华东师范大学出版社,2006年1月。

这些服务,社区联合会实现保护以及提高以下价值的目的:个人住房价值,公共责任和义务带来的价值,房屋层面上的共同参与和决策中的固有价值。

在管理模式上,40%—60%的社区联合会由专业社区联合会管理公司进行管理,其余的40%—60%的社区联合会则是由志愿者或联合会雇用的员工单独管理。在自省管理的社区联合会中,大约15%—25%的社区联合会由董事会单独管理。无论管理结构为何,由成员选举产生的志愿者委员会治理所有的联合会。①

(三)研究对象选择及方法介绍

以上海为例,各区房地局网站上提供的数据表明,全市超过八成的住宅小区已成立业委会,然而,针对全市范围内大型小区业委会成立难的报道经常出现,数据上的成立易和个案上的成立难使得对于业委会的解读陷入迷雾,因此,对于业委会本身进行一个完整的认识显得尤为必要。

在住宅小区的选择上,高层多层混合分多期开发的社区在上海商品住宅小区里较为普遍,较之于新开发商品房,老式公房或里弄住宅的住户往往通过房改获得住宅产权,同质度较高,住户居民之间较为熟悉,业委会成立也往往是对过去居委会和房地管理部门的顺利承接。而在新开发商品房中,通过市价购房的业主们,相互之间的同质程度较低,业主、物业以及居委会迁入小区的时间相差无几,对于社区已有资源的占有优劣并不明显,权力和资源的分

① 参见《社区联合会管理、治理和服务简介》,社区联合会研究会、社区联合会出版部。

配较为不稳定,在这样的新环境中,考察社区权力秩序的形成就具有一定的典型意义。

在此意义上,选择W小区作为业委会成立研究对象具有一定的代表意义,商品房W小区位于上海市西区某镇,介于高架道路内环线、外环线之间。开盘于2001年的W小区,由3幢小高层(12层),30幢多层房屋组成,分三期开发。房屋单价从开盘时的5 500元/每平米上升至2007年的13 000元/每平米左右。小区占地面积约7万平方米,有836户居民,与相隔一条马路的商品房S小区共同隶属于成立于2005年7月的J居委会[①]。据居委会人员介绍,W小区的居民构成主要有三大块,一部分是来自本地动迁农民回购,一部分是自上海其他地区迁来,还有一部分是来自非上海籍贯的购房自住人员。

在此个案中,业委会最终得以顺利成立,与此同时,上海另一有影响力的大型社区的业委会难产事件在媒体上炒得沸沸扬扬。本文调查的小区业委会成功成立在某种程度上带有上文提及的民间社会组织与国家合作的意味。不同于学界对于承担市民社会兴起任务的业委会的过高期待,实际运作的业委会可能选择一种较为妥协的方式才能更好地成立和运作。

W小区最后得以成功成立业委会,也为此次个案选定增加了独特性,虽然无法以此类推以说明沪上其他业委会成立过程,但毕竟为我们探知社会事实提供了一个渠道,只有细致把握这一个案,并对其进行反复研究,才可能帮助我们了解当下真实发生着的社会关系和结构变动,也才能为今后的深入研究提供最基本的翔实

① 该居委会目前仍处于筹建状态,社区党支部书记身兼居委会主任和社工站负责人于一身,也未参加于2006年7月举行的居委会换届改选活动。

下开展筹备业委会成立工作，直到2006年9月25日召开正式的业主委员会成立大会①。我从2006年6月底开始进入小区，与房管办居委会和业委会筹备组有直接互动的联系，实地参与了W小区后半段业委会的组建工作，直至其顺利成立到备案获得批准的完整过程，并通过访谈了解自2月到6月期间的前期相关筹备工作。

2006年2月，在该镇房地管理部门和J居委会的主持下，W小区开始组织业委会筹备组的报名工作，当公开在小区内部招募筹备组成员的通知贴出去后，有10人报名。居委会书记召集报名的10个人一起开会，说明情况：业委会筹备组可能需要较多的时间和精力等等，有三位业主考虑过后表示不能担任，退出筹备组的报名。最后正式成立的筹备组由10人中的7人组成，由成立后当选为业委会主任的D担任筹备组组长。到4月中旬，一名筹备组成员申请退出，后增补一人。

在4月到6月间，筹备组成员挨家挨户"跑门洞"发征询表进行了业主身份的确认，对《业主公约》、《业主大会议事规程》(两个公约)的意见征询，业主代表的推举②等工作。在选出的82名业主代表中分四次召开业主代表恳谈会，收集意见，并确立较为广泛意义上的业主委员会候选人名单，以便在最终的大会上讨论选举。7月22日召开了业主代表大会，投票选出7名业主委员会候选人，将候选人的基本资料公示于小区内，供业主了解相关

---

① 早在2002年时，就有居民联名打报告要求成立业委会，镇政府以未成立居委会为由拒绝。后属于同一居委会管理的S小区要求成立业委会，也因为类似的原因遭到拒绝。

② W小区的业主代表产生比率是多层楼栋一个门洞一位，高层楼栋一个门洞两位。最后推选出82名业主代表，代表产生率为10%。

情况，并说明一段时间后再次上门发放业主对候选人的意见征询表（即为业委会委员选举选票），同时在小区各个出口处设立票箱回收选票。选票回收结束后，于 8 月 17 日开票选举，在居委会、业委会筹备组和小区内部分业主到场的情况下唱票统计，得票数最高的当选。最后选出 7 名业主委员会委员[①]，其中 6 名委员年龄超过 50 岁，除一名担任某物业公司董事以外，其余五名委员都已经退休，较为年轻的一名委员为 27 岁，拥有硕士学历，职业为律师[②]。

选举当时未确定业委会主任、副主任的人选，以及具体的职务分工。直到 9 月 25 日在 W 小区召开业主代表大会，宣告 W 小区业主委员会正式成立，参加会议的人员包括房管办直接负责指导 W 小区业主委员会筹备成立工作的 H 和 W 小区的居委会书记，业主代表以及某些自发前来参与的小区业主和居民。会后讨论业委会分工和主任副主任的人选，房管办 H 和小区居委会书记先行离开，表示不参与人选确定和具体分工的决定。于是在纯粹新当选业委会成员参加的情况下，由业委会成员内部推选产生了业委会主任 D 和两名副主任。在整个业委会筹备过程中，D 扮演了一个极其关键的角色[③]。

接下来准备业委会备案工作，根据规定[④]，业主委员会应当自

---

① 最终选出的 7 名委员中，有 5 名是筹备组成员（包括增补时进入筹备组的 X）。

② 因为工作繁忙，他的众多工作是由其退休的父亲代做，尽管最后当选为委员，但真正参与小区事务的仍旧是他父亲。

③ 直接参与 W 小区业委会成立工作的房管办 H 说，没有 D，这个业委会恐怕还成立不起来；在筹备期间 D 对于 W 小区的基本情况相当熟悉，也为大部分在小区活动的居民业主所熟悉。这也成为相当部分居民拥护 D 担任业委会主任的理由。

④ 详见《上海市物业管理条例》细则，第一章第十六条。

选举产生之日起 30 日内，向物业所在地的区、县人民政府房地产行政主管部门备案。但在差不多时间成立业主委员会的相邻 S 小区和 W 小区的案例中，新成立的业主委员会都遇到了备案难的情况。等待备案的时间均超过 30 天。

以 W 小区为例，在宣告小区业委会正式成立的大会结束第二天，业委会成员即开始准备备案材料。2004 年 8 月通过的《上海市住宅物业管理规定》第二章第十三条明确写道："业主委员会自选举产生之日起三十日内，持下列文件向区（县）房地产管理部门备案：（一）业主大会会议记录和会议决定；（二）业主大会议事规则；（三）业主公约；（四）业主委员会成员的名单和基本情况。"[①]然而房管办的 H 则要求 W 小区业委会成员除这些材料之外，还要提供小区内商铺出租和使用的明确情况。在业委会看来，这是个"不可能完成的任务"，这个规定的目的是变相推迟业委会正式运作的时间。因为商铺的出租和使用资料都在开发商手中，而未备案的业委会也就不能拥有印章，还不能算是完全正式成立，也缺乏去跟开发商交涉的合法身份。这样便形成了一个循环怪圈：无法从开发商处拿到资料→无法向房管办提供备案材料→无法备案→无法跟开发商交涉。

到 11 月为止，W 小区的业委会仍然处于备案阶段，无法正式运作。这已经引起小区内部分业主的不满，甚至通过写联名信的方式询问政府为何备案批文迟迟无法下达。而业委会成员则表示，既然已经拖了这么久了，只有继续等下去，问的太多反而可能

① 《上海市实施〈物业管理条例〉的若干意见》提到："经业主大会选举产生的业主委员会，应自选举产生之日起的 30 日内，持业主大会的会议记录和决议、业主委员会成员名单和基本情况、业主大会议事规则、业主公约等材料，向区县房地产管理部门备案。"

适得其反。最后直到 11 月 25 日,业委会才正式得到通知——备案批文下来了。至此,W 小区的第一届业主委员会就算是正式成立(参图 2)。

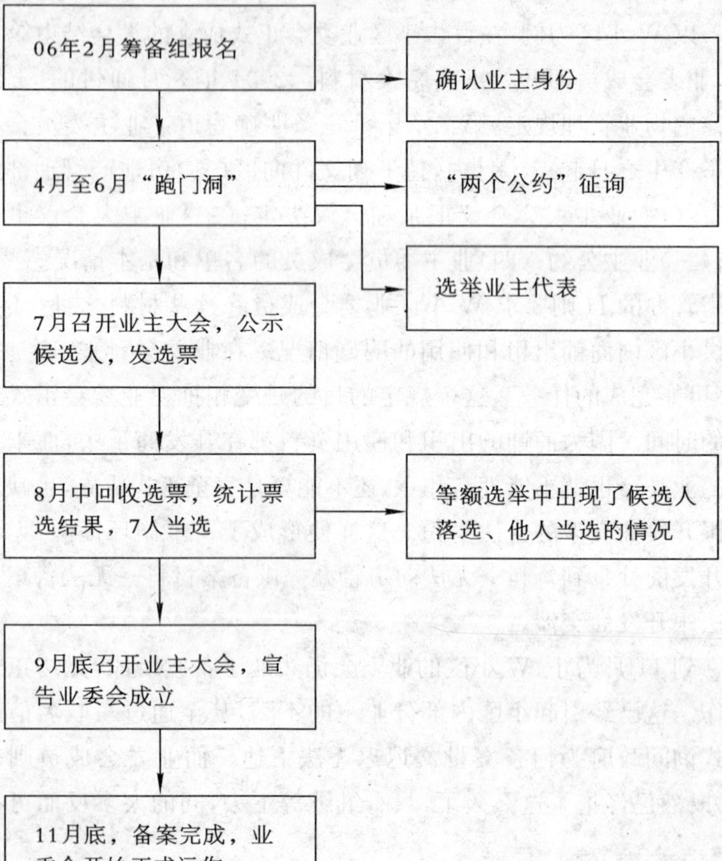

图 2　W 小区业委会成立流程图

三、W 小区权力结构分析

（一）小区权力结构的分类：居委会、业委会、业主居民、隐形力量（包括房地办、镇政府、物业公司）

1. 居委会

在分析商品住宅小区内的权力结构时，依旧会不可避免地带出传统的国家—社会二元结构。一直以来，国家通过单位显现权力，支配资源。在新兴的商品化小区里，原有的福利分房及单位管理消失，国家权力的体现只能借助基层政府代理机构，比如街道办事处等。尽管政府提出小政府大社会的构想，并一再表示要把政府权力从社区中退出去，由居民自我管理，但被选定为自我管理机构的居民委员会实际上还是政府权力的基层执行机构，W 小区也不例外。管理 W 小区和 H 小区的 J 居委会成立时间不到两年，在居委会成立之前，W 小区和 H 小区的业主都曾经由个人牵头小规模联合向小区对面的长征镇政府提出申请，要求成立业委会保障业主利益，但均未获得批准，理由之一就是两小区未成立居委会，根据《物业管理条例》第十条规定："同一个物业管理区域内的业主，应当在物业所在地的区、县人民政府房地产行政主管部门的指导下成立业主大会，并选举产生业主委员会。"查阅《物业管理条例》全文，并未发现业委会必须在居委会成立的基础上再筹备建立的说法，但以上海为例，有不少社区的业委会未能及时成立的原因之一，往往就是居委会尚未建立。显然，法律条文意义上的业主意愿执行机构业委会成了较为敏感的组织，需要在房管办和基层政治权力机构的共同参与准备的前提下,方可能筹备成立。这样的在有关部门"注视下"筹建的惯例,必定投射在实际的业委会筹备乃至成立后的操作中,实际影响其构成以及运作。

当W小区的业委会开始筹建时,居委会已经成立并运作了一段时间,由于是新筹备居委会,居委会的党支部书记并非产生于小区居民直选,而是通过公开招聘的形式选取上岗,并同时兼任W小区的居委会负责人,且负责社工站工作。因此居委会和党支部在这里可以作为一股力量来讨论,主要身份为党支部书记[①],可以说居委会书记手中可以调动的资源基本涵盖了一个社区内权力机构所代表的全部资源。另一方面,由于其直接受命于上层政府机构,必然也与镇政府形成对应关系,在参与社区具体事务时也会形成相应的立场。手握的丰富资源和政府基层机构在社区的天然合法性,再加上成立时间上的优势,使得社区居委会(实际上为居委会党支部以及社工站的合一体)在社区内部的权力结构地位上占据较为顶端的位置,对于小区事务享有一定的决策权,当然这样的情形在业委会成立后有所改变。

2. 业委会

物业管理相关条例的出台从法律意义上赋予住宅小区业主委员会以天然合法地位,这是对原有社区秩序的打破,给了全体业主一个参与新秩序的可能机会。这首先从根本上保障了业委会成立的元基础。

综观整个业主委员会筹备过程,以D为主要人物的业委会筹备组及其背后可能存在的业主利益诉求,借由业委会成立这一外部赋予的合法契机,逐步将自己谱系的权力来源和指向范围合法

---

① 在平时的工作中,居委会工作人员和较为熟识的居民称其为"书记"。

化。本来是各不相干的分散业主，通过业委会筹备组招募成员而聚集到一起，并在接下来几个月的忙碌的筹备工作中获得小区内一些居住者的认可，最后成功当选为业主委员，顺利成立业主委员会。业委会的成立也正式宣告了业主（尽管业委会并不能说完全代表社区内所有业主利益的总和）组织形式成为小区内权力结构的一部分，开始享有对于小区资源的支配权和小区事务的管理权，包括对先前托管于房地局的维修基金的支配审核以及对小区物业选聘的权力。由于维修基金的数额巨大，选聘物业公司则会直接影响到原先物业公司的利益，这两项权力背后所赋予的意义已经超过一般由基层机构所设立的普通群众组织。

但我们同时也要看到的是，初建立起来的业委会，在小区内部权力结构中，其地位并非牢不可撼。或者说，如果将权力理解为能够不顾他人意愿而推行自己决定的可行性，那么业委会掌握的权力显然还不够大。根据物业管理条例规定，业主委员会是业主大会的执行机构，履行一系列职责。但在实际的操作过程中，业主与业委会之间的关系则并非单纯地作出决定和执行那么简单。以W小区为例，业主委员会筹备组成员所必须付出的时间和精力本身就限制了相当部分上班族的业主，而业委会筹备组成员与最终当选的业委会正式委员之间的联系非常紧密，最终当选的7名委员中，有5名是业委会筹建组成员。很难评判家里没有退休父母的普通上班族业主对业委会筹建乃至成立整个过程的参与度。尽管他们得以通过填写征询表的形式来表达自己的意愿，但征询表能够反映出来的意愿相当有限，尤其是征询表的设计本身，会影响最后的结果。

以2006年4月W小区下发的关于《业主大会议事规则》和《业主公约》两个草案的意见征询表为例。W小区总户数836户，业主确认签名收到征询表的有688户。征询表上明确写出两个草案的文本张贴在小区内的公告栏内，请大家仔细阅读，并在征询表上注明赞成与否。提供的表格部分如表2：

表2 征询表

表决内容 \ 表决意见	赞同	反对	弃权
《业主大会议事规则》			
《业主公约》			

业主只需画圈表示自己赞成与否，征询表上也指出"如果业主对两个草案有不同意见，可附上书面意见"，但最后回收的征询表中仅仅有10份"有字"。大部分业主都没有表达自己的意见。

如上文所提签发688份征询表，表明有688位小区业主收到两个草案征询表，但最后回收仅351份。似乎回收数目过少，征询失败。但在征询表上有这样一个注："您在规定的时间内不反馈意见或不提出赞同、反对、弃权意见的，视为没有不同意见，认同《业主大会议事规则》(草案)、《业主公约》(草案)的内容。"因此在最后统计征询结果的时候，回收的351份征询表里，反对票为7票，弃权票为8票，作废的为1票，其余335票都算是赞同票，加上"未投票默认"的337户，最后算出来的通过率为97.7%，这样的数字显然无法等同于小区内部业主的高参与率，尽管表面统计上会起到这样的效果。

3. 业主

社区中各业主因工作等各种原因而对业委会选举并不关心，这在某种程度上提升了外部环境对业委会选举的重要性。在实地参与观察中发现，由于W小区大多数业主是上班族，晨出夜归，留在小区的时间相当有限，根本无心力也无时间参加小区内部的活动。现代商品房小区的门禁森严，也为同住一个小区之内的居民进一步来往带来了阻碍，业主之间缺乏联系，交往的邻居很少。在这种情况下，因为工作需要经常与居民打交道的楼组长以及小区积极分子就掌握了较多资源，甚至可以比较巧妙的选出自己中意的人选。在业委会筹备工作开展初期选举业主代表时，楼组长基本上会征求自己所负责范围内每户业主的意见。但在信息不对称的情况下，业主由于缺乏对其他人的了解，而自己又无暇参与活动，往往会将上门与自己接触的楼组长或积极分子的意见作为主要参考来源，甚至直接倾向于楼组长所提供的人选，认为“(楼组长)是经常跑门洞的，比较熟悉”。可以说，楼组长以及积极分子等“跑门洞者”比较可能控制接触到的业主意见，甚至影响最终选票填写，乃至选举结果。

在整个业委会筹建到选举成立的过程中，业主的力量[①]始终未单独作为一股力量出来作为，虽然其影响贯串始终。新兴商品化小区面临的一大问题就是陌生的邻里关系，除去个别业主之间在搬入新小区之前就建立的密切关系之外，整体上看，小区业主之间的交往并不多。尽管之前在提起对开发商的诉讼，起诉关于幼儿园配套设施的缺失的过程中，一部分业主建成了某种程度上的联系，但最后由于诉讼时间过长，联合诉讼的业主数量不断减少，业主还是未能形成一个共同体。

在业委会委员选举计票结束后，小区内有一些业主陆续前来查票。在当选的业委会主任D看来，他们来查票是希望发现整个

① 尽管业委会代表业主，但在选举成特定个人之后，本文倾向于将其与广大业主区分开来讨论。

选举过程中程序上的不合法甚至作弊行为，以此来推翻整个选举结果。但是早有准备的 D 拿出征询表发放时候每家每户业主的签名表，并向一些业主作了解释，最终化解了类似的风波。

4. 隐形力量

通常情况下对于社区研究，开发商是一个无法回避的角色。业主和开发商之间的纠纷往往成为各类维权过程中讨论的重点。由于手中掌握大量资源，且可能与地方政府和相关部门有长期的交往基础，在参与小区事务中，开发商可能希冀表现出较为强势的主导地位。据 D 介绍，在业主委员会候选人选举之前，开发商曾通过居委会找到筹备组组长 D，要求安排居住在 W 小区的开发商公司的副总工程师进入业委会担任委员。D 以不符合程序为由拒绝，并成功劝说此人放弃参选业委会。①

对 W 小区的业委会而言，成立目标之一就是与开发商谈判，解决房屋质量遗留问题和后期维修等一系列问题。W 小区在开发过程中曾经更换过开发商，前任开发商因为市场运作不善以及资金不到位，中途放弃。后来由其他开发商接盘，最后完成开发。但是在后期开发过程中，原来被作为配套设施的小区幼儿园被改为居民住宅出售，成为纠纷的来源之一。同时开发商更替也在一定程度上影响了小区房屋质量，留下了质量隐患问题。W 小区售楼始于 2001 年，五年的开发商售后期限到 2006 年即到期，如果业委会的成立没能及时赶上最后期限，会给后续的谈判交涉带来一些麻烦。

① D 向其分析利害，加入业委会以后可能要和开发商即他的工作单位正面冲突，会不利于其工作，最终其放弃，并说自己的参选是出于其单位即 W 小区的开发商的授意。

但最后，到业主委员会正式成立时，据D说，该小区五年的保修期已过（截至2006年7月左右），只能在备案后通过谈判或者诉讼的方式与开发商交涉。

按照物业管理条例的规定，新建商品房小区的第一届物业经理都是由开发商指定的。在第一届业委会成立之后，小区始可以根据业主大会的意见选聘新的物业公司。但在成立之前，原来的物业公司始终在小区内服务。因为是初任物业，在很多方面都可能占有资源使用优势，但也可能给社区居民带来利益损害。

关系到具体利益，每个小区都会面对停车场收费和休息室出租等问题。W小区的地下停车库就曾经经历"三包"的问题。经一再转手，最后车库承包人收了停车费后不给发票，将金额卷走，居民受害。小区的公用会所也被物业公司承包出去，对此小区业主极其不满。由开始到现在，W小区的物业公司经理已经换了好几任，"不停地换，不停地有钱拿"。[1]

按照物业条件的相关规定，在业委会成立之后，即便是合法收益，物业公司也必须向业委会通报具体情况，因为业委会的合法开支要从物业公司收上来的公益收费中提取（物业费、出租费和包括固定和临时两部分的停车费）。但由于双方信息不对等，物业公司和业委会之间的关系难免被蒙上阴影。S小区的业委会成立之后（尚未完成备案），收到小区物业公司发来的信函，指小区内的公益收费不多，多名业主拖欠物业费，希望业委会能够配合收费。业委会的成员在开会讨论时则说"发了个函说欠四十多万的物业费，就把球踢给我们……"[2]

① 访谈资料。

② S小区业委会会议记录。

关于物业公司的市场性质，在有关社区权力架构的研究中已经得到公认。作为独立企业法人，它属于服务性行业。但是，业主与物业公司尚不能归结为单纯的雇佣与受雇的关系。事实上，先入小区“为主”的物业公司可能反而占据较高位置，而不是受雇关系中较为被动的一方。

（二）权力结构的来源和性质

在对 W 小区内权力结构中的各个角色进行描述之后，有必要从其权力来源和性质的角度进行简单探讨。

1. 居委会

早在 1954 年 12 月 31 日，全国人大通过的《城市居民委员会组织条例》就规定了“城市居民委员会”的性质是“群众自治性的居民组织”。1989 年通过的《城市居民委员会组织法》第二条也明确规定：居民委员会是居民自我管理、自我教育、自我服务的基层群众性自治组织。居委会的传统合法性对于一般业主和居民是毋庸置疑的。但在实际社区运作中，其所承担的职务和扮演的角色却是较为暧昧不明的。二十世纪 90 年代，上海提出“两级政府，三级管理，四级网络”的管理体制，新的体制提出本身就包含了“基层社区的实际生活正趋于脱离国家传统行政的管理范围”（李友梅，2002）的社会事实。在这样的新情况下，如何参与基层社区生活，把握群众方向，成为摆在政府面前的一道难题。也正是新的管理体制，使得居委会及其所在的街道之间建立了隶属性质的关系。居委会从街道获得政治经济方面的资源享用，同时接受其指导，完成其所分配的工作任务考核审查。依据居委会组织法，其职能概括为六方面：政治整合、公共服务、民间调解、治安维护、政府协助、民意表达。但实际运作中，居委会承担的工作远远大于法律规定。

借此，上一级管理机构将居委会改造成自己的"派出机构"，伴随而至的则是大量的行政任务的下发，给居委会带来了繁复的工作内容。

同时随着社会流动的加快与生活水平的提高，社区的居民结构和房产结构发生了很大变化，拥有较多社会活动参与机会的居民们不再局限于小区内。在一些小区里，掌握有较多社区经济资源和社会资源的物业公司和代表业主意愿的业委会以及业主自发成立的联盟等社区基层组织的存在，吸引了居民们的注意，使得居委会在这两方面的地位有所下降。繁复的行政任务成为鸡肋，居民们将之作为任务应付，居委会的自治组织性质日渐模糊。

2. 业委会

如果说居委会的传统合法性来源于其作为小区内唯一合法的居民自组织，那么业委会的生长发育事实上在缩小居委会的活动空间范围，或者说业委会理论上所应有的生存空间在成立前被居委会占据或剥夺。

《物业管理条例规定》中明确写到，业主大会有权"决定专项维修资金使用、续筹方案，并监督实施"，业委会作为业主大会的执行机构，自然在日常的运作中直接参与到与专项维修资金有关的活动中去。正是这一点使得业委会委员的人选成为大家关注的焦点。新建商品房的维修资金少则上百万，多则上亿，业委会作为唯一名正言顺接触这笔大额资金的组织，自然为社区业主所关注。同时法律明文规定"物业共用部分获取的收益……也可以按照业主大会的决定用于业主委员会工作经费……"。[①] 运作经费独立获取的业主委员会进而也拥有了小区内的独立地位，获得了在小

① 参见《上海市住宅物业管理规定》第二十五条。

区权力结构中占据一席之地的根本基础。

抛开法条合理的业委会地位，在实际的小区生活中，业委会是作为业主联合的组织，可以出面为业主维权。以W小区为例，在业委会成立之前，小区内有业主就小区配套设施联合诉讼至法庭，其中关于会所的起诉被法庭驳回，理由是不具备诉讼主体资格，“等你们有了业委会再来起诉吧”，也因此，某些曾经在幼儿园案件中获得开发商赔偿的业主积极活动想要加入业委会而被认为是“有私心”。

而学界对于业委会的过分热情也给苦于身处维权弱势的业主们带来了希望，希望由小区内部组织起来的业委会能够承担起为业主说话的重任，在与开发商物业公司博弈的过程中，业主以更为统一的组织化身份出现，而不是单打独斗，耗费精力资源。

然而作为新生事物的业委会在当下的社区秩序结构里还处于一个较为尴尬的地位。业主大会组织难和业主集中难的现状，使得业委会由理论上的执行机构变为权力分享单位。而物业管理条例及相关规定没有明确写出业委会的管理监督机构，对于这样的权力，从基层政府到普通业主都存在一定的担忧。经费独立和缺乏监管的另一面就是缺乏外界的支持力，在当下的社区结构中，不少业委会领导必须依靠威望，包括其在小区长期生活的熟悉者心态的帮助，借其对小区内居民情况的熟悉度，来处理事务，带有一定家长气息。遇到与业主、物业公司乃至房管办的纠纷时，业委会就不得不独立应付，显得较为被动。

3. 业主

至于以个人为单位的业主，从理论上来说，社区公共事务的处理和资源共享的权力掌握在他们手中。《物业管理条例》规定，业主在物业管理活动中享有的权利包括：按照物业服务合同的约定，接受物业管理企业提供的服务；提议召开业主大会会议，并就物业管理的有关事项提出建议；提出制定和修改业主公约、业主大会议事规则的建议；参加业主大会会议，行使投票权；选举业主委员会委员，并享有被选举权；监督业主委员会的工作；监督物业管理企业履行物业服务合同；对物业共用部位、共用设施设备和相关场地使用情况享有知情权和监督权；监督物业共用部位、共用设施设备专项维修资金（以下简称专项维修资金）的管理和使用；法律、法规规定的其他权利。[①]

但在实际的情况中，业主提议召开业主大会或制定和修改业主公约等都必须在参与人数达到一定百分比（2/3 或 1/2）时才能进入程序，而集合到相应的参与业主则成为了阻碍业主参与小区公共事务的最大瓶颈。同时限于小区规模，相当部分的小区业主大会通过发放和回收征询表的方式进行，这样的形式很容易限制业主的参与度，甚至会通过技术上的处理改变结果[②]。因此，社区业主的力量在平时状态中是分散的，不能作为权力的一股来加以讨论。不过，在面临重大事件时，经过集体动员和组织，社区业主的力量及其所能调动的资源则能够影响甚至左右事件。这一点，在众多的业主维权事件的研究中已经表现得非常清楚。然而社区动员的巨大成本决定了这类“社会运动”必定产生于重大利益冲突的背景中，在日常的社区运作中，业主们往往是面目隐晦的个体，缺乏广泛意义上的相互联系。

同时，在讨论社区权力结构时，我们要考虑到，业委会既是行政性指标的产物，也具有社会自组织的属性，因此带有双重性。即

① 参见国务院令《物业管理条例》第二章第六条。

② 上文所提及的 W 小区征询表设计就是一个很好的例子。

它不同于行政治理的上级硬性指派，也不能简单根据社会自组织活动方式来运作。关于这一点的一个典型例子就是人选的交叉任职。如前所说，业委会委员同时充当楼组长、积极分子等，定期参与居委会组织的楼组长或积极分子会议，承担来自于居委会下达安排的任务。从行动者的身份来看，业委会的委员参与居委会工作，无疑更有利于业委会和居委会的合作，经常来往便于了解彼此近况和工作开展情况。对于小区业主来说，因为居委会的日常事务而常跟居民打交道的人同时也是业委会成员，这显然节省了业主们的交往精力。遇到事件，联络起来更为迅速。但这同样也会带来矛盾：业委会委员的双重身份使得这些交叉任职者在面临两难抉择的时候势必要选取一个较为折中的方法，同时采取一种暧昧的态度。这一点则使那些迫切需要业委会站在自己这一边的业主们产生不满。

总之，在讨论社区权力结构时，简单运用国家与社会分析框架在此显然并不合适，居委会及隐隐出现的房管办可以归作为国家的范畴，业委会归为社会范畴却并不合适。尽管其合法性的根本基础是拥有房屋财产的业主利益，但如果要顺利地在小区成立并开展工作，挥之不去的行政性色彩就决定了其暧昧中介组织的性质。危机时刻紧急动员的广大业主在平时的社区生活中，往往表现为松散的原子化个体。法条明晰的权责规定给业主参与社区权力结构提供了合法空间，但如何在实际的日常生活中取得以及拓展此类参与空间，仍然是摆在众多业主面前的一大问题。在访谈中，多数业主声言自己对于业委会的要求就是希望能让物业好一点，这体现了业主们在住宅权主张的初始阶段的基本要求。为了实现这个期望，业主必须确保业主大会对于业委会的掌控度，以间接控制选聘和解聘物业公司的权力，以实现保障自身的物业要求的基本目的。

（三）通过几个案例展现居委会与业委会之间的权力关系和各自的资源拓展，两者在过程中的互相渗透（选举风波、会所变身、业委会人选问题）

1. 选举风波

在 7 月份的业主委员会候选人选举中，业主代表选举出 7 名候选人。在随后的正式委员会委员选举（此次选举为等额选举）过程中，上门发放的选票上印制了 7 名候选人（称为官方候选人）的基本资料，业主可以直接在名字后面打圈表示赞成。如要另选他人，则要在选票上写上他人姓名资料，较为麻烦，同时还应考虑到大部分未参与业委会筹建工作的业主心目中并没有一位具有公信力的业主委员会委员候选人。在实地观察的过程中发现，不少业主在收到选票后表示对上面的人基本都不熟悉，表示说既然是等额选举，又不会有谁落选，就全部打圈表示同意。根据选票最后统计结果，同意选票上的 7 位候选人无其他建议的票数共计 211 张，占有效选票 500 张的近半。这样一来，7 位官方候选人只需争取不多票数即可达到物业管理条例当选过半，也就基本可以保证当选，与其他另外提出的非官方候选人之间产生了 211 票的巨大差距。如果有业主想要提名其他候选人，则要说服 200 多名业主在选票上写下其他候选人的姓名资料，非常麻烦。笔者在唱票前对部分业主作了随机访问，受访业主多表示，唱票只是个形式，7 名候选人应该就是最后的业委会成员，"因为等额选举，不会再有人了"。当问及 7 名候选人里会不会有个别人选因为不受欢迎而无法当选，所有受访业主都表示应该不会出现此类情况。

然而，实际选举结果却有些出入。在征询表上印刷出的 7 名官方候选人中，6人顺利当选为正式的业主委员会委员，唯一落选的K是一名退休大学教师，取而代之的X则是退休小学教师①。两人的得票数仅相差33票。

单单从两人的个人情况来看，落选的K似乎比X更适合想象中对于业主委员会委员一职的期待：K比已年届70的X年轻，退休前为上海某大学经济类学科教师，口才很好，“说话逻辑性强”；X年纪较大，身体状况不大好，精力不如K充沛。但在小区某些居民看来（包括业委会筹备组的一些成员），K比较斤斤计较，想进业主委员会也是为了他自己的利益。在筹备组成立最初声言“筹备工作很吃力的，不要参加”，等到开业主代表大会，选取业主委员会候选人的时候，“又跳出来表态要参加业委会”。在业委会筹备成员和某些业主以及居委会书记看来，K不是适合进入业委会的人选。此外，在候选人会议上，有高层业主代表对于候选人里没有高层业主表示不满，认为高层业主的利益无法得到维护，而X正是高层业主代表，一旦当选为业委会成员，可以名正言顺地帮助维护高层业主利益，符合了法条规定里的业委会成员具有物业代表性的要求。然而等额选举的投票方式很容易让K当选，除非集中大量业主的意见，让大家一起在征询表上填写其他某位业主的姓名，且最终得票要超过K并且过半数才可能最终当选。

但在松散的业主投票选举中动员大家集中选举一位名字没

① 业主委员会委员选举发放选票680张，回收519张，其中弃权2票，废票17票。选举结果为四人得票数超过450票，其中D获最高票数492票，其余三人中，两人超过370票，取代官方候选人K的X，得269票（皆为选举业主手写投票）。落选的K得票236票（其中211票为全票赞成）。

有印制在选票上的业主代表是具有相当难度的。同时，最终的委员当选要求在选举有效的前提下过选票半数[①]，否则就需要重新开业主代表大会推举候选人再选。而这种情况是业委会筹备组和大部分的业主都不乐于见到的，这意味着前期努力的白费。而且筹备工作做到此时，已经有业主质疑，为何业委会筹备组成员三番五次上门发表签名投票，却到现在还未结束整个选举程序。如果推倒一切再重新开会讨论选举，势必会影响业主的参与热情和动力，最终甚至导致业委会流产。

在这样的情况下，以 D 为中心的业委会筹备组利用自身资源：上门发放选票——即可以面对面的跟投票业主交流。发放选票的业委会筹备组成员似乎达成了某种默契[②]，在笔者亲身观察的选票发放过程中，筹备组成员对于接过选票看也不看候选人基本资料，就直接打圈的业主基本不劝说；对于那些会仔细看一下候选人资料的业主，则会提出"小区里有个 X 老师，是小高层的，人蛮好"之类的话，建议业主投票。在物业类型上，着重劝说高层业主投票选举可以代表高层的 X，面对多层业主时则可能只字不提——某些多层居民与 K 相熟。

根据最后的选举结果来看，这场名义上无组织的拉票运动最终也的确实现了 K 下 X 上的结局。对 D 等人来说，这可以算是对业主委员会纯粹公性的一次有效维护。

---

① 根据规定，回收票数需占小区总户数的一半以上才能算是选举有效。W 小区共 836 户，有效票数为 418 户。然而 W 小区的实际进户数只有 710 户，也即发放票数最多 710 张。回收票数太少，达不到有效选举的要求。票数较多，也就提高了当选的票数要求。

② 在调查中，我询问她们是否集体讨论，动员居民在选票上不选 K 而写上 X 的名字，但未得到肯定答案。

2. 会所变身

从新建商品房小区的各种维权纠纷中，我们不难发现，围绕会所凸显的开发商、物业与业主之间的矛盾绝不少见。在沪上引起较大风波的大华清水湾事件正是开发商所承诺的高档会所被改成浴场，引发小区业主不满。W 小区的会所二楼曾经被承包给别人做棋牌室，引起小区业主不满，甚至曝光至电视台。引起基层政府对于 W 小区相关事务的注意。据 D 说，自从会所被曝光之后，居委会书记被上面请去谈话。之后该书记态度有所转变，本来很“支持业委会的”。

除了公开到电视台曝光的会所二楼变棋牌室之外，W 小区购房合同上写明的独立式会所还包括一楼的部分，现在为居委会办公用房。由于 W 小区和 S 小区同属一个居委会管理，居委会的办公用房便可在两个小区内确定。目前居委会所在的位置是属于 W 小区的会所，因此在有些居民看来，居委会是侵占了业主的利益。会所一楼被居委会作为办公房，对于小区居民来说，就失去了方便的活动地，尤其是小区内的老年人，如果需要活动，必须爬楼梯去设置在二楼的活动室，增添很多不便。

尽管业主对于居委会在会所办公表示不满，但也有居民认为在两个小区“共享”一个居委会的情况下，居委会在自己的小区是给自己生活带来了方便，这一点对于居委会而言也是博弈的筹码。居委会工作人员就曾表示过如果 W 小区的居民一定要求居委会搬出此地，那居委会就去 S 小区，以后就不管 W 小区的事。访谈中，居民将这句话理解为“气话”，但也有所顾虑，不希望事情到此地步。

在笔者于该居委会蹲点观察的过程中，也实际看到了居委会对于小区活动室的调整，先是将居委会一楼里间的会议室定期开放作为活动室，后因为“有些居民反映进出要经过居委会办公的地方觉得不方便”，[①]而将外间的办公室搬至里间，将外间改建为居民活动室。尽管居委会曾经表现得态度强硬，但也在实际过程中逐渐调整甚至退让。

关于业委会成立后的会所问题，业委会主任 D 在业委会筹建时强调：“业委会成立之前不会谈这个问题，以后即使要谈，也不能针对居委会，居委会是我们的父母官，在我们这里办公肯定是比较有利的。”

3. 业委会人选问题

如前文所言，此小区的居委会并非通过民选产生，居委会的负责人身兼三职。因此，在这项研究中，笔者将居委会和党支部作为同一股力量讨论。对于基层党组织来说，协助上级政府维护小区稳定是重中之重，尤其是 W 小区与所隶属的政府仅隔一条马路，用书记的话来说“只要出点什么动静，那边就知道了，居民也很容易去搞上访”。因此小区的稳定局面也成了尤其敏感的问题，捅了一点小娄子，就可能立即被上级知晓，引起不良影响，2006 年的会所变为棋牌室曝光事件正是一个典型例子。或许正是因为这个原因，在接触比较敏感的业委会筹备建立的任务时，居委会书记显得非常审慎，力图随时掌握业委会筹备的进展，保持和房管办的紧密联系。

然而《物业管理条例》的含糊规定，使得居委会缺乏明确的管理身份，[②]不能有效约束业主委员会。因此在面对业主委员会时，

① 居委会书记语。

② 在《物业管理条例》中提到的业委会和居委会的接触，多是采用“业主大会、业主委员会应当积极配合；应当告知；认真听取”居委会（意见）等语句。对此，有居委会的人员表示，那他（业委会）不告知不听取我也没办法。

业委会只能和房管办一起“严格把好人选关”[1]，书记也基本上全程参与业委会产生的过程，保持与关键人物，比如D的紧密联系。在跟笔者的交谈中，书记称自己“很少参与，尽量不参与”。D则称其“什么事情都参与，什么事情都管一管”[2]。

在8月17日业委会委员的正式选举结束后，按程序房管办、居委会跟业委会成员应该立即组织个碰头会，就业委会正式成立大会和人员工作任务分配达成共识。但最终一直拖到9月20日，才召开了这个本在一个月前就应召开的简单会议。此期间，在D看来，书记在忙着“跟这个谈跟那个谈”，想要影响业委会正副主任的具体人员确定。书记自己也承认分别跟业委会七个成员进行了交谈，书记并不乐见D成为业委会主任，认为其性格不适合担任业委会主任一职。但是最终的结果并不如书记所愿。

尽管W小区当选的7名业主委员都是党员，但是党组织力量体现得并不明显。支部书记并未立即在业委会内部组织成立党小组，也未以党支部名义提出任何要求。但是我们要看到的是，业委会成员的交叉任职在两个小区都不罕见。先成立的S小区业委会的主任同时在附近社区居委会工作，而S小区业委会中有一位成员后来进入J居委会工作。W小区的业委会主任本身便是小区的楼组长之一，在参与居委会筹建之前就经常承担居委会的工作任务，参与其活动。

类似的做法在上海的虹口区被作为一项“初见成效的工作经验”，即采取“提前介入机制”。该区某居民区党组织、居委会，

① 房管办H访谈记录。
② 业委会主任D的访谈记录。

在房地办事处的配合指导下，提前介入新一届业委会的换届选举工作，鼓励小区内党员业主和业主中的居委会成员积极自荐。①

四、业委会个案对照研究

W 小区的业委会最终成功成立，且基本上是由不带有浓厚政府或开发商、物业色彩的业主来掌握，这在众多新建商品房小区的业委会成立事件中并不算常见，正如 D 自己所言，绝大部分的业委会筹备成立最后都以失败收场。

在对于成功的 W 小区业委会选举进行观察研究的同时，笔者觉得，有必要将眼光投射至其他并未顺利成立的业委会之上，进行比照，以期发现特殊性及共性。其中较为典型、且在上海市具有一定影响力的正是中远两湾城的业委会成立个案，同属上海市普陀区的中远两湾城社区内所发生的事为业委会研究提供了一个有趣的案例。

开盘于 1999 年秋的中远两湾城是自 1996 年在旧城改造的基础上分期建设的超大型住宅小区，位于内环线以内，共计建筑面积 160 万平方米。一至三期有超过 7 500 户的业主；四期仍然处于销售中，业主并未全部入住。

如此大的小区规模，巨额的维修基金也成为了焦点之一。如果将四期和五期的维修基金一并计算，中远两湾城的物业维修基金可能超过一亿元。根据《物业管理条例》规定，维修基金

① 参见《关于加强业主委员会运作管理的调研报告》，虹口区“关于加强业主委员会运作管理”课题组。

的“筹集、使用和管理由业主委员会负责”[①]。然而在这个具有地标性的大型小区里，业委会的成立并不如业主们想象的那么容易。

中远两湾城的业委会成立有以下几个节点：成立筹备组和工作组，业委会委员初步候选人的产生，通过自我推荐会产生正式候选人，业委会产生。[②]

第一阶段中，筹备组正式成立于 2004 年 11 月，由房地办和街道办从报名参加筹备组的业主中，选定 12 位筹备组成员。这一环节事实上与 W 小区的筹备组人员选取路径一致。事实上，最后能够当选业委会的成员首先必须进入筹备组，而自筹备成立时就介入人员选取的做法，正是对最后投票选举——所谓业主意愿的反应——的基数所能作的最好控制。

由于中远两湾城户数较多。政府指导部门将一至三期物业划分为 6 个区域，每个区域内成立 1 个工作组，由 2 位筹备组成员，1 位居委会干部和 1 位党员代表构成。50％的人员构成比率使得这样的业委会成立自开始时就不可能纯粹在仅有业主参与的情况下进行下去。

第二个阶段产生业委会委员初步候选人。推荐的方式包括业主自荐和组织推荐，再由“业主投票”产生 196 个初步候选人。在此环节中有这样一个值得推敲的细节：“经房地办、街道办召开全体候选人座谈会，了解其是否参选意向后，有部分初步候选人主动放弃”[③]。主动放弃的人选有 64 人，占总人数的 32％。政治权力

① 参见《物业管理条例》第一章第十二条。

② 参见《越俎代庖　欲速不达——上海中远两湾城小区业委会难产透析》，《现代物业》2006 年第 9 期。

③ 同上。

在此处再一次介入，筛选了2/3的人选。

第三个阶段，将132个初步候选人再划分至6个区域，通过自我推荐会上的6分钟演讲，这些备选者向投票者——由业主代表和“随机抽取的与业主代表人数相等的业主”——演说。关于投票者的构成，在中远两湾城的社区论坛上，有不少业主对此表示不解，既然业主代表按照每30户推选产生一个业主代表的比率产生，那正是业主意愿的体现（且不论此种体现是否全面），另外随机抽取的业主所扮演的角色又是什么呢？同时有趣的是随机抽取的业主数与业主代表数目相同，50％的比例再次出现。

最后一个阶段即为业委会委员的产生。通过上一轮的选举产生16名正式候选人之后，进行等额选举，采取“书面征求意见形式”，产生16名正式业委会委员。

作为一个超大型小区，关系到上亿元的维修基金，中远两湾城的业委会选举所包括的内涵当然远远超过一个千人小区。首先，对于政府及下属的基层政治组织而言，“社区稳定”这样的核心词贯穿了整个业委会的成立过程。事实上，自筹备至成立，中远两湾城的业委会花费了超过两年的时间。其间，筹备组的组长退出，区域组业主联合抵制参加选举等等事件让业委会的成立进程一再“卡壳”。某位业主直指“筹备组在关键环节上做手脚”，认为筹备组“空转”两年，筹备组“内定”的候选人是为房产商和物业利益代言，而“内控”的人员是为业主说话办事的业主，不能让他们参与业委会。（周文天，2006；汪伟，2006）

尽管总的看来，中远两湾城的业委会成立有众多行政力量过度参与的痕迹，但超大型社区所意味的强大业主集团所具有的资源和力量，也使得这一场角力的各方呈现势均力敌、各不相让之势。建立在财产权基础上的业主的权利主张正逐渐扩大，为业主们与可能妨碍业主行使个人权力的力量博弈提供更为充分的准备和底气。

五、反思与讨论

(一) 业委会的含义、性质，业主委员会≠业主意思表达，业委会在社区秩序内所处的尴尬结构地位，比照社区委员会的“政府搞民众自治”的失败

《物业管理条例》规定，业主委员会是在物业管理区域内，在房地产行政主管部门指导下，由住宅小区业主选举产生，代表全体业主对物业实施自治管理的组织。应该说，业主委员会是来自于民众的合法自治组织，其人员组成由业主选举产生，运作经费来自于维修基金，区别于其他依赖于政府的社团组织。

通过比照美国社区联合会这一社区组织，我们尝试从以下几个方面整理我国业主委员会与美国社区联合会的异同。

对于业委会性质的认定，在不同群体内产生了不同的解读。某些政府部门深感业委会自治组织的高敏感度，从而强调其“只在物业管理活动中涉及物业财产方面的自治权责。业委会既不属于民间组织，也不是群众自治组织，仅仅是“社区居民的一种财产组织形式”。[①] 普陀区某法院法官也提出现在的业委会无人监督制约，比较难控制。[②] 对于在实际工作中与业委会打交道的居委会

① 参见《关于加强业主委员会运作管理的调研报告》，虹口区“关于加强业主委员会运作管理”课题组。

② 普陀区某法官访谈记录。

社区党支部来说,业委会是合法的居民集体,并不属于自己的管理权责范围内,但又可能影响小区稳定,因此需要特别注意。

表3　我国业主委员会与美国社区联合会的异同比较

对比项	社区联合会(美)	业主委员会(中)
产生时间	约150年前	
基本特征	所有业主隶属联合会	业委会对所有业主负责
	业主、联合会和董事会面对具有共同约束力的治理文件	业主公约业委会公约等主要来源于模板,除非要求维权,极少业主关注公约内容
	业主支付公共财物管理费用	业主缴物业费,不向业委会缴费
会议召开状况	定期召开有民主选举的联合会会议、董事会会议以及委员会会议	遭遇重大事项时召开业主会议
与开发商合作	开发商对社区联合会的控制逐渐减弱	开发商牵头成立业委会,成立后影响力减弱
与居民沟通	具备听取居民意见的程序	缺乏沟通,未形成沟通程序
与专业人士合作	与各个领域有关专业人士合作	缺乏合作,依靠业主内的专业人士提供信息
社区管理工具	注重网络平台提供信息	网络缺失或仅为摆设,无聚合力
重要作用	保全和提高房屋价值	代表业主维护权益行使权力
职能承担	出现公共职能私人化趋势	承担与物业管理有关的职能

对于普通业主而言，业主委员会应当是维护业主利益的组织，具体人选并不重要。“我们不管谁当选，只要物业管管好就行了。”[①]类似这样的看法再加上业主意思表达的收集难度使得业委会无法承担业主意思表达的重要任务，业委会以业主名义而生，却在成立后与业主群体产生程度各异的脱离。

在调查中，也有居民向我提及业委会就是民间组织，但当进一步追问时，居民们对于民间组织的具体含义和行动方式又不甚明了，业委会成为含糊的民主符号，寄托了居民们的希望，尽管人们对自己所寄托的希望本身也不甚了解。

俞可平在《中国公民社会：概念、分类与制度环境》一文中分析比较了几个关于公民社会组织的概念：非政府组织、非营利组织、民间组织、公民团体、中介组织、群众团体、人民团体、社会团体、第三部门组织、志愿组织（俞可平，2006）。同时提出在讨论公民社会主体的组织或团体时，应该一致使用“民间组织”较好。参照俞可平提出的民间组织的四大特征，我们可以对照一下业主委员会的概念。四个特征为：非政府性、非营利性、相对独立性和自愿性。（俞可平，2006）

第一点，非政府性，即组织不代表国家政府权力意志，业委会与代表国家和地方政府的房管办和居委会分离开来，各自行事，因此不代表国家政府权力意志。

第二点，非营利性，这一点主要用于区分中介组织。业委会作为业主选举产生的组织，尽管有维修基金和小区公共收益作为运作资金来源，但显然不以营利为目的。甚至尽管有些小区把业委会委员可以领取一定的经济补助作为公约的一部分，但相当一部

① 某退休居民语。

分委员表示一分钱报酬都不要，以表明自己进入业委会工作并非为图私利，而是为业主服务的宗旨。

第三点，相对独立性，在我国特殊的语境下，“相对独立”的含义需要界定。较之于国外萌生于独立运作的商品经济和市场社会的市民社会而言，国内民众组织的独立二字显然要打上引号。然而较之于其他民众组织，业委会还是显现出较高的独立性。尽管《物业管理条例》里写到业委会要在房地管理部门的指导下运作，要与居委会合作等。但如前所述，条例并未清楚指明业委会直属于哪个部门、也没规定如果不接受监督指导的话会受到何种惩罚。这也在实际的操作中给业委会留下了较大的运作空间，而资金来源不依靠上级拨款的相对独立性①，人员产生于自我选举组织等组织运作特征也进一步加强了业委会的独立性，尽管选举的实质可能并不如理论上那么独立。

此外俞可平还提到公民社会组织的两个特点：“非政党性和非宗教性的特征，即它不以取得政权为主要目标，也不从事传教活动。”（俞可平，2006）处于发展初期的业委会被打上纯粹社区物业事务的记号，显然并不与这几点冲突。

值得一提的是，在笔者调查的小区中，从事业委会工作的相关人员再三强调业委会必须有公众服务性，带有一定的集体主义观念和色彩。在这样的语境下，个人主义或者是利己主义都是必须排除出去的。筹备组的成员不仅将有无公心作为自身标榜的标准，也用来衡量业委会委员的相关候选人。而这样的标准是得到各方认可的，不仅政府管理部门强调，居委会提到，业委会本身也

① 根据《上海市住宅物业管理规定》，业主委员会运作经费由业主大会决定。业委会的运作经费可以从维修基金以及小区公益收费中提取。

将其作为重要的原则。

在W小区业委会里，业委会关键人物D的态度不容忽视，D曾经多次在不同场合提到业委会的“公性”：“……他们动机不纯……有私心的人绝对不能进入业委会……我是筹备组组长，我就要把这个关……进入业委会的业主一定要是有爱心的，为大家服务的。”[①]这也可以代表目前一些业主对于业委会的认识，“公”的旗帜依旧挺立。

总的来看，根据学界的概念分类比较，业委会符合公民社会的基础和主体要求：民间组织的概念要求，应当作为其不可缺少的基础之一。而涉及到业委会运作的完整过程中，各个层面的态度又并不统一。

政府机构对于由业主委员会所带来的民众组织化趋势非常关注，要求在各个层面对其进行了解和掌控，以维持局面的稳定。这一意识直接影响到基层部门，包括居委会和房地管理部门对待业委会的态度；对于广大居民而言，大家对于业主委员会的期待首先从维护自身利益出发，要求其搞好物业，管理好维修基金，虽然也偶或意识到业主委员会的民间组织性质，但并不具有清晰的认知，最紧密接触业委会运作的有关人员本身则紧扣相关条例，从中总结关于业委会的性质，将“法律没规定不允许的”作为自己的活动范围，同时对业委会的参与者提出公众服务意识的要求，甚至分文不取的奉献精神，或者可以看作是我国长久以来做公事就等于无私为人民服务的舆论提倡表现。这里看来学界所期待的民主意识的觉醒，将业主委员会作为民主起步的平台，还需要一定的时间和

① 参见上海交大法学院《区域、都市法制研究中心学术活动简报》第2期(初稿)，第3页。

准备。而理应作为业委会意愿代表对象的业主们意识的无法统一及随之而来的缺乏明确渠道表述,也成为造成业委会与业主们之间断裂的原因之一。

(二)业委会运作的制度环境

业委会在上海这样一个住宅商品化进程较顺利的大型城市里,成为民主化进程中的重要一环,引起了众多关注。代表国家权力的政府机构也表达出了宏观上的鼓励,为业委会的发育做了很多事情,包括制定法律法规,提供法律制度上的合法性空间;在媒体上鼓励和提倡相关新闻,主流媒体都为社区新闻辟出专门空间,而媒体宣传业主对于商品住宅的所有权和社区事务参与也成为业委会运作成立的重要意识基础。具体到基层政府,居委会和房地办基层部门为各个小区的业委会成立做了很多实际工作。以W小区为例,业委会的初期筹备工作中,居委会和房地办主持召集参与了不少工作。在业委会筹备组面临办公费用问题时,也是由居委会出面与开发商联系处理,在接下来几个月里的筹备工作中,居委会书记始终参与,直到成立。尽管这种参与并非单纯盼望成立的热情所支撑,但在实际事务中的积极作用不应被忽视。

在看到宏观鼓励的同时,一些隐形的不易察觉的细微约束也不容忽视。用业委会筹备组的D的话来说"成立的过程当中,实际碰到的障碍相当多。"①

D所指的障碍大致可以分为以下几类:

(1) 来自开发商物业的障碍,包括来自某些与开发商物业联

① D语。

系紧密的业主居民的障碍;[1]

(2) 来自普通业主居民的障碍,表现为部分居民对业委会选举工作的冷淡和不参与以及“部分业主的私心利益”;[2]

(3) 来自宏观法律法规的障碍,比如相关法条政策对于业委会成立程序步骤的规定,在筹备成立的半年多时间里,业委会筹备组成员一次又一次地“跑门洞”确认业主身份,发放包括公约意见征询表、候选人资料表等等表格,在D看来,这样的工作量太大,中间也存在一些问题。比如根据规定,业委会的委员选举的投票率必须过半,以W小区为例,小区登记户数为836户,但实际确认业主身份时仅有700户左右,却要达到418户的投票率,否则选举无效。D建议应该按照实际落户率来计算投票率——只要达到实际落户率的一半便可以宣称选举有效。在选举结束之后,业委会的备案费时较长也成为W小区和S小区共同的经历,W小区从召开业主大会宣告业委会正式成立到最终完成在房地部门的备案耗时近两个月,影响了业委会成立后的初期工作安排。

具体操作中,业委会筹备初期存在困难,缺乏相应的物质条件准备,在召集到业委会筹备组成员之后,大家必须两手空空的从头干起。[3]

在现行的涉及业委会运作的众多法律法规之间,对于业委会

---

① 参见前文开发商要求安排业主进入业委会的叙述。

② 开发商售楼时允诺的W小区的配套设施幼儿园和会所并未实际兑现。有7户居民通过诉讼,获得了来自开发商的赔偿,但当时一并提出的会所起诉被法院驳回,理由是必须由业委会作为起诉主体才可受理。据D所说,当时已经获得赔偿的7户人家不希望业委会成立后再去翻原来的案子,并且也希望参与到新的会所诉讼中去,因此积极想要成为业委会委员。

③ D语:“做得真的很辛苦,样样东西都是自己弄,像在白纸上画图,相当困难,而且很艰苦。”

的定性和实际操作的模糊性给业委会的实际运作带来了一些困难。不清楚的定位加上业委会暧昧不明的组织性质令得基层政府无法轻视不管，必定要参与进来，并时刻试图施加自己的影响力；另一方面，对于同样毫无经验的业主来说，没有直属的领导组织固然意味着没有直接发布命令的上级单位，但这也意味着没有可以直接依靠、没有替自己说话的部门。因此，面对程序上的阻碍，业主缺乏有效的沟通渠道，只能埋头干自己的，等待有关部门的最终批示。在此时，个人精英的人际关系网络可能发挥作用，但不同个案中可能表现出实际情况的差别。S 小区的业委会在成立报上级部门审批的时候，半个多月还没有消息，最后由业委会中某成员动用个人关系“打听”——可以理解为委婉的催促，很快就备案结束。

（三）业主委员会人选标准

业委会的人选架构，对不同的人群而言，具有不同的内涵。

《物业管理条例》明文规定“业主委员会委员应当由热心公益事业、责任心强、具有一定组织能力的业主担任”。

指导业委会成立的房地办和 W 小区的书记都认为业主委员会委员应当由法律、财务、建筑等方面的专业人士，也就是业主中的专业精英担任；

当选业委会主任的 D 则认为关键是“有公心”，要能为大家服务，而且应该是退休的，在职人士没时间为大家服务；

小区里忙于上班、无暇参与业主委员会活动的几位业主则认为，业委会里应当包括几位专业人士，这样可以增加日后维权的资源力量。以隔壁的 S 小区的业委会组成结构为例，同属于 J 居委会管理的 S 小区的业委会看上去比较符合年轻化、专业化的结构标准。7 名委员包括经常接受电视采访的大学教授（在居民心中享有很高威信)、工程师、外地中学教师、退休老干部、退休居委会干部等。其中退休在家的仅有2人,其余5人都承担本职工作,而不是专职的业委会委员。笔者在采访过程中了解到,这样的结构得到不少居民认可,房地管理部门和居委会也表示这样的人员架构较为理想。

类似的情况在中远两湾城的业委会委员选举中也有所体现。有过街道办公室组织科科长工作经验、时任中远两湾城党委书记的刘女士就提出,要求业委会的候选人必须符合"业主代表、党员、有一定学历"等要求。①

但随之而来的实际矛盾就是开会难,开会讨论时S小区的业委会成员很难到齐,选定一个业委会成员空闲的时间就成为一个基本障碍。而在面对业委会成立后运作过程中的一些具体事项时,精英型的业主秉持自己的看法,彼此之间可能产生分歧,反而降低了业委会的办事效率。这一点,是广大业主,包括业委会成员本身没有意识到的。

回到开头提出的现象,之所以在市民社会发育的过程里,业委会被寄予厚望,相当的原因就是人们期待受过良好教育的"中产阶级"能够将业委会这一民众组织作为一个平台,表达自己的利益以及伴随产生的政治诉求。因此在对业委会进行研究的时候,很容易将焦点集中在所谓的精英业主身上,而忽视其他业主。

关于这一点,本人在调查过程中对调查对象的选取,正是一个很好的例子。在最早接触到S小区和W小区时,我选择了S小区作为观察对象,不得不承认是我个人在潜意识中认为人员架构比

① 参见《越俎代庖 欲速不达——上海中远两湾城小区业委会难产透析》,《现代物业》2006年第9期。

较完美(看上去如此)的S小区业委会,较之成员都是退休"老人家"的W小区更加具有能力,更能担负起一个业委会应当担负的责任。因而也更加兴奋地希冀在S小区发现诸如市民空间的拓展之类的迹象,最终结果却是W小区成为了我的观察对象,目标的转换本身也成为了破除单纯想象的利器。

另一个有趣的个例则是W小区业委会中唯一的年轻人C(27岁的律师,硕士学历),尽管他报名参加了W小区的筹备组,但几乎未参与具体筹备工作,具体的跑门洞等工作都是由其父亲(在筹备组中名义为协助志愿者)完成。在他自己看来,自己的任务主要是"发挥专业特长,处理关于政府事务和法律事务方面的问题"。C也承认,因为在职的关系,自己没有大量时间和精力去主动接触业主。[①] 在对于小区投票业主的随机访问中,相当一部分业主表示并不熟悉C,但是看到他的年龄较轻,又有硕士学历、律师职业背景,与其他候选人相比,则愿意选择C,"有个律师总是好的"[②]。类似这样的想法并不少见,对于高学历高收入忙碌精英人群的吸纳成为相当一部分业委会筹建人员普遍认可的选人原则。

(四)中产特征的泛化

在过去的业主维权和业委会研究里,能够通过个人所掌握的资本,整合集体资源,以实现自己的利益诉求乃至权力诉求的往往是受过高等教育的较为年轻的精英业主,也就是被广泛寄托民主期望的所谓"中产",而被选为业委会主任的D仅有初中学历,现退休在家,买菜做饭照顾家,在一般的业主心目中就是平实的"D

---

① 业主委员会委员C的访谈记录。

② 小区居民语。

阿姨”,但其在业委会的成立过程中表现了一定程度上的中产特征。D仔细研读与业主委员会成立的相关法规,谙熟于胸,在谈话中经常会提到“《物业管理条例》上就是这么说”,在与房地办工作人员交涉时,D对于相关条例和业委会成立程序的熟悉给有关人员留下了深刻的印象。

W小区选举出来的七位业主委员会成员,除去一位27岁的C,其余都是年龄较大的退休业主。尽管在教育背景和年龄、职业上不及所谓的精英人士。但是,多年“单位”工作和社区生活的经验累积的政治成熟度,使得以D为代表的退休业主在业委会成立过程中,具有相应的应对、操作能力。D谈到“在某些程度上我们也要听他们(居委会、政府)的话,为他们做事”,认为自己是“50%”听书记的话,如果不听话,居委会党组织是不会允许成立“反对自己的”组织的,业委会的筹建成立就将遥遥无期,业主权益无从谈起;然而业委会的灵魂原则是维护业主的利益,所以也不能完全听居委会的话。这样的多重身份的业委会运作也并非没有原则,在D看来,底线就是不能反对政府。D多次强调业委会成立后“绝不能跟政府对着干”,“政府机关在我们地方也是一个父母官。我们也要依靠地方政府来扶持我们,不能跟地方政府对立,这是前提。”①

(五)公权力和私权的博弈

在当下的中国,众多目光期待从社区这片私人财产最为集中的空间单位里发现中国公民社会的先声。必须承认,社区内部,自治力量的确在生长,但这股还很朦胧的力量将会沿着何种道路前

① D的访谈记录。

行？所谓公权力的引导、监督、管理将会对其产生何种影响？自生力量的秩序如何形成，偏差如何判断……这一切都是摆在大家面前的疑问。

长期浸淫于社会主义集体文化中的民众，尚不习惯以由个人或个人通过财产关系联结而成的集体为单位，去组织维权，甚至讨论带有“自治”字眼的业委会也成了大家力图避讳的字眼。民众中弥漫着由过度集体化年代带来的对于“自治”等敏感字眼的天然政治“觉悟”。

然而，“自治的力量是一种内生的力量，自治的秩序因这种内生力量而具有信仰的基础”（志灵，2007）。接近于教条的、对于公权力的理所当然的顺从，正在逐渐被打破。建立在现代法律保障基础之上的私有物权正逐步得到众多正在习惯拥有大宗财产的个人和群体的认可。秩序不再仅仅作为拥有无上权威的公权力主导安排之下的产物，“无需法律的秩序”似乎也成为了未来可以期盼的方向，这是自治的理想结果。在高档商品房社区，居民对法律的依赖程度大大强过对政府的依赖，代表业主利益的业委会就可以忽视居委会的权力来源，这说明通过经济权力而产生的社会力量具有更强的自主性。（李友梅，2002）

但首先，必须保证在秩序未成型之前，拥有地位平等的权力。个体或群体得以表达自己的主张，为实现主张进行社会动员。

而部分公权力代表者认为，中国缺乏自治传统，“一放就乱”，因而为了保障社会稳定和广大人民的根本利益，就必须放弃自治。事实上，这种可能的无秩序状态并不应被归咎于社区自治本身，相反，要想摆脱这样的无序状态，顺应不断发育的社会力，正视日益高涨的私权主张，就必须在社会的基本单位里开始自治的尝试，打破过去公权力过多干涉的格局，开始真正孕育和发展自治的基层民主。

回过头去，再讨论居委会的自治性质是否必要。高档小区的业委会能够影响日常事务的决定，由于业委会在这类小区中具备自我发展的能力，社区公共空间和个人权力意识也会得到较快发展，这使得这类社区对居委会的需求减弱（李友梅，2002）。随着业主们权力意识的觉醒，以上情况将不再仅仅局限于高档小区里，越来越多的社区都将会通过业委会这个更直接的平台主张权力，维护权益。彼时，居委会所要承担的任务可能大大缩减。因此，建议对居委会的行政性予以明确规定，以改变现在的半官半民的性质；改变小区内资源分配方式，为社区权力秩序的合理化奠定基础。

（六）租客地位的边缘化

在这场引人注目的权利主张的运动中，涉及到住宅物业的另一个重要群体却完全被边缘化，这个群体就是租客。

在卡斯特尔的《城市问题》（*Urban Questions*）一书中，作者关于社会运动的论述，有一个部分是关于租客联盟针对城市更新的抵制。在这里，租客们的权力是得以承认的，且天然合理。

抛开所谓国情差异的论调，在1997年通过的《上海市居住物业管理条例》里的第一章第三条写道"本条例所称使用人，是指物业的承租人和实际使用物业的其他人"；在2004年8月通过的《上海市住宅物业管理规定》里的第一章第三条同样也规定"本规定所称使用人，是指房屋的承租人和实际使用人"。

此处的实际使用人适用范围通常会被理解为老式公房中，上海本地居民只享有使用权而无产权的情况。然而在新式的商品房住宅里，房屋出租的情况屡见不鲜，但因为在业主权利实践的过程中，房屋的产权所有者已经行使或放弃自己的合法物权，租客们的利益几乎被漠视。

业委会在社区内的工作中的相当大部分就是监督选取物业公司。而物业公司所提供的物业服务事实上是面向居住在小区内的所有居民——当然也包括租客们。但就当下的情况而言，提及物业住宅时，租客的唯一出现机会必定是与群租房联系在一起——作为被业主、物业或城管驱赶的对象。

以 W 小区为例，选票的发放和业主的统计一定是建立在业主本人或家人签收的基础上。在上门发放选票的过程中，碰到房屋出租的情况，选票发放者就直接提出要找房东，有些住户将房屋出租给了租客，但定期回 W 小区，得以取到属于自己的选票，但有些业主就自始至终未曾露面。最终，这些业主也就失去了法律规定应当属于自己的投票权。

《物业管理条例》等有关法律规定业主的权力建立在业主对住宅物业的所有权的基础之上，即便是家人也无法代为行使权力。但以家庭作为一个意愿表达单位，这在实际运作过程中具有一定的操作性。而租客的利益往往无人考量，更无人代言。在住宅商品化日益深化的过程中，租屋而住的现象将会不断增加，而租客始终缺乏渠道表达自己对于所居住社区的物业管理服务的意见建议。如何将这部分纳入社区民主秩序之内，是个值得探讨的问题。

参考文献：

孙立平，《断裂——20 世纪 90 年代以来的中国社会》，社会科学文献出版社，2003 年 10 月。

俞可平，《中国公民社会：概念、分类与制度环境》，《中国社会科学》2006 年第 1 期。

夏建中，《国外社会学关于城市社区权力的界定》，《江海学刊》2001 年第

5期。

夏建中,《现代西方城市社区研究的主要理论与方法》,《燕山大学学报(哲学社会科学版)》2000年5月。

夏建中,《北京城市新型社区自治组织研究——简析北京CY园业主委员会》,《北京社会科学》2003年第2期。

张静,《公共空间的社会基础——一个社区纠纷案例的分析》,上海社会科学联合会编:《社会转型与社区发展》,2001年。

张静,《法团主义》,中国社会科学出版社,2005年5月。

卢汉龙,《中国城市社区的治理模式》,《上海行政学院学报》2004年1月。

沙力成,《城市社区居委会权力和居民利益表达探析》,当代文化研究网论坛,2004。

托马斯·海贝勒著,鲁路译,《中国的社会政治参与:以社区为例》,《马克思主义与现实》2005年第3期。

阳敏,《给市民社会一个生长的空间——社会学家卡斯特专访》,《南风窗》,引自天益网。

朱琦,《社区结构与权力分布》,《社会》2002年7月。

唐晓群,《哈贝马斯的交往行动理论》,中国学术论坛。

马文娟,《法团主义概论》,《内蒙古电大学刊》2003年4月。

顾昕,《公民社会发展的法团主义之道》,《浙江学刊》2004年6月。

张虎祥,《社区治理与权力秩序的重构:对上海市KJ社区的研究》,《社会》2005年第6期。

石发勇,《城市社区民主建设与制度性约束——上海市居委会改革个案研究》,《社会》2005年第2期。

徐晓军,《城市社区自治:权力矛盾及其协调——以武汉市X社区为个案》,《广东社会科学》2005年第1期。

李友梅,《基层社区组织的实际生活方式——对上海康健社区实地调查的初步认识》,《社会学研究》2002年第4期。

李友梅,《城市基层社会的深层权力秩序》,《江苏社会科学》2003 年第 6 期。

李景华、韩峰,《完善立法　规范行业　促进物业管理的良性发展》,《上海住宅》2005 年 2 月。

张磊、刘丽敏,《物业运作:从国家分离出来的新公共空间　国家权力过度化与社会权利不足之间的张力》,《社会》2005 年第 1 期。

晁流,《社区自治中的利益博弈——以南京“中青园”为例》,《社会》2004 年 4 月。

刘晔,《公共参与、社区自治与协商民主——对一个城市社区公共交往行为的分析》,《复旦学报(社会科学版)》2003 年第 5 期。

曾文慧,《社区自治:冲突与回应——一个业主委员会的成长历程》,《城市问题》2002 年第 4 期。

毕素华,《社区自治是促进社会和谐的重要途径——城市社区管理模式探讨》,《学会》2005 年第 6 期。

杜晓燕、李景平、尚虎平,《我国城市社区管理中的权力协调问题》,《城市发展研究》2006 年第 2 期。

李昌平,《谁的参与式,为谁而参与》,天益网http://www.tecn.cn/data/detail.php?id=7825。

周文天,《中远两湾城业委会两年难产的背后》,《东方早报》2006 年 10 月 11 日。

汪伟,《业委会难产》,《新民周刊》2005 年 12 月。

汪伟,《看不见的围墙》,《新民周刊》2005 年 9 月。

李凡,《社区自治与基层民主的新实践》,《新闻周刊》2003 年第 47 期。

张天蔚,《和谐社区:一个“自生”秩序的实践》,《北京青年报》2007 年 1 月 2 日。

虹口区“关于加强业主委员会运作管理”课题组,《关于加强业主委员会运作管理的调研报告》。

邓正来,《国家与市民社会——一种社会理论的研究路径》,上海人民出版社,2006 年 1 月。

邓正来,《规则·秩序·无知——关于海耶克自由主义的研究》,三联书店,2004 年 3 月。

马长山,《法治进程中的"民间治理"——民间社会组织与法治秩序关系的研究》,法律出版社,2006 年 5 月。

杨雪冬等,《风险社会与秩序重建》,社会科学文献出版社,2006 年 2 月。

曾峻,《公共秩序的制度安排——国家与社会关系的框架及其运用》,学林出版社,2005 年 8 月。

潘小娟,《中国基层社会重构——社区治理研究》,中国法治出版社,2004 年 1 月。

王奕蓉,《权利·秩序·和谐——2005 年上海市民主政治建设成果集》,上海社会科学院出版社,2006 年 10 月。

罗伯特·C·埃里克森著,苏力译,《无需法律的秩序——邻人如何解决纠纷》,中国政法大学出版社,2003 年版。

卡罗尔·佩特曼著,陈尧译,《参与和民主理论》,上海世纪出版集团,2006 年 6 月。

西德尼·塔罗著,吴庆宏译,《运动中的力量　社会运动与斗争政治》,译林出版社,2005 年 12 月。

志灵,《公权力不能对社区自治紧追不舍》,《中国青年报》2007 年 7 月 5 日。

《中国现实问题研究前沿报告(2005—2006)》,华东师范大学出版社,2006 年 1 月。

Leo Panitch, "Recent Theorizations of Corporatism : Reflections on a Growth Industry"[J], *British Journal of Sociology*, Vol. 31, No. 2, 1980(6).

Max De Pree, *Leading without power : finding hope in serving community* , San Francisco, Calif. : Jossey-Bass, c1997.

Edward Keynes and David M. Ricci, *Political power, community and de-*

mocracy, Chicago : Rand McNally, c1970.

Floyd Hunter, *Community Power Structure: A Study of Decision Makers*, The University of North Carolina Press, 1953.

Erhard Friedberg, *Local Orders : Dynamics of Organized Action*, Jai Press Inc, 1997.

第六章
都市邻里的形成
——从“业主”到“市民”

孙 哲

一、导 论

(一)问题的提出

在1978年之后,经济改革使中国的都市形态和都市社会结构发生了重大的变化。在市场经济环境下的城市更新中,“住宅”的“生产”和“分配”与计划经济时代相比都产生了根本的变化。在住房改革实施之后,住宅已经由“公共资源”变成了“商品”。在“房产”与“地产”分离的制度背景下,通过《物业管理条例》以及《物权法》等相关条例与法律,国家赋予了购房者“房产所有权”。于是,作为改革的产物,“业主”正式在制度框架中出现了。

与经济改革相伴而生的,是在行政架构上由“单位制”到“社区制”的转变。众多基于“社区管理”的条例纷纷出台,“居民”在“社区”的层面上获得较多“市民权”方面上的制度供给。这其中最突出的一个,则是以上海市为代表的“居委会直接选举”。

由此，在制度层面上，“居住小区”这一现实的微观场域，已经成为宏观上的经济制度变革与政治制度变革的交汇之处。

以往国内此类研究集中于“业主维权”事件，将目光集中于组织化层面的业主委员会以及以其为主体的“都市运动”（陈映芳，2006）。同时房地产商与地方政府因利益关联，联合打压业主的利益表达也被公式化为研究业主行动的一般语境。而本研究试图运用都市人类学的方法，通过长时段的观察来研究“业主”在“非组织化”状态下的、日常生活层面上的社会交往，即邻里关系。

本研究的问题意识主要有三个：

1. 都市中邻里关系存在的基础是什么？（事实）

2. 邻里关系的生成逻辑是什么？（原因）

3. 在邻里交往的层面，业主能否产生市民意识及相关的实践？（影响）

本研究最根本的问题意识在于，在“居住小区”中，“业主”如何通过其实践而变成“市民”。

（二）关于“邻里”的研究综述

1. 欧美邻里研究综述

“邻里”（neighborhood）素来是社会学重要的研究对象。“邻里”和“共同体”（community）一直是一对交叠使用的概念。社会学倾向于把“邻里”看作“共同体”。“邻里”是一个具体的，微观的现实表现，而“共同体”则是一个更加抽象的，含义宽泛的概念。早在19世纪末，古典社会学家滕尼斯（F. Tonnis）在其代表作《共同体与社会》（滕尼斯，1999）中就提出，现代社会的演化就是从“共同体”走向“社会”。而这其中最直接的表现就是传统乡村社会中守望相助的邻里（初级群体）将会逐渐消亡。1938年芝加哥学派的代表人沃斯(L. Wirth)在其《作为一种生活方式的城市》中,更加明确地将"匿名化"、"原子化"确定为"城市性",这更意味着经典意义上的"邻里"在城市中是无法存在的。

社会学家对于现代性的理解,是源于其所处时代发生的工业化以及与其关联的城市化。在这一过程中,"社区(邻里)消亡"被经典社会学家看成"现代性"的一个特性,是无法避免的趋势。然而在另一方面,我们也要注意到"现代性"与"城市性"这两个学术术语有一个天然的相关。到了芝加哥学派这个阶段,沃斯已经明确将"陌生人的社会"定义为一种城市性。至此,"邻里"已经被明确定性为一种在都市中难以维持的存在。在这里,我们强调"现代性"以及"都市性"对于"邻里"的意味,是因为这已经形成研究邻里(社区)的一个重要的语境,对后来的邻里(社区)研究产生了重大的影响。

通过对于都市邻里(社区)研究的文献梳理,我们发现邻里研究主要有两条脉络:以社会学、人文地理学科为主的"实然研究";以城市规划、建筑设计为主的"应用性研究"。

社会学一直与城市规划密切相关。如前文所述,19 世纪末,以滕尼斯为代表的古典主义社会学家都认为社区(邻里)将不可避免地走向衰落,然而他们都在某种程度上表达出了对于共同体的怀念,并对这种衰落有一种无奈的感伤情怀。而在基本上同一时代,堪称现代城市规划开创者的霍华德(E. Howard),就通过其乌托邦式的《田园城市》一书,表达了一种可能的解决方案。《田园城市》的精髓,并不是一种简单的景观设计和城市形态,其梦想是试图将乡村与城市有机地结合在一起,通过在城市中保留农业,来维持传统社会所对应的社会连结,从而消除城市病。

在 20 世纪 30 年代到 50 年代,沃斯根据其实证研究,较为中立地、正式地将邻里从都市性中“剔除”。在这一阶段，城市规划对于邻里，对于人，也处在无意识的阶段。柯布西埃（Le Corbusie）于1930年代提出了能够容纳300万人的《当代城市》。在书中它所描述的摩天大楼点阵分布构成的城市，正是我们当下都市形态的雏形，并且在当时的一些大都市中已经开始实践。这一规划能够十分充分地满足工业化的需要，但对于居住者、对于邻里，却没有考虑。沃斯根据对于芝加哥城的研究而得出的城市性，也是与当时那种柯布西埃式的“射线性”城市形态密切关联的。

在二战后到1960年代，一批与沃斯关于“社区（邻里）消亡”结论相对立的实证研究开始出现。这一批研究的代表作有威廉·怀特（W. F. Whyte）的《街角社会》（1955），甘斯（Gans）的《城市中的村庄》（1962）等。这些实证研究的结果证实即使在城市中，经典意义上的社区（邻里）形态也是可以存在的。然而在这里，我们需要注意到，这些研究都与城市化过程中移民的“阵痛”相连，它们的本质还是传统社会学的血缘与地缘连接，也就是说这些“城中村”并非是城市的“内生性”产物，而是快速城市化过程中的“畸形”形态。而在相同时期，战后的乐观气氛使城市规划界整体上在社会学式的反思方面处于一种无意识状态。在这个阶段，在美国，郊区化还在大规模地进行。吉伯特（F. Gibberd）的《市镇设计》（吉伯特，1983）是那个时期的畅销书，技术化的功能及景观成为主流。而在英国，卫星城（新城）计划开始全面实施。这一计划表面看是来源于霍华德的《田园城市》，但事实上却没有实践其精髓。在“功能分区”（zoneing）的规划中，工作地与居住地分离，新城都成为了“卧城”（bedroom city），“钟摆式”生活成为大都市中的普遍现象。由于大量的时间和精力浪费在日常的通勤之上，人们回到居住地就只想休息或与家人交流，因而这样的规划实施上更进一步瓦解了邻里得以产生的基础。

1960到1970年对于城市社会学和城市规划而言都是非常重要的十年。郊区化的城市发展模式带来了“内城破败”和“城市蔓延”(urban sprawl)等一系列问题。城市规划界对规划的理论基础开始了一场社会学式的批判和反思。在这十年当中,城市规划界对于城市社会学问题的讨论十分密集。1961年简·雅各布斯(Jane Jacobs)发表了《美国大城市的死与生》(简·雅各布斯,2005),在书中,她以一个平民的视角审视和批判了当时美国的城市规划,并认为“多样性”(variety)才是城市的本性,她强调“街道眼”(street eyes)才是维护城市安全的根本,并认为“街道芭蕾”(street ballet)是社区生活的理想状态。雅各布斯的思想是一种重要的“邻里思想”,“街道眼”和“街道芭蕾”都是在邻里社区中才能够实现的。雅各布斯事实上与当时甘斯、威廉·怀特这一脉社会学家十分契合,他们都强调城市并没吞没邻里,邻里依然能够存在,雅各布斯更是从城市规划的角度提出,通过邻里所实现的多样性是要通过城市规划去实现。雅各布斯的思想对于西方城市规划界有着巨大的影响。由她开始,基于“邻里”的空间设计成为当代西方城市规划在理论上的出发点。城市规划与社会学对于“邻里”的规划和研究方面,实现了更紧密的,更具有时效性的结合。

如果说雅各布斯在理论上重新定义了城市邻里的重要性,那么“新城市主义”就是基于这种新规划理念下的实践。1996年由美国新城市主义协会(CNU)颁发的《新城市主义宪章》中,“多样性”被明确规定为新城市主义的一个准则,而通过“可步行”、“紧凑性”等其他准则的配合,“邻里”正在被规划师们依照新的空间设计法则进行“生产”。在当下,新城市主义正方兴未艾,产生着越来越大的影响。并且不仅是新城市主义,在“宜居城市”以及其他的规划流派中，邻里作用也是一个设计的基础。可以说在规划层面，邻里作用已经成为一个共识，基于邻里的设计也正在被不断运用在新建造的住宅当中。

以上是从社会学与城市规划相关联的角度梳理了欧美邻里研究的脉络。除这些以外，在美国的城市规划发展内部，还有一条聚焦于“邻里”的发展脉络（Johnson，D. L.，2002）：邻里单位（Neighborhood unit）。邻里单位最初由美国设计师戴蒙德（Drummond）于 1912 年提出，其主要的思想是基于汽车设计的，面积大约为 160 亩的政治和社会结构单元。这一理念在当时并未产生很大的影响。而后在 1929 年，佩里强调并进一步发展了这一以“汽车尺度”为本的规划理念。在佩里的规划当中，本地小学成为邻里的核心，邻里的容量应根据当地小学的容量来设定，而邻里的边界则是公路主干道。佩里的邻里单位是建立在私家汽车普及化及相应的郊区化基础上，这一规划很好地适应了当时美国中产阶级的需要，并在很长一段时间内成为郊区化中的规划模板。

这种规划思想在 1960 年代开始被批判（李强，2006）。一方面，基于“汽车尺度”的郊区化，造成了“城市蔓延”，这种城市无限扩张带来了城市中心破败，公共服务的浪费，二氧化碳排放等一系列的社会及环境问题。另一方面，以小学为中心的邻里空间规划，并不能代表真正的社会关系，也就是说这种想象中的邻里规划与邻里的实际交往并不一定符合；同时，郊区化所带来的卧城现象以及钟摆移动，使得通勤时间过长，居民无心无力去进行邻里交往。

在此之后，在 1990 年代新城市主义开始借用了“邻里单位”这一概念，进行了“传统邻里开发”（Traditional Neighborhood Development 简称 TND）和“公共交通导向的邻里开发”（Transit oriented Development，简称 TOD）。这两个邻里设计项目，与传统的“邻里单位”最大的不同在于:①新城市主义强调从“汽车距离”向“步行距离”的回归,建立高密度,紧凑性的居住社区,集约地利用土地。②强调公共交通及步行的作用,而非把私人小汽车放在第一位(李强,2006)。

与新城市主义相对应的,在批判传统规划意义上的邻里单位的同时,社会学家在另一个角度上发现了“邻里单位”。在城市更新、城市扩张、移民等一系列城市变迁的背景下,本土居民基于居住地,开始掀起了一波波的抗争热潮。他们能够在哪一级开始组织起来,这一级就是邻里单位(Kasarda,J. D. ,1974)。这是一个非常有意思的视角,它已经逐渐从现代性与城市性的语境中走出,而是从城市变迁的事实本身,去发现城市邻里社区的特点。

2. 国内关于邻里研究的综述

国内的城市邻里(社区)研究起步较晚,然而随着我国城市社会由单位制向社区制的转型,社区研究近来成为一个热点。我国的城市邻里(社区)研究并没有如欧美学界那样具有一个时间维度上的发展与反思的过程,而更多的是受欧美既有研究的影响,呈现出一种观点的交锋,而与此同时,关于城市邻里的社会学实证研究以及城市规划与空间建筑的应用性研究正在逐步进行。

国内社会学界对于邻里的研究首先集中在一个“社区消亡论”和“社区可能论”的争辩上(桂勇,2007a)。自21世纪开始,诸多基于“现代性”、“城市性”语境的邻里关系问卷调查开始在北京、上海、南京、武汉等大中城市纷纷展开,这些经验数据得出的结论具有极强的一致性:①城市社区中的邻里关系淡漠,社区归属感低,社区参与度低。②以住宅形态划分,“新式商品房”社区内的邻里关系要明显弱于旧式住宅。传统的邻里关系在城市中的旧式住宅当中还有少量保留,但是随着城市更新的速度不断加快,这些邻里关系也正在随着这类住宅的消亡而消亡。这些数据与滕尼斯以及沃斯对于现代性与城市性的概括是非常一致的，即说明了中国也正处在现代化和城市化的洪流当中，邻里社区的消亡不可避免。而持“社区可能论”观点的学者承认邻里关系淡漠的事实，但不同意“社区消亡”这一趋势（桂勇，2007a）。冯刚（2002）从心理学的角度出发，提出邻里交往是人的“本性”，人具有邻里交往的需求。而王小章（2002）则认为，住房改革使得住宅私有化率大大提高，这将使得社区居民具有基于房产的共同利益，从而成为邻里产生的基础。桂勇对这场争辩进行了总结，他认为冯刚的社区可能论是基于伦理价值判断上的逻辑推理，是不可证实的伪命题。而基于财产这一共同利益的连接，在他看来是具有“社会性”的“组织”，而非经典意义上的共同体。在此批驳的基础上，桂勇认为邻里社区的消失是不可避免的，他认为一项可能的解释是“城市功能结构的空间分化”（桂勇，2005），即在乡村中，居住与工作等各项社会生活在地理空间上是重合的，这样能增加他们的交流，促成邻里关系；城市中，居住、就业等各项社会功能在地理空间上是分离的，这种分离使得交往的总量减少。

最新的邻里研究正在跳出关于“邻里社区发展趋势”的争论，而转向在微观层面观察邻里社区的权力结构，进而探讨国家在居委会层面上的制度供给及相关改革，能否真正带来基层民主。石发勇通过对上海一个居委会直接选举的观察，认为尽管社区组织和居民发挥了一些作用，国家也提供了“社区直选”这一制度供给，然而由于其他制度环境造成的居委会“行政化”逻辑，使得微观社区治理形成了“闭锁”效应，亦即单一的制度改革在大环境不变的情况下无法打破僵局（石发勇，2005）。

而与之对应的，刘春荣也是通过对上海邻里社区的微观观察，在社会资本的视角下,得到了相左的结果(刘春荣,2007)。刘春荣认为,国家介入社区所带来的组织资源及其制度化方式,有可能“激活”社区中的社会资本,从而产生出基层民主的动力。他通过对上海的个案分析,认为国家主导的居委会“议行分离”的改革方式,使得社区居民能够实现横向社会资本的动员,实现社区参与基层民主。

(三)研究方法:都市人类学的兴起①

社会学式的定性研究方法与人类学研究方法的区别可以看作是“局外人视角”(outsider)和“局内人视角”(insider)的区别。“都市人类学”作为一个学科的产生与兴起,不仅是对社会学定性研究的突破,也是对于传统人类学研究方法的突破。传统人类学研究方法和对象是紧密联系在一起的:总是将目光聚集于“原始的”社会,总是试图去从当下世界中寻找社会关系较为简单的人类社会雏形,继而去分析人类社会的本质。这从中文将“field work”翻译成“田野”就可以看出来,“田野”这个极具乡土特性的“所指”,成为了人类学的符号。而传统人类学研究方法也与其对象的属性是紧密相连的。我们可以将传统人类学概括为“作为对象的存在”。而在当下的“后现代”学术语境中,“主体性”、“情感”与“理解”正越来越受到重视,而人类学这种参与式的研究方法恰能与之对应,由此,人类学的方法逐渐从其研究对象中独立出来。与传统人类学相对应的,当下的人类学是“作为方法的存在”。而我们所说的人类学的复兴,也更多是指其方法,而非对象。“都市人类学”的产生

① 此部分灵感来自于UCLA人类学系闫云翔教授2007年暑假在华东师大开设的人类学暑期研讨班,受闫老师启发很大,在此表示感谢。

是最典型的代表：都市中没有“田野”，复杂的都市是传统人类学从不涉猎的对象，它的出现标志着人类学完全可以是一种“方法的存在”，人类学的存在不再囿于其研究对象。

在研究方法上，本研究之所以采取都市人类学这一近年来新兴的研究范式，是因为传统的社会学定性研究方法在都市研究中已经遇到了明显的瓶颈，主要如下：①对于历史性、延续性的割断。一般意义上社会学定性研究所采取的“座谈会”以及入户访谈模式大都是在集中的时间段内完成的，即使有追踪调查，也是在另一个时间段内进行的，这种方法难以去把握研究对象历史性，延续性的发展历程。②对于主体性的忽视。正是由于传统的社会学定性研究大都在时间上是“片断性”的，因而研究者往往要直接暴露自己的“研究者”身份，而把研究对象迅速的“对象化”，从而使得研究者对于对象的“主体性”把握不够。③“类型化”的不准确性。传统意义上的社会学定性研究总是惯于用几个“类型化”的“典型案例”来说明一个整体现象。但是问题在于，当下中国研究缺乏基本的数据库支持，而在没有这些基本资料库的前提下，很多“类型化”的前提是很难实现的，其抽样也很难保证准确。

当下中国的都市研究主要集中于两个方面：一是纯粹的定性研究，二是社会学定性研究范式下的类型化研究，而真正的都市人类学研究还很少。对于前两类研究，正如上文分析中提到的，“数据的不准确”、“客体化”以及“截面化”成为其局限性。而反观欧美社会学界，正是威廉·怀特的《街角社会》，林德夫妇的《中镇》以及简·雅各布斯的《美国大城市的死与生》等这样的颇具人类学灵性的研究，给欧美的城市社会学甚至城市社会本身带来了革命性的影响。而这一路径正是本研究所试图尝试的。

二、邻里关系与公民参与的事实

（一）调查对象及过程

1. 调查对象

笔者所调查的X小区位于上海的徐汇区，此行政区不论是在历史还是在现实中都属于上海的内城区。X小区位于距内环高架约1公里，距徐家汇商圈约2公里。本研究中所使用的"小区"，是指空间界限十分明显的"住宅小区"。X小区与Y小区同属于一个居委会，但是他们有各自的业主委员会和物业公司。本研究将以X小区为研究对象，兼或以Y小区进行比较分析。

X小区属于"新式商品房小区"，于2001年竣工入住。X小区的房价约为20 000元/平米（2007年12月），每套房屋的面积在90平米到140平米之间，总价在100万元到300万元之间。

X小区的所在地原来为国有的Y工厂，该工厂于1990年代末从该地区迁出，而后开发商获得此片土地并建成X小区。Y小区属于"老公房"，原来是Y工厂的家属区。Y小区的住房于1958年、1982年、1998年三个时间段建成。Y小区的房子原本是作为单位福利分配给工人居住的，但是在房改之后，这里的住户都已经买下了房屋的产权。Y小区房屋目前的房价为10 000元/平方米，房屋面积在60平方米到100平方米之间，房屋总价在40万元到90万元之间。X小区原来有一个居委会，而Y小区内同样单独有一个居委会。2006年，街道将X小区和Y小区合成一个居委会。居委会的办公地点设在了X小区之内。

X小区业主的职业基本属于"中产阶级"的范畴，并且分布广泛，他们大都是医生、政府官员、大学教师、外企白领等等。X 小区的“封闭性”非常好，业主必须刷卡才能够进入，这一方面是因为硬件设施先进，另一方面因为物业公司的服务十分到位。而 Y 小区的业主大多是 Y 工厂的退休工人及其子女，因为都属于一个“单位”，他们彼此都十分熟悉。Y 小区也正在给小区的大门装防盗门，把小区封闭起来，但是这是属于由政府出资的“平安工程”，其目的是为了维护小区治安。

2. 调查过程

我们一般认为“封闭小区”是难以进入的，然而在中国现行的政治体制下，居委会恰恰成为我们能够进入“封闭小区”的一个突破口。笔者正是以“找居委会”的名义进入了这一私人的“封闭小区”，而后来则是以“居委会的小区志愿者”的身份，得以留在这个封闭小区中进行田野研究。

笔者于 2006 年 8 月份以“小区志愿者”的身份进入该小区，在 8 月至 9 月几乎每天都在居委会里面“泡着”，在这个空间内观察该小区。同时，笔者并没有局限于居委会的空间，而是以“小区志愿者”的身份与业主委员会、物业公司、小区趣缘群体、普通居民等各种组织、群体、个人进行接触并进行观察。

从 2006 年 10 月份至今，笔者以“X 小区英语班志愿者教师”的角色，每周去该小区 1—2 次给他们英语班教授英文。这种方式不仅能够给笔者一个恰当的角色去进入田野，同时也给了笔者很多的机会去认识更多的居民，从而为以后的深访打下基础。

从 2007 年 4 月到 8 月这段时间，笔者在参与式观察的过程中，对普通居民进行深访，更加淡化居委会带来的影响，从而挖掘出 X 小区中更多的社会事实。同时，一年的时间也是本研究运用都市人类学进行研究的一个周期。

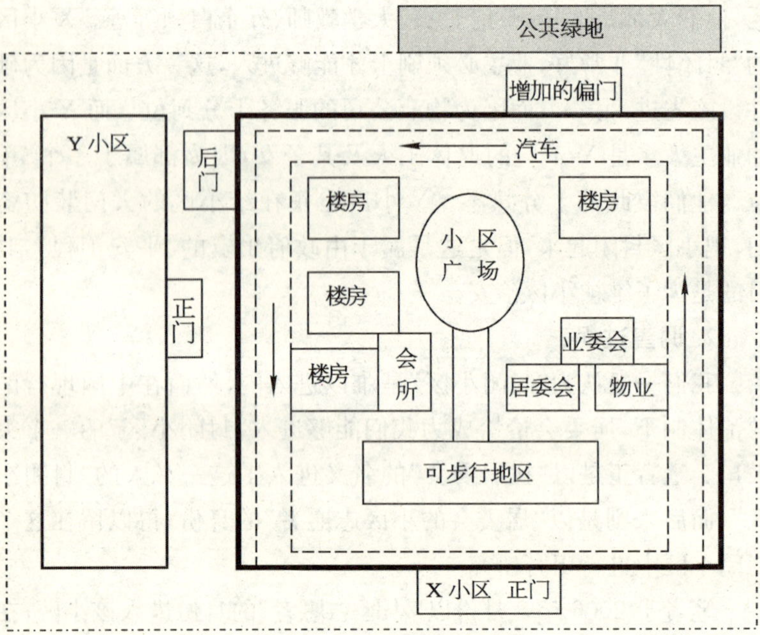

图1 所调查小区示意图

(二)邻里关系的事实

1. 邻里的边界

(1) 合并居委会的纷争——邻里的空间边界

在X小区的围墙之内,经常可以看到有老人在底层架空的空间中打麻将和聊天,也可以看到一些"阿姨"(保姆)抱着主人家的孩子在聊天。然而一旦超越了小区的围墙,事实整个儿就发生了转变。

X小区和Y小区原本各有一个居委会,今年5月份两个小区的居委会被街道合并成为一个,合并后的居委会设在X小区。X

小区和Y小区虽然相邻，但是两个小区素来就有矛盾，互不认同。X小区对于Y小区的一些居民习惯横穿X小区的行为十分反感，对X小区的封闭性非常保护。此外X小区的居民一向认为自己是住在“高档封闭小区”中的居民，而“楼盘象征着身价”，他们的“档次”要比Y小区的高。而Y小区的居民则认为X小区的居民十分高傲，自以为了不起。而合并居委后，两个小区的矛盾进一步加深，X小区的居民认为Y小区的人今后可以以“找居委会”为由进入X小区，这样X小区的封闭性就被打破，安全无法保证。同时，X小区居民更认为X小区内的一切公共设施都属于X小区业主，居委合并无异于X小区业主的财产被Y小区“共享”了。

> “我们X小区是封闭小区，这围墙里面每一颗螺丝钉都是我们业主自己的。Y小区是老公房，他们的路要是坏了国家会出钱修的。但是我们这里的路都要我们业主拿维修基金来修的。”（X小区业主）

Y小区居民则不满于合并后的居委名称仍叫做“X小区居委会”，Y小区居民认为自己在这里住了这么多年，现在就因为X小区人多、房子好就被X小区“吃”掉了，居委会名称上连自己小区一个字都没有，他们感到“心理很难接受”。在这里，很有意思的一点是，“X”是楼盘的名字，而“Y”是原先工厂的名字。在居委会合并之后，政府选择以一个新建的五六年的商业楼盘的名称来命名这一区域，而存在了近半个世纪的工厂的名字则慢慢从人们的记忆中被抹掉了。

正是在这一纷争当中，我们可以看到邻里的空间边界：住宅小区的围墙——这一“物权边界”——成为了街区邻里的空间边界。

(2) 属于小区业主的纳凉晚会——邻里认同的边界

X小区对外排斥的同时,是对内认同的强化。X小区和Y小区在合并居委会之后,居委会搞的第一个活动是以居委会的名义组织的一次纳凉晚会。合并后的X居委会的G书记认为居委会从Y小区迁到X小区有些伤害Y小区居民的感情,为了安抚Y小区的居民,该书记决定把此次居委会的纳凉晚会放在Y小区举行。在这次居委会的纳凉晚会上,G书记找来一个商业表演队,免费表演,并推销商品。X小区的居民对于这次居委会的晚会没有任何兴趣,几乎没有人去参加。

同时X小区的居民正在积极酝酿着X小区"入住五周年庆"小区晚会。X小区的居民对此次小区内的晚会都十分积极,这其中的代表就是"英语班"和"茶友会"。[①] 他们把自己的活动时间都用来排练节目,而且其组织者还积极联络其他业主成员排练节目;另外,他们纷纷与物业公司和业主委员会联系,去寻找此项公共活动的资金支持。经过X居民的精心筹划,X小区"入住五周年庆典"晚会终于成功地举行。业主委员会和物业公司不仅给予了充足的物质保障,更主要的是,整个晚会的节目都是由X小区居民自己表演的。这其中不仅有"英语班"和"茶友会"等这些小区群体所表演的节目,还有更多是以三五个住在一起的邻居联合表演的节目。这台晚会的节目来源,恰恰是X小区内"邻里化"的一个最生动的体现,我们再一次看到X小区内的居民并非是孤立的,他们已经形成了一个个"邻里",并且这些团块在小区的公共活动中正在扮演着重要的角色。

而通过这个内部的活动,我们可以看到小区围墙不仅是X小

---

① 这两个趣缘群体本文会在下文中进一步说明。

区邻里的空间边界，更是他们产生邻里的认同边界。

通过以上两个事实的对比，我们可以看到，X小区居民的认同并不来源于共有的区位，他们不认同与自己比邻，但是"档次底"（老公房）的小区；同时这种认同也不来自居委会这一行政控制，他们对居委会组织的活动不感兴趣，而能通过业委会和物业调动资源组织自己喜欢的活动。事实上，X小区居民的小区认同有着这清晰的边界，那就是他们封闭小区的围墙。而在X小区内，很多居民是事业有成的"新上海人"以及外国人，而且X小区业主的职业分布也很广泛，在这种情况下X小区还能产生"英语班"和"茶友会"，以及"小区晚会"等公共活动。这进一步说明X小区的小区认同也不来自于"地域"（上海人）和计划经济时代的"单位制"。当"区位"、"行政"、"地域"、"单位制"这些形成小区认同的传统变量在这个案例都被证明式微或是无关的时候，我们可以发现，X小区出现的邻里交往，最主要的是与其"封闭小区"这一"边界清晰的居住空间"相关联的。

2. 邻里的主体——小区内的趣缘群体①

在田野调查中，笔者发现在小区内的趣缘群体成为邻里最显在，也是最典型的邻里主体。这些群体被居委会称作"群众文化组织"，简称"群文组织"。"群文组织"原本是居委会的一项任务，然而在X小区，笔者在田野调查中发现这里的"群文组织"有如下特

---

① 在日常实践中，小区内趣缘群体有两个具体的称谓："群众文化组织"（"群文组织"）和"兴趣小组"。"群文组织"是居委会的叫法。这一称谓事实上属于党政的话语系统，体现了党政对于群众文化生活的"引导"意味。"兴趣小组"是居民（业主）成员对自己自发成立的小组的叫法，这一称谓属于居民日常生活实践的话语系统，更多体现了这一组织的自发性，主体性特征。在下文的事实描述中，如非涉及到有关话语方面的分析，本文将用较为中性的、社会学意义上的"趣缘群体"指代这一群体。

点:①这些趣缘群体都是小区居民(业主)自发形成的,[①]居委会只是为他们提供相应的场所,以及沟通等便利。②这些趣缘群体具有极强的阶层性。③这些群体虽然同属于一个居委会,但是他们活动的地点却是在各自小区内。X小区的趣缘群体在X小区的居委会和会所中活动,而Y小区的趣缘群体在他们小区内的居委会的活动室活动。因为这种明显的空间区隔,X小区和Y小区共同的趣缘群体很少。

在X小区的趣缘群体中,笔者主要观察"英语班"和"茶友会"这两个最具代表性的群体。"英语班"的组成是因为小区里很多老年业主的子女在国外,他们经常有机会出国居住,因而"说英语"对他们而言就成为一种需要。同时,这些老年人对于"英语"及其背后的文化有着强烈的兴趣和认同。他们经常喜欢在英语课上用不流利的英语夹杂着汉语来彼此分享在国外的经历。而在用英语作

① 在一般意义上,"群文组织"在社区的党政系统中具有其特有的功能:其一,在房产都属于党政的条件下,党政系统首先要为"群文组织"提供活动的场所(在很多老公房社区居委会都会预留出"活动室"),而这种场所的提供可以被视为"社会权"意义上的福利供给;其二,正因为这种活动场所及相关其他条件的提供,党政系统有权决定群文活动的内容,从而通过群文活动来实行政治宣传和政治整合。然而在本研究涉及的商品房封闭小区中,情况却发生了变化:首先,由于居住空间的去单位化,这使得依靠行政力量的活动动员很难实现。其次,居委会中的办公场所和活动场所成为了小区业主所购买的"共有财产",这样活动空间的提供就不再具有任何"社会权"上的福利供给的作用——在这里活动原本就是业主基于其财产权所享有的权利。最后,在前两种情况下,社区党政系统通过"群文组织"而能实际具有的"控制和引导"功能已经很小。但是,"群文组织"在每个小区都必须存在,对于勉为其难的居委会成员而言这已经成为了"行政摊派"。在这种情况下,"群文组织"已经成为了一个"话语空壳",其原有的作用已经难以发挥。此时,居民们自发形成的"兴趣小组"成了居委会的救命稻草,这种自发形成的趣缘群体很快填补了这一"话语空壳"。因而,这种自发形成的趣缘群体即使依然被居委会称作"群文组织",其自主性已经有了极大的加强,与曾有的"群文组织"有本质区别。

自我介绍的时候，他们喜欢用这样的语句来表达自己：

我的女儿是加州的公务员。

我准备下半年移民美国。

我刚刚从日本我儿子那里回来。

而英语班的老师 Kathy——X 小区内的一位澳大利亚籍居民，同样是吸引他们前来英语班的一个动力，这些小区成员为小区里面有这样一位外籍居民而感到骄傲，就像他们彼此分享出国经历时所感到的骄傲一样。

小区里面另一个有影响力的群体是"茶友会"。"茶友会"的创立者 L 老师说：

当时创立茶友会，就是想让小区的老年人都能互相交流，而不是关在家里面不相往来。另一方面，我们小区里面有很多"高人"，有法官、医生、艺术家，大家都能把自己的特长拿出来分享一下，彼此都学习点知识……取名为"茶"友会，是要以"茶"来突出我们这个沙龙的档次和品位，不是一般的拉家常。

"茶友会"的成员以中老年男性为主，在每次茶友会上，都会有一个成员主讲他的特长，如"养生之道"、"摄影"、"旅游"等等。而后其他成员就会去分享自己最近的相关的生活经历。同时茶友会也会利用属于业主的小区公共空间，如小区会所等开展活动，如庆祝茶友会成员的生日等等。

"英语班"和"茶友会"并非是简单的"趣缘群体"，"在国外生活"、"摄影"、"旅游"这些都不是只有兴趣就可以实现的，这些群体的产生是基于X小区这一居住空间里的成员近似的生活方式及决定这种生活方式的物质基础。“英语班”和“茶友会”这些自发的非正式组织能够成立,正是X小区存在小区认同的具体证明。同时,在这些非正式群体中,成员都是说普通话,而非上海话,这说明这种认同并非来自“地方性”;并且与Y小区不同,X小区的居民来自不同的行业,因而这种小区认同也不是来自于“单位”。这种既非“地方性”也非“单位”制的小区认同,可以说是一种基于“小区封闭性”的全新的认同。

不仅如此,“英语班”和“茶友会”这些非正式组织成为了小区交往的一个平台,这些群体的成员成了一个个“中心”,从而使小区中产生了一个“邻里网络”。很多普通居民原本并不相识,但是由于他们的家庭成员在这些群体中,他们就可能了解到邻里的信息,并与邻里相识。这些非正式群体就像是小区中的“粘合剂”,他们打破了封闭小区内部成员的“原子化”,使小区中形成了一个个松散的“邻里”。在X小区中的小广场、低楼架空处等等公共空间里面,我们经常可以看到很多老人和带孩子的妈妈互相攀谈,还有些人在玩麻将,这些小区交往大都是通过这些群体直接或间接实现的。正是这些群体使得这些新兴的封闭小区内部,并非是人们所想象的是一个家门紧闭的“陌生人”的社会,而是小区交往丰富的熟人小区。

3. 邻里的结构

如图2,在日常生活当中,X小区的邻里结构是以“老人”和“孩子”为“纽带”的。老人通过小区内各个趣缘群体产生了直接的交往,他们一起在居委会或者会所中参加趣缘群体的活动,在平时他们会在小区的公共空间,如小区广场、架空底层当中聊天、打牌。如前文所述,这种趣缘群体是老人自发组成,并乐在其中的。

而邻里的另一个纽带是孩子，这里，孩子是指处在小学和中学阶段的青少年。在上海当下的教育体制中，学校和“社区”形成了一个“行政”关联：学生每年寒暑假都要参加社区中“社会实践”，并要敲章为证。而社区居委会每年寒暑假都要开展社区教育，要组织社区中的青少年进行参加。在这些活动中，社区中的孩子得以相识，但这种交往在孩子看来是被动的。

> 这里的同龄同学还算有意思，但如果不是居委会来组织这些活动，我们平常也不怎么会交流的。（X小区的一个高中生）

在这项研究中，我一直试图发现中青年业主之间的交流，但是这十分困难。在小区中，中青年业主就像一群“隐身人”，他们隐藏在汽车的反光玻璃后，隐藏在自己的家中，很少在社区的公共空间中看到他们的交流，而且他们也没有形成趣缘群体。然而通过访谈后，我发现这些中青年业主之间也有个间接的，较为弱化的连接，那就他们家庭中的孩子和老人。

> 我一般都是在关于孩子的活动上认识别的业主的。有一次我和我孩子参加他朋友的生日会，那个小孩子也住在这个小区，我就认识了她的妈妈。但是我们的交流都只是与孩子有关的，其他方面不多，也不深。……居委会的投票什么的我都是让我妈妈做的，我不是很了解，但是通过我妈妈我也知道周围邻居的一些情况，还有居委会里面那些人怎么样。（X小区青年业主）

除此之外，保姆成为邻里间交往的一个渠道。在白天的上班时间，经常可以看到小区的广场上有保姆抱着婴儿在聊天，而通过访谈我发现，业主之间的了解也可以是通过保姆来实现的。英语班的发起者 H 女士就是这样认识小区内的外籍人士 Kathy 的：

> 我和 Kathy 原本不认识，后来我的保姆说起社区里面有这样一个外国人，我的保姆跟她的保姆认识。我想她蛮好能够成为我们英语班的外教的，所以我就去找她了。

由此我们可以发现 X 小区呈现一个如下图的邻里结构："老人"和"孩子"在各自的代际之间存在直接的交流，成为邻里关系的具体纽带，而"中青年"则是在其家庭中，通过"老人"和"孩子"而实现一种间接的交流。

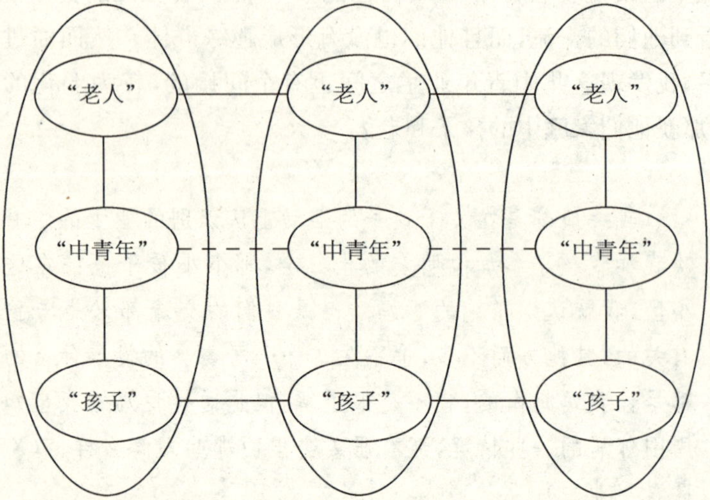

图2 小区邻里

（三）邻里中公民参与的形成

1. 由邻里交往到社区参与：具有主动性的小区规划

X小区花园围墙的后面是一块公共绿地（如图1），但是由于没有偏门，老人锻炼很不方便。业委会成员D老师说："很多业主建议在围墙上开一扇后门，方便老人锻炼。"业主委员会联合物业开始发送征询表，发出700多张，回收了500多张，回收的征询表当中有90％的业主同意"开偏门"。依据《物业管理条例》，业主委员会就认为该结果有效，授权物业开了一扇门。门开后，那些原来不同意开门的业主向业主委员会表达不满。业主委员会的D老师说："我们当然就不用理他们，我们维护的是大多数业主的合法权益，不是少数业主的。"

这一小区的空间规划，是一次鲜活的空间实践，而这种空间实践又是通过自治的社区参与来完成的。在这次小区规划当中，业主委员会虽然是一个组织者，但他们并不是这一事件最先的发动者。业主委员会的成员总会说："他们会跟我们提意见，见了面就会说这件事情。"但是，"他们"具体是谁？经过观察和访谈我们发现，这个神秘的"他们"与小区内的非正式群体（"茶友会"、"英语班"）有着密切的联系，这个"意见领袖"就是这些群体的成员及组织者。正是这些群体给这些小区成员创造了一个交流的平台，在这种交流中他们对于小区的意见得以产生、传播，并最终得以实践。同时，我们还可以发现，在这事件当中，居委会是缺席的，居委会的G书记告诉我："这件事情不归我们管的，这是物业和业主委员会的事情。"这是居委会在面对小区业主共有财产权时合法、合理的缺席，使得业主们有机会去实现真正的自治的小区参与。这种完全自治的小区参与，不仅进一步加强了业主的小区认同，更是对“自治参与”的一种锻炼。

2. 由社区参与到公民参与：业主委员会影响居委会的选举

X、Y小区于2006年5月份合并成一个居委会之后，按街道规定要在2006年7月份进行换届直选。虽然X小区人数占整个居委会辖区的70%，但在这个选举前的居委会里面他们却没有一个委员[①]。X小区对于这一事实非常不满，有业主总结说这是“住我们的房子，用我们的牌子，没有我们的权力！”在这种情况下，X小区的居民纷纷向X业主委员会反映此事，要求业主委员会一定要出面物色合适人选进入新一届居委会。业主委员会知道自己没有这个资格去干涉居委会的选举，但是他们巧妙的转换了自己的身份：

> 我们也知道这个选举不是我们业主委员会能够干预的，但是我们也有居民这个身份啊。（X业主委员会委员）

此时X小区里面正好有一名居民Z报名参加竞选，这时业主委员会就作为一个组织者去激励、保证Z的当选。一方面，他们制造舆论，树立Z的形象，反过来说原先的主任“档次低”，从而保证选票的集中。这个时候，基于小区认同而产生的邻里又一次发挥了明显的影响，因为他们本身就已经建构了一个信息平台，可以使信息迅速传播。这就绕过了居委会主任的控制网络。另一方面，业主委员会也十分善于利用自己的潜规则，业主委员会成员、

① X小区的居民生活条件较好，60岁以下的居民大多不喜欢做居委会工作，更不在乎居委会职业化的工资。但是Y小区居民的收入水平明显较低，很多居委会成员都觉得居委会的工作“收入很不错，离家又近”。这造成了合并后的居委会成员中，没有X小区居民。

同时也是在“小区内和社会上都德高望重的刘老”（业主委员会F女士语），以居民代表的身份向街道施压，要求街道必须保证让Z当主任。

> ……街道就答应我们，一定会让她当主任，这也算是我们最后的底线了（虽然只有一个人，但是是主任）（X业主委员会成员）。

最终，从来没有做过任何小区工作的Z不仅选票集中，而且获得了街道的认可，当上了居委会主任①。

三、邻里关系产生的基础及其逻辑

（一）业主："楼盘身份认同"成为邻里的基础与边界

X小区这一“封闭小区”内的邻里，具有一个清晰的空间与心理认同边界，就是这个以小区围墙为界定的楼盘范围。更明确地说，“邻里”成为了一个业主委员会的范畴，而非一个居委会的范畴，邻里的形成基础是基于某一楼盘的业主身份，而非基于居委会的居民身份。邻里的边界是由居住小区空间、物业和业主委员会的范畴来决定。由此，我们认为“楼盘身份认同”成为邻里产生的基础。

“X小区”的居民无法与一墙之隔的“Y小区”相容，这说明了

① Z在回忆选举时说：“我当时只是退休得比较早，想像西方社区那样做一个社区志愿者，没有想到卷到这么复杂的‘政治斗争’里面来了。”

X小区的小区认同并不来自于共同的区位(内城)。“X小区”居民在公共活动中,都在说普通话甚至英语,而非“上海话”,这说明这个“X小区”的居民的小区认同也并不来源于“地域”。“X小区”和“Y小区”虽然同属一个居委会但却互相排斥,这说明这种认同也不来自于“居委会”这一“行政划分”。最后,“X小区”居民的职业非常分散,而非集中在一个“单位”,这说明“单位制”也并非形成“X小区”小区认同的主要原因。

通过这一分析,我们一方面可以发现“区位”、“地域”、“行政控制”和“单位制”,这些曾经在中国大陆形成“社区认同”的主要变量,在这个个案中都是式微的。居住空间本身成为产生邻里的基础。而另一方面,更重要的一点是,我们可以发现“居住空间”也是相对于“区位”、“地域”、“行政控制”、“单位制”而保持独立的一个变量。也就是说,“居住空间”不再是表达“区位”、“地域”、“行政控制”、“单位制”,居住空间成为一个能够独立产生出“小区认同”的主体。

继续深入下去,这种作为“主体”的“楼盘身份”(居住空间)再现了两个因素:①空间化的财产:当房产占个人财产的绝大部分甚至是全部的时候,个人财产通过房产而实现了空间化。②基于这种空间化的财产,而实现的空间化的生活方式。第一个方面,如前文所述,居住空间成为财产的最主要象征。“X小区”居民对小区的封闭性非常敏感的一个首要原因,就是这种封闭给他们一个界限分明的“财产领地”,从根本上保证了他们财产权的确立。反过来,这种封闭性的打破,就会给他们带来一种“财产权”被侵犯的感觉。这一点我们可以通过“X小区”居民对于周围“Y小区”居民的进入极为反感这件事情明显看出。另一方面,共同的居住空间使实现共同生活方式成为可能,而这种共同的生活方式最终产生了小区认同。在这里，最明显的一个例子就是“封闭空间的实现”。“进门刷卡”、“年轻保安”甚至“保安跟踪”等方式，这种保证封闭的空间安排与服务，不仅确立了财产的安全，更重要的是，这些空间设置与空间服务已经被符号化，形成了一种生活方式的象征。一位青年业主在接受访谈的时候，曾经讲过她的朋友在拜访她时遇到保安的跟踪，因为保安怀疑这个业主的朋友可疑。但是当这个业主讲述这个故事的时候，是充满了自豪感的——这证明了她的居住空间服务档次高。

与此同时，跨小区的“邻里交往”变得没有“合法性”。X小区的开放式空间，居委会活动室，会所等都提供了非常充足的交流空间，但是同在一个居委会下的Y小区居民不愿过来，也不被欢迎。

> 我们不愿意到隔壁小区去，每次去都像欠了他们钱似的，心理感觉很不好。除非有事情非要到居委会去办，否则我是不会过去的。（Y小区居民）

> 我们X小区又不是街心花园，Y小区又不用交物业费的，是我们在养护小区里面一草一木。他们到我们的会所里面活动，水电费还是我们出的呢！（X小区居民）

“楼盘身份”是一种非常微观的，但是在现实中是非常具体的，被处处实践的“认同身份”。X小区的居民喜欢说“我们X小区的居民素质明显的要比Y素质高”，并且认为“楼盘就是身价”，“什么样的楼盘就决定了什么样的层次”。除了这些话语，他们在现实当中处处捍卫着自己的封闭，反对居委会的合并，反对Y小区居民到X小区。可以说“楼盘身份”所象征的财产与生活方式，使X

小区的业主具有属于楼盘范围的认同与优越感,他们不愿与“公房小区”相融合。

(二)资本:邻里的“生产”与商业理性实践

1. 对外:封闭的居住空间设计与封闭化服务

据X小区的物业人员介绍,X小区在开盘时候的营销策略是就“高档封闭小区”定位①。除了两个设计好的出入口之外,小区其他边界都有围墙进行隔离。小区的围墙不高,但是有先进的红外线探测仪器和视频监控系统。小区两个出入口都设有电子刷卡系统,只有业主凭卡才可以进入。

与这些封闭化的空间设计相一致,X小区的物业管理公司实施了实现这种封闭的管理和服务。小区的两个出入口都设有年轻的门卫,24小时轮班执勤。他们对于没有门卡但想要进入小区的人员会进行严格的盘问,询问进入小区的目的和要访客的详细住址。对于“可疑”的人员,他们还会进行跟踪,即会有人跟在访客后面看他是否真正去访客所说的地址。

这种彻底的封闭化和排外的空间设计和相应服务,自然会引起小区外部人员的不满。但是这却恰恰迎合了小区业主的心理,这正是小区业主喜欢、认同这个小区的原因。即使有的时候这些业主自己因为没有带门卡而被门卫盘问,但是他们都能理解甚至欣赏,因为这证明了他们所需要的“封闭”是被时刻实践着的。在访谈中笔者发现,一位青年业主讲述当自己听到来访朋友对这种封闭管理的抱怨时,以及当周围的小区(Y小区)居民对于这种封

① 这说明X小区的物业服务对于X小区的空间设计与定位十分清楚,也就是说空间的设计与空间性的服务是相一致的。

闭表达不满时,她会将这些当作“他们在嫉妒啊”(他者的嫉妒),这事实上反向强化了业主对于“自我”身份特殊性的认知,业主对楼盘小区的认同和骄傲就更强烈了。

X 小区对于小区的封闭性范畴非常敏感,在合并居委会事件当中,物业是持反对立场的。

> 合并居委会是政府的规定,我们没有办法。但是我们肯定是对此不满意的,外来人员的进入会增加很多我们物业管理的难度和成本。(物业公司主管)

可以说,物业公司的封闭化管理与服务方式,使“封闭”在人的层面上开始实践了。

2. 对内:邻里交往空间设计与邻里活动的策划

在空间设计上,X 小区属于典型的“新城市主义”小区的设计:汽车通过小区两边的环绕道路到达停车地,小区中间没有汽车穿过,小区的“步行性”很强;小区中心为“喷泉广场”,夏天的时候可以放喷泉乘凉,没有水的时候可以作为一个休闲广场。小区后排的高层楼房为底层架空设计,架空的空间被摆上公共的桌椅,可供居民打牌聊天。这些公共空间的设计创造了丰富的邻里交往空间,并且在现实中这些设计确实起到了作用:笔者在田野调查中,经常可以看到老人、孩子、保姆等各个角色在这些公共空间中交流。

除此之外,当我们进入 X 社区的时候,有一个迥异于大多数上海社区的视觉印象,那就是在外部十分封闭的同时,小区内的邻里之间却是开放式的。社区所有楼房的窗户上都没有防护网,小区楼

图3　X小区内部的开放式邻里空间

房的底楼都有庭院，这些庭院都只有十分矮的栅栏，而且一楼的落地窗前也没有任何防盗网。这跟我们平时看到的大多数上海社区内"层层武装"的门窗相比，是一种完全不同的视觉景观；而在另一方面，这却是与中国人通过电视看到以及想象中的西方社区是十分近似的。这种开放式的邻里空间，并非是"后天"形成的，而是开发商的"先天"设计。"开放式"邻里空间原本就是X小区的住宅卖点，并且这种"邻里开放"在日常生活中是被X小区物业公司刻意维持的[①]：一方面，物业通过严格的封闭化服务确保小区的财产安全，使得业主不用因为这种开放空间而担心；另一方面，物业管理公司与

① 这当中存在复杂的博弈关系，基本的逻辑是，整体景观如果被破坏，则房产的价值会受损，这对于业主和开发商的利益都是不利的。

业主委员会积极沟通，从而使"不能更改居住设计，破坏小区的整体景观的统一性"成为业主委员会通过的小区准则。也就是说这种统一的景观设计，是资本力量(开发商和物业)维持的结果。

除了邻里空间设计之外，X小区内的物业管理公司还积极组织各类的邻里活动。笔者通过访谈了解到，X小区物业管理公司所属的总公司要求其每月都要举行一次主题活动，因而X小区物业管理公司所举行的活动很多：如免费或优惠的附近旅游，夏天的时候播放露天电影，举办"X小区家庭节"等等。这些活动大都是针对老人和孩子的，并且"亲子活动"和"家庭活动"成为一个最重要的主题。

> 中青年业主确实比较难以团结，我们很难组织适合他们的小区活动。但是通过亲子活动、家庭活动这样的主题，老人和孩子能够把我们的中青年拉到我们的活动中来。(物业管理公司主管)

这些物业公司所组织的小区活动，使得邻里之间有共同的机会可以交流。这种邻里活动与邻里空间的配合，大大促进了社区内的邻里关系的发育。

3. "邻里的生产"与商业理性实践

从某种意义上，我们可以说X小区的邻里空间和邻里交往是被资本力量(开发商和物业)所"生产"出来的。在一定程度上，我们可以说"业主"自购房之后即被"嵌入"到了这个被生产出的邻里环境中。[①]

资本为何要生产这样的邻里环境？是为了公益事业么？在本

---

① 这是一个双向互动的过程：业主首先被这种的邻里环境所吸引而买房，同时他们的入住进一步强化了这种邻里氛围。

研究中，我们认为邻里的生产是商业理性的实践。X小区的开发商和物业同属于X公司，X房产商是中国最大的房地产商之一，它的特点在于将房产开发和物业服务集于一身，以出色的住宅设计和配套的物业服务而著称。而在X小区这个实例中，“邻里型小区作为一个产品，在商业方面取得了巨大的成功：

① 以“邻里关系营造”为代表的优质物业服务，以及统一的小区景观，使X小区的房价要比同等类型的住房每平米要高出至少一千块钱。[①]

② “邻里小区”的设计，极大地满足了老年人和儿童的交往需要，也为亲子交往提供了机会，使得业主对于X小区有很强的归属感。这极大地提高了X房产的“品牌忠诚度”，很多业主都说：“我如果要买第二套房，肯定还会买X房产的房子。”

③ X社区的空间设计与邻里氛围，成为了X房产一个活生生的LOGO，起到了非常显著的广告效应。

> 很多购房者看了X小区的房子之后，都说虽然这里的房子买不到了，但是X其他地方房子一定会买。（一个房地产中介的访谈）

④ 成功塑造了“楼盘身份认同”，打破了传统的“区位认同”，形成了“流动的楼盘身份认同空间”。

---

① 笔者曾对X小区周边的一个房产中介进行访谈，他认为X房产商的房子已经超越了它自身的实用价值，而形成品牌价值（符号化）：“X的房子就是贵一千块，没道理的，但是就是有人喜欢这个牌子，他们住的就是这个品牌。”

> 我对于徐汇区、静安区什么都没什么感觉，倒是我有几个朋友，他们虽然住在闵行，但是住在X公司的楼盘里面，我觉得这就挺好的。（X小区业主）

由此可见，X公司通过其品牌塑造，成功地形成了超越区位的“楼盘身份认同空间”。业主会首先强调自己住的是X公司的房子，而非自己住在哪个区。这就形成了卡斯特所说的“流动空间”（space of flow），亦即具体的空间不再产生限制，人们在乎的是他们共同享有的标准化品牌和服务。

（三）居委会：一个服务性的公共空间

1. 作为小区公共房产而存在的居委会

国家规定新建的楼盘中，必须为居委会预留一个空间。这个空间的面积是被摊入到共用面积当中的，是被购房者共同购买的。这就使得居委会的性质有了一个非常微妙的变化：在上海，居委会虽然是政府的触角，但是它所占据的住宅空间却是属于业主的。这种行政与财产的分离，使得小区居民对于居委会的态度发生改变。在田野调查中，笔者发现X小区的居民，不管他们是否是业主，都会习惯以“业主”，而非“居民”的角色进入居委会。X社区的居委会活动室很大，“英语班”、“茶友会”等趣缘群体都会选择在居委会中进行活动。于是居委会对于很多业主而言，成为了业主共享的活动空间，对居委会活动室的使用是理所当然的。在这种基础上，以行政控制为目的而设立的居委会，发挥的更多是一种公共空间的作用，为小区业主的趣缘群体提供了场所。

以“业主”，而非“居民”的身份进入居委会，是居委会与居民关系的一个重大转变。“业主”意味着“居委会办公室”这个房产的主人，与居委会有着“天然的”平等关系；而“居民”则会让人回归到原先的政治文化传统：居民要接受居委会的领导甚至是“监控”。而在现实中，“业主”确实实践着他们与居委会的平等：在X，Y两个小区合并成一个居委会之后，由于居委会设在X小区里面，居委会主任希望能够在X小区居委会活动室举行一些两个小区居民共同参与的活动。而X小区的业主代表就坚决拒绝了居委会的提议：

> X小区居委会的房产空间是属于X小区业主的，Y小区的居民不是这里的业主，他们没有权利使用我们的房产空间。（X小区业主代表）

对于业主代表的理由，X小区的居委会书记只能接受。

2. 作为提供公共服务的居委会

除了公共空间之外，居委会对于X小区的业主产生了一种公共服务的功能。这种公共服务最主要体现在青少年活动的组织上。每年寒暑假，居委会都必须依照街道的指标开设相应的青少年活动，同时由于青少年所在的中小学也布置给学生相应的“社会活动”作业，因此这类活动的参与率是很高的。同时家长也很喜欢这样的“社区活动”。

> 每年的寒暑假，这边的居委会都会组织很多社区活动，能够把孩子组织在一起，挺有意义的，也减轻了我们家长的教育负担。

如前文所述，正是在这些孩子参与的社区活动中，很多家长彼此认识了。

此外，对于普通业主而言，居委会还负责收有线电视费、办理暂住证等非常零碎，且并不是必须的公共服务，但是这也使得一部分业主会到居委会去办一些手续，有些业主因为需要办理同样的事务在居委会相识，而形成邻里交往。而居委会成员也会通过聊天等方式拉近与业主的距离，向他们介绍合适的小区里面的活动或者“群文组织”，这也提供了业主纳入邻里交往的机会。

3. 居委会对于“趣缘群体”的推动作用

以往的研究大都认为，居委会作为执政党的抓手，发挥着基层看门人的作用，因而对于辖区内的团体始终是一种警惕、消极的态度。而本研究发现事实上并非一定如此。如前文所说，X小区里的“趣缘群体”在整个邻里关系的形成中发挥着关键的作用。而居委会对于这种趣缘群体（“群文组织”）的形成有一个很大的推动作用：

① 街道对于每个居委会的群文组织有着非常明确的要求，群文组织的数量和活动都有具体的指标。在这种要求下，除了业主具有使用居委会活动室的权利之外，居委会在行政要求下有义务为这些群文组织提供便利和支持。

② 街道会为“表现突出”的“群文组织”授予“优秀社区小组”等荣誉。而这种荣誉的授予是通过居委会的推荐、颁发来实现的。这种荣誉对于“群文组织”有着很大的鼓励作用。很有意思的是，这些荣誉对于群文组织的组织者来说没有任何政治资本或者经济资本上的功利作用。他们很高兴得到这些荣誉，是因为这给他们的小区带来光荣。这种荣誉变成了一种仪式性的，属于共同体的荣耀。[①]

① 这事实上是一种基于“楼盘身份”的荣耀，通过访谈笔者发现，很多老人都是用了一辈子积蓄，并且下了很大的决心，才买房子在这里，因而这份房产就是他们身份、成就的凝结。

③ 居委会成员需要促进、融入邻里网络来完成其行政任务。在X小区中，居委会并不掌握任何与业主利益相关的资源，这使得原先居委会对于居民的政治动员策略完全失效了，次级群体行政式的工作方式完全不能达到效果。在这种情况下，居委会成员必须要融入到邻里关系中去。在田野调查中，我们发现居委会是很乐意"群文组织"来居委会活动室活动的。并且在这个过程中，他们都很在意与群文组织的组织者搞好关系。唯有如此，他们才能更加有效地完成"上级任务"：街道经常会有填调查问卷、知识竞赛、座谈会等等"无聊"的政治宣讲活动，而居委会总是苦于找不到居民参加：因为他们没有直接的办法去动员居民。在这种情况下，他们只能通过自己在邻里网络中的面子和威信，请那些邻里网络中的熟人"帮帮忙"，唯有拥有这种初级群体中的连接，他们才能完成行政上（次级群体）的任务。

而在上文的事实描述中，我们可以看到正是居委会推动的"趣缘群体"，在居委会选举中确实影响而非巩固居委会结构。因为对于这些"中产小区"而言，居委会没有任何的政治资本（荣誉、福利等）去控制居民（业主），而相反居民能够以"业主"的身份，以其独立的财产权来实践其政治权，从而改变居委会的结构。

四、邻里关系中的公民参与：从"业主"到"市民"

从第三章的事实描述中，我们发现以"业主身份"为基础形成的邻里关系与以"市民（居民）身份"为基础形成的政治参与在客观上有着密切的联系。在这里，我们试图引入"权利意识"与"行动力"这两个概念（陈映芳，2006），来分析从"业主"到"市民"的过程。

(一) 权利意识:从“财产权”到“政治权”

通过对X居委会直选当中的一系列事件,我们可以看到居民参加居委会选举这一“政治权”诉求,与其“财产权”(房产权)意识是直接相关的。在选举前,X小区居民最大的不满来源于两处:其一,居委会合并后,居委会的领导权被Y小区居民所占据,X小区没有人在居委会中。“他们住我们的房子,用我们的牌子,没有我们的权力”X小区业主。其二,X小区对于Y小区居民进入他们的小区十分反感:“这里是私家花园,不是公共绿地……小区内每颗螺丝钉都是我们业主自己的。”(X小区业委会成员)

由此可以见,居委会选举已经被X小区认为是“空间领导权”的争夺,他们只有获得了自己的“空间领导权”,才能够更好地保护自己的房产“不被入侵”。而值得注意的是,“财产权”被侵犯的事件构建与邻里关系有着密切的联系。如上文所述,“趣缘群体”已经将居委会作为活动场所,他们对于居委会成员的构成和倾向有着十分清楚的了解,作为邻里关系的节点,这些小组成员能够迅速将居委会的人员信息传播到整个小区。另一方面,Y小区对于X小区的“入侵事件”,也正是通过邻里关系的口耳相传得以迅速传播,最终被当成一个“极为恶劣的事件”而被X小区业主广为知晓。可以说,如果没有邻里交往的建构和传播作用,X小区的财产权意识以及相应的政治权诉求就难以产生并强化。

深入下去,我们认为这种基于财产权而形成的“公民参与”(政治参与),与计划经济时期的“公民参与”,在产生基础和表现形式上都有本质的不同。我们试图运用马歇尔(T. H. Marshall)的“公民权”(citizenship)理论以及“依附性参与”—“权益性参与”(杨敏,2005)这两个理论模型来具体说明。

在《公民权与社会阶级》一书中，马歇尔指出，公民权(citizenship)由民事权(civil rights)、政治权(political rights)和社会权(social rights)三者组成。三种权利还可以细分：民事权包括人身自由的权利、言论、思想、信仰自由的权利和拥有财产和自主交易的权利；政治权包括诉讼的权利和寻求司法救济的权利、参与政治生活的权利(如被选举权、举报权、监督权)和选举权；社会权包括人身安全方面的权利(如健康医疗)以及过一种达到社会一般标准的文明、体面生活的权利(如获得社会服务与受教育)。马歇尔认为，在西方，公民权的产生是一个以民事权为起点，然后向政治权，再向社会权不断扩大形成的过程，这也同时印证了上文所提到的西方社会中允许社会运动发生的体制框架。马歇尔认为在英国，18世纪产生民事权，19世纪产生政治权，20世纪产生社会权。即这三种权利有一个演化的方向，由民事权出发，争取政治权，最终争取社会权。而有学者指出(沈源，2007)，在计划经济时期，中国的情况是“财产权”被否定，而“社会权”却被国家通过单位制来事先赋予，在这种情况下，所谓的“公民参与”(政治参与)，事实上只是国家政治动员模式下的一个“政治仪式”。

具体而言，在计划经济时期下，居委会是社区中唯一的正式组织。单位与其对口的居委会高度的一体化，居委会通过其手中掌握的“社会权”(福利)去调动一部分社区成员，形成一个依附于居委会的“管理网络”，社区内的“公民参与”(政治参与)只是居委会政治动员下的“政治仪式”。这种参与是在依赖于国家赋予的“社会权”的基础上进行的“依附性参与”。

而在当下所谓的社会环境中，一个根本的前提是个人的“财产权”已经在法律上得到了明确。居住空间不再是一个国有单位的载体，而是个人财产最鲜明、最主要的实体与象征。在市场经济下，这种房产权的意识在日常生活中被时刻建构着。在调查中笔者发现，在购买房产、置换房产的过程中，会经历一系列非常繁琐的法律手续，业主的产权构成与界限会被多次地提醒与告知。可以说房产交易的过程，就是一个不断强化财产权的过程。其结果是业主对于自己的房产权的实际边界以及相关的法律都认识得十分清楚。

而与此同时，社会权变成了一种商品，其体制特性已经消失。在田野调查当中，笔者在居委会中看到一个要来办暂住证的浙江老板。其办证的目的是为了给自己的宝马 730 拍牌照。当居委会告诉他今天相关的负责人不在，要改天再办时，那个老板立刻不耐烦地说："还这么麻烦啊，算了我不办了，现在只要有钱什么搞不定啊。"而更有意味的是，这个居委会工作人员也持相同的看法，"现在牌照么搞搞关系总能办好的，只要有钱，暂住证什么都无所谓的。"还一直夸赞："宝马 7 系是好车呢，很贵哦……"

由于"社会权"的商品化，居委会层面用于控制居民的"体制资源"已经微乎其微。由此，财产权的独立使业主与国家进行了切割，获得了交往的独立，形成了独立的邻里关系。最终，为了保护这种财产权，而在社区中产生了独立的，而非"依附性"的"政治权"意识，这种政治参与是以独立的财产权为基础的"独立"的"权益性参与"。同时，也正是在这种由财产权到政治权的诉求中，"民事权"、"政治权"、"社会权"的意识都包含在其中了，对于"市民权"的意识也就完整地显现出来。

（二）邻里内生的行动力

行动力包含行动的能力及其可以调动的资源（陈映芳，2006）。在本研究中我们会发现就小区的利益表达而言，行动的能力体现在两个方面:①自我动员的能力(沟通网络以及意见领袖的产生)。②有序表达的能力。其可调动的资源则表现在小区业主在邻里关系中认识的邻居。本研究发现,业主的行动力来源于邻里本身。

1. 邻里中的动员:意见领袖和利益整合

从上文的事实描述中我们可以看到,"小区开偏门"事件,首先是由一批晨练的老年人发起的。这个"晨练小组"发现小区原本的空间安排(围墙)阻碍了他们的体育锻炼,他们试图改变这个空间设计(开偏门)。这个"晨练小组"并非是松散的,而是挂靠在居委会下的一个"群文组织",有其专门的负责人。当出现这种利益诉求的时候,这个"晨练小组"的负责人就自然成为了意见领袖。在这个意见领袖的带领下,这个晨练小组提出了"老人健康是第一位的,小区现在的设计不利于老人的健康"。这个理由的提出就成为对于利益表达的一种"话语建构"。在这个老年人比例很高的小区内,这一口号可以整合大多数家庭的利益,实现了一种利益整合。

与此同时,"晨练小组"的成员还有不少是"茶友会"、"英语班"的成员,通过这些"趣缘群体"所搭建的邻里网络,"小区开偏门"的倡议在老年人群体中迅速传播,继而传播至各个老年人所在的家庭。由此,通过邻里关系进行的动员就实现了。

2. 社区参与:一种有序表达的训练

当这个社区问题被建构出来之后,意见领袖就去寻找业主委员会使这个问题的解决正当化。与居委会不同,业主委员会不能以政府的名义而将其决策合理化,它必须获得业主的同意才能获得决策正当性。而怎样获得这种正当性,按照《物业管理条例》,X小区业主委员会采取了发放征询表的方式。最终,业主委员会通过统计,达到了可以决策的比例,才批准了开设偏门的决策,并授权物业公司完成。

在这个过程中，深有意味的是居委会并没有进行干预，居委会主任说这是涉及到小区房产的问题，应由业主委员会和物业联合解决。这种制度层面上的分工，就使得业主委员会获得了独立于党政之外的自治空间。值得注意的是，业主委员会的动员机制与居委会完全不同，由于没有党政倡导，它更注意的是完全依据相关的法规，重视程序公平，以便在有业主质疑的时候能够依据法规给予解释。而与此同时，邻里网络在这个社区参与中发挥着巨大的宣传作用，老人们在他们参加的趣缘群体中都能够得到关于这个事件的最新进展，而通过这些老人，这项“议案”在小区内几乎尽人皆知。这大大确保了对于“议案”的投票率。在这里，我们之所以强调这是一种有序参与，是因为这是一个独立于政治权力之外的，针对个人财产的参与，是遵从于商业理性的。

正是这次关于“小区开偏门”的社区参与，使得小区业主的有序参与能力得以锻炼。这种能力一方面表现在，邻里网络形成的一个“参与信息网络”，使得小区业主能够及时掌握参与的信息，从而保证了“参与率”，亦即参与的有效性；其二，在其后的居委会选举中，在社区参与中产生的参与网络，使得业主们可以拥有一个较为独立的信息渠道去了解候选人；其三，业主委员会主导的参与模式深入人心，在其后的居委会选举中，居民（业主）对相关的选举条例十分较真，对自己的权利也十分明确和珍惜。业主委员会领导下的社区参与，使他们认识到社区内的任何参与都与自己的切身利益有着密切的联系。

3. 邻里中社会资源的挖掘

在小区的居委会选举过程中，X 小区的居民不仅通过选举制度内的方式来保证选举胜利，他们还在制度外直接向街道的相关领导施压，让其“确保”其候选人能够当选。在这种情况下，如何寻找有这种能力的社区资源？如前文所述，X小区的居民根本不用动用其居民外部的社会资源，在他们的邻里内部就存在这样的社会资源。在邻里中“德高望重”的“刘老”，退休前就在市级机关身居要职，具有一定的影响。在刘老的对于上级领导的“影响”下，X小区的候选人果然顺利当选。

在这里，我们试图强调的是，当居民们需要调动其社区资源的时候，他们并不一定非要求助于外部的社会资源，他们的邻里关系本身就是产生社会资源的场所。

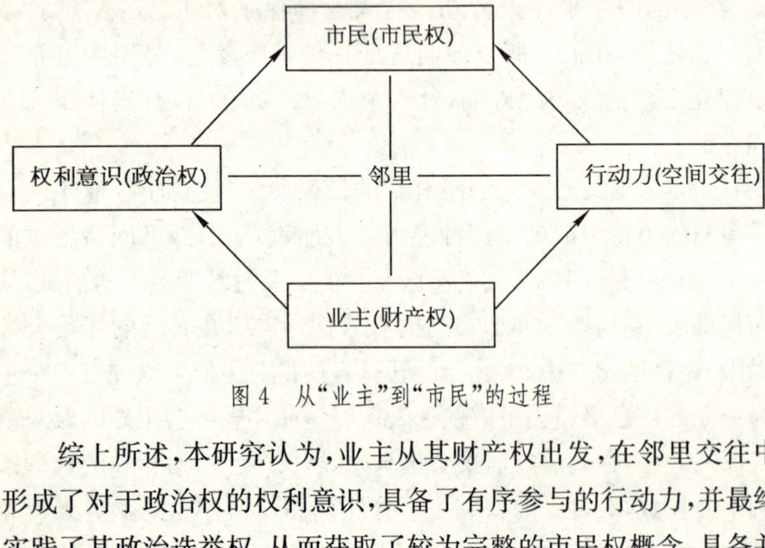

图4 从“业主”到“市民”的过程

综上所述，本研究认为，业主从其财产权出发，在邻里交往中形成了对于政治权的权利意识，具备了有序参与的行动力，并最终实践了其政治选举权，从而获取了较为完整的市民权概念，具备并实践了“市民”意识，从而实现了由“业主”到“市民”的转化。在这里我们需要强调两点：其一，这种政治参与的权利意识与行动力是在邻里交往中实现的。其二，这种权利意识与行动力并非存在严格的先后顺序，而是在邻里交往中呈现互动强化。

五、结论与讨论

（一）"绅士化"与都市邻里的复兴

1. "绅士化"：一个解释都市邻里的语境

自沃斯开始，邻里从"都市性"中被排除了出来，"都市性"就意味着"原子化"和"陌生化"。这一对于都市性的定性极大地影响了其后的都市研究。但是我们必须明白，"都市性"并不是先验的，而是有其特定的社会历史语境。1930年代的芝加哥，正是城市规划中"城市主义"盛行的年代，整个城市的空间根据资本主义工商业的需求而被分区，芝加哥成为现代性最直观的景观：都市社会如机器般运转，市民（人）的主体性极低，其情感需要被压抑，人只不过是城市的一个零件。对于这时期的都市人来说，邻里只是田园诗般的奢求，在都市中几乎不可能实现。

然而我们不能忽视的是，在二战之后，美国的都市理念和都市形态发生了急剧的变化。在1950年代至1970年代，北美以及英国的大都市经历了快速的郊区化，造成了内城破败。而自1970年代开始，"中产阶级"重返内城的"绅士化"过程，成为当今"全球城市"的一个发展趋势。而正是这种"绅士化"成为邻里复兴的一个重要的语境。从某种意义上，它正在型塑迥异于沃斯观点的"都市性"。

"绅士化"（gentrification）这一城市研究术语是1964年鲁思·格拉斯（Ruth Glass）在描述发生在伦敦内城街区的变化时首先使用的。她对这一名词的基本描述是：中产阶级迁入了工人阶级的居住区后，原破旧的住房得到了修缮，街区的物质环境、商业和文化景观发生了转变，房地产价格和生活费用的上涨导致原住居民的被迫迁居，这一过程一旦在一个地区开始，就会持续下去，直至原住的工人阶级中的绝大多数被迫迁移为止，而整个街区的特征随之发生彻底转变。从其字面意义上，绅士化是指原先住在郊区的“绅士”(gentry)，重新向往城市生活，而纷纷在内城购买房产迁回内城。“绅士化”已经成为描述西方城市发展的重要的学术术语，有很多相关研究。同时，“绅士化”这一概念也在不断变化，目前其广义的概念就是指城市的某一区位因为一定原因而房价上涨，从而使得这一城区得以复兴。

“绅士化”的出现是“新城市主义”兴起的一个重要表现。与“城市主义”相对应，“新城市主义”强调人的交往与情感。如前文所述，简·雅各布斯的《美国大城市的死与生》可以说是这种思潮的最集中代表，“多样性”成为理想状态下的“都市性”，这与沃斯提出的“原子化”截然相对，而“街道芭蕾”取代“陌生人”成为代表都市的新面孔。在这种思潮下，邻里成为“新城市主义”所追求的一个目标，而这种邻里复兴是通过有意识的空间设计来实现的。

2. 中国大都市的“绅士化逻辑”

自 1978 年改革开放之后，“发展主义”成为中国发展的理论依据，“经济建设”被放在优先的位置，成为执政党的首要目标和执政基础。文革之后中国的城市更新已经超越了重建和修补的意义，变成了一轮市场经济下的城市大开发，城市的经济结构和社会结构发生了根本的转变。在这一背景下，中国的大都市担负起两个作用：①经济增长的动力源，需要不断调整经济结构以求“可持续发展”。②现代化景观的营造。在中国，现代化是具有一个镜像的，这个镜像就是欧美的发达城市，“高楼大厦”这种臆想的都市景观成为中国在现代化过程中的一种图腾崇拜。这种视觉化的都市景观可以以各种工程（如上海的亮化工程）的名义提上市政日程，因为这些都市景观是现代化成就最直观的表达，进而也就是执政基础的最直观表达。在“高楼崇拜”的影响下，中国大都市的更新演变成了一个“拆平房建楼房”的建筑运动，这成为理解当下中国都市形态的一个重要语境。

这种庞大的都市景观式的城市更新需要大量的资金，而这种资金在1980年代远远超越当时城市自身的经济能力，并且在计划经济的结构下也难以实现，吸引投资成为一种必须。在“土地批租”这一新的土地政策落实之后，城市更新得以名正言顺的成为城市政府与资本力量共同主导的城市（房地产）大开发。而在住宅方面，住房改革应运而生。

住房改革至少直接产生了以下结果：①就生产而言，市场经济环境下的住宅建设在城市更新（房地产开发）过程中完全打破了计划经济时代的住宅空间分布，重建及新建的住宅按照“级差地租”等市场规律在空间上得以重组。②就分配而言，住房改革使得货币资本成为获得住房的根本手段。③房屋产权由国家转为个人，房产得以成为个人财产的一部分，这使得中国取得了极高的房屋私有化程度。在这些因素之上，基于个人财产的居住分异开始出现。不同的居住区位和住宅类型开始与不同的阶层一一对应，居住空间的极化与贫富分化相应出现，中国城市中产生了“住房分层”或者说“住宅阶级”。

如果说1980年代的房地产投资在于建立高楼大厦的城市景观表象，那么今天在中国大都市出现的房价飙升，则使得房地产消费成为了城市经济的首要支柱，促使中国的大都市在整个现代化过程中去完成其“增长机器”这一实质功能。虽然中央政府一直在试图控制房价，而就总体而言，购房作为一种极大刺激经济发展的消费行为，正是政府所鼓励甚至倡导的（Davis，Deborah，2006）。在房价飙升的情况下，“绅士化”（gentrification）作为“居住分异”的一种特殊情况，开始在中国的大都市中集中发生了。“绅士化”本意是指北美大都市的内城由于大量中间阶层的重新涌入而房价上升，从而实现复兴。后来这一术语也可以泛指某一城区房价上升以及中间阶层进入的过程。在中国的大都市，由于房价基数的疾速上升，以及自购房意愿强烈（不愿租房），出现了一种“整体绅士化”。亦即在北京、上海等“国际化都市”，虽然购房者之间存在着阶层分异，“有房阶层”和“无房阶层”形成了一个更大的差别。“不在于你买在哪里，而在于你能否买得起房”。因而，在中国大都市“绅士化”的背景下，“业主”这一名词从一开始进入话语体系，[①]就与“中间阶层”有着天然的联系，成为了中间阶层的一个具体代表，一个新的社会类别。

3.“楼盘身份”：中国式都市邻里的基础

本文引入“绅士化”这一概念，一方面是因为这个学术术语凝结了大量相关的既有研究，而更重要的一点是，它十分有效地概括了在中国的大都市区域住宅方面的社会事实。这种事实，是这些梦想成为“国际化大都市”的城市，在全球化的背景下实现的。正是在“全球城市”（global city）这个意义上，我们认为中国的大都市的绅士化与欧美“全球城市”的绅士化有共通之处。在空间上，绅士化是指内城的居住空间的更新与房价上升。在主体上，绅士化

① “业主”首先是一个媒体话语体系中的存在，是一个媒体建构的社会角色，并且这个角色是与“高档小区”、“维权”等概念结合在一起的，也就是说“业主”这个角色被媒体赋予了社会属性（中产，反抗等）。一个鲜明的对比在于，媒体对于棚户区的报道很少使用“业主”这个词，尽管棚户区的很多居民在法律上也是业主。正因如此，本研究将业主冠之以引号，是在强调这个社会角色的话语特性。

是特指作为“绅士”(gentry)的中间阶层,他们入住内城从而产生高房价的过程。运用“绅士化”这个概念,我们可以将居住空间的生产与重组与中间阶层这一特定的阶层对象联系在一起;同时我们也可以运用这一概念来概括当下中国大都市区域出现的房价上涨与各阶层居住空间重新洗牌这一现实情况。但是在这种共性的背后,我们要看到中国的“绅士化”有其特殊的背景和特点:

第一,中国的“绅士化”首先是政府主导的城市土地开发的结果,而不是市场发育的自然结果。在欧美,“绅士化”是一个随机的、偶然性的过程,纽约“绅士化”的代表“SOHO 区”,其“绅士化”的出现完全是因为未预料的因素而发生的。然而在中国事情恰恰相反,“绅士化”与政府的土地批租政策等一系列土地制度变革密切相关,由中心到外围的极差地租的强化与政府的主导作用直接关联。“经营城市”成为一个行政理念,“绅士化”是政府主导下的一个预期结果。

第二,住房改革造成“整体绅士化”。住房改革造成城市,尤其是上海这样的“全球城”产生房价基数的飞涨。能够拥有住房的差别已经大于住房区位的差别,“拥有住房”(而非区位)本身就是地位的象征。而在另一方面,由于“廉租房制度”等租房制度的不健全,政府对于租房者的排斥(如上海整治群租现象),以及中国人“购房置业”的文化传统,使得中国大都市的住宅私有化率很高,这就使得城市整体的绅士化产生了一个“滤化效应”:高房价成为进入大都市的壁垒,大都市正在用房价将底层过滤掉,而剩下的则是具有购房能力的,以业主身份出现的“中间阶层”。

第三,高房贷和长还款期使购房对整个生活方式产生影响。由于中国大都市的房价与平均收入水平的比率远高于世界的平均水平,这使得贷款在房屋总价中的比例很高,房产成为了全部的个人财产。而这又进一步导致了还款期长,很多业主贷款年限都在20至30年左右。这就直接导致了两个后果:一方面,对于房屋的财产权极为敏感,另一方面,迁居的成本大大增加,迫使居住的稳定性增强。

第四,“封闭小区”成为一种普遍的小区样式。绅士化与“封闭小区”这一居住空间类型有着天然的关联。一方面,新建的商品房小区基本均为“封闭小区”,这种小区的空间安排和物业管理从一开始就是“封闭化”的。另一方面,原有的,在城市过程中被保留的住宅小区,在“绅士化”过程中正在进行着一个“封闭化”的过程。也就是说这些小区正在进行着一个小区空间和物业管理的转变,从原来的“非封闭小区”转变成“封闭小区”。

我们认为,中国“绅士化”的一个最重要的结果是,大都市中的“业主”被重新固定在“土地”(城市居住空间)上,而这正是在中国都市环境中产生邻里共同体的基础。经典意义上邻里共同体是在乡村中出现的,这是因为农民是被固定在土地(居住空间)上的(劳动,居住),他们对于土地有一个情感性的依恋,而正是这种地缘上的共同情感,促成了邻里共同体的产生。

然而在当下的中国城市,“绅士化”使得房产业主们(中间阶层)产生了类似的基于地缘的共同情感。这是因为,业主也是被固定在“土地”(城市居住空间)上,虽然看起来,房产只具有居住的功能,但是由于房价过高,按揭还贷使得工作(劳动)也是为了住房。甚至休闲娱乐等消费也会受到偿还按揭的影响,也就是住房看似只是具有居住功能,但是它却完全影响了人的整个生活方式。正因如此,业主们对于自己的住房是有情感的,“我以后的30年就是为了这套房子”。业主对于居住空间的情感并不只会在自己的住房当中,还会产生在“公摊面积”中:“小区里面的每一颗螺丝钉都是我们业主共有的”。因而,原本互不相识的业主,他们对于“土地”(城市居住空间)的情感,在“楼盘小区”的“公摊面积”(公共空间)中交汇了！正是在这个基础上,封闭小区的业主同样能够形成一个基于地缘(楼盘)的共同情感,进而形成邻里共同体。

我们把它称为新型的邻里,是因为这种邻里是在城市的“封闭小区”中内生出来的(不是乡村社会的迁移)。这种邻里具有共同体的本质,基于土地的共同情感。但这种共同体同时也可以迅速变成法理的(业主委员会),变成全球化的(而非本土化的),可以具有与传统“共同体”不同的特质。而由此,我们可以对“现代性”进行更深的探讨。

如前文所述,我们认为邻里交往产生的基础是“楼盘身份”。“楼盘身份”的基础有两个:①居住空间化的个人财产(个人房产与小区公共空间);②居住空间化的生活方式(会所、小区环境、物业活动)。

(二) 邻里:作为“主体”的存在

在以往的社区研究中,研究者们总是将居委会、物业公司、业主委员会作为主体进行研究,将居委会作为政府的代表,物业公司作为商业资本的代表,业主委员会作为新兴市民组织的代表。同时,一个经典的模式是居委会和物业公司因为政府与资本利益的联结而形成“利益集团”,而业主委员会作为真正自治的市民组织,成为与其抗争的另一方,并因此而被学者赋予了很多的想象和期待(陈映芳,2006)。

然而本研究认为业主委员会并不是一个先天的行动者。在我们对其寄予厚望的同时,我们不能忽视其两个基本特征。其一,业主委员会产生的制度限制。在日常生活中,本研究通过访谈一位基层的房地办主任,发现业主委员会最主要的职责功能是管理业主的“维修基金”,并办理相关的转接手续。政府正是基于业主委员会的这一功能才支持业主委员会的成立。在房改之后，房屋的维修已经从政府包办改革为业主自理。如果没有业主委员会的保管和监督，这笔不菲的房屋维修基金就极易被不法挪用甚至贪污，如果因为出现这种情况造成了房屋无力维修，业主还会向地方政府施加压力。正是基于这种行政成本的理性考虑，政府是支持业主委员会的成立的。但是也正是基于这一功能，业主委员会具有诸多的制度限制，它的许多行动权力是被限制的，诸多的市民行动是不能在业主委员会所在的制度框架内实现的。其二，业主委员会如何整合业主利益，业主与业主委员会的关系如何？这一点是在以往研究中被忽视的。以往研究总是倾向于将业主委员会看作是业主的代表。在法理上确实如此，但是在日常生活中，业主委员会组织业主的过程是非常复杂而艰难的，在很多情况下，业主委员会与业主的矛盾，甚至要大于业主委员会作为一个组织与其他社区组织的矛盾。本研究认为，社区居民的利益整合与动员，并非是通过业主委员会来实现的，业主委员会并非是一个行动的实体。

我们的一个主要发现在于，在居委会、物业公司、业主委员会这三个正式的组织背后，还有一个庞大的邻里关系（如图 5）。这种邻里关系建立在社区认同基础上，以“趣缘群体”为平台，经过社区参与的不断强化，形成了一种新的社区整合。这种邻里关系平时表现为邻里交往、非正式的兴趣沙龙等松散的形式，然而正是在这种邻里交往中，能够建构并传播社区公共事件，并能够表现出极强的整合力和行动力，最终成为行动的主体。在研究中，我们发现居委会、业主委员会和物业公司都很喜欢说一个含糊的代词“他们”，通过观察我们发现，这个“他们”很多时候代指的就是邻里关系中的意见领袖，这些意见领袖是真正的行动者。事实上，在这个个案中，业主委员会在一开始并不是一个积极行动者的角色，很多业主委员会成员对自己的职责并不清楚，同时他们本身也并没有强烈的行动动力。

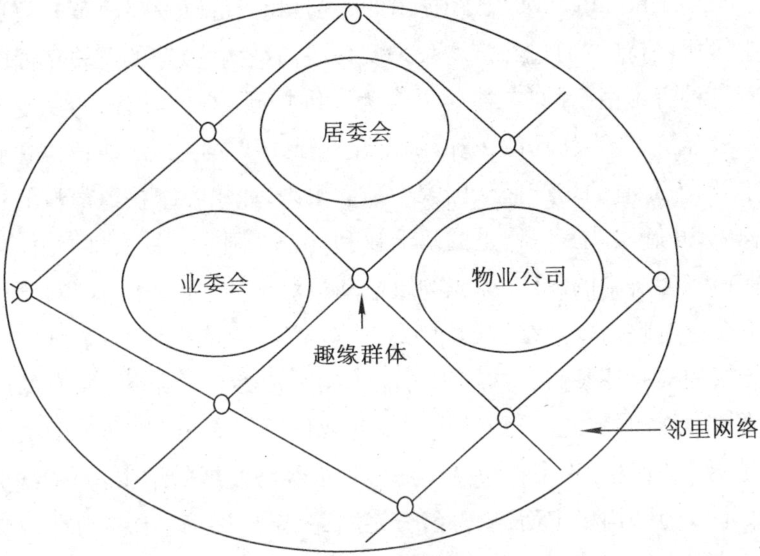

图5　邻里关系示意图

我们认为，“绅士化”是理解当代中国大都市中邻里的必要语境，在这一语境中，这种都市邻里具有以下的特性：

第一，邻里具有独立性或主体性。

Davis, Deborah(2006)认为在中国塑造消费社会的过程中，存在这样一条逻辑：中国的经济发展促使中国必须拉动国内消费，而这种消费的需要，在中国的政治语境下，一方面变成了国家主导下的“消费崇拜”；另一方面，为了鼓励消费，国家必须以法律的形式赋予消费者权益(《消费者权益保护法》)。而消费者在运用这些法律所进行的维权过程中，会对既有的国家权力结构进行挑战。

Davis, Deborah(2006)注意到了购房作为一种耐用品消费行为的特殊性。然而在本研究中，我们试图将“购房”作为研究的主体，来分析业主（耐用品的消费者）的产生及其特殊意义。运用Davis，Deborah（2006）已经提出的架构，我们可以发现改革开放后中国所坚持的“通过经济增长来实现政治结构稳定”的逻辑正面临着一种身不由己的“二律背反”：为了维护政治权力结构的稳定而发展经济，产生住房改革和“绅士化”，赋予了“业主”法律地位，“业主”因为私有的房产而从国家中独立出来；业主在维护财产权的过程中，开始实践其法律上的政治权利，由于“国家—社会”的一体化在市场经济中的解体，原先的政治动员对于独立的业主失效，原先不会影响政治权力结构的“仪式性参与”，最终转变成为了维护财产权的实质性参与。国家不再能控制政治参与的结果，原有的政治权力结构最终会受到挑战。由此我们可以看出，独立于国家的“业主”的产生，正是在市场经济背景下经济发展的结果：为了维护政治权力结构稳定而进行经济改革，最终产生了政治参与在微观上的根本性变革，从而使政治权力结构的维持受到极大的挑战。

具体来说，绅士化过程中产生的邻里在先天上就是独立于国家的控制而存在的[①]，这种独立性来自于在市场经济环境下所获取的财产权。正如前文所言，这种空间认同与区位、地域、行政、单位制都没有明显的关系，邻里以及邻里的情感不再是国家的投射，正是这种具有独立性的社区认同，产生了具有独立性的“邻里关系”。而体现这种独立性最明显的例子是，这种“邻里关系”与居委

① 正如前文所强调的，邻里的独立性必须是在“绅士化”的语境下才能实现。在“绅士化”背景下，居委会所拥有的“社会权”无法控制业主，他们完全可以购买这种社会权。同时，居委会的成员也并不一定完全遵从于上级街道，因为在绅士化的情境中，居委会成员是以一种“志愿者精神”去做工作的，他们并不一定在乎上级街道的薪水。因而上级街道也无法真正控制居委会。但是在贫困社区中，上级街道就可以通过财政控制居委会，而居委会则可以通过其掌握的社会权（如低保等）来控制居民。

会搭建的“管理网络”是分离的。在居委会的工作中，他们会通过“楼组长”等居民代表搭建起自己的“管理网络”，这种管理网络不仅是居委会了解居民信息的渠道，更是居委会管理居民，并维持自身成员结构的渠道。而在本研究中，“邻里关系”是与“管理网络”完全不同的，他们不依附于居委会，即使他们利用居委会的活动室开展活动，他们也不认为这是居委会的赐予，而认为这个空间本来就是所有社区业主共享的，利用这一空间是他们的合法权利。而与此同时，居委会并没有任何社会权方面的资源来控制居民，这些社会权已经货币化，对于这个“中产社区”的居民不足为道。

正因为这种独立性，这种邻里关系才能够从自己的财产权出发，调动业主委员的资源，最终影响居委会的选举。所以，正是这种独立的“邻里关系”的存在，才使得居民打破居委会的既定结构成为可能。

第二，邻里具有主动性。

一般关于都市邻里中的复兴，主要强调的是一种被动性的邻里，即这种邻里意识只有在抵抗外部力量入侵的行动中才能够得以实现。这就如北美学者提出的，“在抵抗中，地方性群体在哪一级中团结起来，哪一级就是邻里”(Kasarda, J. D. , 1974)。而在国内的研究中，也有学者倾向于认为邻里只有在小区内维权行动开始之后才能形成，如果没有维权事件，邻里就不会产生。

而本研究恰恰提供了一个反例，即在封闭小区中，即使没有明显的“抵抗”行动，业主也会基于其财产权意识，以及其房产所附带的空间特权(会所、居委会活动室、小区开放空间)而形成邻里关系。并且这种产生于日常生活中的，“主动的”(而非在抵抗过程中被动产生的)邻里关系，其自身也有很强的主动性：他们可以主动地建构邻里事件，并通过邻里网络去实践其权利意识与行动力。

事实上,“绅士化”具有一个共通的微观特点,即对于“地方感”或者说“空间情感”的回归。在英国和美国的“绅士化”街区,咖啡馆、画廊等重塑的街区空间都强烈地打上了“中产阶级”格调的烙印,成为“阶层认同”被实现、被建构的场所,从而吸引了大量具有相同“品味”的“中产阶级”来此居住。这可以说是“绅士化”与邻里交往的先天联系。

就中国而言,大都市中之所以能够产生这种“主动性”邻里,有其自身特殊背景,那就是对于财产情感的释放,产生了一种“房产敏感性”。这种房产敏感性来自两个方面:其一,在一个社会主义国家,人们的财产权长久以来都是被限制的,当房产终于能够在某种意义上归个人所有之后人们对于这种房产权是极为敏感的,生怕这种财产权被夺走。正是由于这种压制过后的释放,中国的业主较之于私有权早已确立的欧美国家而言,其对于房产权及承载它的居住空间具有更强烈的情感,“每一颗螺丝钉都是我们业主自己的”,而这种共同的空间情感正是产生邻里的基础。其二,在“绅士化”的背景下,房价飙升,房产比例占据了普通市民财产的绝大部分,甚至是全部。这样对于商品房的业主而言,房产事实上是个人一生成就的外化象征,因而他们特别在意房产所带来的阶层感(地位感)或者说特权感。这种特权感一方面表现在对于他者的排斥。比如处于商品房小区的X小区和居住于老公房的Y小区居民总是相互排斥,X小区居民认为“牌子就是身价”,“X人的素质就是要比Y人高”;而Y小区居民则认为X小区居民“狂什么,不就是有点钱”。就根本而言,这种排斥是因为用自己的积蓄购买商品房产的业主,与依靠体制资源获得国家分房的“业主”(他们在房改之后得以以极低的价格购买了房产)之间的互不认同。后者很难理解前者花费毕生积蓄购买房产后对于房产的感情,而前者则将后者作为“他者”加以排斥,从而凸显自己通过购房而获得的社会地位。而另一方面，这种对外的排斥加强了其内部成员的认同，“住在这里的都是有身份的人”。从而促使在日常生活中出现邻里交往。

正是在这种“房产敏感性”基础上实现的邻里，他们并不一定会等到侵权事件发生之后采取被动的抵制和反抗，他们甚至会主动的去建构社会公共事件，主动的进行社区参与。这与既有研究中社区行动发生的机理也是完全不同的。

第三，邻里具有灵活性：话语的转换与资源的调动。

如前文所述，被赋予了极大期待的业主委员会并没有先天的动力，在另一个方面，国家在赋予它合法性的同时，也给了它很大的制度上的限制（局限于管理维修基金），业主委员在其制度空间内很难实践其行动力。就社区行动而言，本研究认为业主委员会和居委会只是“话语空壳”，而邻里才是真正行动的主体。

在研究中我们发现，邻里可以转换其“话语身份”，从而填充这些“话语空壳”，灵活地在各种角色中调动相关的体制资源，最终实现自己的行动目的。比如在个案研究中，我们发现“茶友会”、“英语班”会利用居委会的活动室举办沙龙，这时他们称自己为“居民”[①]——“居民的群文组织是居委会应该支持的么！”而在需要外出活动时，他们会与物业公司联系借用其车辆，此时他们的角色是

① “居民”在中国的行政话语系统中的含义十分复杂。如果从“住民”这一角度而言，它至少应该包括三个身份：业主、业主的亲友、租户。在本研究中所涉及到的小区中，租户所占的比例较小，根据居委会统计的资料，在X小区1 830户中，租户仅为33户，所占比例为0.18%，“租户”与“业主”这两个身份的关系并非是本研究所观察与讨论的重点。而在日常生活中，居住在小区中的业主亲友通常把自己纳入到“业主”的话语中。本研究更关注“业主”这一新兴的角色及其相关的话语体系，与“居民”这一角色及其话语体系之间的关系。

“业主”。

另外，邻里并非只与一个组织保持紧密关系，邻里是有策略的，他们甚至可以通过不同组织的体制属性来进行制衡。一个更典型的例子就是，当这种邻里关系认为业主委员会在“社区开偏门”的实践中不作为的时候，他们会去向居委会反映，给业主委员会施压；当他们认为居委会的选举会夺走他们的空间领导权的时候，他们会向业主委员会施压，通过业主委员会调动资源从而影响居委会的选举。

以往的社区研究倾向于将正式的社区组织当作行动主体，但是在当下中国的制度环境中，无论以哪个正式的社区组织来分析，它们在行动中都会遇到制度限制。而事实上，正是这种研究视角制约了对于事实的认知。通过对实际行动的考察，本研究认为邻里才是行动的主体，他们能够转化话语，利用各个社区组织所拥有的话语空间，调动不同体制下的话语资源去实现其行动。在这个视角下，我们会发现一个社区行动的新机制，即邻里作为一个更加灵活的行动主体，能够通过话语的转换和资源的调动，将故有社区组织所面临的制度限制进行消解，他们不仅能够利用规则（居委会选举），还能利用“潜规则”（直接向领导施压），这样我们就能看到社区行动中更加主动的变量。

（三）“封闭小区”中的“市民”：一个“社会阶层类别”的建构

1. “封闭小区”与“社区制”

“封闭小区”（gated-community 直译为“被门封锁的社区”）这一概念最早用来形容纽约等美国大城市在 20 世纪 70 年代开始出现的“公共空间私有化”问题，即很多公园、广场等经典意义上的公共空间，正在不断地被个人或企业所控制。后来这一名词继续延伸到高档住宅对公共空间的侵占（Shanron Zukin，1987）。本研究将这一术语引入，用来概括在“房改”之后，在房地产大开发以及城市更新过程中所建造的“高档封闭小区”（开发商的广告用语以及业主的自我称呼）这一新兴的住宅类型。“封闭小区”（gated-community）这一术语并非简单地指一种社区空间形态，它其实包含了一个从“公域”到“私域”的转化过程。正是在这个层面上，本研究认为现在广泛出现的“封闭小区”与北美所存在的“封闭小区”本质上是相同的。在中国，这种新兴的封闭小区是在“房改”所带来的“所有权”转变这一结构转型的前提下出现的，这种社区的“封闭”，并非是简单地出于“安全”的考虑，而是象征着一种个人财产权的“确立与不可侵犯”。同时，这种“封闭小区”不仅仅来源于在房改之后新建的商品房小区，在房改之前建造的开放式社区也在开始“封闭”。在上海，以“平安工程”的名义，政府出资并动员老公房小区安装单元楼防盗门和社区防盗门，这更进一步提高了“封闭小区”所占的比例。

“封闭”事实上标明的是“小区”的财产边界。而与“封闭小区”这一财产边界相对应的，“社区制”语境下形成了另一种社区边界：社区的行政边界，我们在这里可以把其称为“居委会社区”。在“社区制”建设的作用下，国家的社会控制由原先的单位体制投射到街区空间上，一个“居委会社区”就是一个行政管理“单位”，管辖着几个“封闭小区”。

在“社区制”的影响下，每个“居委会社区”内的组织都被标准化建设：包括居委会、社区党委、业主委员会、物业公司。可以说麻雀虽小，五脏俱全，“居委会社区”成为了城市政府“社区制”系统下的一个细胞、一个最小的单位。由此我们可以认为“社区制”推动了社区空间形态（“封闭小区”）以及社区权力结构的“麦当劳化”。也正是在这个意义上，我们认为在“居委会社区”这一微观层面上由业主到市民的变化，有可能给整个城市社会带来巨大的影响。

2. 作为“中间阶层”的“市民”

我们认为在邻里交往的作用下，“业主”在“封闭社区”中具备并实践了其市民权（财产权和政治权）意识。然而仔细分析在这种环境下产生的“市民”，我们会发现这个角色具有极强的阶层特质，这主要表现在：①财产方面。如前文所述，大都市中出现的“整个城市的绅士化”，使得房产基数大大上升。在大都市中，能够拥有房产本身，就说明业主的个人财产至少达到中间水平。②法律地位方面。《物权法》、《物业管理条例》详细规定了“业主”的定义、权利，这使得“业主”在法律体系中具有明确的身份。③生活方式方面，在绅士化背景中，普遍的高房贷和长贷款期限使得购房本身就对“业主”的生活方式产生了巨大的、持久的影响。然而，“封闭小区”的住宅类型和物业管理又使得业主在居住空间中产生了其特有的空间特权[①]。

正因为在“财产”、“法律地位”、“生活方式”这三个方面，中国的大都市中的“业主”们存在一些结构性的共同点，我们认为“业主”作为一个具体的、处于中国“中间阶层”的社会类别而出现了。

我们试图强调的是，“市民”这一称谓同样是一种话语建构。在中国，“市民”（“公民”citizen）并非在法律体系中存在的，能够赋权于城市居民甚至中国居民的身份。相反，“市民”的实践来自于大都市中的房产业主，“市民”的建构与“阶层性”有着天然

① 包括封闭性的私家花园、会所等等业主独享的空间。

的联系[①]。

3. "封闭小区"与"市民"的文化特质

如前文所述,"封闭小区"的出现与"绅士化"过程以及"业主"(middle class)的产生是密切相连的。事实上"封闭性"能够很好地表达"业主"的特质。

第一,由"封闭性"表现出的自主。"封闭小区"首先是一个财产领地的界限,而用围墙将自己的财产范围如此明确地划分,表现了"业主"将自己的财产与国家的财产进行了一个清晰的切割。大都市中房产的私有化,使得市民通过私有的房产,而打破了"国家—社会"的一体化,从而实现了相对于国家的独立。

第二,由"封闭性"表达出对于他者的排斥与多疑。高房贷和长还款年限使得业主对于自己的房产的"安全性"(合法性、物品性)极为敏感,这种敏感最终通过封闭小区表现成为对外的多疑。这主要表现在对于两个力量多疑。一是对于国家权力。虽然国家已经出台了诸多法律保障业主的权益,但是身处一个"社会主义国家",业主依然担心自己财产的合法性和持久性。正因如此,业主对于《物权法》以及宪法的修改都极为敏感。这种对于国家的多疑具体表现在对于居委会的排斥和反感方面。另一个是对于社会的其他阶层。这具体体现在"有房阶层"和"无房阶层"的对立,以及

---

① 我们认为可以将从启蒙时代产生的市民作一个类型化分析:"法国式的市民"和"英国式的市民"。法国式的"市民"概念来源于笛卡尔、孟德斯鸠的理性主义思考,"市民"(citizen)是神圣的,是每个人可以实现的。而"英国式的市民"是来自经验主义的商业传统,除了务实的权利之外,它强调"修养"(manner),强调微观的生活方式,"市民"等同于"绅士"。就1978年以来的事实来看,我们认为中国的"市民"概念,正在由"五四"时期产生的"法国式市民",转变成基于商业传统的"英国式市民"。中国的"市民"开始等同于"绅士",它具有了一种阶层性,并强调生活方式上的"文明化"(civilised, polished)。

对于底层移民的排斥。

第三，由“封闭性”表达出“自我”的骄傲。“封闭小区”一个重要的作用在于表达身份。“封闭小区”对他者的排斥，在反方向使得封闭小区内部实现了身份的“纯化”。“戒备森严”、“进门刷卡”逐渐超越了工具性功能，而是变成了一种显示阶层身份的符号。“封闭小区”内的业主们，正是因为这份特殊的但是共享的空间设计和物业服务，而形成彼此的认同。

“封闭小区”不仅是一个地理意义上的空间，更是一个社会上的空间。运用列斐弗尔(H. Lefevre)的“空间生产”理论，我们可以看到，在封闭小区中，“空间的再现”(封闭小区的规划与生产)，成功地满足了主体的“再现性空间”(对于封闭空间的需要和想象)，并最终转化成主体的“空间实践”(“封闭性”的生活方式)。“封闭小区”是“业主”的想象与现实的重叠，并且在日常生活的实践中，他们已经习惯了这种方式。在这种情境中，“封闭小区”并不是一个冰冷的静止的场所，“业主”们因为共同的空间认同而形成邻里的连结，并最终因为对空间化财产权的维护而实践了他们的政治权。“市民”作为一个新的阶层，正在“封闭小区”这一社会空间中形成。

(四) 未完的结语

总括全文，本研究试图运用都市人类学这一新的微观视角，重新审视大都市的居住空间，以及作为“大都市市民”的这一新的社会类别。正如萨森(2005)在其《全球城市》中提到的，作为全球化节点的“全球城市”(global city)，正在超越国界，形成一个彼此趋同的流动空间，而同时本国其他中小城市与他们的差别却在越来越大。也就是说，我们应该注意到，当下的全球城市(大都市)正在超越一般意义上城市(中小城市),而成为一种新的都市空间,这种大都市空间的实践逻辑正在与一般城市发生着质的裂变。大都市正在形成自己的特性,而大都市的市民也产生了新的秉性。正是基于这些新的情况,我们认为不能将滕尼斯和沃斯对于现代性和都市性的判断当作一个先验的标准,在大都市中,现代性以及都市性极有可能以某种新的方式出现,这正是吸引我们进一步研究的地方。

而就中国而言,由住宅空间的市场化分配开始,大都市正在通过市场作用而实现其"绅士化"(滤化)作用:穷人正逐渐被过滤出去,以上海为代表的中国大都市则将变成一个"文明的"、"美好的"中产阶级城市。在这个层面中,"大都市市民"也正在超越一般意义上的市民,他们可以拥有更多与大都市相关的"城市特权",来自于"业主"的"市民"对于大都市而言,一开始就被打上了阶层的烙印。

由于本研究采用都市人类学的办法,因而并没有侧重宏观方面的数据收集,其结论在统计学意义上的实用推广性不大。而本研究更大的遗憾在于,对于年轻业主(市民)的观察不够,依然是只能观察较容易接近的"老头老太"①。在下一阶段研究中,我将更侧重定量的、宏观方面的数据分析,并将以年轻业主为重点研究对象,并希望在哲学层面上进一步去探究大都市的本质,及其关联的现代性。

参考文献:

安东尼·奥洛姆,2006,《政治社会学导论》,上海世纪出版集团。

包亚明主编,2003,《现代性与空间的生产》,上海教育出版社。

① 这种缺憾本身也是一个社会事实,如前文所述,中青年业主本身就是一个"隐身人"的角色,很少在现实的居住空间中出现。

包亚明主编，2005，《后大都市与文化研究》，上海教育出版社。

陈映芳，2006，《行动力与制度限制：都市运动中的中产阶层》，《社会学研究》第4期。

陈映芳，2004，《“城市化”质疑》，《读书》第2期。

冯钢，2002，《现代社区何以可能》，《浙江学刊》第2期。

桂勇，2007a，《邻里政治：城市基层的权力操作策略与国家—社会的粘连模式》，《社会》第2期。

桂勇，2007b，《社区建设中的城市邻里：复兴抑或重构》，《中共福建省委党校学报》第6期。

桂勇，2005，《城市“社区”是否可能？——关于农村邻里空间与城市邻里空间的比较分析》，《贵州师范大学学报（社会科学版）》第6期。

F. 吉伯特，1983，《市镇设计》，中国建筑工业出版社。

简·雅各布斯，2005，《美国大城市的死与生》，译林出版社。

卡斯特尔，1997，《流动空间——资讯化社会的空间理论》，王志弘译，台湾：《城市与设计学报》第1期。

李斌，2002，《中国住房改革制度的分割性》，《社会学研究》第2期。

李斌，2002，《社会排斥理论与中国城市住房改革制度》，《社会科学研究》第3期。

李强，2006，《从邻里单位到新城市主义社区——美国社区规划模式变迁探究》，《世界建筑》第7期。

刘欣，2003，《阶级惯习与品味：布迪厄的阶级理论》，《社会学研究》第6期。

刘春荣，2007，《国家介入与邻里社会资本的生成》，《社会学研究》第2期。

流心，2005，《自我的它性——当代中国的自我系谱》，上海人民出版社。

莎朗·佐京，2006，《城市文化》，上海教育出版社。

丝奇雅·萨森，2005，《全球城市》，上海社会科学院出版社。

沈原，2007，《公民资格建设是“和谐社会”的基本依据》，《社会学研究年》

第 2 期。

施芸卿，2006，《机会空间的营造》，《社会学研究》第 3 期。

石发勇，2005，《城市社区民主建设与制度性约束：上海市居委会改革个案研究》，《社会》第 2 期。

滕尼斯，1999，《共同体与社会》，商务印书馆。

吴志强，2000，《〈百年西方城市规划理论史纲〉导论》，《城市规划汇刊》第 2 期。

王颖，2002，《上海城市社区实证研究——社区类型、区位结构及变化趋势》，《城市规划汇刊》第 6 期。

王小章、王志强，2002，《从"社区"到"脱域的共同体"：现代性视野下的社区和社区建设》，《学术论坛》第 6 期。

夏铸九、王志弘主编，2002，《空间的文化形式与社会理论读本》，台湾：明文书局。

应奇、刘训练主编，2006，《公民身份与社会阶级》，江苏人民出版社。

杨敏，2005，《公民参与、群众参与与社区参与》，《社会》第 5 期。

薛德升，1999，《西方绅士化研究对我国城市社会空间研究的启示》，《规划师》第 3 期。

杨上广，2006，《中国大城市社会空间的演化》，华东理工大学出版社。

张济顺，2004，《上海里弄：基层政治动员与国家社会一体化走向（1950—1955）》，《中国社会科学》第 2 期。

张静编著，2006，《身份认同研究：观念　态度　理据》，上海人民出版社。

齐格蒙特·鲍曼著，欧阳景根译，2003，《共同体》，江苏人民出版社。

Davis, Deborah, 2006, "Urban Chinese homeowners as Citizen-Consumers", in S. Garon and P. Maclachlan (eds.), *The Ambivalent Consumer*, pp. 281—299. Cornell University Press.

Davis, Deborah, 2004, "Talking About Property in the New Chinese Domestic Property Regime", in F. Dobbin (ed.), *The New Economic Sociology*, pp. 288—307. Russell Sage Foundation.

Davis, Deborah, 2003, "From Welfare Benefit to Capitalized Asset: The Re-Commodification of Residential Space in Urban China", in R. Forrest and J. Lee(eds.), *Chinese Urban housing Reform*, pp. 183—196. Routledge.

Davis, Deborah(with Kin-man Chan), 2003, "The Consequences of home Ownership in Post-handover hong Kong", in *Indicators of Social Development: hong Kong* 2001, pp. 233—248. Chinese University of Hong Kong Press.

Davis, Deborah, 2002, "When a house Becomes his home", in P. Link, R. Madsen and P. Pickowicz(eds.), *Popular China*, pp. 231—250. Rowman and Littlefield.

Davis, Deborah(with Shaoguang Wang and Yanjie Bian), 2006, "The Uneven Distribution of Cultural Capital: Book Reading in Urban China", *Modern China*, 32(3): 315—345.

Davis, Deborah, 2005, "Urban Consumer Culture", *The China Quarterly*, 183(September): 677—694.

Davis, Deborah (with Yanjie Bian, Ronald Breiger, and Jospeh Galaskiewicz), 2005, "Occupation, Class, and Networks in Urban China", *Social Forces*, 83(4).

Davis, Deborah(with hanlong Lu), 2003, "Property in Transition: Conflicts Over Ownership in Post Socialist Shanghai", *Arch. europ. sociol. hLIV/ European Journal of Sociology*, April: 77—99.

Johnson, D. L., 2002, "Origin of the Neighbourhood Unit", *Planning Perspectives*, Vol. 17:227—245.

Kasarda, J. D., 1974, "The structural implications of social system size", *American Sociological Review*, 39, 19—28.

Shraon Zokin, 1991, *Landscapes of Power: From Detroit to Disney World*, University of California Press.

Shraon Zokin, 1989, *Loft Living*, Rutgers University Press.

Sharon Zukin, 1987, "Gentrification: Culture and Capital in the Urban Core", *Annual Review of Sociology*, Vol. 13.

第三部分

第七章
城市历史文化风貌保护区
——“摩登上海”的更新

闵思卿

一、引论：本研究的理论视野及对象、方法

近年来，关于文化遗产保护的问题越来越受到政府与社会的重视，城市历史文化风貌作为文化遗产的一个组成部分也逐渐受到关注。在实际操作中，政府开展的城市历史文化风貌保护已经同城市建设与开发不可分割地融合在了一起。在风貌保护的过程中，权力、资本和文化都被纳入到风貌区空间的生产过程中，本研究旨在揭示这些要素在风貌保护中如何发挥作用，以及风貌区空间的生产机制究竟如何。

如何才能真正保护好城市历史文化遗产？这是一个涉及价值判断、属于应然范畴的问题。城市建设究其根本是各方利益集团之间博弈的产物，因此，研究目前保护区空间的生产机制这一实然的问题才更重要、更有意义。因为，这种机制为城市历史文化遗产的保护作出了框架性规定，任何保护只有在框架内运行才能成为可能。

在城市历史文化遗产的保护中，很重要的一项内容是对具有地方特色的建筑物及其周边环境的保护，国外较成熟的做法是设立历史文化风貌保护区进行严格的管理。上海借鉴了这一做法，但严格的管理并不意味着风貌区中禁止拆除或新建任何建筑，因此，政府最关心的是哪些建筑需要保护、如何保护，哪些建筑需要拆除，新建建筑怎样进行控制等等，以此达到城市历史文化遗产保护和城市开发的双重目的。本文着重探讨风貌区中发生的建筑或建筑功能变迁背后的动力是什么，也就是风貌区空间的生产机制究竟如何。

关于城市历史文化风貌保护区的研究很多，但主要集中在建筑、城市规划、法律、文化研究等学科，他们的研究或具有很强的技术性，但却缺少对风貌保护与整个社会过程之间关系的把握。而城市社会学为我们提供了一种宏观的、结构性的视角，通过它来观察城市历史文化风貌保护，可以把风貌保护与当下中国的社会过程结合在一起，这样更有助于我们回答本文的核心问题。

在理论上，本研究试图把新马克思主义城市理论与城市更新理论、文化研究相结合，更好地解释风貌保护区在空间的生产上表现出来的特殊性；在实践上，通过对风貌区空间的生产机制的研究，旨在更好地理解当下的城市历史文化风貌保护区的现状，为今后更好地研究城市历史文化遗产保护的方法提供一个视野。

1. 建筑学与城市规划的有关研究

建筑学与城市规划学是最早研究城市历史文化遗产保护的学科，他们在城市历史文化保护的研究上取得了令人瞩目的成就，在为何要进行城市历史文化风貌保护以及如何保护的问题上有着丰富的理论与实践。以下介绍一些有关的理论与模式。[①]

伊利尔·沙里宁的“有机秩序”理论　伊利尔·沙里宁在《城市：它的发展、衰败与未来》中提出的“有机秩序”理论，针对城市建设提出三个原则：表现的原则、相互协调的原则和有机秩序的原则。城市历史文化风貌的保护，就是要从系统的观点对待城市空间，追求个体与整体的统一，使历史文化风貌形成有机的秩序。

柯林·洛的“拼贴城市”模式　柯林·洛主张用拼贴的设计方法展示一个城市的历史，拼贴方法采用的是传统与历史部分中的部件与形式，根据现代的需要加以组合变化，使传统与现代融于一体，既延续历史，又体现当代特征。

凯文·林奇的“城市意向”理论　凯文·林奇在《城市意向》中提出“城市意向”理论，重新评估了城市空间形象的评价标准问题。城市形象的评价不再只是少数社会精英与规划设计师的意见，而且还必须通过全体市民的主观体验来判定，这是对以往形象评价标准方面的一个大的进展，同时也为市民参与城市空间设计创造了条件，无论对旧城保护还是新城开发都产生了深远的影响。

诺波尔·舒尔茨的“场所精神”理论　“场所精神”是由挪威建筑师诺波尔·舒尔茨在他的《场所精神——走向建筑的现象学》一书中提出的。他指出，场所精神与历史文化传统关联极大，场所在历史文化中形成，又在历史中发展。舒尔茨的理论既揭示了历史文化风貌的重要价值，也为历史文化风貌的保护提供一种方法论，即从给定的环境中揭示其潜在意义，通过设计手段将场所精神具体化，而这个过程可以相对独立于场所功能的变化。

---

① 具体理论参见宋言奇，《论城市历史环境的保护设计》，中国社会科学院研究生院 2003 年博士论文。

阿尔多·罗西的“类似型城市”模式　阿尔多·罗西认为，城市是共时的，而非历史的，建筑的历史是若干阶段的建筑在一个阶段内共存的过程。基于共时性与集体记忆的认识，罗西提出了建筑类型的思想。阿尔多·罗西的“类似型城市”设计方法着重于对历史活动的诠释，在城市发展中让历史的痕迹进行叠加，形成时间上的拼贴。类似型城市与拼贴城市不同的是它偏重从文化和历史传统的角度入手设计城市，而拼贴城市偏重于从建筑语言学的角度来设计城市。

克里斯托弗·亚历山大的“模式语言”理论　亚历山大在《模式语言》一书中共提出了235条建筑的模式，这些模式是对传统建筑创造过程的总结，是从许多历史环境中提炼出来的，与文化相符合，既符合人类文化共性，也为文化的个性创作提供了条件。

由于上述理论与模式主要源自国外，各国在进行城市历史文化遗产保护时有着政治体制、历史文化和社会结构的差异，因此，国外理论对中国的实际情况并不具有完全的指导能力。目前中国城市正在发生着日新月异的变化，虽然有关城市历史文化遗产保护的意识在增强，措施也在落实，但不论从政府、企业还是专家学者的角度，都没有人希望因为保护历史而减慢城市建设的速度。事实上，当下大多数实践研究都是围绕如何在城市建设的同时，做好城市历史文化遗产的保护这一目标开展的。

有的学者引入了“城市经营”的概念，期望通过市场化的手段，即解决政府在城市历史文化保护中的财力不足的问题，又满足内城发展土地供给的需要。[①]这类研究强调，要挖掘文化资源在市场中的价值，通过市场运营，保留城市历史文化中有价值的元素，以

① 徐琴，《历史文化名城的城市更新及其文化资源经营》，《南京社会科学》，2002年第10期，第49页。

经营促保护，而保护良好的、富有特色的历史文化遗产又是城市可持续发展的重要资源。

上海同济大学阮仪三教授是国内城市历史文化风貌保护中的一位资深专家，他提出历史文化风貌区的保护需要充分体现现代人生活活动的需求，应该包括：改造城市中环境条件恶劣的住宅区中损坏严重的房屋；增加绿地和公共空间，提高环境质量；整顿和改善道路系统；改造市政设施；为各种收入阶层提供适宜的住宅；创造一个丰富多彩、互相关心的邻里环境；对有历史和艺术价值的旧街区、建筑群、建筑物和文化古迹，进行妥善的维修和保护。

2. 关于城市历史文化保护的法律法规

对城市历史文化风貌进行保护，需要把相关的保护方案制度化，以法律法规的形式明确下来，规定风貌保护中的保护主体、保护对象以及各主体相应的权利义务等。在该类研究中，学者主要借鉴国外城市历史文化风貌保护的相关法律法规，为我国更好地制定保护措施提供参考。

法国是城市历史文化遗产保护制度较为完善的国家之一，早在 1830 年，法国就成立了专门研究历史建筑的机构，并于 1887 年颁布第一部关于历史建筑保护的法律，后在 1913 年经过修订和完善，形成了在法国历史文化遗产保护史上非常著名的“1913 年法”。随后，人们逐渐地意识到历史建筑与围绕空间是不可分离的。因此，1943 年法国又通过了一部保护“历史建筑周边环境”的法律，建立了一个以历史建筑为中心的 500 米为半径的圆周保护范围。战后的法国，大量市中心建筑被拆除或者重建，城市的特色风貌景观也在快速消失。在这种情况下出现了“保护区”的概念和 1962 年的法律。至 1983 年，由于“以周边 500 米半径为保护范围”的保护方法缺点凸显，法国产生了“建筑、城市和景观遗产保护区”概念并制定了相关法律。

19 世纪,英国的城市历史文化遗产保护成为公众关心的热门话题,英国的城市历史遗产最终也发展到以立法的形式确定下来。英国历史文化遗产立法最强大的推动力来自民间学术团体。主要的成果有:1882 年颁布《古迹保护法令》;1900 年颁布第二个《古迹保护法令》;1947 年颁布《城市规划法令》;1953 年颁布《古建筑及古迹法令》;1962 年颁布《地方政府古建筑法令》;1967 年颁布《城市文明法令》,划定保护区;1969 年颁布《住宅法令》;1974 年颁布《城市文明法令》;1990 年颁布《(登录建筑和保护区)规划法》。1882 年颁布的《古迹保护法令》的内容只有 21 项,主要是保护无人居住的先民聚居点的石头遗存和古堡。其后颁布的一系列法令逐步扩大了保护的内容,确定了登录建筑、保护区和历史古城三个保护层次。[①]

为了保护城市历史文化遗产,美国国家公园管理局在 70 年代初首先使用了“文化资源”一词。文化资源是指与人类活动有关的自然和人工物质遗迹,包括遗址、建筑物和其他单独或同时具有历史、建筑、考古或人文发展方面重要性的物件,是独一无二并且不可再生的资源。最早保护城市历史文化遗产的法律是 1906 年国会通过的《文物法》,这是联邦政府首次以立法形式承担起对文化资源管理的责任。1935 年,联邦政府颁布了《历史遗址法》,将保护范围从公有土地扩大至所有的土地,加大了文化资源保护的力度。二战后,基建工程的大规模展开使文化资源受到极大的威胁。1966 年通过的《国家历史保护法》确立了由联邦政府、州政府和私人团体共同有义务承担城市历史文化遗产的保护和管理。1971

① 赵中枢,《英国古城保护的立法过程、保护内容及其保护方式》,《北京规划建设》,1999 年第 2 期,第 20 页。

年，尼克松总统颁布了《11593 号执行决》作为《国家环境政策法》的补充，进一步加强了城市历史文化遗产的保护。在此同时，由《国家历史保护法》授权的“历史保护咨询委员会”开始运作。1974 年出台的《考古与历史保存法》进一步规定，联邦部门如果规划或批准对文化资源会产生负面影响的工程，必须负责出资抢救发掘这些文化资源并加以研究。到 70 年代末，美国现行文化资源管理的法律框架已经基本完善和成型。[①]

日本于 1950 年制定了第一部旨在保护城市历史文化遗产的国家法律——《文化财保护法》，但对历史文化地区保护的立法直到 1960 年代后期才开始。1964 年，京都市京都塔建设等问题出现，说明京都、奈良、镰仓等古都的历史环境已陷入困境。而文化财、历史建筑单体的保存方法已无法对付这样的局面。因此，1966 年政府颁布《古都保存法》，保护古都内的历史风土地区。1968 年以后，为保护历史街区、历史村落，地方自治体制定了各种保护条例。[②]1975 年，政府修订了《文化财保存法》，增加了保护“传统建筑群”的内容。

通过对国外相关立法过程的研究，国内的城市历史遗产保护可以站在一个较高的起点。从目前出台的国内有关法律法规来看，我国的历史遗产保护在保护内容上从历史建筑转向历史环境，在保护方法上从专业保护转向综合保护，在保护目标上从历史留存转向价值重现。[③]这些做法是借鉴国外经验的成果，但并不意味我国的保护

---

① 顾伊、陈淳，《美国“文化资源管理”的镜鉴》，《文物世界》，2001 年 1 月，第 18 至 19 页。

② 张松，《日本历史环境保护的理论与实践》，《清华大学学报(自然科学版)》，2000 年第 S1 期，第 44 至 48 页。

③ 邵甬、阮仪三，《关于历史文化遗产保护的法制建设——法国历史文化遗产保护制度发展的启示》，《城市规划汇刊》，2002 年第 3 期，第 60 页。

制度已经完善,由于我国的城市历史遗产保护起步较晚,从国家到地方的历史遗产保护制度框架尚未完全建立,再加上城市正处于高速的发展时期,有关法律法规与政策制度的建立与落实都存在不同程度的问题,因此,相关的理论与实践研究也在进一步开展。

3. 本研究的对象

目前,上海市共划定了外滩、人民广场、老城厢、南京西路、衡山路—复兴路、愚园路、虹桥路、山阴路、提篮桥、龙华、新华路、江湾12片历史文化风貌保护区,每个风貌保护区有其自身的风貌特色。本次研究选择以衡山路—复兴路历史文化风貌保护区(下文均简称衡复)为例,原因有二:首先,它是上海12片历史文化风貌区中最大的一个,具有风貌保护区的典型特点,是政府、资本等各方力量错综复杂、相互交织的场所,能够很好的用来说明风貌保护区空间的生产机制;其次,本人2004年7月有机会参与徐汇区政府负责的"徐汇区衡山路—复兴路历史文化风貌区保护研究",掌握了一些区内相关的资料与案例,增加了本次研究的可行性。

衡复总面积达7.75平方公里,跨徐汇、卢湾、静安、长宁4个行政区,其中在徐汇区部分的面积为4.3平方公里。本文的研究对象即为该部分风貌保护区,其北至淮海路—长乐路,南至建国西路—嘉善路—肇嘉浜路,西至天平路—广元路—华山路—江苏路,东至瑞金路—陕西南路。衡复历史上位于原法租界的中心,在上海市公布的三批(共398处)优秀历史保护建筑中,徐汇区有90处,其中80处位于衡复。

风貌区内分布了大量风格各异、质量较好、环境优美的花园住宅,汇集了欧美各国住宅、别墅、官邸建筑的特征与艺术手法,既有包括法国、英国、德国、西班牙、意大利及美国殖民地等各种西方传统建筑式样,又有大量装饰艺术派等西方现代建筑风格,还有中国传统建筑的影响。整个区域建筑密度低,建筑质量好,绿化覆盖率高。很多地方庭院幽深,树木参天,环境优雅。90%以上的道路两侧种植浓荫遮空的法国梧桐。

除花园住宅外,该风貌区也是全市老公寓数量最多,分布最集中的区域。这里的老公寓类型多,标准高,质量好,如枕流公寓、诺曼底公寓、恩派亚公寓、毕卡地公寓、培文公寓等都是当年老上海最为时尚的公寓。此外,该区域内还分布有大量的里弄住宅,既有建业里、步高里等典型石库门里弄,又有新康花园、上海新村等著名新式里弄。一大批闻名上海的高等院校、科研院所、医疗机构、宗教机构和花园式宾馆也分布其间,如震旦大学(今上海第二医科大学)、中央研究院(今中科院上海分院)、广慈医院(今瑞金医院)、国际礼拜堂,以及兴国宾馆、瑞金宾馆等。历史上这里人文荟萃,众多政界要员、商贾名流和文化艺术界名人曾在此居住。如今中共一大会址、中山故居、宋庆龄故居、"周公馆"等已列为文物保护单位并对公众开放。

4. 研究方法

本次研究根据需要,使用了以下一些研究方法:

(1) 文献分析法:在研究政府的保护制度与规划时,以文献分析法为主。通过文献梳理,了解政府在风貌区保护上的导向性,及其为商业开发预留的空间。

(2) 案例分析法:通过对风貌区内发生的衡山路酒吧街打造、建业里改造、破墙开店等案例的分析,展现风貌区空间的生产过程中,各主体之间如何进行博弈。

(3) 文化研究:在对风貌区环境的分析中,通过文化研究的方法,研究城市历史文化风貌保护区空间的文化形式。

(4) 深入访谈:在研究地开展过程中,还对政府有关职能部门的负责人、专家学者等进行深入访谈,就一些案例、观点进行讨论。

（5）抽样问卷调查：研究还再次利用了之前研究获得的抽样调查数据，分析居民在整个城市历史文化风貌保护的过程中扮演何种角色。

二、国外历史文化风貌区的保护体制与机制

由于第二次世界大战给欧洲许多城市带来毁灭性的灾难，在重建家园的过程中，欧洲国家在世界上最早提出了城市历史文化遗产保护的概念，他们制定的法律法规以及采取的一系列政策措施一直影响到后来国家和城市的历史文化遗产保护。因此，在进入本文主要研究对象之前，首先应当了解一下国外历史文化风貌区的保护体制与机制。

（一）城市历史文化风貌保护的提出

1. 二次世界大战后的西方城市建设

第二次世界大战后，为了尽快治愈战争创伤并解决紧迫的住房问题，西方各国纷纷开展了以大规模改造为主要特征的“城市更新”运动。但实践表明，大规模改造无论在解决居民住房问题，还是在改善城市环境方面都没有取得成功，反而给许多历史性城市造成不少难以挽回的巨大破坏，加剧了历史城区的衰退。

随后，许多欧美学者开始从不同角度对现代城市规划进行反思，对处在困境中的西方“城市更新”实践产生了广泛的影响。从1970年代开始，单一内容与形式的、以开发商为主导的大规模改造计划，逐渐被各种形式的中、小规模渐进式更新计划所取代，并且开始注重对具有城市历史文化特色的建筑物的保护。西方城市建设理论的发展轨迹如表1所示。

表 1：西方城市建设理论的发展轨迹[①]

理论与政策	1950 年代的城市重建（Reconstruction）	1960 年代的城市复苏（Revitalization）	1970 年代的城市更新（Renewal）	1980 年代的城市再建（Redevelopment）	1990 年代的城市复兴（Regeneration）
主要方向与策略	城市向郊区蔓延后，根据规划对城市旧区进行重建和扩展	延续 1950 年代理论主线的发展，以适应郊区及外围地区的发展，对早期的规划进行调整及再安置	注重社区邻里与更新的计划	许多大型建设项目及再建项目、旗舰项目（工程），包括外城项目	从政策到实施层面，向更全面（全方位）的方向发展，更注重用综合手段解决处理社会问题
主要促进机构及利益团体	国家及地方政府、私人机构（private sector）、发展商、承建商	在国家及私人投资机构间寻求一种更大范围的平衡	私人发展商的作用增加，当地政府的核心作用在减弱	主要是私人机构及发展商的作用，特别策划或投资顾问及代理、合作伙伴的模式开始增加	合作伙伴（partnership）的模式占有主导地位
行为的空间层次、手段	主要集中于本地（local）或用地范围周边（site）	结合地区（regional）层次的行为手段	始于地区与本地层次，后期更注重本地层次	1980 年代早期，注重建设地段（site）的层面，后更注重与当地（local）情况的结合	重新引入战略发展（strategic perspective）的观点，趋于对区域层面越来越关注

① 吴辰，《城市复兴的理论探索》，《世界建筑》，2002 年第 12 期，第 74 页。

续　表

理论与政策	1950年代的城市重建(Reconstruction)	1960年代的城市复苏(Revitalization)	1970年代的城市更新(Renewal)	1980年代的城市再建(Redevelopment)	1990年代的城市复兴(Regeneration)
经济焦点	政府投资，一部分私人机构参与其中	自1950年代后期开始，私人投资比例及影响日趋增加	私人机构商业投资占主导地位，政府基金会有选择参与	政府投资及私人投资显著增加	政府、私人商业投资及社会公益基金全方位的平衡
社会范畴	提升居住及生活质量	社会环境提升与改善及福利水平的改善	以社区为基础的作用显著增强	社区自助同国家有选择的资助	以社区为主题
体现环境重点	城市的改建与置换，及城市外围的发展	重建继续与1950年后在建成区的重新安置平行进行	在旧城区更大范围的更新	重大项目的建设以替代原有功能，旗舰发展项目	比1980年代更有节制，设计更适度、优雅、更注重历史文化与文脉的保存
环境导向	园林及部分绿化	有选择地加以改善	结合一些新技术对环境加以改善	对更广泛的环境问题产生关注	广泛的可持续发展的环境理念的介入

2.《雅典宪章》、《威尼斯宪章》、《内罗毕建议》与《华盛顿宪章》

目前，关于历史建筑与历史文化地区保护的国际公约主要有《雅典宪章》、《威尼斯宪章》、《内罗毕建议》与《华盛顿宪章》。

《雅典宪章》是1933年8月，国际现代建筑协会在希腊雅典召开会议时提出的，是第一个获国际公认的城市规划纲领性文件。该文件第一次明确提出了城市的四大功能，提出居住、工作、游息与交通四大活动是研究及分析现代城市设计时最基本的分类。

《雅典宪章》为保护历史建筑的国际运动的广泛发展作出了贡献，但是，该运动中的一些问题使得对历史建筑和地区的保护正在变得更为复杂和多样化1964年的《国际古迹保护与修复宪章》即《威尼斯宪章》从定义、保护、修复、历史地段、发掘、出版六个方面详细规定了历史建筑及历史地段的性质、保护、修复的原则，扩大了历史建筑的概念内涵。

1976年10月26日至11月30日，联合国教科文组织大会通过了《关于历史地区的保护及其当代作用的建议》，通常称为《内罗毕建议》。该建议从立法与行政措施、技术、经济和社会措施两个角度，对保护历史建筑与历史地区提出了38条建议，明确了在保护历史建筑与历史地区上政府可以采用的措施和有关的要求。

1987年，国际古建筑遗址理事会通过了《华盛顿宪章》，全称为《保护城镇历史地区的国际宪章》，重点关注城镇历史地段的保护。这里所谓的“历史地段”是指“城镇中具有历史意义的大小地区，包括城镇的古老中心区或其他保存着历史风貌的地区。它们不仅可以作为历史的见证，而且体现了城镇传统文化的价值”。

（二）保护制度的建立与运作机制

1. 保护制度的原则与内容

在国外，鉴于以往城市改造过程中的教训，西方城市在对历史建筑与历史文化风貌区的保护中，尤其注重保护城市的整体风貌，从建筑物的保护到历史街区的保护最终到历史城市的保护，这一发展过程本身就体现了保护的整体性这一原则：首先，城市历史环境的保护与现实生活的发展就是一个整体；其次，城市各组成要素是一个整体，城市是各个建筑的有机融合，而不是所有建筑物的叠加和机械组合；第三，建筑的功能和形式也是统一的整体，建筑的形式依附于其功能，但对于有历史意义的建筑形式，要通过赋予其新的功能而保留其形式；第四，城市历史环境保护自身也是一个有机的整体，从历史建筑到历史街区，最后到历史城市的保护本身，无不是一层包含着一层，但每一个层面又有着自身的特色。

动态性原则是国外保护制度中的第二项原则。城市的发展是永不会停止的，对城市历史文化环境的保护并不是要人为的阻止城市的发展，而是要在城市的发展过程中保留下不同时期城市的特色，并且，今天的城市建筑中，必定有一部分会成为未来的历史文化遗产。因此，城市历史文化的保护是要保留下具有历史意义的元素，同时要求新近的元素与古老的元素相互协调。

多样性原则是国外保护制度体现的第三项原则。城市历史文化环境与现代建筑的风格、特色不同，对它的保留有助于城市的多样性，而历史文化环境本身内在的区别更丰富了这种多样性。

在具体保护制度的设计上，国外建立了登录制度、分类保护制度、专家委员会制度和规划制度等等。首先，登录制度是每个进行历史文化保护的城市都要建立的一项制度，它是整个历史建筑和历史文化风貌区保护的基础，分类保护制度、专家委员会制度等其他制度都是建立在该项制度的基础之上的。在美国，《历史遗址法》授权内政部，通过国家公园管理局对文化资源进行调查和登记，建立文化资源管理所必须的“国家登记名册”。[①]

分类保护制度是保护措施中的一个重要环节，它本身又有两层含义。首先，是对历史建筑要进行分类保护；分类保护的另一项含义是对历史文化风貌区也进行分类。

国外历史文化保护中另一项重要的举措是采用专家委员会制度和聘请有相关专业背景的人员从事历史文化保护工作。

除了以上一些制度，还包括建立保护基金、确立公众参与的机制、只进行小规模开发、在规划时考虑更多社会问题等等措施，都是进行历史文化风貌区保护的重要制度保证。欧美国家在进行风貌区规划的时候，除了注重物质方面的改善外，“改善社会问题，如移民问题、就业问题等等也作为规划的重要内容”[②]。日本在《第三次全国综合开发规划》中，第一次从综合的视角和生活文化财的视角对环境进行了考察。因此在地区开发时，应从保护会提高开发价值的认识高度上，对历史环境进行再评价，而且对历史环境的再利用也是十分必要的”。[③]

2. 历史建筑和风貌区的保护与开发

在国外，对城市历史文化遗产的保护虽然严格，但也并非要将保护建筑与保护区变成一座巨大的博物馆，如果一个保护区要成为成功的保护案例，社区的活力是一个重要的考量标准。在对城市历史文化遗产进行保护的时候，西方国家不仅注重在外貌、形态

---

① 顾伊、陈淳，《美国“文化资源管理”的镜鉴》，《文物世界》，2001 年 1 月，第 19 页。

② 张广汉，《欧洲历史文化古城保护》，《国外城市规划》，2002 年第 4 期，第 37 页。

③ 张松，《日本历史环境保护的理论与实践》，《清华大学学报(自然科学版)》，2000 年第 S1 期，第 47 页。

上的保护，还注重功能上的开发。如“意大利维罗那始建于罗马帝国时代的古斗兽场，1913 年开始用作露天歌剧院；巴拉比埃宫殿于 1980 年开始改建为会议中心；奥地利维也纳的老皇宫被用作国家图书馆，晚上举行小规模的音乐会；德国纽伦堡的护城河内，安排为居民休息的绿色下沉空间，与地铁、地下过街道相连，一年一度的啤酒节也在这里举行。还有很多古建筑被改建为博物馆，如维罗那的古城堡博物馆、维罗那的建筑博物馆、巴拉蒂奥展览馆等。政府机关、研究机构往往也在古老的建筑内办公。”①

在法国的保护区内，虽然建立了严格的保护制度，“但对保护区进行保护的目标不仅仅是恢复和强调其美学价值，更是使保护区继续成为有人居住、有城市活力的地区。……由于长期的历史变迁，在这些有着辉煌过去的地区，占大部分的住宅建筑往往面临着功能改善的问题，这一问题的解决过程比修复一幢历史建筑要复杂得多，不仅仅涉及美学领域，还涉及到居民结构改变、经济活动改变等社会问题。”

另外，法国为了既能够保护好历史建筑，又不阻碍保护区的新的发展，因此尤为重视对保护和整治要素的界定。在法国，这些要素不仅是建筑，还包括空间——通道、场地和绿化。通过对需要整治的对象界定能够被改变的程度，是能够被拆除重建还是整治更新，或者是维护修缮，也就是确定对不同的对象，新要素能够介入的范围是什么、哪些新的要素是允许介入的、哪些是不允许的。这一点，上海的保护规划中也有所借鉴。

日本在战略上则是通过开发新城的方法，保护旧城风貌。依据

① 张广汉，《欧洲历史文化古城保护》，《国外城市规划》，2002 年第 4 期，第 37 页。

1969年制定的《城市改建法》,东京的改建规划确定了“一心变多心,一级变两极,建设科学城”的原则,即“多心的开敞式城市布局结构”。具体地说,就是在东京中心地带安排新宿、池袋、涉谷三个副中心,这就是原则所定的“一心变多心”。东京都为一极,新拓多摩城为另一极,这就是大原则所定的“一极变两极”,相当于城市增了一个翼膀,发展空间和发展力度都大了。此外,东京还在东北50多公里的茨城县建设了“筑波科学城”。于是,新的城市布局形成,内城更新也随之完成。这种城市布局,学术界称之为“复合式结构”。①

此外,为了限制城市中心区的容量和开发强度,保证内城“改造”的成功,日本政府又制定了另一些政策和措施,例如限制在中心区建工业厂房和高等院校;提高中心区土地出让价格,使之与新区地价形成巨大差别,用以诱导企业和居民到中心区外去发展。在旧城区的具体改建当中,日本一是特别强调绿化,多种树、多铺草皮;二是对文物古迹视之如宝,进行极为严格的精心保护,如有损坏,按原样修复,如果需增添什么,也要反复论证,然后照原有的传统格局和形式,进行认真实施。

除了依靠制定法律来保护城市历史文化遗产外,政府各职能部门还开展了各种项目,推进历史文化遗产的保护,如:文化厅从1966年开始设立“风土记之丘”项目,该项目在对遗址集中的地区进行环境整治改善的同时,收集考古资料、民俗资料、古旧文档资料等,并建造保管、展示这些文献资料陈列馆,移建古村落民居等。国土厅从1978年开始实施支援地方建设项目,推行有个性的地方城镇规划建设。对地方政府保持历史遗产、传统文化、自然景观生命力的

① 洪铁城、陈向明,《他山之石　可以攻玉——关于西方国家大城市内城改造与新城建设》,《南方建筑》,2001年第4期,第19页。

项目，国土厅进行财政补助，因此该项目被称为“地方城市环境整治导向事业”。建设省也开展了“城市景观创造示范事业”，城市景观应该是在城市长时间的建设中逐步形成的，同时必须是由行政与居民共同推进。建设省认为，现有景观资源的利用、再生，现代景观与历史景观的协调，人工景观与自然景观的协调等问题必须充分重视。而日本的环境厅本来只是负责以公害问题、自然保护问题等为重点的行政机关。为适应国民环境观的扩展，并表示出对“舒适环境创造”有足够的关心，环境厅开始收集、分析地方公共团体“舒适环境创造”的成功实例，推动相关政策的体系化，并从 1980 年开始每年主办“舒适环境论坛”，以便于听取来自各地的报告和意见。①

新加坡在城市历史文化遗产的保护与开发中采用政府主导以及对社会力量的策略性引导上。保护工作在新加坡也是政府对城市旧区经济的一个再发展计划和对历史建筑的再利用。在新加坡河发展指导图规划下的滨河改造工程，就是市区重建局在 1980 年代开始实施的，以保护工作为核心的综合改造项目，包括驳船码头、克拉码头、罗柏申码头等 3 个地段，通过重新规划、设计，建造成融历史建筑特色和现代设施于一体的旅游景点。同时，新加坡政府还通过一系列优惠政策，如对参与保留计划的私人发展商，市区重建局将允许其改变保留建筑的使用性质、免除发展增值税、免除停车场地建设费、解除屋租管制等，鼓励私人企业参与到城市历史文化的保护开发中。政府还为私人机构提供一条龙的快捷服务，并在技术方面加强指导。②

① 张松，《日本历史环境保护的理论与实践》，《清华大学学报（自然科学版）》，2000 年第 S1 期，第 46 页。

② 黄科宏，《新加坡的城市保护》，《国外城市规划》，2001 年第 4 期，第 15 至 16 页。

3. 保护过程中的公众参与

对城市历史建筑和历史文化风貌区的保护，是基于保护城市公共利益的考虑，因此，作为社会力量代表的非政府组织在西方城市历史保护过程中就成为了一支不可或缺的力量，有时候甚至是整个活动的推动力量。

在英国，推动历史文化遗产立法的最强大动力来自民间学术团体。英国第一个全国性的古迹保护团体——古建筑保护协会、皇家建筑师学会和皇家规划学会，在古建筑和古城保护中所起的作用也是巨大的。此外，还有政府认可的五个全国性组织在保护工作中发挥作用，他们得到环境部授权，并在一定程度上介入古迹保护法律程序。凡涉及登录建筑的拆毁、重修、改建等，地方规划部门都要通知这些团体，征得他们的意见，并作为处理问题的法律依据之一。英格兰和威尔士保护管理机构如图 1 所示。

在日本，对历史环境的保护从 1960 年代后期开始迅速成为社会问题。与此相关的公众参与运动在全国各地广泛开展起来。保护运动以地方居民为中心，并得到专家的协助，通过向行政当局进言、向议会请愿、向民众呼吁等形式，使立法、国家政策有了根本性转变。

在美国，历史保护信托组织是唯一被《国家历史保护法》指名提及的非政府组织，并成为联邦基金的补助对象。这使该组织获得了前所未有的发展机遇，会员人数从 1966 年前的不足 2 万人迅速壮大到超过 10 万人，同时地方草根组织作为会员加入全美信托组织的比例也大大增长。现在，它已经成为全美规模最大、最有影响力的民间保护组织。随着历史保护运动的发展，各州和地方性的民间保护组织也不断壮大，而这些保护组织的兴盛最重要的意义在于，它能够“为那些关心社区快速变化的地方居民提供了表达意见能渠道”①，从而对政府的决策、开发商的行为产生影响。

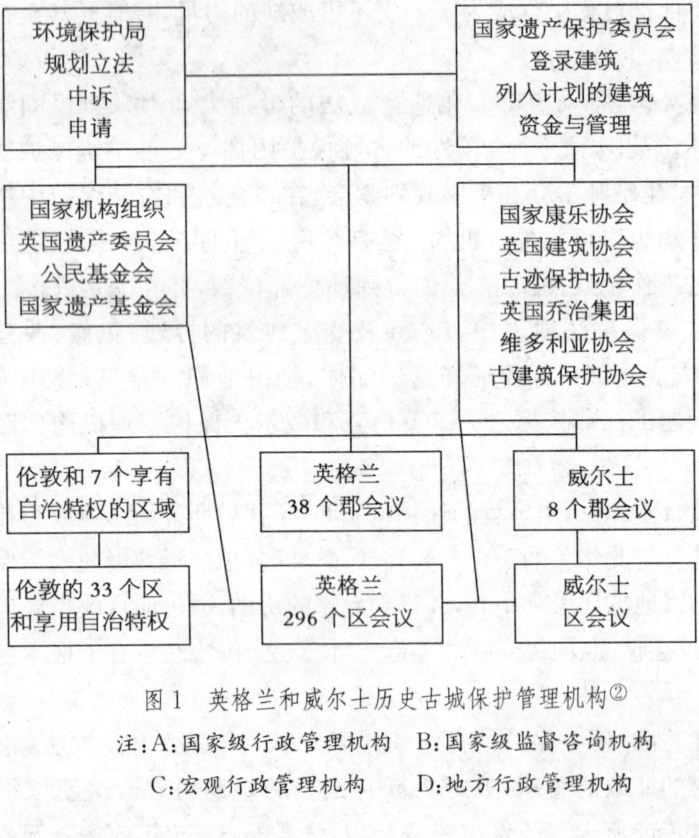

图1 英格兰和威尔士历史古城保护管理机构②

注：A：国家级行政管理机构 B：国家级监督咨询机构

C：宏观行政管理机构 D：地方行政管理机构

---

① 焦怡雪，《美国历史环境保护中的非政府组织》，《国外城市规划》，2003年第1期，第59页。

② 赵中枢，《英国古城保护的立法过程、保护内容及其保护方式》，《北京规划建设》，1999年第2期，第22页。

三、作为历史文化风貌保护推动力的政府行为

当我们把目光从国外转向上海，上海在吸取第一轮城市改造教训的基础上，提出了城市历史文化风貌保护，并由市长亲自挂帅，组织开展风貌保护工作，显示了政府对于风貌保护的重视程度。随后，与风貌保护相关的地方性法规、规章以及法规性文件相继出台，为整个风貌保护行动搭建起了一个制度框架。但政府同时也提出，历史保护与城市发展并不矛盾，也就是说，政府在开展风貌保护的一开始就提出了历史保护与城市发展的双重目标，这对政府整个保护制度的设计和保护行动的开展起到了巨大的影响。

（一）上海市历史文化风貌保护区的设立

1. 历史文化风貌保护区的设立

由于上海第一轮城市改造速度过快，造成的问题也非常明显。“旧城区改造中的超强度开发和高层建筑布局失控，使城市整体风貌和环境质量受到威胁。旧城改造建设中缺乏对城市历史的理解和尊重，轻视了城市发展历史的延续性，一些代表城市各个发展进程的具有代表性的历史建筑被轻易拆除，传统特色的历史街区被高楼大厦所包围或插建。原有的城市历史风貌和特色正面临逐步消逝的危险。”[①]为了在 2000 年开始的第二轮上海旧城改造过程中，避免再出现大规模破坏城市历史文化风貌的现象，上海市城市

---

① 邵勇、阮仪三，《市场经济背景下的城市遗产保护——以上海市卢湾区思南路花园住宅区为例》，《城市规划汇刊》，2003 年第 2 期，第 39 页。

规划管理局于2003年确立了12片上海市历史文化风貌保护区，保护面积达27平方公里，占上海市老城区的1/3。2004至2005年，政府通过了对12个历史文化风貌区的保护规划，确定保护区内哪些建筑、街道空间（包括广场与绿化）和具体构件（如铺地、路灯、屋顶等）需要保护保留，避免随意拆除，并通过法律形式为已经确定的保护要素提供法律保障。2005年上海又确定了郊区及浦东新区32个历史文化风貌区，总面积约14平方公里。目前，上海市共有13处全国重点文物保护单位、113处市级文物保护单位。并于1989、1994、1999、2005年先后分四批确定了663处共2 154幢、总面积约400万平方米的建筑为"优秀历史建筑"。①

2. 衡山路复兴路历史文化风貌区的现状及保护中存在的问题

2004年底，我们曾在"衡复历史文化风貌区"作过一次调查，调查结果显示，风貌区内的居民呈现出年龄结构偏高、学历水平偏低、职业分布以体力劳动为主、平均月收入较低等特点。与此同时，有经济能力的居民正在从风貌区迁出，而由于风貌区市中心的地理位置以及较廉价的租房成本，使得它正成为外来务工者青睐的居住场所。这些现象在一定程度上说明风貌区内存在衰退的现象。但是，由于社会调查存在着一定的局限性，对于风貌区中较强势的居民，社会调查是无法涵盖他们。而风貌区中还有一些正是这类居民，他们拥有较多的社会资本，也正是看中了风貌区的空间，才选择居住于此。在他们中间，有的人对风貌格外认同，甚至自己出钱修缮自己的住房，也有的看中了风貌区的地块，将购得的住房拆除重建，对风貌区的保护产生了很大的破坏作用。

---

① 伍江、王林，《上海城市历史文化遗产保护制度概述》，《时代建筑》，2006年第2期，第24页。

虽然2000年以后，政府集中力量，在法律和规划上加强了对历史文化风貌区的保护和控制力度，风貌区内大规模拆建和对优秀历史建筑的破坏得到遏制，但风貌区保护的效果始终不尽如人意。上海市市长韩正也坦言，"尽管上海这几年在保护历史文化风貌区和优秀历史建筑方面取得了明显成绩，但仍然存在着'三重三轻'的现象，即：重建筑、轻风貌，重局部、轻整体，重外表、轻功能"[①]，也就是说，对城市历史文化遗产的保护还是注重于单体建筑的保护，而非整体街区的保护，对风貌区内的非建筑要素的保护力度不够，此外，在保护的过程中，往往强调建筑物的外饰部分，而对建筑功能开发的考虑不够。就衡复历史文化风貌保护区而言，主要存在以下三方面的破坏：

（1）结构性破坏。由于该区域的花园洋房和优秀建筑，大都建于本世纪二三十年代，一般都有七八十年房龄。在解放后的五十年中，虽然经历了大修、中修，但大量使用不当，使大部分历史建筑出现结构性损坏，有的内部木结构部分开裂霉烂，内部设备陈旧、老化，甚至被毁坏。

（2）功能性破坏。因历史原因和人口增长，多数花园住宅、里弄住宅居住人口由原来一幢一户、一号一户或一层一户，改变为多户共住，有的甚至一幢洋房里住了十几户，形成了"七十二家房客"的局面。导致原有的空间严重超载，卫厕多户合用，居住面积狭小。房屋拆零使用以及居民为改善居住条件，引起了乱搭乱建现象的出现等等。由于使用功能与设计功能的不符合，使这些建筑或区域的大多处于超负荷运转状态，居住环境恶化或改变用途而

① 《韩正要求牢固树立"开发新建是发展，保护改造也是发展"观念　全力保护上海历史文化风貌》，《文汇报》，2004年8月3日。

导致的功能性破坏。

(3) 开发性破坏。自九十年代初大规模开发热之后，部分房地产开发商为片面追求建筑面积得益率的盲目短视导致过度的高强度开发行为，破坏了整个历史风貌地区的整体环境。区域内幽静典雅的环境风貌每每受到拔地而起的高层建筑群的损害。也有的单位或个人对其所拥有的近代建筑，进行了过度改造、装修，造成原有建筑外观大变、装饰泛滥，还有擅自加层改建等，严重地改变原有使用功能，甚至成了破坏性利用，使这些历史建筑的风貌改变很大。同时由于房地产开发企业一般会因片面追求经济效益而仅选择一些产权清晰、资金容易平衡的单体建筑进行置换，忽略了对整体区域的综合保护，这又增加了风貌区整体保护改造的难度。

(二) 历史文化风貌保护的制度设计

1. 相关法规性文件的颁布

上海历史文化遗产保护工作从 20 世纪 80 年代开始，1986 年，上海被国务院批准为第二批国家历史文化名城。1989 年，在国家建设部和国家文物局的推动下，上海在广泛征求专家意见的基础上，首次提出了优秀近代建筑保护名单。1989 年 9 月，上海市政府正式公布了第一批共 61 处优秀近代建筑市级文物保护单位。由于当时没有相应的法律法规，这 61 处保护建筑被列为上海市文物保护单位，并参照文物保护的有关规定进行保护与管理。1991 年 12 月，上海市政府颁布《上海市优秀近代建筑保护管理办法》，初步形成了由规划局、房地局和文管委共同负责的管理机制。此后，按照《上海市优秀近代建筑保护管理办法》，上海又陆续公布第二、三、四批优秀历史建筑，并由规划局负责编制保护建筑的规划控制要求。

除单体建筑保护工作的推进以外，上海还在国内较早地开展了历史风貌区成片保护的工作。1991 年，上海市规划局开始着手组织编制上海市历史文化名城保护规划，外滩等 11 片区域被列为历史文化风貌保护区。1999 年，上海市规划局又组织编制了《上海市中心区历史风貌保护规划(历史建筑与街区)》。对 1991 年划定的历史文化风貌保护区明确了保护范围和要求，确定了 234 个街坊、440 处历史建筑群共计 1 000 余万平方米的保护保留建筑。

2002 年，上海又在原保护管理办法的基础上，通过立法颁布了《上海市历史文化风貌区和优秀历史建筑保护条例》，提高历史建筑保护的法律地位，并在法律层面明确了历史文化风貌区的保护，同时还将保护建筑的对象由 1949 年以前建成的近代建筑扩大到包括产业建筑在内的具有 30 年以上的历史建筑。根据这一条例上海市政府于 2003 年公布了中心城区 12 片历史文化风貌区，市规划局随即组织编制历史文化风貌区保护规划。2004 年，《上海市衡山路—复兴路历史文化风貌区保护规划》编制完成，并得到市政府正式批准，为上海市历史文化风貌区保护规划的编制作了开创性的探索。2005 年，上海市中心城区 12 片历史文化风貌区规划全部编制完成并得到市政府的批准。同年，上海市规划局又开始着手郊区历史文化风貌区的划定工作。32 片共 14 平方公里的郊区历史文化风貌区在经过专家反复讨论和公共媒体公示后正式划定，保护规划的编制工作也随即开展。

2003 年 10 月，上海市召开城市规划工作会议，提出“建立最严格的历史文化风貌区和优秀历史建筑保护制度”，将上海的城市历史文化遗产工作提上了前所未有的高度。2004 年 9 月，上海市政府下发《关于进一步加强本市历史文化风貌区和优秀历史建筑保护的通知》。2005 年上海市政府正式成立“上海市历史文化风貌区和优秀历史建筑保护委员会”。至此,上海城市历史文化遗产保护工作框架初步建立。

目前,上海市关于历史文化风貌区保护的法律法规规章主要有:

1991年12月5日,上海市人民政府颁布《上海市优秀近代建筑保护管理办法》;

1999年9月8日,上海市建设委员会、上海市房屋土地管理局颁布《关于本市历史建筑与街区保护改造试点的实施意见的通知》;

2001年1月9日,上海市人民政府颁布《上海市文物经营管理办法》;

2002年7月25日,上海市人民代表大会常务委员会通过《上海市历史文化风貌区和优秀历史建筑保护条例》;

2003年2月28日,上海市人民政府办公厅转发市房地资源局、市物价局制订的《关于本市公有优秀历史建筑解除租赁关系补偿安置指导性标准的通知》;

2003年5月8日,上海市房屋土地资源管理局、上海市建设和交通管理委员会、上海市物价局印发《关于调整本市各区县房屋拆迁最低补偿单价标准等有关问题的通知》;

2003年5月26日,上海市房屋土地资源管理局印发《关于加强本市历史文化风貌区内保留建筑和优秀历史建筑保护管理的通知》;

2003年11月13日,上海市人民代表大会常务委员会修正《上海市城市规划条例》;

2003年12月4日,《上海市人民政府关于印发上海市城

市总体规划(1999—2020年)中、近期建设行动计划的通知》印发;

2003年12月24日,上海市人民政府印发《关于进一步加强城市规划管理、实施〈上海市城市总体规划(1999—2020年)〉的纲要》的通知;

2003年底,上海市房屋土地资源管理局印发《关于本市历史文化风貌区内街区和建筑保护整治的试行意见》;

2004年1月14日,上海市房屋土地资源管理局印发《关于加强优秀历史建筑和授权经营房产保护管理的通知》;

2004年4月,上海市房屋土地资源管理局印发《关于印发〈本市旧小区房屋综合整治工程资金管理办法〉的通知》;

2004年6月11日,上海市房屋土地资源管理局印发《关于对优秀历史建筑实施市区分级管理的通知》;

2004年9月11日,上海市人民政府印发《关于进一步加强本市历史文化风貌区和优秀历史建筑保护的通知》;

2004年10月27日,市政府批复同意市规划局会同徐汇区、卢湾区、静安区、长宁区政府共同组织编制的《衡山路—复兴路历史文化风貌区保护规划》;

2004年12月30日,上海市人民政府办公厅印发《关于建立上海市历史文化风貌区和优秀历史建筑保护委员会的通知》;

2005年,市政府批复同意其他11个历史文化风貌区保护规划。

2. 相关法规政策所设计的保护制度

1991年12月5日颁布,次年1月1日起开始施行的《上海市优秀近代建筑保护管理办法》是我国第一部有关近代建筑保护的地方性政府法令。作为一部政府行政法令，其法律地位有一定的局限性。同时，该管理办法仅涉及近代建筑的保护，对于城市大规模改造中成片历史文化风貌的保护难以约束。于是，2002年的《上海市历史文化风貌区和优秀历史建筑保护条例》(以下简称《保护条例》)应运而生，自此上海的历史文化遗产保护工作有了一部真正法律意义上的地方性法规。这部条例在法律层面上确立了上海历史文化遗产保护工作的法律制度、管理体制与运作机制。该条例完善了原有的管理内容与管理制度，明确了上海历史文化风貌区和优秀历史建筑保护工作中“统一规划、分类管理、有效保护、合理利用、利用服从保护”的原则。

根据该条例，上海的保护工作由单体建筑的保护扩展到“历史文化风貌区”的保护，并明确要求规划管理部门应组织编制风貌区保护规划，在法律层面上明确了区域保护的要求。条例所确定的保护对象为：(1)建筑样式、施工工艺和工程技术具有建筑艺术特色和科学研究价值；(2)反映上海地域建筑历史文化特点；(3)著名建筑师的代表作品；(4)在我国产业发展史上具有代表性的作坊、商铺、厂房和仓库；(5)其他具有历史文化意义的优秀历史建筑。并且，该条例还在国内首次提出了产业建筑的保护。

《保护条例》在历史建筑保护管理上延续并进一步强调了分类保护原则，即根据保护对象的价值及完好程度分为四个保护等级：第一类，建筑的立面、结构体系、平面布局和内部装饰均不得改变；第二类，建筑的立面、结构体系、基本平面布局和有特色的内部装饰不得改变，其他部分允许改变；第三类，建筑的立面和结构体系不得改变建筑内部允许改变；第四类，建筑的主要立面不得改变，其他部分允许改变。

《保护条例》为上海城市历史文化遗产的保护设定了基本法律框架,为上海历史文化风貌区与优秀历史建筑保护工作提供了有力的法律保障,但同时也留下了一些管理上难以处理的矛盾。由于上海市在历史文化遗产保护的管理上采用规划、房地、文物三个部门分工、协同的管理体制,文物部门负责文物保护单位的保护管理,房地部门负责优秀历史建筑的保护管理,规划部门负责历史文化风貌区和上述保护建筑的规划管理。但由于文物管理执行的是《文物法》,《文物法》中的一些规定难以适用于还处在使用状态的历史建筑,而《保护条例》中的一些规定又与《文物法》不尽一致,因此形成了法律上的矛盾。为此,市政府在原有三部门沟通协调机制的基础上,设立保护委员会办公室,使三部门的协调机制化。目前上海市历史文化风貌区和优秀历史建筑保护管理的体制和组织架构如图 2 所示。

3. 作为控制手段的详细规划

《保护条例》为上海的保护工作制定了一个总体框架,但在具体管理中还须有细化的规定与要求。首先是必须针对历史文化风貌区编制具有法律地位的保护规划,对每幢保护建筑制定明确的规划管理技术要求。

在规划管理上,上海逐步形成了历史文化名城保护规划(总体规划)、历史文化风貌区保护规划(详细规划)、单体保护建筑规划与建设管理及风貌区建设项目管理等不同层面的规划管理内容。其中控制性详细规划是最重要的一个环节,因为"它既是对城市历史文化遗产保护总体要求的具体体现,又是具体建设项目规划管理的直接依据。"[①]2004 年,上海市规划局以《衡山路—复兴路历史

① 伍江、王林,《上海城市历史文化遗产保护制度概述》,《时代建筑》,2006 年第 2 期,第 26 页。

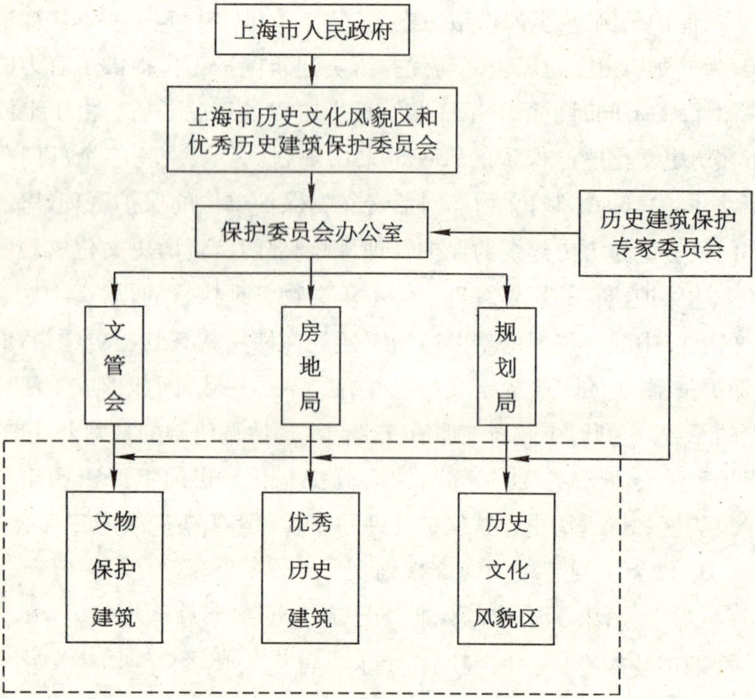

图 2　历史文化风貌区和优秀历史建筑保护管理体制和组织架构图①

文化风貌区保护规划》(以下简称《保护规划》)为试点,组织开展了历史文化风貌区控制性详细规划的编制工作,为开展中心城区的风貌区保护规划提供了范本。

《保护规划》最有意义的地方在于它强调整体保护,细化了控制指标。《保护规划》不仅包括一般控制性详细规划的内容,如用地性质与建设容量控制、道路交通、市政设施、绿化景观、公共设施

① 王安石,《依法保护,合理利用——上海市优秀历史建筑保护管理的实践与思考》,2005 年 6 月。

配套等，还突出了保护的要求，增加了道路和街巷格局、街道尺度、街廓景观、城市空间肌理、地块尺度与形状、绿化环境、墙面装饰、地面铺砌、典型材料和色彩等保护的要素。

在建设控制方面，《保护规划》首先将风貌区划分为核心保护区和建设控制范围。核心保护范围是风貌区内保护建筑、保留历史建筑较为集中，空间格局保存完好，风貌特征明显，需要严格控制的区域。核心保护范围以外的区域为建设控制范围。规划核心保护范围的面积约为 363 公顷，占风貌区总面积的 47%；建设控制范围的面积为 412 公顷，占风貌区总面积的 53%。在建筑高度控制方面，按“沿街建筑高度”、“非沿街建筑高度”、“相邻建筑高度”和“住宅建筑高度”来控制。在建筑密度方面更多考虑地块原有密度、周边地区平均密度等因素进行控制，且规划建筑密度不得超过本街坊现状建筑密度的 10%，以确保原有城市肌理得到延续。为保证原有街道尺度和界面得到延续，允许在建筑退界、后退红线、绿化覆盖率等方面适当突破一般规划技术规定。

《保护规划》的一个重要特点是对风貌区内所有建筑进行分类，以建筑物的历史和其拥有的文化价值分为优秀历史建筑、保留建筑、一般建筑、必须拆除的建筑和其他建筑。《保护规划》另一大特色在于它甄别、鉴定了风貌区内每一座建筑的留、改、拆性质。具体而言，就是所有的各级文物保护单位和上海市优秀历史建筑都属于保护建筑；其他具有较高保护价值或风貌特征明显的历史建筑被列为保留建筑，一般不得拆除；一般历史建筑主要指建于 1949 年以前，房屋质量较差，但却是整个区域历史风貌的重要组成部分的建筑，允许拆除重建，但重建建筑一般要求原面积原高度且必须与原有风貌相协调；应当拆除建筑是指与历史文化风貌不协调的各类违章搭建、危棚简屋;其他建筑是指各类合法建造的多、高层建筑,虽与历史文化风貌不协调但暂时没有条件拆除或不可能拆除的。这种分类使得风貌区内每一幢建筑留、改、拆的整治措施都得到了落实。

为保证规划的有效实施,避免规划的随意更改,同时也为使规划随着外部条件的变化而具有一定的灵活性,《保护规划》设计了"专家特别论证制度"。也就是说,任何一个需要改变规划的决定,都必须经过专家组的专门论证后才可做出。对该专家组的组成成员也有明确的规定,专家组半数以上的成员必须来自市政府批准的保护专家委员会,且必须半数以上为非公务员。

通过以上一些介绍,我们大致了解了上海目前的历史文化风貌保护的制度框架和控制手段,接下来我将分析这些制度中为城市开发预留的空间,以及政府在处理保护与开发的关系时面临的困境。

(三)历史文化风貌区的保护与开发

1. 保护制度中允许的开发范围

衡复历史文化风貌区作为上海城市有机组成的一部分,不可能,也没有必要为了保护其历史文化风貌而将它可以塑造成一座展现老上海历史风貌的大博物馆,在保护城市历史文化遗产的同时,保持社区的活力,把历史文化的元素与当今的元素有机融合,在国内外在历史文化风貌保护中得到了一致的认同。那么,接下来的问题是,历史文化风貌区如何保护?如何开发?

2003 年,徐汇区政府做了一份关于衡复历史文化风貌区的社会经济发展规划研究分析报告,其中对衡复未来的定位作了明确的界定。首先,衡复的文化定位:一是展示上海海派文化的核心区，通过汇聚世界各国的建筑文化精华，同时又融合中西文化的历史风貌建筑，展现上海独特的海派文化；二是展现世界建筑艺术的示范区，众多优秀历史建筑凝聚了一批国内外优秀建筑师的智慧结晶，大量具有研究价值的典型建筑风格和建筑细部布局对研究上海近代建筑具有重要意义；三是展现历史人文的教育区，风貌区内部分建筑与中国近代史上一些重要人物和重要事件有着千丝万缕的联系，研究风貌区内的历史建筑对挖掘人文历史、上海文明有着重要意义。

其次，衡复的在功能定位上结合该区域原有的居住功能，呼应"住在徐汇"的品牌优势，提出发展成为以高档居住功能为主体，文化休闲、旅游观光、中高档商业与服务业有机结合的多功能城市复合地区。

第三，衡复在徐汇区内还需要和作为城市副中心的徐家汇，以及其他区域相呼应。通过对衡复的历史文化风貌保护，提升徐家汇区域的文化品质；而与淮海西路商业街、衡山路休闲街以及肇嘉浜路以南的高档住宅区相呼应，是徐汇区在未来发展上的空间布局，形成高档商业区、高档休闲区和高档住宅区相结合的空间形态。因此，包括《衡山路—复兴路历史文化风貌区保护规划》在内，在规划上着重"文化功能的品质提升、居住功能的全面延续、商业服务功能的优化拓展、旅游休闲功能的充实强化"。

从政府对风貌区的定位可以看出，它与风貌区现阶段的社会状况有很大的差距，风貌保护过程的重点是城区的再次发展。如前面所说，我们保护历史文化风貌，并不是要将它变成一个巨大的博物馆，在保护的同时提升风貌区的价值是城市历史文化风貌保护最终的追求。因此，在衡复的控制性详细规划中也为城市的发展留出了充分的制度空间，对保护范围和建筑物划分等级进行保护就是这一空间的具体表现。

根据《保护规划》，从保护建筑到保留建筑再到一般建筑，其保护力度逐级下降，从“不得拆除”到“不得整体拆除”再到“确因特殊情况需要拆除的，应当保留有特色的建筑立面、构建及其他风貌要素”。另外，《保护规划》划分了核心保护范围和建设控制范围，核心保护区内的建设行为受到更严格的控制，一般不允许大规模建设且坚持“原拆原建”原则。在建设控制范围内，明确只有在“允许建造的范围”、“需要整体规划的范围”和“一般历史建筑”、“其他建筑”拆除后的空地内才可能允许新建、改建和扩建。通过保护范围和建筑物划分等级两个纬度，可以看见，在风貌区中有相当多的空间可以新建或改建建筑物，城市的发展并没有受到影响，只是这种发展受到较多的限制。

2. 开发者：政府扮演的另一个角色

面对着风貌区保护中潜在的、巨大的利益，市政府虽然设计了一系列保护制度，加强对风貌区中历史文化要素的保护力度，但区政府除了扮演历史文化风貌保护的具体操作者角色外，还扮演另一个角色，即风貌区的开发者。但这一个角色区政府并不直接扮演，而是站在风貌保护的背后，通过商业运作的模式，间接地开发风貌区。

在2003年徐汇区政府的“2003—2010年徐汇区历史文化风貌区保护研究”报告中，针对区政府层面的风貌保护管理体制就提出了三条建议：一是成立领导小组，研究政策，协调市、区各方工作；二是成立工作小组，负责组织实施，协调政府各部门的职能，组织编制风貌区保护规划、研究实施中存在问题、协助制定相关政策、组织保护利用方案的评审、组织地块招商等；三是成立专门从事风貌保护区保护与利用的、区政府授权的发展公司。该建议的核心在于成立专门的发展公司，政府指导公司的业务，并为公司开展业务提供支持。2005 年上半年，由上海徐房（集团）有限公司与上海徐汇区国资公司共同出资设立了一家房地产开发企业——上海衡复置业有限公司，公司对风貌保护区内的历史风貌建筑资源进行统一管理和开发。位于建国西路上的“建业里”是公司目前正在开发的重点项目，但根据《保护条例》和《保护规划》，“建业里”属于上海市优秀历史建筑，并且位于核心控制范围，在目前的保护制度当中应属于被最严格保护的建筑物，不得拆除，除非经过专家委员会评审后报市政府批准。但事实上，现在的建业里内已经有多幢建筑被拆除，并被媒体誉为今后风貌保护的一个模式。这一案例在下一章中将进一步分析，在这里只是说明如果没有政府在背后的指挥，建业里如何可能突破一层层保护制度的约束。

徐汇区政府在为衡复置业提供商业运作之便，其实需要一个前提条件，即区政府是风貌保护的主体力量。从法国的经验来看，“保护区”的规划管理权力在国家，因此其保护制度严格，对历史文化风貌的要素保护也越好，而“建筑、城市和风景遗产保护区”的规划管理权力在地方，其开发制度就比较宽松，对于建筑物的保护力度也就相对较弱。从徐汇区政府的报告中可以看出，衡复风貌区的开发原则之一就是“市区联手，以区为主”，“市里主要是政策支持，帮助协调，委托审批为区里解决一些难题；区作为实施风貌区保护保留工作的主体，通过行政的、经济的、市场化的等多种手段加快实施，保证区域整体环境优化和综合功能的凸显。”[①]因此，由于权力关系的不同，市区两级政府在风貌保护过程中也扮演着不

① 上海市政府发展研究中心，《2003—2010 年徐汇区历史文化风貌区保护研究——肇嘉浜路以北历史风貌区功能定位》，2003 年 9 月。

同的角色。

除了间接从事风貌区的开发，政府还为提升风貌区的文化氛围提供公共服务，例如衡山路酒吧一条街的打造，仿台格路的红褐色人行道及行道树盖板的选择、马路两侧具有欧式风格的人行道隔离栏的设立，以及沿线多处公共绿地的新建，都是政府为了配合资本，生产一个跨越时空想象的飞地。

四、作为风貌区空间生产原动力的资本投入

政府设立的保护制度一方面防止了风貌区内建筑被随意的破坏，另一方面也对风貌区空间未来的发展方向给出了引导，而这种发展方向背后隐含了巨大商业利益。不论国有资本、跨国资本还是民间资本，都在积极地推动或搭乘这辆具有巨大获利潜能的高速列车。但是，在这个风貌保护和城市发展的过程中，我们看到的是资本对政府、专家、媒体等各种资源的动员能力，以及对普通市民日常生活的挤压。

（一）国有资本与跨国资本的结合：建业里的个案

戴维·哈维认为，资本主义的城市化就是资本的城市化，是资本从第一级循环向第二级循环再向第三级循环转移在空间上的表现。而在第二级循环中，即资本投资于人造环境的生产，房地产商发挥了巨大的作用。哈维对美国 1945 年之后的郊区化城市扩张的解释就是如此。城市人造环境的形成和发展是工业资本利润无情驱动和支配的结果，是资本按照自己的意愿创建了道路、住房、工厂、学校、商店等城市人文景观。对上海而言，城市的郊区化运动方兴未艾，更重要的市中心也是资本不能扬弃的空间，资本也绝

不允许城市改造步伐的停止。在面对建筑物陈旧的内城时，资本就要寻找能够挖掘内城潜在价值的各种资源，此时，文化资源成为资本新的宠儿，因此，城市历史文化风貌的保护成为政府推动、资本青睐的项目。也就是说，保护城市历史文化风貌其实是在资本的驱动下才推行的项目，而资本的喜好则决定了该项目的未来走向。

从 2003 年上海市设立历史文化风貌保护区以来，由于保护技术以及商业模式的限制，风貌区迟迟未见有新建项目的实质性启动。卢湾区的新天地在原貌之上仿制建筑、大举开发综合房地产的模式虽然在商业上获得巨大成功，却屡屡遭到古建筑保护专家的质疑。今年 3 月底，在衡复风貌区中的上海最大成片新里“建业里”的改建正式启动，这是一次政府引导、国内资本与国外资本合作进行空间生产的典型案例，并且被媒体誉为城市文化风貌保护新的一种模式。

1. “建业里”改建过程概况

建业里位于建国西路 440 弄、乌鲁木齐南路至岳阳路段之间，建造于 1931 年至 1938 年，清水红砖、马头风火墙、半圆拱券门洞形成了其鲜明的建筑特色。“保存较为完整的建业里目前占地 1.74 万平方米，分东弄、中弄、西弄三条里弄，共 260 栋建筑，均为砖木结构的 2 层楼房，采用具有江南民居风格的墙体和建筑屋顶。”①1994 年，建业里被列为上海市第二批优秀历史建筑，并在 2004 年的《衡山路—复兴路历史文化风貌区保护规划》中被列为核心控制范围中的保护建筑，在目前上海市所有被保护的建筑中属于级别最高、保护要求最严的建筑，适用最严格的保护措施。

---

① 《沪最大新里“建业里”改建启动》，《东方早报》，2007 年 4 月 6 日，D8/9 版。

据徐汇区房地局提供的资料，建业里改建前的状况主要是：首先房屋超负荷使用。原设计居住 260 户的建筑物，居住了约 1 100 户，在其范围内还有 37 家单位和 13 户个体工商户，违章建筑 0.37 万平方米。其次房屋使用功能标准低。均为多户合用厨房、天井；房内无卫生设备，仍使用马桶；小区内地势低洼，逢雨积水严重。三是建筑破坏严重。该弄沿岳阳路一侧“破墙开店”；沿建国西路一侧，石库门的门扇、门楣、天井已不复存在，改为商店；由于建造年代久远，存在着结构老化、墙体开裂、木构件腐烂、防潮层失修等现象。

2003 年 8 月，徐房集团作为“建业里”的产权单位，依据《上海市历史文化风貌区和优秀历史建筑保护条例》，与 1 100 多户租赁户解除租赁关系，开始搬迁工作，但供选择的两处安置地点均位于外环线徐浦大桥附近。虽然搬迁的过程同当下诸多动迁工程一样困难重重，但至 2005 年初，搬迁工作还是基本完成，项目进入改造方案设计和招标阶段。

2005 年上半年，徐汇区区政府、市房地局会同市规划局、市建委，以及部分知名建筑保护专家，共同对建业里保护整治的初步方案提出意见和建议。下半年，政府向波特曼、丹尼斯家族、香港纵横世纪和美国亨茂集团反馈了专家意见，要求进一步深化设计方案，同时还向这 4 家公司发出了招标邀请书。经过一年多的运作，至 2007 年 3 月底，建业里改造项目确定总投资近 1 亿美元，合同外资 3 104 万美元，将由上海衡复置业、波特曼海外、花旗集团以及罗事房地产 4 家公司共同开发。政府、企业和专家几经磋商，也最终形成建业里以居住、办公、商业、里弄式酒店公寓为方向的改造构想。目前，建业里的建筑规划方案已初步完成并送审，如果一切顺利，整个改造项目将在两年后完成。该项目最终旨在形成一个石库门社区和历史遗产商用街区，成为体现沪上海派文化的新地标。

2. 搬迁过程中的回搬制度

2001 年 2 月 9 日，上海市建设和管理委员会、市城市规划管理局、市房屋土地资源管理局、市住宅发展局联合出台了《关于鼓励动迁居民回搬推进新一轮旧区改造的试行办法》(沪建城(2001)第 0068 号)，鼓励在新一轮旧房改造和有历史文化价值的建筑与街坊保护、修缮中，建立一套动迁居民回搬的新机制。该办法提出，要“在动迁安置上，实现以异地实物安置为主向鼓励原地原区域有偿回搬和多种安置方式并存转变”，同时还对实行回搬试点工作的项目给予一系列优惠政策。

2003 年，建业里开始实施居民搬迁，很多居民，尤其是住宅面积较大的居民，希望通过该办法，实现自己回搬的要求，因此在搬迁的过程中始终表现得不积极，与搬迁组的谈判也举步维艰，而一些居住面积较小的居民则搬迁较早。有一位到很晚才搬走的居民在访谈中提出了疑问，“他们要保护优秀历史建筑，这我们支持，政府可以把具体的保护要求提出来，我们自己出钱修缮，或者我们出钱，由政府进行统一修缮。但为什么一定要让我们搬走呢？……保护优秀历史建筑，我们愿意出部分钱进行维修，在保证正常生活和安全的前提下，也可以让市民参观。”而这位居民的房屋面积正属于比较大的，一个石库门洞的底层与阁楼都属于他家，他希望通过回搬，再购买二楼的面积，从而实现一个石库门由他一家居住的愿望。而搬迁组提供选择的两套方案，“货币安置很难就近买到合适的住房，实物安置问题在于安置房距离市区太远，上班、上学、看病都不方便！”从现已公布的建业里改造方案中可以看出，建业里的定位是高档“居住、办公、商业、里弄式酒店公寓”，重点是开发，而居民提出的修缮与使用方案重点是保护与利用，两者存在着不可调节的冲突，最终的结果必定是政府的方案得到实施。

雅各布斯在《美国大城市的生与死》中特别推崇城市的多样性，她认为成千上万的人聚集在城市里，城市需要尽可能错综复杂并且相互支持的多样性来满足人们的生活需求。但在上海，不论衡复风貌区的规划，还是建业里的项目实践，都在把现在的居民向城市外围驱赶，迎接新的居民进入，试图形成一个均质的、富有的、"美好"的社区。这一目标不是政府或资本单独可以实现的，而是在政府与资本的合力下，对空间的再生产，在这双重的压迫下，居民试图依靠市政府的一纸文件，打破政治与资本的合力，实现回搬的愿望，在现实中必定碰壁。

3. 市容配套项目的跟进

为了配合建业里改造项目的开展，让人在身处衡复风貌区时对"老上海法租界"写入更多的想象，政府还为风貌区提供了独特的人造环境。2006 年 5 月，徐汇区市容管理局通过公开竞标的方式，招标建业里周边道路的市容整治工程。区政府计划投资 200 多万元，对岳阳路、太原路、永嘉路、安亭路、建国西路、肇嘉浜路六条建业里周边的道路，进行道路景观改造，令人在走进建业里周边时，就能感觉到老上海的风味。

这六条道路连接着风貌区内的太原别墅、懿园等优秀历史建筑，但是由于年代久远，不少建筑的临街景观已经没有了当初修建时的风味。徐汇区结合历史文化风貌保护区规划，将这六条道路的市容整治工程列为一项重点工程，邀请同济大学的专家参与整改方案制定，通过查询地区的历史档案，尽力恢复街道周边的原有景观。改造针对不同建筑的特点，分别采取拆墙透绿、重新粉饰、新建围栏等形式，让市民更完整地欣赏到围墙里的历史建筑，或恢复墙檐等与建筑风格相符的装饰，使整条道路的景观更为美观。

作为风貌区人造环境的投资项目，它是开放给大家使用的，不论年龄、性别、收入、地位，只要走在这六条街道上，就可以享受到项目的成果。但我们进一步分析，不论从这六条街道的空间布局还是该项目的名称上，一眼就可以看出它们都是围绕“建业里”的。而如今的建业里已经不是一个普通的上海新式里弄，在整个风貌区空间中，它很可能成为政府风貌保护的一个新模式，成为资本运作成功的典型案例，更成为人们对老上海想象的一个绝好飞地，因此，建业里已经成为风貌区空间的一个焦点，也正因为如此，它才能够让政府出资 200 多万元，为它，或者它今后的主人，专门提供一个开放的人造环境。一位住在附近的老人回忆这些道路昔日的景观时说：“以前这里有各式各样的花格子铁门、低墙或者铁栅围墙，春夏的时候就可以看到花草树木从间隙里伸展出来。”如今，他脑海中昔日的美景可以再次出现在眼前，但与昔日不同的是，今天的美景未必是为他而生产的。

4. 媒体建构风貌区的符号意义

在政府与资本的操控下，关于建业里的新闻不断地被生产出来，为“建业里”这个符号写入更多新的含义。在关于建业里的大量报道中，“石库门”、“新式里弄”、“历史保护建筑”、“梧桐树”、“老上海”、“新天地”等符号频频出现，它们也在衡复风貌区这块特殊空间的生产过程中，扮演着积极的角色。关于文化在风貌区空间的生产中的作用，本文下一章将具体展开，在此仅就 2007 年 4 月 6 日《东方早报》里一片关于建业里的报道作文本研究，简单分析在资本的作用下，媒体如何参与风貌区空间的生产。

当日的《东方早报》，用了整整两个版面刊登了这篇题为“沪最大新里‘建业里’改建启动”的报道，并配以 1 张建业里全景俯瞰照片和6张细节照片。在标题的上方，还用略小的字体标注了“花旗投资”、“外滩3号设计师操刀”两个符号，吸引人的注意。整篇文章分为三个部分，第一部分引言介绍了政府对建业里的改造计划，尤其突出本次改造方案的设计者是意大利 Kokaistudios 建筑事务所，该事务所曾经为外滩3号和外滩18号担纲设计；第二部分标题为“建业里蓝图”，主要报道了建业里改建前的状况和政府在改建中对历史建筑保护的重视；第三部分标题为“全明星阵容”，主要突出一向谨慎保守的花旗集团，也开始关注上海的房地产事业，本次参与建业里项目正是一次积极的尝试。此外，报道还认为，建业里项目改造的最大意义在于，它“将为上海12片历史文化风貌保护区的保护性开发带来样本”。

关于该报道，有两点值得说明。首先，该报道除了大量运用以往诸如“石库门”、“新式里弄”、“梧桐树”等符号外，又特别强调两个新的符号，即以略小于标题字体突出标注的“花旗投资”和“外滩3号设计师操刀”。花旗集团是国际上显赫的跨国公司，“花旗”象征了资本的力量，花旗投资的房地产项目，必定是豪华的、高档次的楼盘。将来入住该楼盘的人，就是国际资本对他的认同，同时也是自我认同的一种形式。而外滩是万国建筑博览会，外滩的每一幢建筑都是艺术品，“外滩3号设计师”也因此成为一个新的符号，它与“艺术家”、“历史”、“文化”、“品味”等符号产生联想，并把这些意义写入“建业里”。总之，通过这两个符号，给建业里即写入了现实的认同，也注入了文化的想象。可以说，在政治与资本的作用下，建业里项目在启动之初就成为媒体的宠儿，不断被写入新的意义，通过这一社会的过程最终促使它完成空间形态的转变，实现空间的再生产。

另一个值得思考的地方是，该版面中的大幅建业里全景照片清楚地显示，建业里中至少有四排建筑被整幢拆除。而建业里作为位于核心控制范围的优秀历史建筑，其被拆除明显与现有法律与规划相抵触，但报道中的第二部分却一再描写区政府在开发的同时，如何注重对历史建筑的保护。作为掌握第四权力、代表社会力量的媒体为何出现这一矛盾的报道？对此只有两种解释，其一是在长期的舆论控制下，媒体记者已经习惯了政府的宣传，丧失了独立思考的能力，彻底地成为一个宣传工具；其二则是虽然记者也意识到矛盾的存在，但由于政治的和经济的压力，只能扮演空间生产的一个合谋者。真实的原因我们不得而知，但不论是何，可以得出的结论是，在政治和资本的控制下，媒体也在积极地建构历史文化风貌区的符号意义，成为空间生产的一个工具。

（二）中小资本对风貌区空间生产的追捧

在风貌区空间的生产中，不但有大资本的大手笔参与，还有各式各样的中小资本也在寻找投资、增值的空间。这些中小资本与大资本一起，对风貌区的空间进行合谋式的生产，因此也构成了空间生产中的一个重要环节。如果没有中小资本的参与，大资本要实现风貌区作为一个空间的整体转变也是相当困难的。中小资本与大资本在风貌区的空间生产中的关系，就如同风貌区保护与优秀历史建筑保护在城市历史文化遗产保护中的关系一样，风貌区为优秀历史建筑提供了大背景，而优秀历史建筑就是这一背景上的一颗颗明珠。同样，中小资本对风貌区空间生产的参与，奠定了风貌区的基调，而大资本投资的项目，就是这一基调上的一个个得意之作，并且在空间形态上形成了一个个焦点。大投入可以获得大回报，小投入也可以获得小回报，但对于风貌区空间的生产而言，两者都是重要的、缺一不可的。另一方面，并非所有中小资本都按照政府的意愿进行空间的生产，也有些居民在面临生存问题时，通过破墙开店，取得一个营业场所，而这也是政府在进行风貌保护时碰到的最大问题之一，在居民的生存与城市的发展发生矛盾的时候，政府有时候也不得不选择退避。

1. “乐帮证”与破墙开店

近年来，在衡复风貌区内，很多沿街居住房屋被改建成店铺，造成了对建筑物比较严重的破坏，因此，如何减少破墙开店的现象成了政府在进行风貌保护中最难处理的问题之一。据统计，在这些破墙开店中约有70%以上业主持有“乐帮”证书，该证书是上海市劳动和社会保障部门为扶持下岗协保职工等群体自行开业而颁发的类似工商执照的证件。“乐帮”政策规定，下岗协保职工只要有经营场所，就可以开业，因此导致了衡复风貌区内破墙开店现象的蔓延和无法纳入正当的管理范围。例如，行政机关发现破墙开店的情形后，进入房屋询问，店主通常会拿出“乐帮证”，证书上清楚地写明了经营场所，如果不进行破墙，则无法经营。也就是说，既然劳动部门允许经营，那么拆违部门就不能不允许破墙。

“乐帮”现象看起来是劳动部门和拆违部门之间的矛盾，是政府行政系统内部在管理上出现的问题，最终导致没有哪个拆违的职能部门愿意处理“乐帮”案件。其实，要在制度层面解决该问题并非难事，只要政府行政系统理顺内部关系即可。但在当下，下岗、就业问题突出，民生问题受到关注，虽然“乐帮证”本身的合法性一直受到质疑，但要劳动部门放弃颁发“乐帮证”不具有可行性。同时，要让风貌区内这种大量存在的违法现象的合法化，徐汇区同样也不愿意，因为它一方面是对历史文化风貌保护的破坏，同时也是对风貌区未来利益的破坏。应该说，政府内部两个部门的利益导致了“乐帮”现象今天处于无部门管理的局面。“乐帮”现象说明，在政府进行历史文化风貌保护时，还面对着很多居民的生存问题，在居民与政府的博弈过程中，居民也会胜利，迫使政府不得不退让，采取权宜之计。2006 年，徐汇区政府对风貌区内所有沿街店面的门面进行了统一改造，通过财政补贴的方式重新装修，统一了门面的式样，也算是为风貌保护采取的一项措施。

2. 特色店铺的涌现

在居民与政府的博弈过程中，居民胜利了，风貌区内沿街出现了各式各样的商铺，这些商铺总体上呈现一个特点，就是特色鲜明，往往饱含各种消费主义的符号，例如衡山路酒吧一条街，复兴西路上的阿拉伯家居装饰店、烟斗店、服饰店，襄阳路上的花瓶店、旗袍店、日本料理店、私人会所，桃江路上的俏江南、川菜店，永嘉路上的印度小厨、私方菜等等，无不是消费主义占领的空间，关于消费主义、文化与衡复风貌区空间生产的关系将在下一章论述，本节借此案例只是为了说明中小资本在风貌区中寻求投资、增值，最佳的途径就是与文化进行合作，进入风貌区空间的生产。

要理解中小资本的这一投资模式并不复杂，对大资本而言，尤其是跨国资本，政府是邀请他们进入风貌区空间的生产，并为他们的到来预备了很多优惠政策。而中小资本则不可能享受这一待遇，它们只能在政府的引导下进行投资。面对着衰落的旧城，资本要获得最大回报，唯一的选择就是与文化结合，更确切的说是与消费文化结合，只有这样，才能获得最大的利润。也正是这种大量的、小规模的、与消费文化相结合投资，营造了风貌区消费主义的大环境，为风貌区空间的生产奠定了一个基调，也为大资本的投入创造了良好的环境。

政府对中小投资的引导是通过营造特定的消费的人造环境来完成的，例如前面提到，政府为衡山路铺设仿台格路的红褐色人行道、在马路两侧设立具有欧式风格的人行道隔离栏、新建多处公共绿地,围绕建业里实施景观改造工程等等。通过这些环境的塑造,暗示、约束了中小资本的投资选择行为。因此,在这种暗示下,这些具有特色的店铺,其出售的商品大多价格不菲,它的消费对象也并不是周边的居民,而是那些拥有一定经济实力的人。这些店铺虽然在空间上与本地居民很近,但在社会与心理上,它与本地居民有着巨大的鸿沟,同时却又在向社会的中上层做着各种各样的谄媚。

(三)资本作用下的衡复历史文化风貌区空间

1. 资本的第二循环在空间中的体现

衡复历史文化风貌区空间的生产,其实就是资本进入上海后,增值、投资、再增值、再投资的循环发展过程。风貌区的空间生产,借用哈维的概念就是“人造环境”的生产。在哈维看来,资本在第一循环产生的危机逼近时,就会转向第二循环。第一循环就是马克思所分析的工业资本的生产过程,而第一循环中存在的内在矛盾就是资本过度积累所形成的过度积累危机,而“第二循环包括了资本投资于人造环境的生产,包括生产的人造环境和消费的人造环境”①。

从上海来看,上海的工业经济从改革开放来就一直处于快速的发展状态,资本在工业经济中迅速的增值、壮大。目前上海正在试图进行经济结构的转型,进一步提升服务业在经济总量中的比重,实现以第三产业为主的城市经济结构。这也就意味着资本在

① 蔡禾主编,《城市社会学:理论与视野》,中山大学出版社,2003 年版,第 178 页。

工业经济中的积累将投向哈维所说的“第二循环”，而这个过程在空间上的表现形式就是城市的快速扩张和内城的更新。

由于内城建造时间长，缺少必要的维护，因此显得破落，但也正因为内城的发展时间较长，在医疗、教育、文化等方面的设施比较完善，再加上它在空间上不可替代的优势，内城潜在的利润还是受到资本的青睐。历史文化风貌保护的提出和风貌区的划定就是资本为了获得最大的利润，借政府之手推动的一个项目。也就是说，正是由于巨大的经济利润，政府才开始推动城市历史文化的保护，尤其是注重对上海老洋房的保护。例如，目前市场上一幢花园面积在200至300平方米的老洋房售价在5万元/平方米，而花园面积800至900平方米的老洋房售价在9万至10万元/平方米，远远高于一般住宅的价格。而决定老洋房经济价值的另一项要素就是老洋房所处的位置，位于花园洋房集中、周边环境高档的老洋房价格更是不菲，并且升值空间巨大，正是由于这一点，才促成了“设立风貌区”的保护方法。

在历史文化风貌保护中，国有资本依靠其与政府和银行的种种关系，游说政府进行人造环境的投资，并从金融机构获得贷款，率先按照自己的意愿改建了位于核心保护范围的优秀历史建筑——建业里。在国有资本的带领和政府的引导下，各种资本广泛的为这些豪宅的业主提供各种各样的服务，共同推动了风貌区空间的生产。正如哈维所指出的，“资本城市化所形成的城市人造环境的建构和发展是资本第一循环的剩余资本、金融机构、信用系统以及国家调节机制相互结合作用的结果”①。

① 蔡禾主编，《城市社会学：理论与视野》，中山大学出版社，2003年版，第179页。

2. 从作为集体消费的住房转向作为个人消费的住房

据统计，衡复历史文化风貌区中有 86.5%房屋作为居住功能使用，1.2%作为商业和办公用房，作为其他功能使用的占 12.4%。在所有建筑物中，国有产权占 47.2%，集体产权占 21.7%，私人产权占 13.5%，剩余 17.6%为混合产权。[①]通过这两组数据可以看出，风貌区目前主要是作为廉价的公有住宅为普通市民所居住，也就是卡斯特尔所说的政府为市民提供的“集体消费”。这类消费不能满足市场价格的需求，不直接被供求关系支配，但它又是整个资本主义再生产过程中不可缺少的一个环节。

资本的进入迫使现在居民离开风貌区，在政府的压力下，他们不得不流向城市的边缘。而在对风貌区建筑物的改建项目完成之后，虽然它们作为住宅的使用功能没有改变，但它的交换价值得到大幅提升。不论这些项目最终是以出售还是出租的形式实现居住功能，它们的价格必定是完全由市场决定，因此，这里的住房不再是政府提供的集体消费，而是个人消费。也正因为如此，风貌区内的经营性项目开发不能由这些建筑原来的产权人——徐房集团进行，而需要专门成立一个公司——上海衡复置业有限公司来操作。徐房集团作为徐汇区公有住宅的产权人，对政府为市民提供的廉价住房进行管理，这一点决定了它不适合从事经营性房地产项目的开发，而衡复置业则是一个完全市场化运营的公司，以利润最大化为目标。

新的居民将进入风貌区，高昂的价格门槛决定他们必定是拥有较多政治或经济资本的社会强势群体，随着他们的侵入与接替，

① 上海市政府发展研究中心，《2003—2010 年徐汇区历史文化风貌区保护研究——肇嘉浜路以北历史风貌区功能定位》，2003 年 9 月。

最终将导致风貌区社会结构的变迁。虽然他们以市场化的价格取得在风貌区居住的权利，但这并不意味着他们享受政府提供的公共消费就比住在公共住宅中的居民少。在风貌区中，政府提供的集体消费并没有减少，只是换了一种形式而已，更多地投向对风貌区特有的空间形态的维护，而后来进入的这些社会强势群体，是在资本的作用下赶走了原先居住于此的弱势群体，享受了更好的健康、教育和文化服务。其实，这一过程就是资本作用下强势群体对弱势群体的压迫在空间上的表现形式。

3. 成为资本全球化生产中的一个节点

衡复风貌区空间的生产，不能仅把它作为上海城市发展在空间上的体现，在这一空间生产的背后，其实是衡复纳入整个资本全球化生产中的一个环节。首先，在参与衡复风貌区空间生产的资本当中，有的来自国内，也有的来自国外，这就是资本在全球范围内流动，寻求最大增值的表现，这一点使得风貌区空间的生产具有了全球化的意义。另一方面，从风貌区空间生产的趋势来看，它是试图形成一个豪华的富人住宅区，其中有老洋房、五星级宾馆、健身中心、酒吧等一系列为跨国精英提供居住、娱乐和休息的场所，构成了跨国精英工作场所以外的生活场所。而“资本为了维持对劳动的统治，除了在工作场所对劳动的直接控制外，还必须在劳动力的居住生活场所保持对劳动力的支配。”[①]劳动力在风貌区中生活、娱乐，完成了再生产之后，将又一次被纳入资本的再生产。

以衡山路为例，它原本只是风貌区内一条普通的、宁静的小马路。1990 年代，随着城市娱乐业的发展，衡山路上的酒吧如雨后

---

① 蔡禾主编，《城市社会学：理论与视野》，中山大学出版社，2003 年版，第 183 页。

春笋般一家接一家的冒出来。诸如“Sasha's”、“凯文”、“Mandy's”、“O'Malley's”等酒吧，它们布置的场景、暗示的想象，都不是一个真实上海的反映，而是饱含了全球化的意义，关于这一想象我们下一章讨论。随着衡山路的兴盛，1997年，上海国际网球中心也在此拔地而起。该中心是由一幢22层的五星级酒店——富豪环球东亚酒店、一幢22层的高级外销公寓——东亚公寓和一个综合性会员制俱乐部组成。它是目前沪上最具规模、最高档次的，集体育竞技、健身娱乐、餐饮住宿、商务社交为一体的综合性场馆，其不菲的价格以及会员制的消费模式限定了只有跨国精英才能享受它的服务。这样的酒店是资本全球化生产的一个节点，它把上海与全世界各地的政商界精英联系在一起，同时也把衡复风貌区纳入了资本的全球化生产。衡复风貌区作为居住和休闲娱乐的集中区，为跨国精英们提供的生活场所，资本通过对衡复风貌区这一飞地的锻造，也控制了对劳动力的消费，完成了对劳动力的再生产。

但是，这些项目的兴起与众多的普通居民被驱赶到城市边缘是一个过程的两个侧面，不平衡的增长与不平等是风貌区发展的显著特征。它导致了有限的资源主要被生活在风貌区里的富人所享有，而本地居民与一小部分富裕精英之间的差距却越拉越大。

五、作为风貌区空间特殊性的文化形式

上海，整个城市空间的生产都是资本与权力互动的结果，但历史文化风貌保护区空间有别于与其他城市空间的特殊之处，就在于它还蕴含了另一项重要的要素，即文化。以风貌区中的建筑、树木、街道饰品等为载体的、跨越时间与空间的老上海异国风情的想象充斥着整个风貌区空间的生产过程，成为有别于上海其他地域

的一笔特殊财富。

(一) 消费主义与全球化的想象

1. 衡山路上的“东方香榭丽舍”之梦

衡山路是衡复风貌区中最重要的马路之一，因为它不但继承了丰厚的历史文化遗产，又堆砌了许多关于历史的想象。“衡山路于1922年由法租界公董局修筑，当时取名为贝当路，1943年10月命名为衡山路。衡山路的两侧绿化率很高，尤以茂盛参天的法国梧桐树著名，公共绿地随处可见，许许多多的欧式别墅和异域风格的建筑点缀其中，既有饭店公寓、花园住宅，也有学校和教堂：毕卡第公寓(衡山饭店)、华盛顿公寓(西湖公寓)、会斯乐公寓(集致公寓)、凯文公寓、蒋介石与宋美龄的旧居‘爱庐’、法商汇理银行大班的私宅‘丽波花园’(云庭吴兴花园饭店)、国际礼拜堂、美童学校，等等。”①

由于衡山路特殊的地理位置，一头紧联着繁华的徐家汇，一头毗邻着境外人士集中的领馆区，加之交通便捷、街景风格独特，一个后来被称为“东方香榭丽舍”的方案，就首先由市场启动了。1996年，上海第一条地铁的贯通，是一个良好的商业契机，由英国人开设的Sasha's、寒舍红茶坊和香樟园、凯文咖啡餐厅等一批专营娱乐、休闲、餐饮的企业相继在衡山路上开业，使衡山路成为了高消费顾客的乐园。从此，衡山路告别了70多年来纯粹住宅区的面貌，呈现出了商业街的特色。

1998年衡山路上开业的“领馆广场”真正唤醒了“东方香榭丽

① 包亚明、王宏图、朱生坚等著，《上海酒吧——空间、消费与想象》，江苏人民出版社，2001年版，第82页。

舍”之梦，而在这一年底，当衡山路渐成气候的时候，徐汇区政府决定动用行政力量将衡山路规划成一条休闲娱乐特色街，以酒吧、特色餐饮和娱乐为发展龙头，并称之为上海的“香榭丽舍”大道。“领馆广场”经过一年多的经营，最终将主业调整为以特色餐饮为主，兼营娱乐和休闲，服务对象则是高消费顾客和周围领馆地区的中外客商，引进国际和沪上具有欧陆风情的特色企业 15 家，其中包括意大利沙化多利餐厅、上海丽舍酒坊、史黛菲服饰等。与此同时，衡山路及其支马路上也先后开出了 Mandy's 酒吧、红蕃主题音乐餐厅、真爱 Disco 等，而紧靠衡山路的东平路上也开出了席家花园、AliYY 清真馆、泰国餐厅等。

1999 年上半年，由政府投资 600 万元的衡山路一期开发工程宣告完工。衡山路两侧设立起具有欧式风格的人行道隔离栏，铺设了仿台格路的红褐色人行道及行道树盖板，沿线的多处花园别墅也被破墙透绿，还兴建了多处公共绿地，“衡山路油画长廊”原有的 32 幅欧洲古典油画也得到更新，并新增 25 幅印象派油画，是油画长廊从宛平路延伸至天平路。衡山路全程的行道灯则改用造型优美的罗马铸铁球型装饰灯具。为了体现高雅风格，商业广告被全部清理出了衡山路。区政府还加大了对衡山路的管理力度，按规划对衡山路进行定位，并清理了一些与“东方香榭丽舍”形象不符的商业网点。

目前，衡山路，特别是衡山路的酒吧，已经成为上海一种标志性文化景观。“东方香榭丽舍”的演绎无疑是成功的，以酒吧为领头羊的衡山路休闲娱乐特色街在短短的两三年里已经跃然于世人眼前。事实上，衡山路酒吧不仅成为了资本与国家权力结合的典范，而且也成为了各种力量的汇聚之处，一方面是对经济利益的执著追求，另一方面又是对文化意义的苦心构建，而“东方香榭丽舍”

的称呼表达了对于异国情调的缅怀与迷恋，又体现了融入“全球化”进程的强烈愿望。

2. 跨越时空的全球化想象

东平路是衡山路的一条支路，宽约 6 米，本是一条宁静的小马路，现在短短百余米的马路上特色酒吧与饭店一家接一家。包亚明在《上海酒吧》一书中专门有一段关于它的描写：

> 这是“飞地”上的一段旅程，起点与终点分别是两幢独立的小洋楼。当夜幕降临时，你步入前中央银行行长席德懿的私宅“席家花园”，在装饰老派的大厅或精巧雅致的包房用餐，墙上悬挂着三四十年代“十里洋场”的老照片，悄然掀开了半个世纪以前的上海风情。走出“席家花园”，沿着一条僻静的小马路，继续你的旅程，你会路过灯光昏暗的“豪士”德国酒吧的门廊，微弱的光线刚好照亮小黑板上用粉笔标出的德式自助餐的价码。然后，一个明亮的光团从泰国餐厅小巧的门洞里喷泻而出，门厅里的佛龛上摆放着一具神情怡然的佛像。接着你会路过名叫“AliYY”的新疆餐厅，如果你在中午光顾的话，将会看到窗外草地上悠闲漫步的白鹅、山羊和白孔雀，不知道为什么这家餐厅的门牌号有着明显的涂改痕迹，最后，你终于抵达了旅途的终点，一家名叫 Sasha’s 的英国酒吧兼餐厅。①

① 包亚明、王宏图、朱生坚等著，《上海酒吧——空间、消费与想象》，江苏人民出版社，2001 年版，第 85 页。

这段文字，通过对一系列风格迥异的消费空间的罗列，提醒了人们注意生产这些空间的“看不见的手”及其产生的复杂的意义。虽然每一个酒吧或餐厅在刻意装饰自己的门店时运用的手法具有偶然性和个人化的风格，但他们却在更大的范围上成为上海整体的一个有机的组成部分。所谓“东方香榭丽舍”虽然只是各种表述中的一个名词，但它却准确的表达出了风貌区对于异国情调那种难以割舍的迷恋。这些充满异国情调的地方通常被称为“飞地”，而“飞地”原本是用来称呼上海租界的。事实上，风貌区作为老上海法租界遗留下来的空间，恰恰是构建“东方香榭丽舍”的历史资源。在法租界，西方将其经济、政治、文化体制横向移植，造成了风貌区各个领域都散发出西方的色彩。在这种情况下，所谓的异国情调不再是虚幻的、想象中的东西，而是直接呈现在眼前的场景，对人们的视觉造成了强烈的冲击，而衡山路上的酒吧正是这一场景中的亮点。

吉登斯把这种时间与空间的混杂排列称为“时空分延”，他认为这是全球化的基本特征，吉登斯不仅看到了全球化是政治与经济两种影响合力推动的进程，而且认为全球化在建立国际间新秩序的力量对比的同时，正在改变着我们的日常生活，因而“全球化的内容不仅仅是，甚至主要不是关于经济上的互相依赖，而是我们生活中的时—空巨变”①。因此，可以说衡山路酒吧，乃至风貌区这一消费空间之所以受到各种力量的青睐，正是因为它向全球化的文化想象敞开，时间与空间上的远距离的社会关系再次与地方性场景交织在一起，所有在场与不在场的因素都纠缠在一起。走

① 郑戈译，安东尼・吉登斯著，《第三条道路：社会民主主义的复兴》，北京大学出版社、三联书店，2000 年版，第 33 页。

在衡山路上，或者坐在衡山路上的酒吧里，就等于走在了巴黎香榭丽舍大道上，就如同坐在了伦敦或欧洲随便某个地方的酒吧里。

但衡山路乃至风貌区构建的异国情调同时又是虚假的，一些人文学科的知识分子认为，衡山路酒吧催生出来的全球化想象与都市的叙事性、虚构性联系在一起，衡山路的酒吧只是一个表演的舞台。“一切都太过做作，有着过浓过重的人工布景的气息”，“氛围总带着那么一种刻意营造的痕迹”①，显得“虚幻、缥缈”。其实这种感觉不仅仅在酒吧才能感受到，在风貌区的一条普通马路上或一间精致的小店都会产生这种感觉。这种被风貌区所营造出来的异国情调一方面为人们提供了羡慕、希望、冲动的对象，但另一方面又具有压制功能的意象，在人们对这种异国情况充满向往的时候，实际上它自身又与当地中国人之间竖起了一道难以逾越的沟堑。其实，衡山路酒吧所展示的消费空间，不论它以何种手法设计，只要出现在风貌区，先天的就具有了不真实的特性，而与之联系在一起的全球化的经验也同样是虚假的。

3. 消费主义占领的空间

衡山路上的酒吧可以被视为工具性的、社会的产物，同时这一特定空间的生产也就是某种商品的生产。可以说，衡山路上的酒吧这一特定空间是消费行为的发源地，它既是一种先决条件，又是大众媒介和国家权力等社会关系的生成物。这一空间的生产过程依赖于资本积累的抽象时空逻辑之上的社会关系的结构化和理性化，也就是说，衡山路上的酒吧是在历史发展中生产的，又随着历史的演变而重新结构和转化。

---

① 包亚明、王宏图、朱生坚等著，《上海酒吧——空间、消费与想象》，江苏人民出版社，2001 年版，第 41 页。

事实上，对于空间的征服和整合，已经成为了消费主义赖以维持的主要手段，而衡山路上的酒吧所高度凝聚的消费主义不只是整合了现存的空间，它还将休闲作为一种至关重要的工业伸进了其他的社会空间。因为空间带有消费主义的特征，所以空间把消费主义关系（如个人主义、商品化等）的形式投射到全部的日常生活之中。消费主义的逻辑成为了社会运用空间的逻辑，成为了日常生活的逻辑。控制生产的群体也控制着空间的生产，并进而控制着社会关系的再生产。在衡山路上过往的行人、通过媒体获取上海酒吧信息的人们，都与这一消费空间发生了各种复杂的社会关系，而且其中充满着各种各样离奇纷乱的想象和不切实际的判断。更为重要的是，社会空间被消费主义所占据，被分段，被降为同质性，被分成碎片，成为了权力的活动中心。同时，消费主义也开启了"全球性空间"的生产的可能性，于是，对于差异性的普遍性压抑转化成了日常生活的社会基础。

衡山路上的酒吧是一个高度消费主义的空间，消费性的选择在这一空间中扮演了某种极为中心的角色。在此，消费主义不仅仅是指简单的消费行为，而主要是指对酒吧空间里象征性物质的生产、分布、欲求、获得与使用。列菲弗尔认为，在当代社会中，日常生活已不再是"主体性的"，因为已经不存在具有丰富的主体性可能，日常生活已经变成了"客体性的"，变成了社会组织的作用对象。日常生活的这一变迁正是通过消费来进行的。消费物品变成了记号物，充满了想象投射和意识形态，而在吞食性的消费活动中，人们的孤独感与厌倦感却在不断增加。

鲍德里亚在《物体系》一书中提到："消费的对象，并非物质性的物品和产品：它们只是需要和满足的对象。我们过去只是在购买、拥有、享受、花费——然而那时我们并不是在'消费'。原始的节庆、封建领主的浪费、19 世纪布尔乔亚的奢华，都不是消费。……财富的数量和需要的满足，皆不足以定义消费的概念：它们只是一种事先的必要条件。消费并不是一种物质性的实践，也不是'丰产'的现象学，它的定义，不在于我们所消化的食物、不在于我们身上穿的衣服、不在于我们使用的汽车、也不在于影像和信息的视觉实质，而是在于，把所有以上这些元素组织为有表达意义功能的实质；它是一个虚拟的全体，其中所有的物品和讯息，由这时开始，构成了一个多少逻辑一致的论述，如果消费这个字眼要有意义，那么它便是一种记号的系统化操控活动。"鲍德里亚的深刻之处在于他指出了被消费的东西，永远不是物品，而是关系本身。因而，衡山路上的酒吧里的消费行为应该被看成是一种非物质性的实践，这种消费行为已经不是一种单纯的和满足需求的"被动"程序，而是一种"主动"的关系模式，这不仅仅是人与物品之间的关系，也是人与集体和世界之间的关系，正是在这一消费之上，文化体系的整体才得以建立。

（二）文化与风貌区的开发

1. 文化在风貌区开发中的特殊地位

文化之所以在风貌区的开发中占有重要的地位，是因为文化具有单纯的经济开发所不具有的优势：文化更富有弹性，可以经受时代的变化，它很少会消亡。它总是在进化，尽管面临全球化的潮流，但是文化仍然可以不断探索创新，而且它更利于创造新的空间和场所，在现在与未来的城市历史之间寻求平衡。这些，都是单纯的经济开发所无法达到的。

文化的优越性在实践中得到了广泛的认同。上海第一次旧城改造中的失败教训就是一则最好例子，当时政府通过大拆大建的方法，开发了大片土地，兴造大型购物中心、写字楼与高密度住宅区。但是，这种建设思路很快就暴露出问题。首先，大型购物中心等建筑的体型对于旧城来说，是对地方特色与周边地区城市脉络的破坏；其次，大型购物中心对周边地区带来巨大的交通压力，而且相当规模的停车场占地也会使旧城的空间不堪重负。而文化的诉求却可以妥善地解决旧城风貌保护、传承城市文脉并同时增强旧城经济与文化活力、应对交通与土地压力等一系列问题，尤其是文化可以促进城市的可持续发展。因此 2000 年之后上海市政府开始重视城市历史文化风貌的保护。

但是，在对衡复历史文化风貌区进行保护的过程中，所使用的文化复兴策略大多集中在住宅和休闲娱乐业的项目和投资上，尤其是那些将要进行的住宅开发，将导致土地价格的上涨。在目前的社会结构下，则会导致风貌区原居民的向外迁徙和边缘化。即便在国外，这种现象也是层出不穷，一些学者认为英国伦敦东区以私有财产为主导的城市复兴所带来的问题就非常典型。还有学者以法兰克福等城市为例，认为这些城市开发的“文化区”最终导致本地区域的“高档化”趋势，使本地居民和设施搬迁、地价与租金上扬，以及相对当地商店的收费水平而言，本地生活费用的提高。同样，也有人对毕尔巴鄂的做法提出异议，认为旅游业的发展并没有改变城市的工业基础，失业率仍然上升，而且博物馆建筑本身也不是针对当地居民的它更像是美国建筑，不能融合到当地的文化环境中。就衡复风貌区而言，这一矛盾在文化上尤其表现在现有居民的生活方式与跨国精英的生活方式之间的冲突上。

2. 两种生活方式之间的冲突

风貌区中的现有居民，他们的生活方式曾经代表了上海大多数普通市民的生活方式。木式结构的房屋里，房间被切割成一小块一小块，居民的居住面积狭小，只能靠在公用部位进行搭建和在自家架起阁楼才能增加居住面积。居民的厨卫设施公用，也造成许多不便。一栋房屋内的邻里关系紧密，甚至紧密到相互之间没有隐私，而近距离的聚居最容易产生一种危机感，于是偷听、猜忌、争吵成了家常便饭，呈现着“七十二家房客”的现象。但另一方面，这样的生活环境类似于中国传统的“熟人社会”，当有外人进入这一小社会时，会感觉到陌生，而这个小社会里的居民则有较强烈的安全感。同时，由于是熟人社会，居民们之间相互了解、彼此帮助的机会也较多，容易形成较强的归属感。关于老上海的这种生活方式，从媒体到学者，相关的研究和讨论非常之多，对于这种环境培育出来的上海人往往被戏称为大上海的“小市民”，精明、小气、算计等性格就成了“小市民”的典型性格。

而风貌区改造的方向是高档的居住区和休闲娱乐区，针对的目标群体是当下的跨国精英。他们的生活方式与上海“小市民”的生活方式完全迥异。他们是现代社会的典型代表，以理性作为最高的价值标准，但彼此之间的冷漠、隔阂、交往的广泛和淡泊都是他们的特征。对于他们而言，基本的生存不是追求的目标，消费才是他们真正的需求。因此，他们的居住空间要宽敞舒适，并对购物、餐饮、交通、健身、休闲、娱乐等提出要求，促使政府在风貌区中的规划中进行相应的安排。

布迪厄认为，对社会阶层的划分除了马克思的经济基础决定论和韦伯的权力、财富、声望决定论以外，还有一种划分方式就是以生活方式为标准进行划分。跨国精英的生活方式较普通市民的生活方式具有强势地位，在政治与资本的运作下，风貌区空间的生产呈现向强势生活方式一边倒的状态，为满足和暗示他们的生活方式进行空间上的安排，造成了强势生活方式对弱势生活方式的压迫，其实也就是强势群体在文化上对弱势群体的压迫。但事实上，在我们所做的调查中，即便普通居民对风貌区导向的那种生活方式也是认可的，虽然这种生活方式并不属于他们，但他们也认为风貌区应该呈现出老上海的风情。

当生活方式本身成为政治时，风貌区空间的生产，无疑将变得更加扑朔迷离：在过往的路人和普通市民眼里，风貌区是具体而实在的地理空间；在自由资本的眼里，风貌区是休闲工业的福地；在媒体的眼里，风貌区隐藏着挖掘不尽的故事；在国家权力的视野里，风貌区是欣欣向荣的文化新景观；在消费者的眼里，风貌区是释放压力的港湾；在猎奇者的眼里，风貌区是洋溢着异国情调的飞地；在怀旧者的眼里，风貌区是读不完的历史；在新人类的眼里，风貌区是生活的底色；在前卫作家的眼里，风貌区是欲望表演的舞台；在知识分子的眼里，风貌区是虚假的文化意象；同时，风貌区还是意义含混的公共领域，还是资本主义文化全球扩散的痕迹，还是需要警惕与批判的对象。不管风貌区是多少社会空间的重叠，也不管它具有多少复杂的意义，至少有一点是肯定的，风貌区不是内涵前后连贯的一个整体，空间的生产与话语的生产相互叠加与渗透。

3. 意识形态与作为城市象征的风貌区

虽然上述两种生活方式是彼此对立的，但是普通市民依然认可与己对立的那种生活方式，原因在于发展主义作为一种意识形态，渗透到风貌区空间的生产和居民的观念中。普通居民也认为，上海是国际性的大都市，应当在全球经济中扮演重要的角色，上海的生活方式也应当是富裕的、全球化的。而风貌区所展现的文化形式，也正是消费主义操控下的空间生产，这种生产为风貌区的改造提供了框架。因此，发展主义与消费主义是风貌区空间生产的两种意识形态。

卡斯特尔认为："意识形态的特殊性主要以两个方式表明：一是在历史现实的层次上，意识形态的成分是在都市结构的每一个元素上呈现出来的。……二是经由都市结构的形式与规律，社会实践产生了意识形态取向的表现。经由都市空间，在一般意识形态的决定性的中介斡旋层次，它必须安置都市象征的主题。"[①]也就是说，风貌区中的房子、树木、酒吧、商店等元素，都体现了作为意识形态的发展主义和消费主义。另一方面，当下上海的社会结构又把风貌区作为一个都市象征的主题，因此，空间作为一种文化形式，成为了意识形态的表现。

六、总结与反思

通过以上的分析，我们可以得到以下几点结论：

1. 风貌区空间的生产是权力、资本与文化相互作用的结果

从衡复历史文化风貌保护区的设定，到权力和资本主导的风貌区开发，我们统称为是对风貌区空间的生产。通过前面的分析，可以看出，这一生产的过程是国家权力、资本与文化全方位渗透，合力推动的结果。政府设立衡复历史文化风貌区，一方面是为了保护城市历史文化遗产，但更重要的是通过挖掘风貌区中潜在的文化资源，达到更好的城市开发与追求更多的经济效益的目的。为此，政府一方面通过创造具有异国情调的人造环境，通过这种具有异国情调的空间的塑造，暗示、约束风貌区开发的方向，另一方

① 夏铸九译，卡斯特尔著，《都市象征》，选自夏铸九编译，《空间的文化形式与社会理论读本》，台湾明文书局，1988 年版，第 91 页。

面，直接通过国有资本在风貌区进行项目开发，获得巨大的经济利益。

而资本趋利的本质决定了它必然是整个风貌区空间生产的源动力，不论国资、外资还是私人资本，都充分发掘自身的资源，以自己方式参加到风貌区空间的生产之中。国有资本同过于政府千丝万缕的关系与原来的居民解除房屋租赁关系，获得项目开发的权利；而外资则通过与国有资本进行合作，寻求最大的增值。这个过程是一个相互利用的、共赢的过程，外资通过国有资本拿到其他资本无法取得的项目，而国有资本通过外资，在世界上创造了知名度，也带来了出手更大的买家，最终让项目获得最大的收益。

风貌区作为一个特殊的空间，它的生产与其他空间的生产不同之处就在于它所营造的异国情调，之所以能产生这种异国情调正是文化所发挥的作用。作为解放前上海的法租界，衡复风貌区获得了巨大的历史文化资源，在权力和资本的作用下，文化资源也被生产要素纳入整个资本循环的过程。另外，通过对风貌区的异国情调的欣赏，进而将上海定位于全球性的政治、经济、文化格局之中。因此，感性色彩极为浓厚的异国情调一变而为风貌区乃至整个上海规划中的一个组成部分。

总的来说，风貌区空间的生产是复杂的，是国家权力、地方权力、国资、外资、民资以及不同的文化相互博弈的产物。从某种意义上说，风貌区空间生产的复杂性无疑也昭示了当下中国社会生活的复杂性。

2. 制度设计上的“瑕疵”成为风貌保护最大的障碍

上海对城市历史文化遗产的保护从历史建筑的单体保护到风貌区的整体保护，这一方法上的转变是向国外学习的结果，因为通过风貌区的设立，可以更好的保留城市的文脉。但国外不但创立了风貌区的保护方法，还建立了一套与此相适应的保护制度，其中最重要的一项就是建立了一套中央政府与地方政府的分权制度，把风貌区的规划、建设和管理的权力收归中央，从而在风貌区内实行严格的保护，这一点法国的成就尤其突出。通过本文第二部分的介绍，在法国的保护区内，改建与新建任何建筑都受到极为严格的控制，代表公共利益的国家建筑与规划师拥有非常大的权力，可以在保护区的建设方面限制市长的权力，而国家建筑与规划师则直接对国家负责。这种制度构架保证了城市历史文化遗产能得到真正的保护。

但是在上海，通过前面的介绍与分析，衡复历史文化风貌区保护与开发的主体都是区政府的层面，因此在风貌区的保护和开发上区政府拥有绝对的权力。虽然在制度上市政府层面也建立了专家委员会等保护机制，但在实际运作中，这些机制不断可以被突破，位于核心控制区的优秀历史建筑——建业里仍然遭到了开发性的破坏。因此，在保护与开发的主体都为区政府层面的情况下，要做到真正的历史文化风貌保护无异于天方夜谭。

制度上的缝隙在风貌区空间的生产中发挥了巨大的作用，最具有历史文化价值的优秀历史建筑成为潜在经济价值最大、最抢手的项目。而这些项目的开发也体现了风貌区空间生产中复杂的权力与资本的关系。

3. 风貌区空间的生产被纳入到全球化体系之中

在资本的作用下，衡复风貌区首先被纳入到资本的全球化再生产之中，成为资本全球再生产的一个节点。一方面，参与风貌区空间生产的资本中，包括了内资与外资，全球资本在衡复风貌区中寻求利润的最大化；另一方面，风貌区开发的方向、五星级酒店、酒吧等场所消费的对象都不是本地人，而是跨国精英。五星级酒店作为全球体系中的一个重要环节，意味着上海立刻就被纳入到全球体系之中，因为这些酒店的顾客多数来自国外，代表了不同的资本，他们来到上海投资、工作、生活，也就在不同层面把上海同国际上重要的公司、集团联系在了一起，因此，他们的流动代表了资本的全球化流动。衡复风貌区的建构，是资本为劳动力提供的生活场所，但更重要的是，其实这背后是资本为了维持对劳动力的统治，除了在工作场所对劳动力的直接控制外，还必须在劳动力的居住生活场所保持对劳动力的支配。

此外，风貌区的环境无不洋溢着异国的情调，通过租界的历史和名人的效应，风貌区的建筑、酒吧、梧桐树所建构的环境仿佛让人置身异国他乡。通过这些树、房子、街灯，人们仿佛穿越了时空，到达了飞地时期的上海，或是浪漫的欧洲，而这一切的实现都是依靠消费的手段。消费主义通过对酒吧乃至风貌区空间的占领，通过灯红酒绿的环境，瓦解了历史的厚重与深度，使得风貌区的异国情调不断加强，因此也改变了普通人的生活。但是，风貌区既是这种异国想象的起点，也是它的终点，人们永远也不能真正的穿越时空，在现实与想象之间有一道无法打破的障碍，当想象结束的时候，人们还是会意识到，这里是上海，是中国。

当上海通过风貌区特有的异国情调，吸引国内外精英，促进上海的发展时，资本强迫原居民搬迁，跨过精英和本地居民在生活方式上的冲突都具有了政治的意义。政府不但要促进城市的发展，同时也有责任保护本地居民的安全。但是，当上海被迅速纳入全球化体系的过程中，如何在全球性与地方性之间找到平衡是政府面临的一个重要课题。

4. 风貌区中原住居民的被迫边缘化

在国外，城市历史文化风貌区的保护通常是一项综合性的规划。也就是说，历史文化保护不仅仅是在技术层面决定采用哪种保护措施，还包括了要解决城市的一系列社会问题，如城市贫困等。因此，整个城市的历史文化保护必须要全社会的共同努力和参与。例如日本，“文化厅、环境厅对历史环境保护的重视是理所当然，而国土厅、建设省等行政机关出台的有关政策，也包含了历史环境保护的内容，这是特别值得我们注意的情况。它说明了历史环境的保护工作不是孤立的，而是综合性很强的专业技术性工作，需要全社会的共同努力。这一点从日本《全国综合开发规划》的相关内容的变化中还可得到进一步的证实。”①

但在衡复风貌区的保护中，从制度安排，到具体操作，全部是政府与资本运作的结果，完全没有社会的参与，而即便在政府系统内部，风貌保护也只是房地与规划部门的职责，文化、民政等部门也缺少相应的措施。在这样的制度架构下，自然会造成风貌保护重物质、轻社会，缺少对社会问题的考虑。

国外通过引入社会参与来解决这一问题，但在当下中国，政府的管理体制尚待变革，社会发育也不完善，因此社会参与难以实现。由此导致的结果便是本地居民对风貌区的保护并不积极，事实上，大多数居民认为风貌保护只是刷刷墙壁的政府形象工程。而只有出于城市历史文化风貌保护的目的才被法律允许的“解除公房租赁合同”的行为，即“搬迁”工作，在居民眼中同城市开发中的“拆迁”并没有差异，事实上，这两者虽然在法律层面上有所差异，但从具体运作的过程和结果来看，确实并没有显著的差异。但这种情况的延续将会导致风貌区社会结构的变迁，普通的居民将

① 张松，《日本历史环境保护的理论与实践》，《清华大学学报（自然科学版）》，2000年第S1期，第46页。

在城市历史文化风貌保护的过程中，逐渐的被迫搬迁到城市的外围，被迫边缘化。

5. 有待进一步研究的问题

本文以权力、资本与文化为切入点，分析风貌区空间的生产过程中各个主体相互博弈的过程。由于有关资料的局限性和本人的水平，在整篇文章的理论运用上缺少深度的、系统的把握，对社会过程的本质也缺少更为准确的提炼，是本文最大的遗憾。

此外，本文很少涉及的另一个主体即居住在风貌区中的居民，他们与风貌区的变迁有着直接的利益关系，却没有参与风貌保护行动的有效途径。这种现象的产生一方面是由于目前制度的不完善，但另一方面也与整个社会的发展有关。关于本地居民在风貌区空间的生产中所起到的作用及其背后的社会过程研究具有重要的理论价值与实践价值，有待将来进一步研究。

参考文献：

包亚明主编，《后现代性与地理学的政治》，上海教育出版社，2001 年。
包亚明主编，《现代性与空间的生产》，上海教育出版社，2003 年。
包亚明主编，《后大都市与文化研究》，上海教育出版社，2005 年。
蔡禾主编，《城市社会学：理论与视野》，中山大学出版社，2003 年。
成砚，《读城：艺术经验与城市空间》，中国建筑工业出版社，2004 年。
戴志中，《城市中介空间》，东南大学出版社，2003 年。
迪尔·M.J.，《后现代都市状况》，上海教育出版社，2004 年。
段进，《城市空间发展论》，江苏科技出版社，1999 年。
冯健，《转型期中国城市内部空间重构》，科学出版社，2004 年。
盖尔·扬，《新城市空间(第二版)》，中国建筑工业出版社，2003 年。
顾朝林，《集聚与扩散：城市空间结构新论》，东南大学出版社，2000 年。
荆其敏，《城市休闲空间规划设计》，东南大学出版社，2001 年。

荆其敏,《城市接触:都市空间观察》,上海科技出版社,2003年。

凯文·林奇著,方益萍等译,《城市意象》,华夏出版社,2001年。

凯文·林奇著,林庆怡等译,《城市形态》,华夏出版社,2001年。

库采夫著,张叔君等译,《新城市社会学》,中国建筑工业出版社,1987年。

拉雷恩,J.,《意识形态与文化身份:现代性和第三世界的在场》,上海教育出版社,2005年。

刘海岩,《空间与社会:近代天津城市的演变》,天津社会科学院出版社,2003年。

刘玉亭,《转型期中国城市贫困的社会空间》,科学出版社,2005年。

李其荣,《城市规划与历史文化保护》,东南大学出版社,2003年。

诺克斯·保罗、平奇·史蒂文、柴彦威、张景秋,《城市社会地理学导论》,商务印书馆,2005年。

阮仪三、王景慧、王林,《历史文化名城保护理论与规划》,同济大学出版社,1999年。

宋永昌等,《城市生态学》,华东师范大学出版社,2000年。

苏贾著,王文斌译,《后现代地理学——重申批判社会理论中的空间》,商务印书馆,2004年。

索杰,E.W.,《第三空间:去往洛杉矶和其他真实和想象地方的旅程》,上海教育出版社,2005年。

唐天华、周觉,《空间产业:21世纪的拓新产业》,贵州人民出版社,2004年。

特纳主编、李康译,《社会理论指南》(第2版),上海人民出版社,2003年。

田银生,《建筑设计与城市空间》,天津大学出版社,2000年。

王宁,《消费社会学》,社会科学文献出版社,2001年。

王文英,《城市语境与大众文化:上海都市文化空间分析》,上海人民出版社,2004年。

王兴中,《中国城市社会空间结构研究》,科学出版社,2000年。

王兴中,《中国城市生活空间结构研究》,科学出版社,2004年。

王兴平,《中国城市新产业空间:发展机制与空间组织》,科学出版社,2005年。

王旭,《美国城市化的历史解读》,岳麓书社,2003年。

吴启焰,《大城市居住空间分异研究的理论与实践》,科学出版社,2001年。

夏铸九编译,《空间的文化形式与社会理论读本》,台湾明文书局,1988年。

徐勤,《国外城市建筑空间环境》,黑龙江科学技术出版社,1999年。

盖尔·扬,《交往与空间(第四版)》,中国建筑工业出版社,2002年。

杨念群,《空间·记忆·社会转型:"新社会史"研究论文精选集》,上海人民出版社,2001年。

张兵,《城市规划实效论:城市规划实践的分析理论》,中国人民大学出版社,1998年。

张鸿雁,《城市·空间·人际:中外城市社会发展比较研究》,东南大学出版社,2003年。

张鸿雁,《侵入与接替:城市社会结构变迁新论》,东南大学出版社,2002年。

张松,《历史城市保护学导论》,上海科学技术出版社,2001年。

张仲礼,《中国近代城市企业·社会·空间》,上海社会科学院出版社,1998年。

郑乐平,《超越现代主义和后现代主义:论新的社会理论空间之建构》,上海教育出版社,2003年。

周俭,张恺,《在城市上建造城市:法国城市历史遗产保护实践》,中国建筑工业出版社,2003年。

朱克英,《城市文化》,上海教育出版社,2006年。

戴冬晖,《城市空间形态分析方法研究》,哈尔滨工业大学硕士论文,

2002 年。

顾伊、陈淳,《美国“文化资源管理”的镜鉴》,《文物世界》,2001.1。

顾伊、陈淳,《美国“文化资源管理”的镜鉴》,《文物世界》,2001.1。

洪铁城、陈向明,《他山之石 可以攻玉——关于西方国家大城市内城改造与新城建设》,《南方建筑》,2001.4。

黄科宏,《新加坡的城市保护》,《国外城市规划》,2001.4。

焦怡雪,《美国历史环境保护中的非政府组织》,《国外城市规划》,2003.1。

李程骅,《公共空间与私有空间:城市住宅空间的社会学思考》,《江海学刊》,2003.1。

宁越敏,《新城市化过程——90 年代中国城市化动力机制和特点探讨》,《地理学报》,1998.5。

潘泽泉,《社会空间的极化与隔离:一项有关城市空间消费的社会学分析》,《社会科学》,2005.1。

邵勇、阮仪三,《关于历史文化遗产保护的法制建设——法国历史文化遗产保护制度发展的启示》,《城市规划汇刊》,2002.3。

邵勇、阮仪三,《市场经济背景下的城市遗产保护——以上海市卢湾区思南路花园住宅区为例》,《城市规划汇刊》,2003.2。

单霁翔,《从“大拆大建式旧城改造”到“历史城区整体保护”——探讨历史城区保护的科学途径与有机秩序》,《文物》,2005.6。

上海市政府发展研究中心,《2003—2010 年徐汇区历史文化风貌区保护研究——肇嘉浜路以北历史风貌区功能定位》,2003 年 9 月。

司敏,《社会空间视角:当代城市社会学研究的新视角》,《社会》,2004.5。

宋言奇,《论城市历史环境的保护设计》,中国社会科学院研究生院博士学位论文,2003 年。

王安石,《依法保护,合理利用——上海市优秀历史建筑保护管理的实践与思考》,2005 年 6 月。

王景慧,《保护历史街区的政策和方法》,《上海城市管理学院学报》,

2001.6。

王琪,《城市历史保护的若干理论与方法——英国的经验》,浙江大学硕士学位论文,2003年。

吴辰,《城市复兴的理论探索》,《世界建筑》,2002.12。

伍江、王林,《上海城市历史文化遗产保护制度概述》,《时代建筑》,2006.2。

徐明前,《关于上海新一轮旧区改造的思考》,《城市规划》,2001.12。

徐琴,《历史文化名城的城市更新及其文化资源经营》,《南京社会科学》,2002.10。

易峥等,《中国城市社会空间结构研究的回顾与展望》,《城市规划汇刊》,2003.1。

张广汉,《欧洲历史文化古城保护》,《国外城市规划》,2002.4。

张庭伟,《1990年代中国城市空间结构及其动力机制》,《城市规划》,2001.7。

张松,《日本历史环境保护的理论与实践》,《清华大学学报(自然科学版)》,2000.S1。

赵芳,《城市空间:一种社会学的理论演进》,《湖南社会科学》,2003.6。

赵中枢,《英国古城保护的立法过程、保护内容及其保护方式》,《北京规划建设》,1999.2。

Bélanger, Anouk, "Urban Space and Collective Memory: Analysing the Various Dimensions of the Production of Memory", *Canadian Journal of Urban Research*; Summer2002.

Brown, Alison, "Cities for the Urban Poor in Zimbabwe: Urban Space as a Resource for Sustainable Development", *Development in Practice*; May2001.

David Harvey, *The Limits to Capital*, Blackwell, 1982.

David Harvey, *Spaces of Hope*, Edinburgh University Press, 2000.

David Harvey, *Paris, Capital of Modernity*, Routledge, 2003.

Edward Soja, *Postmetropolis: Critical Studies of Cities and Regions*, Blackwell, 2000.

Farrar, Margaret E., "Health and Beauty in the Body Politic: Subjectivity and Urban Space", *Polity*; Fall2000.

Fernandes, Leela, "The Politics of Forgetting: Class Politics, State Power and the Restructuring of Urban Space in India", *Urban Studies*; Nov2004.

Finquelievich, Susana, "Urban Social Movements and the Production of Urban Space", *Acta Sociologica* (Taylor & Francis Ltd); 1981.

Henri Lefebvre, *The Production of Space*, Blackwell, 1911.

Kratke, Stefan, "Berlin: The Metropolis as a Production Space", *European Planning Studies*; Feb2000.

Olds, K, "Globalization and the Production of New Urban Spaces: Pacific Rim Megaprojects in the Late 20th...", *Environment & Planning* A; Nov1995.

第八章
文化产业园区
——文化在空间生产中的结构性作用

王　磊

一、导　　论

（一）问题的提出和研究意义

上海进行的大刀阔斧的城市改造，推土机的身后是尘土飞扬，一幢幢年代久远的老建筑瞬间被夷为平地，“破旧外表令现代化大都市蒙尘”成为了“主拆派”的理由。当大多数人在企盼城市崭新形象的时候，一些人却扼腕城市历史承载的遗失，在有意抑或无意间将“城市改造与城市文化”的话题推入了公众视线。于是，某某知名艺术家入住弃置老厂房创办工作室的报道开始见诸报端，并且大有抽枝展叶的繁荣迹象。老厂房似乎不再是斑驳、疮疤得一无是处，人们开始用审慎的眼光打量它们。不过，这些老工业建筑由于历史的规划痕迹，盘踞着城市的中心地理位置，对于当下愈演愈烈的空间争夺而言，它们的“拆”与“留”始终是一个利益纠结不清的话题。

上海的老厂房终究是幸运的，创意产业(creative industry)的迅猛发展赋予了他们新的生机。在“2004年上海中国创意产业发展论坛”上，上海市经委主任徐建国明确表示，上海近期将以保护和开发利用工业历史建筑为切入点，发展创意产业，加强政府导向和扶持力度。[①]在反复的争夺和抗争中，老厂房最终摆脱了被摧毁的厄运，政府的政策扶持以及上海作为国际化大都市的吸引力，使得国内外大批艺术家、艺术设计室等纷纷入驻。老厂房被冠以创意产业园区的名称，“创意工厂”、“LOFT高地”、“上海的纽约SOHO”等词语一时间充斥媒体。老厂房似乎不再是陈旧的代名词，而是这座城市“化腐朽为神奇”的生命力的象征。敞开的艺术家工作室、开放的画展、实验表演，聚会派对、商业推广活动等，一时间，从园区中散发出的气息是“自由”、“民主”、“时尚”……无不让这座城市的人们惊讶与欣喜。

政治的、经济的、抑或社会的效益，使得老厂房的开发与利用被纳入制度规划，创意产业园区的建设成为各级政府地区改造方案的重点，园区带动旅游业和房地产业的发展，同时也吸引了大批资本的加入，创意产业园区迅速在上海的版图上扩张。在城市的空间争夺战中，这些老厂房何以制胜？是谁对他们进行了再生产？这又是一个怎样的生产过程呢？

作为以“文化”为旗帜的产业，“文化”自然成了研究的立足点。回溯近年来的城市发展，“文化发展战略”被提到前所未有的高度，文化生产似乎已是城市的一个重要目的和城市间竞争的新焦点。生产，既意味着“文化”同样被视作资源，成了控制城

① 张乐、华灵、王力，《“创意”工厂成新兴产业城市化危机LOFT生存》，载新华网浙江频道，2005年11月19日。

市的一种有力手段。而“文化”有别于其他资源的特殊之处在于,“文化”可以成为手段的解释工具,反过来,它又会影响到手段的继续实施。因此,本文以城市创意产业园区的空间生产为切入点,试图探讨“文化”在如今城市发展中的内涵转变和具体实践,并且,它是如何与政治、资本交织,在完成自身在主观意义、结构意义、拟剧意义、制度意义上相互综合和再生产的循环过程的同时,就像结构影响文化一样,文化也在影响着社会结构。

当各个学科,包括社会学提出“文化转向”的学科命题,并纷纷介入纷繁多样的城市文化研究时,我们首先要做的,是使“文化”也成为我们的研究对象,这可以说是任何城市文化研究案例追本溯源的问题,因为,文化同样可作为一个自足的系统而被考察。尽管在城市改造和发展过程中,探讨不断拓展与变迁的城市“文化”内涵的,以及与社会结构互动的具体实践,并非是件易事,因为要剥离太多文化表面的粉饰,不过这一定是次奇妙的旅程。

(二) 既有研究综述

1. 国外既有研究

尽管英国人是最早提出“创意产业”概念的人,但是艺术家社区,或者说如今创意产业园区的早期雏形,仍需追溯到美国。在广为人们熟悉的伦敦激进的切尔西(Chelsea)和豪斯顿(Hoxton)艺术村之前,早有纽约格林尼治村(Greenwish Village)的“西村”(West Village)和苏荷区(SOHO)等。它们是城市不同发展阶段的产物,人们对于这一现象的认识,也随着时代的变化发生着转变。

(1) 先锋派和城市文化的复兴：格林尼治村[①]

提及美国的艺术区，人们首先会想到被誉为西方当代艺术重镇的纽约苏荷。不过，今天的苏荷还包含在整个叫做格林尼治村的地方。在第二次世界大战期间，联邦政府召集一些作家完成《WPA 纽约导游手册》，手册文字这样介绍格林尼治村："经历过残酷工业化，拜物主义和僵化习俗的时代之后，处在战后动荡岁月的美国，将格林尼治村视作骚乱的象征，这个'村'——仁者见仁智者见智，可以说是美国文化复兴、艺术或政治进步的中心，也可以说是留长发愤激男子和剪短发激进女性的中心，或者是性自由甚至是性职业的中心。"(傅刚，2005)

尽管，如今格林尼治村已辉煌不再，但人们无法否认它在美国艺术发展史中的重要地位，许多研究著作便深入探讨了格林尼治村

---

① 19 世纪末 20 世纪初的格林尼治村，是当时美国城市生活的全景缩影。历史悠久的贵族们住在宽敞豪宅，银行家和职员住在高层公寓，爱尔兰和意大利新移民住在经济公寓，艺术家、作家、波西米亚人则住稍加改造的老房子。村里的咖啡馆、酒吧、夜总会的数量比美国任何大都会地区都多。格林尼治村聚集着很多文学家，如托马斯·佩恩(Thomas Paine，1737—1809)，沃特·惠特曼(Walt Whitman，1819—1892)，马克·吐温(Mark Twain，1843—1916)等。那时，以视觉艺术创作为主的画家、雕塑家、摄影师和商业艺术家们，创作作品的尺寸比较小，除了喜欢有天窗和向北的工作室，与作家和诗人相比没有特别不同的空间要求。直到第一次世界大战爆发前，格林尼治村最鲜明的特色，就是"村"中的那些在保守阶层人士看来无论穿着和举止都很怪异的艺术家。两次世界大战之后，大批欧洲移民涌入美国。格林尼治村，像纽约其他地方一样，人口数量剧增，不同民族的新移民带来了不同的文化习俗。为了容纳这些新移民，地产开发者伺机进行重新开发，原有的小尺度街道、风格多样化的建筑和浪漫的艺术气氛，逐渐被符合最低居住标准但是密度和高度迥异于过去而且品位一般的高层公寓所取代。到 20 世纪中期，面向进入消费者社会以后占绝对数量的中产阶级的住宅，价格不是艺术家能够考虑的，死板的公共空间，也失去了艺术家欣赏的亲切活泼，格林尼治村的社会构成和空间环境完成了相当彻底的变化。这个地区的重新开发，实际上驱使这里的艺术家另谋活路。那时，没有经历大面积大规模开发建设或者说破坏的苏荷，吸引了艺术家的目光，纷纷南下。(傅刚，2005)

对于美国政治、文化的深远影响，萨利·贝恩斯所著的《1963年的格林尼治村——先锋派表演和欢乐的身体》是其中的代表，贝恩斯认为，1963年是西方文化史的重要时刻，就在这一年前后，纽约的小小格林尼治村，出现了以先锋派表演为中心的大量艺术现象，而正是这些现象构成了后现代主义的实践和理论的源头或者基础。当时的格林尼治村充斥着各种“另类”和“波西米亚”们的生活，它是反主流的文化群落，但是嘈杂与不安却带来了丰富和多元。北京的圆明园、宋庄等艺术村落一度也构成了对“常规”的挑战，但是在许多人看来，那里却是中国当代先锋艺术最为活跃、最充满生命力的地方。这一群落的存在和日益强烈的自我实现的主张，使得他们越来越受到主流的关注。虽然他们无论在社会地位，还是在物理空间上都处于边缘，但是对中国的社会来说他们带来的确实是一次不小的震动。不过，本文更为关注的是这一群体正在被逐步纳入主流的过程(宋庄和798工厂等已被北京市政府规划为具有代表性的创意产业园区)和其中所能阐发出的转变的意义。

(2) 艺术与城市的政治经济：苏荷①

随着城市制造业的不断移置，经济的金融与非赢利性部门的

① “苏荷”(SOHO)，即“休斯顿街以南”(South of Houston Street)的缩写。19世纪中叶，这里是全美最闻名的红灯区。20世纪上半叶，这里是纽约的轻型加工业基地。二战后，纽约制造业衰落，苏荷的工厂大批关闭或外迁，许多房屋空置破败。这些空置的车间和库房是开敞的筒仓(loft)，由于空间高大，房租低廉，吸引了大批艺术家。到20世纪50年代晚期，苏荷已经成为纽约全城艺术家密度最高的地方。然而，艺术家进住苏荷筒仓，属于违法行为，按当时规定，工业建筑不能改为民用，所以这些艺术家只对厂房作了低调改造，并随时提防着房管局人员的检查。在60年代初城市更新的浪潮中，为配合大财团的扩张计划及缓解市内交通、改善市容卫生，当地政府决定实施酝酿已久的高速公路计划。这意味着，大量老房子将被推倒，许多街区和历史形成的社区将被腰斩。对许多艺术家来说，租金低廉的工作生活空间将大面积缩水，他们将直面生存危机。为此，一些艺术家成立了苏荷地区第一个社区组织——“反筑路(转下页)

不断发展，文化对城市的价值，不再仅仅停留于文艺和价值观的层面。美国著名的文化社会学家沙朗·佐京，花了近20年时间观察和思考城市生活的许多不同的象征特性。她试图在强调城市物质生活，尤其是资本主义改造城市的方式的同时，也强调城市文化或城市象征的重要性。而且，她将自己主要的精力用于探寻城市变迁的路径，尤其是20世纪城市的变迁路径。佐京的大多数著作是关于她工作居住多年的城市——纽约。在她早期的著作中，她深入研究了曼哈顿从20世纪初期到20世纪70年代所发生的变化。在这段时期内，纽约和许多美国城市一样丧失了许多工业，其中一些完全关闭，另外的迁到美国的其他地区或海外。她指出，制造业的衰落不仅是产业结构调整的结果，也是适应纽约经济政治精英利益需要的必然选择。实际上，这些集体协力促成了城市从制造业中心向高消费的居住及金融中心的转变。（安东尼·奥罗姆、陈向明，2005，第53页）在这一转型过程中，一个主要的变化悄然发生了，那就是来自世界各地的艺术家聚集到纽约城工作生活。在20世纪60年代，旧工业建筑的空旷厂房被改造成艺术家的居室和工作室。佐京将苏荷作为了她的研究对象。

（接上页）联盟"，以集体的力量进行抗议斗争，许多知名人士也纷纷参与其中。迫于各方压力，高速路终于停止在图纸上。在整个辩论过程中，人们不仅看到城市社区和政府规划部门关系的新变化，而且看到历史建筑和社区保护中的政治和经济影响。最为直接的结果是，当局修改了现行法律，允许艺术家合法利用苏荷老厂房与仓库，1973年，苏荷被列为保护区。这是美国也是世界上首次将工厂仓库区列为历史文化遗产予以法律保护。一时间，大量前卫、卓越的艺术作品在这里创作和销售，苏荷成了纽约市最具有文化气息的地方，于是，艺术品代替了旧工业产品，成为纽约最具竞争力的商品。然而不久，由艺术家倡导的这种新生活模式很快取代了艺术家本身。房地产开发商开始向中产阶级和上流社会推销这种苏荷区的生活模式。一批新居民开始出现在像苏荷这样的美国城市中心城区。取代了产业工人居住在阁楼上的艺术家发现自己正在被中上阶层所取代。他们因为无法支付攀升的苏荷区房价而被迫迁往房价较低的区域。

在《阁楼生活:城市变迁中的文化与资本》一书中,佐京谈到:“我试图阐明艺术对城市发展的极富诱惑力的影响。利用艺术家的工作室或阁楼来刺激房地产市场,提升房地产价格,是鼓励艺术事业产生的意外后果;但是跟在城市的艺术陈列馆、餐馆和美食商店里的不断膨胀的文化消费浪潮相联系,它是走向中产阶级化的第一步。都市规划者和艺术家对《阁楼生活》的类似反映鼓励我强调艺术在城市的政治经济中的象征重要性。”(沙朗·佐京,2006,第2页)苏荷的经验在后来发展起来的切尔西上得到了更为集中的体现。当画廊区即将形成而尚未形成的时候,切尔西不仅吸引了更多的画廊和参观者,而且吸引了住宅开发商、大型传媒企业公司和零售商。当年在苏荷显现的发展顺序——先是艺术家然后是画廊、再到商家,所有看中切尔西前景的利益集团和个人摩肩接踵几乎同时扑来。他们都懂得如何在这儿以“文化”之名为自己谋利益。

纽约的故事,纽约之外的人也可以理解。并且,我们感叹地发现,这一故事在上海的创意产业园区发展过程中正相似地上演着,“文化”在如今,已更多地成为了地方政府和商业联盟策略里的一种工具。

(3) 纽约模式带给后来者的深层次影响

纽约的画廊转移,其本质是商业行为。画廊和艺术家活动重心的转移,在纽约,像所有其他地方一样,从来没有停止过,稳定总是相对的。在现当代纽约历史上,艺术家和画商为寻找廉价房租和合适空间的主观行为,客观上曾经导致了纽约城市建设和立法的相关变化。这些变化,不仅使艺术家生存空间得到认可或者起码的改善,而且影响了社会时尚和当代文化;不仅对一个局部地区,而且对纽约整个城市产生过影响,甚至波及到世界其他城市。

悉尼是一个典型的效仿者。悉尼市中心出现的由仓库(warehouse)转变成住宅(apartment)的先河始于1979年,这也成了悉尼城市发展中的一个重要的转折点。[①]对于许多城市而言，阁楼生活（loft living）的兴起往往延续美国所走过的道路，悉尼同样如此。在随处可见的房产广告上，悉尼的阁楼生活被打上“New York Style”、“New Yorker”的口号，商业资本销售仓库的策略是，通过设计，尽可能少地触及地方和地方历史，取而代之的是诉诸一个世界主义的和全球普遍都市性的大都市的幻想。就如同无论身处何处，肯德基餐厅都能以相同的布置、相同的服务带给我们相同的体验一样。悉尼的仓库也在生成一种新的城市文化，可以想象，在任何一个城市的中心区，仓库成了绝佳的庇护所，即便忙碌、嘈杂的大街就在外面。城市的这一新特质引起了悉尼富有消费者的兴趣，他们或是成了仓库的新居住者或是成了聪明的投资商。仓库的房产开发带来了城市资产价值的转变（老建筑同样是增值潜力无穷的富矿）、市场的转变（从商业到居住）以及人口统计的转变（越来越多的人开始回到城市中心）。在住宅形式曼哈顿化的同时，人们的生活方式也在潜移默化地曼哈顿化，曼哈顿想象的结果是对悉尼当地的社会文化产生了深刻影响。90年代末期，悉尼的仓库图景体现了全球化与地方化，经济、文化、政治的交互过程，在这个过程中资本获得了巨大的机遇。与此同时，他们也制造了全新的、让人激动不已的，但同样也是不断排外的城市化或者说是新的城市生活方式。而在这一过程中，悉尼本身的历史表达却被淹没了，除了成为悉尼世界性大都市构想所需消耗的物质提供。

悉尼在竭力模仿美国的目标驱动下，其案例带有一定的特殊性。不过，从中折射出的一个重要思考是，新型的产业模式和工

① Wendy S. Shaw, *Sydney's SoHo Syndrome? Loft living in the urbane city*, cultural geographies, 2006(13).

作、生活形态对城市的社会结构和文化所可能产生的变化。此外，当大多数国家在积极融入全球化的过程中，也在努力维护着地方特质并努力将它推向世界时，我们不能忽视，城市自身的历史也逐渐成为改变社会形态的一种声音，尽管在大多数情况下，它总是在文化与资本中扮演着折衷的角色。

2. 国内既有研究

(1) 社会转型与群体关注：中国的艺术家社区

中国当代的艺术家社区肇始于上世纪 90 年代，尤以北京圆明园画家村为代表。随后，在中国的大江南北，相继出现了大大小小不同形式的画家村：东有上海浦东五莲路的上海画家村、福建厦门的乌石浦；西有四川都江堰的聚源、云南昆明的创库；北有北京昌平的上苑、通州的宋庄、大山子的 798 工厂、望京小区的花家地；南有深圳布吉的大芬油画村。此外，在辽河和长江流域，还有文化部文化产业司和中国美协联合挂牌的两个文化(美术)产业示范基地——辽河文化产业园和胥口书画名家街等。虽然，如今的许多艺术家社区已被整合入地方政府的创意产业园区规划，但是，由 90 年代初起中国社会中涌现出的这批体制外的艺术家，在被媒体报道(其中圆明园画家村成了国内外关注的新闻事件)逐步放大中，成了公众话题，吸引越来越多的研究者介入。

由于这一群体的产生正逢 90 年代中国社会经济转型和体制变革的大背景，因而，许多研究都从制度和群体两个纬度着手，探讨了画家村产生的时代背景和社会基础、艺术家的群体特殊性和生活方式，以及艺术创作与产业市场化的关系等。并且，基于研究者所选取的不同研究对象，形成了许多特色案例。例如，《圆明园画家村》(杨卫)、《艺术宋庄失去灵魂?》(韩咏红)、《在历史的废墟旁边——对圆明园艺术群落的社会学思考》(于长江)、《北京文化艺术村落调查》(北京市委研究室课题组)、《20 世纪最后的浪漫:北京自由艺术家生活实录》(汪继芳)、《黑白宋庄——断代青年的艺术追求与人生自白》(赵铁林)、《上海画家村的兴衰》(今日先疯)、《在上海画家村的日子》(吕晓文)、《艺术体制变革中画家的另一个生存空间——从社会学角度看上海"画家村"》(王磊)、《走进古城画家村》(于京玄)等。此外,还有一些研究是在个案的基础上所作的综合性评述,例如,《南北画家村比较分析》(任晓峰)、《谁舞今生——国内画家村现状》(严长元)等。这些生动的报道和研究,是对这一群体在社会变革和城市变迁中群体历程的宝贵历史记录,对本文来说,它同时也提供了一个难得的纵向的比较视角和发展视角。

(2) 产业结构调整和城市发展:创意产业

虽然如今许多艺术家社区已被换上创意产业园区的名字,但是国内对于创意产业的研究尚处于起步阶段。不过,从 2004 年 12 月中旬在上海举办的"2004 中国创意产业发展论坛"来看,专家、政府官员、商界精英都对这一产业表现出极高的重视和浓厚的兴趣。

目前,研究者对于创意产业的研究大致可归纳为以下三个方面:其一,是对创意产业的理论探索与思考,例如《当代文化创意产业的勃兴》(金元浦)、《论产业文化化》(厉无畏、王玉梅)、《创意阶层与城市发展——兼评理查德·佛罗里达的城市利便理论》(任雪飞、诸大建)等。其二,是对创意产业发展的先进经验的解读,例如《国内外创意产业发展经验的解读与思考》(胡晓鹏)、《德国北威州文化产业的发展及启示》(于雪梅)、《发达国家和地区创意产业发展现状及其启示》(王如忠)等。其三,是以地方为基础探讨创意产业发展的具体实践。例如《上海创意产业发展的现状和前景》(荣跃明)、《让创意产业之花在上海纵情开放——谈创意产业、创意园区、创意人才的内在联系》(花建)、《论文化创意产业的城市基础》(阮仪三)等。

研究者们已逐渐认识到,创意产业在推动城市产业结构升级、增强城市竞争力的同时,在城市文化建设、人才培育和就业、历史遗留建筑保护等方面起到了积极的作用。而本文期冀在此基础上,运用社会学的视角,以过程分析和机制分析为路径,探讨在创意产业的推动下,"文化"发生了怎样的内涵拓展和功能转变,并且它是如何与结构互动共同作用于创意产业园区的空间生产。

(三)本研究的理论框架和研究方法

本研究将从城市文化与城市空间生产两条理论脉络出发,构架总的理论框架。

1. 城市文化理论

(1)"文化"的概念

论及"城市文化"必得首先涉及"文化"这一概念。在当代话语中,"文化"这一术语具有复杂的历史,并在不同的领域具有多种含义,各个学科依照各自的旨趣给"文化"下了诸多定义。对于社会学而言,"文化"同样是一个重要概念,我们可以大致将"文化"划分为四种具有社会学意义的概念:主观意义的文化[①]、结构意义的文

① 主观意义的文化。也即文化主要由思想、情感、信仰和价值构成。这是一个最常见的文化观点。从根本上,它植根于柏拉图的心身二元论:马克思的相对经济基础结构的"上层建筑"和"意识形态",韦伯(Weber)的区别于具体社会秩序的"伦理"、"精神"和"理性",迪尔凯姆(Durkheim)的反映社会构形的"共有信仰",帕森斯(Parsons)的分离于社会体系的"态度世界"等。这类文化概念所导播的文化功能有两个方面,一是形成群体一致的价值规范概念,以整合秩序;二是形成个体主观经验,调控人的行为。

化[①]、拟剧意义的文化[②]和制度意义的文化[③]。（周怡，2004，第52—60页）这四种文化的概念，彼此独立但又有不少彼此模糊的区域，我们可以在四种不同的文化概念中明白无误地明确某一特定意义的文化涵义，但我们却不能以某一意义的文化概念去包罗所有可称之为文化的文化。因而，有关文化的定义大多是综合、广泛而拥有几乎涵盖一切视野的。

本文所持的"文化"观点是一种综合的、延续的、动态的观点，即融合了主观、结构、拟剧和制度意义的四种文化层面，并展示文化运行的内在机理：外在的制度化文化体系一旦建立，就会通过诸如语言、仪式和文化产品等充斥符号的拟剧意义文化而得以传播、深化，成为人们内在于心的共享的主观价值观文化，最终这种共享价值或规范又引导社会中个体或群体的行为，以形成某种特定一致的生活方式或行为模式，即构成结构文化。如果这种结构文化

---

① 结构意义的文化。也即文化由行为模式、生活方式及其关系结构组成，代表人有克鲁伯（A. L. Kroeber）、威廉姆斯（R. Williams）、列维·施特劳斯（Levi Strauss）等。持这类文化观的研究，比较重视对群体和组织的文化普遍性与一再出现之要素的理解，并认为文化是与结构相分离的，是一种既定的、不易改变而镶嵌在社会组织或群体中的深层结构性模式。文化，在这里已经成为一群人所崇尚的约定俗成而"想当然"的东西，或者是一些被常识掩盖起来的东西。

② 拟剧意义的文化。也即文化作为社会结构的象征表达，由一系列象征符号构成。这种文化概念最早可追溯到迪尔凯姆关于原始宗教仪式的叙述，他将仪式作为符号象征反映社会关系、社会偶像。当拟剧意义的文化概念着眼在符号、符号意义的解读时，戈夫曼（E. Goffman）、米德（G. H. Mead）、齐美尔（Simmel）、舒茨（A. Schutz）等学者在这个范畴内还讨论过象征互动。所谓拟剧，在这里就是强调诸如仪式、意识形态和其他反映社会关系本质的象征行动往往都具有伦理秩序的色彩。拟剧意义的文化既是表象的，又是主观的。

③ 制度意义的文化。也即文化由习俗、宗教、道德、政治和法律等组成，具有外在于或独立于个人或群体意识的"社会事实"的特征。这种文化又被认为更广泛包括了需要物质资源、又影响资源分配的行动者和组织，并更强调了社会生活建构文化的观点。

再一次被制度化文化所维护，便有了文化再生产的循环。[①]（周怡，2004，第60页）运用到本文的研究，我们同样能观察到"文化"在创意产业支撑下不断拓展城市新空间的动态的生产过程。文化发展战略首先被纳入政府的制度规划，于是由老建筑、老厂房改造而成的创意产业园区成了政府实践文化战略的可见的象征性符号，媒体带有小资情调的报道笔触，以及生活在那里的艺术家不断向外宣扬的洒脱的生活方式和彰显自我个性的现代人主张，给社会带来了不小的冲击，创意产业园区不仅仅为城市的经济产出贡献价值，它更是怀旧与时尚的综合体，带来了一种全新的社交体验和生活方式。

（2）"文化"与"结构"

在给"文化"下完定义后，无法绕开的，本研究还需阐释的一个问题是"文化"与"结构"的关系。社会学家经常使用"社会结构"这一术语去描述"一个社会中各因素之间的持续的、有秩序的和模式化的关系"。[②]不过长久以来，社会学界始终认为，社会结构作为一种外在的、客观的约束机制限定了人们在文化取向上的系统性差异。这种预设一方面导致了社会学家们在面对结构和文化的关系问题时，倾向于肯定结构的主导作用，至少肯定文化与结构的一致性；另一方面导致了社会学研究一直重结构而轻文化的倾向。

直到20世纪七八十年代，对"社会学的文化转向"的认识以及随之引发的争辩，带来了新的变革。在文化与结构的议题上，一些

① 制度意义文化——拟剧意义文化——主观意义文化——结构意义文化——制度意义文化。

② Abercrombie，N.，Hill，S. and Turner，B. S.，*The Penguin Dictionary of Sociology*，London：Allen Lane，1984，p198，转引自阿雷恩·鲍尔德温等著，陶东风等译，《文化研究导论》，高等教育出版社，2004年，第27页。

学科及后结构主义理论对主流社会学理论构成了特别的挑战，它们赋予文化比社会结构更高的重要性。[①]于是，基于不同的立场，有关文化与结构的关系出现了三种不同的声音：宏观结构主义观点[②]、结构—文化主义观点、文化主义观点[③]。

本研究将抛弃两种极端的孰轻孰重的观点，采用结构—文化主义的立场。结构—文化主义这一观点虽然由来已久，却鼎盛在帕森斯和后帕森斯时代，在20世纪60、70年代，"文化复兴"、"文化转向"字眼频频出现在社会科学界，伴随大量出现的关于底层阶级文化的各种研究，使得宏观结构主义的简单经济决定论的观点受到极大挑战。结构—文化主义是其中最强态势的挑战者之一，它们确信"结构与文化相对独立又彼此联系、互动"，确信"文化的相对自主而无需还原结构"，其中又兵分两路，一是倚重结构的观点；二是取文化与结构并重的观点。（周怡，2004，第65页）

笔者在这里主张的是文化与结构并重的观点，这一观点起步在社会生活的中观和微观的层面，主要的观点散落在符号学、拟剧学、迪尔凯姆学派及历史社会学的表述中。持这一观点，也即在论

---

① Kellner, Douglas, " The Postmodern Turn: positions, problems, and prospects ", In G. Retzer(ed.), *Frontiers of Social Theory: the new synthesis*, New York: Columbia University Press, 1990, p269. 转引自周怡：《解读社会：文化与结构的路径》，北京，社会科学文献出版社，2004年，第61页。

② 宏观结构主义观点。这类观点通常以唯物主义的口吻将文化喻为唯心。在"存在决定意识"的经典口号下，它笃信文化一定由经济和政治结构决定，不能脱离结构而谈论任何文化的自主。在探讨这一命题时，马克思学说的"经济基础决定上层建筑"的图式常作为理解的钥匙。

③ 文化主义观点。在文化主义者看来，文化是人们可以建构出来的东西，它可以建构、制约、维护或破坏结构的社会机制。文化主义强调实践的根本独特性，文化的实践结果是多元而不可测的，如受众会对同一文本产生不同的解读；文化又是不连贯的、凸显而动态的。

证的过程中，文章将试图摆脱文化与结构的单一因果关系，而使文化在文化意义、文化实践与过程的分析层面上，获得其独立解释问题的席位，可以说，这是一次解释视角转型的大胆尝试，颠覆了主流社会以"结构"俯瞰一切的惯习。在本文中，"文化"将展现出其强大的符号力量，并与城市的发展维系得更为紧密。

(3) 城市文化理论

在文化之前突出"城市"，一方面是强调它区别于农村，深深带上"城市"的烙印。另一方面，也更为重要的是，如今当我们提及"文化"时，已经不约而同地将它与城市联系在一起。正如美国城市研究学者芒福德曾经说过的："城市文化归根到底是人类高级文化的体现。""人类所有伟大文化都是由城市产生的"。就本文所关注的主题而言，城市更是文化产业的所在地，艺术家、设计师和表演者在城市里生产并销售其创造性作品，从公共语言的意义来看，城市也是文化在视觉上的全部体现。城市风景和方言是不同社会群体中的呼唤与回应：表示出时间概念的意义。此外，城市等同于文化，是因为城市清晰地标志出人为的空间感和一场激烈程度人为决定的挣扎。(沙朗·佐京，2006，第 259 页)

对于城市而言，文化既不是城市物质改革无足轻重的附属品，也不是划分社会角色的纯符号性范畴。相反，伴随着文化产业、商业服务和房地产开发这些城市象征经济的兴起，文化符号的物质意义逐渐显现，这也是本文试图以城市创意产业的高速发展为例而展开探讨的一个重要话题。文化符号的物质意义，这里所说的"物质"并非仅仅指文化除了价值观、语言、知识等非物质层面，还包括物质文化，例如工具、钱、衣服以及艺术品等，更为重要的是，我们不是以一种静态的眼光去看待这些物质文化所积淀的历史和呈现出的社会多元价值观，而是饶有兴趣地去发现，文化如何与资本、与政治结合，缔造了纷繁多样的城市文化景象，这便意味着，文化同样可以被用来交换、用来消费、用来组织，这些“非生产性”因素在城市生产中起到了巨大的塑造作用，并且当城市不再那么依赖传统的生产资源和技术时，文化符号的物质意义则显得更加重要。

2. 城市空间生产理论

文化带有了结构性的功能，它在城市空间生产中也成了一个有力手段。对城市空间的研究肇始于城市地理学和城市经济学，研究之初，学者们惯以用土地、房租、统计数据等经济学的变量作为研究工具。然而，随着城市的发展和各种复杂社会问题的增多，这一方法显然难以应对更多的问题。20 世纪 60 年代，被称为新马克思主义的理论家们开始介入城市空间研究，他们运用马克思主义的政治经济学观点来分析城市空间发展的规律，认为：首先，剩余价值规律影响着城市的发展。资本的投资是以获利为原则，它引导着城市空间发展的区位选择。其次，劳动力再生产的方式对空间的形态和分布差异起着决定性的作用。如公共设施，特别是文化、体育、教育、卫生等设施的分布，明显有利于资本主义社会结构体系的延续。[①]其中代表性人物有列斐伏尔（Henri Lefebvre，1905—1991）、戴维・哈维（David Harvey，1935—）以及曼纽尔・卡斯特尔（Manuel Castells，1942—）。列斐伏尔给予我们的最大启示是，带着审慎的、批判性的眼光去看待城市中被缔造出的形形色色的空间，去试图探寻其背后的各种利益关联，因为，它真正是一种充斥着各种意识形态的产物。（包亚明，2003，第 62 页）正如列斐伏尔所确定的空间的功能特性，空间是生产资料，“利用空间如同利用机器一样”；空间都有使用价值，并能创造剩余价值；空间

① 段进，《城市空间发展论》，江苏科技出版社，1999 年，第 48—50 页。

可以被消费，可以成为消费的对象；空间是政治工具，国家利用空间以确保对地方的控制；空间，既是斗争的目标，也是斗争的场所。作为城市新空间形态的创意产业园区，同样也深深烙印着空间的本质特性。

在吸收城市文化理论和城市空间生产理论的基础上，本研究的理论框架可以归纳为：城市间新一轮的竞争聚焦在以文化产业、商业服务和房地产开发等为代表的城市象征经济上，城市文化的价值与内涵发生着转变并在不断地被开发和利用，其中，最为显著的特点是，文化的物质意义逐渐显现，城市的视觉形象同样可以被用来消费。于是，文化被纳入政府的制度规划，并且携手商业资本，推动了作为城市公共空间——创意产业园区的空间生产。虽然这一空间是“公共性”的，但同样深深带着各种利益纠结和意识形态的痕迹，而“文化”在这一空间生产中所体现出的特殊性便在于它成了各方利益争夺空间的手段。此外，由于文化的内在运行机理是一个连续的动态过程，因而，当越来越多的人关注创意产业园区，并欣然接受它所传达的生活理念和方式，并形成某种群体特定的价值观和行为模式时，文化就带有了结构性的意义。由最初的社会结构影响文化，到最终文化反过来形塑社会结构，以当下的城市发展，我们已经无法用“结构”俯瞰一切。

3. 方法论的思考与实践

本研究的研究方法，首先涉及的是“解释的转向”的尝试，也即将文化作为独立的研究对象加以考察。作为人类，我们生活在文化之中，如同格尔茨(Clifford Geertz)所说“悬挂在我们自己编织的意义之网中”。从这一假定出发，就能将文化问题置于我们关注的中心，并且这一假定对于如何研究文化具有重要意义。这表明，解释处于我们所要研究的对象的中心，也是我们研究过程的中心。

当文化在城市发展中扮演着越来越重要的角色时，它在以怎样的身份，站在怎样的立场上，以怎样的方式为这一发展推波助澜，这是值得我们细究的。

在此基础上，笔者将主要采用文献法和访谈法。本研究需涉猎的文献资料内容众多，包括对城市文化理论、空间理论的回顾与总结，创意产业的发展和政府规划的梳理，国内外城市改造和历史文化保护和利用的政策和实例，国内外有关艺术家群体及其社会空间的研究成果等。在收集面上资料后，还要进一步通过个案访谈获得更为具体和细致的素材，综合之前所作的相关研究①，累计共访问艺术家 12 人、业内人士 2 人、政府部门 1 人。

二、创意产业的发展与现状

（一）创意产业的发展与现状

1. 创意产业的兴起

大约在十几年前，世界上还没有几个国家能够清醒地意识到，在当代信息社会里，一个国家的经济和社会的命运会这样紧密地联系甚至取决于文化资源和文化产品形式的创意能力，很少有人能认识到，在当今世界，文化创意产业、文化创意人力资本的价值对一个国家发展的重要意义。然而如今，创意产业的发展势不可

① 本文作者以上海浦东五莲路"上海画家村"为研究对象的论文《艺术体制变革中画家的另一个生存空间——从社会学角度看上海"画家村"》，发表于 2003 年 6 月号的成言艺术网上。虽然由于开发商收回房屋使用权的缘故，上海画家村不得不以解散告终，但是这种自发形成的艺术家社区，在一定程度上可以说是如今创意产业园区的雏形或者说是早期的探索，在上海创意产业的发展历史上具有不可忽视的地位。

挡，从最初的发达国家延伸到了发展中国家，成了全世界的关注焦点。

对创意产业的早期认识来自英国创意产业特别工作组的筹划文件，它把创意产业定义为："源于个体创造力、技能和才华的活动，而通过知识产权的生成和取用，这些活动可以发挥创造财富和就业的潜力。"这份文件还把下列活动归入创意产业部门：广告、建筑、艺术和古董市场、手工艺、设计、时尚设计、电影、互动休闲软件、音乐、电视和广播、表演艺术、出版和软件。这份兼收并蓄的名单包括了明显属于同一类的部门（艺术、手工艺、古董、建筑）、被确认的商业部门（电视、广播、电影）以及完全数字化的新经济部门（软件、互动休闲软件）。

2. 国外创意产业的发展历程

当今世界，创意产业已不再仅仅是一个理念，而是有着巨大经济效益的现实。约翰·霍金斯在《创意经济》一书中明确指出，全世界创意经济每天创造 220 亿美元，并以 5%的速度递增。在一些国家，增长的速度更快，美国达 14%，英国为 12%。①纵观全球，发达国家的众多创意产品、营销、服务，吸引了全世界的眼球，形成了一股巨大的创意经济浪潮。英国、美国、澳大利亚、韩国、丹麦、荷兰、新加坡等国都是创意产业的典范国家，他们以各自独擅的取向和方式迅速发展，展现了一幅创意产业全球蜂起的热烈景象，并产生了巨大的经济效益。

1997 年 5 月，英国首相布莱尔为振兴英国经济，提议并推动成立了创意产业特别工作小组，首次将创意产业理念作为一种国

① 金元浦，《当代文化创意产业的勃兴》，转引自厉无畏、王如忠主编：《创意产业——城市发展的新引擎》，上海社会科学院出版社，2005 年，第 7 页。

家产业政策和战略提出，并对创意产业采取了税收优惠等政策性扶持手段。2001 年，英国创意产业的产值约为 1 125 亿英镑，占 GDP 的 5%，超过任何制造业对 GDP 的贡献；2002 年，创意产业增加值达 809 亿英镑，成为英国仅次于金融服务业的第二大产业，约有 12 万家创意产业公司在“部际商业注册机构”注册，雇用人数达 190 万，其后继续增长，成为雇用就业人口的第一大产业；2003 年，英国首相战略小组指出，用就业和产出衡量，伦敦创意产业对经济发展的重要性已经超过了金融业。

在美国，没有创意，就没有新经济，创意经济是知识经济的核心内容，更是其经济的重要表现形式。阿特金森和科特于 1998 年明确指出，美国新经济的本质，就是以知识及创意为本的经济，新经济就是知识经济，而创意经济则是知识经济的核心和动力。美国人发出了“资本的时代已经过去，创意的时代已经来临”的宣言。据统计，到 2001 年，美国的核心版权产业为国民经济贡献了 5 351 亿美元左右，约占国内总产值的 5.24%。美国是全球版权产业最为发达的国家，2002 年版权产业产值达到 1.25 万亿美元，约占美国 GDP 的 12%。

在东方，亚洲四小龙之一的新加坡在大胆探索文化创意产业上展现了自己独特的风姿，其发展策略聚焦于艺术、文化、设计、软件、广告、建筑、产品、媒体等领域，旨在追求卓越水平、推广艺术文化、与世界沟通，并提倡对艺术的全面支持。值得注意的是，其本土的设计师与创意产品在世界上有一定的知名度，他们的平面设计、动画、时装、美食均得到业内人士的广泛认同。日本则以动漫产业为创意产业平台，大大增加了国民经济的收入。现在日本动漫作品已经风靡全球，动漫产业年营业额达到 230 万亿日元，成为日本第三大产业，广义动漫产业已经占日本 GDP 十几个百分点。

韩国、中国台湾、新西兰、澳大利亚等国家和地区也先后制定了支持本国创意产业发展的政策。

(二) 中国创意产业的发展与现状

1. 中国创意产业的发展与现状

台湾和香港在创意产业方面走在内地之前。2002 年台湾就推出了《挑战 2008——“国家”发展重点计划(2002—2007)》,将发展文化创意产业作为重点计划,以“产业”结合“空间”的发展战略,选择台湾五个城市的酒厂和仓库,规划成五大创意文化园区。香港贸易发展局 2002 年推出《香港的创意工业》研究报告,2003 年 9 月香港大学受政府委托,进行《香港创意产业基线研究》调查。(范霞,2006)

2004 年 5 月 22 日,“创意中国产业联盟”在北京宣告成立,它是由中国太平洋学会牵头,包括“官、产、学、研”在内的六家单位发起成立。虽然当下,不论是创意产业的从业者或消费者对创意产业的认识都不尽清晰,但联盟的成立标志着创意产业在中国内地已经吹响号角。一时间,北京、上海、深圳、杭州、南京等城市都开始将创意产业列入城市发展战略。北京、上海、南京已在各自的“十一五”规划中明确提出发展创意产业,深圳更是提出了“创意设计之都”的目标。

2. “文化”在政府政策文本中的地位演变

正如美国学者亨廷顿在冷战后所提出的著名观点:21 世纪的竞争不再是经济的竞争,军事的竞争,而是文化的竞争。有关文化的讨论在近年来中国的城市发展与规划中的作用愈发凸显。

国务院 2003 年发布了《国务院办公厅关于印发文化体制改革试点中支持文化产业发展和经营性文化事业单位转制为企业的两

个规定的通知》，其中《文化体制改革试点中支持文化产业发展的规定（试行）》推动了文化体制改革试点工作，促进了文化产业发展。随后，财政部、海关总署、国家税务总局于2005年颁布了《财政部、海关总署、国家税务总局关于文化体制改革试点中支持文化产业发展若干税收政策问题的通知》。

文化部2003年出台了《文化部关于支持和促进文化产业发展的若干意见》，2004年进一步出台了《文化部关于鼓励、支持和引导非公有制经济发展文化产业的意见》。2006年，文化部在《国家"十一五"时期文化发展规划纲要》中指出，要优化文化产业布局和结构，加快文化产业园区和基地建设。

上海市浦东新区政府于2004年颁布了《浦东新区扶持文化发展的若干意见（试行）》，随后分别颁布了《上海市文化科技创意产业基地文化科技创意企业（机构）认定办法（试行）》、《浦东新区张江文化科技创意产业发展基金管理办法（试行）》，重点扶持张江文化科技创意产业基地。2006年出台的《上海市国民经济和社会发展第十一个五年规划纲要》也提出要重点发展文化及相关产业。

北京市于2006年11月专门对文化创意产业颁布了《北京市促进文化创意产业发展的若干政策》。

深圳市于2005年12月2日出台了《中共深圳市委、深圳市人民政府关于大力发展文化产业的决定》。2005年12月28日，市政府又印发了《关于加快文化产业发展若干经济政策》、《关于建设文化产业基地的实施意见》、《深圳市文化产业发展专项资金管理暂行办法》四个通知。

在全球产业结构升级和经济增长方式朝以知识、科技为基础的创意型产业转变的大趋势下，文化的内涵不再拘泥于历史文脉、群体价值观、制度规范等，其本身似乎已成了城市经济发展源源不断的动力。城市的宣传者们聪明地意识到了这一点,他们越来越多地通过提升城市作为包括餐饮、先锋创作与建筑设计等的文化创新中心的形象,来吸引投资与旅游者的金钱。文化要素对于一座城市的发展意味着,在吸引商机与企业精英上赢得了相对于其他城市的竞争优势。

3. 上海创意产业的发展与现状

上海市首家文化科技创意产业基地于2004年10月在浦东张江高科技园区揭牌成立。2005年4月28日,上海市经委为首批18家创意产业园区揭牌,这标志着上海创意产业的全面启动。近年来,上海开发改造和利用了100余处老工业建筑,形成了一批独具特色的创意产业园区。截至目前,上海市已经推出的四批75个创意产业园区,建筑面积达225.05万平方米,其中由旧工业厂房改建而成的大约占到70%。截至2005年10月底,张江文化科技创意园区共有文化科技创意类企业84家,招商引资总额超过2亿元人民币。国家级网络游戏及动漫产业基地正式在张江文化创意产业基地挂牌。为发挥张江园区技术优势,完善动漫产业链,浦东新区政府投资1 000万元,张江集团和上海电影学院各投资200万元,组建了动漫研发平台。武钢大厦(创意大厦)年底完工。一批知名创意企业落户张江,如全球最大的互动娱乐游戏软件开发商和发行商美国艺电(EA)公司、法国Thomson集团成员TECHNICOLO R公司、百度(中国)有限公司、上海公众传媒公司、百联世纪图书连锁公司、“第九城市”等。据统计,2005年上海创意产业增加值为549.4亿元,占当年全市GDP的6.0%;2006年上海创意产业增加值将实现两位数的增长。“十一五”期间,创意产业列为上海产业发展的重点,《上海市“十一五”创意产业发展规划》确定了创意产业发展的五大重点类型:研发设计创意、建筑设计创意、文化传媒创意、咨询策划创意和时尚消费创意，这五大类涉及38个中类行业，55个小类行业，可以提供众多就业机会。

近几年来，上海市政府加大了对创意产业的资金扶持力度。市委宣传部下属的上海市文化基金会投入1 500万元建立了上海大剧院艺术发展基金，扶持上海市文艺院团的改革。另外，基金会又连续两年投入了6 000万元，在张江高科技园区建立了文化科技创意发展专项基金。目前，上海市科委又在张江投入400万元至500万元资金，打造以动漫、网络游戏和影视后期制作为重点的创意设计产业与创业服务集成的高地，以培育高科技的模式培育文化产业。为了支持动漫产业发展，浦东新区政府投资1 000万元，与张江集团和上海电影学院组建了动漫研发平台。2005年10月13日，在上海市委、市政府的推动下，上海文化发展基金会“文化项目扶持贷款”正式出台。市政府增加注资1亿元，以基金会全额贴息或部分贴息的方式，带动金融资本进入文化领域，引入风险评估、财务核算等现代金融运作方式，建立起银行对创意产业产品无形资产的评估体系，保证了产业资金链的流畅。

此外，上海还进一步加大对知识产权的保护力度。在2006年11月举办的第二届上海国际创意产业活动周上，上海宣布成立“上海创意产业知识产权事务中心”，旨在为那些有创意的个人和团体提供知识产权的咨询与保护，并通过产业化转化成为财富和就业。人是创意产业发展的关键，上海市政府还十分注意培育、引进文化创意人才。2005年2月18日，上海首批11家“原创设计大师工作室”正式授牌。这是上海市经委为培育原创设计领军大师、提升上海自主创新能级、推进创意产业发展而采取的一项举措。这些“原创设计大师工作室”落户上海后，将与“一区一业，一业特强”相结合，为上海的高档服装业、包装印刷业、旅游纪念品设计业等注入原创设计的元素。2005年7月13日,《上海市重点领域人才开发目录》发布,其中文化产业招揽人才计划首当其冲。根据《目录》,上海将在今后3至5年内在海内外招揽30多类文化人才。为了更好地实现政府对产业的统一领导和布局,上海还专门成立了上海创意产业中心。

文化创意产业成了上海城市经济社会发展的战略重点。上海市政府同样高瞻远瞩地认识到,"文化"作为经济基础对于城市的价值,创意产业园区成为他们利用"文化"进行生产的途径。而与此同时,"文化"的词眼一经提出,似乎也成了城市空间争夺战中人们难以与之抗衡的理由,"文化"的战略地位赋予了上海创意产业园区不断拓展的合理性光环。创意仓库随之带动的地区旅游业的升温、周边房价的上扬等,也预示着,像任何商品一样,"文化"风景同样具有带动产生其他产品的可能性。昔日的老工业建筑旧貌换新颜,艺术从老工业建筑的烟囱中徐徐飘了出来……

三、从老工业建筑到创意产业园区的空间再生产

城市产业结构的调整与城市空间形态的变化息息相关。当制造业退出中心城区后,城市原有的制造业用地及其工业建筑就将面临多舛的命运。喜新厌旧的都市人总是希望用越来越摩登的事物作为标榜城市进步的新景观,破旧的老工业建筑却扎眼地提醒着人们所曾经历的过去,多少让人有些难堪。于是,城市改造以"旧貌换新颜"为目标,人们将许许多多老工业建筑彻底放进了城市档案。有识之士的痛心疾呼,国外发展的前车之鉴,纽约的苏荷、华盛顿州的塔科马市、巴黎的贝西、伦敦的 Hoxton 和

Shoreditch……人们渐渐意识到，对老工业建筑的有效利用，有可能重新激起旧区的活力，陈旧的东西同样能变废为宝，焕发出不可估量的价值。铲车开始放慢脚步，老工业建筑的命运发生了重大转折，人们对老工业建筑的看法彻底改变了，于是，一批批老厂房摇身一变，成了城市中最时髦的创意产业园区……

城市的老工业建筑之所以成了孵化新兴文化产业的基地，转变的过程其实也是一次场所符号意义被再度挖掘的过程，政府、资本、社会、艺术家参与了这次意义的建构，他们站在各自的立场，赋予老工业建筑新的意义。当各方对老建筑的符号的建构意义形成交集时，老建筑的保护与开发便成了自然而然的事。

（一）历史遗迹保护与产业发展——城市的视觉开发策略

"旧城区改造中的超强度开发和高层建筑布局失控，使城市整体风貌和环境质量受到威胁。旧城改造建设中缺乏对城市历史的理解和尊重，轻视了城市发展历史的延续性，一些代表城市各个发展进程的具有代表性的历史建筑被轻易拆除，传统特色的历史街区被高楼大厦所包围或插建。原有的城市历史风貌和特色正面临逐步消逝的危险。"[①]对城市改造中老建筑被大肆破坏的质疑声一浪高过一浪。城市改造虽然赋予了城市崭新的视觉形象，但它却是在破坏旧有的具有城市特质的地方性视觉形象的基础上建造起来的，取而代之的是在全球化背景下城市间雷同的景观模式，高耸入云的摩天大厦、时尚的酒吧和咖啡馆等。

---

① 邵勇、阮仪三，《市场经济背景下的城市遗产保护——以上海市卢湾区思南路花园住宅区为例》，载《城市规划汇刊》2003年第2期，第39页。

历史风貌保护区措施的出台成为政府试图保存城市特色景观的第一步举措。不过，与历史风貌保护区和优秀历史建筑相比，老工业建筑既没较高的建筑艺术性，也不是特色的民居。它只是平实地记载着城市的工业化和物质文明的进程，虽然上海是20世纪中国重要的工业基地，但是在最初，人们对于老工业建筑的保护呼声远低于历史风貌保护区，因为，产业建筑开发的核心是对其注入新的功能，实现资源再利用的"可持续发展"（张松，2001，第124页）。而当时，人们并没有寻找到一个有效的契合点。

1. 创意产业与老工业建筑

直到创意产业的兴起和国外的发展经验，老工业建筑与创意产业实现了联姻，人们不禁惊呼，城市的老工业建筑也是如此弥足珍贵，它带来的多方效益甚至远比风貌保护区和优秀历史建筑来得更为迅速和直观，于是，创意产业园区一个接着一个在城市中心区域的版图上扩张。上海市政府副秘书长、市经委主任徐建国在2004年"中国创意产业发展论坛上"讲道："上海未来将以保护和开发利用工业历史建筑为切入点发展创意产业。并且，将加强政府导向和扶持力度，围绕《上海优先发展先进制造业行动方案》和《上海商业发展行动方案》，加大工业历史建筑的保护开发力度，制定相应的创意产业扶持政策和上海工业历史建筑的保护开发规划，加强对创意产业园区建设的指导和协调。要以园区为载体发展创意产业，注重工业历史建筑文化底蕴和产业品牌，通过对原有都市工业园区进行改造，实现'两不变、三变'。'两不变'，即创意产业房屋产权关系不变，房屋整个结构不变。'三变'即园区产业要改变，主要是广告、设计、建筑、工艺品、时装、软件、电视广播、艺术与文物交易等行业；园区工人要变，主要是艺术家；园区企业文化要变，以多元文化为主……"

2. 老工业建筑的地方记忆

从“上海市经委第一批授牌的18个创意产业园区”的表格中可以看出，园区基本都是从上海旧有的老工业建筑转换而来。甚至，在上海创意产业园区的规划中，时间更早的“湖丝栈”①也打着“百年湖丝栈　创意新空间”的口号雄心勃勃地加入到产业发展的行列。上海沉寂已久的近代工业化大都市的历史记忆，因着这些建筑猛地跃入眼帘而被重新唤起。上海的过去不仅是风花雪月，同时也是近代城市产业发展的辉煌与荣耀。在上海的土地上，不仅有一大批外国资本家开办的较大规模的工厂，同时，也有令上海自豪的众多民族工业。苏州河畔的信孚面粉厂、统益纱厂、申新九厂、寅丰毛纺厂、东南碾米厂……20世纪30年代的上海喊出了“民族工业救国”的口号，因为优良的港口条件和水上运输的便利，苏州河的两岸便如雨后春笋般冒出了一个又一个仓库厂房，这是一片令人称奇，更叫人迷恋的建筑群。有巴洛克装饰的车间、红黑相间的传统墙壁、以圆拱形门窗洞为特色的多层厂房，而中西合璧的效果随处可见：外立面是西洋的复古式样，而栏杆等又刻印着传统的中国图案。所以不难理解，上海最早的艺术家仓库会出现在苏州河畔，这令人称奇的工业遗址区对艺术家有着无穷的吸引力。作为“石头史书”的历史建筑在现实中向人们讲述着历史，也在城市空间中传播着城市所特有的文化，汇成了城市区别于他者的独特视觉景观。

---

① “湖丝栈”位于今万航渡路1384弄，始建于清同治十三年（1874年），由湖州丝商筹建，当时主要用于湖州茧丝的加工、储存业务。至今，“湖丝栈”已有132年的历史，虽然几经岁月的变迁，但其从未进行过重大重建与修缮，内部设施依旧保持完善，实属罕见。2004年底“湖丝栈”被上海市房屋土地资源管理局、上海市城市规划管理局列为“上海市第四批优秀历史建筑”。

创意产业与老工业建筑的结合,城市斑驳的视觉再现照样能够"推销"城市的发展。历史遗迹保护作为城市发展经济的一种文化策略,首先作用于对老工业建筑意义的建构过程。

(二)消费的空间与利润增值——资本介入空间生产

上海创意产业园区的发展从整体上来说,是在政府的主导规划之下。不过,从市经委授权的几批创意产业园区来看,商业资本正被逐步吸纳到这一空间的生产过程之中,[①]并且资本也表现出乐此不疲的积极态度。在上海被命名的创意园区中,有越来越多是在商业资本前期介入开发的基础上形成的,这在后几批的创意园区中表现的尤为明显,预示着一种必然的发展趋势。例如:

> 第三批上海创意产业集聚区:绿地阳光园。园区位于西江湾路500号,由上海绿地建设(集团)有限公司投资开发和建设。占地面积6 000多平方米,建筑面积13 000平方,由4幢工业用房与一幢大厦群楼合抱而成。绿地阳光园将主要面向国内外各类创意产业企业,形成以设计创意为特色的重点领域。
>
> 第三批上海创意产业集聚区:优族173。坐落于杨浦区邯郸路173号(复旦大学对面),由上海旭捷实业投资有限公司投资建设。园区原址为上海电力建设修造厂,上海旭捷实

① 在首届中国北京国际文化创意产业博览会上,北京市政府更是以"这里有更多容你发挥的财富空间等你来创意北京"为宣传口号,大力吸引资本参与北京的创意产业开发。

业投资有限公司对园区的定位是：以咨询策划为主题，集软件开发、教育培训、出国留学、就业指导为主导的创意产业集聚区。

资本的这一积极态度是可以预见的，因为资本的运动和城市的空间发展本身就是相互影响、互为作用的。城市产业结构的不断升级，引领着资本向不同的“环程”[①]流动，商业资本瞄准了创意产业所将带来的丰厚的增值利益。因为，对城市老建筑的保护，再现了对城市的可见的、过去的稀有“垄断”。这样的垄断在旅游收入和地产价格上具有经济价值。就像一个具有历史保护意义的形象本身，一旦脱离了其背景，就具有经济价值。在纽约的锡拉丘兹，从一个早已消失了的制盐场里找到的一根机轴也被作为公共雕塑供了起来，为一个再发展项目增色。（萨伦·佐京，2006，第 14 页）创意园区已不是一个简单的产业基地，而是集经济空间、艺术空间、休闲空间等为一体的新型的城市公共空间形态，资本的介入与开发，不断挖掘着这一空间的消费主义特征。

美国《时代周刊》将莫干山路 50 号列为全球“推荐参观之地”，每天都有许多游客慕名来园区进行参观，其声名直逼纽约苏荷区和法国塞纳河。

---

① 戴维·哈维提出城市空间中资本的“三级环程”，包括：初级环程，即资本向生产资料和消费资料的投入；次级环程，即资本向物质结构和基础设施的投入；三级环程，即资本向科教、卫生福利事业等的投入。

紧随其后发展起来的创意产业园区，在规划中甚至明确向外界表明园区所将产出的强大的综合效益：

> 位于徐虹中路20号，地处汉森织造手帕厂原址的“西岸创意园”的规划方案是：以时尚媒体创意产业为中心，集办公、展示、交易、文化等多功能于一体，融合休闲、娱乐、旅游等多元商业业态组合，旨在占领宜山路商务办公环境的制高点，打造上海乃至太平洋西岸时尚媒体产业发展中心。
>
> 位于张江的软件园三期工程将划出总共58万平方米土地中的10万平方米作为主题公园用地。正在规划中的多媒体主题公园，是一个以高科技为支持、以文化娱乐与休闲为具体内容的“绿肺”工程。建成后的主题公园将调动声光电等多媒体手段，营造一个全虚拟的娱乐空间，与绿树成荫、鸟语花香的大自然形成鲜明的对比，让游人赏心悦目。

事实上，对于空间的征服和整合，已经成了消费主义赖以维持的主要手段，资本在创意园区的开发中，欣喜地找到了1＋1远远大于2的增值动力。它给旧区注入了活力，与此同时，旧区的复兴也大大提升了资本的附加值，实现了资本追求利益最大化的根本目的。资本的空间扩张还在继续，发展文化产业、提升文化形象的口号，使文化可以被用来赋予资本扩张的空间以框架，使之人性化。

（三）新型空间形态与社会价值——又一种公共文化的促成

创意产业园区，成了近年来上海增长最快的新空间之一。这一新型空间的诞生，也在逐渐生成一种新的公共文化。

1. 园区内部紧密的关系网络

写字楼内，即便相邻的两家公司都"老死不相往来"的现象在创意产业园区内是不太容易发生了。相近的工作门类，使得他们更有可能打破门与门的阻隔进行交流与合作。在四行仓库和周家桥的创意之门，由于这些园区都是由艺术家个人或者艺术经营公司自行改造仓库厂房而来，在最初园区招商之时，他们就已经通过朋友或者客户的介绍奠定了园区入驻企业之间的紧密的社会网络关系。

园区中的管理方，虽然各自有着不同的背景，有的是原厂房的持有者——国有企业改制后成立的公司，有的是开发项目的房地产公司，有的是创意核心中的成员——艺术设计公司，还有的是专业科技园的管理公司，但他们都在努力做着相同的一件事，就是摆脱类似房屋出租的物业角色，利用自身的资源优势介入园区的发展，提升园区的"品牌"响应。例如，莫干山路 50 号在 2005 年举行了为期一个月的"十月 · 城市文化 · 记忆场"活动，春明厂方便是这场活动的主办者，活动不仅包括挖掘自身历史文化的"M50 之前世今生"，还组织了园区内各个工作室的画展。事实上，画家个人的画展在园区内经常举办，但是以园区的名义对外举办活动，以作为整体的"品牌"形象，在扩大知名度的同时，也大大增强了园区内的工作室与企业对于园区的认同感和归属感。

较之园区外的公共办公写字楼，创意产业园区可以说是一个"趣缘性"的组织机构，不过也正因为它是一个机构，所以比起"趣缘群体"，还有不少在机制层面需要理顺的内容。但是，同行内部的联系由于集聚效应变得更为紧密，人们的社会交往在不断拓展，人们所隶属的组织形态也变得更加丰富。

2. 时尚的社交场所与身份认同

创意园区受到不少人的欢迎和追捧。因为在这里，园区不设围墙，无论何时，我们都可以惬意地徜徉在宽敞的园区内，参观常年对外开放的画廊、展示厅，甚至，在此之前根本无法想象的，走进艺术家的工作室，沉浸在满屋弥漫的油墨香中，幸运的时候，我们或许还能看到他们当场创作。如若再碰上个随和性子的艺术家，和他闲聊上几句，拍个照也是不难企及的愿望。这一切似乎是那么地让人兴奋，让人流连忘返。敞开的工作室大门、大面积使用的透明玻璃，无不昭示着这里作为城市新兴起的空间的开放性、亲民性。并且，这里还闪烁着时尚的炫目，禁不住让人血液沸腾，仿佛身处其中，便也成了流行潮人。

伴着轻快的鼓点、优雅的音乐，模特们身着新潮服饰，闪亮登场，来回走着台步，两侧的观众不时爆发出热情的掌声，这是英国时尚品牌推广会……场地中央的街舞表演充满阳刚之气，流利的动作透着前卫和叛逆，灯光如丝，酒香醉人，创意设计领域的朋友们一同品酒、起舞，这正是经典威士忌芝华士公司的 Party……可爱的米老鼠睡在吊床上，机智的小熊维尼在探险，蓝蓝的天、绿绿的树，这是创意仓库的童话版——迪士尼童装发布会……“创意仓库保留了工业革命时代的印记，它是历史，它是有价值的。它的价值远远比我把这栋楼拆掉以后所得的地皮价格高。”创意仓库的设计者刘继东如是说。1999 年，刘继东建立的四行仓库是上海最早的创意产业园区之一，许多公司选择到这里来举办文化商业活动。[①]时尚的产业使得创意产业园区也徒然成了时尚的展示地和社交场所。卢湾区建国中路“8 号桥”，先后有法国文化周、澳大利亚旅游节、上海国际时装文化节、顶级汽车推介会和超级模特大赛

① 栗玲、孟群舒，《上海：老厂房集聚创意产业》，载《解放日报》，2005 年 4 月 24 日。

等数十个重大活动举行。创意产业园区已成为举办国际性文化活动的场所、推广国际品牌、流行时尚新品的平台。继新天地之后，这里成了又一个上海的时尚亮点。或许就如同 SOHO 所带给美国人的变化一样，“朝九晚五者，认为自己的工作枯燥无比，羡慕艺术家活得随性洒脱。又很难真正深入对方的圈子，所以通过一个个艺术活动填补空白。久而久之，这些地方变成了新概念的社交场合，且又有浓浓的艺术氛围，愈发受人欢迎。”①

3. 创意园区对于周边社区的影响

园区的辐射效应是不可小觑的。位于泰康路的田子坊已悄然“扩容”，浓郁的艺术氛围已从田子坊的老厂房蔓延到附近的石库门民居。

泰康路原是上世纪 50 年代典型的弄堂工厂，在逾 7 公顷的地块上，既有旧里，又有新里，还有花园住宅。建筑风格包容了折中主义、英国新文艺复兴风格、现代主义风格、中国传统砖木结构风格，还有西班牙建筑风格、英国城堡建筑风格和巴洛克风格等。沿着泰康路 210 弄田子坊往里走，穿过厂房区，便是石库门民居区域了。老房子还保持着原来的风貌，但一家家画廊和设计所已开了出来。原创油画、泰国石雕、陕西民间工艺品、日本和服、西藏唐卡等等，让人目不暇接。旧里弄里生出的这块奇葩也触动了周边石库门中居民。

现年 61 岁的老周，是泰康路的居民。他看到自己家附近的一些旧厂房被租赁后，变成了设计所、画廊、艺术家工作室等，不觉心中一动，决定把自己 18 平方米的底楼小屋装修出

① 瑞贝贝，《城市细节——最空间、醉空间》，载《生活周刊》，2006 年 12 月 7 日。

租。装修才进行了一半，一位著名服装设计师便与他签了租约，将此作为其作品的展示销售窗口，月租是 4 000 元，并且以月薪 1 500 元聘请老周看店。老周则拿出 1 000 元租了楼上的房间居住。原来不起眼的老房子竟然这么值钱！左邻右舍纷纷效仿老周出租自家的房子。[①]

政府没有出钱投资，社区居民自觉参与到了旧区改建和产业发展之中。在改善生活的原始驱动下，他们将原本的私有空间也转变成了城市的新的公共空间，或许过不了多久，退休后的老周会这样说自己："我已经开创了退休后的新事业，因为我也是文化创意产业中的一分子。"

（四）艺术复兴与生存空间——自由艺术家的城市利便论

创意产业的核心是艺术家，本文将在下一章节中就创意产业中的艺术家做进一步分析和探讨。佛罗里达在《创意阶层的兴起》[②]一书中，运用"城市利便论"，说明了为什么创意阶层会在奥斯丁、西雅图、旧金山、芝加哥等特定的城市有集中的趋势，他将良好的居住环境、文化历史传统、具有宽容和多样性的都市风格等列为要素。在权衡比较之后，自由艺术家迁移到了他们理想中的城市，他们努力维护着心宜的居住新场所，成了改变城市空间规划中的一支重要力量。

苏州河沿岸的旧厂房和仓库的命运曾几经周折。这里曾是艺

---

① 《上海创意产业成热门　已集聚万余专业人才》，载东方网，2005 年 9 月 13 日。

② 创意阶层，来自英文 creative class，也有人把它译为"创意阶级"，由于"阶级"一词在中国带有较浓厚的政治色彩，因而本文主张用"阶层"来指称这一群体。

术家将旧仓库作为创作室的萌芽地，1997年，台湾著名艺术家登琨艳发现了位于南苏州路1305号的一个2000多平方米的仓库（原先是上海滩大亨杜月笙的粮仓，仓库的墙壁上镶着1933字样），不久登琨艳便将其改建成自己的工作室。继他之后，许多艺术家纷纷来到苏州河畔租下大大小小的仓库，成立了自己的工作室，其中知名的艺术家有丁乙、陈墙、陈逸飞、黄永玉、尔冬强等。可是，随着城市更新和改造的步伐加快，2001年，苏州河沿岸的旧厂房和仓库被政府列入了拆迁范围。为了保护苏州河沿岸的艺术仓库，艺术家登琨艳、旅美画家陈丹青等给当时的市长写信，探讨苏州河的文化价值和老仓库的改造利用。他们的举动还得到了学者的支持，市政协委员、上海大学教授、博导严壮志在2002年年初的上海市政协会议上，向大会提交了保护苏州河沿岸艺术仓库的提案。艺术家和学者的极力呼吁引起了市领导的关注，市政府开始重新编制苏州河规划方案，加强对环境、景观、历史人文等因素的考量，明确提出苏州河的新规划突出三个特性：人文性、生态性、景观性。最终的结果是：登琨艳等租用的建筑被保留下来，丁乙、陈墙的仓库（西苏州路1131号）在多次争议后于2002年9月被迫拆除。

> 登琨艳曾经这样说到，我拿苏州河边上海人不要的老仓库来改成工作室，这在国外一点都不稀奇。在国外许多都市的发展过程中，虽然不少城市曾经过将老旧区域建筑拆迁的过程，但绝大多数城市还保留有相当的旧区域，从纽约到伦敦，从阿姆斯特丹到西雅图、旧金山，都保存很多这样的仓库厂房。这些地方后来都成为了这些都市或国家创新文化的领袖区域。可是这样的区域，上海比别的地方还要多，范围还要

广，因为它过去有太多的工商产业。不止是苏州河沿岸，杨浦区还有更多更庞大的工厂区域。笔者在那里看到一座仓库，里头一座电梯大到可以把一辆大卡车开进去，那是一座一百多年历史的老电梯，每个细部都完美得像艺术品，现在还能用，如果把它搬到美术馆、博物馆去都可以吓人的。听说德国公司愿意拿一百万元买回去，再帮忙装一部新的给他们。可是这些地方现在正在快速地拆。其实我们完全可以创造一个全新使用功能，来保留这些旧的产业建筑，让它变成一种机会。可是如果你认为它是落后的，它占着这河边最好的位置，上海地图上最好的中心位置，要盖高级饭店、高级住宅，你就会把它拆掉，如果换一种想法呢，你也许可以创造一个上海的苏荷。也可能在一夜之间，这些产业建筑的命运决定苏州河的命运。就看主事者的文化良知良解了，一念之间而已……①

四、自由艺术家②：群体与空间生产

在绝大多数情况下，空间的生产往往受制于资本和政治的力

① 《台北的错，上海能不能少犯一些？阿城 VS 登琨艳》，载《面对面：和艺术发生关系》，《艺术世界》编辑部编，上海文艺出版社，2002 年。

② 本文对于“自由艺术家”的界定包括两部分群体，一部分是完全脱离画院、艺术馆等主流事业单位，在社会中自谋生存的艺术家，人们通常以“体制外”相称他们。另一部分是随着市场经济的深入和文化体制的改革，原本体制内的艺术家虽没有完全割断与体制的联系，但原本的单位已不再是他们唯一的生存和生活空间，他们成了“半自由艺术家”，并且其中一部分人在日后实现了向真正意义上的“自由艺术家”的身份转变。两部分群体虽然在生存空间上有所差异，但是在探寻人生价值、生存方式等方面具有一致性，因而，本文将这两部分艺术家统称为“自由艺术家”。

量，社会中的个体，即便是群体在其中的作用也显得微乎甚微。不过，创意产业园区空间生产的特殊性的另一个表现在于，自由艺术家群体在这一出以争夺空间和利益为主题的剧目中，自始至终扮演着一个分量不轻的配角角色，甚至有时会被主角推入聚光灯下，收获更多的瞩目和关注，即便在群体内部，差异性会让他们站在不同的立场回旋说着不同的台词……

（一）转型期自由艺术家与群体空间

1. 转型期自由艺术家的群体空间

中国的历史上自然不乏具有颠覆"常规"勇气的自由艺术家们，70 年代末 80 年代初，星星美展的那批人便打着"毕加索[①]是我们的旗帜，珂勒惠支[②]是我们的榜样"的口号，向主流发起了挑战，不过在与当时中国强有力"单位制度"的对抗中，他们的反叛在外人看来终究是一场闹剧，而他们当初的追求也最终在逐渐被西方话语的操纵中消磨殆尽。直到 90 年代初中国社会发生深层次的变革，圆明园画家村的出现，让这群城市中的另类真正站上了历史的舞台，他们的群体空间发生了从"制度安排空间"向"制度结构缝隙空间"的转变……

（1）难以脱离的制度安排空间：文艺单位

"单位"，作为具有中国特色的组织形式和制度结构，长期以来，在保障高度集权的一元化的政治体制、高度集中的计划经济体制、以及严格的意识形态控制体制上作出了不可磨灭的贡献。人

---

① 毕加索，西方反叛艺术家，他不断创造新模式来颠覆既有的模式，这种创新追求的精神也成为西方现代艺术的核心。

② 珂勒惠支的艺术主张是人道主义、批判社会。

们被划入不同的单位，国家就是由千百万块“单位基石”逐级垒造而成的金字塔，整个社会俨然是一个超稳定的形态。各级文艺单位——画院、美院、文化馆等，同样也担负起了将社会中的艺术家群体紧密组织在一起的职责，并且切实履行着中国文艺建设以“文艺服务于政治”的最高要求。

单位制度对于人控制的最主要的表现形式是对资源的垄断分配，这使得个人与单位的关系变得异常紧密。事实上，在相当长的一段时间，国家与单位、单位与个人的关系总是处于这样的一种状况：国家全面占有和控制各种社会资源，处于一种绝对的优势地位，进而形成对单位的绝对领导和支配；单位全面占有和控制单位成员发展的机会以及他们在社会、政治、经济及文化生活中所必需的资源，处于一种绝对的优势地位，进而形成对单位成员的绝对领导和支配。在当时，所谓企业单位办社会、单位功能多元化的一个直接和突出的社会后果，就是在极大程度上强化了单位成员对其单位的全面依赖性。国家和政府的社会控制主要是通过单位来实现的，而单位在贯彻国家整合和控制的意志中则主要是基于单位成员对单位的全面依赖性，通过单位办社会、单位自身功能多元化的过程来实现的。正是因为此，在任何依赖的社会情境中，人们只有以服从作为代价才能换取资源。

在文艺单位，从整体规划、资金来源、人员安排到创作内容、作品数量等都是由上级主管部门统一安排，艺术家们最大程度地表现出“养兵千日，用兵一时”。在单位的“养护”下，艺术家们获得了稳定的生活来源。文艺单位较高的行政级别，也使得他们在资源分配中占据有利优势，国家在硬件和软件（政策的优惠和社会的尊重）上给予文艺单位的全力支持和赞助进一步大大提升了艺术家的社会地位，这也是文艺单位一度成为人人挤破头也要挤进去的好单位的原因。对于文艺单位里的艺术家来说，离开了单位，就意味着失去社会身份和地位，失去了自身社会存在的基础。无论是否适应这种体制，他们都很难潇洒地脱离单位的保障另谋生路，在制度的统一安排下，他们被规定在文艺单位的结构空间中。

(2) 文艺单位约束力的松动：社会变迁

90年代初起，市场经济体制逐步确立，改革开放的浪潮突破的不仅仅是经济领域里的条条框框，而是对中国原有“同一性”社会结构形态的打破以及对人们传统思想观念的冲击。中国社会正经历着一场重大的转折，牢不可破的单位制度也在改革的阵痛中功能日益弱化。

社会主义市场经济体制的确立　国内自由艺术家社区大都发端于20世纪90年代初，成形于90年代中期，这与中共十四大确定的建立和完善社会主义市场经济体制战略的实施有着必然的联系。市场经济体制的确立，对于中国人的冲击，最直接也最为深刻的是来自思想观念上的震动，王朔可以说是那个时代的先锋，他以调侃的语言使一切神圣的东西走下盛坛，在王朔的小说中，“群众”、“劳动人民”、“同志”、“思想”、“贡献”等等当时成年人主流社会的话语系统中的基本概念，一个个成了变了味的调侃词。这些概念中曾经具有的严肃的意义被剥夺，遗留下来的只是荒诞不经的、可憎的虚假性。[①]长期受制度束缚的艺术家们，一部分人的艺术追求的理想和自我价值实现的愿望被慢慢唤醒。他们本就是以符号语言来诠释个体对世界、生命、人性的探讨，表达人文终极关怀的特殊群体，只是长期以来，他们的主张、他们

① 陈映芳，《在角色与非角色之间——中国的青年文化》，江苏人民出版社，2002年，第106页。

的个性被淹没、被矫正，成了国家意识形态表达的工具。现在，改革的春风让他们有可能放下铁饭碗，抛开户口和粮票对生存的限制，以一个自由人的身份聚集到一个远离行政管理和制度束缚的艺术家社区，专心致志地去找回他们已经丢失许久的艺术创作热情。更重要的是，市场经济为艺术家创作的作品提供了广阔的市场，他们能用等价的货币去衡量自己艺术创作的市场价值，只要有实力生存不是问题，艺术家们可以从容镇定地放下房子、职称、工资晋级甚至车子等这些作为铁饭碗的重要组织成部分，鼓足勇气"走出体制"。

艺术体制改革　进入改革开放的 90 年代，文艺单位日益表现出管理弱化和人员老化的问题。一方面是国家给予的创作任务大大减少，骤然失去任务激励的人们失去了进取的方向。以往整齐划一的创作景象不再，文艺单位内部氛围越来越空虚散漫，人员高度自由化。另一方面，由于 80 年代的兴旺，文艺单位及艺术家人数急剧增加，加上单位内部的终身制，越发显得人员冗杂。人事制度上的含糊不清，分配制度一如既往的"大锅饭"，艺术体制直面改革的迫切。

自由艺术家中除了一部分是自主选择这一生存方式的[①]，也有很大一部分是被强迫逼出体制之外的。例如，北京的自由艺术家中有很多是来自东北，那个时候东北正处于社会经济各方面急剧衰落的时期。此前 40 年，东北曾经是我们经济、社会相当发达的工业基地，托起了一个相当庞大的文化艺术教育体系，大量培养

---

① 自主选择的人中，一部分是真正愿意抛弃一切追求艺术梦想的人，也有一部分人是感到自身在体制内常规竞争中没有更多上升可能，所以干脆打破世俗常规，放弃眼前的稳定生活，到外面闯荡。

这方面人才。而从90年代开始,东北经济呈现衰退趋势,尽管总体上还保持了一个宏大的外观,但内在的社会机制已经漏洞频出。在微观层次上,原有的社会机构解体,很多非实质性生产的部门开始无用武之地,突然不需要那么多"奢侈的"文化艺术工作者了。各单位宣传部门、地方文化馆、艺术团体等都解散了,相应的职位消失了,很多受美术训练的人,毕业就失业,无事可做,没有出路,这是被体制转换"溢出"的一大批人才。(于长江,2005)这一现象也就是金耀基先生所说的"知识分子的爆炸",在过渡的社会中,知识分子的产量超过了社会结构所能吸纳的能力。①

(3) 制度结构缝隙空间:自由艺术家社区

自由艺术家的出现,在当时的社会预示着城市的多样性、异质性的发展已经到了某一个临界点,有些人已经不可能继续留在"同一性"的社会结构中,不能再一味自欺欺人地伪装成为与主流"完全一致"的"良民"了,他们开始宁可付出很大的——有时是惨重的——代价,也要偏执地从同一性的刚性结构中出走,在当时十分狭小局促的"体制外"的空间中,凭空构建出一种新的生活结构。于是,在中国的一些城市,星星点点地出现了自由艺术家社区,典型的有北京的圆明园画家村、宋庄等。位置偏僻、房租便宜,从几个人逐渐扩展到了村落的规模。

但是,在艺术家社区形成之前的几十年里,中国社会在制度设计上几乎是忽略这一类人的存在的。当时,不管是在制度设计上、公众的心理上,还是有关部门的认知上,对这一群体的出现都没有心理准备。所以当他们突然以集体的形式公开、公然地站出来时,

① 金耀基,《知识分子在社会上的角色》,《知识分子应该做什么》,时事出版社,1999年,第161—178页。

人们感到十分的陌生,而人总是对陌生的东西本能地产生怀疑、恐惧、排斥。尽管在此之前,社会上已经显露出多元化的趋势,但是社会主流对这样一种进程和前景,没有一种前瞻性的认识和领悟,可以说基本上忽视。更深层次的,当谈到的社会的“异质性”,主要是一种形式上的“异质性”,而不是内容上的或实质上的。中国社会是从来不缺少内容的异质性的,但我们和西方发达社会的分别,在于对“形式”多样性的容忍和习惯程度。当时中国无法接受的,也是这种形式的多样,最简单地说,就是难以接受这种“公然”的,没有“遮掩”的异质性。所以,当时的社会必须把各种“不同”掩盖下去,平息下去。(于长江,2005)

旧的结构被打破,新的规则还没有建立,在当时中国社会生硬而勉强的转型中,自由艺术家在社会中开辟着自己的生存空间,然而这一空间是一个“制度结构缝隙空间”,群体空间的诞生是各种社会力量之间“生涩”和“障碍”的夹缝产物。

2. 转型期上海的自由艺术家和群体空间

(1) 上海的城市特质

说起上海的文艺创作,人们首先会联想起“海派”这个词。一般认为,清末民初被称为“海上画派”的阵容强大的上海画家群,或是“海派文化”的缘起。[①] “近世以来上海画坛之盛,画派之多,为画史所罕见。”而画坛之盛与当时繁华的商业密切相关,中西交汇的洋场世界吸引各地文人雅士携艺来游,或客居海上。其时活跃于上海的众多画会社团,既是风雅集会,切磋画艺的场所,也是带有商业性的行会组织。正是在这一特殊的文化生态中,造就了风貌繁华、流

① 杨东平,《城市季风——北京和上海文化精神》,东方出版社,1994 年,第 70 页。

派众多的上海画坛。20 年代起上海率先成为美术革命和新兴艺术的重要基地,各种美术家团体和组织纷纷涌现,30 年代初上海有近 30 个画会,包括中国画研究最大的团体"中国画会"。

然而从 50 年代起,上海作为远东最大的国际贸易中心、轮船运输港口和中西交流前沿的功能为香港所取代,从此大上海睥睨四邻、不可动摇的经济"霸主"地位开始动摇。建国后,上海从市场上的"大亨"变成了计划中的"棋子","海派文化"赖以产生的制度环境与文化生态以及它的开拓本性发生了深刻变化。由于高积累的发展模式与中央政府统收统支的财政制度,上海长期上缴多、投入少,造成城市的日益老化和社会发展的严重失衡。作为单一工业基地的上海,它的文化功能及其对周边、长江领域乃至全国辐射淡化,对文化事业的投入被压缩到最低限度。[①]"海派文化"由此黯然失色。就上海美术而言,面对各地绘画流派的崛起与壮大,美术工作者们不敢再以"海上画派"来标榜。受建国后 30 多年形成的围绕中心工作"赶任务"的影响,80 年代初人们对上海美术有"又多又快、不好不坏"之讽。

尽管如此,作为近代以来中国中西交汇的前沿阵地,特殊的历史背景使得上海始终保持着兼收并蓄、不拘一格、海纳百川的城市底蕴。当 90 年代中央决定开发和开放上海时,上海的这一特质便得到淋漓尽致地优势展现,上海很快地适应了市场经济的运作,地区经济迅猛发展,优越的地理位置,良好的发展态势,上海的城市地位不断提升,"在上海能找到更多的机会!",越来越多的人纷至沓来,其中也包括不少自由艺术家。

---

① 王国荣,《跨世纪的上海都市文化形象》,上海社会科学出版社,1998 年,第 10 页。

(2) 上海自由艺术家的群体空间:上海浦东画家村

2001年,艺术系油画专业出身的刘刚租下了浦东大道五莲小区一幢已闲置三年的24层高的商务楼,"上海浦东画家村"正式挂牌。刘刚任村长,有别于北京画家村的无序与松散,刘刚似乎更有打造"产业化运作"的雄心。上海画家村文化艺术有限公司随即成立,刘刚力邀一位职业媒体人任总经理,公司实行董事会领导下的总经理负责制,全面负责画家村的日常管理和策划运营。此外,画家村内还配有一名从业20多年、对作品审核具有权威性的艺术批评家任艺术总监,负责对申请入住画家村的人员的资格审查和日后艺术创作的指导。

画家村这突然冒出来的社会形态,让渴求在物理上和心理上寻找到归宿的自由艺术家们兴奋不已。他们似乎看到了社会对于他们这群人的关怀,也许,社会已经开始考虑这样的问题,是不是也应该为自由艺术家们提供了他们所需要也是理应获得的群体空间了。尽管,画家村的产生只是民间的行为,但这或许是希望的开始。于是,上海画家村招募"村民"的通告一经发出,便收到热烈回应,600多人报名申请,经过严格审核,[①]最终约有160人成了正式"村民",他们的年龄从25岁到65岁不等,有"单打独斗"的,也有不少是"拉家带口"的。画家村为他们提供了廉价的房租,[②]以及生活、创作所需的诸多服务。[③]

---

① 成为画家村的村民,一个硬条件是具备专业艺术院校的学习经历和毕业文凭。

② 房间从一室一厅到三室一厅,价格从300元到550元不等,加上10%的物业管理费,就同等地段而言,这是一个极低的价格。

③ 在向物业交完房租后,入住的画家便可以领到写字台、橱柜、靠背椅和木板等基本的生活设施。此外,在"画家村"二楼还有洗衣房、chatting bar、美术用品、画框配制等服务项目。

新生事物总会有许多尴尬和不足，画家村试图集画院、画廊、经纪公司多重身份于一身。[①] 但是，在中国艺术品市场尚处于刚刚起步阶段，要像国外那样形成一条各环节权责分明的艺术产业链，并依照一套完整而成熟的规范操作模式来运营，还需相当长的一段磨合与调整的时间。并且，画家村公司与画家之间若即若离的关系[②]以及村民内部的差异性[③]，在很大程度上，难以达成村民们对画家村的归属感，许多人只是将它视为自己的一个落脚点或是来上海发展的一块跳板，画家村当初的雄心壮志所将遭遇到的挫败也就可想而知了。

遗憾的是，画家村还没来得及在摸索中寻找出最好的出路，2003 年 8 月，物业公司的一纸通知“此楼已整体出售，望‘村民’们根据租赁协议尽早腾出住房”将原本的梦想彻底破灭。2004 年 6 月，随着上海画家村文化艺术有限公司最后迁出大楼，上海浦东画

① 即“画家村”在进行市场运作的同时，注重对画家创作能力的提升，在这方面就好比以艺术追求为主导的国有画院，如公司会经常举办艺术交流会，邀请圈内各知名人士，在给予画家艺术创作交流机会的同时，也为他们搭建了沟通的平台。一个公司倘若要生存，其前提便是能够盈利，因而“画家村”又扮演着经济公司包装画家、推销作品及画廊具体议价、出售作品的角色。

② 公司对画家的画采取代理形式，这也就意味着对那些不以卖画为生存手段的画家，公司的职能就形如每月收取房租的物业公司。在卖画所得的利益分成上，公司拿 3 成，画家拿大头 7 成，比起市场上画廊的 5∶5 分成，公司“亏”了许多。造成这一现象的原因是由于在“画家村”还未形成一定社会影响力的情况下，迫于生存，公司也不得不与外面的画廊争夺画家这一资源，而取胜的惟一法宝是给予画家更多的利润。因而在画家村，画家与公司的两者关系中，画家处于相对强势地位。此外，对于那么多的画家，资金上的匮乏也使得公司无法以纯粹的经纪人模式来运营，因而公司与画家个人也无法形成经纪人模式下的紧密合作关系，虽有一纸契约维系双方，但这种契约是暂时的，昙花一现的——无论何时，只要其中的一方在决定退出这种关系中（而不是不惜一切的、无法计算的代价去试图维护它）觉察出有更多的机会和更好的价值，这种契约就可能又很容易被单方面地终止。

③ 一些人已经得到圈内的认可，可谓名利双收，而一些人则生活窘困。

家村也就此划下了句号。执著的“村长”刘刚尽管在之后与绿地集团达成合作协议，计划在青浦区白鹤镇重建画家村，并扩容为集文化产业和旅游产业于一体的新“村落”，但是，就在双方签订文件即将动工前，政府关于征用农用土地的政策发生了变动，重建计划不幸流产。当城市空间资源越来越成为争夺焦点时，画家村再度复兴的愿望显得缥缈无边，直到它幸运地与城市的发展需要之间产生了契合点……

（二）创意产业发展：新利益关系介入对原有群体空间的重组

1. 从“自由艺术家”到“创意阶层”的身份转变

（1）“创意阶层”作为新阶层的提出

创意产业的核心是对内容的创造，具有创造力的个体由此成了这一产业能否兴旺发展的关键。于是，理查德·佛罗里达在2002年出版的《创意阶层的兴起》一经问世，便即刻引起了广大城市学者和政策决定者的关注。佛罗里达以美国为例，提出了两个主要论点。第一，美国的社会阶层构造发生了主要变化。除了劳动者阶层（working class）、服务业阶层（service class）以外，一个新的阶层在悄然兴起，那就是创意阶层（creative class）。属于创意阶层的人们从事各种不同的行业，但其中一个共同点就是他们经常会有创新的想法，发明新技术，从事“创造性”的工作。第二，创意阶层的出现对城市和社区的未来有深远的影响。[①]

① 任雪飞、诸大建，《创意阶层与城市发展——兼评理查德·佛罗里达的城市利便理论》，转引自厉无畏、王如忠主编，《创意产业——城市发展的新引擎》，上海社会科学院出版社，2005年，第73页。

佛罗里达指出，在劳动者阶层和服务阶层中，按工作计划不加思考地进行工作的人居多，而创意阶层更加自主灵活，在工作中充分发挥个人的创造性，进行各种新的尝试。他又把创意阶层分成“具有特别创造力的核心(super creative core)”和“创造性的专门职业人员(creative professionals)”两个组成部分。前者包括科学家、大学教授、诗人、小说家、艺术家、演员、设计师、建筑师，引导当代社会潮流的小说家、编辑、文化人士、咨询公司研究人员以及其他对社会舆论具有影响力的各行各业人士。后者包括高科技、金融、法律及其他各种知识密集型行业的专门职业人员。佛罗里达认为，虽然这一阶层尚未形成群体意识，但是，他们普遍具有相同的价值观，如尊重个性、竞争与实力主义优先，喜欢开放与多样的城市环境等。

以产业划分为基础，佛罗里达提出了“创意阶层”这一新的社会阶层，并且这一阶层涵盖了相当广的领域，不过，从拥有组织资源、文化资源和经济资源的多寡来看，创意阶层内部本身存在着相当大的差异性。因而，我们无法笼统地说，这一阶层在社会中是处于一个怎样的等级。不过，“创意阶层”出现的社会意义在于，一个产业的发展或者说是衰退都会影响到从事这一产业中人的社会地位的变迁，乃至整个社会的结构性变化，就如同中国工人阶层所经历的起伏命运一样。创意产业的飞速发展，并且日益成为城市间新一轮竞争的焦点，对从事这一行业的人来说，将是一次难得的依托产业发展实现个人向上流动、重新调整自身在社会等级中地位的机遇，对于自由艺术家来说，也同样如此。

(2) 自由艺术家对于城市发展的价值的新阐发

在沙朗・佐京看来，创意产业的发展，意味着文化已成为推动经济增长的重要作用。在美国，到了 90 年代，在为城市建立一个总体上可推销的认同的同时，为艺术在城市里留下了一席之地，似乎已成为官方的政策。不管其中隐含的艺术的定义是如何狭窄，不管牵涉到的艺术家如何少，也不管所有的社会阶层得到的利益多么微不足道，一座城市的象征经济的可见性与生存能力，对创造这个地方起着很大的作用。（沙朗·佐京，2006，第20页）城市的发展已经进入到象征经济的消费时代。艺术家们作为文化符号的生产者，他们是创意产业赖以生存的"员工"，同时，他们在塑造城市文化这一过程中起着越来越重要的作用，没有人会说自由艺术家们是强势群体，但是他们参与了对既有城市身份观念的挑战，建立起了评判全新的社会生活的准则。一方面，城市的复兴往往从艺术家工作室和艺术画廊的公开开始。另一方面，自由艺术家们特有的生活模式和行为方式，也成了城市的一道文化景观。而在如今的城市间竞争中，除了传统的资本、劳力等，文化成了一项重要的新指标。

于是，各国政府已清醒地意识到，将艺术家吸纳入城市发展战略，充分挖掘他们的潜力与价值，对城市的发展而言意义是多么的重大。这一点，国外比中国领悟得更早。北威州位于德国的西部，它不仅在地理上是欧洲的心脏，同时也是欧洲的工业心脏。随着经济结构的转型，北威州政府也提出了发展文化产业的口号。文化产业的发展离不开艺术家，也离不开市场。然而，根据德国传统的文化艺术理念，特别是受法兰克福学派的影响，艺术应远离市场的观点还是在一定范围内存在着，艺术家们对市场运作往往缺乏了解，很多人还是在走依靠政府补贴的路线。在这种情况下，北威州政府从2000年起开展了"起动艺术"计划，大力资助艺术家开办自己的企业，促进文化产品商品化、文化产业化。"起动艺术"的基金主要来自经济界的馈赠，作为回报，捐资者可以享受减税的待遇。北威州政府努力向经济界传达这样一个观念:文化产业的发展可以极大地改善当地的社会面貌和对外形象,因此可以改善经济环境并提高投资吸引力,从而促进整个经济的发展。而对于那些受到资助的艺术家们,北威州政府也抱有这样的期待:政府提供的资助虽然不是贷款、不需要偿还,但是当艺术家们的企业经受住市场的考验而健康发展时,能够有一部分资金回到"起动艺术基金"中来,以资助更多的既有艺术灵感又有经济头脑的艺术家。[①]北威州政府聪明地利用文化作为城市的经济基础,以"发展文化推动地方经济"的名义,将商业资本和艺术家们很好地融合在一起,服务于城市的发展战略。

2. 从浦东画家村到创意产业园区:"新的制度安排空间"

上海的自由艺术家和城市发展同样经历了这样一个认识上的过程,只是,不是以大张旗鼓的"起动艺术"的政府资助形式,而是尝试着通过建立一个个创意产业园区,吸引社会中的自由艺术家们进入政府为他们安排的新的空间。自由艺术家们等来了"画家村"的再次出现,政府的参与和规划,似乎预示着他们已获得主流的认可,并被逐步纳入其中。

从最初的北京圆明园画家村,到上海浦东画家村,再到如今的创意产业园区,虽然存在着某些历史传承的关系,但是相互之间存在着巨大的差异。当时的圆明园画家村,处于整个社会结构的缝隙之中。而到了上海浦东画家村,民间资本介入文化产业的实验性探索引起了一小部分人的关注。再到现今的创意产

---

① 于雪梅,《德国北威州文化产业的发展及启示》,转引自厉无畏、王如忠主编:《创意产业——城市发展的新引擎》,上海,上海社会科学院出版社,2005 年,第 136—137 页。

业园区，俨然成了政府和商业资本力推的产物，越来越多地得到主流媒体的报道和推介。对于自由艺术家们，人们已经不再认为他们会对社会构成挑战或威胁，而是觉得他们的存在，似乎预示着城市前所未有的开放、宽容和自由，他们的生活方式和行为模式甚至被不少年轻人津津乐道。他们促进了城市的文化发展，他们生活与工作的空间也被逐渐纳入到城市的旅游业。有些市场和资本的力量主动找上门来合作——房地产商人已经与艺术家合作，搞一些互利的合作项目等等。今天的艺术家群落，和社会主流找到了一个对接点，越来越成为这个正常社会结构内的产业链的一部分了，更像这个社会中的一个“行业”和“职业”。（于长江，2005）

在创意产业兴起之前，画家村的一个重要属性，是站在当时我们这个社会“人”的生存状态和精神心理的“边缘”上，背对着熟悉的常规主流社会，面对着未知的领域，努力向外探索。而如今的创意产业园区的意义，首要的不再是这种面对完全陌生世界的先驱了。现在“社会”的这个边界的范围扩大了，圆圈划大了很多，而来到创意产业园区的自由艺术家们，就已经自然而然地站在“社会”这个圈子里面，而且是面向社会内部。他们会越来越变成主流的一部分，变成人们某种兴趣群体的俱乐部或活动中心，或者一种人们日常的休闲娱乐场所、观光旅游点，或者变成一个产业，比如和资本结合，成为资本周转过程中的一部分，一个投资方式，变成整个社会经济运行机制的一个环节。而与此同时，自由艺术家们将被重新整合入“新的制度安排空间”。

然而，由于商业资本追求增值的本质，不断抬高的园区租金，又会将那些经济资源缺乏的自由艺术家们重新挤出新的空间结构，使他们再度落入“制度机构缝隙空间”。

3. 从创意产业园区再到“制度结构缝隙空间”

当初在美国苏荷发生的故事在如今的中国同样上演着……

从由几个艺术家聚集到在2005年4月28日被上海正式命名为首批18个创意产业集聚区之一，莫干山路50号改名为“上海春明艺术产业园”。政府的规划支持，以及越来越多艺术家的到来，苏州河沿岸的人文含量被大大提升。房地产商的嗅觉是异常灵敏的，他们不失时机地侵入，苏州河沿岸的房价一度被炒高，艺术家仓库的租金也不可避免地被带动着一路爬升。园区内已经有一部分艺术家因承受不起高昂的租金离开了春明艺术产业园，搬到青浦、虹桥、杨树浦等地，另觅新的生存空间。

北京798工作的命运同样令人担忧。很多了解内幕的艺术界人士都对798的命运持悲观想法。拥有798管辖权的七星集团一直顾虑艺术区势力的强大，担心会因行政规划的介入而丧失对艺术区的利益攫取。2003年七星集团就已经停止了798的一切租房新计划。后来包括“古根汉姆”在内的一些欲进驻798的显赫艺术机构均被拒之门外。此外，大量的演出团体、设计公司、精品家居、时装店、酒吧、咖啡屋等商业机构的进驻，已经使798工厂的房价倍增。另外，因有利可图，798工作中还有一些被称为“房虫子”的倒爷，他们从艺术家那里搜罗了大量低价房，再转手以好几倍的价格出租给这些商业用户，而那些欲通过二手租赁这一最后渠道进驻798的年轻艺术家，更是没有指望了。在798那里，当年方力钧他们为了能静下心来画画，毅然离开圆明园而造就宋庄的“偶然”，似乎又在历史性地重演，798的一些艺术家，像女性主义艺术家庆庆就已经寻觅到了更东北角的五环外的来广营费家村，那里很可能会成为下一个艺术家村。（段君，2005）

商业资本介入城市旧有空间的开发，再发展策略的目标是提升地区的档次，使财产增值，低租金的用途被排除了。这增加了自由艺术家被迫离开，被支付得起更高租金的机构和商家所取代的危险。上海五角场800号艺术空间宣传册上，楼层从最初规划起，便将目标锁定在具有一定实力的创意产业公司，并且努力打造融名品类（流行名品、婚纱摄影、高档文具、家饰用品、植物、文具）、餐饮类（酒吧、时尚餐厅、咖啡厅、红酒店、雪茄店、进口食品店）和健康类（健康食品、有机食品、精油、保养品）等为一体的时尚高端产业园区。这样的艺术空间是让人羡慕的，但也是让许多自由艺术家望洋兴叹的。当政府在社会上为他们提供了一个崭新的生存空间时，他们终于发现，进入这一“制度安排空间”同样是有要求的，只不过，以前是学历和文凭，而现今是金钱和声望，他们只能重新回到漂泊不定的生活，等待着下一个真正属于他们的画家村的到来。

五、结论与反思

在全球新一轮产业结构调整中，创意产业正日益显示出其重要性，极大地影响着城市的产业空间转移和重新布局。上海创意产业园区从自发形成到政府引导，再到市场运作，园区的空间规模逐步扩大。不过，正如列斐伏尔所言，空间是“社会的产品”，它是利益争夺的场所，在由老工业建筑到作为创意产业基地的城市新型空间的再生产过程中，政府、资本、社会和艺术家共同参与了对老建筑的场所符号意义的阐释。尽管他们之间，有着力量的悬殊对比，有着参与建构过程的先后之分，但利益的交集，让他们相互包容，和谐共处，缔造了产业发展、文化繁荣的城市新景观。在“文化”的名义下，无论是谁，在要求占有城市空间上都显得那样地理直气壮、胸有成竹。

创意产业园区作为一种全新的城市空间形态，与其他空间的区别之处在于，它与城市的文化紧密交织在一起。首先，它所依赖的老工业建筑是城市物质文明的集中表现，历史遗迹保护已经成了世界各国“推销”城市的视觉再现策略。其次，商业资本在介入产业开发的同时，也建造了一个连接旅游、消费和生活方式的“文化”空间。通过求同存异，振兴经济的文化战略将这些场所与地方认同的想象结合起来，开放的园区氛围、时尚的社交场所滋生了新的身份认同和生活方式。再则，自由艺术家也成了给这一空间提供框架的文化手段。在城市利便论的驱动下，他们集中到了发展较快的城市的中心地带，他们的这一流动，也在无形中确保了城市，而不是郊区和市郊以外的地区，持续拥有文化霸权。他们在工作室、阁楼和画廊之中的存在，会使一个区域走上中产化的道路。（沙朗·佐京，2006，第 19 页）并且，人们也需要那些提供艺术（并出售“阐释”）的文化生产者，因为他们为空间的挪用提供了理由。

所以，我们似乎不难理解，在近年的城市规划中，“文化”的发展地位被提到前所未有的高度。因为文化具有单纯的经济开发所不具有的优势：文化更富有弹性，可以经受时代的变化，它很少会消亡。它总是在进化，尽管面临全球化的潮流，但是文化仍然可以不断探索创新，而且它更利于创造新的空间和场所，在现在与未来的城市历史之间寻求平衡。这些，都是单纯的经济开发所无法达到的。在象征经济的竞争时代，文化同样成了控制城市以及城市空间的有力手段。

在空间生产的机制分析中，加入对文化要素的考量，是本文的创新之处，也是基于特殊的研究对象，丰富空间生产理论的大胆尝试。当文化越来越与资本融合成为一种新型的产业时，我们也必须用由文化产业培养出来的方式重新看待我们的城市以及城市的文化。但是,正因为是创新,所以难免会有不少缺陷,文章只是试图将“文化”作为一个分析的纬度,在整合城市文化理论和城市空间理论,构架起一套完善、严密的理论框架上还显得稚嫩,难以驾驭娴熟。并且,创意产业园区衍生出的是基于多方利益斗争、合作下的公共文化,因而这样的公共文化将代表谁的声音,并且对于城市原有的文化会产生怎样的影响,也是值得进一步深入研究和探讨的。

参考文献:

阿雷恩·鲍尔德温等著,陶东风等译,《文化研究导论》,高等教育出版社,2004年。

安东尼·奥罗姆、陈向明著,曾茂娟、任远译,《城市的世界——对地点的比较分析和历史分析》,上海人民出版社,2005年。

包亚明主编,《现代性与空间的生产》,上海教育出版社,2003年。

伯尼斯·玛丁著,李中泽译,《当代社会与文化艺术》,四川人民出版社,2000年。

布莱恩·特纳编,李康译,《社会理论指南》,上海人民出版社,2003年。

曹武,郑卫民,《艺术对城市公共空间的介入——浅谈我国当代城市公共艺术》,载《中外建筑》2006年第3期。

陈学璞,《论十六大对文化理论的创新发展》,载《桂海论丛》2003年第4期。

陈遵沂,《文化社会学理论新透视》,载《中共福建省委党校学报》2002年第7期。

戴安娜·克兰著,赵国新译,《文化生产:媒体与都市艺术》,译林出版社,2001年。

戴维·钱尼著,戴从容译,《文化转向:当代文化史概览》,江苏人民出版社，2004年。

段君，《另类江湖：北京艺术家村与群落》，载《艺术家茶座》2005年第3辑。

范霞，《上海创意产业及其集聚发展研究》，2006年华东师范大学硕士学位论文。

冯婷，《逸出结构的文化——文化社会学的新发展》，载《学术论坛》2001年第4期。

弗雷德里克·詹姆斯，《文化转向》，中国社会科学出版社，2000年。

傅刚，《纽约/城市/艺术家/画廊》，载《北京规划建设》2005年第5期。

韩好奇、张松，《东方的塞纳左岸：苏州河沿岸的艺术仓库》，上海古籍出版社，2004年。

凯夫斯、理查德·E，孙绯译，《创意产业经济学：艺术的商业之道》，新华出版社，2004年。

厉无畏、王如忠主编，《创意产业——城市发展的新引擎》，上海社会科学院出版社，2005年。

林拓，《世界文化产业与城市竞争力》，载《马克思主义与现实》2003年第4期。

马克·J·史密斯，《文化——再造社会科学》，吉林人民出版社，2005年。

任晓峰，《南北画家村比较分析》，载http://arts.tom.com，2004年。

沙朗·佐京著，包亚明主编，《城市文化》，上海教育出版社，2006年。

沈清松，《历史性、文化空间与文化产业》，载《哲学杂志》2003年第38期。

司马云杰，《文化社会学》，中国社会科学出版社，2001年。

司敏，《城市空间视角：当代城市社会学研究的新视角》，载《社会》2004年第5期。

滕守尧，《艺术社会学描述》，南京出版社，2006年。

汪民安，《空间生产的政治经济学》，载《国外理论动态》2006年第1期。

汪原,《关于〈空间的生产〉和空间认识范式转换》,载《新建筑》2002 年第 2 期。

王磊,《艺术体制变革中画家的另一个生存空间——从社会学角度看上海"画家村"》,载"成言艺术网"2003 年第 13 期。

薛红艳,《上海,9+1! 走近苏州河艺术家》,上海人民出版社,2005 年。

严长元,《艺术市场与画家村的命运变迁》,载 http://arts.tom.com,2004 年。

于长江,《在历史的废墟旁边——对圆明园艺术群落的社会学思考》,载《艺术评论》2005 年第 5 期。

袁雪生,《从内部研究走向文化研究——20 世纪西方文论的转向和回归》,载《学术论坛》2004 年第 2 期。

约翰·R·霍尔、玛丽·乔·尼兹著,周宪、许钧主编,《文化:社会家的视野》,商务印书馆,2002 年。

约翰·斯道雷著,杨竹山、郭发勇、周辉译,《文化理论与通俗文化导论》,南京大学出版社,2001 年。

张松,《历史城市保护学导论——文化遗产和历史环境保护的一种整体性方法》,上海科学技术出版社,2001 年。

张应详,《资本主义城市空间的政治经济学分析——西方城市社会学理论的一种视角》,载《广东社会科学》2005 年第 5 期。

赵芳,《城市空间:一种社会学的理论演进》,载《湖南社会科学》2003 年第 6 期。

曾庆明,《浅论城市文化空间的特征》,载《重庆建筑》2003 年第 6 期。

周怡,《解读社会:文化与结构的路径》,社会科学文献出版社,2004 年。

Bernbard Giesen, "Reconstructing the Social Space of Culture", *Thesis Eleven*, 2004, Number 79.

Dominique Puype, "Arts and Culture as Experimental Spaces in the City: The Case of Ghent", *City*, 2004, Vol. 8 Issue 2.

Kieran Flanagan, "Book Reviews: Seen and Unseen: Visual Culture, Sociology and Theology", *Theory, Culture & Society*, 2006, Vol. 23(4).

Nigel Thrift, "Space", *Theory, Culture & Society*, 2006, Vol. 23.

Sharon Zukin, "Urban Lifestyles: Diversity and Standardisation in Spaces of Consumption", *Urban Studies*, 1998, Vol. 35.

T C Chang & W K Lee, "Renaissance City Singapore: A Study of Arts Spaces", *Area*, 2003, 35—2.

Wendy S. Shaw, "Sydney's SoHo Syndrome? Loft Living in the Urbane City", *Cultural Geographies*, 2006(13).

Zygmunt Bauman, "Urban Space Wars: On Destructive Order and Creative Chaos", *Space and Culture*, 1999, Vol. 2, No. 3.

附：上海市经委第一批授牌的18个创意产业园区[①]

名称	地址	集聚起始时间	产业特色	园区建筑来源	集聚发起方	集聚规模
田子坊	卢湾泰康路210弄200号	1998年底	视觉艺术、工艺美术、室内设计	上海食品机械厂大楼、上海钟塑配件厂等六家工厂	艺术创作者自发形成	建筑面积2万余平方米，来自18个国家和地区近百家视觉创意设计机构入驻
创意仓库	闸北光复路181号	1999年	城市规划、建筑设计、环境艺术	四行仓库2号仓库	刘继东，后成立北京深度设计，为四行仓库承租方	建筑面积2万平方米，个人工作室和企业20余家
昂立创意设计园	杨浦四平路1188号	1999年	工业设计、建筑设计、设计咨询、产品开发	远洋大厦12—26层	自发形成	建筑面积1.3万平方米，建筑相关企业34家
春明艺术产业园	普陀莫干山路50号	2002年6月	视觉艺术	春明粗纺厂厂房	艺术创作者自发形成	建筑面积4.1万平方米，各类画廊、个人工作室、设计企业119家

① 资料来源：范霞：《上海创意产业及其集聚发展研究》，2006年华东师范大学硕士学位论文。

续 表

名称	地址	集聚起始时间	产业特色	园区建筑来源	集聚发起方	集聚规模
天山软件园	长宁天山路 641 号	2002 年底	软件研发、动漫游戏、教培训、产业孵化	双鹿冰箱厂厂房	上海白猫(集团)有限公司、长宁区技术创新服务中心和上海交大科技园有限公司共同投资	建筑面积 2.5 万平方米,入驻企业 62 家,IT 类占 90%以上
虹桥软件园	徐汇虹桥路 333 号	2002 年		上海经昌色织厂厂房	上海交大科技园有限公司全额投资	建筑面积 1.5 万平方米,IT 企业占 70%以上
乐山软件园	徐汇乐山路 33 号	2002 年		上海新丰色织厂厂房	上海交大、徐汇区政府	建筑面积近 2 万平方米,IT 企业占 70%以上
八号桥	卢湾建国中路 8—10 号	2003 年下半年	建筑设计、设计咨询、影业制作	上海汽车制动器厂厂房	上海市经委与成功开发新天地的黄瀚泓合作	建筑面积 1.5 万平方米,创意企业 25 家

续　表

名称	地址	集聚起始时间	产业特色	园区建筑来源	集聚发起方	集聚规模
卓维700	卢湾黄陂南路700号	2003年11月	动漫广告、投资咨询、软件开发、项目设计	上海织袜二厂厂房	上海纺织集团	一期建筑面积约1.34万平方米，目标企业50余家
时尚产业园	长宁天山路1718号	2004年2月改建，2004年8月19日建成开园	时尚艺术、服装设计、品牌发布	上海离合器总厂厂房	长宁区政府、中国服装设计师协会	一期占地面积6 391平方米，2006年3月，目标企业22家
设计工厂	徐汇虹漕南路9号	2004年9月	设计服务、设计教育、设计研发、创业产业孵化基地	上海面包厂厂房	徐汇区政府、上师大美术学院	艺术设计专用教室、工业造型设计专业车间、版画车间和工作室、城市形象设计及遗产保护研究所、创业孵化器、7家海外艺术设计学院、多家国家知名设计公司如IKEA

续 表

名称	地址	集聚起始时间	产业特色	园区建筑来源	集聚发起方	集聚规模
传媒文化园	静安昌平路990—1000号	2004年	动漫艺术、影视制作、网络媒体	上海窗钩厂、上海航空设备厂厂房	市经委、静安区政府	建筑面积1.3万，入驻企业21家
张江文化科技创意产业基地	浦东新区	2004年10月	影视制作、游戏软件、动漫制作	新建	上海张江集团、上海文新报业集团	规划面积30万平方米，截至2005年8月已有81家目标企业入驻，另有3家艺术学院入驻
周家桥创意之门	长宁万航渡路2453号	2004年12月	艺术设计、美术摄影、动漫艺术	亚洲电焊条厂厂房	上海意潮环境艺术有限公司	建筑面积1.2万平方米，2006年3月，34家目标企业入驻
工业设计园	闸北共和新路3201号	2004年	工业设计、产品研发、成果转让、建筑艺术	改造彭浦大厦烂尾楼	市经委、电气集团、闸北区和上海市北工业新区	建筑面积9 279平方米，2位原创设计大师工作室及20余家工业设计及相关企业入驻

续 表

名称	地址	集聚起始时间	产业特色	园区建筑来源	集聚发起方	集聚规模
静安现代产业园	静安昌平路68号	2005年1月	建筑艺术、装潢设计、广告设计、模型制作	海德加拉电器有限公司厂房	市经委推动、静安区工业局投资	建筑面积1.4万平方米，2005年底设计、广告、传媒、创意等19家，占企业总数73%
上海旅游纪念品产业发展中心	黄浦河南南路33号，上海城市广场	——	艺术设计、工艺品制作、旅游纪念品	新上海城市广场大厦	由上海市经委主管、申豪集团下属子公司上海申豪投资有限公司与黄浦区商业网点管理办公室等单位共同出资组建	建筑面积3.5万平方米，1—4楼为产品集中展示交易中心，4楼以上办公区，首期有15家专门从事旅游纪念品设计的知名企业进驻
同乐坊	静安余姚路88号	2004年6月开工，2006年4月开业	创意娱乐休闲社区	金属丝网厂、电机模厂、凹凸彩印厂、上海益民食品七厂原址改建	静安区政府立项、上海圣博华康投资管理有限公司投资	建筑面积2万平方米，来自10多个国家和地区的酒吧餐饮、时尚发布、影视创意等商家签约入驻，到2006年10月，入驻率将达90%

第四部分

第九章
廉租房的空间政治
——政策为什么难以落实

邓　蕾

一、问题说明

（一）本研究的问题意识

社会政策不仅是解决社会具体问题的功能性实践，它的价值选择和执行结果，也会直接影响社会变迁大局。特别是在处于转型期的社会，可以说每一项社会政策都扮演着“元政策体系”的角色。例如，在改革开放以来的中国，社会政策已然成为社会变革的重要的制度创设工具，表现出了强大的建构社会的作用。但由于整个社会政策体系尚处于发育阶段，所以很多政策都没有稳定的政治形态。在2006年至2007年的城市，演进最为激烈的当属城镇廉租住房制度。

建设部2006年3月公布的《廉租住房制度建设及实施情况一览表》指出，截止至2005年底，有75.9%的城市实施了廉租住房制度，但仍有70个地级以上城市没有建立廉租住房制度。一时间,“廉租房”成了一个颇为时髦的概念开始频繁出现在政府、学界、媒体乃至大众口中。当时各地房价正在一路攀高,完善住房保障制度作为中央宏观调控的方式之一被明确提出。5月,“国六条”[①]出台,其中第一条即“应切实调整住房供应结构,重点发展中低价位、中小套型普通商品住房、经济适用住房和廉租住房”。8月,建设部印发了《城镇廉租住房档案管理办法》和《城镇廉租住房工作规范化管理实施办法》,勒令各省、直辖市、自治区健全相关管理机构、配备专职人员、规范管理。2007年2月,建设部规定尚未建立廉租住房制度的市、县要在2007年年底前建立,尚未明确土地出让净收益用于廉租住房制度建设比例的城市要在2007年一季度予以明确。这一年的“两会”期间[②],“廉租住房制度”成为最大亮点,政府工作报告强调“房地产业应重点发展面向广大群众的普通商品住房,政府要……加大财税等政策支持,建立健全廉租房制度”。8月,国务院出台了《关于解决城市低收入家庭住房困难的若干意见》,并设立“房地产市场宏观调控部际联席会议”敦促各地落实住房保障政策,而廉租房已然成为住房保障的首选,经济适用房退居次位。这一个政策转向在中共十七大报告中得到了确认,以廉租住房为主的住房保障体系首次写入执政党的代表大会发言稿中,表明国家有了这样的自觉:廉租房及其他住房保障将与市场机制一起构成今后住房制度的总体框架。接着,11月底,建

① 建设部、发展改革委、监察部、财政部、国土资源部、人民银行、税务总局、统计局、银监会于5月24日联合发布的《关于调整住房供应结构稳定住房价格的意见》,简称“国六条”。

② “两会”是全国人民代表大会和全国政协会议的简称,“两会”代表广大选民在“两会”期间审议中央政府工作报告、向有关部门提出意见和要求等,2007年的全国政协会议于3月3日至13日召开,全国人民代表大会于3月5日至15日召开。

设部、民政部、财政部、国土资源部等九部门，联合发布了《廉租住房保障办法》，规定了廉租房的审核办法、保障方式、跟踪复核机制等，并将"城市低收入住房困难家庭"确定为保障对象。

廉租房政策的大热，与近年来中低收入阶层住房需求无法得到公平满足、"居住难"成为社会问题有关。但是，需要解释的是，在1998年全面、正式停止"公房福利分配制度"后推出的新住房制度中，政府就已经明确了廉租房的重要性，提出了"最低收入家庭租赁由政府或单位提供的廉租住房，中低收入家庭购买经济适用住房，其他收入高的家庭购买、租赁市场价商品住房"的多层次城镇住房供应体系[①]。但是，在此后将近10年里，"廉租房"一直没有真正地被纳入到地方政府的议事日程中，更谈不上扩大保障的覆盖面和进行新房建设，甚至有145个城市尚未建立廉租住房制度（截至06年底）。

廉租房政策在中国各地城市为什么长期被架空，并且时至今日仍然落实缓慢？这背后究竟受到怎样的制度和社会事实的束缚？这些是本研究所要探讨的问题。

（二）文献评述

行政管理、经济、金融、建筑、城市规划等学科和房地产界围绕廉租房政策及其相关问题进行了广泛的研究。笔者在中国期刊全文数据库（CNKI）中以"廉租房"或"廉租住房"为关键词进行搜索，范围为1998年至2007年底，搜到899篇文章，仅2006年就有249篇文章；以这两个词作题名的文章有234篇，2006年有51篇；

---

① 国务院1998年下发的《关于进一步深化城镇住房制度改革加快住房建设的通知》。

再以这两个作关键词在Google上搜索，共搜到631 000篇相关报道及文章。

既有研究主要集中在论证两大问题上：一是为什么实行廉租房制度是必要的？学者们主要从这一制度对维护社会公平和稳定社会秩序的显性及隐性功能上做了论证。韩克庆提出廉租房：1. 能够改善贫困群体的生存和生活条件，2. 体现了社会主义的公正、公平性，3. 是社会安全机制的重要保证，4. 体现了对人尊严的保障（韩克庆，2004）。

另一个重点是廉租房政策应该如何落实？不少文章在对英国、美国、瑞典、日本、新加坡、香港等国家和地区的公共住房制度进行介绍和反思后，结合中国本土情况，就廉租住房制度的设置和执行提出了看法（洪开荣，1997；刘波，2006；芦金锋，王要武，2002；潘文辉，2005；佘立中，2002；田海东，1998；吴晓、张靖，2002；等等），这类文章普遍关注的是廉租房的审核及分配程序、入住资格、房租的确定、房租补贴方式、房屋来源、融资渠道等技术性问题。如卢有杰就廉租房配租方式提出了如下看法：实物配租和租赁住房补贴两种保障方式必备的先决条件和利弊各不相同，各地应根据本地财政收入的盈余短缺和可用空置房屋的多寡分布及时调整两种保障方式所占的比例，财政收入不足，但有较多的空置房屋可用的地方，不妨暂以实物配租为主。他认为，各地政府能否履行住房保障职责的关键要看我国行政、固定资产投资、官员选拔、任用和考核，以及其他有关的制度改革的进展（卢有杰，2004）。

也有不少硕士论文以廉租房为主题。其主要的研究逻辑可以被概括为：

随着市场化进程的加快，最低收入家庭住房支付能力不足的问题愈显突出（住房成了社会问题）——因此，强化政府的公共管理和社会服务职能，健全住房保障机制，建立廉租房制度，满足最低收入家庭的基本居住需求，是完善我国社会保障制度，维护社会稳定的必然要求（国家需要做出反应）——（但廉租制度建设和实施的情况却不尽如人意，究其原因是）1. 部分地方政府重视不够，政府职能缺位配套政策不完善，缺乏长远规划；2. 房源供给紧张，廉租资金来源渠道单一，缺乏足够的资金；3. 缺乏公众参与的激励机制，收入线难以划分，监督难度大；4. 住房法律、法规建设滞后——（所以，研究者从“国家的视角”出发）就廉租房申请体系、分配体系、管理体系、配套政策体系和法律体系等方面提出健全城镇廉租房制度的意见与建议。①

既有的各种研究丰富了我们对廉租房制度本身的认识，但却未能解答：既然实施社会保障是政府的基本管理职能，政府也深知保障制度的“安全阀”意义，那为什么各地城市政府仍然“重视不够”？作为有土地控制权的社会主义国家，尽管中央和地方财政收入逐年提高，为什么在廉租房源上出现紧张？对国家有较突出的一体化倾向的底层市民，却对关系到他们基本住房条件改善的廉租房制度参与度不高的现实原因又是什么？

本研究认为，研究存在局限性的主要原因在于：许多研究停留在对“应然”问题的争论上，把“廉租房”简单化为技术性制度加以分析，而对这一政策作为改变底层居住生活方式乃至整个城市的

① 综合自王吕蓉、金江、刘鹏、黄玉新等12位硕士的毕业论文。

空间形态、社会结构图示的“社会性”意涵基本忽视。这造成这一领域的“实然”研究匮乏。而社会学的问题意识启示我们，纯粹探讨应然问题的话，意义有限。另外，这些研究在立场上带有鲜明的官方烙印和资本特性，缺乏对保障对象——城市廉租家庭及其居住实践的起码关照，从而难以建构出真问题，这造成一种实际上的“社会”政策缺失（Non-social policy）（Diana M. DiNitto，2007）。

经验研究缺位之外，既有研究在分析社会事实的路径上存在着更深层次的问题，即对廉租房现象“空间向度”的集体无意识。大部分研究都把廉租房空间视为“自然”的、刻板的、非辩证的和静止的东西，是既定的、基本的条件，属于前历史的层面，因此根本不需要加以讨论。并且在空间与社会的关系方面，把社会行动和空间结构之间的复杂关系简约为经济关系，以经济行为涵盖了社会行为。这被城市空间—社会研究的开创者和集大成者列斐伏尔（Henri Lefebvre）称为“空间拜物教”，即将城市空间看作成一种纯粹的科学对象，忽视形塑城市空间的社会关系、经济结构及不同团体间的政治对抗，而形成的一种技术统治论，“在这种观点里，社会的真实问题及其转变，被转向为自然主义了”（Henri Lefebvre，1979）。而“空间从来就是政治的和策略的……是社会的产物”（蔡禾，2003）。所以，本研究以新马克思主义城市研究学派的空间理论为基本视角，关注城市廉租住房的空间意涵，又避免把“空间问题空间地对待”（夏铸九、王志弘，2002），而从空间—社会视角去解读廉租房及其间凝结的资本、政府与社会的关系，希望将对这一社会政策的研究引向深入，从而更好地回答廉租房何以“无为”以及何以“可为”的问题。

本研究主要运用了文献研究和质性研究两种研究方法，并选择上海作为调查地域。上海在计划经济体制时期，就被树立为提供福利性住宅的榜样，住房改革以后又是设计并实践城镇廉租住房政策的先行者，全国现行政策就是在上海经验的基础上修改而成的，并且，上海目前正在研究、试验新的廉租制度。与此同时，上海居住拥挤、房价奇高人尽皆知，居住保障对于这个城市的市民构建生活来说尤其迫切、意义重大。历史感和现实需要交汇，让上海成为作研究的一块很好"田野"。

二、廉租房政策产生的社会背景及福利逻辑

要理解现行廉租住房制度的具体安排和背后逻辑，必须首先追溯福利制度的连续性及传统。因为只有当我们能够回答"过去何以能走到现在"这样一个基本问题的时候，揭示出曾在历史时点上存在过、但却最终丧失了的各种可能性，才能对现实进行透视和反思（卢晖临，2007）。

（一）公有住房福利分配制度——社会主义空间生产

列斐伏尔提出过一个经典命题，即现代资本主义的一个重要变革是由"空间中的生产（production in space）转变为空间的生产（production of space）"（Lefebvre Henri，1979）。生产将空间作为生产资料，城市、区域、国家或大陆"利用空间如同利用机器一样"（夏铸九、王志弘，2002）；空间的生产作为资本主义的产物，被注入了资本主义的逻辑，空间成为剩余价值的中介和手段（夏铸九、王志弘，2002）。资本主义生产关系和社会关系的再生产不仅在企业、社会中发生，而且也在作为一个整体的空间中发生。这种从以工业为基础逐步转变到以城市空间为基础的现代资本主义生产，被列斐伏尔称为"城市革命"。这一革命在都市社会空间上表现出

一个重要的结果，即对经济的规划倾向于转化为对城市空间的规划。而哈维（David Harvey）更加明确地指出——城市空间的本质是一种人造环境（Building environment），是一种人为建构的"第二自然"，城市化和城市过程就是各种人造环境在资本逐利和控制下的生产和创建过程，而城市地区的兴衰和发展变化均是资本积累和资本循环的结果，城市化过程就是资本的城市化（张应祥，2005）。所以，在发达资本主义社会，马克思主义先前所揭示的资本主义生产力和生产关系之间的矛盾通过资本将空间本身转化为一种商品而被克服了。但是，剥削空间以谋取利润的资本要求与消费空间的人的社会需要之间，仍然存在矛盾。这给社会关系再生产埋下了潜在危机。列斐伏尔认为解决的办法是"迈向社会主义的空间生产"，即空间使用优先于空间交换，变"支配"空间为对空间的"取用"（appropriation）（Henri Lefebvre，1979）。

我国在传统社会主义时期对空间的使用，确实呈现出了与资本主义国家完全不同的逻辑和方式，这特别表现在对住房空间的供给和规划上。马克思主义创始人在批判资本主义住房基础上形成的关于住宅的论述，直接指导着传统社会主义住房体制的形成：

(1) 恩格斯把住房与劳动工具列在一起，那么住房作为劳动工具的一种就该归为生产资料，而在社会主义社会生产资料应该公有；

(2) 在资本主义社会，工资是劳动力价值和价格的转化形式，所以工人所得的工资是资本家付给工人的全部劳动报酬，其中不仅包括了一般消费所需要的费用，还包括了医疗、居住及各种保险所需要的费用，但在社会主义社会，劳动所得应当属于社会全体成员，工资只是社会以按劳分配的形式，直接分配给劳动者的那一部分劳动报酬，还有一部分消费资料则应以社会福利的形式分配给劳动者消费，就住房而言，工人工资中只应包括少量的居住费用，而大量的居住费用应在社会福利中支出；

(3) 所以，作为公有财产的城市职工住房，进入二次分配范畴，即国家以税收和转移支付等手段对初次分配的结果加以调节——把职工工资中的住房消费因素作统一扣除，然后由政府统一建立公共住房，再通过单位这个环节分配到职工个人使用(余鑫炎，1981)。

公有住房福利分配制度的主要内容是：(1)由政府无偿无期的划拨土地；(2)以政府为建设主体、以年度固定资产投资基金统一安排为建设资金来源；(3)住房建成后由地方政府或企事业单位按职级和工龄等进行行政分配；(4)地方房管所和企事业单位进行管理，出租公房象征性的收取很低的房租。上述第(2)、(3)项，基本属于对投资、建设和分配的计划体制范畴，有一套严格的标准和计划。城市住房空间的社会主义属性主要体现在第(1)、(4)项上。建国后，国家通过两次农业合作化，将革命时期的农民土地所有权、农民土地使用权转变为集体土地所有权、集体土地使用权，国家控有土地，土地不再具有私人性质，而国家可以为了社会主义建设取用和支配。建设城市公有住房时，一般是国家统一出面征地，作为支持劳动力再生产的公有住房对社会主义建设的重大意义为这一行为提供了正当性，所以"'一大二公'的人民公社为完成国家征地任务忘我工作"(杨鲁、王育琨，1992)，征地费用往往很低，甚至没有；而国家对建筑材料实行低价供应政策，所以能让住房建造成本保持在了一个较低的水平上。另外，基于"公有住房是作为社会福利品分配给职工"的这一认识，政府或单位收取的房租非常低，且还常常降租。与被资本纳入循环系统的城市空间不同，上述内容让传统社会主义时期的公有住房具有更为纯粹的福利消费性质，但相应地，国家也建立了对空间在政治上的绝对支配。

公有住房建设自第一个五年计划（1953—1957）被列入了固定资产投资项目后，到1957年在全国范围内的城市里基本形成（陈伯庚、顾志敏、陆开和，2003）。随着公有住房建设的扩张和分配的普及，国家提供的公房逐渐成为城镇居民最重要的住房来源。在这一时期，公房条件往往好于私房，租金也低于私房租金，以1956年的数据为例，上海住公房的人均面积为3.95平方米，住私房则为3.4平方米，而私房租金高出了公房租金30%以上。最主要的是，能否住公房以及住什么样的公房，是与所在单位以及所从事的职业相联系的，因而"住公房"又成为人们社会身份的一种象征。这些因素使得"住公房"在当时的市民社会中成为一种时尚（张刚，2005）。

那么，公房福利分配制度到底保障了什么呢？同大多数国家的福利现代化路径不同，中国传统社会主义时期（建国后到改革开放前）的福利政策从一开始便超出了狭义的社会保障范畴，追求的是高层次的全面的社会福利，社会政策特别注重让"人民"、"群众"的社会平等地位和基本权利实现，而不单单是对基础性生存需要托底。公房福利分配制度也是如此，其在确认和保护劳工基本居住权利方面，维护劳动者群体在居住权问题上的平等社会地位方面，起了不可替代的作用，这是我们反思现行廉租住房保障制度时不能忽略的历史，毕竟我们曾在"国家认识"的高度上历史地做到了。

但和这一时期其他与民众基本生活相关的政策一样，公房福利分配制度对基本权利是否落实的关注，超过了对其居住生活质量本身的关注，政策要保证落实的对象不是作为"个体人"的职工，甚至也不是作为"单位人"的职工，而是作为"社会整体"的过去被压迫、被剥削的劳工阶级。另外，当时是短缺经济时代，国家缺乏必要的财力来重视民众对基本生活质量需求的问题，并且那种对"世俗化"的排斥、提倡"精神需求重于物质需求"以及对"长远利益"应高于"眼前利益"，为了"长远利益"必要时甚至可以牺牲"眼前利益"的强调，使得为整个社会所鼓励并予以努力实施的是个人对社会、对集体的无条件"奉献"，以及"集中主要力量建设重工业、奠定社会主义基础……为了子子孙孙的幸福，暂时把现在的许多困难担当起来"。[①] 所以，以国家的力量保证劳工阶级基本居住权的整体实现，同时破除住房在资本主义社会中表现出的那种作为小资产阶级私有财产的属性，这比保障生活更迫切、更重要，而居住标准、居住条件等生活要素虽然曾颁发过《国民住宅条例》加以规定，但到中期以后这些政策均付之阙如。可以说，这一时期的公有住房福利分配制度是一种以"发展型福利"为目标和出发点，但最终以"生存型保障"为内容和落脚点的政策体系。

（二）后公有住房福利分配时期——空间的转向

由于计划经济体制本身的种种原因，公房福利分配制度在最终结果上出现了许多未预期的后果。后期的住房福利分配逐渐暴露出许多弊端，特别是70年代末文革结束后，国民经济急需恢复、资金紧张，而大批知识青年陆续回城激增了城市住房需要后，这一

① 周恩来，1954，《政府工作报告》，《人民日报》9月24日，载于中共中央文献研究室编，1994，《建国以来重要文献选编》第10册，中央文献出版社。

福利制度在解决大规模住房紧缺问题上显示出了无力。[①]

住房制度改革的动议最早是邓小平在1978年针对当时住房困难问题提出来的(杨鲁、王育琨,1992)。“以经济建设为中心”为主要诉求在当时仍谈“社会主义优越性”的政治语境下非常有冲击性,激起了学界关于住房是否具有商品属性、是否属于消费资料的大讨论,而对这些概念和认识讨论的结果,决定着是否能够得出住房可以合理、合法的在社会主义社会归个人所有,可以建立以私有住房为基础的住房市场的结论。到了80年代中期,配合对传统社会主义制度改革的需要,与市场经济逻辑完全不同的公有住房福利分配制度更是受到了强烈的批判。[②] 城镇住房制度改革大致经历了出售试点,全面起步,以构筑高、中、低三层次住房需求不同满足渠道的制度创新阶段,和全面停止公有住房福利分配制度四个阶段,详细内容参阅附录二。改革主要从公有住房出售、上调公房租金的同时给予职工住房消费补贴和允许商品房买卖等方面着手,让“住房是买卖对象”这一观点逐渐渗透,改换了人们关于住房属性的价值判断;并让消费主体变单位为居民个人直接购买,住房

① 以上海为例,1980年初,上海符合福利分配条件的居住最困难户69 258户,到1981年上半年,市房管部门和系统单位总共分配房屋6万户,其中居住最困难户27 335户,但到了1981年6月统计时,居住困难户不仅未减少,反而增加了56 063户。

② 当时对公有住房福利分配制度批判多集中在:1.不适应当前国民收入分配格局的变化,认为改革开放以来我国收入分配格局总的趋势是个人收入比重不断加大,财政收入比重不断下降,国有企业效益日益下滑,国家和国有企业不堪重负,同时居民大量储蓄也不能有效地转化为住宅建设资金;2.不适应以公有制为主体、多种所有制经济成分共同发展的格局,在双轨制格局下,常出现一家两制的情况,即一方在机关或国有单位要住房,一方在外资等企业挣高工资,其结果是非国有企业职工的住房基本由国有单位来解决,加重了国有企业的负担;3.不利于国民经济增长,影响住房市场的发育,阻碍住宅业、房地产业及其相关产业的发展。(综合自王微,1999,《住房制度改革》,中国人民大学出版社)

供应、金融、管理等市场也随之建立。

关于住房属性的论证及随之付诸的改革实践是具有革命性的,政府、资本、社会都逐渐卷入到了发展主义的逻辑中,空间作为生产资料、消费对象、政治工具的功能被"发掘"出来。市场开放后,受利润刺激的大量资金注入到建设领域和房地产领域,盈利性质的房地产企业成为城市新住宅建设的主要承担者,市场成为住房供需的主要调节者。政府的许多精力都投入到了迅速重新组织空间,提高劳动力在空间中的流动性,降低生产和劳动力再生产的空间成本,以适应资本的全球性流动,从而发展经济上。关于住房以及住房保障的基本理念和基本取向发生了重大的变化,那种以劳工阶级整体权利和平均主义为取向的福利认识被抛弃,以"现代公正"为取向和目标的福利意识被引进,但是商品房建设在短短几年内取得的巨大经济成就,特别是给财税改革后的地方政府带来的实际利益,使得政府对于落实现代公正缺乏动力,政府逐渐从住房保障的前台撤离。商品住宅渐渐成为城市居民家庭消费的热点,家庭消费结构极大转变,支出的很大部分都投入到了住房消费上。曾经以"住公房"为时尚的城市家庭,现在把是否拥有住房的产权看成个人或家庭的经济能力和成就的标志(刘精明、李路路,2005)。在发展主义的规训下,虽然许多曾经在计划经济时代被赋予的权利消失,但大部分公众对其正当性表示了默认。

这种三位一体的发展主义逻辑折射到社会福利体系的设计和执行上,即表现为对福利时空的严重压缩。进入 20 世纪 90 年代以后,整个社会福利体系的基本模式发生了很大变化:

我国逐步放弃了在城市国有部门中原已初步形成的国家福利制度,而代之以"社会化"的社会保障和福利制度;与此同时，逐步将过去国有部门中的普遍性福利模式转化为目前的选择性福利模式；主要经济目标方面从通过为职工提供良好的社会服务而增强职工的劳动积极性、进而提高工作效率，转变为更注重通过压缩社会福利开支而降低劳动力成本和政府的负担，以达到提高经济运行效率的目标……总体福利水平明显下降（关信平，2002）。

以上所述，构成了中国城镇廉房租制度产生的国内背景。

（三）讨论：住房保障中的政府缺位

当我国的公有住房福利分配制度历经设立、变迁、终结的历史过程时，资本主义国家也普遍进入到了向国民大规模地提供公共住房的时代。生产资料有三要素——劳动力、资本和土地，但只有集聚，要素才能升值，而要素集聚的空间就是城市，所以规模经济的背后还有一个更关键的因素，就是城市空间。城市空间在这里，不仅具有如列斐伏尔、哈维从生产的角度向我们揭示出的对象性，还具有卡斯特尔从消费的角度揭示出的对象性，即城市空间通过组织“集体消费”[①]来帮助资本主义体系完成劳动力再生产，从而最大限度地积累资本、实现剩余价值。但资本主义商品生产追求利润回报而非消费者需求的本性，决定了私人资本不愿从事投资大、周期长、具有不可分性和非排他性的集体消费品的生产，从而导致集体消费品的供给短缺，直接影响劳动力的再生产和城市秩

① 卡斯特尔指出，个人消费的消费品（指那些可在市场上买到，被个人单独占有和消费的产品）生产和集体消费的消费品（指不能被分割的产品和服务，比如交通、医疗、住房、闲暇设施等）生产都是劳动力再生产不可缺少的。

序。所以，政府不得不出面承担集体消费品的生产和管理，即“集体消费不是透过市场，而是透过国家机器而发生”(Castells Manuel，1977)。这也就是资本主义国家为城市低收入者提供公共住房(廉租住房)的内在动因。

但将各国关于住房保障政策的福利逻辑和行动选择作比较分析时，我们会发现：

尽管各国在基本经济政治制度、发展水平和社会文化等方面具有很大差异，但从世界范围看，二战后的国外公共住房政策基本都经历了从最初阶段的高福利模式，到后来的新自由主义模式，再到后来的“第三条道路”的这么一个“正—反—合”的过程。即使是冷战时期，作为社会主义阵营的中国与资本主义国家在政治、经济和意识形态上面尖锐对立，但在住房保障政策方面，无论是基本发展方向还是随时间周期性而发生的变化，却都有着很大的相似性，都经历了国家在追求全民住房福利领域中的“进”与“退”。这种情况说明，在社会福利政策发展的过程中有着一种超越特定经济、政治和文化框架的共性，或者说有着某种超越国家界限的因素在发生着作用。

如果我们暂时将意识形态等问题悬置，而以“集体消费”为分析工具，就会发现政府在供给“集体消费”品时所存在的固有矛盾，即“供给成本”社会化(集体消费品供给的成本来自于政府面向整个社会的税收)与“所得利润”私有化(利润被私人资本所占有)之间的冲突。当国家负担了越来越多提供集体消费品的责任时，财政危机就越来越激化，国家和城市政府不堪重负，就只能把集体消费维持在一个较低的水平上。而当城市空间的生产属性和消费属性之间的冲突，随着全球经济的日益强化而扩大时，政府对“维持”都会缺乏动力和能力。因为，资本全球流动需要广泛的重新组织空间和时间，为了在全球范围内进行资本积累，它在新的经济空间和空间经济中去地域化并形成对劳动力和地方社会的政治整合(任焰、潘毅，2006)，从而形成了超越国家之上的资本逻辑和资本权力。而以国家力量对劳工与资本之间权力关系进行平衡的前提是在确定的民族国家范围之内。当资本在全球范围内快速流动时，国家代表本国劳工向资本议价的能力大大降低，转而陷入到以提高本国经济竞争力为目标的指标中，而寻求资本投资也成为支配城市发展的主要论述。同时，基于对公共支出效率的考虑，政府都不约而同地淡化了对社会福利的保护和追求，缩减甚至放弃了自己的公共责任，转而寻找市场供应来完成对集体消费项目的供给。这一结果就表现为80年代之后各国政府的集体向"右"。公共住房作为集体消费的最大项目之一，与其他集体消费项目还有不同，因为住房在资本循环中具有更加复杂的空间形式——它既是种庇护的形式，也是一种投资；既与基本的居住人权相关，又与商品、资产相关；既是劳动力日常再生产的基本载体，又是资本逐利的对象。住房空间的特殊性，让城市政府在公共住房问题上更容易滑入资本的逻辑中，在实质上倾向于退出公共产品的供应面，而把城市空间形态与功能的塑造责任让渡给市场。

不过，区别仍然存在。英国等传统福利国家对这种空间政治一直有所警惕，自90年代初就开始探索住房市场化、私人化之外的新的福利路径。"国家必须为市民的居住这一基本权利托底"，这已经是经历过"福利国家"的民众与国家之间的共识。这一福利传统一直深刻地影响着这些国家的社会政策，并成为反思现行制度和抵制资本逻辑的社会资源。不管是像新加坡那样鼓励90%以上市民自购房，还是像美国、北欧那样在为50%以上的居民提供公共住房，虽然在政策结果上不同，但有一点是共同的，即公权在住房问题上不是一个补缺的角色，而是住房拼盘中占有重要地位的关键成分。政府在民众住房问题上担当的不能推卸之角色是被国家法律规定的：英国早有《住房法》、法国有《建筑与住宅法》、新加坡有《中央公积金法》……政府在探索或改革住房保障制度时，多是围绕一些具体实施的技术问题（如何分配市场和政府、国家和社会/家庭这几方力量在提供福利时的比例等）上、而非原则问题上（如政府政策的服务是民众还是资本、要不要保护民众基本权利和提高社会福利），后者是无可置疑的。但中国房改及房改后很长一段时间，在以"经济建设为中心"的思想指导下，政府在新型住房保障体系的构建和落实上实际是缺位的。20 世纪 90 年代市场经济转型刺激社会经济发展和政府财政增长后，政府也并没有扩大福利供应，而是以倡导"社会服务产业化"的办法来降低政府负担，约束政府社会开支，其最主要的目标是要建立一种低水平但高效率的基本社会保护体系，从而控制劳动力成本。政府在住房保障领域的逻辑从传统社会主义时期的"保证社会主义优越性充分体现"转变为结构转型时期的"保证经济高速发展"，民众的居住生活诉求似乎一直都没有真正进入政府的视野。

三、国家的视角：城镇廉租房政策设计和执行的困境

卡斯特尔在研究都市"集体消费"时发现，当国家逐步成为集体消费品最主要的供应者后，政府在何时、何地、以何种方式、在多大程度上组织集体消费过程（主要表现为各种城市规划的方案和社会政策），就不仅会对城市空间形态演变产生影响，同时还会左右城市社会结构，也就是说国家政权和地方政府可以构成一股独

立的力量，影响城市发展的进程。所以，政府对廉租住房空间的认识和定位左右了廉租住房政策的形态。从上一章的分析中，我们发现政府在创立城镇廉租住房保障制度时，受着"双重逻辑"的影响，一方面要实现"现代公正"，一方面要发展、要追求效率。这种"双重逻辑"起点使得廉租房在制度设计和执行上呈现出了非常特殊的景观。本章的重点就在于通过掌握的第一手资料来揭示和解释这种内生的矛盾。由于廉租制度至今在各个城市的具体框架和运作方式很不一样，所以在此仅以上海的情况为研究对象。

（一）地方对中央制度设计的背离

城镇廉租住房制度产生于我国住房体制改革的"攻坚阶段"。上海的相关部门于上世纪 90 年代末，在参考了世界各主要国家特别是美国和香港地区在住房保障方面的相关做法后，于 1998 年进行了有关解决住房特困家庭办法的课题研究，并于当年向中央提出了有关建设廉租住房设想的报告。如前所述，在西方资本主义国家的福利语境下，廉租房是国家以提供集体消费品的方式促进劳动力的有效再生产、为社会底层的生存和基本发展"托底"的社会制度，而当时上海探索廉租政策的初始目的主要是为了配合房改：

> ……充分认识建立廉租住房制度的重要性。推行廉租住房既是深化房改的一项重要内容，也关系到社会的稳定和发展，而且这部分群众收入水平很低，住房也很困难，让他们自己通过市场手段来改善居住条件的难度相当大。如果政府对这部分群众的住房问题关心不够，不仅会影响住房分配货币化的全面推行，也会影响到社会的稳定和发展。因此，廉租住

房问题不解决,面上住房分配货币化就难以推开。①

是年,国务院发布了《关于进一步深化城镇住房制度改革加快住房建设的通知》,提出"对不同收入家庭实行不同的住房供应政策。最低收入家庭租赁由政府或由单位提供的廉租住房;中低收入家庭购买经济适用住房;其他收入高的家庭购买、租赁市场价商品住房",廉租住房的概念正式进入中央政策层面,在解决最低收入家庭住房困难时的国家主体责任得到制度文本上的明确。并于1999年建设部发布了《城市廉租住房管理办法》,提出了廉租住房房源、租金标准、资金来源、审批程序和腾退机制等指导性意见。1999年《办法》的主要思路是采用实物配租方式提供廉租住房,房源获得主要通过六种途径:

(1) 腾退的并符合当地人民政府规定的廉租住房标准的原有公有住房;

(2) 最低收入家庭出租的符合当地人民政府规定的建筑面积或者使用面积和装修标准的现有公房;

(3) 政府和单位出资兴建的用于廉租的住房;

(4) 政府和单位出资购置的用于廉租的住房;

(5) 社会捐赠的符合廉租住房标准的住房;

(6) 市、县政府根据当地情况采用其他渠道筹集的符合廉租住房标准的住房。

---

① 上海市房屋土地资源管理局,《稳步推进上海廉租住房试点工作》1999年3月,http://www.cin.gov.cn/fdc/exp/default.htm。

1999《办法》还保留着"单位福利"思维以及对国外公共住房政策的想象，并非根据实践经验的总结，当时对配套的技术、金融、轮候分配、审核、退出机制等政策的系统研究远未跟上；从在整个住房保障体系中受重视的程度来看，廉租住房制度也没有"经济适用房"和"住房公积金"高。廉租制度尚处于摸索阶段，这给上海建立自己的一套廉租住房保障体系提供了宽松的政策环境。

于是，上海2001年开始在闸北和长宁两区搞试点时，就没有局限于中央的制度设计。从建设部对廉租住房房源的界定可见，建设部认为政府不管是兴建还是收购、或是腾退公房，手中一定要有一定量的房子，廉租家庭是从政府手里租房子，而租金标准则由政府按照"维修费"和"管理费"两项因素进行定价。但上海并没有采用中央的办法，提出了"租金补贴"和"实物配租"并举的措施，并确定了政府决不兴建廉租房的方针，借助市场力量减少政策执行成本、满足效率要求，并希望还能通过"廉租"这一制度调控住房市场。"租金补贴"就是申请家庭自行到市场租赁房屋、政府按配租标准补贴钱；而"实物配租"是政府按配租标准提供住房，房源来自政府收购的普通住房和认定的符合廉租标准的公房等，上海严格控制"实物配租"户数，规定只有孤老、烈属、残疾等特殊申请家庭能享受"实物配租"，而对其他绝大多数家庭都采用"租金补贴"的保障方式。2001年12月，上海决定将廉租住房政策在各个区全面推广后，政府更明确地提出了改变中央方针，而实行"以租金补贴为主，实物配租为辅"的模式来建设保障格局。虽然上海廉租办自己也承认：

如果将政府建房和购房作为对城镇最低收入家庭住房的主要供应机制，那么廉租房的供给每增加5%，就会迫使房价

下降3%到4%,能真正起到社会财富再分配和宏观调控的作用。(个案一)

但是,

“准入易,退出难”,历来是社会保障工作的难题。廉租住房作为一项重要的社会保障工作,就必须建立一套可操作的规范有效的廉租对象的准入和退出机制。相对于实物配租,租金配租更有利于退出机制的形成,因为发放租金补贴款的主动权在政府廉租部门,由其直接支付给出租者,一旦廉租对象不符合条件,政府廉租部门给予半年过渡期后,就停止向出租者支付租金补贴款,使租赁双方有一定的心理承受能力和经济准备,很便于操作……但是,实物配租,尤其是户口迁入异地的廉租对象的配租工作很有难度。主要是两难:一是配租难,很难寻觅到能满足其“成人上班、小孩上学、老人看病”等综合因素的房源;二是其原住房已被政府收回,退出后无处可住。(个案一)

2002年3月上海发布了《关于加强上海市城镇廉租住房配租管理的意见》和《关于加强上海市城镇廉租住房政府补贴资金管理的实施意见》,具化了实物配租和租金补贴的补贴标准,并对申请资格、申请流程和申请到后的行为进行详细的规范。虽然相较于中央1999年《办法》,上海的廉租住房政策在实质上改变了中央对“廉租”的政策设想,即变中央主要向最低收入人群“供房”的制度设计为主要向这部分人群“供钱”。但是,上海的廉租制度建设经验却得到了中央的肯定,建设部、财政部、民政部、国土资源部、国家税务局五部局以联合部令方式于2003年印发了新的《城镇最低收入家庭廉租住房管理办法》,同时废止了1999年的《办法》。与旧版相比,新办法:

(1) 在住房保障方式上,改"以实物分配为主"为"以住房租赁补贴为主,实物配租、租金核减为辅"的保障方式,并建立了严格的申请、审批和退出制度;

(2) 在保障水平方面,明确了城镇最低收入家庭廉租住房保障水平应当以满足基本住房需要为原则,规定"享受廉租住房的家庭人均住房保障面积标准原则上不超过当地人均住房面积的60%"。

上海这种把"无法通过市场获得适度住房的最低收入家庭"从政府手中取得补贴后又推向市场中自找居所的做法,得以在全国推行。上海廉租住房项目还获得中国建设部颁发的2003年度"中国人居环境范例奖"。

(二) 限制重重的操作

在上述这几项《意见》、《办法》中,对廉租家庭的资格规定和义务规定很多,包括严格的申请条件、审核、公示办法、"不作为"行为的规定、以及对消极作为的惩罚办法等等,但对廉租家庭获得租房后的权利及权利救济方式却很少予以法律保护。对政府的义务、执行程序,以及租金补贴配租中的第三方——出租人的义务,几乎没有任何规定(政策安排详情参见附录三)。最主要的是——政府通过对申请对象基本资格的技术性限制,排除了很大一部分底层。

上海廉租房制度在2000年设立之初,就将保障对象确定为

“双困”家庭：第一是收入要符合城镇居民最低生活标准，第二是家庭人均居住面积要低于 7 平方米[①]。随着试行后《意见》、《办法》的出台，“双困”标准被具化为四个刚性的条件：

(1) 家庭月收入符合本市民政部门规定的城镇居民最低生活保障标准，且已接受民政部门连续救助 6 个月以上；

(2) 家庭人均居住面积低于 7 平方米；

(3) 家庭成员具有本市非农业常住户口且实际居住，并至少有一人取得本市非农业常住户口 5 年以上，其他成员户口迁入此住处须满 1 年以上；

(4) 家庭人数为两人或者两人以上，家庭成员之间具有法定的赡养、扶养或者抚养关系。

在 2003 年 12 月后，廉租政策把“获得省部级以上劳动模范称号的退休职工、烈属、因公牺牲军人家属，特等、一级伤残军人或其配偶，以及孤寡老人，残疾人等人均月收入低于 570 元、人均居住面积低于 7 平方米”的对象纳入到了廉租住房保障的范围内。

上述资格的限定和实际操作中的一些潜规则[②]至少将以下 5 类人群排除在廉租住房保障之外：青年人（从年龄群体上看）；进沪务工者，这里既包括户籍在外地农村也包括户籍在外地城市的人（从户籍制度上看）；单身家庭（从家庭结构上看）；没有登记的失业

① 2000 年上海在长宁和闸北两区试点时，将人均居住面积定为低于 5 平方米；后随着上海城市经济发展，考虑到城市人居实际需求和相关财政状况，2003 年 4 月，市政府将廉租住房政策对象人均住房面积标准放宽到家庭人均居住面积 6 m^2，同年 12 月又放宽到 7 m^2；收入标准跟着城镇最低生活保障线的调整从 280 元提到了 290 元。

② 据个案访谈总结得。

者及不被承认的残疾人(从制度控制上看);本市农业户口(从城乡二元结构看)。这些群体在增加就业机会、提高支付能力、积累资产、改善居住条件等方面的弱势地位,社会学、人口学等多个学科都有极多的论述,但是他们却不能享受廉租住房保障,即使他们“收入贫困”且“住房贫困”。

由于这些限制,使得在上海的许多住房贫困家庭无法通过廉租住房保障来改善居住条件,据上海市2005年的调查结果显示,市内人均居住面积在7平方米以下的家庭还有90万户左右,其中低于6平方米的有40多万户,仅卢湾区人均住房面积在4平方米以下的大约还有5万多户(徐楠,2005);而截至2007年底,全市符合廉租条件累计登记的有29 120户,享受了廉租住房保障的有28 567户,占符合条件家庭数的98.1%①,但仅占全市住房困难户数的3%,且其中实物配租仅400户②。(上海及全国廉租房实施情况参见附录四)

有意思的是,通过本次调查我们得知,其实廉租办根据对上海底层社会情况的调研,对于保障对象的设想也不同于现在看到的这样:

廉租住房申请条件中的第四条规定限制了按政策回沪

① 从累积绝对数来看,上海是保障城镇廉租家庭数目最多的城市,也是使用租赁住房补贴方式进行廉租保障最大比例的城市。

② 全国廉租保障落实的户数相较于“双困”家庭户数的比例比上海要好:据统计,目前,我国城镇低收入家庭约占总数的15%—20%。全国大约有156万户家庭无房,35万户家庭的人均建筑面积在7 m^2 以下。截至2006年底,累计有54.7万户低收入家庭,通过廉租住房制度改善了住房条件;2006年新增21.9万户,其中领取租赁住房补贴的家庭7.2万户,实物配租的家庭3万户,租金核减的家庭9.7万户,其他方式改善居住条件的家庭2万户。也就是说,全国有28%的最困难家庭获得了廉租保障。

（插队落户、支内、冤假错案等）并已报进本市非农业常住户口的家庭，他们回沪后，大部分报入了兄弟姐妹家中或亲属朋友家，无业，靠民政部门救济生活，在外租借住房，因户口未满5年，而不能申请。据调查，在10个区内不予受理的此类对象有139户，加上尚未登记的，估计有450户左右。

另外，本市不少享受民政部门救助的低保对象因家境贫困等原因娶外来妹为妻，其妻和子女的户口很长一段时间内不能报入本市常住户口，按政策因为1人不能成户，故不能享受廉租住房，而实际住房相当困难，本市试点区统计约有近500户。……我们建议对上述对象的户口政策予以调整。[①]

但是，地方政府似乎并没有采纳廉租住房保障机构的提议。

另外，隶属于上海市房屋土地资源管理局[②]的市廉租办手中的房源非常有限。廉租办获得房源的方式有两种：一是通过对存量公房在“差价换房”时实施政府优先回购以及“公房转租”时供政府优先承租，廉租办掌握了对部分现存公房的支配权，成为可供实物配租的租赁房；二是因上海一直避免去建设规模化、集中化的廉租住房小区，转而采取在重大工程动迁安置配套的商品房中获取部分房源后租给廉租家庭使用。但是，就我们调查掌握的数据来看，迄今为止，市廉租办仅有20套实物形式的配套商品房。[③] 所以，廉租办有支配权的实物房本身就极少。而随着上海商品房市

① 上海市房屋土地资源管理局，2001，《本市廉租住房工作调研报告》，上海市政府内参。

② 其他城市的廉租办多隶属于城市建设委员会。

③ 调查访问日期为2006年7月。

场趋向高端、住房困难群体数量庞大、外来人口集中等因素，致使房屋租赁低端市场供给紧张，虽然上海早在2001年就已免去了廉租房租赁的税金，并会周期性的组织廉租住户租赁专场，但是廉租家庭在市场上找到能满足居住需求又符合廉租政策规定的低价出租房十分困难。适合廉租的住房资源在政府那里和在市场那里的双重紧缺，使得许多迫切需要改变生活条件的"双困"家庭不得不等待很长时间。

（三）讨论：政府"法团"化与廉租房政府的内在悖论

如上所述，廉租住房政策在设计和执行上都存在着充满矛盾的张力，一方面，虽然中央"居者有其屋"的制度承诺是向所有最低收入群体做出的，但到地方政府那里却用种种设置来限制受保障家庭的范围，并且改变了保障方式，造成只有少部分底层家庭能获得廉租住房保障，而大部分游离于制度之外；同时还表现在地方廉租办自身在政策设计、政策落实上缺少权力和资源，行动受到诸多限制，从而难以有效的推进廉租住房保障。

在对廉租住房产生的背景作梳理时，我们已经发现，这一制度创设于受"双重逻辑"影响的政治环境中，而与廉租制度的试行和推广相伴随的是社会空间的"现代公正逻辑"整体性受制于"资本逻辑"的过程。

改革开放后的中国正逐渐成为全球最大的"世界工厂"，引进外资，发展经济。但是全球资本有一个核心悖论：资本外流需要的是在全球范围内实现生产的去地域化：当资本进行全球化的时候，生产总是会发生在"某地"，这就意味着必须在特定空间里拥有安置劳动力、生产资料等的设施（Harvey，1982）。也就是说，跨国空间作为一个资本空间是高度抽象的，但是作为一个劳资双方的竞争场域，当它在特定的劳动过程中以“空间定位”(spatialfixes)(Harvey,1982)的方式表现出来的时候，却是非常具体的、嵌入性的。可以说，全球资本主义的政治经济是同时嵌入于制度和地方实践之中的。生产过程的地方化策略、对地方社会的影响，都是全球资本主义政治经济的重要组成部分(任焰、潘毅，2006)。外资引入的过程也就是地方政府裹挟地方空间加入全球资本第二循环的过程[①]。上海作为改革开放的排头兵和试验田，在引进外资、转型结构、发展经济上是有一种“树典型”的压力的，所以，上海城市空间相较其他地方更早、更深入的被纳入到上述悖论之中。

而这一资本城市化过程与城市政府在角色上的“法团化”过程是相辅相成的。戴慕珍(Jean Oi,1992;1999)用“法团化”(Corporatism)这一概念来表示“地方政府(县、镇、村三级政府)直接介入经济，担任管理企业的角色过程，以及各级政府、党委与所辖企业形成的一个类似大企业的利益共同体”。利用这一概念，戴慕珍成功解释了在经济转型时期，党、政、企纠缠在一起的独特现象，论证了三者结合形成的法团组织是中国经济改革的制度基础。考虑到问题的相似性以及该概念本身的解释力度，本研究在此借用这一概念来表明在中国城市空间社会中遭遇到的类似情况。城市政府能够“法团化”的基础在于，它可以通过改革以下三个方面来获得对城市空间的配置权力：(1)城市土地使用制度，这是城市空间重构与分异的基石，在计划经济体制下，城市土地使用权的获得主要采取行政划拨和协议出让的城市土地无偿或者低价使用制度，城

① 在哈维看来，资本在第一循环产生的危机逼近时，就会转向第二循环。第一循环就是马克思所分析的工业资本的生产过程，而第一循环中存在的内在矛盾就是资本过度积累所形成的过度积累危机，而“第二循环包括了资本投资于人造环境的生产，包括生产的人造环境和消费的人造环境。

市土地级差地租没有体现;但后来,改革为实行土地有偿使用和土地出让的拍卖、招标方式,城市土地按地价来引导和安排城市各项功能用地,使城市空间发展遵循级差地租空间竞争理论,形成有利于产业发展、资本城市化的空间格局;(2)城市住房制度,在计划经济体制下,城市建设主体单一,国家(国有企事业单位)是投资主体,住房实行"实物分配、低租金使用"的制度,改革开放以后,在市场经济体制下,我国出台了许多新的住房改革政策:一是城市住房市场化、货币化改革;二是投资利益主体的多元化策略;三是逐步放开住房二级市场,延长住宅消费链,鼓励住宅的梯级消费,房地产商可根据不同区位进行产品定位,加大了住宅房地产发展;(3)由于中国经济在一定意义上还是政府主导下的经济,政府作为土地等社会资源的最大拥有者,其产业政策(如上海中心城区"退二进三"、郊区工业园区开发等)和城市规划(轨道交通、重大工程动拆迁商品房安置基地等)等成为影响城市用地和房地产空间等分布格局的重要因素(杨上广,2006)。地方政府的"法团化"过程与资本在全球空间范围内进行空间生产的复杂纠结,已经为学界中不少人注意,并从不同方面进行了描述和反思。如华东师范大学的硕士生闵思卿、黄勇、王磊等从这一视角出发,分别对上海的历史风貌保护区、郊区动迁安置基地和创意产业园区等的空间生产过程作了深刻的调查和研究,展现了地方政府的市场逻辑与资本的空间逻辑交织在一起后,造成的城市空间在发展过程中片面追求经济空间的不断增长,而严重忽视人们的日常居住空间,城市发展中抽象空间替代生活空间的情况。结果便是城市空间极化,社会底层空间权力被剥夺,而这种空间极化反过来,又进一步推动了社会的两极分化发展。廉租住房的设置和推行,从福利逻辑和政策目标上讲,是要抵御这一极化过程的,但是又恰恰因为地方政府的"法团主义"，城市底层的住房保障让位于"效率优先的价值观"，从而造成社会政策变革的"内卷化"[①]，使得廉租政策的实际运作过程，如前所述，成了一种奇怪的、不指向本身福利目标的政策设计与运行。

2006年和2007年，廉租政策在全国范围内被重新认识和重视，政府提出要在全国范围内扩大廉租住房保障的广度。但是，目标与实现手段已经错位的政策，即使扩大受益面又能起到什么作用呢？这单从政府的视角出发还不能够清楚的描述和解释，所以在下面，研究拟从廉租住房家庭的视角出发，去进一步探讨为什么目前的廉租住房制度难以实现。

四、底层的视角：保障政策下廉租家庭居住生活的现实

如果不是长时间的实地调查，难以想象这样的事实：目前获得了廉租住房保障的家庭数目相对于庞大的底层来说是那么的少，廉租家庭应该对这项政府旨在解决居住困难的政策感到满意，但事实上，大部分廉租家庭并不满意这项政策，并且在空间实践中表现出与制度规定相反的目标偏好和行动逻辑，甚至通过违规的形式来贯彻自己对居住福利的构想。个体在日常生活实践中的空间体验虽然会因具瞬时性和个体性而让人难以把握和概念化，但正是这种模糊的、变动的再现性空间能帮助我们贴近社会事实，更好的去

---

① "内卷化"这一概念曾被盖尔茨、黄宗智、杜赞奇等经典地使用过，内卷化实际上描述的是一种不理想的变革（演化）形态，也即没有实际发展（或效益提高）的变革和增长。正是在这一意义上，本研究借用了内卷化这一概念来概括目前廉租政策设计和执行时的状况。

认识试图改善底层居住状况的廉租房工程为何难以推进的现实。

（一）上海廉租家庭的结构特征及社会空间分布

笔者在调研过程中一直有构建上海市廉租家庭结构和社会空间分布图的意图，曾尝试从多种渠道搜集廉租住房保障对象年龄和性别构成、职业结构、低保领取年限、房屋类型等统计数据，但因统计局、民政局等官方机构以“保护廉租对象隐私”为理由拒绝公开这方面信息，而有关廉租家庭的实证调查又相当缺乏，所以只能根据与“双困”（低保/人均住房面积低于7平方米）标准相关的数据进行大致的描绘。

1. 低保对象的基本结构特征

依民政部截至2006年四季度的统计数据来看，上海城镇低保最低标准从2005年的300元提高到320元后，低保的总体规模上升为35.13万人，保障户数为19.41万户。上海的城镇低保对象主要由在职人员、失业人员、“三无”人员和上述人员的家属及其他特殊救济人员构成（如图1所示）。低收入在职人员及其家庭所占的比重最大，约占低保对象总数的一半，其次是失业和无业人员及其家庭，传统救济对象和重残人员所占比例很小，表明当前上海低保救助的主体是有劳动能力的低收入或失业和无业人员及其家庭。

其中，据华东师范大学人口所2004年对上海市处于劳动年龄阶段低保对象随机调查的结果来看，在619个样本中，男性占61.3%，女性占38.7%；平均年龄42.6岁（标准差为6.7）；从受教育程度看，以初中（48.4%）和高中（46.1%）为主；从婚姻状况看，已婚的占62.8%，离婚占19.3%，未婚占15.3%；从领取低保的情况看，平均领取月数为29.6月（标准差为15.5），所有救助金额（包括低保和低保附带福利）的均值为486元（标准差为340元）

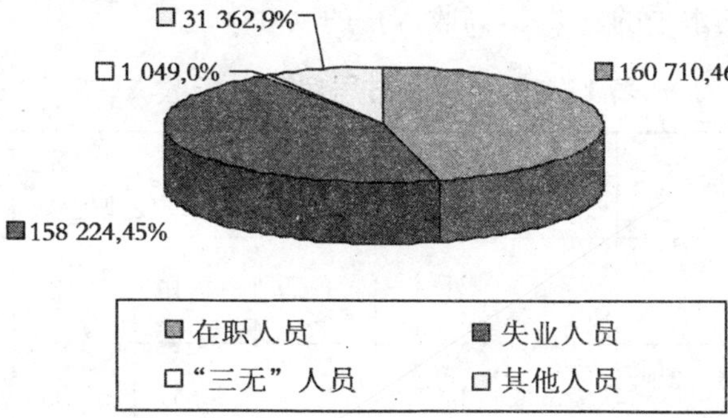

图 1　上海市 2006 年度城镇低保对象构成情况　　单位：人，%

资料来源：根据民政部“2006 年统计数据”整理得

（黄晨熹，2007）。上述资料，在总体推论方面也许不完全具备统计上的规范性要求，但可以给我们一个关于上海市低保对象人口特征方面的大体印象。

收入和消费结构——我们借助于上海市统计局对低收入户的调查数据来分析。如表 1 所示，家庭负担方面，与平均水平相比，低收入户在就业面上低了 9 个百分点，就业人口方面少了 0.3 个人，但在每一就业者负担人数上却多了 0.4 个人；与高收入户相比，悬殊更加明显，高收入家庭中平均 1.87 个就业者负担 1.56 个成员，而低收入户中平均 1.37 个就业者要负担 2.26 个家庭成员。其结果就是低收入户的平均每人年可支配收入仅为 8 973 元，上海市平均水平是其 2.3 倍，而高收入家庭的可支配收入是其 4.8 倍；储蓄存款是平均水平的 24%，高收入户的 8%。而家庭人均可支配收入和储蓄收入是衡量家庭住宅消费能力的重要指标，以 2006 年普通商品住宅的平均销售价格 7 000 元来计算低收入家庭的房价收入比，可以发现这一指标已经远远偏离了被认为是正常水平的 6～8 之间。而实际上 2006 年低收入户的购房支出仅为 6

元，是平均水平的0.2%，高收入户的0.05%。

表1 2006年城市居民可支配收入 单位：元

指 标	总平均	低收入户	中等偏下户	中等收入户	中等偏上户	高收入户
平均每户就业人口(人)	1.6	1.37	1.59	1.49	1.7	1.87
平均每户就业面(%)	52.98	44.19	51.29	50.51	56.11	64.26
平均每一就业者负担人数(人)	1.89	2.26	1.95	1.98	1.78	1.56
平均每人年可支配收入(元)	20 668	8 973	13 045	16 774	22 994	42 884
工薪收入	13 962	5 554	8 197	10 213	14 908	31 974
经营净收入	959	273	432	564	738	2 893
财产性收入	300	27	86	201	439	777
转移性收入	5 447	3 119	4 330	5 796	6 909	7 240
养老金或离退休金	4 189	2 436	3 631	5 066	5 624	4 260
出售财物收入(元)	1 027	2	1	1	1 602	3 660
借贷收入(元)	5 147	1 018	1 212	3 645	4 347	16 178
#住房借贷	785			253	1 028	2 752
提取储蓄存款	4 062	987	1 212	3 210	3 279	12 118
消费支出(元)	14 762	8 004	11 233	13 142	15 815	26 325
#服务性消费支出	4 841	2 515	3 495	4 158	4 980	9 325

续　表

指　标	总平均	低收入户	中等偏下户	中等收入户	中等偏上户	高收入户
购房与建房支出(元)	2 953	6	20	1 993	2 086	11 161
转移性支出(元)	1 504	386	953	1 055	1 809	3 424
社会保障支出(元)	1 771	746	1 050	1 457	1 814	3 920
借贷支出(元)	7 847	1 247	3 341	4 472	9 034	21 933

资料来源：上海市统计局 2007 年统计年鉴(http://www.stats-sh.gov.cn/2004shtj/tjnj/tjnj2007.htm)

转移性收入是贫困家庭的重要收入来源，占了全部收入的35%。从绝对数量上看，2006 年 320 元的低保标准是 1998 年国家提出廉租房政策时 205 元的 1.5 倍，但以国际上被广泛接受的标准(中位收入或人均收入的 60%)来看，这个救助标准仍然偏低。更重要的是，如图 2 所示，从相对数量上来看，低保标准占低收入家庭平均可支配收入的比重不是上升而是下降了，即在社会经济高速发展的时候，最贫困的人口通过社会救助得到的国家帮助并没有与社会经济同步增长。另外，英国等国家设计的社会救助标准是把住房状况考虑在内的，而且住房支出往往占到总支出的三分之一以上(黄晨熹、王大奔、邱世昌、蔡敏，2005)，而上海对低保对象的生活救助支出没有包括住房支出这项，如果低保户住房支出很低或廉租房政策能为低保户提供充足的住房开支补助，那么目前的救助标准是可以接受的；反之，则目前的救助标准是远远不够的。统计年鉴中只统计了低收入户的购房支出，而现实中，对低保对象更有意义的指标是租赁支出，而2006年普通住宅的租赁价格指数是1998年的118.6①，但申请到廉租房的低保户比例仅为11%，说明对于低保对象特别是租房的家庭来说，廉租补贴对于其生活建设而言是至关重要的，这一点在笔者的调查中得到了证实。

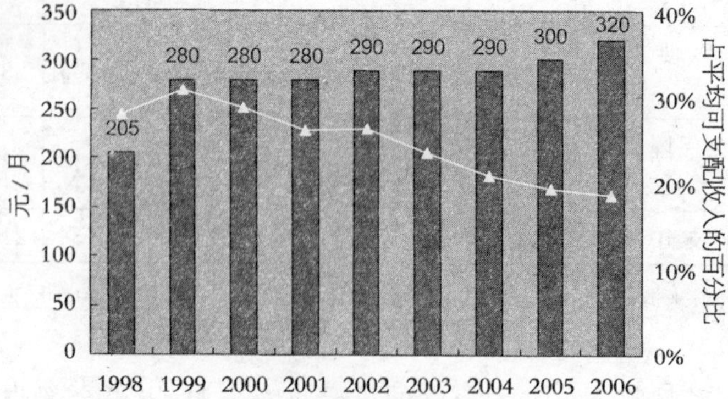

图2 上海市低保标准占居民平均可支配收入变化图

资料来源：根据上海1998—2007年统计年鉴整理得

2. "双困"家庭的空间分布

对于双困家庭的空间分布状况，因为缺乏专门的统计数据，我们主要根据各区/县低保家庭规模的数据和从调查中获得的资料来做概括。

低保家庭的空间分布，根据对上海市民政局2006年数据分析得：从城市的整个空间尺度上来看，低保户分布并未呈现"贫困区"现象，但又相对集中于城市北部的中心城区和近郊区，如闸北、杨浦、宝山、嘉定等；中心城区低保人数从绝对数量和相对数量上来说都大于郊区；低保人数占城区总人数比例较大的五个区依次是

① 上海市统计局2007年统计年鉴。

卢湾区、闸北区、杨浦区、黄浦区和浦东新区(如表2所示)。

表2　上海市各区/县低保规模情况表

区/县	城区户籍总人口(万人)	低保人数(万人)	占城区总人口的比例(%)
浦东新区	187.56	6.644 6	3.5%
杨浦区	107.75	4.027 9	3.7%
闸北区	69.86	2.721 5	3.9%
宝山区	81.59	2.540 6	3.1%
黄浦区	60.19	2.218 3	3.7%
徐汇区	88.75	2.013 9	2.3%
虹口区	78.7	1.902 5	2.4%
普陀区	85.97	1.825 3	2.1%
南汇区	72.73	1.524 8	2.1%
闵行区	85.53	1.508 7	1.8%
长宁区	61.42	1.327	2.2%
崇明县	69.98	1.301 2	1.9%
卢湾区	31.37	1.276	4.1%
嘉定区	53.25	0.923 4	1.7%
静安区	30.96	0.626 2	2.0%
松江区	53.21	0.601 1	1.1%
奉贤区	51.33	0.537 5	1.0%
金山区	52.29	0.445 4	0.9%
青浦区	45.63	0.297 9	0.7%

资料来源:笔者根据上海市民政局2007年统计数据整理得

从各区县各类房屋分布情况来看（参见附录五），低保对象所占户籍人口比例较大的五个城区在实体空间上看似分散，但其住房类型、区位等却呈现出一定的规律性：浦东新区、杨浦区有大量第二产业的职工住宅、职工集中居住区，卢湾、黄浦、闸北是上海的老城区，新式里弄、旧式里弄密集；而这几个区也是房地局直管公房和单位自管公房相对集中的区域。调查下来，廉租家庭的老房子和新租房也正是集中在这几个区域。“廉租住房分散在全市各个区，黄浦、卢湾、杨浦、浦东相对比较集中。黄浦因为有个南市区，老城厢，卢湾区是顺昌路、济南路这两条路的二级旧里比较多。”老城区因为人口过密、开发成本过高而无法实现短时间内的“城市更新”，并且多是不成套住宅或“72家房客”似的旧宅院，房屋租赁价格也就相对便宜，另外，相当关键的是“许多廉租户租的房子在市中心，面积小但地段好，就业、就学、就医方便，这对他们来说非常重要”……而“杨浦区内计划经济时代的国有大中型企业很多，下岗工人多，直管和单位自管的公房和福利房转自有房多；浦东新区是新区，征地农民获得非农户口了但没房住了的比较多，从中心城区动迁到那儿的低收入户也有很多……廉租户里面也有不少人到近郊区去找房子，租金更便宜，而且居住面积比较大”（个案一）。如前所述，上海市廉租办手中的房源非常有限，但就调查掌握的数据来看，截止至2006年底，市廉租办有20套位于闵行区PY三街坊的可用于实物配租的商品房，“另外三林等配套商品房小区也会腾出一些房源用作实物廉租房”，保障的对象均为劳模、一等伤残军人等特殊申请家庭。

虽然廉租家庭在空间上相对集中于旧城衰退地区并且有被逐渐边缘化的趋势，但从总的居住空间模式上来看，由于地方政府的城市规划和更新政策都致力于清除所谓的问题社区，而当前空间生产过程中又存在城市更新和郊区扩张的双重“繁荣”局面，所以目前说来，无论是在中心城区还是在近郊、远郊区，中高收入住区和“双困”家庭住区都有分布，且地理空间上彼此邻近，这与美国等中产阶级郊区和“堕落”的内城区、“士绅化”后的城市中心区与贫民窟之间存在明显的分异现象完全不同。这对于廉租家庭居住行为的选择、居住意识的形成以及对居住空间的整体认识等是非常重要的变量，并影响着城市廉租住房保障政策在微观实践上的实际效果。

在对“双困”家庭的基本结构和空间分布有了基本把握后，笔者选择了廉租家庭较为集中的黄浦、卢湾、杨浦、浦东新区、静安五个区的样本，综合考虑房屋类型、租房地段、廉租保障形式、家庭结构等因素及研究精力和财力后，又进行了目的性抽样，最终对21户廉租家庭进行了访谈和实地观察(受访者具体情况请参见附录一)。

(二) 廉租家庭的居住福利学

政府手中的房屋资源有限，要等街道或区级房屋管理部门筹措房源得半年甚至一年以上，所以廉租家庭申请到租金补贴后，一般自己去联系租房，大部分廉租家庭自己联系的租房主要在老房子所在小区的附近、或者就是老房的隔壁租房子。要解读他们的空间实践，必须回溯他们在老房子中的空间经历，以及由此产生的空间认识，然后在这些基础上，去理解和分析廉租家庭对于廉租住房保障的态度和采取的相应行动。

1. 居住行为在空间上的重叠及时间上的隔离

老房子大致有三类，最不济的是在棚户区里自行搭建的简屋，[①]第二类是里弄住宅，[②]最多的房屋类型是房改前修建的福利公房、联建工房等。[③]"小"是廉租户的老房子最大的居住共性，在我接触的这二十一户廉租家庭中，人均居住面积最小的为2平方米，大的也就是人均7平方米。

现代家庭在住所内的居住行为主要有七大类：家庭学习，如看书、读报；家庭娱乐，主要为看电视、上网；家务劳动，如做饭、洗衣、打扫清洁；家庭与外部社会的交往，如请客、聚会；以及传统的休息、就餐、储藏等行为（尹朝晖、吴硕贤、张红虎，2007）。适宜现代生活的住宅，是可以满足年龄不同、性别不同、生活习惯不同的家庭成员生理方面、精神生活方面、社会交往方面不同需求的居所。其前提是，住宅的丰裕程度满足需求的丰度，即面积、空间格局、空

---

① 棚户区内人口密集、居住拥挤，棚户多矮小破烂、阴暗潮湿，没有市政公用和卫生设施；居民的父辈多是49年前从全国各地、特别是江淮流域来沪的贫困移民及难民，在苏州河北岸、铁道两侧及城市周边荒地搭棚栖居或租住廉价的棚屋，子代未能在房改前从单位这条途径分到房子的，就继续居住在棚户区内。

② 按照建筑特点的不同，里弄建筑一般包括石库门里弄（即旧式里弄）、新式里弄、花园里弄、公寓里弄；由房地产商投资，根据不同住户的不同需求，成批建造、分户出售或出租；但在1949年以后，里弄的所有权发生了很大变化："大洋行、大公司的房产都公私合营归了政府属下的房产局和房屋机构管理……主要业主不是私人而是国有企业……由他们以低租金租给无房户居住，由于产权归公、人口不断增长、租金过低但又要维持一定的租金总量等原因，原来独门独户的里弄住宅中普遍住进了多户人家；另外，原先的一些中、小私人产权的里弄住户，在1949年前后的动荡时局中，收入水平难以稳定，经济条件和社会地位的变化，迫使他们将独户居住的里弄租给外人，形成多户合用一个里弄单元的状况。如此以来，里弄住宅很快就处于超负荷的使用状态，加上福利住房体制下政府征收的低租金不能保证里弄良好的日常养护，里弄建筑开始迅速衰败"。

③ 80年代大批知青返城、住房矛盾激化，上海应急式地修建了大批市管公房、单位联建公房等，分配给无房户、新婚家庭和特困家庭等租住，这些房屋套型小，配套设施不齐全，土地使用不规范、建筑无标准，导致许多不能造房的地上耸起一幢幢长相怪异的公房。

间功能适应于居住生活容量的扩大和家庭结构的变化等。但廉租家庭老房子室内活动空间的缺乏，导致不同的居住行为往往被安排在同一空间内：住宅中稍大的空间，既是睡觉的地方，也是全家人日常活动的地方；成年夫妻睡觉的大床还是叠放被子、衣物的地方，也是客人来访时，主人安排其就座的地方。微波炉、饭桌、电视机、写字台全都安置在一个空间内，于是家庭成员的居住行为呈现出在空间上重叠而在时间上隔离的现象。以核心家庭为例，白天的空间属于失业在家的大人，往往安排做家务、打电话、看电视等活动；晚上的空间，留给正在读书的孩子做功课；而大人会暂时退出空间，或让自己成为住宅中的隐形人。

林先生是个单身父亲，"我白天的时间用来做家务，看电视。晚上时间比较难混，孩子吃完晚饭要做功课，我不能看电视，就去邻居家坐坐，在走廊上走走、跟人聊天，或者读报陪着她写作业。小孩儿看书最起码要到九点钟，作完功课她要早点睡觉，我也只好跟着睡觉，有什么办法呢？"（个案二）

而住宅面积的窄狭和功能的缺失，加之经济条件的限制，使得老房子在勉强满足家庭成员生理需要之外（当然，许多住宅连起码的卫生需要、休息需要都无法满足），很难再开发出其他类型的居住行为，特别是在室内的社会交往方面的生活。但这反过来却促成了年轻人频繁的在室外进行社会交往及活动。

非正常的居住行为，往往具有破坏家庭关系的负功能，家庭关系的恶化在三代同堂的主干家庭和联合家庭里表现得尤为突出，空间争夺似乎成了他们的居住习惯。柴先生一家原来一直与哥哥一家三口和弟弟及其孩子住在同一屋檐下，房间使用面积 48 平方米，人均不到 6 平方米，"我们原先住在在中山南一路，现在的五里警署的草房子里面时，就为了房子的问题整天吵架，什么你多占了几个平方啊，你东西放在我所属的面积上啦，磕磕碰碰的事情很多。后来86年8月房子拆迁，搬到了现在这个小区，我们一共分到了2间房，但还是只有住在一起。环境虽然变了，但房子小的问题还是没解决，兄弟之间的吵架还是不断，谁都看不惯谁……02年那会儿，我弟弟生病住了三个月医院，我老婆就让我女儿暂时住到他房间里，等他回家后就还是搬回来跟我们睡；可他一回家，那不依不饶的场面，说是我们欺负他，要霸占他的房子。"（个案十三）

2. 空间改造——家庭追求居住福利的日常行动

当居住行为的空间重叠不能用时间错位来调和的时候，人们就不得不展开行动了。为满足家庭成员不同的使用需求，使得大部分廉租家庭都有过对老房子的空间进行重新安排的经历。改造部位主要集中在走廊、房门、厨房、卫生间、阳台等可以增加居住面积的公共区域以及客厅这类可以增加空间功能分化的区域。倪女士家在儿子10岁的时候，为了给孩子一个独立的学习空间，丈夫对房子进行了改建："我们这儿每层有4户人家，楼道没有装修的，每两户人家一侧，共用一扇大门，我家是里面那间，所以我们把过道改建成小厨房也不至于太影响邻居，但这样房间、厨房独立开来后卧室的使用面积就扩大到了14平方米，可以隔成两半，里面那间给儿子住，外面这间照不到阳光，会影响他视力，所以我们住。"（个案十七）

空间改造方式有多种多样：房间合并、改变房间功能、移动或添加局部墙体、取消或增加卫生间、改变房间面积以及增加功能空间等。改造在一定程度上能缓解家里的居住压力，并能带给改造者成就感"家里没有独立的卫生间，我就把过道和自家房们连起来，做了个简易洗澡间，其他人家都没有的，这一直都是我骄傲的地方"（个案五）。

为了不让住宅因老化危害生活，他们还时常会做检查和修补，“家里的环境实在困难，屋顶上的石灰由于年代久远，已经开始陆续滑落，直接就落在床上，为了防止进一步扩大，我们就用透明胶给粘了起来，但是效果不佳。不过对于我们来说，这是经济上能承受的最有效的处理方法了。”（个案六）。他们还会挖空心思地想办法保卫住宅不受外界侵入。“老房子不可能好到哪里去，老鼠时常乱窜，家里的角落都是老鼠屎，我们只好养只猫来抓老鼠，效果还是不错的，经常能逮住几只老鼠”。因为“旧房子虽然没有产权，每个月付房租，但我结婚时住在那里了，是丈夫娘家的房子，到现在还是老样子，没有装修过，我们来的时候就把电线什么的重新弄弄，就一直住到现在，这样的生活也有 10 几年了。原先整幢楼 4 户人家都是自己亲戚，现在陆续搬走了，只有丈夫的叔叔还在这里，但我们对那儿其实非常有感情的……”（个案十一）

不过，随着家庭成员对不同功能空间需求的刚性增加，任何改造都无法承载居住生活本身的变化时，例如女儿的长大，儿子要结婚，家里又有了新的成员等，他们彻底改变居所的愿望就会随之增加。

3. 居住与区域社会

住房不仅指单幢的建筑，还包括与之相关的外部空间，如楼道、空地、花园、街区等等，居住生活也不仅限于室内，还包括室外；在房屋结构、地域环境之中蕴藏着更为深刻的区域社会规则。廉租家庭对于老房子周边社会的感情是复杂的，令我在很长时间不知道如何把握，在反复阅读访谈材料后，发现了这样的编码系统：“我们跟邻居……这个小区……我们家的地段……”，于是我们尝试分三个层次，即“邻居”、“小区”、“地段”来解读廉租家庭在原区域社会的空间经验。

(1) 邻居[①]

与城市"原子化"、"匿名化"、"陌生人社会"的现代性特征不同,廉租家庭老房子的房屋类型和空间结构决定了他们与同一层、甚至整幢楼居民的"亲密关系"。邻居,特别是"老邻居",常扮演着提供"照顾"的角色,这对廉租家庭组织日常生活来说很关键,"照顾"能让他们降低居住生活成本。"老邻居,大家关系很好,孩子小的时候,我出去做活,他们都帮忙照顾,不然,我父母又不在上海,老婆又跑了,兄弟姐妹也照顾不过来,还没钱请保姆,小孩儿怎么办? 所以,我是很感谢他们的。"(个案二)

邻居作为廉租家庭社会网络中的重要节点,还表现在介绍工作,或直接提供就业机会上。柴先生 90 年时因工厂倒闭赋闲在家,他只好问邻居借了辆黄鱼车,开始做批发啤酒、卖小零食的生意,后来他通过邻居的关系向居委提出了申请,在小区内,离他家老房子不远处,低价租到了一块空地,把黄鱼车改建成了一个小棚屋,算是一家正式的店。柴先生在店对面专门放了一条长凳,"邻居们常常会到这儿来坐,特别是夏天,买东西不买东西的都喜欢聚到这儿来乘凉……平日里我们早上 8 点开业,晚上 9 点歇业,一家的生活除了就寝基本就在摊上,吃饭也是负责家务的妻子回家烹调,然后拿到摊上吃……买卖东西倒成了其次,主要和过往邻居唠嗑。"柴先生生意不忙的时候会主动帮邻居修东西,他对此很自豪;07 年上半年

---

① "邻里"的提法可能更符合社会学的理想类型,但我更倾向于使用"邻居"这个本土化的概念,一是因为"邻里"素来是社会学重要的研究对象,而深厚的研究历史往往带来概念使用上的交叠,"邻居"更单纯的在强调"住所相近"和"有一定的社会交往",从而避免对产生基础、共同体边界等问题作出讨论;二是在日常生活的话语体系中,"邻居"指人,而"小区"指空间界限,涉含更多的是居住环境、治安等,这样"邻居"就与"小区"相区别,便于分层分析。

物价上涨后，“我不涨价，这儿的人日子都不好过”(个案十三)。

小区及楼层内高密度的居住关系造就了邻居之间“守望相助”般的社会联结，廉租家庭往往对“老邻居”有一种“乡土式”的情感和认同，而这一点是他们获得廉租住房保障后对居住生活重新安排时会考虑的重要因素。

(2) 小区

“就是个贫民窟”，当我向廉租家庭询问他们对老房子所在小区的整体感受是什么时，很大部分人用到了“贫民区”、“贫民窟”这样的词。

停滞、衰退的现象在混合居住区表现得更加明显。“混合”，一是由历史原因造成的，以联建公房小区为例，这类小区多是80年代初部分单位为解决职工住房困难，而采取多家单位与职工几方共同出资建成的住房小区，许多单位的职工住到了一起；这些房屋建造时设计标准相当低，而当时大多没有建立维修基金，到90年代后联建单位中不少被归并、破产或发生极大变动，没有能力拿出维修基金；所以长期无人管理，建筑设施和小区环境损坏极其严重。第二是“原住民”迁出后外来者的“侵入”，造成了小区内除了各单位下岗职工之外还有其他不同类型的人口混居的状况，外来的形式包括租房、民工集体宿舍等。“混合”让破旧的小区更显得无序和拥挤，“过于拥挤的存在不是因为太多的人留在这里，而是因为很多人的离开，一些有能力的人逃离了这里，紧跟着他们进来的是一些目前还没有多少选择的人，在这种人口数量变化迅速的情况下，住宅自然会形成居住状况不成比例的情形。”(J. Jacobs, 2005)

我们这个小区是附近最差的，老区嘛。治安不太好，放在外面的东西很可能过了一晚就不见了，我们边上的604门前几天都被开了，之所以六楼装个门就是为了防小偷和做传销的。平时睡觉我们都要关窗的，太吵了，下面就是街道。我们居委会管也管不好，这里失业、残废人员很多，外来人员很多，而且特别野，很难管，晚上到处都摆起大排档，特别吵，周围环境太差了，小区绿化也不行。（个案十六）

(3) 地段/区位

不过，在谈及对居住环境的整体印象时，受访者，特别是那些住在中心地段的受访者自己会加上“但是”：“这里居住条件、装潢设施不好，还都是48年前刚住进来的模样，但是这里地段好，所以周围修了很多高档次的电梯公寓、小高层，就这几年盖的，人家小区里面很漂亮，还有警卫守着，不让进的。我这儿是市中心，去各种地方都方便，还有很多大超市，农工商、乐购，一到晚上九点当天卖不掉的青菜、面包它就会降价销售，但其实质量都很好的，我们一般7、8点的样子进超市先把菜选好，然后九点后再去付账，这可以节约不少钱”（个案八）

通勤、购物上的方便可以为困难家庭节省生活成本，“地段”好也让家庭在孩子身上的教育投入收效较好，就近分配入学，还能上全市范围内都算不错的学校，教学质量有保障。而学校离家近，也可以在交通费用、午餐费用上省出钱来，“女儿现在在三好中学读书，学费每学期要1 600元，不过她都是骑车去上学的，下雨天才坐公交，中午饭回来跟我们一起吃，他们班级很多都是有钱人家小孩，觉得学校午饭不太好吃，就每天出去吃餐馆，而女儿回来吃也就不用硬是为了面子和这些孩子一起吃，对于我们家庭来说也可以减少一笔支出”（个案十三）

另外，与亲戚、朋友生活圈的接近，也是老房子的地段带给廉租家庭的隐性帮助，社会网络提供的工具性支持对于他们安排生活来说是关键的。"用现在的话说,我就是个'啃老族'。唉,惭愧啊,我们与双方父母的关系都很好,住得也近,他们知道我们家的经济条件,父母们也都有自己的退休工资,所以他们不需要我们支付赡养费,有时反而还会补贴给我们一些。我是家中的老大,下面有一个弟弟,一个妹妹,我应该是家里的顶梁柱,但是我却挑不起这个担子,反而要弟弟妹妹担起这个责任,有时,他们会给我一点钱,补贴一些家用,有时他们会给我儿子买点衣服裤子或日常生活用品。对于他们,我一直是心怀感激的……他们到我这很方便,一趟车就能到。"(个案十)

空间存在作为物质性空间实践(materialized spatial practice)的被感知空间(the perceived space)①,作为空间的再现(representation of space)的认知性空间(the conceived space)②,以及作为再现性空间(spaces of representation/representational space)的亲历性空间(the lived space)③这三个维度,虽然资本和政府制造和控制的"空间的再现"正不断地侵蚀和控制着城市居民的再现性

① "物质性空间实践",是指那些发生在空间中的并穿越过空间的自然的与物质的流动、传输与相互作用等方式,以保证生产与社会再生产的需要。空间的实践就是人对于空间的感知。空间的实践,为社会空间性的物质形态的制造过程,因而既表现为人类活动、行为与经验的一种中介,也表现为一种结果。

② "空间的再现",是任何一个社会中(或生产方式)占主导地位的空间,是知识权力的仓库。空间的再现事实上就是空间按照权力的意志被重构。这种空间被社会的精英阶层构想成为都市的规化设计与建筑。他们把这种空间视为"真正的空间"。他们经常把对空间的表象作为达到与维持其统治的手段。

③ "再现性空间",即精神的虚构物(代码,符号,"空间性的话语",乌托邦计划,想象的风景,甚至还有诸如象征性的空间、特殊的建筑背景、绘画、博物馆等等这样一些物质性建筑物,以便为空间性实践提供某些具有崭新意义或可能性的想象。再现性空间同时包含着所有"他者的"亦真亦幻的空间。再现性空间透露出"空间的真理"(true of space)。这就是说,它们反映了人们的真实的生活体验,而不是本质上的那种被某些都市规划者们所创造出来以便于统治的抽象真理。以上均引自刘怀玉,2005,《历史唯物主义的空间化解释:以列斐伏尔为个案》,河北:《河北学刊》第3期,第115页。

空间,但是常人的日常生活实践却在一定程度上抵制着这种异化。就像调查资料所展示的那样,底层在居住模式、居住安全、以及由居住衍生的生活安排方面的体验与考虑,构成了他们自己的空间经验;这种亲历性空间往往被隐蔽得很好,权力无法介入,甚至不被底层自身所认知,但却会在不经意的地方改变从而抵制他者对空间的安排。本研究将这些空间实践和认识称为底层的居住福利学。

(三)廉租住房中的空间实践

1. 就近租房

有80%以上的受访者申请到廉租房后采取就近租房的办法,有的是在同一个小区内,有的是在同一条街道,更多的就是在老房子的隔壁或楼下租房。

核心家庭的父母通常会让具备了独立生活能力的子女去住新租房,这带着一种资源补偿的意味,子女也满意这样的生活安排,因为获得了独立的空间又可以保持一些居住习惯。唐先生2001年申请到廉租住房保障后,就四处托朋友找了一处离老房子只有一条小街之隔的房子,让大儿子去住,"我大儿子91年跟我回到上海后就没读书了,他当时才15岁初中刚毕业,脑子很好的,特别是数学成绩不错,安徽那边的老师都表扬他,但是家里穷,我们负担不起上海的学费,然后他17岁不到就进化工厂工作了。这点,我还是觉得满内疚的,对不起他……廉租房现在让他住,女儿和小儿子在老房子里也能清清静静读书,老大也能有婚房结婚……"(个案二十)

联合家庭或主干家庭中搬离的家庭成员往往是本身就有独立户口、对家庭冲突无法忍受的小家庭,但是"由于之前所有的原因(兄弟三人为房子吵架),我平时吃饭在这间店里,睡觉在我的廉租房内,但老房子(直管公房)两天去个一次,一年的房钱分三份,我

现在还是要摊300多元的，这表示我还是家里的一份子，房子有我的份”(个案十四)

廉租住房补贴标准2000年的时候，是一刀切，规定每户每月每平方米居住面积补贴40元租金；2002年开始，各区租金补贴按照地段级差标准来划定，规定廉租家庭在市场上租赁的房屋实际租金超出核定数部分由其自行承担，但如果低于核定数，则补贴租金按实际租赁数额发放；实物配租按户结算，每户为6万元整，各区县在掌握此标准时可以区内平衡。例如，杨浦区内有一户四口廉租家庭，家庭月收入1 000元，低于06年最低社保1 200元标准，目前居住的面积为24.8平方米，人均居住面积6.2平方米低于7平方米。按人均居住面积7平方米的家庭配租标准，该家庭应当再补差面积3.2平方米，达到28平方米。由于补差面积不足10平方米，按10平方米补贴，杨浦区每 m^2 居住面积补贴标准为48元，那么该家庭可以获得48×10＝480元的月租金补贴。因为政府补贴的租金不高，新租房往往不大，就我调查到的情况来看，租房的面积一般在7至14平方米之间。廉租保障后的居住状况不管对于住在老房子的家庭成员和搬进租房的成员来说并没有比以前好多少，以徐女士家为例，老房子28平方米住着7个人，他们搬出后也只是让老房子人均4平方米升到了人均7平方米，这很难说家庭居住状况得到了极大改善，并且租户在廉租房中也不得不继续被迫改造空间、生活错时等居住行为。“但(廉租)房子还是嫌小，现在孩子也逐渐大了，人均6平米肯定是不够的，所以我们只好把阳台整治了一下，变成儿子的小卧室，但是你看连个床也放不下，只能放个榻榻米”(个案十六)。

所以，廉租家庭对于廉租住房保障政策并不满意，而更寄希望于拆迁，认为拆迁才能住上大房子，让生活彻底改变。“我们现在就等着拆迁，廉租房算是政府为我们作的一件事，但根本问题没解决的，住租的房子也不是长久之计，我们又不是没房子的人，只有拆迁让我们分到大一点、套型好点的房子，才算真正为我们这个家解决了难题。”（个案十二）

2. 转租——“集体消费”的私人化形式

根据中央和上海地方“廉租住房申请、审核及退出管理办法”的规定，如果“享受廉租住房保障的家庭将承租的廉租住房转借、转租的，或连续六个月以上未在廉租住房居住的，那么由房地产行政主管部门作出取消保障资格的决定，收回承租的廉租住房，或者停止发放租赁补贴，或者停止租金核减”①。在我的 21 个受访对象中有 3 例是把廉租房长期转租给别人，而自家仍然居住在老房子中，探访下来的结果是——转租者对廉租政策的满意度高于搬进廉租房的家庭。

林先生 1990 年搬到了上海造纸公司与其他国营单位联建的公房小区里，小区位于静安区余姚路，周边交通便利、商业发达，楼房共 6 层，每层 5 户人家，他家住在最高一层，一室一厅，使用面积共 11 平方米，林先生只拥有房子的使用权，月租费 27.5 元。1999 年造纸厂被其他厂合并，拿不出钱给职工，也没给职工缴医疗保障金，所以林先生看病完全自费；前妻于同年向静安法院提起离婚诉

---

① 享受廉租住房保障的家庭有下列情况之一的，由房地产行政主管部门作出取消保障资格的决定，收回承租的廉租住房，或者停止发放租赁补贴，或者停止租金核减：

（一）未如实申报家庭收入、家庭人口及住房状况的；

（二）家庭人均收入连续一年以上超出当地廉租住房政策确定的收入标准的；

（三）因家庭人数减少或住房面积增加，人均住房面积超出当地廉租住房政策确定的住房标准的；

（四）擅自改变房屋用途的；

（五）将承租的廉租住房转借、转租的；

（六）连续六个月以上未在廉租住房居住的。

讼，法院判决女儿跟着林先生，前妻每月给孩子 200 元生活费，但据林先生说到至今也没拿到一分钱。林先生失业后托朋友介绍了一些保安、送货之类的工作，但 2002 年检查出有糖尿病后，辞了工作，因为文化水平为初中、又无技术，所以要找不费体力的工作很难，常常是临时性的，家里收入极不固定，稳定的收入来源就是女儿自 2000 年就申请到的最低生活保障。林先生最大的生活目标就是“一天把三顿饭吃饱，将来能给得出小孩上大学的钱，就可以了，没有其他要求”。他于 2003 年花了 4 个月时间申请到了廉租住房保障，在杨浦区租下了姨妈家的私房，每月租金 780 元，政府补贴 480 元，林先生补 300 元。“廉租房这个政策，我还是很满意，因为加的那个房子嘛，你高兴去这就去住，不高兴住就租给人家，我一直是借给别人的，我今年把租金提高到了 1 000 元，靠差价我可以收入 700 元。这笔收入对我们家来说很重要，我没活做的时候，月收入就是租金和低保，有活做的时候家里月收入差不多 1 300 元左右，而一个月的水、电、煤气、吃饭这些开销就要五、六百，特别是这段时间物价上涨，连蔬菜都涨，一只番茄竟比桃子还要贵，要两元，没这笔钱我还真不知道怎么过？女儿又处在生长发育阶段，平时训练（他女儿是学校射击队的队员）也特别辛苦，我老给她吃青菜不行，所以也会买点好的。还有就如女儿的辅导书、训练费，这些都很贵的，本想去图书馆里借书，但图书馆里根本没什么好书。还有就是一感觉身体不好的时候，我就发慌，看病哪儿来的钱，一次看不好，看第二次怎么办？而我身体又常常不好。所以，我是很感谢政府的，给了我享受了廉租房这个政策，能让我生活稍微安点心”。他对转租廉租房这件事觉得非常正当，虽然他对小区环境、物业管理很不满意，但他认为搬到廉租房内的话会打破原有的生活习惯，最主要的是很多隐性的好处就没有了，例如女儿的就近上学、老房子的区位带给日常生活的便利以及老邻居之间的相互照顾,"我当时是想在这附近租一间房子的,但因为这里地段好,走哪都方便,当时像我们这种公房小区都要 1 600 元一个月,所以只好不搬了。反正政府也是知道你的,房子肯定是要租出去的,因为他知道你肯定不可能住过去,小孩在这么我当父亲的在那边怎么可能,所以居委会的人来审核的时候,也不管你的,把一张表填好,他就交上去了,这四年都是这样的。"我问他是否知道这是违反规定时,他向我展示了一部现实的廉租法:"我也不太搞得懂,但是法律是死的、人是活的,居委会的人大多是一个小区的,特别是你跑勤快点,把你家困难的情况反映上去,他们一般很帮忙的;我把房子租出去后第一年,街道的人来查说这样不行的,但后来居委会的人帮我说了话,说现在廉租户很多都是住到租的房子里然后把原来的房子借给别人,而我家里情况特殊孩子要上学不可能住到租的房子里去,那只好调过来,住这边租那边,其实质是一样的,街道的人一听也就不说什么了……邻居更知道我的情况,大家都难,不会打我小报告;但是你买房子就不行了,这就不好再享受廉租房了,而且你瞒不住的,街坊邻里都知道,市上一查就查出来了。所以我说市上出台的廉租政策考虑得蛮好的,非常人性化,最起码考虑到了我们这样生活困难的人。"(个案二)

转租实际上是将政府的福利供给转换为家庭可自由支配的现金形式,即变"集体消费品私人化"了,从而不受限于政府对其的供给约束,而能够拿现金直接购买家庭认为急需的商品和服务。虽然从底层的视角来看,转租让家庭的相对收入大幅度增加,提高生活水平,但是从政策目标的实现来看,转租是对制度目标的背离。并且,根据本研究在选择调查对象时的随机性来判断,这不是调查者碰到的偶然情况,而带有一定的普遍性。

3. 廉租房小区试验——一个比较的角度

蒋先生作为一等伤残军人，是以特殊申请对象的身份申请到廉租房的，他家也是 21 户受访对象中唯一享受到实物保障的家庭，“全上海享受这个待遇的一等伤残军人就我一个”。（个案二十一）而他在获得廉租房前的经历也与其他受访者不同，蒋先生一家从 1983 年开始在外租房，前后搬家 7 次、长达 20 年的租房经历使他家的居住行为和居住认识不同于其他虽然居住困难但却有长期稳定住所的受访者。所以，这是一个极端个案，研究极端个案的功能在于“虽然这种现象比较极端，不具有统计学平均意义上的代表性，但是就研究目的而言，这种独特现象的揭示可能比一个典型现象更加有力。”（陈向明，2000）

实物配租房在闵行区的 PY 三街坊，03 年 4 月份竣工的，截止至 06 年调查时，住进来的廉租家庭有 20 户，并且都是住房困难的优抚家庭或市级以上老劳模，按照廉租办主任的话说“这里其实主要是用来解决为国家做出过贡献或存在历史遗留问题的那些家庭的住房困难的”①

---

① 在这 20 户中，采取的实物保障方式确是不同的，第一种是签租约的，一签 15 年，1 个平方 10 块钱，原来的有老房子冲抵给市廉租办的，那么租金直接从冲抵的款项扣除，比如说老房折旧款是 60 万，扣掉你 10--15 万，一部分作为房租押金，一部分作为租约押金，但是房屋使用权子女不能继承；第二种是像蒋先生这样的，拥有产权但规定房屋不得转借或交易，他家房屋建筑面积 78.1 平方米，使用面积大概 64 平方米，04 年底申请到时，整套房子买下来近 28 万，出资方案为上海市廉租办支付 10 万元，蒋先生自己出 18 万元，由于受伤多年又一直在外租房，家里几乎没有积蓄，所以找原单位补贴了 5 万元，老房子所在街道补贴了 3 万，市民政局补贴了 2 万，妻子的公积金拿出 5 万，向亲戚朋友借了 3 万元，凑足了房钱。房产证是自己收着的，不过已注明：“第一，不得出租；第二，未经市廉租办同意不得上市”，但房子可以转交给下一代，据说这是签协议时市廉租办向蒋先生保证过的，依据是上海市内部的“廉租房管理办法解释条例”。蒋先生当时认为自家出了 18 万却没与享有完全产权是不合理的，但考虑到家里在外租房的时间实在太长了，而这毕竟提供了一个属于自己的稳定的住处，于是也就安心地住下来，开始新的生活。

(个案一)。事实上,如果没有人说 PY 三街坊内有着上海市目前惟一的廉租房小区,这里绝对算是闵行古美街道地段好、生活设施完备、交通方便的新型商品房住宅小区。周边有家乐福、易初莲花等大超市,轨道交通一号线、五号线、公共交通网络密集,还有南方商城等大型购物广场,菜场、便利店、小吃店等生活设施,房地产业成熟,入住率极高。小区内除了廉租户,就是动迁配套商品房和纯商品房。楼房一般为 6 层,也有一些电梯小高层,楼与楼之间间距较大,绿化良好。廉租房相对集中,分布在 30—34 幢之间,蒋先生家住一楼,两室一厅,坐南朝北,屋外被他改建成了小花园,种着冬青和月季。"我自己知道怎么回事,但外边人不知道的啊,现在这边一平方米就要 7 000 多元,一看还当是正宗的大型楼盘里面的产权房,小孩儿带同学回来玩,会说这是我父亲挣的一套房子,这有种自豪在里面的。"

蒋先生 05 年借了 3.5 万作了简单装修,我前后去他家访问过四次,每次家里都打扫得一尘不染,物件摆放得井井有条。妻子说以前租房子的时候根本没心思也不愿意打理房子,但"这是我们的家,很珍惜它,每天除了照顾他(双腿残疾的蒋先生)的时间,我就喜欢拖拖地、擦擦灰"。蒋先生的居住生活也变得相当丰富,"我早上一般 6 点半就起来了,会在小区里走走,透透气,白天还喜欢养花,以前哪有地方给我培养这个爱好啊,现在好了,你看我种的月季多喜人,这棵海棠花到了秋天很争气的,会开很多花;中午习惯睡午觉了,然后起来在院子里喝喝茶,邻居碰到了就一起坐坐"。

"稳定的住所能给家庭带来有了生活基地的充实感,良好的住房结构和环境让居住生活变得多样,而这些丰富的时间和空间孕育起来的人性和人权意识,是形成良好的市民社会所必须的。"(早川和男，2005）蒋先生曾经是原居委会和街道的重点盯防对象，因为他为了争取家庭的居住福利多次上访、写申诉信、递材料，而他提起原街道和居委，链接词从来都是"最坏的一批人"、"钱给他们吃了，事情不办"、"地头蛇"、"奶娘"，互动关系中充满了紧张和冲突。但搬到新街坊后，蒋先生倒经常帮物业和居委会的忙，"我常去跟物业聊天，看有什么要帮忙的就帮个忙，因为这边的物业和里弄（他指居委会）作得蛮好的，可能是闵行这边条件好吧，有一定经费，他们很多事情都会主动来关心，比如说来慰问一下啊，住得还习惯哦，生活有困难哦，需不需要安排工作什么的。所以我时常会去他们那坐坐，暑假里弄会让我去给街道里的小朋友上课，他们放假了嘛，但大人都要上班，所以里弄就组织一些暑期培训班，让我去作一些革命传统教育，这我倒乐意去的，谈谈自己的体会，但对着小朋友都拣好话说。"由于住房性质的相同，经历相似，廉租户之间也较容易形成感情上的认同和行动上的联结："我们这儿的人享受的福利不是人人都有的，一类伤残军人一类劳模一类烈属，这都是为国家做出贡献的人"关于房子的"半产权"问题，曾在廉租户间热议过："大家都认为，虽然国家出了 10 万元，但是没有资格就没有享受的权利，如果没有对国家做出了贡献，这个 10 万是肯定拿不到的，这是国家对你贡献的相应回报；政府当初不给产权证也许我们也就没这种想法，毕竟以前居住环境那么差的，现在有了个可以长期住的地方，是该满足的了，但你（政府）又明明白白给的是商品房产证，说明你承认这个逻辑，而事实上为了买这房子我们是自己掏了大部分钱的，那么就应属于自家的啊，但却规定'未经廉租办同意，不得上市'，这不就是在剥夺了我们的权利嘛！虽然我们不可能拿去上市交易，以这些人的经济条件再去买套房是不可能的，但这是个权力，这叫自主权，人一定要有自己的自主权，哪怕再穷,人说人穷志不穷。”为此,廉租户联名给廉租办写过咨询信和建议书,而目的是想积极参与政府以后政策的制定,其意义与把居住保障看作是“有良心的执政者”对城市弱势群体的关怀完全不同,这里有个居住权利感上升的内涵在,而“对居住的权利感觉是市民社会的基础”(早川和男,2005)。

(四)本节问题的讨论

首先小结一下本节的研究发现:

1. 本章通过分析廉租家庭的基本结构以及收入、消费情况和空间分布情况发现,虽然城市空间的极化现象已表现出明显趋势,但底层家庭的居住区位还没有明显的集聚化、边缘化倾向,不少家庭居住在中心城区;国家补贴对他们保住生活底线有着重要意义,但是“低保”占家庭可支配收入的比重越来越少,这构成了他们从其他渠道“积极”获取国家救助金的动力。

2. 廉租家庭的生存理性引人注目,这不仅表现在按家庭条件去追求收入最大化,还在于按家庭条件来安排生活从而获得居住的福利性上。

长期生活在不适宜居住的住宅中,迫使他们积累了“丰富”的“创造”空间经验,例如家庭成员的居住行为呈现在空间上重叠而在时间上隔离,家庭对空间的改造等。对住宅周边空间社会的体验和认知是分层的,与邻里有着“乡土式”的情感认同与互惠关系,并充分认识到了“地段”能带给他们的隐性帮助,同时也对小区这一层空间的衰败状况感到不满。不过,在理性比较前两者的正向效应和后者的负向效应后,他们会在“保住生活底线”的原则下作出选择,而结果往往是:情愿牺牲住房面积、住房类型、小区环境,也不希望在无产权的情况下租住到郊区去,即底层在降低居住效用还是降低对城市公共资源和社会网络资源的消费水平上，多数选择的是前者。但是当家庭成员对不同住宅内部功能空间需求的刚性增加，任何改造都无法承载居住生活本身的变化时，他们希望彻底改变居住空间的愿望就会增加，所以在这一语境下，他们又盼望着旧城改造，即使要拆迁到远郊，但毕竟房屋面积、房屋功能大大提高了。这些复杂的空间认知和实践原则构成了底层应对外界空间变化的逻辑和资源，我将之称为底层的居住福利学。

3. 正是因为受着居住福利学的影响，所以廉租家庭对于廉租政策的反应大大不同于政府在设计和推行这一政策时的预设。80％以上的受访者申请到廉租保障后，在居住福利学的意识支援下采取就近租房的办法，而廉租保障后的居住状况不管对于住在老房子的家庭成员，还是对于搬进廉租住房的成员来说并没有比以前好多少，所以这部分廉租户对于这项旨在“保障困难家庭最基本的居住生活”的政策并不满意。反倒是将廉租房转租的家庭，认为廉租补贴非常重要，这类家庭一般成员少、有稳定住所但家庭收入与支出之间却存在较大差额。虽然居住条件很糟糕，但他们可以降低对居住生活的要求，并通过空间改造、错时使用空间等方式来克服居住困难。而入不敷出才是更加刚性的问题。所以在权衡改善居住效用与保住生活底线之间的重要性后，他们选择采用变“居住福利提高”为“收入提高”的办法，替换廉租住房政策的保障目标，增加家庭进项，来实现维持最低生活水平的终极目的。于是，从底层的视角出发，廉租政策在落实上就存在一个有意思的悖论：在目前的制度框架下，按部就班地接受“租金补贴”的家庭不满意这项政策，而违规的家庭反而满意。

戴维·哈维认为，不同利益集团对城市发展和居住空间具有不同的要求，各方为了自己的利益不可避免地卷入人造环境的创造、管理和利用斗争中，因此，城市的发展过程就是各阶级之间不断围绕空间的安排进行讨价还价乃至冲突的过程，空间的占有、利用、支配、控制和创造成为阶级之间协商、对立、抗争的重要议题（蔡禾，2003）。对于处于城市底层的廉租家庭来说，也许在抽象空间上处于绝对的弱势和被动地位，但由于空间还具有在场性，所以从一定程度上说，他们又相对拥有空间主体性，这种主体性被隐藏得很好，权力和资本很难发现（或者不屑于发现），也很难介入。不过，正是这一“居住福利学”影响了底层对国家政策的认识和评价，进而主导着底层围绕“居住空间”展开行动，这些行动很少是直接的、象征性的对抗，但却决定着社会政策是否能在老百姓中获得认同、并积极参与。

那什么是符合底层居住福利需要、并且也有利于政府福利目标实现的廉租政策呢？在廉租房小区中的发现，为我们的思考提供了方向。

1. 住房作为生活的基地，长期“有房住”这一事实对于购买能力弱的低收入家庭来说更为首要。因为搬迁不管对什么人而言都是种消耗，这种消耗被双困家庭的现实条件放大后就更加显著，而搬家背后更大的问题是，它造成一种居住上的极度不安状态，“过日子就是在做减法”（个案二十一），这往往让家庭成员陷入压抑之中，生活规划和建设就更谈不上；另外，居住上的临时状态所带来的身份上的临时性，使得租房家庭无法对一个社区产生属地感，反而在邻里之间多出了一种因空间占用关系上的紧张而滋生的敏感。所以，无论房屋产权是自有还是租住政府直管或单位自管公房，只要不用担心“哪天会被赶出去”，那么住房问题的其他方面就不会显得那么刚性。

2. 当然，在居有定所的情况下，住房条件以及居住环境要不危及居住者的生理、心理健康，不会对有机生活结构造成破坏，这是底层能盼望的最大的居住福利。如前所述，廉租政策的“租金补贴”是无法改变既有的住宅危害的。但是，廉租房小区却较好地满足了这些要求。

3. 从住进廉租小区的个案的生活现实中，我们还看到了居住更深层次的意涵。居住者对住房享有的自我决策权、居住空间的适宜让生活丰富度的提高最有意义的作用就在于让低收入家庭摆脱了“居住不安”，这让他们能对生活进行定位，觉得生活充满希望，人也就有了奋斗的方向，和反过来哺育社会的能力。而前西德的首相阿登纳(1949 至 1963 年在任)曾说:“国民精神的荒废起因于居住的贫困。”(早川和男，2005)

但是，虽然建设部等在 06 年至 07 年间反复提出增加廉租房供应的办法不仅包括收购、鼓励社会捐赠等，还要修建廉租房小区、或收购适合廉租的商品房；上海，却没有因全国的变化而改变自己的思路，仍然坚持政府不兴建廉租房，也不组织社会或资本力量修建成片廉租房小区的方针，而把政治资源集中在廉租住房保障受益面的扩大上，并明确提出“政府主导、社会参与、市场运作”的原则，“……继续扩大住房保障政策覆盖面，能够享受廉租住房政策的城镇生活和居住困难家庭达到 10 万户左右……在继续坚持以租金补贴为主、实物配租为辅的基础上，适当提高实物配租的比例……”①

① 《上海市“十一五”住房建设规划》，2006 年 9 月颁布。

五、总结与反思

（一）总结：为什么城镇廉租住房政策落实缓慢？

经济学、管理学、行政学等对“为什么城镇廉租住房政策落实缓慢”这一问题的反思已经很多，但大部分都忽视了一个重要的向度——城市空间。这里，借用列斐伏尔对当时法国学术界的批判来表明本研究的立场：“多数认为城市空间孤立于社会脉络之外，它以一种既定的、空间组织之特殊向度出现，主要是与高层决策关联在一起，而较少被视为地方化的社会需要；一种更为隐蔽的成理是：规划的空间是客观的和纯净的；它是一种科学对象，并且因此是中性的。但空间并不是某种意识形态和政治保持着遥远距离的科学对象，相反地，它永远是政治性的和策略性的。假如空间的内容有一种中立的、非利益性的气氛，因而看起来是“纯粹”形式的、理性抽象的缩影，则正是因为它已经被占用了，并且成为地景中不留痕迹之昔日过程的焦点。空间一向是被各种历史的、自然的元素模塑锻造，但这个过程是一个政治过程……空间是政治的、是意识形态的”（Henri Lefebvre，1977）。以城市空间的政治经济学为视角，本研究从宏观、中观和微观层面重新梳理和分析了城镇廉租住房制度的福利逻辑、制度设计和执行以及在廉租家庭那儿的实际效果等，试图对“为什么城镇廉租住房政策落实缓慢”这一问题作“社会学的”解读。

本研究的主要发现是：

1. 从对廉租房产生背景的梳理中，我们发现城镇廉租房政策创设于受“现代公正”与“发展主义”双重价值体系与行动逻辑左右的空间政治环境中。传统社会主义时期，我国实行的是公有住房福利分配制度，这一制度建立在对住房社会主义属性的论断之上，强调对劳动者居住权的整体确认和保护；改革开放以后，“现代公正”和“发展主义”的逻辑框架同时被引入到了住房保障体系中，住房的商品属性被“发掘”，住房制度改革启动，原有的普遍性住房福利模式全面停止。在实现经济发展与维持政治秩序正当性这两个必要条件之间，政府选择将大量精力投入到重组空间以适应资本的全球流动上，而对落实住房领域的“现代公正”缺乏动力，政府慢慢撤离了住房保障的前台。我国的住房保障制度在经历上述历史时，资本主义国家的公共住房政策也经历了从最初阶段的高福利模式，到后来的新自由主义模式，这么一个国家在保障住房福利领域中“进”与“退”的过程。本研究认为，这一超越国家界限及意识形态发生作用的正是资本在世界范围内的空间生产。但区别在于，以“现代公正”为内核的福利传统已深植在西方国家的民众与政府行动之中，保持着对资本逻辑的警惕和抵制，所以如英国等传统福利国家在上世纪 90 年代就走上了“第三条道路”这么一个“合”的过程。而中国在房改和房改后很长一段时间里，在以“经济建设为中心”的意识形态下，几乎停止了构建和落实新型住房保障体系的努力。

2.“双重逻辑”使得城镇廉租住房制度从设计开始就处于矛盾的张力中，而与其试行和推广相伴随的是社会空间的“公正性”在整体上受制于资本逻辑的过程，资本城市化与城市政府“法团化”的相互作用，使得廉租政策的实际运作呈现出一种奇怪的、不指向本身福利目标的特殊景观。这集中表现在：虽然中央的制度文本上将廉租住房定位为解决所有最低收入家庭住房困难的手段（即应保尽保），但在地方却通过对基本申请资格的限定排除了包括进城务工者、单身家庭等在内的至少五类急需改善但却没能力改善居住条件的低收入群体;中央设计的“租金补贴”和“实物配租”并举的廉租措施也在地方实践中被改变,按市场标准进行“租金补贴”成了主流的补贴方式,即大多数“无法通过市场获得适宜住房的最低收入家庭”,就算从政府手中取得补贴后,也仍要到市场中自找居所;另外,地方廉租办的资源和权力也受到极大的限制,使得他们在落实廉租住房政策时即使有心也使不上力。地方政府更有兴趣的是经营城市空间,提高资本积累速度,而剥夺社会底层的日常生活空间,压缩廉租住房保障范围、更改保障方式,从而降低劳动力再生产成本和政府的负担,无疑是很好的办法。

3. 虽然政府把廉租住房政策视为解决城市“双困”家庭居住困难的基本方略之一,但这一“应然”与“实然”矛盾的政策,本身就存在无法兑现制度承诺的问题而难以取信于民,且由调查得知,即使获得廉租补贴的家庭对制度也并不满意,因为制度结果与“底层的居住福利学”标准存在多方面的矛盾。这类家庭一般有稳定的可长期居住的房屋,与邻里有着“乡土式”的情感认同与互惠关系;虽然居住困难,且对小区环境不满,但其居住区位通常处于中心城区,“地段”带来的隐性帮助给他们构建生活提供了便利;并且,长期生活在不宜居的住宅中,为了避免“过得更糟”,他们积累了丰富的“创造”空间的经验。在“保住生活底线”的原则指导下,他们情愿降低居住效用,也要保持对城市公共资源和社会网络资源的嵌入和摄取。结果是,绝大部分双困家庭获得廉租补贴后选择了就近租房的形式,但有限的补贴使得他们只能租到与原处“没什么区别”的房间,居住生活改善基本谈不上。国家发放的救助补贴是底层家庭“保住生活底线”的重要支柱,可是近年来“低保”占家庭可支配收入的比重却越来越少，于是部分家庭成员人少、有稳定住所但收入与支出之间存在较大差额的家庭将承租的廉租住房违规转租出去，变“保障基本居住生活”为“提高收入”来维持家庭最低生活水平，并且能让“手头宽裕一些”。而这类廉租家庭对目前的廉租住房政策安排感到很满意。但是，几乎所有的廉租家庭都更寄希望于旧城改造，他们认为只有动拆迁才能彻底改变他们的居住现状，获得居住安全感，且满足成员对不同功能空间的刚性需求，这样的话，即使搬到远郊也无所谓；而目前的城镇廉租住房政策与他们的空间认识相去甚远。

透过以上研究结论，廉租住房制度作为一项以城市空间为内核、关乎底层基本居住生活的社会政策，其内在和外在的矛盾性与局限性已经显现，推广起来自然缺乏逻辑、行动和社会基础。但作为向城市困难家庭提供基本保障的廉租住房政策又必须有所作为，这是我每次调查后都要反思的问题。以下思考可能尚未完全成熟，但体现了我研究的真实感受。

（二）先租后售——以“资产建设”为目标的廉租房政策

对传统社会主义时期公房福利分配制度的梳理，不仅是我们分析城镇廉租住房政策产生背景和内在逻辑时的基础，而且其制度内容和制度结果向我们展示了社会主义国家为底层生产居住空间的可能。

上世纪末的住房改革终结了公房福利分配，但后者对城市空间和社会结构的影响却延续至今。公房出售犹如向城市居民派发城市公司的原始股一般，造就了大批“中产阶级”……当我们的经济高速增长和城市化速度加快时，在城市中拥有稳定住所的意义就日益凸现；特别是在我国经济由政府主导下成长的背景下，如果说外部人分享一个公司成长的最佳途径,就是拥有这个公司的股份,那么要分享中国经济增长成果,最重要、最盈利的“公司”,就是地方政府经营的城市。城市经济增长,所有城市不动产就会随之升值……谁拥有城市的土地,以及附着其上的不动产,谁就可以快速致富……中国近年来白手起家、一夜暴富的故事,大多与城市土地有关,就算只是在快速发展的城市中拥有一套住宅,也能让拥有者挤进“业主”行列,归入“中产阶级”的社会序列(赵燕菁,2007)。在资本城市化的过程中,拥有还是租赁住宅,很大程度上决定了财富未来的分布。上世纪,是否拥有公房使用权是城市居民能否搭上城市发展列车的关键,那么,现在要保证人民、特别是底层家庭拥有置业的平等机会,使更多的人获得城市的“原始股”——不动产,从而尽可能公平地将新增的社会财富在更广泛的人群中进行分配,就需要设置一种机制,例如像新加坡[①]那样,实行“先租后售”。

“先租后售”的实质是把城市的“原始股”换成“期权”,通过“租”和“售”两个阶段,使城市居民在其劳动的生命周期,购买力不足的时候,获得低廉的可长期居住的住宅;而在其退休后的生命周期里,获得高价值的资产。“先租后售”的廉租房模式将大大的提

① 新加坡公共住房政策最大的特色是坚持“通过让资产增值来重新分配财富,而不是津贴消费”。建国初期,新加坡政府面临严峻的住宅问题,1964 年政府宣布实行“居者有其屋”计划,鼓励中低收入阶层以分期付款的方式购买组屋。政府根据家庭月收入和净资产总值的不同,规定享受不同的公共住房政策,具体政策如表 3 所示,其中,月收入在 800～1 000 元的家庭,前两年的租金仅为市场租金的 20%,月收入在 1 001～2 000 元的,前两年的租金仅为市场租金的 30%;同时规定,每两年更新租约,租金随更新次数与收入而定,并可在购买时享受优惠。根据新加坡政府的统计数字,截至 2003 年底,组屋住户占到其人口总数的 84%,在总共 725 000 间组屋当中,只有 9%是租赁单位,而大部分是市民从政府手中买去的。

高家庭居住的稳定性和安全感，并为他们创造生活的未来定向，增加个体效能，增加社会联系和影响，增加子女的福利，帮助他们进一步积累资产，并提高政治参与能力，为抵御风险奠定基础，而不是担心收入一增加，就会被赶出居所。在分析廉租家庭基本结构时，我们已经发现，这类人群的主体是有劳动能力但收入低或失业、无业的人员及其家属，所以具备先租后售的对象性条件。变"以收入为本"的廉租住房制度为积极的"以资产建设"为目的的居住福利政策，帮助他们进行资产积累与投资而非简单的直接增加其收入与消费，这才是符合城市空间发展现实的住房保障。而这些在廉租家庭那里其实已经得到了呼应，只是他们将这种住房保障期待朴素的转述为了对"动拆迁"和"实物配租"的期待而已。

这种制度一旦建立，将使国家的住房保障政策从几乎完全关注"维持"转向关注个体、家庭和社区的"发展"，从而可能产生强大的政治支持力，因为房屋所有权创造的可能不仅仅是市民的空间平等感，而且是更具责任感的公民。但在此要强调的是，只有政府才有能力和动机以这种方法来提供集体消费品，这也即是政府为什么不能将初始住宅的提供完全交给市场，而必须建立和推进住房保障的原因。公有住房福利分配制度虽然不是按照这样的思路设计和运行的，但其制度内容和制度结果却起到了示范作用，去除因计划经济体制内在缺陷造成的负面因素，本研究认为，这一制度是我们在深化廉租住房制度时较好的政策参照。

（三）自下而上的空间管理

上述建议，是将"空间的政治性"悬置后作出的讨论，但作为"社会学"研究对社会问题的反应，我们希望走得再深一些。

列斐伏尔认为资本将空间纳入生产系统后克服了一些已有的

矛盾,却也同时产生了另一种矛盾:剥削空间以谋取利润的资本要求与消费空间的人的社会需要之间的矛盾,也就是利润和需要之间的矛盾,交换价值和使用价值之间的矛盾,这给社会关系再生产埋下了潜在危机。[①] 卡斯特尔观察到资本主义国家意图通过提供集体消费品来缓解这种矛盾,但是集体消费品的生产过程仍然存在"供给成本"社会化与"所得利润"私有化之间的矛盾,国家只能把集体消费维持在一个较低的水平上,从而易形成新的不平等,引发都市运动。[②] 都市运动一般围绕三个方面展开:由政府直接或间接提供的集体消费;与某一特定边界相联系的文化认同感的保护;政府、尤其是地方政府角色定位方面的政治运动。即政府干预越深入到人们的日常生活领域,日常生活领域就越政治化,这么做的后果就是使政府与市民之间的"中间域"消失,发生在日常生活领域中的矛盾变成了政府与市民间的矛盾,而日常生活领域的问题就可能成为挑战政府的问题(蔡禾、何艳玲,2004)。

现代资本主义国家是这样,传统社会主义下对空间实施绝对控制的国家也是这样,所以,列斐伏尔主张将"自上而下"的生产空间,重新建构为"自下而上"的空间,也就是普遍性的自我管理,争

① 列斐伏尔认为,"城市革命"同时也产生了一种威胁资本主义统治的矛盾:因为空间被资本殖民化只能通过将人口分散来进行,而只把经济和政治管理留在城市中心,把日常生活排挤到边缘,但这么做导致政治权利集中而社会凝聚力削弱;资本主义的逻辑(为利润和剥削劳动力而生产)让空间生产过程中的基本矛盾变成剥削空间以谋取利润的资本要求与消费空间的人的社会需要之间的矛盾,这种矛盾的政治表现就是都市运动——斗争的关键是争取让日常生活摆脱资本主义组织,并形成由人民大众来管理空间和空间为人民大众服务。

② 卡斯特尔在《城市与民众》这本书里,把都市社会运动定义为"由于社会的统治利益已经制度化并且拒绝变迁,所以在城市角色、城市意义、城市结构方面发生的主要变化一般来自于民众的要求和民众运动,当这些运动导致都市结构变迁时,我们就把它称为都市社会运动"。

取让日常生活摆脱资本主义组织，并形成由人民大众来管理空间和空间为人民大众服务，即“……空间只能是集体的与实际的，由基层控制，亦即民主的。”(Henri Lefebvre，1979)

社会转型以来，国家权力的城市空间战略中最重要的变迁就是“单位制”的解体和“社区建设”的提出，如果说过去是“单位”办社会，那么今天的社区建设则大有演变为街道政府办社会的趋势。这种制度和组织选择在加强城市社会控制，提高城市管理行政效率，体现政府的父爱主义精神方面的功能是明显的(彭勃，2006)。但是，社区是城市居民的日常生活领域，是一个以劳动力再生产为主的生活空间，政府如何进入社区，政府在多大程度上和范围内干预社区生活直接影响到城市社会即“中间域”的生长。所以最好的是培育城市空间中的市民力量，这不仅是在抵御全球资本对日常生活的侵蚀，也是防止城市居民直接与政府形成对抗。至于空间生产视角下市民组织的形式是什么，与政府在街区中的权威结构的互动关系是什么，这是今后要进一步讨论的问题。

参考文献：

安东尼·吉登斯，2000，《第三条道路：社会民主主义的复兴》，郑戈译，北京大学出版社。

安东尼·奥罗姆，2006，《政治社会学导论》(第 4 版)，上海世纪出版集团。

包亚明主编，2003，《现代性与空间的生产》，上海教育出版社。

蔡禾主编，2003，《城市社会学：理论与视野》，中山大学出版社。

陈伯庚、顾志敏、陆开和，2003，《城镇住房制度改革的理论与实践》，上海人民出版社。

陈向明，2000，《质的研究方法与社会科学研究》，教育科学出版社。

陈映芳,2004a,《上海市贫困群体利益诉求状况调查》,尹继左主编《2004年上海社会报告书》,上海社会科学院出版社。

戴安娜·M·迪尼托,2007,《社会福利:政治与公共政策》,何敬、葛其伟译,中国人民大学出版社。

戴维·米勒,2001,《社会正义原则》,江苏人民出版社。

范斌,2006,《福利社会学》,社会科学文献出版社。

高鉴国,2006,《新马克思主义城市理论》,商务印书馆。

高鹏怀,2004,《历史比较中的社会福利国家模式》,中国社会出版社。

简·雅各布斯,2005,《美国大城市的死与生》,金衡山译,译林出版社。

李勇辉,2005,《城镇居民户住宅消费保障制度》,中国经济出版社。

刘波,2006,《当代英国社会保障制度的系统分析与理论思考》,学林出版社。

刘玉亭,2005,《转型期中国贫困的社会空间》,中国科学出版社。

卢晖临,2007,《历史视角与社会学想象力》,载于《社会学家茶座》(第3辑),山东人民出版社。

迈克尔·谢尔登,2005,《美国及世界各地的资产建设》,载于高鉴国、展敏编《资产建设与社会发展》,社会科学文献出版社。

内维尔·哈里斯,2006,《社会保障法》,李西霞、李凌译,北京大学出版社。

田海东,1998,《住房政策——国际经验借鉴和中国现实选择》,清华大学出版社。

王微,1999,《住房制度改革》,中国人民大学出版社。

王志弘,《空间与社会讲义》(未刊稿),http://cc.shu.edu.tw/～e62/class/wang90102.doc。

威廉·N·邓恩,2002,《公共政策分析导论》(第二版),中国人民大学出版社。

夏铸九、王志弘编译,2002,《空间的文化形式与社会理论读本》,台湾明文书局。

杨鲁、王育琨，1992，《住房改革：理论的反思与现实的选择》，天津人民出版社。

杨团、关信平编，2006，《当代社会政策研究》，天津人民出版社。

姚玲珍，2003，《中国公共住房政策模式研究》，上海财经大学出版社。

早川和男，2005，《居住福利论——居住环境在社会福利和人类幸福中的意义》，李桓译，中国建筑工业出版社。

陈映芳，2003，《贫困群体利益表达渠道调查》，《战略与管理》第6期。

陈映芳，2004b，《群体利益的表达如何可能》，《天涯》第6期。

蔡禾、何艳玲，2004，《集体消费与社会不平等——对当代资本主义都市社会的一种分析视角》，《学术研究》第1期。

从静、梅琳，2005，《英国公共住宅政策对我国住房改革的启示》，《科技创业月刊》。

董佳懋，2002，《廉租住房实物配租思考》，《上海房地》第7期。

关信平，2002，《全球经济竞争与社会政策发展——兼析加入世贸组织以后我国社会政策面临的问题》，《江苏社会科学》第3期。

韩克庆，2004，《对廉租住房政策制订者的几点建议》，《城乡建设》第4期。

洪开荣，《各国廉租房政策及其市场效应》，《房改纵横》1997年第1期。

黄晨熹，2007，《城市低保对象求职行为的影响因素及相关制度安排研究——以上海为例》，《社会学研究》第1期。

黄晨熹、王大奔、邱世昌、蔡敏，2005，《让就业有利可图——完善上海城市最低生活保障制度研究》，《市场与人口分析》第3期。

刘怀玉，2005，《历史唯物主义的空间化解释：以列斐伏尔为个案》，《河北学刊》第3期。

刘精明、李路路，2005，《阶层化：居住空间、生活方式、社会交往与阶层认同——我国城镇社会阶层化问题的实证研究》，《社会学研究》第3期。

卢有杰，2004，《全面分析城镇住房保障制度》，《城乡建设》第4期。

芦金锋、王要武，2002，《日本公营住宅的运作方法及其借鉴》，《哈尔滨建筑大学学报》第4期。

潘文辉，2005，《美国低收入家庭住房保障政策对我国的启示》，《国外房地产博览》第4期。

彭勃，2006，《国家权力与城市空间：当代中国城市基本社会治理变革》，《社会科学》第9期。

丘海雄、徐建牛，2004，《市场转型过程中地方政府角色研究述评》，《社会学研究》第4期。

任焰、潘毅，2006，《跨国劳动过程的空间政治》，《社会学研究》第4期。

上海市房屋土地资源管理局，《稳步推进上海廉租住房试点工作》1999年3月http://www.cin.gov.cn/fdc/exp/default.htm。

上海市房屋土地资源管理局，2001，《本市廉租住房工作调研报告》，上海市政府内参。

佘立中，2002，《关于香港改进公屋建设措施的几点思考》，《广州大学学报》(自然科学)第1期。

王卓祺、雅伦·获加，1998，《西方社会政策概念转变及对中国福利制度发展的启示》，《社会学研究》第5期。

吴晓、张靖，2002，《公共住宅：香港和新加坡的政策性差异透视》，《住区规划研究》第3期。

吴忠民，2004，《从平均到公正：中国社会政策的演进》，《社会学研究》第1期。

吴忠民，2005，《关于促进社会公正的几个重大问题》，载于郑功成、贝克尔编《社会保障研究》，中国劳动社会保障出版社。

夏建中，1998，《新城市社会学的主要理论》，《社会学研究》第4期。

谢芳，2002，《纽约市的廉租房》，《首都经济杂志》第1期。

谢良兵、郇丽，2007，《廉租房的理想与现实》，《中国新闻周刊》3月12日。

徐楠，2005，《上海：廉租房在楼市缝隙中求“解压”》中对上海市廉租办主任董主任访谈资料整理得，载于《南方周末》。

杨上广,2006,《上海城市居住空间分异的社会学研究》,《社会》第 6 期。

尹朝晖、吴硕贤、张红虎,2007,《家庭居住生活方式影响要素调查分析——以珠三角地区为例》,《建筑学报》第 4 期。

余鑫炎,1981,《对住宅问题的几点看法——与顾志明同志商榷》,《江汉论坛》第 1 期。

张红,2002,《美国公共住宅政策的起源与未来发展》,《城乡建设》第 6 期。

张应祥,2005,《资本主义城市空间的政治经济学分析》,《广东社会科学》第 5 期。

赵燕菁,2007,《化解社会"失衡"的住房政策》,《瞭望》9 月 4 日。

黄玉新,2007,《我国廉租房制度建设中的若干问题及对策探讨》,华中师范大学硕士学位论文。

纪志伟,2007,《我国廉租房供给问题研究》,重庆大学硕士学位论文。

金江,2005,《廉租房融资模式研究》,西安建筑科技大学硕士学位论文。

刘鹏,2004,《建立城市廉租房制度的模式与方法》,重庆大学硕士学位论文。

刘艳文,2007,《农民工市民化进程中的廉租房制度》,湖南师范大学硕士学位论文。

刘勇,2006,《旧住宅区更新改造中居民意愿研究》,同济大学硕士学位论文。

彭俊瑜,2006,《廉租房制度法律问题研究》,西南政法大学硕士学位论文。

王吕蓉,2005,《我国城镇廉租房制度研究》,长安大学硕士学位论文。

徐婷,2006,《我国城镇廉租住房融资方式研究》,华中师范大学硕士学位论文。

张刚,2005,《1949 年革命与上海城市生活风格变迁》,华东师范大学硕士学位论文。

Castells Manuel, 1977, *The Urban Question* (trans. by Alan Sheridan). Cambridge, Mass.: The MIT Press.

Galster G, Zobel A, 1998, "Will Dispersed Housing Programmes Reduce Social Problems in the US". *Housing Studies*.

Greenstone J D, 1991, "Culture, Rationality, and the Underclass." Jencks C; Peterson P E (eds.). *The Urban Underclass*. Washington, D. C: The Brookings Institution.

Harvey, D. 1985, "The Geopolitics of Capitalism." Gregory ; and Urry (eds.). *Social Relations and Spatial Structures*. London: Macmillan.

Harvey, David, 1973, *Social Justice and the City*. London : Edward Arnold.

Harvey, David, 1985, *The Urbanization of Capital*. Oxford UK: Basil Blackwell Ltd.

Harvey, David, 1989, *The Urban Experience*. Oxford UK &Cambridge USA: Blackwell Publishers.

James C. Scott, 1985, *Weapons of the Weak: Everyday Forms of Peasant Resistance*, Yale University Press.

Lee, Y. F. 1988, "The Urban Housing Problem in China." *The China Quarterly*.

Mingione E. 1993, "The New Urban Poverty and the Underclass: Introduction." International Journal of Urban and Region Research.

Zukin, S. "A Decade of the New Urban Sociology[J]." *Theory and Society*, 1981, (9).

附　受访对象情况一览表

个案编号		性别	年龄	身体状况	廉租保障方式	廉租保障前				廉租保障后		
						住房类型	住房面积(m^2)	居住区域	家庭规模(人)	住房类型	居住区域	家庭成员数
01	史女士	女	60		租金补贴	花园洋房	6	静安区愚园路	21	公房	没变	3
02	林先生	男	44	糖尿病	租金补贴	公房租赁	11	静安区余姚路	2	一般公寓	没变	2
03	庄女士	女	44	乳腺癌	租金补贴	石库门	22	杨浦区惠民路	4	亭子间	没变	4
04	骆先生	男	42		租金减免	石库门	15	杨浦区扬州路	5	石库门	没变	5
05	梁先生	男	38	心脏病、高血压	租金补贴	石库门	14	杨浦区通北路	5		不详	3
06	高女士	女	40	乳癌	租金补贴	公房	12	杨浦区通北路	3	将廉租房转租给别人	没变	3
07	松先生	男	82	很差	租金补贴	公房	10	杨浦区怀德路	3	给儿子另租房子	没变	2

续 表

个案编号		性别	年龄	身体状况	廉租保障方式	廉租保障前				廉租保障后		
						住房类型	住房面积(m^2)	居住区域	家庭规模(人)	住房类型	居住区域	家庭成员数
08	姜女士	女			租金补帖	亭子间	13	杨浦区扬州路	3	把亭子间租给别人	没变	2
09	徐先生	男	57	妻子瘫痪在床	租金补贴		14	杨浦区	3	租住姑姑房子	杨浦区龙江路	3
10	陶先生	男	52	高血压	租金补贴	电梯公寓	28	卢湾区打浦路	4	给弟弟在家旁边租了一间房子	没变	4
11	蔡女士	女	42	丈夫有肠癌	租金补贴	公房	10	卢湾区长乐路	3	尚未找到租房	尚未找到租房	3
12	孙女士	女	48	肺癌	租金减免	石库门	23	卢湾区复兴中路	5	将廉租房转租给别人	没变	5

续　表

个案编号		性别	年龄	身体状况	廉租保障方式	廉租保障前				廉租保障后		
						住房类型	住房面积(m^2)	居住区域	家庭规模(人)	住房类型	居住区域	家庭成员数
13	柴先生	男	47		租金补贴	多层住宅	48	卢湾区斜土路	8	在小区内另租了一间房子	没变	3
14	蔡先生	男	52	腰椎、坐骨神经、肠胃、关节都有病	租金补贴	公房	60	黄浦区尚文路	9	在小区内另租了一间房子	没变	3
15	张先生	男	27	强制性脊椎炎	租金补贴	私房		大沽路	12	租亲戚家楼下阁楼	黄浦区江阴路	5
16	徐女士	女	50		租金补贴	老式楼房	27.6	浦东新区塘桥新村	7	在家隔壁租房	没变	3

续 表

个案编号		性别	年龄	身体状况	廉租保障方式	廉租保障前				廉租保障后		
						住房类型	住房面积(m^2)	居住区域	家庭规模(人)	住房类型	居住区域	家庭成员数
17	倪女士	女	48	尿毒症	租金补贴	80年代老楼房	14	浦东新区崂山二村	3	把房子转租给了别人	没变	3
18	倪先生	男	50多		租金补贴	90年代初的单元房	18	浦东新区浦建路	3	女儿另租房子	没变	3
19	韦先生	男	46		租金补贴	公房	14	浦东新区梅园新村	5	在父母隔壁租下房子	没变	3
20	唐先生	男	52		租金补贴	自己搭建的房子	8	闸北区通闸路棚户区	5	廉租房给大儿子当婚房	没变	4
21	蒋先生	男	51	一等伤残军人	实物配租	长期租房		杨浦区	4	商品房	闵行区平阳三街坊	4

第十章
开发体制与城市准入制
——住房吸纳与住房排斥

陈映芳

在有关乡城流动的中国问题的讨论中，以二元户籍制为主要屏障的城市准入制度，一向被认为是问题的核心所在，由户籍身份带来的市民与非市民的地位差异及其种种社会权益差异，也被视为问题的主要表象。但是，关于二元户籍制度，有两个现象值得注意：其一是，在今天，国家层面上的户籍制度已经不再是刚性制度，各级地方政府、城市政府可以自主取消或改变城乡二元的户籍制度[①]。其二为，国家公安部新近提交给国务院的《公安部关于进一步改革户籍管理制度的意见》，将"具有合法固定住所"确定为调整户口迁移政策的基本条件。[②]这些变化表明：二元户籍制度本身作

---

① 近年来河北、辽宁、山东、广西、重庆等12个省（自治区、直辖市）取消了农业户口和非农业户口的二元户口性质划分，统一了城乡户口登记制度，统称为居民户口。此外，北京、上海两市下发了本市农业人口转为非农业人口实施意见，放宽了条件限制；广东省的佛山、深圳、中山等地将城镇化水平较高的农村地区居民统一转为非农业户口。

② 该方案涉及五大改革措施，其中包括：严密和完善暂住户口登记管理；取消夫妻投靠的户口迁移条件限制；放宽老年人到城市投靠子女的户口迁移政策；以具有合法固定住所为基本条件，调整户口迁移政策；逐步建立全国城乡统一的户口登记管理制度。参见http://www.jfdaily.com/gb/jfxww/xinwen/node1221/node22506/userobject1ai1675622.html。

为城市准入门槛的功能正在弱化;既有的户籍制度正在被包括住房制度在内的一系列城市新制度有效整合,成为城市新的排斥系统的构成要素之一。

一、土地开发与城市的吸纳/排斥

1. 中国乡城流动问题的分析路径及可能

在围绕城市准入制及"流动人员"问题而展开的研究中,较多的学者侧重于对二元户籍制的制度分析和制度批判。但是,(1)将城乡二元户籍制度视作为乡城流动问题根本原因的惯性思路,有可能让我们将现实问题简单地理解为"旧制度的遗留问题",从而陷入对"发展"、"转型"前景的迷思。(2)而且,将某种社会问题简单地归因于某个制度的因果论分析,也容易让我们天真地期望某个"恶的制度"的终结会带来问题的根本性解决,而忽略对已经形成或正在形成的种种新制度的审视和批判。(3)此外,我们往往会忽略另一些基本的事实:在户籍制度之外,城市的其他种种新旧经济制度和社会制度,同样在规定着社会的结构方式,并制约着乡城流动人员的经济地位和社会地位以及他们的社会生活。

在制度分析之外,这些年来,不少学者开始致力于乡城迁移人员的迁移行为和城市生活的研究,包括乡城流动人员的迁移动机研究、社会网络研究、文化适应研究等等。这样一些研究或者借助经济学的理性选择理论、或者借助于量化的统计分析及类型化、模型化分析,以及人类学的移民研究理论等。将乡城流动人员视作为能动的行动者,这多少可以克服制度研究将流动人员设定为结构的单向受动者的局限。但是,在这样一些理论视野中,社会学所具有的对结构规定性的分析力以及对制度的批判性又相应被淡化——无论如何，乡城流动问题存在于乡城迁移群体与社会结构、社会制度的关系之中，它需要多维度的综合分析。

与此相对照，近年来，随着社会排斥理论被越来越多的社会学者引入到中国社会问题的研究、特别是乡城流动问题的研究中，相应的问题讨论出现了新的局面。① “社会排斥”作为普遍存在于各种社会、各个发展阶段的社会现象，其问题意识可以让我们在一定程度上避免对“转型”“发展”等的线性理解，以及对“户籍制—流动人员问题”关系的因果论分析。在具体的分析、研究中，社会排斥的理论视角也展现了极有针对性的一面：身处城市之中而无法获得市民身份、不能参与正常的城市活动，②流动人员的地位和状况，可以被视作为种种社会排斥的结果。此外，社会排斥理论所具有的问题穿透力，也可能让研究者们超越对二元户籍的制度分析，而将乡城流动问题放到综合的社会结构、社会政策、社会意识等多种层面中来加以考察。③

① 参照彭华民、梁昆(2005)《社会排斥理论与经验研究参考文献(中国部分)》(教育部哲学社会科学研究重大课题攻关项目“农村劳动力转移就业的社会政策研究”研究报告，2005 年 4 月，未刊稿)；潘泽泉(2004)《中国城市流动人口的发展困境与社会风险——社会排斥与边缘化的生产与再生产》，《战略与管理》2004 年第 1 期等。

② Burchardt 等学者指出，社会排斥是个人生活居住在一个社会中，没有以这个社会的公民身价参与正常活动的状态。社会成员在消费、生产、政治、社会互动的参与不足、不参与都可能被认为是社会排斥的存在。Lichardson 和 Le Grand 认为，如果一个人是被社会排斥的，他必须在地域上居住在那个排斥他的社会里；他没有参加作为这个社会的一个公民可以参加的正常活动；他愿意参加这些活动，但是被他不能控制的因素阻止了。(彭华民，2005)Burchardt：“如果个人是某社会地理上的居民，并且不能参加在该社会中市民的正常活动，则他是被社会排斥的。”(易成栋，2004)

③ 对社会排斥成因的多种解释：(1)“自我”生成论：认为社会排斥是由于社会下层人员自身的行为和态度造成的。(2)社会结构生成论：社会排斥是由社会结构本身的不平等性所造成。(3)劳动过程创造论：当代社会的科学技术变化增加了经济部门内人际交往和信息交换，强化员工的参与趋势，但是，同时对不属于该群体的“场外人”又形成一种强烈的社会排斥趋势。劳动过程是导致社会两极分化的主要原因。(4)社会政策创造论。(5)意识形态认可论。(6)社会流动反映论。(李斌，2002)

关于中国社会中的乡城流动问题，近年来，我们还可以看到另外一些理论视野，如将乡城流动问题放到资本主义化或全球化背景中去加以追究的问题意识，以及将“工人阶级”概念重新引入劳工问题研究的学术意图。这样一些问题意识，涉及到了乡城流动问题的复杂属性：流动人员的问题不仅形成于中国的城乡关系中、形成于国家制度与行动者的关系中，它也存在于“资本—劳动力”关系之中。国际国内的资本不仅参与了中国“农民工”制度的生产，它也是“农民工”的最直接的获益者。当今中国各级政府部门的任何一项经济政策、社会政策，其背后都可能潜藏着本土资本、全球资本的需求。但是，在运用西方马克思主义理论研究中国问题时，我们同样不能不警惕理论遮蔽现实的可能性：乡城流动人员作为一个现实的“中国问题”，其背景之中，无论是国家社会主义体制下的户籍制、还是今天多重二元结构（刘平，2007）背景下的城市体制，都有着鲜明的中国独特性。而“工人阶级”概念的被消解，在今天的中国不仅是意识形态或思想潮流、学术理论的演变结果，更是国家制度和社会结构的规定性结果。

不能不说，对于20世纪末、21世纪初的中国学术界，乡城流动问题构成了一个特殊的挑战。应对这样的挑战，无论是以政府为对象的制度分析、还是以民工群体为对象的微观分析，都有力所不逮之处。我们需要从现实出发，深入到错综复杂的关系中去，致力于捕捉表象后面的社会事实。

2. 城市开发与社会排斥

关于“社会排斥”，笔者基本认同欧洲委员会关于社会排斥的定义：社会排斥是对基于公民资格的权利主要是社会权利的否认，或者这些权利未能充分实现。（曾群，2006）在本研究中，笔者将乡城流动人员的问题放到城市的吸纳/排斥系统中来加以考察，而不只是放在城乡二元关系中来分析。在这里，笔者试图从对80年代以来形成的“市民待遇体系”的说明入手，对城市“住房”门槛背后的吸纳/排斥系统作出相应的描述和分析。在这个体系中，城市所吸纳/排斥的，不只有来自各地农村的劳务人员，还有包括各种“人才”、“投资商”在内的外来人员。更进一步地，从中心—边缘的角度看问题，我们可以说，作为一个经济系统、政治系统、社会系统或空间系统的城市，它所吸纳/排斥的对象，包含了所有与城市发生关系的社会群体——城市根据自身的需要、通过种种制度安排，来实施其吸纳或排斥。

在有关城市社会公平问题的研究中，“住房”被认为是一个重要的维度。在既往的研究中，一种重要的路径是对市场体制与住房阶层的关系的分析，亦即对资本逻辑的解释。另一种重要的路径是从再分配体制入手解释住房不公、住房分层现象。后一种解释不仅被用以讨论福利国家的住房问题，也被一些学者用以讨论社会主义国家（如中国）中实际存在的住房分层、社会不公现象。(M. Djilas，1957；Christopher Howe，1968；Ivan Szelényi，1978)近些年来，在对当前中国城市的住房分层问题的讨论中，有关双重体制作用的观点，得到了实证研究的支持。研究者指出：在启动市场体制的同时，旧体制的“权力维持”现象突出，“专业精英在市场体制中得到利益的同时，治理精英在再分配体制和市场体制中继续和更多地得到利益的满足。在中国经济改革的成功背后，社会分层的再分配机制得到延续，而市场化机制也同时并行地增长着。”这构成了今天中国城市中住房阶层的复杂的分层机制。（边燕杰、刘勇利，2005）同时，由于社会排斥理论所关注的社会机制、社会产品分配以及社会关系等维度进入研究者的视野，对上述住房分层机制以及背后的住房制度的研究，为目前中国城市的住房问题提供了颇具解释力的分析文本。（李斌，2002；易成栋，2004）

不过，笔者认为，在讨论有关城市住房问题时，“城市”作为一个重要的维度，它涉及到的城市（再）开发、城市规划、城市空间结构、城市运动等等，都是无可忽略的因素。它们或者构成城市社会重要的子系统，或者镶嵌在城市的各种结构和关系之中，都可能是住房排斥的现实背景或直接力量。结合对当前中国城市问题的认识，在本论文中，笔者将“城市开发”作为分析住房排斥问题的切入点之一。同时，在本研究中，笔者侧重于从分配体制的角度来解释各种社会群体的居住生活。虽然“开发商的暴利”被认为是今天中国的城市常识，但由权力主导的城市开发，是国内外资本集团开发中国城市国土的前提和条件。而且，与一般商品的生产与消费的机制不同，作为大宗公共物品的土地，它与资本的结合，城市空间的被生产和再生产，不仅是经济过程，它更是一个综合的社会过程。此外，就如卡斯特所说：“如果一个问题影响到各个阶层，而非仅仅是劳动者阶层，那它就不是由于剥削关系造成的，而是一种产品的分配机制造成的。”（Manuel Castells，1977）住房/空间作为城市紧缺资源，它的分配、再分配，是资本和权力运作的结果，也是政府与市民、以及各种社会群体之间相互博弈的结果。而作为城市经济开发的主要方式，房地产开发在本质上是对不同购买力的社会成员吸纳和排斥的过程。

二、城市门户开放与市民待遇体系的演变

1. 由二元差别到区别化社会保障体系

80 年代以来，户籍制度呈现的是一条逐渐松动、逐步开放的变化轨迹。城市开放户籍、吸纳外来人员的内在驱动力，首先是对资金和人力资源的需求。作为城市的发展策略，各地城市政府一

方面以户口换取“人才”、“资金”等紧缺资源，另一方面，城市逐步建立起细分化、区别化的社会保障制度，以此减少门户开放所带来的社会保障压力。

旧有户籍制是国家及各级地方政府控制财政负担和生活资源的核心制度之一。（陈映芳，2005b）对于乡城流动人员来说，流入地的城市户籍，除选举权等政治权利外，主要意味着包括就业、居住、公共教育、医疗、养老等一系列社会保障权益。这些无不涉及城市政府的经济支付。正因为如此，尽管 1991 年开始公安部就动议户籍制度改革，“但一接触到其他部门的实际利益后，事情就出现难以为继的现象。”[①]这些年来，在产业化、城市化过程中，各地城市一方面为了满足自身对“人才”及农村廉价劳动力的实际需要，另一方面也为了要应对有关“公平”、“正义”的社会期待或政治压力，不能不逐渐开放门户、实施社会吸纳。但具体考察城市的吸纳方式，我们可以注意到：迄今为止的城市吸纳，采取的是区别化的吸纳方式：以支付户口等市民资格的方式吸纳紧缺的“人才”或投资者，而以市场途径吸纳简单劳动力。城市有效地利用市场机制，设置了最为经济的乡城间的劳动力输送管道：通过劳动力市场吸纳农村廉价劳动力，通过民办学校吸纳民工子女，[②]通过企业和房产租赁市场吸纳外来下层居住者，甚至连民工的综合保险也交由企业和劳动者自身去承担。

---

① 据报道，1992 年国务院就成立了由国办牵头、公安部等部门参加的国务院户籍制度改革文件起草小组，并于 1993 年 6 月草拟出户籍制度改革总体方案。但后来遇到种种阻力，未能按时推出。参见http://news.xinhuanet.com/theory/2007—06/11/content_6215747.htm。

② 近年来各地城市已逐步开放公立学校，民工子女教育过渡为公立学校与私立民工子弟学校的双轨制。

与此同时，就像下面所列的城市社会保险制度的例子所显示的那样，90年代以来，城市逐步打破二元户籍与社会保障系统之间的简单对应关系，而在各种户籍身份的社会群体之间，建立起了一整套复杂、细致的区别化社会保障制度（参见表一）。

表一　城市区别化社会保险制度（上海市）

户籍身份	保险类型	持卡种类	缴纳方	缴纳/享受方式
城市常住户口	城镇职工社会保险*	社保卡	政府/用人单位/个人	强制缴纳
持居住证外来人员	城镇职工社会保险	无卡	政府/用人单位/个人	非强制 部分享受**
农转非（失地农民）	小城镇社会保险	镇保卡	用人单位基本险 个人补充险	强制缴纳 非强制
本地农民	农村社会保险	农保卡	个人缴纳为主 集体补助为辅	非强制
外来民工	综合保险***	综合保险卡	用人单位/个人	强制缴纳

*“三险一金”：养老保险、失业保险、医疗保险、住房公积金。

** 持居住证者不能在上海市领取养老金，但离开上海的时候，可以提取养老金个人账户部分：不能申请公积金贷款，但能在离开上海时提取公积金。

*** 包括3+1项待遇，养老补贴（缴满12个月给一份）、住院医疗保险、工伤保险以及日常医药费补贴。这个保险中除养老补贴外，都只在上海区域内享受。

在这里，户籍制度依然是城市制定社会政策的重要依据，但是，城市政府在对不同户籍身份的居民支付不同的市民待遇的政策调整过程中，表现了极大的灵活性。这其中，户籍制本身并不构成社会吸纳的制度障碍，而是被当作了社会排斥的一种制度依凭。城市政府利用既有户籍制度建立起来的区别化的社会保障体系不仅可以让城市避免征地农民和各种外来人员及其家属等分享有限的城市资源、减轻城市的人口压力、财政压力，同时也可以改变城市管理及资源配置等过度依赖旧的二元户籍制的状况。随着城市一整套区别化社会保障体系的建立，原来主要由二元户籍制承担的社会排斥功能，正在由城市新建立的各种社会排斥系统分别承担。

同样地，在住房保障方面，这些年来，结合住宅私有化运动，针对不同的户籍身份群体和职业身份群体，城市政府逐步建立起了区别化的住房保障制度（参见表二）。

表二 城市区别化住房保障制度

保障形式	对象		内容	支付
	户籍	身份		
住房福利	城市常住户口	国家机关、事业单位职工	实物分房或货币补贴	政府财政
住房公积金	城市常住户口 居住证	在职职工	储蓄用以购房或贷款抵押（持居住证者不能贷款）	用人单位/个人强制缴纳
廉租房	城市常住户口	低保人员中的住房特困户	廉租房或租金补贴	各级政府/用人单位
补偿	城市常住户口 农转非户口	动迁户 被征地农民	货币或实物	用地单位
无保障	郊区农业户口 暂住证	农民 外来务工人员	自建私房 企业宿舍或自费租房	个人 个人或企业

2. 开发型住房供给结构

自90年代后期开始，随着城市土地使用权的商品化，房产市场成为城市政府的重要经济命脉，城市的社会吸纳—社会排斥系统迅速向房产开发利益倾斜。各地城市政府纷纷调整准入门槛，一方面向征地农民开放非农业户口（以户口换土地），与此同时，逐步建立起开发型的社会吸纳/社会排斥系统，在住房供给结构、户口政策、住房管理等方面，形成配套性住房吸纳/排斥政策，以此代替旧有二元户籍制的社会排斥功能。

巴尔和哈罗（Ball & Harloe）在其社会排斥理论中指出，每个社会都有一种"住房供给结构"，这个结构本身存在极大的社会排斥性。（李斌，2002）目前中国各地城市的住房供给结构，如图一"开发型住房供给结构"所示，普遍具有两个基本的功能特征：其一为驱动房产市场，其二为空间排斥/住房排斥。

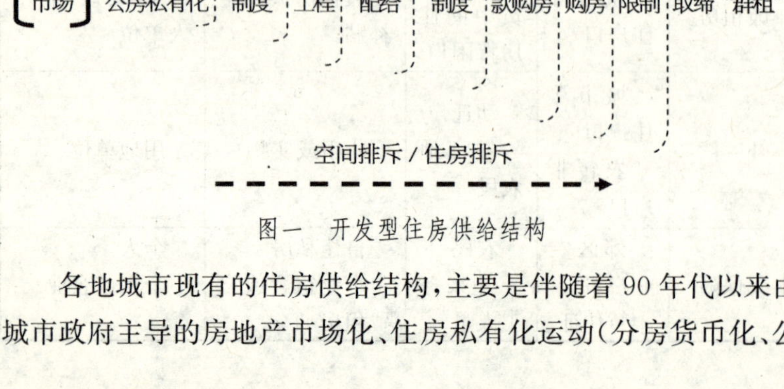

图一 开发型住房供给结构

各地城市现有的住房供给结构，主要是伴随着90年代以来由城市政府主导的房地产市场化、住房私有化运动（分房货币化、公房私有化，安居工程等）、城市改造/城市更新运动、以及城市户籍门户开放而逐渐形成的。在此过程中，房产市场的兴起，构成了住房政策演变的最重要的驱动力，而区别化的住房保障制度，也构成了住房供给结构的核心部分。从最初的分房货币化到目前的公积金制度，职工的住房保障被政府直接引渡到房产市场。在具体的政策层面，相关的住房保障政策构成了推动房产市场的配套性制度。

以住房福利政策为例，按现有的政策规定，国家机关、事业单位的职工，只有当他们在购买了本市商品房以后，才可以享受货币分房的待遇。①职工如果不购买商品住宅，就等于放弃享受住房福利的权利。也就是说，职工的住房补助金只可以流入房产市场，而不能被用于自主租房或在外地建房等。

而在加入公积金制度的企事业单位，职工无论是否有购房意愿，都必须参与住房公积金的储蓄。公积金一般由用人单位按工资比例每月从职工工资中直接扣除，企业的同额支付以职工的支付为前提。与货币分房相类似，公积金的动用同样以购买商品房为必要条件：职工只有在购买商品房时，才可以直接动用（支取）已经积存的部分，或者以公积金存款为抵押申请贷款（上限受限制）。如果职工不购买商品房，公积金既不能被用于租房，也不能被职工中途提取移作他用，一直要等到职工退休时才能取出。

---

①　对此各地城市制定有类似的政策。如佛山市《办理申领住房补助金审核手续须知》规定："在市政府公告住房商品化改革方案后，购买商品房的（含单位以评估价出售的住房），如要求领取一次性补助金、或由逐月领取改为一次性领取的，应同时提交有效的《购房合同》复印件。如属军转干部或引进的高层次人才一次性按军龄、工龄时间领取补助金的，不需提交《购房合同》。"参见"佛山建设局网"http://www.fsfgj.gov.cn/sofpro//cms/previewjspfile/fsjs/cms_0000000000000000018_tpl.jsp?requestCode=570&CategoryID=87。

凡此种种，政府以住房保障政策，将职工强制地驱入房产市场。政府以公共福利财政及企业、个人被强制支付的住房储蓄，为房产市场作了基本的铺垫。

另一方面，这个住房供给结构也构成了城市社会排斥系统的重要部分。空间排斥/住房排斥作为城市社会排斥的主要方式，不仅存在于二元户籍的市民与非市民之间，也存在于城市内部不同的阶层和职业团体之间。

货币分房：实施单位为市政核拨经费（即全额预算）或核拨补助（即差额预算）的市直属机关、事业单位，即“吃财政饭”的单位。企业职工、下岗工人、无工作单位的居民以及外来“农民工”都被排除在外。

安居房工程：90年代后期实施的安居房工程①虽然以解决“中低收入家庭的住房困难”为名义，但各个城市普遍附加了一些对特殊单位、特殊职业身份群体的照顾性政策，最后，正像有的研究者指出的那样：“该项政策实际操作的结果，是国家的财富进入了一部分富裕阶层人的腰包”。（李斌，2002）

公积金制度：公积金制度至少到目前为止将四部分人排除在外：一是没有参加公积金制度的集体企业和个体企业的职工；二是相对困难企业的职工（相当一部分下岗职工）；三是没有单位的城市居民（包括个体从业者）；四是在城市工作的农民工。（李斌，2002）此外，没有本地常住户口的职工，公积金只能被用于直接购房，而不能用于抵押贷款。

补偿性配给：此政策主要用于城市动迁居民和郊区征地农民。

---

① 安居工程：自1995年开始，国家提出新建15亿平方米住房，以解决中低收入家庭的住房困难。

表面上看，无论是补偿实物（安置房）还是补偿现金，其数额都有可能超出原有房屋的面积或房产值。但是在目前的开发体制下，包括土地出让金在内的房地产开发利润的分润者，主要是政府和开发商，动迁户和征地农民首先经历的是显性或隐性的被剥夺。与此同时，他们还难以避免空间排斥的命运，城市政府基于开发利益考虑，一般都将安置房建在城市周边的地价低端地带。对于另一些试图以补偿款自行购房的动迁户居民来说，由于补偿款根本不足以购买原居住地的商品房，他们多只能在低房价的城市周边地区购买房屋。

购房贷款："本市常住户口"是银行发放房贷的一个基本条件，按这一条件，无法获得居住地常住户口的迁移人员在城市只能以一次性付款的方式购得房产。据此，缺乏支付能力的外来下层劳动者，基本上被排斥在房产市场之外。

租房条例：相关的租房条例对租房的人均面积都作了明确的规定。根据《上海市居住房屋租赁管理实施办法》，租房的人均建筑面积不得低于10平方米，或人均使用面积不低于7平方米；其中向单位出租用作集体宿舍的，承租人的人均建筑面积不得低于6平方米，或人均使用面积不低于4平方米。这一规定对城市下层民工来说，构成了一条经济高门槛。

取缔贫民窟、取缔群租行为：贫民窟作为缺乏谋生手段、无法找得合适的生活场所的下层新移民在城市的首选落脚地，目前仍为不少发展国家的城市所容纳。[①] 在1949年前中国的各地城市中，贫民窟也曾是城市流民和下层贫民的主要聚居地。1949年以

① 一种观点认为，贫民窟的存在有积极的意义。下层新移民选择居住贫民窟也是一种理性行为。（蒋耒文、庞丽华、张志明，2005）

后，贫民窟作为城市贫困的一个主要表征及城市问题的病灶，由政府实施取缔、改造，在中国城市基本消失。(陈映芳，2006)80年代乡城迁移潮再次兴起以来，由于城市各级政府的严格管理，各地城市即使会出现各种类型的流动人员聚居地，但极少贫民窟的滋生和蔓延。这意味着流动人员除企业宿舍、职场工棚等居所以外，只能进入房屋租赁市场寻找居所。近年来，“群租”(多人合租一套住房)成为房东群体和住房低支付能力人员的一种较普遍的选择，这种现象被有关住房管理部门视为一个社会问题。一些地区的管理部门对此实施了强行取缔的对应措施。

3. 居住权与户口：推动房产市场的政策技巧

从城市开放市民权、支付市民待遇的过程中，我们可以看到，城市政府一直在不断地制定和调整相应的吸纳/排斥政策。从下面的几个相关政策文本中，我们不难从政策的配套与演变中，发现政府对政策技巧的运用。

(1) 从《蓝印户口》到《居住证》

《上海市外来流动人员管理条例》、《上海市外来人员暂住证》(1996年10月3日公布，自1997年1月1日起施行。)

目的：“为了加强外来流动人员的管理，保障外来流动人员的合法权益，维护社会秩序，促进经济和社会发展，根据国家有关法律、法规的规定，结合本市实际情况，制定本条例。”

适用对象：凡外省市人员在本市拟暂住一个月以上，年满18周岁、来沪从事务工、经商和其他经济活动的人员。

申请《暂住证》条件：①具有居民身份证；②在本市有合法固定的居住场所；③有正当的从事务工、经商和其他经济活动的

市蓝印户口管理暂行规定》(颁布日期：1993年12月23

日;实施日期:1994年02月01日)

目的:“为了适应建立社会主义市场经济体制的需要,加强对外来暂住人口的管理,根据国家有关规定,结合本市实际情况,制定本暂行规定”。

适用对象:投资者;商品房购买者;“人才”。

该政策自1994年2月1日起实施,至2002年4月1日,上海市政府宣布中止了蓝印户口政策。自2002年6月15日起,上海市开始实行“居住证”政策。

《关于在引进人才中试行〈上海市居住证〉制度的暂行规定》(2002年6月15日开始)

目的:“为了促进人才流动,鼓励国内外人才来本市工作或者创业,提高城市综合竞争力,根据法律、法规的有关规定,结合本市实际情况,制定本规定。”

适用对象:具有本科以上学历或者特殊才能的国内外人员,以不改变其户籍或者国籍的形式来本市工作或者创业的人员。

该政策自2002年6月15日起实施,至2004年8月30日终止。

《上海市居住证暂行规定》(2004年8月30日发布,2004年10月1日起实施)

适用对象:根据国家有关规定办理居住登记,符合本规定要求的人员。

申领《居住证》的人员除按照有关规定提供居住登记证明、婚育状况证明和健康状况证明外,还应当根据情况分别提供下列材料:①就业的,提供综合保险证明、稳定就业证明或者投资、开业等相关证明;②作为人才引进的,提供学历证明、专业技术证书、能力业绩证明、稳定就业证明或者投资、开业等相关证明;③投靠亲友、就读、进修等需长期居住的，提供相应证明。

从这些政策文本看，上海市户籍制度的演变呈现了逐步开放市民权的基本特点：从外来流动人员只能申请《暂住证》到可以申请《居住证》，展示了城市逐步打破城乡二元户籍隔离的趋向。此外，对居住证持有者支付市民社会保障待遇，亦可被视为城市逐步落实社会公平的举措。

但同时，我们不难发现，城市政府对门户开放政策的调整，主要是以城市利益最大化目标为其基本宗旨。即从政策目标的表面文章而言，从蓝印户口制度"为了加强外来流动人员的管理，保障外来流动人员的合法权益，维护社会秩序，促进经济和社会发展"，到居住证制度的"为了促进人才流动，鼓励国内外人才来本市工作或者创业，提高城市综合竞争力"，政府明确地将城市利益优先的城市立场加以了正当化。而在实际的操作中，1994年新创制的"蓝印户口"制度，本是以城市吸引投资、拉动房产市场和吸纳"人才"为目标的。据政府后来的解释，该条例自实施后，自1994年2月至2001年底，上海市共办理了4.2万个蓝印户口，其中属于购房类的占88%，投资类的占10%，聘用类的仅2%。作为后来中止该政策的理由，上海市有关方面的说明大致为：①申办蓝印户口的增长速度过快，超出了申办控制的总量，并且造成积压待办的数量过多，给上海人口的综合调控形成了较大压力。②蓝印户口中人才比例明显偏低，该制度不利于蓝印户口制度吸引人才的初衷。

据此，上海市一方面中止了蓝印户口的支付，与此同时，出台了有关引进人才的居住证制度。表面上看，政府为"人才"而牺牲了房产利益。但实际上，通过居住证，①城市大幅度拓宽了吸纳人才的渠道。居住证制度实施第一年，上海市即支付居住证（A类、B类）

计 23133 件。[①] 远远超出了蓝印户口的成效。②由于居住证并不能直接转变为常住户口,[②]城市政府通过该制度实际抬高了城市的户口门槛。③此外,就像有的政府官员所坦言的那样,“居住证”所吸纳的,不仅是本科学历以上的“人才”,也是潜在的购房大军。[③]作为拉动房产市场的配套性政策,在《居住证》的准入门槛(计分制)中,拥有本市产权房被核定为达标分数的十二分之一。[④] ④而且,由居住证制度,政府首次改变了社会保障只附属于当地城市户口的生硬关系。居住证持有人享有的社会保障待遇类似于常住户口居民,但又不同于后者。首先由于正规职业是申请居住证的硬条件,“失业保险”对居住证持有者没有意义。除此之外,持《居住证》的外来人员同常住户口职工一样,在企业中被强制性地交纳住房公积金,他们的公积金可以被用于购买所在城市的商品房,但不能被用以购房抵押贷款,也不能用以购买外地住宅。此外,如果居住证持有人离开上海市,他的养老保险金和医疗保险金只能带走其中的个人账户部分,而不能将享受其中的社会统筹部分。[⑤] 通过这些政策,城市政府看似较“平等地”给外来人员(目前主要被用于外来“人

---

① 参见“新华网上海站”http://www.sh.xinhua.org/2003—06/13/content_603405.htm。

② 《上海市居住证暂行规定》第二十七条:“《居住证》的持有人符合一定条件的,可以申请转办本市常住户口。转办本市常住户口的具体条件,由市人民政府另行规定。”但新规定至今没有出台。

③ 上海市人事局主管领导认为,引进人才不但能使人才队伍适应上海城市社会发展的需要,而且对拉动 GPT 的增长有着明显的作用,比如每年引进 3—4 万外地人才,他们就要在上海购买住房,按每套 30 万元计算,一年就有 90 亿元。(参见“南方报业网”http://www.nanfangdaily.com.cn/southnews/sjjj/200707050759.asp)

④ 达标分 60,如果申请人在上海市拥有房产权,可得 5 分。

⑤ 医疗保险由单位承担 12%,个人交纳 2%,其中单位交纳的 12%计入社会统筹,而只有 2%计入个人账户。养老保险单位承担 22%,这部分计入上海养老保险社会统筹;个人承担 8%,计入个人账户。

才”)支付了市民待遇,但实际上通过区别化的社会保障政策,政府有效地拉动了房产市场,同时又减轻了“引进人才”的财政负担。

(2)“集体户口”与“居民户口”

除《居住证》之外,目前各地城市以“常住户口”吸引的“人才”主要限于两部分人:一部分是非本地生源的高校应届毕业生,另一部分为城市的“紧缺人才”。城市对应届学生的吸纳,往往视自身实际需要,每年在人数规模、学历、专业等方面,适时采用非常灵活多变的政策。如上海市在2002年实施《居住证》制度后,2003年8月开始取消大专学历和本科无学位学生的进沪政策;2004年又出台指标限制的新政策,全年全上海只能进1.6万人,并附有严格的专业限制;2005年的指标更只有数千个。至于“紧缺人才”,目前上海市主要定位于引进博士、两院院士、享受国务院特殊津贴等的高级人才。

但是,以上两类“人才”在城市获得的常住户口,还只是“集体户口”。目前各地城市中的非农户口,实际上分为三种:①常住居民户口;②常住集体户口(职工集体户口);③临时集体户口(在校学生集体户口)。所谓集体户口人员是指在当地没有住房(有产权证)、户口落在单位所在派出所的集体户头上的人员。集体户口没有户口簿,只有户口卡,一般由工作单位或户口挂靠的人才交流中心保管。[1]其中临时集体户口实际上只是一种过渡户口[2],集体户

---

① 据上海市统计局1%人口抽样调查,2005年11月1日零时上海市常住人口1 778万人,本市户口家庭户627户,1 667万,集体户口为111万人。(参见国家统计局网http://www.stats.gov.cn/tjgb/rkpcgb/dfrkpcgb/t20060320_402311562.htm)

② “1977年后,集体户口逐渐演变成流行至今的控制人口流入城市的重要手段。一个在大城市的大学读书的农村孩子,尽管在读期间有这个大学的集体户口,但如果他不能获得留京户口指标,户口仍会被打回农村原籍:“所以集体户口是一个不完整的户口,一个过渡户口,各个城市通过给集体户口在城市落户附加条件,很技巧地限制了人口流入。”(中国人民大学劳动人事学院教授刘尔铎,参见新华网,http://news.xinhuanet.com/fortune/2007—04/15/content_5977646.htm)

口的学生只有当被城市相关企事业单位聘用并给予常住户口指标后，才可能获得常住集体户口。而“常住集体户口”转变为“常住居民户口”的条件不是别的，就是“拥有房产权”（或作为房产权共有人），或将户口挂靠到直系亲属的居民户口上。换句话说，城市“引进人才”的户口政策设计，同样是以拉动房产市场为功能预设的。

构成集体户口人员购房压力的政策因素，除上述“常住居民户口”的房产权门槛之外，还有其他多种生活障碍。有的城市集体户管理部门规定集体户人员在申请结婚时必须迁出户口，否则不予办理结婚所需的户籍证明，即使结婚也不给计划生育证明。这种限制，造成了大量无力购房的集体户青年遭遇结婚难的问题。①

除此之外，在各地城市，子女的户口门槛也普遍构成了集体户口人员的购房压力。目前各地城市已先后推出婴儿落户随父随母自愿的政策，新出生的婴儿可以在父亲或者母亲常住户口所在地的户口登记机关申报常住户口。但是该政策对于集体户口人员有多种限制。一般情况下，集体户口的人员必须在购买商品房、拥有房产权以后，才可以为其子女申请常住户口。除此以外，只有当夫妻双方均为所在城市常住集体户口人员的情况下，他们的孩子才可以在父亲或母亲的集体户口部门申报孩子的集体户口。②由于这样一些配套政策，“不得不购房”已经成为年轻白领群体面临的

① 据报道，类似这样可能遭遇结婚难的集体户口人员，在广州已达数十万之众。如果仅按照10%的集体户口人员无力买房、也无直系亲属挂靠户口来算，也至少有数万名集体户口人员可能因户口没法外迁，而不得不推迟他们的婚期或干脆被排斥在婚姻的殿堂外。（http://www.pingku.com/vote/LHXLYYU_QLMV.html）

② “集体户口和中央各部、各省市驻沪办事处工作户口人员的新生婴儿，不可以随父或随母在本市办理出生登记。父母双方均为本市集体户口的除外。”（《上海市常住户口管理规定》）

现实问题。集体户口群体的因无钱购房而无法申报户口的“黑户口孩子”、或只能在外地亲属处申报户口的“户居分离孩子”的生活、上学等问题,已成为一个特殊的城市问题。

三、为什么是“合法固定住所”:对乡城迁移人员的空间/住房排斥

综上所述,在开放外来人员居住权的过程中,政府为城市利益最大化原则计,根据不同时期的利益需求,不断地实施制度创新、政策调整。如今各地城市多建立起一套具有等级特色的、区别化的户籍系统。在区别化的市民待遇中,房产开发利益,已成为城市政府最重要的政策目标之一。与这套户籍系统相配套的,是城市区别化的社会保障制度、住房供给结构以及与公共教育权益、政治权利等相关联的各种权益。由此,城市逐步建立起了以外来人员为对象的、具有社会吸纳—社会排斥功能的市民待遇体系。

1. 乡城迁移群体的居住状况

在上述外来人员的市民待遇体系中,乡城迁移人员被置于系统的末梢。自 80 年代以来,一方面,由于城市需要为产业资本提供足够的廉价劳动力,通过开放城市居住权、劳动权、社会保障、公共教育等吸纳性政策,城市政府促成了乡城迁移大潮的形成、以及劳动力的商品化。但是,企业只需要“劳动力”,城市也缺少为乡城迁移人员支付市民待遇的内在驱动力。为此,让“劳动力”进入城市,将养老和劳动力再生产的负担留给农村,这成了城市对乡城迁移人员实施各项排斥性政策的功能目标。

在城市的开发体制下,空间排斥/住房排斥成为城市排斥乡城迁移人员的最主要、最有效的方式之一。现有的城市开发运动,虽

然是由政府所主导、却是以土地/空间效益最大化的资本原则为基本原则。当土地成为城市的大宗商品，空间成为最紧缺的城市资源时，对房产/空间的低消费群体、特别是乡城迁移群体实施排斥，便成为开发商和开发政府的共同需求。在房产市场中，低收入的乡城迁移人员原是低消费群体。[①]而在作为住房供给结构的核心部分的住房保障制度中，如前所述，乡城迁移人员又被置于系统的末端，他们既不能享受城市的公共住房资源，也不能在银行申请购房贷款。

与此同时，城市政府却将“住房标准”设定为城市准入门槛的最重要的硬性标准之一。“在本市有合法固定的居住场所”是申请《暂住证》的必要条件。在 2004 年 10 月 1 日开始实施的作为对“非人才”开放的居住证制度，同样将“稳定住所”(拥有产权房或签有半年以上房屋租赁合同)确定为基本条件。按目前各地城市的住房供给结构及其相关法规，无力购买商品住宅的乡城迁移人员，既无权享受廉租房，也不能搭建或租借简易棚屋。他们的“合法”的住房选择，事实上主要只有两种可能：雇佣方提供的宿舍和自租房屋(包括私人住宅或其他出租房等)。在上海，如前所述，按 2004 年 10 月 1 日起实施的《上海市居住房屋租赁管理实施办法》对租房作了最低面积的明确规定。所谓人均租房面积不得低于 10 平方米建筑面积、7 平方米居住面积的标准，据决策部门解释，参照的是上海市常住居民的住房贫困线标准。但事实上，既无住房保障、又是低收入群体的外来劳务人员的居住状况普遍差于城市居民，这不仅是一种城市常识，也是早已被实证调查确认的事

① 1997 年的调查结果表明，上海市流动人员中自购商品房的只占 0.7%，北京市为 0.4%。(吴维平、王汉生，2002)

实。(吴维平、王汉生,2002)据 2004 年 9 月上海市房地局、市总工会、市房产科研院和市社科院联合组成《上海外来人员居住问题调查》课题组对市内 11 个区近 5 000 名外来人员(这一人群的总数接近 500 万,占全市就业人口的 39.5%)所作的问卷调查,53.5% 的外来务工人员以招聘方提供宿舍和工棚等形式解决住宿问题,其余 46.5%则要自行解决,他们以租住农民私房为主,人均居住面积在 7 平方米以下的占到 46.8%。① 这个结果表明,仅仅在自行租房的外来民工群体中,就有将近一半的租户并不具有"合法住所"。

这次调查的另一组数据还表明,近 75%的外来务工人员月收入在 636 元至 1 238 元之间,按上海市目前的房租价,他们显然缺乏合法地租住市区住房的支付能力②。作为可能的选择,目前乡城迁移人员群体的主要居住场所,除了用人企业的宿舍、工棚以及菜场、店铺等工作场所以外,主要是城乡结合部的征地农民或郊区农民的房屋,此外有部分人租住市区的棚户简屋或农民搭建的简易棚屋。③

在这里,外来乡城迁移群体所受到的,实际上是双重意义上的排斥:空间排斥与住房排斥。在空间区位上,他们多被排斥在城市周边地区(如图三所示);在住房选择上,他们只能在"合法—非法"的夹缝中寻找低租金住所。

---

① 参见"上海热线"http://house.online.sh.cn/gb/content/2005—05/20/content_1185922_2.htm。

② 目前上海市中心城区的二房户房租普遍在 3 000 元左右;内环线至外环线的城区二房户租金普遍在 1 500 元左右。

③ 城市下层居民和城乡结合部的农民中形成庞大的房东阶层,这构成了城市社会对乡城迁移群体的住房吸纳的主要力量。(陈映芳,2005)

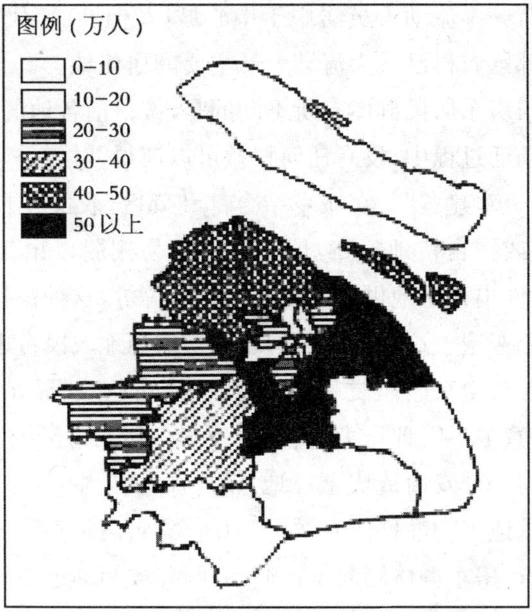

图二　上海市各区流动人口数量分布

资料出处：高向东，《大城市人口分部变动与郊区化研究——以上海为例》，复旦大学出版社，2003

2. 城市政府的反吸纳工程

但是，乡城迁移群体的居住场所，在城市开发运动的进程中，正不断被压缩、清理。

旧城改造　在有些国家的主要城市中，中心城区是城市贫困层、下层新移民的聚居地。但在中国近年来由政府主导的城市开发运动中，各地城市的空间结构模式多呈现另一种同心圆模式：中心城区被政府和开发商全力打造成房价高地，旧城区贫民几乎无例外地被排斥至城市边缘地带。随着旧城区棚户简屋群的消失，栖居其中的外来人员亦被清场。在北京、上海这样的大城市，80

年代时约有一半流动人员居中于中心城区，但90年代以来，城乡结合部与郊区农村已成为流动人员主要的居住地。(吴维平、王汉生，2002)与房东居民群体有所不同的是，按目前各地的动迁政策，租住者在动迁过程中，没有任何权益可以获得补偿。

清除“违章建筑” 在城乡结合部和郊区，农民在自家宅院中加建小屋、或在自留地、承包地中搭建简易棚屋以出租给外来租户，或者索性出租土地供外来者搭建棚屋等等，这种被称为“种房”的现象十分普遍。这类住房吸纳现象在给当地农民带来住宅利益和给外来人员带来居住便利的同时，也给当地政府部门带来了社会治理压力、卫生管理压力、负面景观形象压力，还给待开发地区的政府部门和开发商造成了征地、动迁压力。由于外来人员大量租住待开发地区的廉价住宅，给本地居民、农民带来了可观的住宅利益，这使得房东群体倾向于抵制动迁，并成为动迁户向开发部门要价的依据之一。因之，外来流动人员往往被视为开发计划的障碍因素，“违章建筑”也成为政府的重点治理对象。政府各个管理部门制定有一系列“条例”、“规定”、“指标”、“工作”等，用以整治城乡住宅及空间的秩序。[①]按有关部门的公布情况，仅2006年上半年，上海全市共拆除违法违章建筑91.4万平方米，其中，遏制新产生违法违章建筑4万平方米。[②]

“农民集中居住区”建设 上海市政府基于土地储备需要，“调

---

① 如《上海市城市建设规划管理条例》、《上海市城镇公有房屋管理条例》、《上海市整治违章搭建和违章建筑的若干规定》、《市容环境卫生综合指标》、“市容环境‘三类区域’创建工作”、“村容整洁村达标建设”、“城乡结合部整治工作”等等。

② “关于上半年度各区县市容环境卫生综合指标评价情况的通报”上海市市容环境卫生管理局，2006年7月26日 http://www.huanke.com.cn/zhyi/ShowArticle.asp?ArticleID=2108。

整挖潜”，于 1996 年开始推动“三个集中”（工业向工业园区集中、农民居住向集镇和中心村集中、农田向农场和种田大户集中）的开发战略。其主要措施之一，是让农民搬离自然村而迁至集中居住区（“农民中心村”）。目前已建农民集中居住区主要由当地基层政府统一规划，并普遍实施了对居住区空间秩序的管理制度。据我们课题组的调查了解，多数集中居住区对业主将房屋出租给外来民工的行为实行了禁止或限制。

“社会主义新农村”建设　就目前已有的全国示范点上海试点村的情况看，村落景观化、乡间生活旅游产业化是郊区政府的直接建设目标，新农村建设由此成为自上而下的乡村空间改造运动。在以“绿树鸟语花香，小桥流水人家”、“百年老屋与现代农家相交融的江南村舍”、“生态型的环境”、“田园式的生活”等为想象的新农村建设过程中，外来流动人员不可避免地成了排斥对象。取而代之的，是来自城市的、为了“忘却都市的喧嚣和浮躁”而前来“观千亩田、采丰收果、吃农家饭、干农家活、住农家屋”的城市消费者。原先的农民房东群体一变而成为“农家乐”的经营者。

四、结　　语

从城市的各种政策文本以及政策演变的轨迹中，我们可以得出这样一些结论：城市中各种外来人员、特别是乡城流动人员的权益状况、生活状况，是制度性、政策性排斥的可预期结果。如前面所分析的那样，自二元的户籍制度逐步被打破、城市一步步开放门户以来，城市利用既有的二元户籍制、单位身份制等，逐步建立起一套新的区别化社会保障体系。同时城市在维持既有的行政体制的同时，结合新的劳动力市场、房产市场等的运行，较为有效地以新的、更细致化的制度系统，来实施原本由二元户籍制担当的社会吸纳和社会排斥。通过上面的分析，我们也可以认为，自90年代以来，由于空间/土地成了城市最重要的资源和商品，城市开发成了城市制度变革的重要利益背景，同时住房制度的"改革"，也成为城市社会保障制度改革的重要内容。随之，空间排斥/住房排斥成了城市最重要的排斥方式。

本研究涉及的问题，多有未能深入之处，有待于学界及笔者本人对一些相关问题的进一步探讨。

目前中国各地的社会保险制度，呈多样化、碎片化的特征，[①]这一方面是由社会转型、社会流动频繁化、以及社会公平价值的普及所推动，但同时也是各地地方政府、城市政府自利自保的立场及政策操作所导致。在这一过程中，旧的社会不公经由新的制度而被延续、被再生。

就目前世界各国的社会保障制度的差异而言，作为欧洲大陆的主要模式，公共部门与私人部门、行业与行业之间社会保险的"碎片化"，其形成历史与它们战前的行业保险制度有关。与美国等国的国民一体化模式相比较，欧洲大陆模式具有市民高福利、政府财政负担重等特点，同时被一些学者认为在社会公平维度（对贫

① 类似上海市这样的区别化的社会保险制度，目前在中国各地以各种不同形式呈现。例：江西省万安县的四种医疗保障制度：一是城镇职工基本医疗保险制度，覆盖全县所有的党政群机关、企事业单位；二是城镇居民基本医疗保险制度，覆盖全县未纳入城镇职工基本医疗保险的非农业户口城镇居民；三是新型农村合作医疗制度，覆盖全县农业人口（含外出务工人员）；四是大病医疗救助制度，它不需要个人缴费，主要对特殊困难人员在患重病时，由大病医疗救助金给予一定的补助。（江西劳动保障网 http://www.jxldbz.gov.cn/eip/default.asp?classid=343&articleid=12624）

困群体的倾斜程度）和社会流动障碍方面多有弊端。[①]而中国目前呈现的以户籍身份和职业身份等为区别的碎片化模式，以地方政府、城市政府为制度生产的主体，以种种新旧“有用的”制度为依凭。在高度流动、高度分化的社会，其扼制社会排斥、实现社会公平的可能，与其说是一个选择什么社会保障模式的问题，毋宁说更是一个制度如何被生产和再生产的机制问题。

即以本文涉及的“城市开发”而言，在目前中国，从意识形态至操作性制度，城市开发已然形成一套体制。它不仅是城市“发展”的主要形式，也是形塑城市社会的最重要的力量和结构。对这一体制本身的探讨和说明，应是笔者以后的研究内容之一。

参考文献：

吴维平、王汉生（2002），《寄居大都市：京沪两地流动人口住房现状分析》，《社会学研究》2002 年第 3 期。

李斌（2002），《社会排斥理论与中国城市住房改革制度》，（成都）《社会科学研究》2002 年第 3 期。

易成栋（2004），《制度安排、社会排斥与城市常住人口的居住分异——以武汉市为例的实证研究》，（广州）《南方人口》2004 年第 3 期（第 19 卷，总第 75 期）。

边燕杰、刘勇利（2005），《社会分层、住房产权与居住质量对中国五普数据的分析》，《社会学研究》2005 年第 3 期。

彭华民（2004），《社会排斥概念之解析》，《中国社会工作研究》第二辑。

彭华民、梁昆（2005），《社会排斥理论与经验研究参考文献（中国部分）》

① 参见郑秉文访谈录“国外社会保障模式改革的经验与启示”，http://www.tecn.cn/data/detail.php? id=13917；郑秉文《从欧美的经验教训看我国社保模式的选择与完善》，载《中国劳动保障报》，2006 年 6 月 22 日，第 3 版。

（教育部哲学社会科学研究重大课题攻关项目“农村劳动力转移就业的社会政策研究”研究报告，2005 年 4 月，未刊稿）。

潘泽泉（2004），《中国城市流动人口的发展困境与社会风险——社会排斥与边缘化的生产与再生产》，《战略与管理》第 1 期。

蒋耒文、庞丽华、张志明（2005），《中国城镇流动人口的住房状况研究》，《人口研究》第 29 卷第 4 期，2005 年 7 月。

陈映芳（2005a），《“利益链”如何形成：城市吸纳外来务工人员的机制》，《二十一世纪》2005 年 8 月号。

陈映芳（2005b），《“农民工”：制度安排与身份认同》，《社会学研究》2005 年第 3 期。

陈映芳（2006），《棚户区：记忆中的生活史》，上海古籍出版社。

曾群（2006），《青年失业与社会排斥风险》，学林出版社。

刘平（2007），《新二元社会与中国社会转型研究》，《中国社会科学》2007 年第 1 期。

Djilas, M. 1957, *The New Class: An Analysis of the Communist System of Power*. New York: Praeger.

Howe, Christopher 1968, "The Supply and Administration of Housing in Mainland China : The Case of Shanghai ." *The China Quarterly* 10.

Szelényi, Ivan 1978, "Social Inequalities in State Socialist Redistributive Economies." *International Journal of Comparative Sociology* 19.

Castells, Mannel 1977, *The Urban Question*, Cambridge, Massachusetts: The MIT Press.

后　记

春节前夕，当看到这本书的样稿，那样厚厚的一叠，心情竟很平静。就在那以前，2008 年的岁末，笔者曾参加了两个城市研究的国际大会。一个是第五届东亚另类地理学大会“重新想象东亚国土”(5th East Asian Regional Conference in Alternative Geography “Re－imagining the National Territories in East Asia”)，另一个是国际社会学会城市与区域研究会 2008 年东京大会“全球城市主义展望——权力、边缘性、创造性”(ISA-RC21 Tokyo Conference 2008“Landscapes of Global Urbanism：Power，Marginality，and Creativity”)。从来自世界各地的城市社会学、人文地理学等学科的研究者那儿，可以清晰地看到，我和我的研究团队这几年一直在研究的中国城市开发运动的种种问题，其实也是各国学者都在关心、探讨的问题。对现实真问题和学术前沿的触及，令人欣慰。

近五六年来，城市开发的机制及其与中国社会变迁的关系，一直是我的研究主题。本书的作者，除个别博士生外，主要是由我直接指导或参与指导的华东师大社会学系 2004、2005 级的硕士研究生，他们其实也都是我们系最初第一、第二届优秀的本科毕业生。从本科阶段开始，这些同学就参加了我主持的研究型课程培训，以及《移民上海》、《棚户区——记忆中的生活史》等一系列的城市调查和书稿编撰工作。自 2005 年开始,围绕“城市更新与居民生活重建”这个主题,我们建起了专题小组。那以后的几年中,结合研究进展,课题组举行了无数次的读书会、小型研讨会。当然,更为重要的工作,是深入田野的社会调研。关于每位成员的田野个案,他们在自己的研究成果中已有介绍,这里不再赘述。今天当我回想起这项研究的前前后后,想起这几年同学们的努力工作(他们后期独自深入调研阶段的工作难度和艰辛程度,相信有许多是我至今还不甚了解的),不禁想到,一直以来,其实正是这些同学对他们所向往的社会学研究的执着,在推促我和他们一起,去实践我们所理解的学术。

本课题得到大阪市立大学城市研究中心(Osaka City University Urban Research Plaza)的长期支持(前期获日本文部省“都市文化研究 COE 项目”支助,后期获文部省“全球 COE 项目”支助)。本书的出版得到上海市高校都市文化 E一研究院的支助。此外,本研究还曾有幸得到各方扶持。上海交通大学法学院的朱芒教授曾为我们提供了历史风貌保护区调研活动的机会和实际的课题调研支持,2007 年还邀我们一起举办了以“都市治理中的公众参与”为主题的系列学术沙龙,这项跨学科的、与政府和社会各界展开互动的开放式活动让我们的研究团队获益匪浅。上海市以法治市办公室的包志勤先生为我们提供了业委会研究的课题调研支持,组织了由相关政府部门人员参与的研讨会,对我们的研究给予热忱的鼓励和中肯的建议。我们的实地调研还曾得到浦东新区政府沈剑女士以及相关各区调查点基层干部的帮助。

在课题组成员撰写、发表和修改文稿的过程中,大阪市立大学的水内俊雄教授、香港浸会大学的邓永成教授,还有华东师范大学资源与环境科学学院的林拓教授和达良俊教授、金丁宏教授,社会学系的罗国振教授和文军教授，以及上海市城市管理学院的王志奇教授等都曾给予课题组成员以无私的指导和种种帮助。在此期间，本人还曾借出访演讲和参加学术会议的机会，得以听取海内外同行的珍贵意见，除上面提及的朋友以外，还有如法国巴黎高师的Christian Baudelot教授、法国巴黎第九大学的Angloff Tania研究员、清华大学的Jean－Louis Rocca(罗卡)教授、法国加香高师的Pierre－paul Zalio教授、巴黎第七大学的Guiheux Gilles教授以及上海社科院客座研究员Florence Padovani博士等。

在此，谨向以上各位和相关机构致以由衷的谢意！

还要感谢为本课题的调研活动默默作出过无私贡献的马清、张海娜等同学和冯晓燕女士。已经离开我们两年的张刚(米老排)同学，曾为我们这项研究出思想、出点子，最后还给大家留下了激励，但愿他的在天之灵能为他的学弟学妹们感到骄傲。

最后，要谢谢配合我们调查、接受我们访问的无数的受访者们，没有他们的理解和参与，我们的研究是无法想象的。愿我们共同的努力，能有益于这个社会。

陈映芳

2009年2月25日